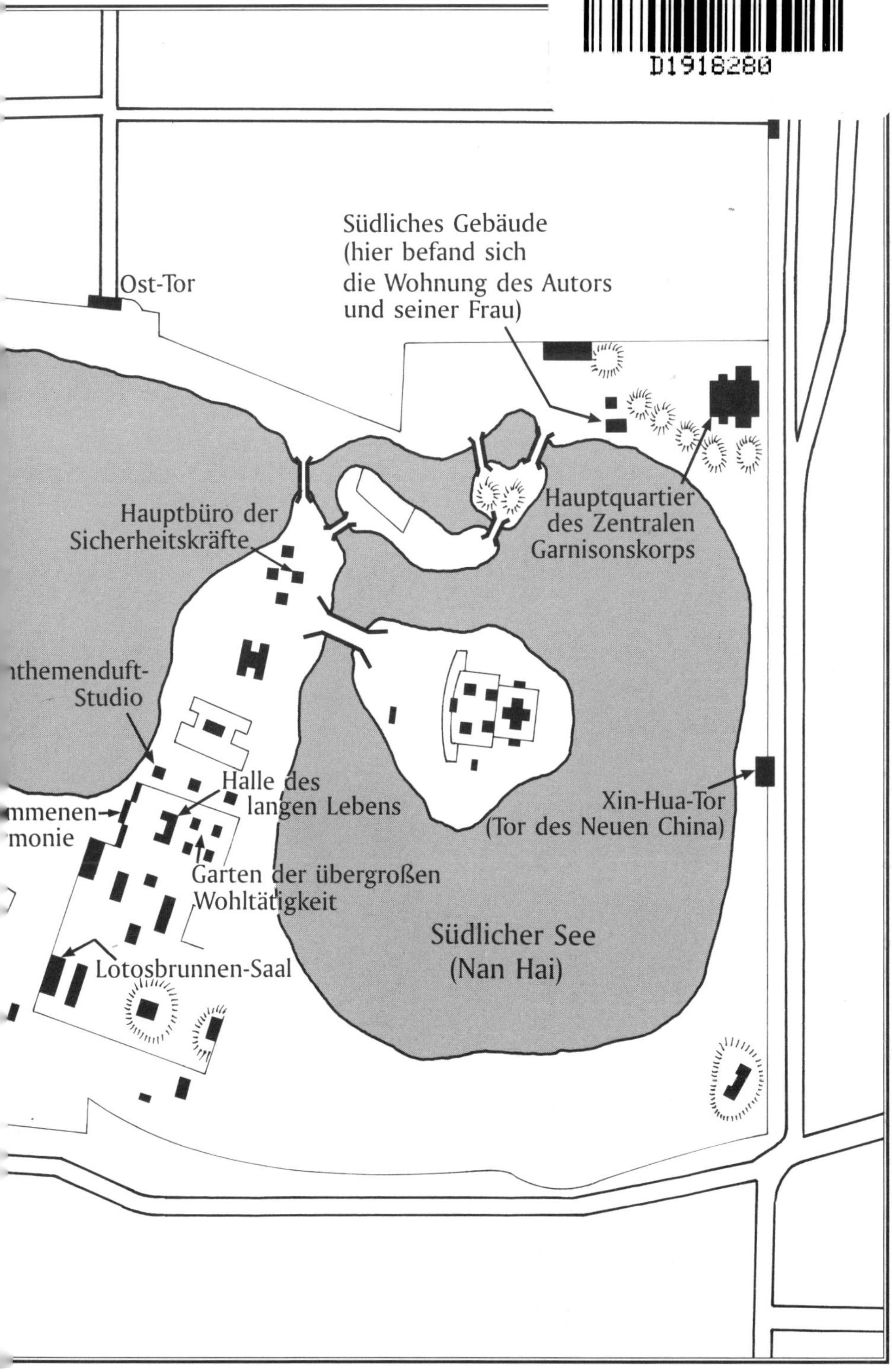
Südliches Gebäude
(hier befand sich
die Wohnung des Autors
und seiner Frau)
Ost-Tor
Hauptbüro der
Sicherheitskräfte
Hauptquartier
des Zentralen
Garnisonskorps
nthemenduft-
Studio
Halle des
langen Lebens
mmenen-
monie
Garten der übergroßen
Wohltätigkeit
Xin-Hua-Tor
(Tor des Neuen China)
Lotosbrunnen-Saal
Südlicher See
(Nan Hai)

ICH WAR MAOS LEIBARZT

ICH WAR MAOS LEIBARZT

Die persönlichen Erinnerungen
des Dr. Li Zhisui
an den Großen Vorsitzenden.
Mit Anne F. Thurston

Aus dem Amerikanischen von Annette Burkhardt,
Gabriele Burkhardt, Karin Schuler, Cornelia Stoll

Gustav Lübbe Verlag

Titel der amerikanischen Originalausgabe:
The Private Life of Chairman Mao. With Anne F. Thurston.
Translated by Professor Tai Hung-Chao
Originalverlag: Random House, Inc., New York, N.Y. 10022
Aus dem Amerikanischen von Annette Burkhardt, Gabriele Burkhardt,
Karin Schuler, Cornelia Stoll

Redaktionelle Bearbeitung: Karin Schuler und Bernd Rullkötter
Umschlaggestaltung: KOMBO KommunikationsDesign GmbH, Köln
Satz: Dr. Ulrich Mihr GmbH, Tübingen
Druck und Einband: Franz Spiegel Buch GmbH, Ulm

Printed in Germany
ISBN 3-7857-0748-7

1 3 2

In Erinnerung an Lillian Wu,
meine vielgeliebte Frau

INHALT

VORWORT

Keine andere historische Persönlichkeit hat so lange über so viele Menschen geherrscht wie Mao Zedong, und kein anderer Führer hat soviel Unheil über sein Land gebracht. Maos Machtgier und seine Angst vor Verrat sorgten »am Hof« und im ganzen Land ständig für Unruhe. Seine Visionen und Intrigen bescherten China den Großen Sprung nach vorn und dessen schlimme Folgen: die große Hungersnot und die Kulturrevolution mit Abermillionen Toten.

Noch kein anderer Diktator ist so genau charakterisiert worden wie Mao in den Memoiren des Mannes, der zweiundzwanzig Jahre lang sein Leibarzt war. In Suetons *Leben der Cäsaren* werden dem Leser zwar die verheerenden Auswirkungen absoluter Macht – Völlerei, Lüsternheit, Gier, Sadismus, Inzest, Folter und vielfacher Mord – unter den römischen Kaisern Tiberius, Caligula und Nero vor Augen geführt, aber der Autor kannte diese Herrscher nicht persönlich. Prokops *Geheimgeschichte* ist eine Schmähschrift gegen den römischen Kaiser Justinian und seine Gemahlin Theodora, doch dem Verfasser fehlt jegliches Einfühlungsvermögen oder Verständnis. Albert Speer kannte Hitler zwar gut, ihre gemeinsamen Interessen beschränkten sich jedoch auf öffentliche Bauten und Rüstung. Stalins Tochter sah ihren Vater nur selten. Und die Tagebücher der Leibärzte Napoleons und Hitlers sind rein klinischer Art.

Persönliche Erinnerungen an bedeutende demokratische Führer, wie Morans *Churchill* und Herndons *Lincoln*, verraten uns weniger über den geschichtlichen Hintergrund als Biographien von Diktatoren, weil demokratische Führer weniger Möglichkeiten haben, den Ereignissen ihren Stempel aufzudrücken. Was die chinesische Tradition anbelangt, wird in den »Annalen« jeder Dynastie über deren Rituale, Symbole, Bündnisse, Gedenkfeiern und Lehen berichtet, aber die Persönlichkeit des Herrschers tritt nur selten zutage. Selbst fiktive Beschreibungen historischer Herrscher, wie der *Roman der Drei Reiche*, handeln von Typen, nicht von Individuen.

Eine ebenso stereotype Figur – die des gütigen, weisen Herrschers – wird in den autorisierten Memoiren und Porträts Maos vorgestellt, die heute in China in Umlauf sind. Der Gegensatz zur Realität könnte kaum krasser sein. Bei der ersten Begegnung war Mao meist so charmant, verständnisvoll und ungezwungen, daß er seinem Gast alle Scheu nahm und dieser ganz offen plauderte. Aber um seine Anhänger unter Kontrolle zu halten, nutzte Mao Zorn und Verachtung als psychologische Mittel und setzte seine Launen mit erschreckendem Erfolg ein. Er baute auf die konfuzianische Loyalität seiner Mitarbeiter und Mitarbeiterinnen, während er selbst Untergebene und Gegner erniedrigte. Wenn er Selbstkritik übte, dann nur, damit andere veranlaßt wurden, ihm zu schmeicheln. So schuf er um sich herum eine Kultur der Entwürdigung.

In dem Bestreben, es dem ersten Herrscher der Tang-Dynastie gleichzutun, band Mao Männer und Frauen an sich, indem er ihre Schwächen ausbeutete. Dr. Li Zhisui entstammte der Oberschicht, hatte eine von den Amerikanern finanzierte Schule in Shanghai besucht und war schon früh mit der Guomindang in Berührung gekommen. Diese möglicherweise gefährlichen Punkte seines Lebenslaufes machten ihn zum Sklaven Maos. Mao wußte, daß viele in seinem Gefolge korrupt waren, aber er brauchte solche Leute aus praktischen Gründen. »Kein Fisch kann in reinem Wasser leben«, pflegte Mao zu sagen. Ihm machte es nichts aus, in verschmutztem Wasser zu schwimmen, Speisen aus verdreckten Küchen zu essen oder über einen frisch gedüngten Acker zu laufen.

Alle Anhänger Maos waren fortwährend auf dem Prüfstand, ganz gleich, woher sie kamen. Viele alte Genossen Maos wurden verbannt, und einige von ihnen starben im Exil; aber bei all diesen Tragödien spielte Mao bewußt nur eine indirekte Rolle. Er überwachte die medizinische Betreuung seiner höchstrangigen Mitarbeiter und verweigerte einigen eine Krebsbehandlung, weil er der Ansicht war, daß sie nach einer Operation nicht mehr weiterarbeiten könnten. Die Leiden seiner Geliebten, Kinder und alten Freunde schienen ihn nicht mehr zu berühren als die der Millionen abstrakter Menschen, die er seinen Plänen zur wirtschaftlichen Entwicklung und politischen Erneuerung opferte. Für ihn war das Leid anderer lediglich eine Möglichkeit, sie zu kontrollieren. In der Politik wie im Privatleben ließ er diejenigen fallen, für die er momentan keine Verwendung hatte, und ebenso ungerührt holte er sie wieder zurück, wenn er sie brauchte – vorausgesetzt, sie waren noch am Leben.

Dr. Li traf Mao häufig mit einem chinesischen Geschichtsbuch in der Hand an. Mao liebte die alten Schilderungen von Strategien und Intrigen, und er wußte genau, wann und wie man abwarten, täuschen, sich zurückziehen oder angreifen mußte. Selbst seine engsten Verbündeten konnten nur selten abschätzen, ob er mit ihnen einer Meinung war oder ob er darauf wartete, daß sie handelten, damit er zuschlagen konnte. In Dr. Lis Augen war Mao ein hervorragender Schauspieler. Er konnte einen Gefolgsmann mit einem derart überzeugenden Lächeln ins Exil schicken, daß der Betreffende sich noch unter dankbaren Verbeugungen entfernte.

Mao beherrschte die Uhr und den Kalender. Sein Hofstaat paßte sich seinem Rhythmus an. Manchmal ruhte er mitten am Tag und arbeitete nachts. Die Führer des Landes versammelten sich dort, wo er sich gerade aufhielt. Mit Hilfe taoistischer Sexualpraktiken hoffte er über den Tod zu triumphieren. Er setzte sich über jeden festen Zeitplan hinweg, Ausnahmen bildeten nur der 1. Mai und der Nationalfeiertag sowie die sehr seltenen Empfänge ausländischer Gäste. Offizielle Auftritte waren ihm zuwider, weil er sich dazu ankleiden mußte. Dann schluckte er Barbiturate, um seine Nervosität zu bekämpfen.

Frauen wurden ihm wie Speisen auf Bestellung gereicht. Während in Maos Namen Puritanismus gepredigt wurde, war sein Sexualleben am Hof ein zentrales Thema. In der Großen Halle des Volkes richtete man für ihn einen Raum ein, in dem er sich während der Sitzungen der Parteiführung »ausruhen« konnte. Mitarbeiter der politischen Abteilungen von Partei und Armee, die sonst über die Tugend im Land wachten, besorgten ihm hübsche junge Frauen aus einfachen Verhältnissen, angeblich als Tanzpartnerinnen, in Wirklichkeit aber als Bettgespielinnen. Einige der Mädchen fühlten sich geehrt, mit Mao zu schlafen, und stellten ihm auch noch ihre Schwestern vor.

Jeder Provinzsekretär ließ für Mao eine Villa bauen, denn der Vorsitzende zog von Ort zu Ort, teils von begründeter Sorge um seine Sicherheit, teils von Verfolgungswahn getrieben. »Es ist nicht gut, wenn ich zu lange an einem Ort bleibe«, erklärte er Dr. Li. Wenn Mao mit seinem Sonderzug unterwegs war, ruhte der übrige Zugverkehr, und Bahnhöfe wurden geschlossen. Sicherheitsbeamte traten als Essensverkäufer auf, um ihm ein normales Leben auf den Bahnhöfen vorzugaukeln. Während des Großen Sprungs nach vorn mußten Bauern entlang der Zugstrecke umgepflanztes Getreide hüten, um den Eindruck einer Rekordernte zu erwecken, obwohl die Ernte in Wirklichkeit katastrophal war. Maos Lieblingsvilla lag auf einer kleinen Insel im Perlfluß. Dort genoß er inmitten der belebten Großstadt Guangzhou sein Privatleben. Aus einem Arbeitslager in der Nähe von Beijing wurden spezielle Nahrungsmittel eingeflogen und von Vorkostern probiert, ehe man sie Mao servierte. Leibwächter kühlten sein Zimmer mit Hilfe von Eiskübeln.

Maos unumschränkte Macht hatte Auswirkungen auf sein körperliches und geistiges Wohlbefinden und seine persönlichen Beziehungen, und damit auch auf sein Land und die Welt. Oft verbrachte er, krank vor Sorge, Monate im Bett. Aber wenn die Dinge sich nach seinen Vorstellungen entwickelten, strotzte er vor Energie, und Dr. Li mußte ihm Schlaftabletten geben, damit er zur Ruhe kam. Politischer Streß machte ihn manchmal impotent, aber meistens regte er seinen Geschlechtstrieb an. Als Millionen von Chinesen während des Großen Sprungs nach vorn verhungerten, verzichtete Mao vorübergehend auf Fleisch, steigerte aber dafür seinen Verbrauch an Frauen. Eine von ihnen erklärte Dr. Li, der Große Steuermann sei in allem überragend, selbst im Bett.

In einer Diktatur beginnt Politik mit der Persönlichkeit des Diktators. Mao errichtete ein einmaliges Regime, ein Geflecht von wirtschaftlichen, sozialen und politischen Institutionen, das aus dem Bemühen erwuchs, in einem armen, rückständigen und verwundbaren Land eine einzigartige Form des Sozialismus zu schaffen.

Angesichts der feindseligen Haltung des Westens verbündete sich Mao mit Moskau. Aber seine Bewunderung für den Westen war ein Grund dafür, daß er den nach amerikanischem Vorbild ausgebildeten Dr. Li zu seinem Leibarzt machte. Mao erklärte Dr. Li, Amerika habe China gegenüber stets lautere Absichten gehabt. Dagegen verachtete er seine Verbündeten, die Russen. Mao wollte das primitive russische Modell mit dem chinesischen Sozialismus übertreffen, sein Land der modernen westlichen Welt anpassen und sich in den Kreis der Gründerväter des Marxismus-Leninismus einreihen. Mit dem Großen Sprung nach vorn sollte ein Sozialismusmodell geschaffen werden, das besser war als jenes der Nachbarn im Norden, und die Kulturrevolution bildete den Versuch, das Experiment trotz des anfänglichen Mißerfolgs fortzusetzen.

In einem riesigen Land, in dem Millionen Menschen in Armut lebten, wollte Mao durch Mobilisierung der Massen wirtschaftliches Wachstum erreichen. Er legte den Lebensstandard der Menschen auf das Existenzminimum fest, um eine gewaltige und aufwendige industrielle Struktur aufzubauen. Dabei ignorierte er die Realitäten, die seiner Vision widersprachen. Trotz seiner bäuerlichen Herkunft ließ er sich von den Potemkinschen Dörfern täuschen, die man ihm zu Beginn des Großen Sprungs nach vorn zeigte. Um mit Dr. Li zu sprechen: Warum hätte Mao bezweifeln sollen, daß das kommunistische Paradies angebrochen war, da er doch selbst darin lebte? Maos Ansicht nach konnte man aus chinesischen Geschichtsbüchern mehr über die Führung eines Landes erfahren als aus Lehrbüchern über moderne Technik. Erst nachdem sich das Projekt der Hinterhof-Stahlöfen zu einem Desaster entwickelt hatte, machte Mao sich die Mühe herauszufinden, wie

Stahl produziert wird. Während die Menschen hungerten, bildete er sich ein, daß sie mehr als genug zu essen hätten.

Die Ideologie, die Maos Namen trug, leistete der Selbstverleugnung Vorschub, maß den Wert eines Menschen am politischen Erfolg und entmenschlichte den Klassenfeind. Ein System von Arbeitsgruppen, Klasseneinteilungen, Haushaltsregistrierungen und Massenbewegungen ließ den Bürgern keinerlei Freiraum. Kein anderes totalitäres System eignete sich besser dazu, die Menschen in den Politterror zu treiben. Eine allumfassende Bürokratie beherrschte die Wirtschaft, die Politik, die Ideologie, die Kultur, das Privatleben und selbst die Gedanken der Menschen. Der Parteiapparat sorgte dafür, daß sie einen Lobgesang auf das Regime anstimmten, das sie enteignet hatte. Mao zerstörte den Apparat, als dieser auf seine Phantasien von Schnelligkeit und Leistung nicht angemessen reagierte, baute ihn aber wieder auf, als die Massen zu spalterischer Gewalt griffen.

An der Spitze trafen dreißig bis vierzig Männer alle wichtigen Entscheidungen. Ihr Einfluß war labil und hing von ihrer Beziehung zu Mao ab. Dr. Li beschreibt die Funktion der Organe des Zentralkomitees, der Polit- und Privatsekretäre, Leibwächter, Küchen, Fuhrparks und Kliniken. Ein unterirdischer Tunnelkomplex in Beijing ermöglichte den Führern, unbemerkt von ihrem Hauptquartier in Zhongnanhai zu anderen Gebäuden in der Stadt zu gelangen. Zweimal installierten Maos engste Gefolgsleute »Wanzen« in seinen Räumen, um über seine Entscheidungen auf dem laufenden zu bleiben. Sie wurden wegen Spionage verbannt.

Die Machtstrukturen, die den Führern dienen und ihnen Schutz gewähren sollten, isolierten sie gleichzeitig – Mao noch mehr als die anderen. Nach und nach überließen die Genossen Mao das Schwimmbad in der Verbotenen Stadt, die Tanzveranstaltungen und den schönsten Strand von Beidaihe. Die Geschichte von der Durchschwimmung der drei großen Flüsse – ungeachtet der Einwände der Sicherheitsbeamten – symbolisiert Maos einsamen Kampf gegen die Bürokratie, seine Furcht, die Revolution könne ins Stocken geraten, und seinen Argwohn, daß die Genossen ihn und seine radikalen Ziele verraten wollten.

Die Atmosphäre höfischer Politik leistete psychischen Erkrankungen Vorschub. Je absoluter Maos Herrschaft war, desto größer wurde auch seine Angst, andere könnten versuchen, ihn zu manipulieren. Ihr Bemühen, sich bei ihm beliebt zu machen, ließ sie um so verdächtiger werden. Am Ende war der meistgeliebte Mann Chinas ohne Freunde.

Dr. Li Zhisuis ehrliches, rundes Gesicht und sein leises Lächeln stechen auf dem Gruppenfoto von Maos engsten Mitarbeitern hervor. Sein Gesichtsausdruck, die glatten Wangen und die gepflegte Kleidung verraten seine westliche Ausbildung. Dr. Lis Fremdheit und sein westliches Gebaren machten ihn für Mao doppelt nützlich, weil sie eine Garantie sowohl für seine Kompetenz als auch für seine Abhängigkeit zu sein schienen. Er stand unter Maos Schutz und widmete sich seiner Aufgabe: die Gesundheit des Mannes zu erhalten, der Millionen von Menschen ums Leben brachte.

Nur eine gewisse Bereitschaft, die Augen vor dem Bösen zu verschließen, kann einen Mann zum idealen Hüter der Gesundheit eines Diktators machen. Dr. Lis Mängel als historischer Beobachter waren bei seiner Aufgabe von Vorteil, aber häufig konnte er sich der Politik und den Intrigen nicht entziehen.

Seit Dr. Li China den Rücken gekehrt hat, ist sein Name aus der offiziellen Geschichtsschreibung nahezu getilgt worden. Lediglich in einem oder zwei der unzähligen Bücher über Maos Leben wird er erwähnt. Offenbar gibt es eine Direktive, ihn als Unperson zu behandeln. Aber sein Bild hat sich auf unretuschierten Filmen und Fotos erhalten, und zuverlässige Quellen bestätigen seine Identität. Offizielle und halboffizielle Werke erhärten viele der von ihm geschilderten Details, lassen jedoch Aspekte aus, die das Regime in Verlegenheit bringen könnten. Kein autorisierter Bericht zeichnet ein so wahrheitsgetreues Porträt von Mao wie Dr. Lis Buch. Die einzigartige Verbindung von direktem Zugang, Einblick und Distanziertheit macht dieses Werk zu einem der aufschlußreichsten, die je über Mao – oder vielleicht überhaupt über einen Diktator – veröffentlicht wurden.

1981, fünf Jahre nach Maos Tod, verabschiedete das Zentralkomitee der Kommunistischen Partei Chinas eine »Resolution zu bestimmten Fragen in der Geschichte unserer Partei seit der Gründung der Volksrepublik China«. Darin wurde Mao als ein großer Revolutionär bezeichnet, dessen positiver Beitrag zur Geschichte seine Fehler überwogen habe. Der Autor dieses Buches gelangt zu einem anderen Ergebnis. Er zeigt, wie übermäßige Macht einen Menschen in eine Phantasiewelt treibt, in der aus großen Visionen große Verbrechen werden können.

Andrew J. Nathan

EINLEITUNG

Im Jahr 1960 fragte Tian Jiaying, ein Sekretär Maos, im Auftrag der Zeitschrift *China Youth* bei mir an, ob ich Artikel für sie schreiben wolle.

Tian war in Zhongnanhai mein Nachbar, und er wußte, daß ich Tagebuch führte. Er hatte bereits einige meiner Eintragungen gelesen und schlug vor, ein paar davon zu veröffentlichen.

Ich hatte angefangen, Tagebuch zu führen, als ich 1954 Maos Leibarzt wurde, und bald wurde das Schreiben eine Art Hobby von mir. Auf diese Weise vertrieb ich mir die Zeit und hielt gleichzeitig meine Erfahrungen fest. Anfangs schrieb ich nur ein paar wichtige Ereignisse auf, aber nach einer Weile notierte ich mir noch viele andere Dinge, die mir auffielen. Dennoch hatte ich nie die Absicht, meine Aufzeichnungen zu veröffentlichen, und ich lehnte das Ersuchen der Zeitschrift ab.

Im Jahr 1966 umfaßten meine Aufzeichnungen bereits mehr als vierzig Bände. In der zweiten Hälfte desselben Jahres begannen die Roten Garden, die Häuser ihrer politischen Gegner zu durchsuchen. Damals lebte ich in einem Wohnkomplex in der Gongxian-Gasse in Beijing, in dem auch drei stellvertretende Minister des Gesundheitsministeriums wohnten. Als Opfer der Kulturrevolution waren sie ständigen Übergriffen der Roten Garden ausgesetzt, und häufig wurden ihre Wohnungen von den jungen Rebellen durchsucht. Gelegentlich klopften die Rotgardisten an die falsche Tür und betraten versehentlich meine Wohnung. Meine Frau Lillian hatte jedesmal Angst, sie könnten zufällig meine Aufzeichnungen finden, die viele freimütige Anmerkungen über Maos öffentliche und private Aktivitäten enthielten.

Da wir keinen sicheren Ort für die Notizen finden konnten, entschlossen wir uns schweren Herzens, sie zu verbrennen. Zu Hause war das jedoch nicht möglich, weil wir Angst hatten, unsere Nachbarn könnten uns beobachten und bemerken, daß wir belastende Unterlagen vernichteten. Schließlich fiel mir der Ofen in Zhongnanhai ein, in dem die nicht mehr benötigten Dokumente und Briefe Mao Zedongs und seiner Frau Jiang Qing verbrannt wurden.

Ich brachte meine Aufzeichnungen dorthin und warf sie nacheinander in den Ofen. Als ich ungefähr beim letzten Dutzend angelangt war, rief mich Wang Dongxing an, der Leiter des Zentralen Garnisonskorps, und beorderte mich zu sich. Jiang Qings Koch hatte ihm berichtet, ich würde im Ofen Dokumente vernichten. Ich versicherte Wang, daß es sich lediglich um persönliche Notizen handle und nicht um offizielle Dokumente. Auf Wangs Frage, warum die Notizen problematisch seien, erklärte ich, sie beträfen Maos Aktivitäten, und es sei riskant für mich, sie aufzubewahren. Wang meinte daraufhin, es könne Ärger geben, weil ich sie verbrannt habe, und wenn der Koch Jiang Qing Meldung mache, würde das verheerende Folgen haben.

Aber da ich bereits einen Großteil der Aufzeichnungen vernichtet hatte, hielt ich es für angebracht, auch noch den Rest zu verbrennen. Also ging ich zum Ofen zurück und warf auch die übrigen Notizen hinein.

»Ich habe Ihnen gesagt, Sie sollen die Aufzeichnungen nicht verbrennen, aber Sie haben es trotzdem getan«, fuhr Wang Dongxing mich am nächsten Tag an. »Diesmal hat der Koch des Vorsitzenden mich informiert. Wenn ich in dieser Angelegenheit die Kontrolle verliere, gibt es eine Katastrophe. Also hören Sie damit auf. Wenn Sie es wieder tun, lasse ich Sie verhaften.«

Ich sagte ihm, daß es nichts mehr zu verbrennen gebe. Die Sache sei erledigt. So viel zu den Tagebüchern, die ich viele Jahre hindurch aufbewahrt hatte.

Während der Kulturrevolution bangte ich ständig um meine Sicherheit und wagte es nicht, weiterhin Aufzeichnungen zu machen.

Im Jahr 1976, nach dem Tode Maos und der Verhaftung der Viererbande, sagte Lillian mit einem Bedauern in der Stimme: »Wie schade! Vermutlich wäre gar nichts passiert, wenn wir die Aufzeichnungen aufbewahrt hätten. Wir haben sie umsonst verbrannt.« Und sie drängte mich, meine Erlebnisse aus jener Zeit noch einmal niederzuschreiben.

Im Sommer 1977 kam eines Tages Marschall Ye Yianying zu einer Untersuchung ins Krankenhaus 305, dessen Leiter ich war. Im Laufe unserer Unterhaltung sagte er: »Sie haben zweiundzwanzig Jahre für den Vorsitzenden gearbeitet. Das ist eine sehr lange Zeit. Sie sollten ihre Memoiren schreiben. Sie sind ein Stück Geschichte.« Für den Fall, daß ich ein Buch veröffentlichen wollte, bot er mir seine Unterstützung an.

Später baten mich viele Zeitungen und Zeitschriften um Artikel, aber ich lehnte immer wieder ab, weil ich wußte, was mit Leuten geschah, die die Wahrheit schrieben: Sie wurden entweder als Rechte oder als reaktionäre Intellektuelle verurteilt. Andererseits wollte ich die schrecklichen Dinge, die ich erlebt hatte, auf keinen Fall beschönigen.

Trotzdem sollten meine Erinnerungen der letzten zweiundzwanzig Jahre nicht einfach verblassen. Deshalb faßte ich den Entschluß, meine Lebensgeschichte noch einmal aufzuschreiben. Seit 1977 arbeitete ich mit Unterbrechungen daran, bis ich schließlich über zwanzig Bände gefüllt hatte. Maos anschauliche, lebhafte Sprache hatte sich so fest in mein Gedächtnis eingeprägt, daß ich vieles von dem, was er gesagt hatte, wörtlich wiedergeben konnte. Mein Überleben und das meiner Familie war immer von Maos Worten abhängig gewesen; ich konnte sie nicht vergessen. Dennoch hatte ich nicht vor, meine Erinnerungen zu veröffentlichen. Ich wußte, daß kein Verleger in China dieses Werk drucken würde, und ich wollte keinen Ärger bekommen, indem ich es selbst veröffentlichte. Ich behielt die Aufzeichnungen einfach zur Erinnerung an das Leben, das Lillian und ich in jener Zeit geführt hatten.

Im Februar 1988 wurde bei Lillian eine chronische Niereninsuffizienz festgestellt. Im Mai wurde sie ins Krankenhaus eingeliefert, und im Juli verschlechterte sich ihr Zustand zusehends. Meine beiden Söhne John und Erchong, die Anfang der achtziger Jahre mit ihren Frauen Linda und Mae in die Vereinigten Staaten gegangen waren, drängten mich, Lillian dort behandeln zu lassen.

Im August traf ich mit Lillian und unserer Enkelin Lili in Chicago ein. Während Lillian sich behandeln ließ, half ich bei der Aufstellung ihres Diätplans und bei der medizinischen Versorgung mit. Damals schlug sie mir vor, auf der Grundlage meiner Notizen ein Manuskript anzufertigen. Aber ich hatte weder Zeit noch Lust dazu.

Im Dezember bekam Lillian eine schwere Erkältung, und ihr Zustand verschlimmerte sich dramatisch. Obwohl wir sie ins Krankenhaus brachten und alles taten, um ihr Leben zu retten, starb sie am 12. Januar 1989.

Bevor sie ins Koma fiel, bat sie mich immer wieder, die Ereignisse der letzten vierzig Jahre niederzuschreiben. »Du mußt es tun«, sagte sie. »Für dich, für mich, für unsere Nachkommen und für unseren Enkel, der in Kürze zur Welt kommt. Leider kann ich dir dabei nicht mehr helfen.«

Im März 1989 holte ich die Bände mit den Aufzeichnungen aus meinem Gepäck hervor und begann mit der Arbeit an dem vorliegenden Buch. Ich betrachte dieses Werk als immerwährenden Tribut an Lillian.

Ich hoffe, daß mein Buch dem Leser einen tieferen Einblick in das turbulente Leben Mao Zedongs vermittelt. Sollten die Menschen durch die Lektüre dieses Buches dazu angeregt werden, ihre eigenen Ideale und ihre Freiheit wieder höher zu schätzen, dann wären damit Lillians und meine kühnsten Hoffnungen erfüllt.

Dr. Li Zhisui

DANKSAGUNG DES AUTORS

Ich möchte allen danken, die zur Entstehung dieses Buches beigetragen haben.

Der jetzt verstorbene Dr. Tian Beichen brachte einige meiner Tagebücher von Beijing in die Vereinigten Staaten. Professor Tai Hung-Chao von der Universität Detroit übersetzte mein chinesisches Manuskript ins Englische – angesichts der speziellen Terminologie eine schwierige Aufgabe. Anne F. Thurston trug in unschätzbarer Weise dazu bei, das Buch auch Lesern außerhalb Chinas verständlich zu machen. Ich möchte auch Jason Epstein von Random House und seinen tüchtigen Mitarbeiterinnen Maryam Mohit und Mallay Charters danken. Professor Andrew Nathan von der Columbia Universität war an der Publikation dieses Werkes von Anfang an beteiligt. Yamin Xu hat sich sowohl mit dem chinesischen Originaltext als auch mit dem englischen Manuskript eingehend befaßt, und unter Anne F. Thurstons Anleitung hat er meine Erinnerungen mit den Memoiren anderer Personen aus dem Umfeld Mao Zedongs verglichen. Außerdem hat er bei der Erstellung der Kurzbiographien und des Organisationsplans des Hauptbüros mitgewirkt und viele hilfreiche Vorschläge gemacht.

Ich danke Dr. Yuan Yu Hsia für die Erlaubnis, seine Karte von Zhongnanhai zu benutzen. Großen Dank bin ich meinem Literaturagenten Robert Barnett für seine Unterstützung und seine guten Ratschläge in schweren Zeiten schuldig. Und ich möchte auch Lesley Oelsner, Benjamin Dreyer, Sybil Pincus, Shelley Garren und Sandra Randle von Random House danken.

Herzlich bedanken möchte ich mich bei folgenden Wissenschaftlern, die so freundlich waren, den englischen Entwurf in seinen verschiedenen Stadien zu lesen und zu kommentieren: Arthur Kleinman, Psychiater und Anthropologe an der Harvard University; Kenneth Lieberthal vom Fachbereich Politikwissenschaft an der Universität von Michigan; Michel Oksenberg, Leiter des Ost-West-Zentrums in Honolulu; Roderick MacFarquhar vom Fachbereich Politologie der Harvard University; Lucian Pye, emeritierter Professor für Politikwissenschaft am MIT (Massachusetts Institute of Technology); Michael Schoenhals vom Center for Pacific Asia Studies an der Universität von Stockholm und Ross Terrill. Ihre Ratschläge und Anregungen waren überaus nützlich. Und schließlich möchte ich Veronica Windholz für ihr ausgezeichnetes Lektorat danken.

Nancy Hearst, Bibliothekarin am Harvard Fairbank Center für Ostasienforschung, war bereits zu Anfang des Projekts eine große Hilfe, weil sie Yamin Xu ihre umfangreiche Sammlung von Werken über Mao zur Verfügung stellte. Später las und kommentierte sie das Manuskript, half bei der schwierigen Überprüfung der Fakten und beim Korrekturlesen.

Vor allem aber möchte ich meiner Frau Lillian danken, ohne deren beständige Liebe und fortwährende Ermunterung dieses Buch nie geschrieben worden wäre.

I

Mao stirbt

1. KAPITEL

Vorsitzender, Sie haben mich rufen lassen?«

Mao öffnete mühsam die Augen und versuchte, die Lippen zu bewegen. Die Sauerstoffmaske war ihm vom Gesicht gerutscht, er rang nach Luft. Ich beugte mich über ihn.

»Ah ... ah ... ah ...«, war alles, was ich hörte. Er war bei klarem Verstand, aber die Stimme gehorchte ihm nicht mehr.

Als Maos Leibarzt war ich der Leiter des sechzehnköpfigen Ärzteteams, das gemeinsam mit vierundzwanzig ausgewählten Krankenschwestern versuchte, sein Leben zu retten. Seit seinem zweiten Herzinfarkt am 26. Juni 1976, also seit mehr als zwei Monaten, waren wir rund um die Uhr im Einsatz. Acht Schwestern und drei Ärzte wichen nicht von seiner Seite, während zwei weitere Ärzte sein Elektrokardiogramm überwachten. Alle acht Stunden war Schichtwechsel. Ich hielt mich immer abrufbereit und schlief in den drei oder vier Stunden, die mir nachts zur Erholung blieben, recht unruhig. Ein Kämmerchen neben Maos Krankenzimmer diente mir als Büro.

Mao Zedong galt als unsterblich. Für einige hundert Millionen Chinesen war er weder ein gewöhnlicher Mensch noch ein Kaiser, sondern ein Gott. Seit fast zwei Jahrzehnten hatte sich der Wunsch, Mao möge zehntausend Jahre alt werden, zu einem rituellen Schlagwort entwickelt, das für viele Chinesen Realität besaß. Und überall sah man Maos Bild – auf den Straßen, in Fabriken und Schulen, in Krankenhäusern, Restaurants, Theatern und Wohnungen. Selbst diejenigen, die an Maos Unsterblichkeit zweifelten, waren überzeugt, daß er länger leben würde als andere Menschen. Im Mai 1966, kurz vor der Kulturrevolution, hatte Lin Biao, der stellvertretende Vorsitzende der einflußreichen Militärkommission und designierte Nachfolger Maos, (vielleicht mit leiser Wehmut) erklärt, Mao werde sicher hundert oder hundertfünfzig Jahre alt. Gerüchten zufolge war ein Zaubertrank entdeckt worden, der ihm ein so langes Leben garantierte. Wer Maos Unsterblichkeit in Frage stellte, riskierte, als Konterrevolutionär abgestempelt zu werden. Als sich mein Sohn einmal in der Schule erkundigte, wie Mao ewig leben könne, obwohl der Lehrer erklärt habe, alle Lebewesen müßten sterben, erhielt er zur Antwort, die Naturgesetze würden nicht für den Parteivorsitzenden gelten.

Die Bürger Chinas waren über die Krankheit ihres Führers nicht unterrichtet worden. Sie hatten Maos körperlichen Verfall lediglich anhand von Fotos verfolgen können, die während seiner seltenen Zusammenkünfte mit ausländischen Würdenträgern aufgenommen worden waren. Das letzte Foto wurde bei dem Treffen mit dem laotischen Ministerpräsidenten Kaysone Phomvihan im Mai 1976 gemacht.[1] In der Presse hieß es zwar, Mao sei gesund, aber das Foto mit Kaysone zeigte, daß der Vorsitzende erschreckend gealtert war. Trotzdem hatten einige hundert Millionen am Morgen jenes 8. September 1976 begonnen, in Sprechchören zu rufen: »Der Vorsitzende Mao lebe zehntausend Jahre.«

Aber alle, die an diesem Abend in Maos Krankenzimmer ihren Dienst taten, wußten, daß er nur noch ein paar Stunden, vielleicht nur noch Minuten zu leben hatte. Seit Juni hatten seine Kräfte nachgelassen. Alle zwölf Stunden lösten sich jeweils zwei gleichrangige und einander politisch ergänzende Mitglieder des Politbüros der Kommunistischen Partei an seinem Krankenbett ab – der gemäßigte stellvertretende Parteivorsitzende Hua Guofeng zusammen mit dem radikalen stellvertretenden Parteivorsitzenden Wang Hongwen und das radikale Politbüromitglied Zhang Qunqiao zusammen mit dem gemäßigten Politbüromitglied Wang Dongxing.

Hua Guofeng überwachte die Bemühungen um das Leben des Vorsitzenden. Er war ein loyaler Anhänger Maos und zutiefst um dessen Gesundheit und Wohlergehen besorgt. Gewissenhaft versuchte er, die Erklärungen der Ärzte zu verstehen, und er vertraute darauf, daß wir alles, was in unserer Macht stand, zu Maos Rettung taten. Wenn wir neue und manchmal unangenehme medizinische Verfahren wie etwa den Einsatz einer Magensonde zur künstlichen Ernährung vorschlugen, war Hua Guofeng als einziger bereit, diese Methoden zuerst an sich selbst testen zu lassen. Ich mochte Hua Guofeng. Inmitten der Korruption und des Verfalls an der Parteispitze waren seine Integrität und Aufrichtigkeit etwas Außergewöhnliches.

Ich hatte Hua im Jahr 1959 während des Großen Sprungs nach vorn kennengelernt, als ich Mao bei einem Besuch in dessen Heimatdorf Shaoshan in der Provinz Hunan begleitete. Hua Guofeng war Erster Parteisekretär der Präfektur Xiangtan, zu der Maos Heimatdorf gehörte, und Mao hielt sehr viel von ihm. Zwei Jahre später, als örtliche Funktionäre immer noch von einem Zuwachs der Nahrungsmittelproduktion sprachen, obwohl der Große Sprung nach vorn fehlgeschlagen war und das Land zusehends in eine Wirtschaftskrise geriet, hatte Hua Guofeng den Mut zu erklären: »Das Volk, das Vieh, ja das ganze Land darbt. Wie können wir da von erhöhter Nahrungsmittelproduktion sprechen?«

»Keiner sagt so unverblümt die Wahrheit wie Hua Guofeng«, bemerkte Mao damals mir gegenüber.

Hua hatte seine gegenwärtige Position seit April 1976 inne – ein erster Sieger in dem Machtkampf, der sich angesichts des nahen Todes des Führers entwickelte. Mao hatte im Januar 1976 Hua Guofeng zum Nachfolger des verstorbenen Ministerpräsidenten Zhou Enlai ernannt. Hunderttausende hatten sich auf dem Tiananmen-Platz versammelt, um Zhous Tod zu beklagen und gegen die Politik der radikalen Führer wie Maos Frau Jiang Qing und ihrer Freunde aus Shanghai, Zhang Qunqiao, Yao Wenyuan und Wang Hongwen, zu protestieren. Mao erklärte Anfang April zwar die antiradikalen Demonstrationen für »konterrevolutionär« und beschwichtigte die Radikalen, indem er den gemäßigten Deng Xiaoping aus seinen Ämtern entließ, weil dieser die Unruhen geschürt habe. Aber dann ernannte Mao, stets um Ausgewogenheit bemüht, Hua zum ersten stellvertretenden Parteivorsitzenden. Nachdem Hua Guofeng so als Regierungschef und als Maos designierter Nachfolger im Amt des Parteivorsitzenden bestätigt worden war, warfen die Radikalen ihm vor, zu weit rechts zu stehen.

Daraufhin beschloß Hua zurückzutreten. Ich war dabei, als er Mao am 30. April 1976 erklärte, daß er infolge der ständigen Attacken nicht im Amt bleiben könne. Nach seiner Unterredung mit Mao zeigte er mir einen Zettel, auf den Mao etwas gekritzelt hatte. »Wenn Sie die Führung übernehmen«, stand dort zu lesen, »bin ich beruhigt.« Schon damals fiel Mao das Sprechen schwer, und es war leichter für ihn, alles aufzuschreiben.

Maos hingekritzelter Segen wurde zu einem Dokument, das Huas Nachfolge legitimierte.

An jenem 8. September hatten die Ärzte Mao kurz vor Mitternacht *shengmai san* injiziert, ein altes chinesisches Pflanzenpräparat, das in erster Linie Ginseng enthält und Maos Herz anregen sollte. Sein Blutdruck war daraufhin von 86 zu 66 auf 102 zu 72 gestiegen, auch sein Puls hatte sich etwas stabilisiert, aber ich wußte, daß die Besserung nicht von Dauer sein würde.

Nachdem wir die Injektion verabreicht hatten, zog Hua Guofeng mich beiseite. »Dr. Li«, flüsterte er, während die Politbüromitglieder Zhang Qunqiao und Wang Dongxing angestrengt lauschten, »können Sie noch irgend etwas tun?«

Ich schwieg. Hua war sich im klaren darüber, daß es keine Hoffnung mehr gab, aber ich brachte das Wort »Tod« einfach nicht über die Lippen.

Stumm sah ich Hua Guofeng an. Die Atmosphäre war frostig. Nur das

Surren des Beatmungsgeräts durchbrach die Stille. Schließlich schüttelte ich den Kopf. »Wir haben getan, was wir konnten«, flüsterte ich mit heiserer Stimme.

Hua überlegte einen Moment. Dann wandte er sich an Wang Dongxing, den für Parteiangelegenheiten zuständigen Direktor des ZK-Generalbüros und langjährigen Chef der Leibgarde Maos. Wang hatte Mao in Yan'an kennengelernt und war nunmehr seit Jahrzehnten für die Sicherheit des Vorsitzenden zuständig. Nur wenige waren länger oder enger mit Mao verbunden als Wang.

»Bitten Sie die Genossin Jiang Qing und die Mitglieder des Politbüros in Beijing, umgehend hierher zu kommen«, befahl Hua Wang. »Und teilen Sie den Politbüromitgliedern in den anderen Teilen des Landes mit, sie sollen sich ebenfalls in Beijing einfinden.«

Als Wang das Zimmer verließ, stürzte eine Krankenschwester auf mich zu. »Dr. Li, Zhang Yufeng sagt, der Vorsitzende Mao möchte Sie sehen.« Ich eilte zu ihm.

Zhang Yufeng war seit langem Maos engste Gefährtin. Früher hatte sie als Stewardeß den Sonderzug begleitet, mit dem Mao durch China reiste, jetzt war sie seine Privatsekretärin. Sie hatte Mao bei einer Tanzveranstaltung in Changsha kennengelernt. Das damals achtzehnjährige Mädchen mit den großen runden Augen, der schönen weißen Haut und der Unschuldsmiene hatte den Vorsitzenden zum Tanz aufgefordert. Vom Tanzboden nahm er sie mit in sein Gästehaus, wo sie zusammen die Nacht verbrachten.[2]

Die Beziehung war manchmal turbulent gewesen, und Mao hatte noch viele andere Frauen gehabt. Selbst jetzt betätigten sich zwei junge Tänzerinnen, die früher Maos Bett geteilt hatten, inoffiziell als Krankenschwestern, wuschen und fütterten ihn. Aber Zhang Yufeng war am längsten mit Mao zusammengewesen, und auch nachdem sie ihre anfängliche Schüchternheit verloren und allmählich Geschmack an Alkohol, Zigaretten und anderen Männern gefunden hatte, behielt sie sein Vertrauen. Als Xu Yefu, Maos langjähriger Privatsekretär, mit Lungenkrebs ins Krankenhaus eingeliefert wurde, begann Zhang, die umfangreichen Dokumente, die Mao täglich las und kommentierte, zu verschicken und in Empfang zu nehmen, und als Maos Sehkraft nachließ, las sie ihm das Material vor. 1974 wurde sie offiziell Maos Privatsekretärin.[3]

Als Maos Arzt hatte ich ungehinderten Zugang zu ihm, während sich alle anderen zuerst an Zhang Yufeng wenden mußten. Nach 1974 mußten sogar Maos Frau Jiang Qing und führende Mitglieder des Politbüros ihre Erlaubnis einholen, wenn sie Mao sehen wollten, und sie behandelte selbst die höchsten Politiker von oben herab. Als Hua Guofeng im Juni 1976 einmal mit Mao sprechen wollte, schlief Zhang Yufeng gerade, und die Bediensteten hatten Angst, sie zu wecken. Da sie nach zwei Stunden noch immer nicht aufgestanden war, mußte Hua unverrichteter Dinge abziehen.

Zu Beginn desselben Jahres war Deng Xiaoping krank gewesen. Hinzu kam, daß er politischen Angriffen ausgesetzt und von seiner Familie getrennt war. Seine jüngste Tochter Deng Rong hatte Mao schriftlich um Erlaubnis gebeten, ihren Vater zu besuchen. Doch Mao bekam den Brief nie zu Gesicht, und Deng Rong durfte nicht zu ihrem Vater reisen.

Zhang Yufengs Einfluß rührte größtenteils daher, daß nur sie ihn verstehen konnte. Sie mußte sogar für mich als Dolmetscherin fungieren.

»Dr. Li«, sagte sie, als ich an Maos Bett trat, »der Vorsitzende möchte wissen, ob noch Hoffnung besteht.« Mao nickte mühsam, streckte langsam seinen rechten Arm aus und ergriff meine Hand. Als ich ihm den Puls fühlte, hing seine Hand schlaff herunter, und der Pulsschlag war kaum wahrnehmbar. Das allen Chinesen so vertraute runde Gesicht war eingefallen, die Haut aschfahl. Seine Augen hatten ihren Glanz verloren und starrten ins Leere. Die Linie auf dem Elektrokardiographen flatterte.

Sechs Wochen zuvor, am 28. Juli 1976, hatten wir Mao in dieses Zimmer im Haus Nummer 202 in Zhongnanhai verlegt. In den frühen Morgenstunden jenes Tages war das Gebiet um Beijing von einem schweren Erdbeben erschüttert worden. Die Stadt Tangshan, rund hundertsechzig Kilometer östlich von Beijing, wurde völlig zerstört. Über zweihundertfünfzigtausend Menschen starben. In Beijing kamen nur wenige Menschen ums Leben, aber der Sachschaden war beträchtlich. Aus Angst vor weiteren Beben verbrachten Millionen von Einwohnern die nächsten Wochen in rasch aufgeschlagenen Zelten. Auch Maos Haus, das er zu Beginn der Kulturrevolution bezogen hatte, war durch das Beben stark beschädigt worden. Deshalb mußten wir Mao an einen sichereren Ort bringen.

Das Haus Nummer 202 war die einzige Alternative. 1974 war es eigens für Mao gebaut worden, und angeblich sollte es auch einem stärkeren Erdbeben standhalten. Nachdem wir Mao in dieses Haus gebracht hatten, gab es am Abend ein stärkeres Nachbeben, begleitet von heftigem Regen, aber im Haus Nummer 202 war davon kaum etwas zu spüren. Der Himmel hätte einstürzen können, ohne daß ich es bemerkt hätte, so sehr war ich darauf konzentriert, das Leben des Vorsitzenden zu retten.

Jetzt traten Hua Guofeng und Zhang Qunqiao, Wang Hongwen und Wang Dongxing leise an Maos Bett. Ich hörte, daß noch andere das Zimmer betraten und vor dem Wandschirm stehenblieben, der Maos Bett vom Rest des Raumes trennte. Die Ärzte und Schwestern bereiteten sich auf den Schichtwechsel um Mitternacht vor.

Ich hielt Maos Hand und fühlte ihm den Puls, als Jiang Qing ins Zimmer stürzte. »Kann mir mal jemand sagen, was los ist?« rief sie.

Jiang Qing war Maos vierte Frau, wenn man die Ehe mitzählt, die Maos Eltern gegen seinen Willen für ihn arrangiert hatten, als er noch sehr jung war.[4] Trotz heftiger Einwände des Politbüros hatte Mao sie 1938 in Yan'an geheiratet. Angeblich war Jiang Qing damals sehr charmant, selbständig und eine große Hilfe für Mao. Aber mit der Zeit langweilte sie das eintönige Leben als Frau des obersten Führers des Landes, so daß sie reizbar und anstrengend wurde. Erst während der Kulturrevolution kam sie wieder zu ihrem Recht. Sie nutzte die Gelegenheit, ihre Privatfehden auszutragen, als sie schließlich Mitglied des Politbüros geworden war. Obwohl Mao und Jiang Qing schon seit Jahren getrennte Wege gingen, hatte Mao sich nicht von seiner Frau scheiden lassen. Er wäre sonst vielleicht gezwungen gewesen, eine seiner vielen Freundinnen zu heiraten, was er unbedingt vermeiden wollte.

Während der Kulturrevolution war Jiang Qing in eine der großen Villen des staatlichen Diaoyutai-Komplexes übergesiedelt, aber nach dem Herzinfarkt ihres Mannes im Juni war sie wieder nach Zhongnanhai in das Lotos-Zimmer gezogen.

Es war nicht leicht für Jiang Qing, sich damit abzufinden, daß Zhang Yufeng großen Einfluß auf Mao gewonnen hatte, und als sie es schließlich akzeptierte, begann sie, um Zhangs Gunst zu werben. Zudem fiel es ihr schwer, Maos Krankheit und seinen nahen Tod zu akzeptieren. Sie war hin- und hergerissen zwischen der Angst, ihr eigener Einfluß beruhe letztlich nur auf Mao, und der Hoffnung, nach seinem Tod seinen Platz einnehmen zu können. Die Krankheit und besonders Maos Inkontinenz stießen sie ab.

Hua Guofeng unterbrach sie. »Genossin Jiang Qing«, sagte er höflich, »der Vorsitzende spricht gerade mit Dr. Li.«

Ich versuchte, Mao zu beruhigen, obwohl ich wußte, daß es keine Hoffnung mehr gab. Sein Gesundheitszustand hatte sich mit den Jahren immer mehr verschlechtert. Die Probleme begannen schon Ende September 1971. Lin Biao, der damalige stellvertretende Parteivorsitzende und stellvertretende Vorsitzende der Militärkommission, den Mao zu seinem Nachfolger erkoren hatte und der in ganz China als sein engster Kampfgenosse galt, hatte sich gegen ihn gewendet und eine Verschwörung angezettelt, um Mao zu stürzen. Eines Tages glaubte Lin Biao, daß seine Verschwörung aufgedeckt worden sei, und requirierte kurzerhand ein Flugzeug, um mit Frau und Sohn in die Sowjetunion zu fliehen. Unterwegs ging jedoch der Treibstoff aus, das Flugzeug stürzte bei Undur Khan in der Äußeren Mongolei ab, und alle Insassen kamen ums Leben. Nach diesem Vorfall bekam Mao Depressionen und litt unter Schlaflosigkeit. Schließlich wurde er ernsthaft krank.

Obwohl Mao einige Wochen vor Präsident Nixons historischem ersten China-Besuch im Februar 1972 immer noch nicht gesund war, lehnte er sich gegen seine Ärzte auf und verweigerte jede medizinische Behandlung. Erst drei Wochen vor Nixons geplanter Ankunft bat er mich schließlich, mit der Behandlung zu beginnen. Sein Zustand war so ernst, daß an eine völlige Genesung nicht zu denken war. Bei Nixons Ankunft war Mao so schwach, daß er kaum sprechen konnte. Die Lungeninfektion war noch nicht auskuriert, und er litt noch immer unter einer akuten Hyperämie. Er war derart aufgedunsen, daß er sich einen neuen Anzug anfertigen lassen mußte. Als Nixons Wagen vor Maos Haus vorfuhr, begrüßte ich den Präsidenten und führte ihn in Maos Arbeitszimmer. Dann zog ich mich auf den Gang vor dem Empfangszimmer zurück, wo ich das Gespräch mitanhören konnte. Für den Notfall hatte ich die Erste-Hilfe-Ausrüstung parat.

Jetzt, mit dreiundachtzig, war Mao von zahlreichen Krankheiten gezeichnet. Seine Nikotinsucht hatte seine Lunge zerstört, und seit Jahren hatte er regelmäßig mit Bronchitis, Lungenentzündungen und Emphysemen zu kämpfen. Die Lunge hatte ihre Elastizität verloren, Krampfhusten hatte den linken Lungenflügel stark geschädigt, und drei große Luftblasen erschwerten Mao das Atmen. Vor allem das Ausatmen fiel ihm schwer, und er konnte nur auf der linken Seite liegen; dann drückte sein Körpergewicht die Luftblasen zusammen, und er konnte mit der rechten Lunge atmen. Oft benötigte er zum Atmen eine Sauerstoffmaske, und in Notfällen benutzten wir das Atemgerät, das Henry Kissinger 1971 nach seiner geheimen Mission in China geschickt hatte.

Im Jahr 1974 hatte sich herausgestellt, daß Mao nicht an der Parkinsonschen Krankheit litt, wie im Westen vermutet worden war, sondern an amyotrophischer Lateralsklerose, einer seltenen, unheilbaren und letztlich tödlichen neurodegenerativen Krankheit. Dabei sterben allmählich die motorischen Nervenzellen des Knochenmarks und der Wirbelsäule ab, die die Halsmuskeln, den Rachenraum, die Zunge sowie die rechte Hand und das rechte Bein steuern. Muskelschwund und schließlich eine Lähmung der betroffenen Körperpartien sind die Folge. Im fortgeschrittenen Stadium kann der Patient nicht mehr sprechen oder schlucken und muß mittels einer

Magensonde künstlich ernährt werden. Die betroffenen Muskeln können nicht mehr angespannt werden, das Atmen fällt immer schwerer. Zudem hat der Patient ständig mit Lungeninfektionen zu kämpfen. Es gibt keine wirksamen Behandlungsmethoden, so daß die meisten Patienten innerhalb von zwei Jahren nach der ersten Diagnose sterben.

Maos Krankheit war so verlaufen, wie die Ärzte vorausgesagt hatten. Aber nicht sie allein war für seinen schlechten Zustand ausschlaggebend. Hinzu kam sein durch das Alter und eine chronische Lungenkrankheit geschwächtes Herz. Den ersten Herzinfarkt hatte Mao Mitte Mai 1976 während eines Streites mit Zhang Yufeng erlitten. Am 26. Juni folgte der zweite Infarkt, am 2. September der dritte. Die Ärzte wußten, daß Maos Tod nahe bevorstand, auch wenn keiner es zu sagen wagte.

Doch der Parteivorsitzende kämpfte weiter.

»Es ist gut, Vorsitzender«, sagte ich, während ich noch immer seine Hand hielt. »Wir werden Ihnen helfen.« Einen Moment lang wirkte er zufrieden. Auf seinen Wangen zeigten sich rötliche Flecken. Er atmete tief aus. Dann schloß er die Augen. Seine Rechte wurde schlaff und entglitt meiner Hand. Die Linie auf dem Elektrokardiographen wurde flach. Ich sah auf die Uhr. Es war 0.10 Uhr am 9. September 1976.

Ich empfand keine Trauer über Maos Tod. Zweiundzwanzig Jahre war ich täglich an seiner Seite gewesen und hatte ihn bei allen Treffen und auf sämtlichen Reisen begleitet. Viele Jahre hindurch war ich nicht nur sein Arzt, sondern auch sein persönlicher und politischer Vertrauter gewesen. Ich stand ihm näher als jeder andere, außer vielleicht Wang Dongxing.

Anfangs hatte ich Mao bewundert. Er war der Retter Chinas, der Messias des Landes. Aber das war lange her. Mein Traum von einem neuen China, in dem alle Menschen gleich sein würden und die Ausbeutung ein Ende hätte, war schon vor Jahren zerstört worden. Ich hatte kein Vertrauen mehr zur Kommunistischen Partei, deren Mitglied ich immer noch war. Eine Ära ist zu Ende, dachte ich, während ich auf die gerade Linie auf dem Elektrokardiographen starrte. Maos Zeit ist vorbei.

Plötzlich war die Furcht wieder da. Was würde aus mir werden? Als Maos Arzt hatte ich jahrelang in ständiger Angst gelebt.

Als ich von Maos reglosem Körper aufsah und in die Gesichter der Umstehenden blickte, wurde mir klar, daß wohl jeder in diesem Zimmer gerade über sein weiteres Schicksal nachdachte. Das Leben in den Mauern von

Zhongnanhai war immer gefährlich gewesen. Unwillkürlich blickte ich zu Jiang Qing hinüber. »Was haben Sie getan?« fuhr sie mich an. »Man wird Sie zur Rechenschaft ziehen.«

Ihr Vorwurf kam nicht überraschend. Jiang Qing vermutete Verschwörungen hinter den harmlosesten Dingen. Die Probleme zwischen uns hatten schon vor zwanzig Jahren begonnen, und vor vier Jahren hatte sie mich der Spionage beschuldigt.

Hua Guofeng schritt vermittelnd ein. »Wir waren die ganze Zeit hier«, sagte er in sanftem Ton. »Die Genossen des Ärzteteams haben ihr Möglichstes getan.«

Wang Hongwen bestätigte errötend Huas Worte. »Ja, wir vier waren die ganze Zeit hier.« Wang Hongwen war das jüngste Mitglied des Politbüros und wurde oft boshaft als »Rakete« bezeichnet – eine Anspielung auf seinen kometenhaften Aufstieg vom kleinen Sicherheitskader in einer Shanghaier Fabrik zum Mitglied des obersten politischen Gremiums. Keiner verstand, warum Mao eine so große Zuneigung zu dem jungen Mann gefaßt und seinen Aufstieg vorangetrieben hatte. Wang war groß, sah gut aus und wirkte intelligent. Aber der Eindruck täuschte, denn er besaß lediglich den Mittelschulabschluß und war nicht besonders klug. Er hatte nichts zur Führung Chinas beizutragen. Als Mao im April einen Rückfall erlitt, hatte Wang mir ein Heilmittel angeboten. Mao sollte gemahlene Perlen essen. Wang hatte das Mittel bereits besorgt und nach Beijing bringen lassen. Er erwartete, daß ich es Mao verabreichte, aber ich lehnte ab.

Anstatt am Bett des todkranken Mao Wache zu halten, ging Wang oft auf den Feldern in der Nähe des Xiyuan-Flugplatzes auf Hasenjagd. Häufig sah er sich auch Filme aus Hongkong an. Ich bin überzeugt, daß Wang nie ein besonders rechtschaffener Mann gewesen war, aber seine einflußreiche Stellung hatte ihn noch mehr verdorben. »Die Ärzte haben uns ausführlich Bericht erstattet«, verteidigte er sich gegenüber Jiang Qing. »Wir wußten genau ...«

»Warum habt ihr mir dann nicht schon früher Bescheid gegeben?« unterbrach ihn Jiang Qing.

Jiang Qing war wiederholt über Maos Zustand informiert worden, aber in der Regel hatte sie den Ärzten vorgeworfen, seine Krankheit hochzuspielen. Sie bezeichnete uns als bourgeois und meinte, man dürfe unseren Ratschlägen nur zu einem Drittel folgen. Nachdem sie offiziell erfahren hatte, wie ernst Maos Zustand war, hatte sie uns die Stirn geboten und sich am 28. August auf eine »Inspektionsreise« nach Dazhai begeben, der landwirtschaftlichen Musterbrigade des Landes, die sie besonders unterstützte. Am 5. September rief

Hua Guofeng sie zurück. Bei ihrer Rückkehr machte sie sich nicht einmal die Mühe, sich nach Maos Befinden zu erkundigen, denn sie sei müde.

Am 7. September, als Maos Zustand kritisch wurde und er dem Tode nahe war, kam Jiang Qing mit dem Ärzteteam zusammen. Sie schüttelte den Ärzten und Schwestern die Hand und sagte zu jedem: »Sie sollten jetzt sehr glücklich sein.« Offensichtlich war sie davon überzeugt, daß sie nach Maos Tod die Führung übernehmen werde, und sie schien zu glauben, daß wir uns darüber freuen müßten.

Die Ärzte, die ihr zum erstenmal begegneten, waren über ihre Gefühllosigkeit verblüfft. »Ihr Verhalten ist keineswegs ungewöhnlich«, erklärte mir Wang Dongxing. »Jiang Qing ist der Ansicht, daß nur Mao sie noch daran hindert, die Macht zu ergreifen.« Sie wartete auf seinen Tod. Der Machtkampf begann, als Mao im Sterben lag, und er verschärfte sich, ehe sein Körper erkaltet war.

Jiang Qing war die Führerin der radikalen Fraktion. Sie wurde unterstützt von Zhang Qunqiao, Wang Hongwen und Maos Neffen Mao Yuanxin. Zhang Qunqiao war ein linker Theoretiker aus Shanghai und ein wichtiger Vertreter der Kulturrevolution. »Sozialistisches Unkraut ist besser als kapitalistischer Weizen«, pflegte er zu sagen. Während Jiang Qings Ausbruch ging er, die Hände auf dem Rücken verschränkt und mit gesenktem Blick, im Zimmer auf und ab.

Maos Neffe lief bedrückt im Zimmer herum, als suche er etwas. Mao Yuanxin war der Sohn von Maos jüngerem Bruder Mao Zemin, der im Zweiten Weltkrieg auf Anordnung des Gouverneurs der Provinz Xinjiang im Nordwesten Chinas, Sheng Shicai, hingerichtet worden war. Zuerst hatte der Gouverneur Mao Zemin freundlich aufgenommen, aber nach dem Einmarsch der Deutschen in die Sowjetunion hatte Sheng Shicai sich von der Sowjetunion und der Kommunistischen Partei Chinas losgesagt und sich Jiang Jieshi (Tschiang Kai-schek) und der Guomindang angeschlossen. Mao Zemins Frau wurde ebenfalls verhaftet, und Yuanxin kam im Gefängnis zur Welt. Als Yuanxins Mutter wieder heiratete, nahm Mao den Neffen in seine Obhut und brachte ihn nach 1949 mit nach Zhongnanhai. Mao hatte jedoch nur selten Umgang mit dem Jungen.

Ich hatte Yuanxin heranwachsen sehen. Als Kind war er nicht gut mit Jiang Qing ausgekommen, aber bei Beginn der Kulturrevolution 1966 – damals war er Mitte Zwanzig – schloß er sich den Rebellen an. In einem Brief an Mao entschuldigte er sich für sein früheres Verhalten gegenüber Jiang und erklärte, fortan wolle er sein politisches Schicksal mit ihr teilen. Jetzt, mit Mitte Dreißig, war Mao Yuanxin politischer Kommissar des Militärbezirks

Shenyang im Nordosten Chinas. Als Mao Ende 1975 zu krank war, um an den Sitzungen des Politbüros teilzunehmen, vertrat Yuanxin seinen Onkel und fungierte als Verbindungsmann zwischen Mao und der Führungsspitze der Partei. Er hatte beachtlichen Einfluß, und Jiang Qing vertraute ihm.

Während Ärzte und Schwestern, erschrocken über Jiang Qings Vorwürfe, mit gesenkten Köpfen dastanden, war Wang Dongxing mit seinem Untergebenen Zhang Yaoci, dem Kommandeur des Zentralen Garnisonskorps, in ein Gespräch vertieft. Wang Dongxing und Jiang Qing waren schon lange miteinander verfeindet, und da er von ihr nichts zu befürchten hatte, ignorierte er ihren Ausbruch einfach. Er hatte sich durch seine Ämter großen Einfluß verschafft. Er war nicht nur Direktor des Generalbüros der Kommunistischen Partei, sondern er hatte auch jahrelang das Hauptbüro der Sicherheitskräfte geleitet, und er bekleidete den Posten des Parteisekretärs des Zentralen Garnisonskorps, das für den Schutz der Parteiführer, ihrer Wohnungen und Büros zuständig war. Vor der Kulturrevolution war er außerdem stellvertretender Leiter des Büros für Öffentliche Sicherheit gewesen.

Wie Wang Dongxing war auch Zhang Yaoci, der ebenfalls aus der Provinz Jiangxi stammte, ein altes Parteimitglied und Teilnehmer am Langen Marsch. Die beiden Sicherheitsfunktionäre hatten eine Menge vorzubereiten. Maos Leichnam sollte in der Großen Halle des Volkes aufgebahrt werden. Da Zehntausende am Sarg vorbeiziehen würden, um dem Toten die letzte Ehre zu erweisen, mußten strenge Sicherheitsvorkehrungen getroffen werden.

Auf einmal entspannten sich Jiang Qings Züge. Vielleicht hatte sie jetzt begriffen, daß das größte Hindernis auf ihrem Weg zur Macht beseitigt war und sie bald die Führung in China übernehmen würde. »Nun, Sie alle haben eine schwere Zeit hinter sich«, sagte sie freundlich. »Ich danke Ihnen vielmals.« Sie wies eine Schwester an, das schwarze Seidenkleid zu holen, das bereits vor dem Tod ihres Mannes angefertigt worden war, und es bügeln zu lassen. Sie war bereit zu trauern.

Hua Guofeng wandte sich an Wang Dongxing. Die beiden waren sich erst vor kurzem nähergekommen. »Berufen Sie sofort eine Sitzung des Politbüros ein«, ordnete Hua an.

Die meisten von uns wollten schon den Raum verlassen, als Zhang Yufeng plötzlich von einem Weinkrampf geschüttelt wurde. »Der Vorsitzende ist tot«, jammerte sie. »Was wird jetzt aus mir?« Jiang Qing ging zu ihr, legte besorgt den Arm um ihre Schultern und bat sie, nicht mehr zu weinen. »Du kannst jetzt für mich arbeiten«, sagte sie. Im Nu versiegten Zhangs Tränen, und sie begann zu lächeln. »Vielen Dank, Genossin Jiang Qing.«

»Laß von jetzt an niemanden mehr in das Schlafzimmer oder das Wohnzimmer des Vorsitzenden«, hörte ich Jiang Qing flüstern. »Such alle Dokumente des Vorsitzenden zusammen, ordne sie und bring sie mir.« Dann begab sie sich zwei Türen weiter in den Konferenzraum, wo in Kürze die Sitzung des Politbüros stattfinden sollte. Zhang Yufeng trottete hinter Jiang Qing her und versprach, ihren Anweisungen zu folgen.

Zhang Yaoci, der Kommandeur des Zentralen Garnisonskorps, kam, offensichtlich beunruhigt, aus Maos Schlafzimmer. Er fragte mich, ob jemand aus dem Ärzteteam Maos Uhr gesehen habe.

»Was für eine?« erkundigte ich mich.

»Die Uhr, die Guo Moruo dem Vorsitzenden während der Verhandlungen von Chongqing geschenkt hat.« Mao hatte nie eine Uhr getragen – er lebte nach seiner eigenen Zeit –, aber die Schweizer Omega-Uhr, die er im August 1945 von Guo Moruo bekommen hatte – einem Autor, Kalligraphen, vielseitigen Gelehrten und guten Freund, der bis zu seinem Tod im Jahr 1978 Präsident der Chinesischen Akademie der Wissenschaften war –, besaß einen großen historischen Wert. Die Amerikaner hatten in den Verhandlungen von Chongqing die Guomindang und die Kommunisten dazu bewegen wollen, ihre Differenzen auszuräumen und eine Art Koalitionsregierung zu bilden. Nach dem Scheitern der Verhandlungen wurde ein Bürgerkrieg unausweichlich, und damit war die Zusammenarbeit zwischen der Kommunistischen Partei und den Vereinigten Staaten beendet.

»Wir alle haben uns darauf konzentriert, das Leben des Vorsitzenden zu retten«, erklärte ich. »Niemand hat dabei auf eine Uhr geachtet. Warum fragen Sie nicht Zhang Yufeng?«

»Ich habe gesehen, wie Mao Yuanxin herumlief und etliche Sachen berührte«, sagte Zhang Yaoci. »Er muß die Uhr genommen haben.«

»Keiner aus dem Ärzteteam hätte gewagt, sie an sich zu nehmen«, wiederholte ich. Zhang Yaoci ging in Maos Krankenzimmer zurück.

Einen Augenblick später trat Wang Dongxing aus dem Raum, in dem sich die Mitglieder des Politbüros versammelt hatten, und bat mich zu einem persönlichen Gespräch in ein Nebenzimmer. Das Politbüro hatte gerade beschlossen, Maos Leichnam für zwei Wochen konservieren zu lassen, damit das Volk von ihm Abschied nehmen konnte. Da es in Beijing im September immer noch heiß ist, sollten wir unverzüglich mit der Konservierung beginnen, damit der Leichnam nicht verweste.

Obwohl niemand von uns gewagt hatte, über Maos Bestattung zu sprechen, als der Vorsitzende noch am Leben war, kam die Aufforderung, Maos

Leichnam für ein paar Wochen zu konservieren, nicht überraschend, und es gab in dieser Hinsicht keine Probleme.

Als ich mich gerade daranmachen wollte, die nötigen Vorbereitungen zu treffen, wurde ich von einem Hauptmann des Zentralen Garnisonskorps aufgehalten. »Dr. Li, machen Sie sich auf Unannehmlichkeiten gefaßt«, sagte er in unheilverkündendem Ton. »Bei der Sitzung des Politbüros wird vermutlich für Sie nichts Gutes herauskommen. Wenn etwas schiefläuft, werden Sie nicht ungeschoren bleiben.« Kurz zuvor hatte mich bereits eine böse Ahnung beschlichen, doch nun war ich erstaunt darüber, wie gelassen ich die Bemerkung des Hauptmanns aufnahm.

Ich rechnete damit, des Mordes an Mao bezichtigt zu werden.

Ich stamme aus einer alten Arztfamilie, die auf eine Tradition von mindestens fünf Generationen zurückblicken kann. Gegen Ende der Qing-Dynastie, während der Regentschaft der Kaiserinwitwe Cixi (1835–1908), hatte sich mein Urgroßvater als Arzt einen solchen Ruf erworben, daß er aus der Provinz Anhui an den kaiserlichen Hof gerufen wurde. Einer meiner Vorfahren holte den Kaiser Tong Zhi (1856–1874) auf die Welt und wurde später dessen Leibarzt sowie Arzt des kaiserlichen Haushalts.

Der Überlieferung nach soll sich Kaiser Tong Zhi gern, als gemeiner Bürger verkleidet, aus dem Kaiserpalast geschlichen haben, um die Bordelle in den engen Gassen aufzusuchen, die sich südlich der Verbotenen Stadt kreuz und quer durch Beijing zogen. Laut unserer Familienchronik stellte mein Urgroßvater bei dem Kaiser Syphilis fest. Cixi war über die Diagnose derart erbost, daß sie vor Wut eine jadene Haarnadel auf den Boden warf. Sie lehnte die von meinem Urgroßvater verordnete Behandlung ab und bestand darauf, Tong Zhi statt dessen wegen Pocken behandeln zu lassen. Als der Kaiser starb, verlor mein Urgroßvater seinen Adelsrang, arbeitete aber weiterhin im kaiserlichen Hospital. Er starb, ohne rehabilitiert zu werden, das heißt, der Hut, das Kennzeichen seiner adligen Stellung, wurde ihm nicht aufgesetzt, sondern neben ihm in den Sarg gelegt. Ein Teil unserer Familientradition blieb erhalten, da meine Vorfahren auch weiterhin als Ärzte tätig waren. Aber die Warnung meines Urgroßvaters vor dem Dienst am Kaiserhof wurde getreulich von Generation zu Generation weitergegeben und ebenso getreulich befolgt. Seit jener Zeit diente keiner meiner Vorfahren je wieder am Kaiserhof.

Allerdings schlägt man eine Berufung aus den obersten Reihen der Macht nicht einfach aus. Zwar protestierte ich gegen meine Ernennung zum Leibarzt Maos, aber ich konnte diese Ehre letztlich nicht zurückweisen. Mehrere

Male wollte ich meine Tätigkeit aufgeben, doch Mao hielt mich jedesmal davon ab.

Außer meiner Familie und meinen engsten Freunden wußte niemand von meiner Arbeit. Die für Maos Sicherheit zuständigen Organe fürchteten, Verschwörer könnten seinen Arzt dazu benutzen, den Vorsitzenden umzubringen. Diejenigen, die über meine Tätigkeit Bescheid wußten, hatten immer damit gerechnet, daß mir einmal ein schlimmes Ende drohen würde. »Du hast eine große Verantwortung«, mahnte 1963 einer meiner Cousins. »Die Gesundheit des Vorsitzenden Mao ist für die Partei und für die ganze Nation von großer Bedeutung. Sollte jemals ein Mitglied des Zentralkomitees mit dir unzufrieden sein und deine Arbeit kritisieren, bist du in ernsten Schwierigkeiten.«

Andere Freunde lehnten es ab, zu uns nach Hause zu kommen, selbst nachdem meine Familie aus der Residenz im Zhongnanhai-Park ausgezogen war und Besuche erlaubt waren. Eine Bekannte aus Kunming in der Provinz Yunnan war eng mit dem ehemaligen Kommissar des Militärbezirks Kunming, Tan Furen, befreundet gewesen, der während der Kulturrevolution von einem seiner Leibwächter ermordet wurde. »Nach Tans Ermordung wurde jeder, der ihn zu Hause aufgesucht hatte, eingehend verhört – und zwar völlig isoliert«, erzählte sie. »Zum Glück war ich nie bei ihm zu Hause gewesen.« Und mich wollte sie auch nicht besuchen.

Die Behauptung, Stalins Ärzte hätten sich verschworen, um den sowjetischen Führer zu ermorden, hatte mich immer schwer belastet, und ich war auf ähnliche Vorwürfe gegen mich und mein Ärzteteam gefaßt. Als feststand, daß Mao im Sterben lag, hatte ich begonnen, mich auf meine Verhaftung vorzubereiten. Anfang September, kurz nach seinem dritten Herzinfarkt, war ich zum erstenmal seit Monaten nach Hause gefahren, um rasch ein paar Sachen – meine wattierte Baumwolljacke, warme Hosen und einen Mantel – zusammenzupacken, denn ich rechnete damit, in ein unbeheiztes Gefängnis gesperrt zu werden. Ich war noch einmal in jedes Zimmer unserer Wohnung gegangen und hatte stumm Abschied genommen, weil ich fürchtete, nie mehr zurückzukehren. Meine Frau war bei der Arbeit, die Kinder in der Schule.

Später erzählte mir meine Frau, unser Hausmädchen habe ihr berichtet, ich hätte es sehr eilig gehabt und einen ziemlich besorgten Eindruck gemacht. Deshalb nahm sie an, es sei etwas Schlimmes passiert. Als ich kurz nach Maos Tod die Warnung des Hauptmanns hörte, war ich deshalb auf alles gefaßt. »Ein totes Schwein fürchtet kein kochendes Wasser«, pflegte Mao zu sagen. Genauso kam ich mir vor: wie ein totes Schwein.

Mitten in der Nacht rief ich die Ministerin für Öffentliche Gesundheit, Liu Xiangping, zu Hause an und fragte, ob ich sofort zu ihr kommen dürfe. Ich gab ihr keinerlei Erklärung, sondern sagte nur, daß wir uns persönlich treffen müßten. Liu Xiangping war die Witwe des verstorbenen Ministers für Öffentliche Sicherheit, Xie Fuzhi. Sie waren beide Linksradikale gewesen, und vermutlich hatte man Liu Xiangping auf Empfehlung Jiang Qings während der Kulturrevolution zur Ministerin für Öffentliche Gesundheit ernannt, denn sie war für dieses Amt überhaupt nicht qualifiziert.

Liu wohnte noch immer auf dem Gelände des Ministeriums für Öffentliche Sicherheit in der Nähe der Chang'an-Straße nördlich des alten Botschaftsbezirks in einem vornehmen Haus im alten westlichen Stil. Sie erwartete mich in einem Vorzimmer.

»Der Vorsitzende Mao ist zehn Minuten nach Mitternacht gestorben«, begann ich. Noch ehe ich den Satz beendet hatte, brach sie in Tränen aus. »Wir dürfen keine Zeit verlieren«, fuhr ich ungeduldig fort. »Das Politbüro wünscht, daß wir den Leichnam des Vorsitzenden für zwei Wochen konservieren. Wir müssen uns beeilen. Man erwartet uns.«

Liu Xiangping wischte sich die Tränen aus den Augen. »Was sollen wir tun?« fragte sie und begann erneut zu weinen.

»Wir müssen mit den Mitarbeitern der Akademie für Medizinische Wissenschaften sprechen«, sagte ich. »In den Bereichen Anatomie und Histologie gibt es Experten.«

»Einverstanden. Aber zuerst sollten wir Huang Shuze und Yang Chun zu einem Gespräch hierher bitten.« Wenn Liu Xiangping ärztlichen Rat brauchte, wandte sie sich an Huang Shuze, einen der stellvertretenden Minister für Öffentliche Gesundheit, der selbst Arzt war. Yang Chun war Parteisekretär an der Akademie für Medizinische Wissenschaften.

»Wir verlieren eine Menge Zeit, wenn wir sie hierher bitten«, widersprach ich. »Besser, wir rufen zuerst die Experten an und treffen uns danach alle in Yang Chuns Büro in der Akademie.« Liu war einverstanden und begann zu telefonieren, während ich zur Akademie fuhr.

Bei meinem Eintreffen warteten Yang Chun und Huang Shuze bereits dort. Zwei Experten auf dem Gebiet der Konservierung von Leichen waren ebenfalls da – Zhang Bingchang, ein wissenschaftlicher Mitarbeiter der Abteilung Anatomie, und Xu Jing, eine etwa vierzigjährige Forschungsassistentin der Abteilung Histologie. Die Ministerin für Öffentliche Gesundheit hatte ihnen nicht gesagt, weshalb sie mitten in der Nacht herbeibeordert worden waren, und Zhang Bingchang starrte sichtlich beunruhigt aus dem Fenster.

Später erfuhr ich, daß man ihn nicht zum erstenmal nachts in die Akademie gerufen hatte. Während der Kulturrevolution hatte man ihn oft geweckt, damit er Totenscheine für Menschen ausstellte, die ermordet worden waren oder Selbstmord begangen hatten. Da die für die Morde verantwortlichen militanten jungen Rotgardisten verhindern wollten, daß solche unerfreulichen Fakten aktenkundig wurden, war Zhang Bingchang häufig mißhandelt und geschlagen worden. »Die Schläge waren nicht so schlimm«, erklärte er mir. »Am meisten Angst hatte ich davor, zum Konterrevolutionär gestempelt zu werden.« Erst wenige Monate vorher hatte man ihn mitten in der Nacht aus dem Bett geholt, um den Leichnam des früheren Ministers für Öffentliche Sicherheit, Li Zhen, zu obduzieren, der an einer Überdosis Schlaftabletten gestorben war. Infolge seines Berichtes war Zhang auf Antrag des Ministeriums für Öffentliche Sicherheit für mehr als zwei Monate inhaftiert worden.

Als ich die Anwesenden über Maos Ableben unterrichtete, entspannte er sich sichtlich.

Die Experten waren sich einig, daß Maos Leichnam ohne Schwierigkeiten für zwei Wochen konserviert werden konnte. Man mußte lediglich zwei Liter Formaldehyd in eine Arterie des Beins injizieren. Huang Shuze und Yang Chun hatten nichts gegen diese Methode einzuwenden; also holten Zhang und Xu ihr medizinisches Gerät und begleiteten mich nach Zhongnanhai. Die Straßen waren wie ausgestorben. Es war vier Uhr morgens und noch dunkel. Die Bevölkerung würde erst in ein paar Stunden vom Tod ihres Führers erfahren.

Das Politbüro tagte immer noch im Konferenzraum. »Direktor Wang Dongxing hat schon mehrmals nach Ihnen gefragt, und Marschall Ye Yianying hat Sie ebenfalls gesucht«, meldete mir der diensthabende Offizier der Wache. »Das Politbüro hat eine offizielle Erklärung zum Tod des Vorsitzenden verfaßt – ›Eine Mitteilung an die Partei, die Armee und das Volk dieses Landes‹. Sie wird heute nachmittag um sechzehn Uhr über Rundfunk und Fernsehen verbreitet.«

Auf diese Erklärung hatte ich gewartet. Sie würde die offizielle Todesursache enthalten und darüber Aufschluß geben, ob das Ärzteteam und ich für Maos Tod verantwortlich gemacht wurden. »Was steht denn über die Krankheit und den Tod des Vorsitzenden drin?« fragte ich besorgt. Der Offizier gab mir eine Abschrift.

»Lesen Sie selbst«, sagte er.

Ich nahm das Stück Papier und überflog den ersten Absatz. »... wurde während seiner Krankheit ausgezeichnet medizinisch versorgt«, las ich.

»Dennoch war sein Zustand zuletzt hoffnungslos. Er starb am Morgen des 9. September 1976, zehn Minuten nach Mitternacht, in Beijing.« Ich brauchte nicht weiterzulesen. Ich war entlastet. Ein paar Tage später, am 13. September, wurde ich in der *Volkszeitung* als Leiter von Maos Ärzteteam erwähnt. Ich war gerettet.

Kaum hatte ich den Raum betreten, in dem sich die siebzehn Mitglieder des Politbüros aus Beijing versammelt hatten, kam auch schon Wang Dongxing auf mich zu. »Lassen Sie uns woanders hingehen«, sagte er. »Wir müssen miteinander reden.«

In einem Nebenzimmer fragte er: »Haben Sie die Erklärung gesehen?«

»Ja, gerade eben. Aber ich habe nur den ersten Absatz gelesen«, erwiderte ich.

Er grinste. »Das Politbüro hat soeben eine Entscheidung getroffen«, fuhr er fort. »Der Leichnam des Vorsitzenden soll auf Dauer konserviert werden. Sie müssen herausfinden, wie.«

Ich war überrascht. »Warum wollen sie ihn jetzt auf Dauer konservieren? Der Vorsitzende Mao war der erste, der 1956 schriftlich erklärte, er wolle eingeäschert werden. Ich kann mich noch gut daran erinnern.«

»Es ist die Entscheidung des Politbüros. Sie wurde erst vor wenigen Augenblicken getroffen«, erklärte Wang Dongxing.

»Aber es ist unmöglich«, beteuerte ich. »Was meinen Sie denn dazu?«

»Ministerpräsident Hua und ich befürworten die Entscheidung«, erwiderte Wang.

»Es geht einfach nicht. Wenn selbst Eisen und Stahl korrodieren, wie sollte dann der menschliche Körper vor dem Zerfall bewahrt werden?« Ich dachte daran, wie Mao und ich 1957 in Moskau das Mausoleum Lenins und Stalins besuchten. Die Leichname hatten ausgesehen, als seien sie zusammengeschrumpft und vertrocknet. Damals hatte ich erfahren, daß Lenins Nase und Ohren verwest und durch Nachbildungen aus Wachs ersetzt worden waren und daß Stalins Schnurrbart abgefallen war, obwohl man die Einbalsamierungsmethoden in der Sowjetunion viel besser beherrschte als in China. Deshalb konnte ich mir nicht vorstellen, wie wir Maos Leichnam konservieren sollten.

»Sie müssen auf unsere Gefühle Rücksicht nehmen«, sagte Wang blinzelnd.

»Ja, natürlich. Aber in China ist die Wissenschaft einfach noch nicht so weit.«

»Deshalb sollen Sie nach Leuten suchen, die Ihnen helfen. Ganz gleich, was Sie brauchen – Geräte, Apparaturen und dergleichen –, lassen Sie es mich wissen. Das Politbüro wird dafür sorgen, daß Sie alles bekommen.«

Der bejahrte Marschall Ye Yianying, der an der Parkinsonschen Krankheit litt, gesellte sich zu uns. Er war als einer der ersten in die Kommunistische Partei eingetreten, hatte die Volksbefreiungsarmee mitbegründet und war in meinen Augen eines der sympathischsten Politbüromitglieder. Als er mich fragte, was ich von einer dauerhaften Konservierung hielte, wiederholte ich meine Bedenken. Er schwieg eine Weile, dann erklärte er: »Unter den gegebenen Umständen haben wir keine andere Wahl, als die Entscheidung des Politbüros zu akzeptieren, Dr. Li. Aber warum beraten Sie sich nicht mit ein paar Leuten Ihres Vertrauens, zum Beispiel mit Dozenten der Kunstakademie? Vielleicht können sie eine Wachspuppe von Mao anfertigen. Sagen Sie ihnen, die Puppe soll möglichst echt aussehen. Wenn nötig, können wir das Modell später als Ersatz verwenden.«

Ich war erleichtert. Ye Yianying war stellvertretender Vorsitzender der Militärkommission und ein einflußreiches Mitglied des Politbüros. Zumindest er beharrte nicht auf dem Unmöglichen.

Wang Dongxing pflichtete Ye Yianying bei, bat mich aber, niemandem ein Wort zu sagen.

Bis heute weiß ich nicht, wie viele Mitglieder des Politbüros an dieser Entscheidung beteiligt waren. Möglicherweise wußte nicht einmal Jiang Qing Bescheid.

Ich kehrte in Maos Krankenzimmer zurück. Sein Leichnam war noch dort, und überall stand medizinisches Gerät herum. Wir brachten ihn in ein größeres Zimmer neben dem Konferenzraum, in dem das Politbüro tagte. Die Raumtemperatur betrug fünfundzwanzig Grad Celsius. Das war viel zu warm. Ich befahl den Bediensteten, die Temperatur auf zehn Grad zu senken. »Das können wir nicht machen«, entgegneten sie. »Die obersten Führer sind hier, und Genossin Jiang Qing hat bezüglich der Raumtemperatur strikte Anweisungen gegeben. Sie müssen erst ihre Erlaubnis einholen.« Zhongnanhai war direkt an zwei Elektrizitätswerke von Beijing angeschlossen, und Zusatzgeneratoren sorgten für Wärme im Winter und angenehme Kühle im Sommer, auch wenn in der ganzen Stadt der Strom ausfiel. Aber selbst im Gebäude 202, das man speziell für Mao erbaut hatte, war es nicht möglich, die Temperatur in einzelnen Räumen separat zu regeln. Ich ging in den Konferenzraum und holte mir die Erlaubnis des Politbüros. Kurz darauf wurde die Sitzung vertagt.

Als ich in das Zimmer zurückkam, hatten Zhang Bingchang und Xu Jing

Maos Leichnam gerade Formaldehyd injiziert. Ich informierte sie über die Entscheidung des Politbüros, den Leichnam auf Dauer zu konservieren. Sie waren erstaunt. »Das ist unmöglich«, erklärten sie einstimmig. »Wir haben keine Ahnung, wie man das macht.«

Obwohl ich für ihre Reaktion Verständnis hatte, sagte ich: »Wir müssen einfach herausfinden, wie man es anstellt. Jemand muß in der Bibliothek der Akademie für Medizinische Wissenschaften nachsehen, ob es Literatur zu diesem Thema gibt.«

Xu Jing machte sich sofort auf den Weg. Nach ungefähr einer Stunde rief sie uns an. »Es gibt da ein Verfahren, mit dessen Hilfe man den Körper relativ lange konservieren kann. Innerhalb von vier bis acht Stunden nach Eintritt des Todes muß eine hohe Dosis Formaldehyd injiziert werden – je nach Körpergröße etwa zwölf bis sechzehn Liter. Sobald Finger- und Zehenspitzen mit Flüssigkeit gefüllt sind, ist es genug.« Aber Xu Jing war immer noch unsicher. Zwar hatte sie diese Konservierungsmethode in einer westlichen Zeitschrift entdeckt, aber sie zweifelte an ihrer Wirksamkeit. Deshalb schlug sie vor, sich mit dem Politbüro zu beraten.

Ich sprach mit Wang Dongxing. »Am besten, Sie besprechen sich untereinander und entscheiden selbst«, sagte er. »Aber zuerst sollten Sie vielleicht Ministerpräsident Hua nach seiner Meinung fragen.«

Ich suchte Hua Guofeng auf und berichtete ihm, was Xu Jing herausgefunden hatte. »Wir können nicht noch eine Sitzung einberufen«, erwiderte er nach einer Weile. »Das würde zu nichts führen. Wir Politiker verstehen nichts von diesen Dingen. Warum tun Sie es nicht einfach? Ich weiß keine andere Möglichkeit.«

Inzwischen hatten sich in der provisorischen Leichenhalle noch zwei Fachleute eingefunden. Ein Mann namens Chen, Medizinalassistent der Abteilung Anatomie an der Akademie für Medizinische Wissenschaften, sollte dabei helfen, das Formaldehyd zu verabreichen. Und Genosse Ma von der pathologischen Abteilung des Krankenhauses von Beijing war gekommen, um den Toten anschließend zu schminken. Ich gab Anweisung, mit der Injektion zu beginnen. Insgesamt injizierten wir zweiundzwanzig Liter Formaldehyd, sechs Liter mehr als vorgeschrieben, weil wir hofften, die zusätzliche Flüssigkeit werde die Erfolgsaussichten erhöhen. Der Vorgang dauerte mehrere Stunden. Um zehn Uhr morgens waren wir endlich fertig.

Das Ergebnis war erschreckend. Maos Gesicht war aufgedunsen und so rund wie eine Kugel, sein Hals war ebenso breit wie sein Kopf. Das Formaldehyd drang wie Schweiß aus den Poren, so daß die Haut glänzte. Die Ohren waren ebenfalls geschwollen und standen im rechten Winkel vom Kopf ab. Der Anblick war grotesk. Die Wachen und die übrigen Bediensteten waren entsetzt. »Was haben Sie getan, daß der Vorsitzende so furchtbar aussieht?« fragte Zhang Yufeng. »Glauben Sie, das Zentralorgan wird Ihre Maßnahmen billigen?«

Xu Jing blieb die ganze Zeit ruhig, aber um Zhang Bingchang machte ich mir Sorgen. Er war blaß und hatte offenbar einen Schock. »Keine Angst«, versuchte ich ihn zu beruhigen. »Wir werden uns etwas einfallen lassen.«

Irgendwie mußten wir Mao sein ursprüngliches Aussehen zurückgeben, aber es war unmöglich, das Formaldehyd aus dem Körper zu entfernen. »Sein Leib kann ruhig aufgedunsen bleiben«, sagte ich. »Die Kleider werden es verdecken. Aber wir sollten versuchen, Gesicht und Hals in Ordnung zu bringen.«

»Vielleicht können wir durch Massage etwas von der Flüssigkeit in den Körper pressen«, schlug Zhang Bingchang vor. Das Team begann, Maos Gesicht mit einem Handtuch und Wattebällchen zu bearbeiten, um die Flüssigkeit in den Körper zurückzudrängen. Als Chen etwas zu fest drückte, platzte auf Maos rechter Wange die Haut auf. Chen begann vor Schreck zu zittern. »Keine Sorge«, tröstete Ma ihn. »Wir können ein wenig Make-up auflegen.« Mit einem Wattebausch tupfte er etwas Vaseline und eine fleischfarbene Flüssigkeit auf die Stelle. Das Make-up war perfekt. Von dem Schaden war nichts mehr zu sehen.

Die vier Experten arbeiteten bis drei Uhr nachmittags. Dann hatte Maos Gesicht endlich wieder normale Formen, die Ohren standen nicht mehr ab. Obwohl der Hals noch geschwollen war, meinten die Wachen und Bediensteten, Mao sehe – unter den gegebenen Umständen – schon viel besser aus. Aber als sie ihm den Anzug anziehen wollten, ließ sich die Jacke nicht zuknöpfen, weil sein Brustkorb so aufgedunsen war. Damit Maos massige Gestalt in den Anzug paßte, schlitzten sie Jacke und Hose auf der Rückseite auf.

Während wir den toten Mao ankleideten, kam Xu Shiyou, der Kommandeur des Militärbezirks Guangzhou, um dem Vorsitzenden die letzte Ehre zu erweisen. Xu Shiyou zählte zu den berühmtesten Generalen Chinas, war seit seiner Jugend Parteimitglied und hatte am Langen Marsch teilgenommen. Xu entstammte einer Bauernfamilie und war nie zur Schule gegangen. Die Armut hatte ihn in jungen Jahren gezwungen, als buddhistischer Mönch in das Shaolin-Kloster von Henan einzutreten, das für seine asiatischen Kampfsportarten weltberühmt ist. Erst bei der Roten Armee hatte er Lesen gelernt. Er war derb und ungebildet, aber Wang Dongxing behauptete oft,

Xu Shiyou könne es mit zwanzig Mann aufnehmen. Xu konnte Jiang Qing nicht leiden, aber Mao war er treu ergeben.

Beim Anblick von Maos Leichnam verneigte sich Xu Shiyou nach chinesischer Sitte dreimal. Dann beugte er sich über Maos Brust. Plötzlich wandte er sich mir zu und fragte: »Wie viele *ga ma* hat der Vorsitzende gehabt, ehe er starb?« Ich hatte keine Ahnung, wovon er sprach.

»Jeder hat vierundzwanzig *ga ma*«, erklärte Xu. »Wie viele hatte der Vorsitzende?« Ich war noch immer sprachlos.

»Sie sind doch ein kluger Arzt«, fuhr Xu fort. »Wissen Sie denn nicht, was *ga ma* bedeutet?« Ich hatte das Wort noch nie gehört, und ich weiß bis heute nicht, was es bedeutet. Xu Shiyou ging zweimal um den Leichnam herum und murmelte dabei vor sich hin. »Was zum Teufel sind das für blaue Flecken an seinem Körper?« fragte er. Dann verneigte er sich wieder dreimal, salutierte vor Mao und ging.

Ma richtete nochmals das Make-up. Wir hatten unser Bestes getan, damit die Leiche tatsächlich wie Mao aussah. Zufrieden mit unserer Arbeit kleideten wir den Leichnam fertig an und schmückten ihn mit der Fahne der Kommunistischen Partei. Um Mitternacht, rund vierundzwanzig Stunden nach Maos Tod, legten wir seinen Leichnam in einen luftdicht verschlossenen Glassarg. Einige Mitglieder des Politbüros ließen sich vor dem gläsernen Sarg fotografieren. Dann wurde er in einem Krankenwagen zur Großen Halle des Volkes gebracht, wo Mao eine Woche lang aufgebahrt werden sollte.

Der Machtkampf, der bereits während Maos Krankheit begonnen hatte, konzentrierte sich jetzt auf Maos Unterlagen. Jiang Qing und Mao Yuanxin begaben sich in Maos Wohnung und forderten Zhang Yufeng auf, ihnen Maos Papiere auszuhändigen, insbesondere die Protokolle der Gespräche, die Mao während seiner Inspektionsreise durch Südchina vom 14. August bis zum 12. September 1971 geführt hatte, kurz vor Lin Biaos mißglückter Flucht in die Sowjetunion.[5] Zwar hatte man Maos Gespräche während dieser Reise nie veröffentlicht, doch es war bekannt, daß sie nicht nur kritische Äußerungen über Lin Biao und einige seiner Kollegen enthielten, sondern auch Urteile über mehrere andere hohe Parteifunktionäre, darunter seine Frau Jiang Qing und ihre drei engen Mitarbeiter, die Politbüromitglieder Zhang Qunqiao, Wang Hongwen und Yao Wenyuan, die später als Viererbande bezeichnet wurden.

Solange Mao aufgebahrt war, hielt sich Wang Dongxing, der für die Verwahrung der Dokumente verantwortlich war, in der Großen Halle des Volkes auf und kümmerte sich dort um die Sicherheitsvorkehrungen. Täglich kamen Zehntausende sorgsam ausgewählter Bürger, um Mao die letzte Ehre zu erweisen, während die Führungsspitze des Landes Totenwache hielt. Wang wußte nichts von Jiang Qings Bemühungen, Maos Unterlagen an sich zu bringen, bis Zhang Yaoci, der Kommandeur des Zentralen Garnisonskorps, ihn davon unterrichtete. Sofort suchte Wang Zhang Yufeng auf. »Du solltest auf die Dokumente aufpassen und sie nicht anderen aushändigen«, schrie er sie an. »Sie gehören dem Zentralorgan der Partei. Niemand hat das Recht, sie an sich zu nehmen.«

Zhang schluchzte und murmelte: »Genossin Jiang Qing ist doch Politbüromitglied und die Ehefrau des Vorsitzenden Mao. Und Mao Yuanxin ist sein Neffe und sein Verbindungsmann zum Politbüro. Wie hätte ich es verhindern können?«

»Schon gut«, meinte Wang. »Ich werde jemanden herschicken, um die Dokumente zu prüfen. In der Zwischenzeit mußt du Jiang Qing bitten, die Papiere herauszurücken.«

Jiang Qing weigerte sich, die Unterlagen zurückzugeben, bis Hua Guofeng darauf bestand. »Kaum ist der Leichnam des Vorsitzenden Mao kalt, da versucht ihr auch schon, mich zu vertreiben«, klagte sie. Später erzählte mir Wang Dongxing, daß Teile der Dokumente gefälscht worden seien; Jiang Qing habe offenbar versucht, Maos kritische Äußerungen über sie zu streichen.

Mittlerweile hatte ich damit begonnen, ein Spezialistenteam zusammenzustellen, das die dauerhafte Konservierung von Maos Leichnam vornehmen sollte. Ich suchte mir an den medizinischen Hochschulen des Landes mehr als zwanzig führende Experten in den Bereichen Anatomie, Pathologie und organische Chemie.

Zunächst prüften wir alte chinesische Methoden der Konservierung. Erst vor kurzem war man bei archäologischen Ausgrabungen auf etliche mehrere hundert Jahre alte Leichen gestoßen, die trotz ihres Alters erstaunlich gut erhalten waren. Wir kamen allerdings rasch zu dem Schluß, daß diese Methoden in unserem Fall nichts taugten. Die Toten waren tief unter der Erde begraben gewesen und nie mit Sauerstoff in Berührung gekommen. Man hatte sie mit einer Art Balsam eingerieben und in eine Flüssigkeit getaucht, bei der es sich nach Ansicht der Wissenschaftler um Quecksilber handelte. Sobald die Körper der Luft ausgesetzt wurden, zerfielen sie jedoch.

Wir hätten gern gewußt, wie Lenins Leichnam konserviert worden war, aber Chinas Beziehungen zur Sowjetunion hatten sich derart verschlechtert, daß wir unmöglich ein Forscherteam dorthin entsenden konnten. Statt dessen schickten wir zwei Experten nach Hanoi, um herauszufinden, wie man den Leichnam Ho Chi Minhs (1890–1969) konserviert hatte. Die Reise erwies sich als Fehlschlag. Niemand in Vietnam war bereit, den beiden Forschern Auskunft zu geben, und sie bekamen Ho Chi Minhs Leichnam nicht zu Gesicht. Ganz im Vertrauen erfuhren sie, daß auch Hos Nase bereits verwest und seine Barthaare ausgefallen waren.

Zwei weitere Forscher wurden nach England geschickt, um sich in Madame Tussauds Wachsfigurenkabinett über die Herstellung von Wachspuppen zu informieren. Die beiden stellten jedoch fest, daß China, zumindest in dieser Technik, England weit voraus war. Während die vom Institut für Kunsthandwerk gefertigte Wachsfigur Maos äußerst lebensecht wirkte, sah man den Nachbildungen Madame Tussauds auf den ersten Blick an, daß sie aus Wachs waren.

Aufgrund der Lektüre wissenschaftlicher Zeitschriften gelangten wir zu der Erkenntnis, daß wir die bereits angewandte Methode etwas modifizieren mußten. Maos Gehirn sollte unversehrt bleiben, da wir den Schädel nicht öffnen wollten. Aber die Eingeweide – Herz, Lunge, Magen, Nieren, Darm, Leber, Bauchspeicheldrüse, Harnblase, Gallenblase und Milz – sollten entfernt und in getrennten Gefäßen in einer Formaldehydlösung aufbewahrt werden, falls irgendwann Fragen hinsichtlich der Todesursache auftauchten. Die durch die Entnahme der Eingeweide entstandenen Hohlräume im Körper sollten mit formaldehydgetränkter Watte ausgestopft werden. Ein durch den Hals in den Körper eingeführter Schlauch sollte es dem Team ermöglichen, in regelmäßigen Abständen Formaldehyd nachzupumpen. Der Glassarg mußte mit Helium gefüllt werden. Kurz nach der offiziellen Trauerzeit sollte die Arbeit unter strengster Geheimhaltung beginnen, und zwar in dem unterirdischen Komplex »19. Mai«.

Anlaß für das Untergrundprojekt »19. Mai« waren die Grenzstreitigkeiten zwischen China und der Sowjetunion wegen der Insel Zhenbao im äußersten Norden der Provinz Heilongjiang gewesen. Kurz nach Ausbruch der Feindseligkeiten am 2. März 1969 war Mao klar geworden, daß die größte Gefahr für die Sicherheit Chinas nicht von den Vereinigten Staaten, sondern von der Sowjetunion ausging. Diese Erkenntnis bildete die Grundlage für die spätere Entspannungspolitik gegenüber den Vereinigten Staaten, aber bis es soweit war, wurden die Chinesen aufgerufen, »tiefe Tunnel zu graben, überall Getreidevorräte anzulegen und nicht nach Hegemonie zu streben«, um zu zeigen, daß China den Frieden liebte, auch wenn das Land zum Krieg rüstete. Die Bürger in den Städten mußten zum Schutz vor sowjetischen Angriffen Luftschutztunnel anlegen, die sich noch heute zum Beispiel kreuz und quer durch Beijing ziehen. Die Wächter dieses unterirdischen Labyrinths prahlten, daß die gesamte Bevölkerung innerhalb von drei Minuten unter die Erde flüchten könne.

Während die Bürger Beijings die Tunnel aushoben, konstruierte eine Pioniertruppe der chinesischen Armee heimlich den riesigen unterirdischen Komplex »19. Mai«, benannt nach dem Datum, an dem die Entscheidung zum Bau getroffen wurde. Der Komplex, der von den Luftschutzräumen aus nicht zu erreichen war, sollte in Kriegszeiten das militärische Oberkommando beherbergen. Zur Anlage gehört eine breite Straße, auf der vier Lastwagen nebeneinander fahren können. Sie verbindet Zhongnanhai, Tiananmen, die Große Halle des Volkes, Lin Biaos ehemalige Residenz Maojiawan und das Krankenhaus 305 der Volksbefreiungsarmee im Herzen der Stadt mit dem militärischen Hauptquartier auf den Hügeln im Westen, in dem viele Militärs wohnen. Neben der Kommandozentrale sind in dem Komplex Büros, Fernmeldeeinrichtungen, Wohnungen und ein modernes, gut ausgestattetes Krankenhaus untergebracht, das nur im Kriegsfall benutzt werden soll. Das Krankenhaus liegt direkt unter dem Krankenhaus 305, dessen Leiter ich war; es wurde unser geheimer Arbeitsplatz.

Nach der einwöchigen Trauerzeit wurde der Sarg mit Maos Leichnam am 17. September 1976 kurz nach Mitternacht in einen Kleinbus verfrachtet. Hua Guofeng, Wang Dongxing, die Ministerin und der stellvertretende Minister für Öffentliche Gesundheit sowie führende Mitglieder des für die Konservierung des Leichnams zuständigen Ärzteteams reihten sich mit ihren Fahrzeugen in die streng bewachte Kolonne ein. Ich fuhr in dem Kleinbus mit, der durch die dunklen Straßen Beijings in Richtung Maojiawan raste, das seit Lin Biaos Tod leerstand. Ein paar Soldaten bewachten die Zufahrt zu dem unterirdischen Komplex. Sie winkten uns durch, und der Kleinbus verschwand im Tunnel, der zu der Klinik unter dem Krankenhaus 305 führte. Die Fahrt dauerte zehn bis fünfzehn Minuten. Als wir die Klinik erreichten, wurde der Sarg ausgeladen und in einen der Operationssäle gebracht, wo wir in Kürze mit der Arbeit beginnen sollten. Tage später wurde die Wachspuppe gebracht. Ich bekam sie zum erstenmal zu Gesicht. Die Arbeit der Künstler am Institut für Kunsthandwerk war wirklich beeindruckend. Die Wachsfigur sah Mao Zedong zum Verwechseln ähnlich.

Die beiden Maos – der mittels Formaldehyd konservierte und die Wachspuppe – blieben ein ganzes Jahr in der unterirdischen Klinik, wo ich sie einmal pro Woche in Augenschein nahm. Nur ein paar Personen wußten Bescheid. Selbst die Wachen hatten keine Ahnung, was sie beschützten. 1977, nach der Fertigstellung der Gedenkhalle auf dem Tiananmen-Platz, dem Platz des Himmlischen Friedens, wo Maos Leichnam öffentlich ausgestellt werden sollte, überführte man die beiden Maos und die Gefäße mit seinen lebenswichtigen Organen in die große Gruft unter der Gedenkhalle. Ein Lift beförderte den Sarg mit den sterblichen Überresten hinauf in die Halle und wieder hinunter in die Gruft. Xu Jing, die wissenschaftliche Assistentin der Abteilung Histologie an der Akademie für Medizinische Wissenschaften, die bei der Konservierung des Leichnams mitgeholfen hatte, erhielt die Aufsicht über die sterblichen Überreste Maos und das Mausoleum, in dem täglich Zehntausende von Chinesen und ausländischen Touristen dem Mann ihre Ehrerbietung erwiesen, der vierzig Jahre lang Vorsitzender der Kommunistischen Partei Chinas gewesen war.

Die Gedenkfeier für den Vorsitzenden Mao Zedong fand am 18. September statt – einen Tag nachdem sein Leichnam in das geheime unterirdische Krankenhaus überführt worden war. Es war ein brütend heißer Tag. Um vierzehn Uhr, eine Stunde vor Beginn der Feier, traf ich am Tor des Himmlischen Friedens ein, dem einstigen südlichen Zugang zur Verbotenen Stadt, in der die Kaiser der Ming- und Qing-Dynastie gelebt hatten. Seit dem Sieg der Kommunisten prangte Maos Porträt über Tiananmen, eingerahmt von revolutionären Parolen, die die weltweite Einheit des Proletariats verkündeten und der Volksrepublik China ein zehntausendjähriges Bestehen prophezeiten.

In den fast dreißig Jahren seit meiner Rückkehr nach China hatte ich das Tor des Himmlischen Friedens oft besucht. Ich war am 1. Oktober 1949 dort gewesen, als die Volksrepublik China ausgerufen wurde, und später mit Mao bei der zweimal jährlich stattfindenden Parade – am 1. Oktober, dem Jahrestag der Gründung der Volksrepublik, und am 1. Mai, dem Tag der Arbeit. Zu Beginn der Kulturrevolution (1966–1976) hatte ich miterlebt, wie Millionen junger Rotgardisten von den Mittelschulen und Universitäten des Landes Mao zujubelten. An jenem 18. September hatten sich auf dem Platz vor dem Tor des Himmlischen Friedens, im Westen von der Großen Halle des Volkes, wo Mao aufgebahrt worden war, und im Osten von den Museen für Chinesische Geschichte und Chinesische Revolution umrahmt, eine halbe Million Trauergäste versammelt, die man für diesen Anlaß speziell ausgewählt hatte und die aus allen Bevölkerungsschichten stammte.

Um fünfzehn Uhr wurde in ganz China die Arbeit niedergelegt. Drei Minuten lang heulten überall die Fabriksirenen und schrillten die Pfeifen der

Lokomotiven, um Mao den letzten Tribut zu zollen. Dann herrschte drei Minuten Stille. Anschließend begann die Totenfeier, die landesweit im Fernsehen übertragen wurde. Mein Blick schweifte über die Menge. Ich war schweißgebadet. Plötzlich wurde ich von der Erschöpfung übermannt, gegen die ich monatelang angekämpft hatte. Als Hua Guofeng die Totenrede hielt, begannen meine Knie zu zittern, und ich mußte mich zusammennehmen, um nicht umzufallen. Seit Maos erstem Herzinfarkt im Mai war ich Tag und Nacht auf den Beinen gewesen. Nachts hatte ich kaum mehr als vier Stunden geschlafen. Früher hatte ich hundertfünfundsiebzig Pfund gewogen; jetzt brachte ich nur noch hundertzwanzig Pfund auf die Waage. Ich dachte nur noch an Schlaf und hoffte, bald zu meiner Familie zurückkehren zu können.

Um siebzehn Uhr dreißig kehrte ich in mein Büro in Zhongnanhai zurück, legte mich auf das Feldbett und schlief ein.

Aber schon ein paar Minuten später wurde ich durch das Klingeln des Telefons geweckt. Wang Dongxing war am Apparat, um mir mitzuteilen, daß das Politbüro für den 22. September eine Sitzung in der Großen Halle des Volkes anberaumt hatte. In den vier Tagen bis dahin sollten wir einen Bericht über Mao Zedongs Krankheit und Behandlung vorlegen und erklären, wie er gestorben war. Das gesamte Ärzteteam müsse an der Sitzung teilnehmen, und ich sollte den Bericht verlesen. »Das ist eine äußerst wichtige Sitzung«, betonte Wang. »Sie müssen sich gut vorbereiten.« Am nächsten Tag tauchte mein Name erneut in der *Volkszeitung* auf. Er stand ganz oben auf der Liste der Ärzte, die Mao behandelt hatten.

Ich war noch nicht entlastet. Das Gefühl der Erleichterung, das ich beim Lesen der Verkündigung von Maos Tod empfunden hatte, war verfrüht gewesen. Die öffentliche Erklärung, in der Maos medizinische Versorgung gelobt wurde, war für die breite Masse bestimmt gewesen. Jetzt würde das Politbüro seine offizielle Entscheidung über die Umstände von Maos Tod treffen. Wenn mein Bericht gebilligt wurde, würde man offiziell feststellen, daß Mao eines natürlichen Todes gestorben war. Damit wäre das Ärzteteam entlastet. Billigte das Politbüro meinen Bericht nicht, hätte das verheerende Folgen. Für mich und das gesamte Team ging es um Leben und Tod.

Ich rief das Ärzteteam zusammen, und wir kamen überein, daß ich den Bericht ausarbeiten sollte. Danach wollten wir uns noch einmal beraten. Ich machte mich sofort an die Arbeit und saß die ganze Nacht und den nächsten Morgen am Schreibtisch. Der Bericht wurde recht ausführlich und umfaßte rund fünfzig Seiten. Ich begann mit unserem geglückten Versuch, Maos Leben nach seinem ersten Herzinfarkt im Januar 1972 zu retten. Dann schilderte ich die fortschreitende Degeneration aufgrund der amyotrophischen Lateralsklerose und der drei Infarkte. Und schließlich erläuterte ich, wie Maos Krankheiten diagnostiziert und behandelt worden waren, und legte in groben Zügen die Todesursache dar. Nach Absprache mit dem Ärzteteam nahm ich noch einige Korrekturen vor, und am Morgen des 20. September war der Bericht fertig.

Wang Dongxing wollte den Bericht nicht lesen. Statt dessen schlug er vor, ihn Hua Guofeng zur Prüfung vorzulegen. Hua las den Bericht sorgfältig durch und äußerte die Befürchtung, daß den Politbüromitgliedern viele der medizinischen Fachausdrücke nicht geläufig sein würden; auch bemängelte er, daß die Todesursache in dem Bericht nicht eindeutig genannt werde. Deshalb solle ich den Text nochmals überarbeiten.

Meinen Kollegen widerstrebte es, die medizinische Terminologie zu ändern. Da sich viele Begriffe nur sehr schwer in eine allgemeinverständliche Sprache übertragen lassen, schlugen sie mir vor, die Fachausdrücke mündlich zu erklären. Außerdem wollten sie sich nur ungern auf eine einzige Todesursache festlegen. Schließlich war Mao ein alter Mann, dem neben seinem hohen Alter noch mehrere schwere Krankheiten zu schaffen gemacht hatten. Die Kollegen meinten, ich solle Maos Schwierigkeiten beim Atmen – infolge der Infarkte, des fortgeschrittenen Emphysems und der Schädigung der motorischen Nervenzellen – als unmittelbare Todesursache hervorheben.

Am 21. September legte ich Hua Guofeng den überarbeiteten Bericht vor und erläuterte ihm die Ansichten meiner Kollegen. »Einige Politbüromitglieder könnten während der Sitzung Fragen stellen«, warnte er. »Geben Sie ihnen eine möglichst umfassende Erklärung, eine, die sie verstehen.«

Als meine Kollegen und ich am Morgen des 22. September in der Großen Halle des Volkes eintrafen, waren die Mitglieder des Politbüros bereits vollzählig versammelt. Sie hatten auf bequemen Stühlen Platz genommen, die man im Kreis aufgestellt hatte, und auf den Holztischchen vor ihnen standen Teetassen. Auch mehrere Protokollanten waren anwesend, und etliche jüngere Medizinalassistenten huschten im Saal umher. Ich setzte mich direkt hinter Ministerpräsident Hua Guofeng und Marschall Ye Yianying, der vorgeschlagen hatte, die Wachspuppe von Mao anfertigen zu lassen. Chen Xilian, der Kommandeur des Militärbezirks Beijing[6], meldete sich zu Wort. »Ich kann meinen Aufgaben nicht länger nachkommen. Ich möchte von meinen Pflichten entbunden werden.«

»Immer mit der Ruhe, Genosse Xilian«, erwiderte Hua Guofeng. »Wir werden später über Ihr Problem sprechen. Jetzt wollen wir uns erst einmal den Bericht der Ärzte des Vorsitzenden Mao anhören. Vier Monate lang waren sie fast Tag und Nacht auf den Beinen und haben versucht, das Leben des Vorsitzenden zu retten. Dr. Li wird den Bericht verlesen.« Ich habe nie erfahren, weshalb Chen Xilian von seinem Posten zurücktreten wollte.

Ye Yianying bat mich, laut und deutlich zu sprechen, da einige Mitglieder des Politbüros alt und schwerhörig waren. Mehrmals wurde ich unterbrochen, um medizinische Fachausdrücke zu erklären.

Als ich zu schildern begann, wie sich der Gesundheitszustand des Vorsitzenden Mao im Juni 1976 zusehends verschlechtert hatte, erhob sich General Xu Shiyou plötzlich von seinem Platz und schritt in drohender Haltung auf mich zu. »Warum waren auf dem Körper des Vorsitzenden schwarze und blaue Flecken?« fragte Xu Shiyou. Er stand jetzt direkt vor mir. »Was war die Ursache?« Nach altem chinesischem Aberglauben ist der Körper eines Menschen, den man vergiftet hat, mit blauen Flecken übersät.

Ich erwiderte: »In den letzten Tagen seines Lebens konnte der Vorsitzende kaum noch atmen. Er litt unter akutem Sauerstoffmangel. Daher die Blutergüsse.«

»Ich habe mein Leben lang auf dem Schlachtfeld gekämpft und viele Tote gesehen«, sagte Xu herausfordernd. »Aber ich habe noch nie jemanden in diesem Zustand zu Gesicht bekommen. Als ich am 9. September die Blutergüsse am Körper des Vorsitzenden sah, fragte ich Sie, wie viele *ga ma* er gehabt habe, aber Sie konnten die Frage nicht beantworten. Meiner Meinung nach ist der Vorsitzende vergiftet worden. Nur Gift kann solche Blutergüsse verursachen. Wir müssen die Ärzte und Schwestern verhören, um herauszufinden, wer den Vorsitzenden vergiftet hat.«

Seit dem Bestehen der Volksrepublik gab es ein ausgeklügeltes System, um zu verhindern, daß Mao vergiftet wurde. Ich versuchte, Xu das System zu erläutern. »Jedes Medikament, das wir verabreichten, mußte zuerst vom Ärzteteam genehmigt werden. Anschließend wurde ein Rezept ausgeschrieben, das zwei Schwestern bestätigten und die diensthabenden Ärzte auf seine Richtigkeit überprüften. Dann wurde das Rezept an die Apotheke weitergeleitet, die nur für die Parteispitze zuständig ist. Schließlich wurde das verordnete Medikament in einem versiegelten Behälter übergeben, den nur die behandelnden Ärzte öffnen durften.«

»Das könnte auch ein Komplott sein«, erklärte Xu beharrlich. »Wir müssen eine gründliche Untersuchung durchführen.« Xu Shiyou glaubte tatsächlich, Mao sei das Opfer einer Verschwörung geworden, und er hielt Jiang Qing und ihre Gefolgsleute für die Drahtzieher. Da er nicht wußte, wie gespannt mein Verhältnis zu Jiang war, ging er davon aus, daß die anderen Ärzte und ich von ihr angestiftet worden seien.

Im Saal herrschte Stille. Xu stand noch immer vor mir, die Hände in die Hüften gestemmt. In stummer Anklage blickte er auf Zhang Qunqiao, der, das Kinn auf die linke Hand gestützt, zu Boden starrte. Jiang Qing saß im schwarzen Seidenkleid auf dem Sofa und beobachtete Xu. Hua Guofengs Rücken versteifte sich. Wang Dongxing tat so, als sei er in Dokumente vertieft. Und Wang Hongwen blickte nervös um sich.

Schließlich wandten sich Marschall Ye Yianying und General Li Desheng, der Kommandeur des Militärbezirks Shenyang, zu mir und fragten leise: »Warum waren am Körper des Vorsitzenden Mao blaue Flecken?«

»In der linken Lunge des Vorsitzenden befanden sich drei große Luftblasen«, erklärte ich, »und er hatte eine beidseitige Lungenentzündung. Er konnte nur mühsam atmen und bekam deshalb zu wenig Sauerstoff. Blutergüsse wie diese – Totenflecke, wie wir sie nennen – treten normalerweise etwa vier Stunden nach Eintritt des Todes auf. Als Genosse Xu Shiyou an jenem Nachmittag gegen sechzehn Uhr den Leichnam sah, war der Vorsitzende bereits seit sechzehn Stunden tot.«

In diesem Augenblick erhob sich Maos Witwe Jiang Qing und sagte: »Genosse Xu Shiyou, das Ärzteteam hat vier Monate lang harte Arbeit geleistet. Warum hören Sie sich den Bericht nicht einfach zu Ende an?«

Wie auf ein Stichwort hin sprang auch Wang Hongwen auf. »Seit sich der Zustand des Vorsitzenden verschlechterte, haben Guofeng, Qunqiao, Dongxing und ich abwechselnd …«

Xu schob die Ärmel hoch und ging auf Jiang Qing zu. Er schlug so heftig mit der Faust auf das Tischchen vor ihr, daß eine Teetasse zu Boden fiel. »Sie können den Mitgliedern des Politbüros während einer Sitzung nicht das Wort verbieten«, brüllte er. »Mit welchen Methoden wird hier eigentlich gearbeitet?«

Hua Guofeng griff ein. »Genosse Shiyou, nur mit der Ruhe.« Dann wandte er sich an mich. »Dr. Li, es ist besser, wenn Sie und Ihre Kollegen jetzt gehen. Wir werden uns später weiter mit dem Thema befassen.« Stumm und bedrückt kehrten die Ärzte nach Zhongnanhai zurück. Ich hatte nur die ersten zehn Seiten meines Berichts vorgetragen.

»Direktor Wang Dongxing möchte, daß nichts über den Vorfall während der Sitzung bekannt wird«, warnte mich Zhang Yaoci. »Warten Sie einfach die Entscheidung des Politbüros ab.«

Ich rechnete damit, jeden Moment wieder vor dem Politbüro erscheinen zu müssen.

Beim Mittagessen erzählte ich meinen Kollegen, was Zhang gesagt hatte. Sie waren beunruhigt, und keiner brachte einen Bissen hinunter.

Der Zwischenfall während der Sitzung des Politbüros hatte mich nicht allzu sehr überrascht. Ich hatte damit gerechnet, der Beihilfe an Maos Ermordung bezichtigt zu werden. Überrascht hatte mich nur, daß der Vorwurf von Xu Shiyou kam und daß ausgerechnet Jiang Qing, die die Ärzte während Maos Krankheit ständig kritisiert hatte, jetzt für uns Partei ergriff. Aber da Jiang Qings Genossen Wang Hongwen und Zhang Qunqiao das Ärzteteam überwacht hatten, würden vermutlich auch sie zur Rechenschaft gezogen, falls man ärztliche Fehler feststellte. Sollte das Politbüro zu dem Schluß gelangen, daß Mao einer Verschwörung zum Opfer gefallen war, hätte das für Wang Hongwen und Zhang Qunqiao schlimme Folgen. Deshalb mußte Jiang Qing auf der Unschuld des Ärzteteams beharren.

Die Tage vergingen, ohne daß wir vom Politbüro Nachricht erhielten. Ich machte mir immer noch große Sorgen. Die Mitglieder des Ärzteteams wurden in ihre medizinischen Institute zurückgeschickt, und manche von ihnen glaubten, die Krise sei überwunden.

Aber ich war mir nicht so sicher, denn ich wußte besser als sie, daß der Machtkampf in Zhongnanhai erst begonnen hatte. Im Juli, zwei Monate vor Maos Tod, hatte Wang Dongxing erwogen, Jiang Qing noch zu Maos Lebzeiten zu verhaften. Obwohl Wang Dongxing ihr gegenüber gleichgültig tat und Hua Guofeng stets höflich blieb, wußte ich, daß die beiden Jiang Qing und ihre radikalen Anhänger festnehmen wollten. Auch wenn Jiang Qing sich so benahm, als werde sie in Kürze Maos Platz einnehmen, mußte sie ahnen, daß sie in Gefahr schwebte. Solange der Machtkampf tobte, befand sich auch das Ärzteteam in einer gefährlichen Lage, denn wechselseitige Schuldzuweisungen anläßlich von Maos Tod waren gang und gäbe.

Und selbst wenn der Machtkampf vorübergehend beigelegt und Jiang Qing und ihre Genossen aus dem Weg geräumt wurden, wie lange würde es dauern, bis ein neuer Kampf, eine neue Runde der Beschuldigungen begann? In siebenundzwanzig Jahren in Zhongnanhai hatte ich erfahren, wie unsicher das Leben sein konnte. Nachdem ich zweiundzwanzig Jahre über Maos Gesundheit gewacht und seine Krankheiten und schließlich seinen Tod miterlebt hatte, wußte ich, daß ich nie mehr in Sicherheit sein würde.

II

Die Jahre 1949 bis 1957

2. KAPITEL

Ich lebte in Sydney – damals war ich neunundzwanzig Jahre alt – und arbeitete als Schiffsarzt, als ich aus der Zeitung erfuhr, daß meine Geburtsstadt ohne Blutvergießen von den Kommunisten eingenommen worden war. Am 31. Januar 1949 hatten die Bürger von Beiping, wie Beijing zu jener Zeit hieß, auf den Straßen ihre »Befreiung« gefeiert. Nun zog die gesamte Führung der Kommunistischen Partei dorthin, um die Volksrepublik China auszurufen. Die Stadt sollte die neue Hauptstadt des Landes werden und ihren rechtmäßigen Namen zurückbekommen. Als Jiang Jieshi seine Regierung in die »Südliche Hauptstadt« Nanjing verlegte, hatte Beijing den Namen Beiping, »Nördlicher Friede«, erhalten. Jetzt sollte die Stadt wieder Beijing, »Nördliche Hauptstadt«, heißen. Obwohl der Bürgerkrieg mit Jiang Jieshis Guomindang-Truppen noch nicht beendet war, zweifelte niemand, daß die Kommunisten den Sieg davontragen würden.

Beijing war meine Heimatstadt. Dort hatte ich die ersten dreizehn Jahre meines Lebens verbracht. Meine Familie wohnte in einem traditionellen viereckigen Hofhaus, das mein Großvater gegen Ende der Qing-Dynastie gebaut hatte. Der von Mauern umgebene Komplex bestand aus mehreren einstökkigen, ziegelgedeckten Gebäuden mit Blick auf drei große Blumengärten und umfaßte über dreißig Zimmer. Er lag südlich der Verbotenen Stadt in dem Viertel Liulichang – »Fabrik für glasierte Ziegel«. Zur Zeit der Ming-Dynastie (1368–1644) waren hier die goldfarbenen Ziegel für die Dächer der Kaiserstadt hergestellt worden.

Mein Großvater starb vor meiner Geburt, aber sein Andenken und die von ihm hochgehaltene Familientradition lebten in unserem Haus fort. Sein Bild hing in einem speziellen Raum, wo wir uns mehrmals im Jahr versammelten, um seiner zu gedenken. Seine Behandlungszimmer innerhalb des Gebäudekomplexes blieben unverändert, und in der nahegelegenen, von ihm gegründeten Pei-Zhi-Tang-Apotheke florierte das Geschäft wie eh und je. Die Apotheke war zwar noch in Familienbesitz, wurde aber von einem erfahrenen Apotheker geleitet, der sich der Naturheilkunde verschrieben hatte.

Mein Großvater war vermögend gewesen, doch seine besondere Freundlichkeit den Armen gegenüber wurde ihm hoch angerechnet. Die Pei-Zhi-Tang-Apotheke hatte er vor allem eröffnet, um die Armen kostenlos mit Arzneimitteln versorgen zu können. Nicht nur in Liulichang, sondern in fast ganz Beijing waren meine Vorfahren für ihre Großzügigkeit bekannt. Ich wuchs in der Überzeugung auf, daß die Armen übermäßig litten und daher barmherzig behandelt werden mußten.

Aber ich wußte auch, daß mein Reichtum und meine Herkunft mich von den Armen trennten. Obwohl in Beijing überall Armut herrschte, erlaubte meine Mutter mir nicht, mit Kindern von armen Leuten zu spielen. Von frühester Kindheit an wurde von mir erwartet, daß ich die Familientradition fortsetzte und Arzt wurde. Ich selbst hielt meine Familie für etwas Besonderes, war stolz auf meine Vorfahren und wollte mich in allem, was ich tat, auszeichnen.

Mein Onkel – der jüngere Bruder meines Vaters – wurde ebenfalls Arzt und setzte sich mit ganzer Kraft für die Benachteiligten ein. Als die Provinz Henan von einer Typhusepidemie heimgesucht wurde, reiste er freiwillig dorthin, um die Kranken zu behandeln. Er erkrankte selbst an Typhus und starb mit knapp Dreißig. Seine Witwe und die beiden Kinder, die ich als meine älteren Brüder betrachtete, lebten weiterhin in unserem Haus; ebenso wie mein älterer Bruder aus der ersten Ehe meines Vaters.

Nur mein Vater brach aus der Familientradition aus. Im Jahr 1920 reiste er im Rahmen eines Studienprogramms nach Frankreich und ließ meine Mutter und mich zurück. Ich war damals noch ein Kleinkind. Er blieb über sieben Jahre fort. Unter den Studenten seiner Gruppe war auch Zhou Enlai, mit dem mein Vater bis zu seinem Tod befreundet blieb. Während aber Zhou innerhalb der Kommunistischen Partei in die höchsten Positionen aufstieg, schloß mein Vater sich den Nationalisten, der Guomindang, an und wurde ein hoher Beamter unter Jiang Jieshi.

Der Frankreich-Aufenthalt meines Vaters führte zu einem Skandal für die Familie, denn bei der Rückkehr brachte er seine zweite Frau mit, eine Französin, die fortan mit meiner Mutter und mir unter einem Dach lebte. Meine Mutter war noch nach alter chinesischer Tradition erzogen worden. Sie war Analphabetin, hatte gebundene Füße und war großherzig und mitfühlend. Ihr höchstes Ideal bestand darin, eine gute Ehefrau und Mutter zu sein. Damals war es in China legal, mehrere Frauen zu haben, und viele der Wohlhabenden machten von dieser Möglichkeit Gebrauch. Da aber in unserer Familie bis dahin noch niemand mit mehreren Frauen gleichzeitig verheiratet gewesen war, wurde die zweite Ehe meines Vaters als Schandfleck betrachtet.

Seine französische Frau war nett, anständig und gebildet. Sie lehrte an der Universität Französisch. Zu mir war sie immer besonders freundlich und überhäufte mich mit Süßigkeiten. Meine Mutter dagegen wurde häufig sehr wütend und verprügelte mich. Erst als junger Mann erkannte ich, daß die Prügel Ausdruck ihres Kummers und ihrer Enttäuschung über meinen Vater waren.

Schon als Kind hegte ich einen Groll gegen meinen Vater. Obwohl ich ihn nur selten sah, übte er einen starken, weitgehend negativen Einfluß auf mich aus. Während andere Familienmitglieder sich für das Wohl der Menschheit einsetzten, strebte mein Vater nach Macht. Meine Vorfahren hatten den Pfad der Tugend beschritten, mein Vater dagegen war vom rechten Weg abgekommen. Einige Zeit nach seiner Rückkehr zog er mit seiner neuen Frau nach Nanjing, um Jiang Jieshis Regierung beizutreten. Ein paar Jahre später starb die Französin. Nach ihrem Tod entwickelte sich mein Vater zu einem Schürzenjäger und heiratete nicht wieder. Ich schämte mich für ihn und war entschlossen, mich als Arzt im Dienste der Menschheit aufzuopfern. Die Stellung meines Vaters innerhalb der Guomindang-Regierung war einer der Gründe, weshalb ich die Nationalisten verabscheute. Vielleicht trug auch die Verachtung für die moralischen Schwächen meines Vaters dazu bei, daß ich später über Maos Privatleben so entsetzt war.

Wie die meisten Chinesen meiner Generation hatte ich schon als Kind einen Sinn für Patriotismus, war stolz auf unsere Kultur, unsere Literatur, Dichtung und Kunst und auf unsere viertausendjährige Geschichte. Aber mich beunruhigte zutiefst der fortschreitende Zerfall meines Landes, der ein Jahrhundert zuvor begonnen hatte. Auf der Grundschule hörte ich von dem Sieg Großbritanniens über China während des Opiumkrieges von 1839 sowie von den französischen, japanischen und russischen Invasionen, die Chinas Souveränität untergraben, das Land gespalten und geschwächt hatten. Ich erfuhr von den ausländischen Niederlassungen, die in so vielen Städten entstanden waren – Oasen fremden Rechts, in denen chinesische Gesetze keine Gültigkeit hatten. Seit meiner Jugend kannte ich das berüchtigte Schild am Eingang des Parks am Bund, der Uferstraße von Shanghai – »Chinesen und Hunden ist der Zutritt verboten« –, und ich fühlte mich dadurch zutiefst verletzt. Wie viele meiner Landsleute schrieb ich Chinas Zerfall den Eingriffen fremder Mächte zu – dem Vorgang, den wir später als »Imperialismus« bezeichneten.

Im Jahr 1931, ich war gerade elf Jahre alt, mußte China eine weitere imperialistische Invasion erdulden. Die Japaner eroberten die nordöstlichen Provinzen der Mandschurei und gründeten den Marionettenstaat Manzhouguo (Mandschukuo). Meine Mutter und ich verließen Beijing und flohen nach Suzhou, wo ich die Mittelschule der Universität besuchte. Die Universität

Suzhou war von amerikanischen Methodisten gegründet worden. Deshalb wurde der Unterricht in englischer Sprache abgehalten. Amerikanische Geschichte und Religion spielten eine wichtige Rolle. Ich hörte von der Ankunft der *Mayflower* und der Boston Tea Party und davon, wie George Washington den Kirschbaum fällte. 1935, im Alter von fünfzehn Jahren, trat ich zum christlichen Glauben über.

Etwa zur selben Zeit begann ich, mich dem Kommunismus zuzuwenden. Mein älterer Bruder studierte an der Aurora-Universität von Shanghai Medizin. 1935 trat er der Kommunistischen Partei Shanghais bei – ein sehr ungewöhnlicher Schritt für einen Mann seiner Herkunft. Maßgebend für diese Entscheidung waren sein Patriotismus und seine Sorge um die Armen. Immer wenn er meine Mutter und mich am Wochenende in Suzhou besuchte, zog er mich mit Geschichten vom unheilbringenden Kapitalismus und der Unterdrückung der Arbeiter in seinen Bann. Er sprach von dem kommunistischen Glauben an Gleichheit und an eine Welt ohne Ausbeutung und bezichtigte die Guomindang der Korruption und der Unentschlossenheit im Kampf gegen die japanischen Invasoren in der Mandschurei. Die Kommunisten dagegen leisteten, wie er versicherte, erbitterten Widerstand. Ich sah zu meinem älteren Bruder auf und war hingerissen von seinen Utopien eines wohlhabenden, völlig souveränen China, in dem Gleichheit und Gerechtigkeit herrschten. Ich verschlang die Bücher, die er mir mitbrachte – *Die Geschichte des ersten Fünfjahresplanes*, Nikolai Ostrowskis *Wie der Stahl gehärtet wurde* sowie das Werk des französischen Journalisten Henri Barbusse, in dem Stalin und sein Beitrag zur Revolution gewürdigt wurden. Mein Bruder erklärte mir, daß nur der Kommunismus China retten könne und daß vor allem zwei Männer – Zhu De und Mao Zedong – auf dieses Ziel hinarbeiteten. Chinas Heil liege in ihren Händen. Wir nannten die beiden Zhu Mao, als handele es sich nur um eine Person, und seit jener Zeit betrachtete ich Zhu Mao als den Retter Chinas, als unseren Messias. Die Tatsache, daß mein Lieblingsschriftsteller Lu Xun ebenfalls ein Bewunderer des Kommunismus war, bestärkte mich in meiner Überzeugung.

Im Jahr 1936 stellte mein Cousin mich einer Klassenkameradin aus seiner Mittelschule vor. Sie hieß Wu Shenxian – Lillian Wu –, und es war Liebe auf den ersten Blick. Lillian war ebenfalls Christin und stammte aus einer wohlhabenden Familie. Obwohl es zehn Jahre dauern sollte, bis wir heirateten, waren wir fortan untrennbar miteinander verbunden. Selbst als der Krieg sich immer mehr ausweitete und uns zwang, landeinwärts zu fliehen, fanden wir uns letztlich immer am selben Ort wieder.

Die japanischen Armeen rückten weiter vor, und meine Mutter und ich flohen 1937 zuerst nach Wuhan und von dort nach Chongqing in der Provinz Sichuan, wohin Jiang Jieshi 1938 den Sitz der Guomindang-Regierung verlegte. Im Herbst 1935 hatte die Kommunistische Partei, die von Jiang Jieshis Truppen aus ihrem Stützpunkt in Jiangxi vertrieben worden war, ihren heldenhaften Langen Marsch beendet und sich in der Provinz Shaanxi im Nordwesten Chinas eine neue Basis geschaffen. Mein älterer Bruder und einer meiner Cousins machten sich auf den Weg dorthin.

1939 nahm ich an der West China Union University Medical School in Chengdu in der Provinz Sichuan mein Medizinstudium auf. Die Hochschule war fast hundert Jahre zuvor von kanadischen Missionaren gegründet worden. Nach dem Einmarsch der Japaner in Beijing flohen viele Lehrer und Studenten des Peking Union Medical College (PUMC) nach Chengdu, und 1941 wurden die beiden medizinischen Hochschulen für die Dauer der Besatzung Beijings zusammengelegt.[7] Sie standen unter amerikanischer Leitung und wurden von Rockefeller finanziell unterstützt. Die meisten Professoren waren Amerikaner; die Seminare wurden in englischer Sprache gehalten, es gab englische Lehrbücher, und meine Ausbildung lief nach modernem westlichem Vorbild ab. Ich erhielt zwei Diplome – eines von der West China Union University Medical School und eines von der State University of New York.

Lillian studierte kurze Zeit Soziologie an der Fudan-Universität in Chongqing und wechselte dann an die Jinling-Hochschule für Frauen in Chengdu, eine christliche Hochschule unter amerikanischer Leitung.

1945, im Jahr der japanischen Kapitulation, schloß ich mein Praktikum in Chirurgie ab und trat eine Stelle in der modernen und gut ausgestatteten Zentralklinik von Nanjing an, deren Personal nach westlichen Methoden ausgebildet war. Ich beschloß, mich auf Neurochirurgie zu spezialisieren. Im November 1946 heirateten Lillian und ich endlich. Sie arbeitete damals als Bibliothekarin beim British Council.

Die Guomindang und die Kommunisten steuerten in einen Bürgerkrieg. Lillian verdiente relativ gut, umgerechnet etwa hundertfünfzig US-Dollar im Monat, die in britischen Pfund ausbezahlt wurden. Meine Einkünfte waren dagegen eher bescheiden – umgerechnet etwa fünfundzwanzig US-Dollar im Monat –, und ich wurde in chinesischer Währung bezahlt. Sobald ich mein Gehalt bekam, tauschte ich es auf dem Schwarzmarkt in amerikanische oder mexikanische Silbermünzen um. Die Inflation schritt so rasch voran, daß die Summe, für die man am Morgen noch drei Eier kaufen konnte, am Nachmittag nur noch für ein Ei reichte. Die Leute transportierten ihr Geld in Karren, und der Reispreis war so hoch, daß Bürger, die in normalen Zeiten nicht im Traum daran gedacht hätten zu stehlen, in Getreideläden einbrachen.

In diesem Chaos machte mir mein ehemaliger Kommilitone und Freund Danny Huang, der damals in Hongkong praktizierte, den Vorschlag, seinem Beispiel zu folgen. In Hongkong sei das Leben sicherer, und Ärzte hätten dort ein gutes Auskommen.

Es war eine schwere Entscheidung. In Hongkong würden wir in Wohlstand leben können, aber die Medizin war dort nicht annähernd so hoch entwickelt. Als Chirurg würde ich also keine Fortschritte machen. Doch der Bürgerkrieg weitete sich aus, Lillian redete mir zu, und so reiste ich im Dezember 1947 nach Hongkong.

Aber ich blieb nicht dort. Ich trat einen Posten bei der Australian Oriental Company an, praktizierte in Sydney und fuhr als Schiffsarzt zwischen Australien und Neuseeland hin und her. Nun waren meine Einkünfte beträchtlich. Lillian zog nach Hongkong, mietete ein Haus und nahm bei den Briten eine Stellung an. Ich wollte nicht, daß sie zu mir nach Sydney kam, denn Australiens Einwanderungspolitik war ausschließlich auf Weiße beschränkt. Als Chinese konnte ich zwar vorübergehend dort wohnen, praktizieren und viel Geld verdienen, aber die Staatsbürgerschaft blieb mir versagt. Mein Stolz und meine Selbstachtung wehrten sich gegen diese rassistische Politik. Doch ich blieb in Sydney, wohnte in einer kleinen Pension und war umgeben von Australiern, die China für einen hoffnungslosen Fall hielten. Ich wurde immer deprimierter und blieb nur des Geldes wegen.

Aber in der britischen Kolonie Hongkong wollte ich auch nicht leben. Ich war zu stolz, um der entrechtete Untertan eines fremden Königs zu werden.

Meine Stimmung hob sich, als die Kommunisten in Beijing die Macht übernahmen. Und ich war begeistert, als sie im Februar 1949 ein britisches Kriegsschiff, das versucht hatte, sie an der Überquerung des Yangtze-Flusses zu hindern, zum Abdrehen zwangen. Ich war sicher, daß ein kommunistischer Sieg das Ende der Konzessionen an Ausländer bedeuten und die imperialistischen Übergriffe stoppen würde. Dann konnte China endlich seinen rechtmäßigen Platz in der Welt einnehmen.

Im April 1949 erhielt ich einen Brief meiner Mutter aus Beijing. Sie hatte ein Schreiben meines älteren Bruders beigelegt, der mittlerweile als einer der kommunistischen Befreier nach Hause zurückgekehrt war und jetzt einen Verwaltungsposten im Ministerium für Öffentliche Gesundheit innehatte; das Ministerium unterstand dem Obersten Komitee für Militärangelegenheiten der Kommunistischen Partei. Er war froh, wieder daheim bei unserer Mutter zu sein, und bat auch mich zurückzukommen. »China fehlt es an qualifizierten Ärzten«, schrieb er. »Die neue Regierung könnte Dir eine gute Stellung anbieten. Und unsere ganze Familie wäre wieder zusammen.«

Der Brief brachte mich in Bedrängnis. Plötzlich sah ich Australien in einem anderen Licht. Das Leben in Sydney war angenehm und sicher, Lillian könnte irgendwann zu mir kommen – oder ich könnte mir in Hongkong eine Stellung suchen. Meine Mutter würde zu uns ziehen, wenn sie wollte, oder ich würde ihr genug Geld für ein sorgenfreies Leben in Beijing schicken.

Aber mir war klar, daß ich in Australien niemals Neurochirurg werden würde. Diese Möglichkeit war einem Chinesen verwehrt. Und ganz gleich, wie vorteilhaft meine finanzielle Situation war, ich würde mich in Australien nie wohl fühlen. Außerhalb Chinas würde ich immer nur dahintreiben, und dazu war ich zu patriotisch eingestellt.

Ostern stand vor der Tür. Ich wollte die Feiertage mit meinem besten Freund, Alex Yang, in Sydney verbringen. Obwohl Alex in Australien geboren worden war, hatte er viele chinesische Sitten und Bräuche beibehalten. Seine Frau und er besaßen ein kleines Lebensmittelgeschäft in der Elizabeth Street, für das sie hart arbeiteten.

Mein Freund spürte sofort, daß mich etwas bedrückte. Ich erzählte ihm von dem Brief meines Bruders und von meiner Unschlüssigkeit. »Du stehst vor einer schweren Entscheidung«, sagte Alex.

»Wie denkst du darüber?« fragte ich.

»Unsere Situation ist sehr unterschiedlich«, erwiderte er. »Meine ganze Familie lebt in Australien. Selbst wenn man mir eine ausgezeichnete Bezahlung anböte, hätte ich keinen Grund, nach Beijing zu ziehen. Und es ist leicht, hier seinen Lebensunterhalt zu verdienen. Warum bittest du deinen Bruder nicht, sich genauer nach der Arbeit und dem Gehalt in Beijing zu erkundigen? Dann kannst du vergleichen.«

Seine Worte ließen meinen Patriotismus wiederaufflammen. Mein möglicher Verdienst in China interessierte mich weniger. Wenn die Kommunistische Partei China wieder zu Reichtum und Wohlstand verhelfen konnte, war ich bereit, für mein Land Not zu leiden.

Aber ich stimmte Alex zu, daß ich genaueres in Erfahrung bringen und meine Entscheidung sorgsam abwägen mußte. Noch am gleichen Abend schrieb ich meinem Bruder.

Die Antwort traf Anfang Mai ein. Wieder drängte mein Bruder mich zur Rückkehr. Er hatte ein Schreiben seines Chefs Fu Lianzhang beigelegt. Fu

Lianzhang – oder Nelson Fu, wie er im Westen genannt wurde – war stellvertretender Leiter des Ministeriums für Öffentliche Gesundheit und in chinesischen Medizinerkreisen sehr bekannt. Vermutlich war er der einzige im Westen ausgebildete christliche Arzt, der am Langen Marsch teilgenommen hatte. 1934, kurz vor dem Langen Marsch, hatte er Mao wegen Malaria behandelt, und während des Krieges hatte er die Führer der Kommunistischen Partei im Hauptquartier in Yan'an ärztlich betreut.

Fus Brief war kurz, doch er klang freundlich und aufrichtig. Auch er forderte mich auf zurückzukommen und bat mich, andere Ärzte ebenfalls zur Rückkehr zu bewegen. Er erwähnte weder mein künftiges Gehalt noch die Aufgabe, die mich in Beijing erwartete. Er versicherte mir nur, daß sie angemessen sein werde.

Ich war begeistert. Wenn ein so hochrangiger Funktionär mich zur Rückkehr aufforderte, deutete dies darauf hin, daß die Kommunistische Partei tatsächlich gut ausgebildete Leute brauchte. Im neuen China gab es also eine Aufgabe für mich. Ich beschloß, umgehend die Heimreise anzutreten.

Yang veranstaltete eine kleine Abschiedsfeier. Er hatte noch zwei andere chinesische Ärzte eingeladen. »Nach Ihrer Rückkehr müssen Sie uns unbedingt schreiben«, sagten sie, »und wenn Sie nicht zufrieden sind, dann kommen Sie einfach wieder her. Hier finden Sie immer eine angemessene Arbeit.« Ich habe meinen Freunden in Sydney nie geschrieben. Erst sechsunddreißig Jahre später – 1985 – kehrte ich als Gast des Australischen Ärzteverbandes nach Sydney zurück. Ich ging in die Elizabeth Street, um meinen alten Freund Alex Yang zu besuchen, aber der kleine Laden war verschwunden, und überall standen neue Häuser. Alex habe ich nie wiedergesehen.

In Hongkong feierte ich mein Wiedersehen mit Lillian. Es war Mitte Mai 1949. In der britischen Kronkolonie herrschte Aufruhr, es wimmelte von Menschen. Die einen hatten auf der Flucht vor den Kommunisten das Festland verlassen, die anderen bereiteten sich auf die Rückkehr vor. Es war eine seltsame und verwirrende Situation. Ich besuchte Danny Huang, und er schüttelte bedauernd den Kopf, als er hörte, daß ich mich zur Rückkehr entschlossen hatte. »Wäre es nicht schön, wenn wir hier zusammen arbeiten könnten?« fragte er. Ich erzählte ihm von Fu Lianzhangs Brief und seiner Bitte an mich, auch andere Ärzte zur Rückkehr zu bewegen. Danny dachte einen Moment nach. Dann sagte er: »Na schön, versuch es eine Weile. Wenn alles klappt, dann schreib mir. Vielleicht komme ich dann auch zurück.« Auch ihm habe ich nie geschrieben.

Lillian und ich besuchten einen ihrer ehemaligen Professoren an der Fudan-Universität, Zhang Jinduo, der ebenfalls nach Beijing zurückkehren wollte. Er war zum Mitglied der Politischen Konsultativkonferenz des Chinesischen Volkes (PKKdCV) gewählt worden und fühlte sich zutiefst geehrt. Da die Kommunistische Partei eine Einheitsfront mit parteiunabhängigen Intellektuellen anstrebte, glaubten wir, daß die Politische Konsultativkonferenz gebildet worden sei, um führenden Intellektuellen, Wissenschaftlern, Künstlern, Schauspielern und Mitgliedern der nicht-kommunistischen »demokratischen Parteien« ein politisches Votum und Einfluß zu verleihen.[8] Und wir waren überzeugt, daß die neue, kommunistisch geführte Regierung mit Hilfe unserer Energie und unserer Kenntnisse das Land umgestalten wollte. »China ist jetzt so von Hoffnung erfüllt«, erklärte Professor Zhang. »Das ganze Land wird zu neuem Leben erwachen.«

Auf der ersten Sitzung der Politischen Konsultativkonferenz Ende September 1949 beschloß man die Gründung der Volksrepublik China und wählte die Führung der neuen Zentralregierung. Mao Zedong sollte Vorsitzender der neuen Republik werden. Maos Kollege Liu Shaoqi gehörte ebenso wie Song Qingling, die Witwe Sun Zhong-Shans (Sun Yatsens) – dem der Sturz der Qing-Dynastie und die Gründung der Republik China von 1912 zugeschrieben wurden –, zu den Stellvertretern Maos. Aber die Politische Konsultativkonferenz erwies sich als kläglicher Scherz, denn die gesamte Macht lag in den Händen der Kommunistischen Partei. Die PKKdCV wurde mit einer Vase voller Blumen verglichen – hübsch anzuschauen, aber ohne jeden Nutzen. Mitglieder, welche die Kühnheit besaßen, eine abweichende Meinung zu äußern, wurden später als Rechtsabweichler bezeichnet und aufs schlimmste mißhandelt. Auch Professor Zhang Jinduo gehörte zu jenen Gutgläubigen. Im Jahr 1957 wurde er als Rechter abgestempelt und zur Umerziehung in ein Zwangsarbeitslager gesteckt. Als man ihn 1979, mehr als zwanzig Jahre später, rehabilitierte, war er ein gebrechlicher alter Mann, blind und unfähig, für sich selbst zu sorgen.

Anfangs, vor Beginn der Verfolgungen, erschien es mir ganz selbstverständlich, daß China künftig von der Kommunistischen Partei regiert werden sollte. Ich war begeisterter Anhänger der Partei und sah in ihr die Hoffnung auf ein neues China. In Australien war ich ziellos umhergeirrt, erst die Politik der Einheitsfront hatte mir die Augen geöffnet. Im neuen China waren meine Kenntnisse gefragt, wir Intellektuellen würden Macht und Ansehen besitzen.

Anzeichen, die darauf hindeuteten, daß die Partei nicht meinen Erwartungen entsprach, tat ich als Einzelfälle ab.

Der Freund, bei dem wir in Hongkong wohnten, machte uns mit einem Mann namens Yan bekannt, der angeblich ein hochrangiges Mitglied der Kommunistischen Partei war und Intellektuelle zur Rückkehr bewegen sollte. Unser Freund riet uns, Yan ein Geschenk zu machen, damit er uns eine reibungslose Heimkehr ermöglichte. »Mit Yans Hilfe kannst du eine gut bezahlte Arbeit an einem medizinischen Institut bekommen«, meinte unser Freund. »Vielleicht könntest du ihm eine Rolex-Uhr schenken. Da er für die Leute, die er nach Beijing schickt, die Schiffspassage bezahlt, sparst du sogar noch Geld.«

Ich bezweifelte, daß Yan die Fahrkarten aus eigener Tasche bezahlte, und ich haßte die Korruption, von der die chinesische Bürokratie seit Jahrtausenden durchsetzt war. Aber ich glaubte, daß die Kommunistische Partei integer sei, weit entfernt von der Käuflichkeit, die so viele Millionen Menschen gegen die Guomindang aufgebracht hatte. Deshalb weigerte ich mich, Yan etwas zu schenken. »Die Kommunistische Partei ist aufrichtig«, erklärte ich meinem Freund. »Ich kann auch ohne fremde Hilfe für meinen Lebensunterhalt sorgen.«

Ich setzte mich nie mehr mit Yan in Verbindung. Jedoch tauchte er in China wieder als Führer einer »demokratischen« Partei auf. In Wirklichkeit war er Mitglied der Zentralen Ermittlungsstelle der Kommunistischen Partei, getarnt als Mitglied einer »demokratischen Partei« – wie viele andere Teilnehmer an der Politischen Konsultativkonferenz.

Als ich Mao 1956 die Geschichte mit Yan erzählte, brach er in schallendes Gelächter aus. »Sie weltfremder Bücherwurm«, schalt er mich. »Warum sind Sie so knauserig? Sie haben keine Ahnung von menschlichen Beziehungen. Destilliertes Wasser kann keinen Fisch ernähren. Was ist so merkwürdig daran, jemandem ein Geschenk zu machen? Hat Guo Moruo mir während der Verhandlungen von Chongqing nicht auch eine Uhr geschenkt?«

Die Vorgänge in Hongkong im Frühjahr 1949 waren beunruhigend, aber ich war jung, naiv und steckte voller Träume. Ich würde in meine Heimat zurückkehren und in einem der großen Krankenhäuser Beijings arbeiten. Ich würde mich an meine Familientradition und an den hippokratischen Eid halten, Krankheiten heilen und Arm und Reich unterschiedslos behandeln. Und ich würde ein großer Neurochirurg werden. Die Medizin sollte mein Beitrag zum Aufbau eines neuen, wohlhabenden und starken China sein, in dem alle Menschen gleiche Rechte hatten und in dem die Korruption beseitigt war.

Mitte Juni 1949 traten wir von Hongkong aus die Heimreise nach Beijing an. Siebzehn Jahre war ich von zu Hause fort gewesen.

3. KAPITEL

Die Stadt sah grau und heruntergekommen aus. Nach acht Jahren japanischer Besatzung und vier Jahren Bürgerkrieg waren die Straßen verwahrlost, die dicken Stadtmauern zerfallen. Ich suchte vergebens nach den bemalten Holzschildern, die einst über den Türen der vielen kleinen Läden gehangen und Beijing soviel Farbe und Leben verliehen hatten. Meine Lieblingsbuchhandlungen in Liulichang waren geschlossen.

Die Menschen wirkten so ärmlich und grau wie die ganze Stadt. Männer wie Frauen trugen blaue oder graue Baumwollkleidung. Durch häufiges Waschen waren die ohnehin schon undefinierbaren Farben noch mehr verblaßt. Alle hatten die gleichen schwarzen Stoffschuhe an, und auch die Frisuren waren einheitlich – ein kurzer Bürstenschnitt für die Männer und ein kurzer glatter Bubikopf für die Frauen. Meine Haare erschienen mir auf einmal sehr lang, und in meinem westlichen Anzug mit Krawatte und den Lederschuhen kam ich mir wie ein Ausländer vor. Lillian wirkte mit ihrem bunten Kleid, den hochhackigen Schuhen und der modischen Dauerwelle wie eine leuchtend rote Kornblume inmitten eines gelben Weizenfeldes. Ich lieh mir rasch einen passenden Anzug, und Lillian ließ sich bei einem Schneider ein paar unauffällige Kleider anfertigen.

Meine Mutter hatte sich sehr verändert. Sie war alt und gebrechlich geworden, wog nur noch achtzig Pfund und hatte silbergraues Haar. Aber sie freute sich, mich zu sehen, und kaum war ich da, bat sie mich inständig, sie nie wieder zu verlassen. Ich versprach es ihr.

Trotz des sichtbaren Verfalls herrschte in Beijing eine entspannte Atmosphäre. Die Stadt war befreit worden, und die Bevölkerung setzte all ihre Erwartungen und Hoffnungen auf die neue kommunistische Regierung. Die wenigen Freunde und Verwandten, die uns für verrückt hielten, weil wir zurückgekommen waren, bildeten eher die Ausnahme.

Mein Bruder arrangierte für mich ein Treffen mit Fu Lianzhang, der mir eine Arbeit besorgen wollte. Ich besuchte Fu in seinem Haus auf dem Gelände des künftigen Ministeriums für Öffentliche Gesundheit, das in der Bogensehnen-Gasse (Gongxian) nördlich des Haupteinkaufsbereichs Wangfujing lag. Das Gebäude, einstmals Residenz eines Mandschu-Fürsten, war bis zur Machtübernahme durch die Kommunisten von einem hochrangigen General der Guomindang bewohnt worden. Es war im gleichen traditionellen Stil gebaut wie das meiner Familie, nur viel größer und vornehmer, mit sechs Wohnhöfen und sieben oder acht von Weintrauben umrankten Lauben, einem großen Garten mit einem künstlichen Felsenhügel und Keramikfliesen auf den Fußböden.

Fu Lianzhang lag auf einem Sofa aus Bambus und Weidengeflecht. Er war groß, hager, hatte eine breite Stirn, scharfe, stechende Augen und sah kränklich aus. Damals war er fünfundfünfzig, sechsundzwanzig Jahre älter als ich, aber auf mich wirkte er wie ein ganz alter Mann.

Fu machte sich nicht die Mühe aufzustehen, als ich eintrat, sondern er streckte mir einfach den Arm entgegen und begrüßte mich mit einem weichen Händedruck. Er hatte die zarten Hände eines Intellektuellen. Ich fühlte mich geehrt, von einem so hohen Funktionär empfangen zu werden.

»Ich habe seit Jahren Tuberkulose und kann deshalb nicht lange mit Ihnen sprechen«, erklärte er, nachdem er mich in meiner Heimat willkommen geheißen und sich nach meiner Ausbildung und meinen Fachkenntnissen erkundigt hatte. »Es ist schon alles arrangiert. Melden Sie sich morgen früh in der Abteilung für Gesundheit.« Solange die neue Volksregierung noch nicht formell eingesetzt war, wurden die Regierungsgeschäfte vom Obersten Komitee für Militärangelegenheiten wahrgenommen, und die Abteilung für Gesundheit unterstand seiner Aufsicht.

Ich wurde in der Abteilung sehr freundlich empfangen. »Sie sind uns herzlich willkommen«, begrüßte mich der Beamte, der mich herumführte. »Uns fehlt es an Ärzten. Ich kenne Ihren Bruder. Er war viele Jahre mein Vorgesetzter. Vizeminister Fu hat angeordnet, Sie wie einen von uns zu behandeln«, erklärte er. »Wir arbeiten hier nach dem System der kostenlosen Versorgung. Die Regierung wird Ihnen alles geben, was Sie brauchen – Unterkunft und Verpflegung, Kleidung, ja sogar Schuhe. Da Sie ein erfahrener Arzt sind, haben Sie Anspruch auf Küchenprivilegien der Gruppe zwei. Sie werden deshalb etwas mehr Essen bekommen als das gewöhnliche Personal.«

Kostenlose Versorgung bedeutete auch, daß ich kein Gehalt beziehen würde. Die Kommunistische Partei hatte zwei Systeme, nach denen sie ihre Angestellten entlohnte. Neulinge, die zum erstenmal für die Partei arbeiteten, bekamen in der Regel ein Gehalt. Altgediente Revolutionäre dagegen wurden kostenlos versorgt. Da man davon ausging, daß ich mich »der Revolution freiwillig angeschlossen« hatte, wurde mir die Ehre der kostenlosen Versorgung zuteil, obwohl ich ein Neuling war.

Ich war jedoch keineswegs froh darüber, denn meine familiären Belastungen waren sehr groß. Ich mußte nicht nur für meine Frau sorgen, sondern auch für meine Mutter, zwei Tanten und meine Schwiegereltern. Obwohl ich über beachtliche Rücklagen in Gold und US-Dollars verfügte, würden meine Ersparnisse ohne zusätzliches Einkommen sicher bald aufgebraucht sein.

Erst als ich dem Genossen Lei vorgestellt wurde, erhielt ich einen Hinweis auf meine künftige Aufgabe in der Abteilung für Gesundheit. »Genosse Lei wird Sie zu Ihrem Arbeitsplatz in der Poliklinik der Arbeiteruniversität in Xiangshan bringen«, sagte man mir. »Gehen Sie jetzt nach Hause und packen Sie Ihre Sachen zusammen. Heute in einer Woche melden Sie sich wieder hier. Sie werden dann mit einem Lastwagen nach Xiangshan gebracht. Genosse Lei wird Sie begleiten.«

Das Treffen war beunruhigend. Niemand hatte mich gefragt, ob ich den Posten auch wirklich haben wollte. Ich hatte noch nie etwas von einer Arbeiteruniversität gehört. Zwar war ich froh, an einer Universität beschäftigt zu sein, aber ich wußte nicht, ob sie über eine medizinische Fakultät verfügte. Der Hinweis auf eine Poliklinik klang nicht sehr vielversprechend.

Außerdem hatte ich erfahren, daß die Abteilung für Gesundheit für Lillian keine angemessene Arbeit hatte. Vorübergehend konnte sie im Kindergarten einer Lehranstalt für Mitarbeiter im öffentlichen Gesundheitswesen im Bezirk Tong unterkommen, einem zwanzig Kilometer östlich von Beijing gelegenen Vorort, weit entfernt von unserer Wohnung. Die Tätigkeit entsprach weder ihrer Ausbildung noch ihren Fähigkeiten und war mit der gutbezahlten, anspruchsvollen Arbeit beim British Council in Hongkong überhaupt nicht zu vergleichen. Unsere Heimkehr stand offenbar unter keinem guten Stern, und einen Moment lang dachte ich, ich hätte Herrn Yan vielleicht doch eine Rolex schenken sollen.

»Du bist noch neu hier und weißt nicht, wie die Dinge laufen«, tröstete mich mein Bruder. »Hier suchen sich nicht die Menschen die Arbeit aus, sondern umgekehrt. Das nennt man ›Gehorsam gegenüber der Organisation‹. Was die Bezahlung angeht, so mußt du jetzt noch auf deine Ersparnisse zurückgreifen. Das Weitere wird sich finden.« Die Parteidisziplin hinderte ihn daran, mehr zu sagen.

Die sogenannte Arbeiteruniversität lag in Xiangshan, in den Duftbergen, ein paar Kilometer nordwestlich von Beijing und wenige Kilometer vom alten kaiserlichen Sommerpalast entfernt. Auf dem Gelände, dem einstigen Jagdrevier, standen vereinzelt noch Bauten aus der Zeit des Qianlong-Kaisers. Berühmt war die Gegend auch wegen der beiden buddhistischen Klöster – dem Kloster des Schlafenden Buddha und dem Kloster der Azurblauen Wolken. Im Herbst verwandeln die immergrünen Kiefern mit ihrer hellen Rinde und das rote Laub des Perückenstrauchs die Hänge der Duftberge in einen leuchtend bunten Teppich. Die Arbeiteruniversität erstreckte sich fast über das gesamte Gebiet, und überall herrschte geschäftiges Treiben.

Dennoch wirkte der Ort irgendwie seltsam auf mich. An jeder Ecke standen bewaffnete Wachposten. Zwei hochrangige Funktionäre der Kommunistischen Partei führten mich herum – Wu Yunfu und Luo Daorang, der Leiter und der stellvertretende Leiter des Büros für Verwaltung, das dem Generalbüro des Zentralkomitees (ZK) der Kommunistischen Partei unterstand. Auf dem Gelände wimmelte es nur so von Parteifunktionären. Als Wu Yunfu mir mein kostenloses Versorgungspaket und das Abzeichen aushändigte, das mich als Angehörigen der Arbeiteruniversität auswies, riet er mir, sorgsam mit dem Abzeichen umzugehen und es nicht zu verlieren. »Und sprechen Sie mit niemandem über Ihre Arbeit. Sie ist geheim.« Ich hatte keine Ahnung, weshalb.

Meine Unterkunft lag unter Bäumen an einem der bewaldeten Hänge, war aber mit den kaiserlichen Bauten ringsum überhaupt nicht zu vergleichen. Es war eine jener armseligen, winzigen Hütten, die ich, als Kind aus reichem Hause, noch nie aus der Nähe gesehen hatte. Der Fußboden war aus Lehm, das Dach undicht, und eine Glühbirne an der Decke schien die einzige Lichtquelle zu sein. Als einziges Möbelstück stand ein Bett im Zimmer – ein Brett, das auf zwei Holzstühlen ruhte, ohne Matratze und Bettzeug. Natürlich gab es kein fließendes Wasser, und eine öffentliche Latrine im Freien diente als Toilette. Ich benutzte eine dünne Baumwollunterlage als Matratze und wusch mich in einer Emailschüssel mit abgekochtem Wasser aus dem nahegelegenen Brunnen. Dank meiner Stellung als Arzt mußte ich mein ärmliches Quartier nicht noch mit anderen teilen. Die Verhältnisse waren derart primitiv, daß meine Frau unmöglich zu mir kommen konnte. Deshalb sahen wir uns nur am Wochenende, wenn ich nach Hause fuhr, um meine Familie zu besuchen und mein wöchentliches Bad zu nehmen.

Das Essen war ein weiteres Zeichen für meinen Status. Wir aßen nur zweimal am Tag, wie es bei chinesischen Bauern üblich ist, zuerst um zehn Uhr morgens, und dann wieder um sechzehn Uhr. Aber im Gegensatz zu Bauern, die nur selten Fleisch essen, hatte ich aufgrund meiner Küchenvergünstigungen fast jeden Tag Anspruch darauf. Obwohl die Kantine kaum weniger primitiv war als meine Unterkunft, schmeckte das Essen sehr gut, und die bescheidene Küche wirkte relativ sauber.[9]

Eine noch größere Überraschung war die Klinik. Auch sie war kaum mehr als eine Hütte mit Lehmfußboden und ohne medizinisches Gerät – außer ein paar Fieberthermometern und einigen Blutdruckmeßgeräten. An Medikamenten standen lediglich Aspirin, Hustensaft und ein paar Mittel gegen bakterielle Infektionen zur Verfügung. Bei meinen Diagnosen würde ich mich auf mein Stethoskop und meine medizinische Erfahrung verlassen müssen. Ich konnte nur hoffen, daß keiner meiner Patienten ernstlich krank war.

Der Optimismus des Personals stand in krassem Gegensatz zu dem schlechten Zustand der Klinik. Die Mitarbeiter – insgesamt etwa dreißig Personen – waren schon von meiner Ankunft informiert worden, bevor ich überhaupt etwas von meiner neuen Arbeit wußte, und sie empfingen mich begeistert. Sie waren noch recht jung, die meisten sogar jünger als ich; selbst die beiden Sektionschefs waren erst Mitte Zwanzig. Alle kamen vom Land und waren dort von der Partei angeworben worden. Auch die am besten Ausgebildeten unter ihnen hatten nur die Grundschule besucht. Sie konnten in geringem Umfang Erste Hilfe leisten, etwa eine kleine Wunde verbinden, und sie wußten, daß bei Erkältungen Aspirin verabreicht wird, aber sie verfügten über keinerlei Fachkenntnisse und konnten keine Diagnose stellen. »Wir hoffen, daß Sie uns etwas über moderne Medizin beibringen«, hörte ich. »Wir wissen so wenig darüber.« Sie erwarteten von mir, daß ich Vorlesungen hielt. Ich war entsetzt. Wie sollte ich unter solchen Umständen arbeiten?

An diesem ersten Wochenende besuchte mich ein alter Freund, den ich seit elf Jahren nicht gesehen hatte. Wir plauderten über alte Zeiten und über das, was seither passiert war. Mein Freund hatte sich vor vielen Jahren der Kommunistischen Partei angeschlossen und arbeitete jetzt beim Neuen Demokratischen Jugendbund (dem späteren Kommunistischen Jugendbund). Ich erzählte ihm von meiner neuen Tätigkeit in der Klinik der Arbeiteruniversität in den Duftbergen. »Es ist eine große Universität, und überall stehen bewaffnete Wachposten«, sagte ich. »Sie ist ganz anders als die Universitäten, die ich bisher kennengelernt habe.«

Mein Freund wurde ernst. »Eigentlich bin ich mit Erlaubnis des führenden Kaders unserer Organisation hier, um mit dir zu sprechen«, erklärte er. »Ich soll dich auf verschiedene Dinge aufmerksam machen. Die revolutionäre Arbeit ist noch neu für dich, und aus Unwissenheit begeht man leicht Fehler.«

Ich war gern bereit, meine Unwissenheit einzugestehen, aber ich hatte immer noch keine Ahnung, wovon er redete. »Ich bin Arzt«, antwortete ich. »Bei Patienten gebe ich mein Bestes. Was könnte ich für Fehler machen?«

»Fangen wir noch mal von vorn an. Sag mir noch einmal, wo du arbeitest.«

Ich wiederholte, daß ich an der Arbeiteruniversität beschäftigt sei. »Ich weiß sehr wenig über diese Einrichtung, denn ich kümmere mich jeden Tag nur um die Patienten. Aber es sind sehr wenige, und keiner ist ernstlich krank. Es ist wirklich Zeitverschwendung.«

Mein Freund lachte. »Warum glaubst du, hast du noch nie so eine Universität gesehen? Warum sind dort überall Wachposten? Warum ist deine Arbeit geheim? Du bist an keiner Universität, mein Freund. Auf dem Gelände der Arbeiteruniversität befinden sich alle führenden Organisationen der Kommunistischen Partei. Und deine Klinik ist für die Mitglieder dieser Organisationen da, die sich zeitweilig aus Gründen der Sicherheit und Geheimhaltung dort aufhalten, weil Beijing erst vor kurzem befreit worden ist. Deshalb ist deine Arbeit so geheim.«

Er wurde wieder ernst. »Mit der Zeit wirst du mehr erfahren«, fuhr er fort. »Aber verachte die Klinik nicht. Sie mag vielleicht schlecht ausgestattet sein und kaum Patienten haben, aber sie ist sehr wichtig. Du wirst dort vielen einflußreichen Leuten begegnen. Deshalb hat unser führender Kader mir erlaubt, mit dir zu sprechen.«

Ich wagte nicht, nach dem Namen dieses führenden Kaders zu fragen. Aber da Jiang Nanxiang, der spätere Erziehungsminister (1965/66), damals stellvertretender Leiter des Jugendbundes war, nahm ich an, daß die Information von ihm stammte.

Ich war mit dem Wunsch nach China zurückgekehrt, Chirurg zu werden und meinem Land zu dienen, und nun war ich, ohne es zu wissen, in der Zentrale der Kommunistischen Partei gelandet. Die Kommunisten hatten in Beijing die Macht übernommen, aber der Bürgerkrieg ging vorläufig weiter. Die Volksrepublik China mußte noch ausgerufen werden. Bis zur Regierungsübernahme hielten sich die Führer der Kommunistischen Partei außerhalb der Stadt in den Duftbergen auf. Dort befanden sich das Zentrale Sekretariat der Kommunistischen Partei und sämtliche ihm untergeordneten Stellen. Von den fünf obersten Parteisekretären residierten drei – Mao Zedong, Liu Shaoqi und Zhu De – in den Duftbergen, in den alten Gebäuden aus der Kaiserzeit. Nur Zhou Enlai und Ren Bishi wohnten woanders. Die Klinik, in der ich arbeitete, war nicht Teil einer Universität, sondern wurde nach der Gründung der Volksrepublik China dem Generalbüro des Zentralkomitees der Kommunistischen Partei unter Leitung von Yang Shangkun unterstellt, der vierzig Jahre später, 1988, Präsident der Volksrepublik werden sollte. Das Generalbüro war für die Sicherheit, das Wohlergehen und die reibungslose Arbeitsplanung der ranghöchsten Mitglieder zuständig. Es war und ist eine der geheimsten Parteiorganisationen, und sogar viele Mitarbeiter sind weder mit der organisatorischen Struktur noch mit den Aufgaben vertraut.

Das Personal der Klinik in den Duftbergen, die von Luo Daorang und Fu Lianzhang gemeinsam verwaltet wurde, hatte alle Angehörigen des Generalbüros zu versorgen. Die höchsten Parteiführer ebenso wie die einfachen Mitarbeiter und ihre Familien waren meine Patienten. Die meisten hatten kaum Beschwerden, und für jemanden wie mich, der unbedingt als Chirurg arbeiten wollte, waren sie im Grunde uninteressant. Ich war enttäuscht darüber, meinen Traum von einer medizinischen Karriere aufgeben zu müssen, aber als einziger Arzt mit westlicher Ausbildung lernte ich in der Klinik in den Duftbergen viele mehr oder minder bedeutende Kader kennen. Ich war noch jung und voller Idealismus, weshalb ich mich geehrt fühlte, bereits so kurz nach meiner Rückkehr nach Beijing in unmittelbarer Nähe derer arbeiten zu können, die an den Schalthebeln der Macht saßen. Sie hatten die chinesische Revolution ins Leben gerufen und bemühten sich nun, deren Ziele zu verwirklichen. Als junge Leute hatten sie ihr Heim und ihre Familien verlassen und alles aufgegeben, um ein besseres, gerechteres und stärkeres China zu schaffen.

Durch meine neue Tätigkeit wurde mir das Privileg zuteil, die formelle Gründung der Volksrepublik China aus allernächster Nähe mitzuerleben.

Der 1. Oktober 1949 war einer jener klaren, kühlen Tage, die den Herbst in Beijing zur schönsten Jahreszeit machen. Wir standen um fünf Uhr morgens auf und fuhren mit dem Lastwagen in die Stadt. Kurz vor sieben waren wir auf dem Tiananmen-Platz und nahmen unsere Plätze bei der Marmorbrücke am Tor des Himmlischen Friedens ein, das als Eingang zur Verbotenen Stadt dient. Der Platz war damals kleiner als heute. Die verfallenen Gebäude ringsum hatten früher als Rasthäuser für Beamte gedient, die auf eine Audienz beim Kaiser warteten. Die Große Halle des Volkes und das Museum der Chinesischen Geschichte und Revolution wurden erst 1959 erbaut, um den zehnten Jahrestag der Gründung des neuen China zu feiern.

Bei unserer Ankunft wimmelte es auf dem Platz bereits von Menschen. Sie kamen aus allen Schichten und waren speziell für diesen Anlaß ausgewählt worden. Von meinem Platz aus hatte ich einen ungehinderten Blick auf das Podium, von dem aus die Führer des neuen China in Kürze die Gründung der Volksrepublik proklamieren würden. Über den Köpfen der Menschen flatterten Tausende von Fahnen im Herbstwind und verwandelten die düstere Stadt in ein Farbenmeer. Die Menge rief Parolen wie »Lang lebe die Volksrepublik

China«, »Lang lebe die Kommunistische Partei Chinas« und sang Revolutionslieder. Mit jeder neuen Parole und jedem neuen Lied wuchs die Begeisterung.

Genau um zehn Uhr erschienen Mao Zedong und die anderen hochrangigen Führer auf dem Podium. Die Wirkung war elektrisierend. Seit mein Bruder mir das erste Mal erzählt hatte, daß Mao der Retter Chinas sei, war er für mich ein Held gewesen. Nun sah ich meinen Messias leibhaftig vor mir. Obwohl ich in unmittelbarer Nähe von Maos Residenz in den Duftbergen arbeitete, hatte ich ihn noch nicht zu Gesicht bekommen. Er war damals sechsundfünfzig Jahre alt, hochgewachsen, gesund und kräftig. Er hatte eine frische Gesichtsfarbe, dichtes schwarzes Haar und eine hohe, breite Stirn. Seine Stimme war klar und kräftig, seine Gesten wirkten energisch. Er trug nicht mehr die Militäruniform, die uns von den Fotos her vertraut war. Die feierliche Einsetzung der neuen Regierung war ein Staatsereignis, und als Vorsitzender der Volksrepublik China war Mao dabei eher Repräsentant des Staates als der Partei. Er trug zu diesem zivilen Anlaß einen dunkelbraunen Sun-Zhong-Shan-Anzug (erst später wurde dieser Stil als »Mao-Look« bezeichnet) und eine Arbeitermütze. Um die Verwirklichung der Einheitsfront zu verdeutlichen, stand Mao unter einigen nichtkommunistischen politischen Persönlichkeiten. Zu ihnen gehörte die schöne Song Qingling, die Witwe Dr. Sun Zhong-Shans, der den Kaiser gestürzt und China auf den Weg der politischen Erneuerung gebracht hatte.

Obwohl sich die ganze Aufmerksamkeit auf Mao Zedong konzentrierte, war seine Haltung würdevoll und bescheiden, und er zeigte keine Spur von Arroganz. Viele Male hatte ich Jiang Jieshi auf dem Höhepunkt seiner Macht in der Öffentlichkeit erlebt; er war immer unnahbar gewesen und hatte von allen Unterwürfigkeit erwartet.

Mao dagegen übte eine magnetische Anziehungskraft aus. Er begann seine Rede in dem für ihn typischen rhythmischen Hunan-Dialekt. Mao sprach nicht das gebräuchliche Mandarin, aber für dessen Sprecher ist der Hunan-Dialekt leicht zu verstehen. Maos Tonfall war sanft, fast singend, und seine Rede fesselte die Zuhörer. »Das chinesische Volk hat sich erhoben«, erklärte er. Die Menge brach in Beifallsstürme aus und rief immer wieder: »Lang lebe die Volksrepublik China! Lang lebe die Kommunistische Partei Chinas!« Mein Herz zersprang fast vor Freude, und meine Augen füllten sich mit Tränen. Ich war so stolz auf China, so voll Hoffnung und so froh, daß Ausbeutung, Leid und ausländische Aggressionen ein Ende haben würden. Für mich gab es keinen Zweifel, daß Mao der große Führer der Revolution war, der Schöpfer einer neuen chinesischen Geschichte. Obwohl ich so dicht bei ihm stand, schien er immer noch ganz weit weg zu sein. Ich war nur ein gewöhnlicher Arzt, und er war der große Revolutionsführer der Volksrepublik China. Wie hätte ich an jenem Tag auf dem Tiananmen-Platz ahnen können, daß ich bald sein Leibarzt werden und zweiundzwanzig Jahre bis zu seinem Tod in enger Gemeinschaft mit ihm verbringen würde?

Im Dezember 1949, nicht lange nach der Gründungsfeier, reiste Mao Zedong nach Moskau, wo er mehrere Monate über einen Freundschaftsvertrag mit der Sowjetunion unter Stalin verhandelte. Nach seiner Rückkehr im Februar 1950 verließ er sein Refugium in den Duftbergen und zog in die Stadt nach Zhongnanhai, dem ehemaligen kaiserlichen Garten in der Verbotenen Stadt. Andere hochrangige Parteiführer folgten seinem Beispiel und lebten und arbeiteten fortan in königlichem Prunk. Auch die meisten Büros wurden mitsamt dem Personal nach Beijing verlegt. Nur einige wenige, etwa das Büro für Verwaltung und das Büro für Verschlußsachen, blieben in den Duftbergen. Die Klinik wurde aufgeteilt. Eine Gruppe wurde nach Zhongnanhai verlegt, um die dort lebenden Mitglieder der Parteispitze medizinisch zu versorgen, die andere, zu der auch ich gehörte, blieb zurück. Mein Leben wäre sicher ganz anders verlaufen, wenn sich nicht ein tragischer Zwischenfall ereignet hätte.

4. KAPITEL

Ein Fall von Enzephalitis mit tödlichem Ausgang führte dazu, daß ich nach Zhongnanhai ziehen mußte. Die Krankheit, die durch Stechmücken übertragen wird, tritt in Beijing vor allem im Sommer und Herbst auf, und erfahrene Ärzte achten während dieser Zeit besonders auf entsprechende Symptome. Die allgemeinen Anzeichen einer Enzephalitis sind zunächst oft mit denen einer normalen Grippe vergleichbar, und im Anfangsstadium kann die Krankheit mit chinesischen Naturheilmitteln behandelt und kuriert werden. Wird sie jedoch nicht rechtzeitig erkannt, führt sie beim Patienten zu Benommenheit und häufig zum Tod.

Der Sommer 1950 war besonders feucht und schwül, und die Stechmükken tauchten in großen Schwärmen auf. Als ein Mitarbeiter in Zhongnanhai an Enzephalitis erkrankte, diagnostizierte der junge, unerfahrene »Arzt« eine einfache Grippe. Der Mann starb. Yang Shangkun und Zhou Enlai waren um Maos Gesundheit besorgt, da der Wohnkomplex des Mitarbeiters ganz in der Nähe von Maos Residenz lag. Wie leicht konnte auch Mao mit dieser Krankheit infiziert werden![10]

Der junge Leiter der Klinik in Zhongnanhai wurde entlassen, die Klinik umorganisiert, und man setzte Mittel zur Bekämpfung krankheitsübertragender Schädlinge ein. Im Zuge der Reorganisation wurde das Krankenhaus in den Duftbergen nach Zhongnanhai verlegt. Der Umzug veränderte mein Leben.

Die Klinik in Zhongnanhai, ebenfalls rückständig und schlecht ausgestattet, wurde ebenso wie die anderen Gebäude in Zhongnanhai für die neuen Führer des Landes renoviert. Zhongnanhai wird von dem Mittleren und dem Südlichen See beherrscht, deren Namen es trägt. Der prachtvolle Park ist von der gleichen zinnoberroten Mauer umgeben wie einst die Verbotene Stadt. Es ist unmöglich, von außen über die Mauer zu blicken, und in keinem Buch findet sich eine exakte Beschreibung der Anlage. Bewaffnete Soldaten des Zentralen Garnisonskorps, das dem Generalstab der Armee unterstellt ist, hielten vor den Toren Wache, und nur Mitarbeiter und offiziell angemeldete Besucher hatten Zutritt. Das Amtsgebäude des Staatsrats unter Zhou Enlai befand sich im Norden, auf dem Gelände am Mittleren See. Neben Mao lebten noch mehrere andere hohe Führer des Landes in Zhongnanhai – Zhu De, Liu Shaoqi, Zhou Enlai, Peng Dehuai, Deng Xiaoping, Li Xiannian, Dong

Biwu, Li Fuchun und Chen Yi. Sie alle wohnten in traditionellen, von Mauern umgebenen Hofhäusern. Auch ihre hochrangigen Mitarbeiter waren dort untergebracht. Mir wurde zunächst nur eine kleine Wohnung zugewiesen. Später, als ich eine größere Wohnung bekam, holte ich Lillian und unseren kleinen Sohn John zu mir.

Selbst auf dem Gelände von Zhongnanhai gab es strenge Sicherheitsvorkehrungen. Nirgendwo hatte man freien Zugang, und jeder, der kam und ging, mußte den Wachen seinen Sonderausweis zeigen. Als Mitarbeiter der Klinik, die sich in der Nähe von Maos Residenz befand, besaß ich einen B-Ausweis. Damit hatte ich Zutritt zur Klinik und zu dem Bereich rund um das Gebäude, in dem ich wohnte. Lillian verfügte ebenfalls über einen B-Ausweis, doch ihre Bewegungsfreiheit war stärker eingeschränkt.

Als Leiter des Krankenhauses hatte ich viele hochrangige Parteifunktionäre aus Zhongnanhai und auch aus anderen Stadtteilen Beijings unter meinen Patienten; ihre Familien behandelte ich ebenfalls. Diese Funktionäre hatten an dem achtjährigen Krieg gegen Japan und an dem vierjährigen Bürgerkrieg gegen die Nationalisten teilgenommen und deshalb erst spät geheiratet, und nun stieg die Zahl der Geburten. Ich hatte so viel zu tun, daß mir wenig Muße blieb.

Ich bewarb mich um die Aufnahme in die Partei, aber mein familiärer Hintergrund bereitete Probleme. Offensichtlich war ich nicht aus dem Stoff, aus dem gute Kommunisten sind. Mein Vater war ein hoher Beamter in der Guomindang-Regierung gewesen, und obwohl Zhou Enlai ihn zur Rückkehr nach Beijing aufgefordert und ihm Schutz angeboten hatte, betrachteten ihn viele weiterhin als »Reaktionär«. Mein Schwiegervater, der in der Provinz Anhui ein wohlhabender Grundbesitzer gewesen war, war im Zuge der allgemeinen Bodenreform zum »Volksfeind« erklärt und seiner Bürgerrechte sowie seiner Lebensgrundlage beraubt worden. Er war völlig von mir abhängig.

Meine Frau wurde verdächtigt, weil sie vor der Befreiung sowohl für die Luftwaffe der Vereinigten Staaten als auch für den British Council gearbeitet hatte, und es gab Gerüchte, wonach sie für diese beiden »imperialistischen« Länder spioniert habe.

Und auch die Aktivitäten in meiner Jugend brachten mich in Verdacht. In dem Lebenslauf, den ich meiner Bewerbung um die Parteimitgliedschaft beilegte, schilderte ich ausführlich meinen Werdegang. Während meiner Zeit auf der Mittelschule in Suzhou hatten alle Zehntkläßler auf Anordnung der Guomindang-Regierung eine dreimonatige militärische Ausbildung durchlaufen müssen. Damals hatte man von mir erwartet, daß ich mich der Nationalen Erweckungsgesellschaft der Guomindang anschloß. Am Ende der Ausbildung war nicht mehr von der Gesellschaft gesprochen worden, und ich hatte mich auch nie an deren Aktivitäten beteiligt. Wie sich herausstellte, war die Nationale Erweckungsgesellschaft die Vorgängerin der Jugendliga der Drei Prinzipien des Volkes, einer politischen Organisation, die mit den Blauhemden, einer geheimen Spionagetruppe der Guomindang, in Verbindung stand. Die Parteimitglieder, die meine Bewerbung prüften, wollten nicht glauben, daß ich nie aktiv in der Erweckungsgesellschaft tätig gewesen war.

Außerdem waren sie mißtrauisch, weil ich nach dem Studium einen Teil meines Praktikums als Militärarzt bei der Guomindang absolviert hatte. Die Entscheidung über meine Bewerbung wurde auf unbestimmte Zeit ausgesetzt.

Trotzdem wollte ich meinen Teil zur Revolution beisteuern. Ich beantragte meine Aufnahme in eine Gruppe von Bodenreformern, die in die Dörfer gingen, um die Umverteilung von Ländereien und Gütern von den Großgrundbesitzern auf die armen, besitzlosen Bauern zu überwachen. Obwohl meine Schwiegereltern bereits ihren gesamten Besitz verloren hatten, unterstützte ich die Bewegung. Mit Hilfe der Bodenreform konnte die jahrhundertelange Unterdrückung auf dem Land beendet und das Los der verarmten Landbevölkerung verbessert werden. Erst Jahre später erzählten mir Freunde, die an der Reform beteiligt gewesen waren, wie brutal und ungerecht die Bewegung oft vorgegangen war.

Meine Teilnahme an der Bodenreform wurde mit der Begründung abgelehnt, daß meine medizinischen Kenntnisse in Zhongnanhai gebraucht würden.

Bei Ausbruch des Koreakrieges im Sommer 1950 meldete ich mich freiwillig. Ich hatte weder am Krieg gegen Japan noch am Bürgerkrieg gegen die Nationalisten teilgenommen, aber ich suchte nach einer Möglichkeit, meinem Land zu dienen, obwohl ich sicher war, daß wir die Verlierer sein würden, denn die Vereinigten Staaten waren China technologisch weit voraus.

Aufmerksam verfolgte ich das Kriegsgeschehen. Ich war überrascht und begeistert darüber, daß die chinesischen Truppen nicht nur standhielten, sondern sogar eine Schlacht nach der anderen gegen die Amerikaner gewannen. Seit mehr als einem Jahrhundert war es das erste Mal, daß China Krieg gegen eine ausländische Macht führte, ohne das Gesicht zu verlieren. Mit Entsetzen hörte ich Meldungen, wonach die Vereinigten Staaten in Korea bakterielle Kampfmittel einsetzten.[11] Selbst als der Koreakrieg sich ergebnislos in die Länge zog, war ich stolz darauf, Chinese zu sein. Aber meine Vorgesetzten verweigerten mir wiederum die Teilnahme, weil ich in Zhongnanhai dringender gebraucht würde.

Ich war frustriert, weil ich mich nicht für die Revolution einsetzen durfte, enttäuscht, weil ich meine Karriere als Chirurg nicht fortsetzen konnte, und traurig, weil die Entscheidung über meine Bewerbung um die Mitgliedschaft in der Partei so lange hinausgezögert wurde. Gegenüber meinen Patienten kam ich mir wie ein Ausgestoßener vor.

Im Frühjahr 1952 kam ich zum erstenmal mit Maos Familie in Kontakt. Damals wurde Maos dreißigjähriger Sohn Anqing mit einer Psychose in die Klinik eingeliefert. Er konnte nicht schlafen, lief ständig hin und her und sprach mit sich selbst. Mao hatte mit seiner ersten Frau Yang Kaihui zwei Söhne – Mao Anqing und Mao Anying. Yang Kaihui wurde 1930 von der Guomindang hingerichtet, weil sie sich weigerte, ihren Mann zu verraten, obwohl Mao, der sich damals in der einige hundert Kilometer entfernten Sowjetrepublik Jiangxi aufhielt, inzwischen bereits He Zizhen geheiratet hatte. Nach Yang Kaihuis Tod gingen die beiden Jungen nach Shanghai, wo sie sich schlecht und recht durchschlugen. Manche, die Mao Anqing kannten, führten seine Psychose auf die brutalen Schläge zurück, mit denen Polizisten in Shanghai ihn traktiert hatten. Erst Jahre später, nachdem die Partei ihren Stützpunkt in Yan'an eingerichtet hatte, spürte man die beiden auf. Mao schickte sie zum Studium in die Sowjetunion.[12]

Bei Ausbruch des Koreakrieges ging der ältere Sohn Anying an die Front, wo er gleich zu Beginn der Kämpfe bei einem amerikanischen Bombenangriff ums Leben kam. Anqing arbeitete unterdessen als Übersetzer in der Propagandaabteilung des Zentralkomitees der Kommunistischen Partei.

Während der Drei-Anti-Bewegung, die im Jahr 1952 begann und sich gegen die Korruption, die Verschwendung und den Bürokratismus von Kadern der Kommunistischen Partei richtete, stellte Anqing fest, daß ein Kollege die Tantiemen für einige seiner Werke eingeheimst hatte, indem er auf verschiedenen Formularen Anqings Unterschrift fälschte. Anqing bekam einen Wutanfall und prügelte auf den Mann ein. Mao war darüber verärgert und erteilte seinem Sohn einen strengen Verweis. Dieser Vorfall schien die Psychose ausgelöst zu haben, die ich jetzt behandeln sollte. Aber ich war kein ausgebildeter Psychiater, und die Klinik konnte lediglich eine Kurzzeitbehandlung durchführen. Ich gab dem Patienten Beruhigungsmittel und wartete den richtigen Zeitpunkt ab, um der Familie mitzuteilen, daß er in einer Spezialklinik psychiatrisch behandelt werden müsse.

Eines Abends, als ich gerade Krankenberichte durchsah, kam eine Schwester völlig außer Atem in mein Büro. Jiang Qing sei eingetroffen, um Mao Anqing zu besuchen, und ich solle ihr über seinen Zustand Auskunft geben. Die Schwester trieb mich zur Eile an.

Jiang Qing wartete zusammen mit einer adrett wirkenden Schwester in dem Raum neben Anqings Zimmer. Ich hatte Maos Frau schon mehrmals gesehen, aber immer nur von weitem. Bevor sie sich den Kommunisten in Yan'an angeschlossen hatte, war sie Schauspielerin gewesen, und erwartungsgemäß trug sie nicht die triste Mao-Uniform, die gerade in Mode war. Allerdings hatte ich nicht damit gerechnet, daß sie derart elegant gekleidet sein würde. Ihr apartes Wollkostüm und die beigefarbene Seidenbluse entsprachen ganz westlichem Stil. Außerdem trug sie Nylonstrümpfe – in jener Zeit ein wahrer Luxus – und schwarze Lederschuhe mit flachen Absätzen. Ihr dichtes schwarzes, dauergewelltes Haar war zu einem Knoten zusammengesteckt. Sie hatte große, klare dunkle Augen, eine elfenbeinfarbene zarte Haut, war etwa 1,60 bis 1,62 Meter groß und ziemlich schlank. Sie war damals achtunddreißig, ich war zweiunddreißig Jahre alt.

»Sie müssen Dr. Li sein«, begrüßte sie mich in kultiviertem Beijing-Dialekt, nachdem ich ihr gegenüber Platz genommen hatte. Ohne meine Antwort abzuwarten, fragte sie: »Wie geht es Anqing?« Bei all ihrer Eleganz kam sie mir unnahbar vor. Manche behaupten, als junges Mädchen sei Jiang Qing sehr schön gewesen. Ich fand sie zwar ganz hübsch, aber gewiß nicht schön. Dafür war sie zu abweisend und hochmütig.

Ich schilderte Anqings Fall ausführlich und schlug vor, ihn in eine psychiatrische Klinik oder in ein Sanatorium zu verlegen, da die Klinik in Zhongnanhai für die Behandlung von psychisch Kranken nicht ausgerüstet sei.

Sie dachte eine Weile nach, ehe sie erwiderte: »Ich werde dem Vorsitzenden Ihren Vorschlag unterbreiten. Er soll entscheiden.« Als sie mir zum Abschied die Hand reichte, fielen mir ihre langen schlanken Finger und die sorgfältig manikürten Nägel auf. Sie bedankte sich und ging in den Hof, wo sie von drei Sicherheitsbeamten erwartet wurde. Sie hatte mißtrauisch gewirkt und mich dauernd prüfend angesehen, als wolle sie aus meinen Worten und meinem Verhalten noch etwas anderes herauslesen.

Kurz darauf wurde Mao Anqing von anderen Ärzten als schizophren diagnostiziert und zur Behandlung in die Küstenstadt Dalian im Nordosten Chinas geschickt, wo er rund um die Uhr von einer Krankenschwester betreut wurde. Anqing und die Schwester verliebten sich ineinander, aber die Familie hatte für ihn bereits eine Heirat arrangiert. Er wurde mit der jüngeren Schwester der Witwe seines Bruders Anying vermählt, und die enttäuschte, verzweifelte Krankenschwester mußte nach Beijing zurückkehren.[13]

Im Herbst 1953, mehr als ein Jahr nach unserer Begegnung in der Klinik, traf ich Jiang Qing im Haus von Hu Qiaomu wieder. Hu war einer von Maos politischen Sekretären und oberster Parteisekretär der Propaganda-Abteilung. Hu respektierte meine medizinische Arbeit, und wir waren Freunde geworden.

Ich hatte Hu Qiaomu in seinem Haus in Zhongnanhai aufgesucht, um ihn wegen einer Allergie und eines Geschwürs zu behandeln. Während der Untersuchung kam seine Frau Gu Yu, die an der Chinesischen Akademie der Wissenschaften arbeitete, ganz aufgeregt ins Zimmer. Jiang Qing war soeben eingetroffen. »Schnell, zieh dich an«, forderte Gu Yu ihren Mann auf.

Auf dem Weg nach draußen traf ich Jiang Qing. »Ist das nicht Dr. Li?« fragte sie und gab mir die Hand, während Hu den Grund meines Besuches erklärte. Auch bei dieser zweiten kurzen Begegnung änderte sich mein Eindruck nicht. Jiang Qing erschien mir jetzt sogar noch unnahbarer.

Als Leiter der Klinik von Zhongnanhai war ich auch für die medizinische Versorgung gewöhnlicher Mitarbeiter zuständig, und da ich alle gleich behandelte, ohne Rücksicht auf ihre Stellung, wuchs mein Ansehen. Viele lobten meine Arbeit. Sie vertrauten mir und erzählten mir oft von ihren persönlichen und familiären Problemen, denn sie wußten, daß sie mit meiner Verschwiegenheit rechnen konnten.

Im Herbst 1952 wurde ich vom Generalbüro der Partei einstimmig zum Musterarbeiter ersten Ranges gewählt.

Danach wurde meine Bewerbung um Mitgliedschaft in der Kommunistischen Partei endlich akzeptiert. Untersuchungsbeamte hatten einen Mann namens Xu Bin ausfindig gemacht, der während meiner Militärausbildung im Jahr 1936 Kompaniechef gewesen war und jetzt im Rahmen seiner »Umerziehung« in einem Lager in der Provinz Guizhou Zwangsarbeit leisten mußte. Xu konnte sich überhaupt nicht an mich erinnern. Die Ermittler sprachen auch mit einigen meiner ehemaligen Klassenkameraden, und alle versicherten, daß ich mich nie politisch betätigt hätte. Durch diese Nachforschungen war die Entscheidung über meinen Antrag um ganze zwei Jahre hinausgeschoben worden.

Später, als in China eine politische Kampagne die andere jagte, holten mich meine »Herkunft« und meine angeblichen politischen Aktivitäten wieder ein. Aber zunächst legte ich im November 1952 den Eid auf die Partei ab, indem ich gelobte, mein Leben der Kommunistischen Partei Chinas zu weihen. Mein Wissen über die Grundlagen des Marxismus beschränkte sich auf die Lektüre des *Kommunistischen Manifests* und zweier Artikel Maos, auf die begeisterten Schilderungen meines Bruders während meiner Jugend und auf ein paar sozialistische Parolen wie etwa: »Jeder nach seinen Fähigkeiten, jedem nach seinen Bedürfnissen«.

Genaugenommen habe ich nie wirklich zu »ihnen« gehört. Die große Mehrheit der Parteimitglieder, die in Zhongnanhai arbeiteten, war der Sache seit langem verbunden. Sie waren oft schon als ganz junge Leute in die Partei eingetreten und hatten den Langen Marsch mitgemacht. Die meisten kamen aus kleinbäuerlichen Verhältnissen, waren ungebildet und noch ihrer bäuerlichen Lebensart verhaftet. Viele von ihnen achteten und bewunderten mich, und ich wiederum respektierte ihren revolutionären Eifer und die Opfer, die sie für die Revolution gebracht hatten. Dennoch war die Kluft zwischen uns zu groß. Ich würde immer ein Intellektueller bleiben, ein Arzt aus einer »Klasse von Ausbeutern«, und deshalb eine problematische Person, ein Objekt für »Integrations-, Verwertungs- und Reformmaßnahmen«. Mein Wert für die Partei beruhte einzig und allein auf meinen medizinischen Kenntnissen.

Wie wertvoll meine medizinische Ausbildung war, erfuhr ich am Abend des 2. Oktober 1954, als Wang Dongxing anrief und mich zu sich nach Hause einlud. Wang war Leiter des Hauptbüros der Sicherheitskräfte, das für den Schutz der Regierungsspitze zuständig war, und Chef der Leibwache Maos. Ich hatte ihn in der Klinik von Zhongnanhai kennengelernt, wo ich ihn und seine Familie behandelte, und Freundschaft mit ihm geschlossen. Auch er war langjähriges Parteimitglied und Teilnehmer am Langen Marsch. Bereits mit zehn Jahren hatte sich der einfache Bauernsohn, dem das Großstadtleben völlig unbekannt war, dem Kommunismus zugewandt. Damals war er von einem Polizisten erwischt worden, als er auf der Straße urinierte, und nur dadurch, daß sein Vater den Polizisten bestach, war der Junge dem Gefängnis entgangen. Angewidert von der Korruption der herrschenden Guomindang hatte Wang sich der Kommunistischen Partei angeschlossen. Dort hatte er Mao kennengelernt und mit ihm in Yan'an zusammengearbeitet. Nach 1949 rückte er fast über Nacht in eine hohe Stellung mit großer politischer Verantwortung auf. Dennoch bewahrte er sich seinen Respekt vor den Intellektuellen, und er schien mich, einen Arzt mit westlicher Ausbildung, besonders hochzuschätzen.

Wir trafen uns in dem großen Raum in Zhongnanhai, der ihm als Arbeits-, Wohn-, Eß- und Schlafzimmer diente. Die Kinder und der Babysitter waren in einem anderen Teil des Hauses auf der gegenüberliegenden Hofseite untergebracht. Wang schenkte Tee ein und reichte mir die Tasse. »Es ist Longjing aus diesem Jahr«, sagte er. »Probieren Sie.« Longjing wird in Hangzhou geerntet und ist der beste, aromatischste Tee Chinas. Im Gegensatz zu Wein, der mit den Jahren immer besser wird, schmeckt Tee am besten, wenn er im Jahr der Ernte verbraucht wird. Wang war ein Teekenner.

Ich kostete den Tee. »Kann ich etwas für Sie tun?« fragte ich schließlich neugierig.

Wang wurde ernst. »Wissen Sie, warum ich Sie so lange in der Klinik festgehalten und Ihre Versetzung verhindert habe?«

»Nein.«

»Ich habe Sie seit mehreren Jahren beobachtet. Sie sind bei den Leuten in Zhongnanhai sehr beliebt. Sie behandeln alle gleich und sind nie arrogant. Alle Genossen hier, die obersten Parteiführer eingeschlossen, sind von Ihren medizinischen Fähigkeiten, Ihrer ungezwungenen Art und Ihrer Hingabe an Ihren Beruf tief beeindruckt. Sogar der Vorsitzende Mao hat nur Gutes über Sie gehört.

Wir suchen nun schon seit einiger Zeit einen Leibarzt für den Vorsitzenden, aber es ist sehr schwer, einen geeigneten Mann zu finden«, fuhr er fort. »Ich habe mit Luo Ruiqing [Minister für Öffentliche Sicherheit] und mit Yang Shangkun [Direktor des Generalbüros] gesprochen und Sie als Leibarzt des Vorsitzenden Mao vorgeschlagen. Denselben Vorschlag habe ich Ministerpräsident Zhou Enlai unterbreitet. Und da alle einverstanden waren, habe ich gestern mit dem Vorsitzenden selbst gesprochen. Er hat grundsätzlich zugestimmt, möchte aber noch mit Ihnen reden, bevor er eine endgültige Entscheidung trifft. Sie müssen sich auf dieses Gespräch vorbereiten. Er wird sich bald mit Ihnen treffen wollen.«

Ich war erschrocken. Zwar wußte ich, daß nach dem plötzlichen Tod Ren Bishis im Jahr 1950 alle hochrangigen Politiker Leibärzte bekommen hatten, aber für mich selbst war eine solche Rolle unvorstellbar. Von meiner Klinik aus hatte ich oft zu Maos Residenz hinübergesehen. Für mich war sie das Herz der Nation; ihr Pulsschlag war in ganz China zu spüren. Aber ich hatte nie daran gedacht, diesen Ort jemals zu betreten, und Mao selbst schien mir unerreichbar. Ich dachte: »Das ist nichts für mich. Ich bin dafür völlig ungeeignet. Was ist mit meiner Herkunft? Mit dem Verdacht, ich hätte mit der Guomindang zusammengearbeitet? Mit der tatsächlichen Verbindung meines Vaters zur Guomindang? Und was ist mit meiner Frau? Mit all den Gerüchten, sie sei Spionin? Sie ist kein Parteimitglied und wird es auch nie werden. Nein, das ist eine Aufgabe für den Sohn eines Arbeiters oder Bauern.

Ich kann meine Vergangenheit nicht ändern.« Außerdem hatte der Vorsitzende Mao bereits einen Leibarzt.[14]

Ich mußte an meinen Urgroßvater denken – an seine beharrliche Beteuerung, Kaiser Tong Zhi leide an Syphilis, an den Zorn der Kaiserinwitwe Cixi, an seine Zurückstufung und an die über Generationen weitergegebene Warnung, niemals als Arzt am Kaiserhof zu arbeiten.

Ich teilte Wang Dongxing meine Befürchtungen mit und lehnte das Angebot ab. Er lachte laut: »Warum sind Sie so besorgt? Ihre Umstände sind gründlich überprüft worden, bevor Sie in die Partei eintraten. Das ist jetzt kein Problem mehr. Luo Ruiqing, Yang Shangkun und Präsident Zhou halten Sie für den geeigneten Mann. Sie kennen Ihre Familienverhältnisse. Erst als alle überzeugt waren, habe ich Sie dem Vorsitzenden empfohlen. Und was die Geschichte mit Ihrem Urgroßvater angeht – das war in der Zeit des Feudalismus. Sie brauchen keine Bedenken zu haben.« Er lachte von neuem.

»Weiß Fu Lianzhang Bescheid?« fragte ich. Immerhin war ich auf sein Anraten hin nach China zurückgekehrt, und er hatte mir meine jetzige Arbeit besorgt. Fu war als Leiter des Büros für Gesundheit für das Wohlergehen der obersten Führer des Landes zuständig. Sicher wollte er wegen meiner Ernennung zu Rate gezogen werden.

»Die Entscheidung ist vom Zentralorgan getroffen worden«, erklärte Wang. »Fu ist zwar zur Zeit Ihr Vorgesetzter, aber sonst hat er nichts mit der Sache zu tun.« Fu Lianzhang war sicher gekränkt, weil man ihn übergangen hatte.

»Ich muß darüber nachdenken«, sagte ich. Wangs Beteuerungen hatten mich nicht überzeugt. Ich war ein Außenseiter in Zhongnanhai. Als Maos Leibarzt würde ich ständig überwacht werden; ein Fehler würde genügen, um mich der Verschwörung gegen die Partei zu bezichtigen. Wie leicht könnte ich zum »Klassenfeind« erklärt werden!

»Nicht nötig«, erwiderte Wang. »Wir haben bereits entschieden.«

Erst jetzt wurde mir klar, daß ich keine Wahl hatte. »Wenn ich diese Aufgabe übernehmen muß, werde ich natürlich mein Bestes tun«, sagte ich. »Aber niemand ist vollkommen. Wenn ich einen Fehler mache, wird sich das hoffentlich nicht negativ für Sie auswirken.« Wang Dongxing war ein großes Risiko eingegangen, als er mich für den Posten vorschlug. Wenn ich in politische Schwierigkeiten geriet, würde man ihn zur Verantwortung ziehen. Bis zu Maos Tod wären wir untrennbar aneinander gebunden.

»Keine Sorge«, meinte Wang. »Natürlich müssen Sie sehr vorsichtig sein. Sie werden sich möglichst oft durch den Rat Ihrer Vorgesetzten absichern.

Aber Sie sollen auch tun, was Sie für richtig halten. Bereiten Sie sich jetzt auf das Treffen mit dem Vorsitzenden vor. Schließlich liegt die endgültige Entscheidung bei ihm. Warten Sie auf meine Nachricht.«

Dann gab er mir Maos Krankenbericht und bat mich, ihn durchzusehen. Mao werde Beijing bald verlassen, um sich im Süden zu erholen. Vorläufig solle ich weiter in der Klinik arbeiten.

Noch während ich auf die Nachricht wartete, wurde ich auf mögliche Gefahren aufmerksam gemacht. Chen Zongying, die Witwe Ren Bishis, eines hochrangigen Parteisekretärs, wies mich darauf hin, daß die Aufgabe schwierig sein würde. Nach Ren Bishis plötzlichem Tod im Herbst 1950 war Chen Zongying in tiefe Depression verfallen. Nichts würde ihren Mann zurückbringen. Ich konnte nur versuchen, sie zu trösten, und im Laufe der Zeit wurden wir gute Freunde.

Auf Anweisung der Partei begleitete ich sie auf einer Reise nach Shanghai und Hangzhou, um sie ärztlich zu versorgen. Damals nannte sie Mao einen komischen alten Kauz (Mao *laotou*) und riet mir zu äußerster Vorsicht. »Er ist furchtbar launisch, und schon beim geringsten Anlaß kann er sehr unangenehm werden«, meinte sie. »Seine Frau Jiang Qing ist berüchtigt dafür, daß sie die Menschen in ihrer Umgebung brutal behandelt. Außerdem ist sie eine Verführerin. Lassen Sie sich also nicht von ihr täuschen. Wenn Sie dort Ärger bekommen, wird es keiner mehr wagen, Sie einzustellen. Sie könnten sogar im Gefängnis landen.«[15]

Chen Zongyings Warnung schockierte mich, denn ich verehrte Mao, der meiner Meinung nach zu keiner Ungerechtigkeit fähig war. Zwar hatte er noch nicht den Status eines Kaisers, aber schon damals wagte niemand mehr, ihn zu kritisieren. Zudem wurde gerade eine Kampagne gegen Konterrevolutionäre gestartet. Wenn jemand von Chen Zongyings Warnung erfuhr, konnte sie zur Konterrevolutionärin und Parteigegnerin gestempelt werden.

Ich vergaß ihre Warnung nie, und später mußte ich häufig an die Richtigkeit ihrer Worte denken. Noch heute bin ich dieser wunderbaren Frau für ihre Offenheit zutiefst dankbar.

Die sich entwickelnde Kampagne gegen Konterrevolutionäre in Zhongnanhai machte mir angst. Wang Dongxing, der mich als Maos Leibarzt vorgeschlagen hatte, war als Leiter des Hauptbüros der Sicherheitskräfte für die Kampagne zuständig, die sich auch gegen die Leibärzte der Führungsspitze richtete. Sie wurden beschuldigt, einer parteifeindlichen Gruppe anzugehören.

Ich saß gebannt im Zuschauerraum, während wochenlang Tag für Tag gegen die Ärzte verhandelt wurde. Die Sitzungen dauerten täglich vier bis fünf Stunden, vom Spätnachmittag bis in den Abend hinein. Die Anschuldigungen gegen meine Kollegen wurden von Tag zu Tag übertriebener. Die Ärzte waren mit ihren Arbeitsbedingungen nicht zufrieden gewesen, denn da sie jeweils nur einen einzigen Parteiführer versorgten, hatten sie wenig zu tun. Aber sie durften nicht nebenher praktizieren und hatten sich beklagt, weil sie ihre Talente und ihre Ausbildung nicht nutzen konnten. Darin bestand ihr »Verbrechen«.

Im Laufe der Zeit wurden die Anschuldigungen immer abenteuerlicher. Jiang Qings Arzt Xu Tao, der kurze Zeit auch als Maos Leibarzt gedient hatte, war ein überaus bedauernswertes Opfer. Ihm wurde unter anderem vorgeworfen, die Ehefrau des Vorsitzenden mißhandelt und gequält zu haben. Die Anschuldigungen wären lächerlich gewesen, hätten sie für Xu Tao nicht derart weitreichende Folgen haben können. Auf Betreiben Jiang Qings warfen die Sicherheitsbeamten dem Arzt vor, Jiang Qings Anordnung, die Jalousien herunterzulassen, nicht rasch genug befolgt zu haben. Die Sonne habe ihren Augen auf Dauer geschadet. Außerdem habe Xu Tao die von ihr bevorzugte Raumtemperatur von sechsundzwanzig Grad absichtlich gesenkt, damit sie sich erkälte. Als der Arzt ihr das Thermometer zeigte, das auf genau sechsundzwanzig Grad stand, bezichtigte sie ihn, ihr seelische Qualen zuzufügen. Aus solchen Gründen erklärte man Xu Tao zum führenden Mitglied einer parteifeindlichen Gruppe.

Am Ende wurden alle Ärzte mit einer Ausnahme entlassen – zu ihrem Glück, denn sie konnten im Krankenhaus von Beijing ihre medizinische Karriere fortsetzen. Xu Tao jedoch, der die schwersten Vorwürfe hatte hinnehmen müssen, blieb paradoxerweise Jiang Qings Leibarzt.

Ich fühlte mit meinen Kollegen, die nichts Unrechtes getan hatten und bestimmt keiner parteifeindlichen Gruppe angehörten. Aber ich durfte mich trotz meiner Seelenqualen nicht für sie einsetzen, denn sonst hätte ich riskiert, selbst als Parteigegner hingestellt zu werden.

Als mein Bruder und mein Cousin 1952 während der Drei-Anti-Bewegung gegen Korruption, Bürokratismus und Verschwendung heftig attackiert wurden, stand ich erneut Qualen aus. Sie waren meine Verwandten, sie hatten mich zur Kommunistischen Partei hingeführt, und ihre Unschuld stand für mich fest. Aber ich hatte Angst, offen meine Meinung zu sagen.

Schon bevor ich Maos Leibarzt wurde, hatte ich meinem Gewissen zuwidergehandelt. Wenn etwas meiner Überzeugung widersprach, blieb ich in der Regel stumm. Aber während der Kampagne gegen die Ärzte genügte es um meiner Familie und um meiner selbst willen nicht, einfach nur zu schweigen. Ich mußte lügen, denn nur so konnte ich meine Arbeit behalten und weiterkommen. Aber vor allem wollte ich überleben.

Ich bezichtigte die Ärzte jedoch nicht, sich gegen die Partei gestellt zu haben. Dazu war ich nicht fähig. Statt dessen erklärte ich, es sei falsch von ihnen gewesen, sich zu beschweren, und sie müßten lernen, in Zukunft besser zu arbeiten.

Wenn ich heute, fast vierzig Jahre später, von meiner sicheren Warte in den Vereinigten Staaten aus zurückblicke, weiß ich, daß ich mich wieder so verhalten würde. Ich hatte damals keine Wahl. Zu viele Familienmitglieder waren von mir abhängig. Noch heute verlangt die Kommunistische Partei vom Volk, daß es Unschuldige attackiert, und die Menschen müssen öffentlich eine Politik unterstützen, die sie ablehnen. In China kann man nur überleben, wenn man ständig seinem Gewissen zuwiderhandelt.

Während der Säuberungsaktion gegen die Ärzte im Jahr 1954 wußte ich noch nicht, daß sie nur als Schachfiguren im Machtkampf zwischen Wang Dongxing und Fu Lianzhang dienten.

Durch die Funktionen der beiden war ein Konflikt bereits vorprogrammiert. Als stellvertretender Minister für Öffentliche Gesundheit war Fu Lianzhang für das Wohl der Parteiführer zuständig, und die Leibärzte waren sämtlich auf seine Empfehlung hin berufen worden. Da er zu Mao und den anderen Mitgliedern der Parteispitze keinen direkten Zugang hatte, ließ er sich von den Ärzten nicht nur über den Gesundheitszustand der Führer unterrichten, sondern auch über deren Äußerungen und Ansichten. Auf diese Weise war er immer über die aktuelle politische Großwetterlage informiert und konnte mögliche Schwierigkeiten voraussehen. Sein eigentliches Interesse galt jedoch Mao.

Auch Wang Dongxing hatte sich als stellvertretender Minister für Öffentliche Sicherheit und Chef der Sicherheitskräfte um das Wohlergehen der Spitzenpolitiker zu kümmern. Wang verfügte über erheblich mehr Einfluß als Fu, war politisch ehrgeiziger und hatte direkten Zugang zu Mao. Er stützte sich nicht nur auf die Auskünfte der Sicherheitsbeamten über die Aktivitäten der Machthaber, sondern versuchte auch, die von Fu ernannten Ärzte und Schwestern auszufragen, um sich ein Informationsmonopol zu schaffen. Fu betrachtete Wangs Methoden als Einmischung, und Wang war der Ansicht, Fu übe zu starken Einfluß auf das medizinische Personal aus.

Der Konflikt eskalierte, als Wang mich für den Posten von Maos Leibarzt vorschlug. Fu Lianzhang drängte Mao, meine Ernennung abzulehnen, wobei er auf meine problematische Herkunft hinwies. Wang Dongxing konterte mit Hilfe der Kampagne gegen Konterrevolutionäre und attackierte die von Fu berufenen Ärzte. Wang blieb Sieger, und die Kluft zwischen Wang Dongxing und Fu Lianzhang vertiefte sich.

Die Kampagne gegen die Ärzte war eine schmerzliche Erfahrung für mich, denn ich begriff, daß in China der einzelne keinen freien Willen hatte. Vielmehr schuldete man seinen »Vorgesetzten« absoluten Gehorsam. Schon eine unbedachte Äußerung konnte als Mißachtung des Vorgesetzten verstanden werden und den Zorn der ganzen Organisation erregen. Sitzungen wurden einberufen, um den Betroffenen zu kritisieren, und man mobilisierte die »Massen«, um ihn zu demütigen.

Der einzelne war nur ein winziges Rädchen im Getriebe. Wenn das Rädchen seinen Zweck erfüllte, war es für das Getriebe von Nutzen. Aber bei der geringsten Abweichung von der Norm wurde es ausrangiert.

So sehr ich Mao auch verehrte, meine neue Aufgabe beunruhigte mich. »Du wirst dir auch nicht den kleinsten Fehler erlauben können«, warnte mich Lillian. Sie wußte am besten, wie schwierig meine Arbeit sein würde. Seit unserer Rückkehr nach China waren fünf Jahre vergangen, und sie machte sich längst keine Illusionen mehr. Als Tochter eines Grundbesitzers und angebliche Spionin war sie unablässig Angriffen von allen Seiten ausgesetzt. Aber sie wußte auch, daß ich die Aufgabe nicht zurückweisen konnte, und war ständig in Sorge.

Monate vergingen nach meinem Gespräch mit Wang, und ich wartete ungeduldig, aber von Mao kam keine Mitteilung.

5. KAPITEL

Am 25. April 1955 gegen fünfzehn Uhr überbrachte mir die Oberschwester der Klinik von Zhongnanhai eine Nachricht. Sie wirkte angespannt und verwirrt. »Gruppe Eins hat eben angerufen«, flüsterte sie. »Sie werden im Schwimmbad erwartet.« Gruppe Eins war der Deckname für Mao und seinen Mitarbeiterstab.*

In Zhongnanhai gab es damals zwei Schwimmbäder: das Freibad, das alle Mitarbeiter im Sommer benutzen durften, und das Hallenbad, das für die Parteiführung gebaut worden war. Im Laufe der Zeit wurde es jedoch nur noch von Mao genutzt, und später war er so häufig dort anzutreffen, daß man zusätzliche Räume anbaute: ein Empfangs-, ein Arbeits- und ein Schlafzimmer. 1967, während der Kulturrevolution, verlegte Mao seine Residenz in das Gebäude mit dem Schwimmbad und wohnte dort bis kurz vor seinem Tod. Hier empfing er Präsident Richard Nixon, Ministerpräsident Tanaka und viele andere ausländische Politiker. Bereits 1955 verwies das »Schwimmbad« immer auf Mao.

Nun war es also endlich soweit. Der Vorsitzende hatte mich zu sich befohlen.

Wie gewöhnlich herrschte auch an diesem Tag in der Klinik viel Betrieb, und einige Patienten hatten schon mehrere Stunden ausgeharrt. Ich kümmerte mich erst um sie, bevor ich mit dem Fahrrad zum Hallenbad fuhr. Li Yinqiao, der stellvertretende Chef von Maos Leibwache, eilte auf mich zu. »Warum kommen Sie so spät?« fragte er besorgt. »Sie haben den Vorsitzenden Mao warten lassen.«

»Ich hatte noch Patienten zu versorgen«, erklärte ich. »Ist der Vorsitzende krank? Braucht er medizinische Betreuung?«

»Nein, nein. Er möchte nur mit Ihnen reden.«

Li Yinqiao begleitete mich ins Hallenbad.

Mao, in ein Buch vertieft, lag auf einem Holzbett, den nackten Körper in einen Frotteebademantel gehüllt; ein Handtuch war locker um seine Hüften geschlungen. Der Vorsitzende wirkte ebenso massig und groß wie da-

* Gruppe Zwei bezeichnete Liu Shaoqi, Gruppe Drei Ministerpräsident Zhou Enlai, Gruppe Vier Zhu De, Gruppe Fünf Ren Bishi und nach dessen Tod Chen Yun.

mals auf dem Podium von Tiananmen, als ich ihn zum erstenmal sah. Er hatte breite Schultern, einen dicken Bauch und eine gesunde Gesichtsfarbe, sein Haar war immer noch dicht und schwarz, die Stirn breit, die Haut glatt und unbehaart. Gemessen an seiner kräftigen Statur hatte er ziemlich dünne Beine. Die großen Füße steckten in kaffeebraunen Socken.

Li Yinqiao meldete meine Ankunft, und ich entschuldigte mich sofort für meine Verspätung. Mao war überhaupt nicht verärgert. Er legte sein Buch beiseite und bat Li, einen Stuhl zu holen, damit ich mich zu ihm setzen könne. Maos Leibwächter waren gleichzeitig seine Bediensteten; jeweils vier von ihnen hatten rund um die Uhr für ihn dazusein.

»Zhang Zhidong hat nie zu festgelegten Zeiten gegessen und geschlafen«, erklärte Mao (er bezog sich auf einen hochrangigen Beamten der Qing-Dynastie). »Ich bin wie Zhang. Wie spät ist es jetzt?«

»Es ist halb fünf Uhr«, antwortete ich.

»Das ist für mich noch Morgen. Wann stehen Sie auf?«

Ich war verwirrt. Da die meisten Chinesen nach dem Essen einen kurzen Mittagsschlaf halten und ich Maos Gewohnheiten noch nicht kannte, war ich nicht sicher, ob er wissen wollte, wann ich aus meinem Mittagsschlaf erwachte oder wann ich morgens aufstand. »Normalerweise stehe ich morgens kurz nach sechs auf«, sagte ich schließlich, »und nachmittags mache ich ein Nickerchen.«

»Sie sind Arzt«, meinte Mao mit einem Lächeln. »Sie achten auf Ihre Gesundheit und leben streng nach Plan.« In Maos Blick lag Weisheit, und er vermittelte ein gewisses Wohlwollen – weniger durch seine Worte als durch sein Mienenspiel. Ich war überwältigt, denn ich spürte, daß mir ein bedeutender Mann gegenübersaß.

Er rauchte eine englische Zigarette der Marke »555«; dabei inhalierte er den Rauch durch eine Zigarettenspitze. »Song Qingling hat mir zu der Zigarettenspitze geraten«, sagte er unter Hinweis auf die Witwe Sun Zhong-Shans. »Innen sitzt ein Filter, der den Nikotingehalt reduzieren soll. Ich rauche nun schon seit vielen Jahren, aber ich frage mich noch immer, welche Auswirkungen das Nikotin eigentlich hat. Rauchen Sie?«

»Ja, aber nicht viel.« In der Regel rauchte ich abends nach der Arbeit drei oder vier Zigaretten.

»Dann sind Sie der erste rauchende Arzt, den ich kenne.« Er zog mehrmals an der Zigarettenspitze und betrachtete mich mit einem schelmischen Grinsen. »Rauchen ist auch eine gute Atemübung, nicht wahr?« Ich wußte nicht, ob er spaßte oder es ernst meinte. Deshalb lächelte ich nur schweigend.

Mao betrachtete mein Haar. »Sie sind erst knapp über Dreißig. Warum haben Sie schon mehr graue Haare als ich?«

Ich erwiderte, daß mein vorzeitig ergrautes Haar vermutlich genetisch bedingt sei. »Nach unserem Haar zu urteilen, bin ich viel älter als der Vorsitzende.«

»Sie schmeicheln mir«, meinte Mao lachend.

Allmählich verlor ich meine Befangenheit.

Mao erkundigte sich nach meiner Ausbildung und meiner Berufserfahrung und hörte mir aufmerksam zu. »Seit der Mittelschule wurden Sie ganz nach amerikanischem Vorbild erzogen«, sagte er. »Während des Befreiungskrieges gegen Jiang Jieshi und die Guomindang standen die Amerikaner auf Jiangs Seite. Und in Korea haben sie auch gegen uns gekämpft. Trotzdem gefällt es mir, wenn Leute für mich arbeiten, die amerikanische oder englische Schulen besucht haben. Ich interessiere mich sehr für Fremdsprachen. Hin und wieder wird mir vorgeschlagen, Russisch zu lernen, aber ich will nicht. Ich würde lieber Englisch lernen. Vielleicht können Sie es mir beibringen?«[16]

Ich war einverstanden.

Mao hielt einen Moment inne und wurde ernst. »Sie waren erst fünfzehn, als Sie sich 1935 der Nationalen Erweckungsgesellschaft anschlossen – noch ein Kind. Damals wußten Sie nichts von Politik. Außerdem haben Sie die Geschichte ja bereits Ihren Vorgesetzten erzählt. Ich sehe da kein Problem.« Er erzählte mir, wie der Gründerkaiser der Tang-Dynastie (618–907), Li Shimin, sich geweigert hatte, auf den Rat seiner Minister zu hören, und einem General von dubioser Herkunft derart vertraute, daß er ihn sogar bei sich schlafen ließ. Der General war außerordentlich fähig und leistete dem Kaiser nützliche Dienste, und bald arbeiteten die beiden hervorragend zusammen. »Was zählt«, sagte Mao und sah mich dabei an, »ist Aufrichtigkeit. Wir müssen aufrichtig zueinander sein. Unsere Beziehung und unsere Aufrichtigkeit müssen sich über lange Zeit hinweg bewähren.«

»Nehmen wir zum Beispiel Xu Shiyou«, fuhr er fort. Er meinte den ehemaligen buddhistischen Mönch, der damals Kommandeur des Militärbezirks Nanjing war. Xu Shiyou war ursprünglich ein Anhänger Zhang Guotaos gewesen, eines Mitbegründers der Kommunistischen Partei Chinas, der nach einem Streit mit Mao zur Guomindang übergelaufen war. Xu Shiyou weigerte sich, Zhang Guotao zu folgen, und erklärte statt dessen seine Loyalität Mao gegenüber. »Während der Bewegung für Gedankenreform 1942 in Yan'an zweifelten viele an Xus Loyalität, weil er früher für Zhang Guotao gearbeitet hatte.

Xu wurde heftig kritisiert. Er war verzweifelt und dachte daran, seine Armee aus Yan'an abzuziehen. Kang Sheng wollte ihn verhaften und erschießen lassen. Aber ich wollte erst selbst mit ihm sprechen: Viele Genossen hatten Angst, er könne mir etwas antun, aber ich teilte ihre Befürchtungen nicht.

Als Xu mich sah, brach er in Tränen aus. Ich sagte, er solle aufhören zu weinen und mir zwei einfache Fragen beantworten. ›Vertrauen Sie Zhang Guotao oder mir?‹ fragte ich. ›Natürlich vertraue ich Ihnen‹, antwortete Xu. ›Wollen Sie gehen oder bleiben?‹ fragte ich. ›Natürlich will ich bleiben‹, antwortete er. Und ich sagte: ›In Ordnung, bleiben Sie. Kommandieren Sie weiter Ihre Soldaten. Das wär's.‹ Hat Xu Shiyou seither seine Sache nicht gut gemacht?«

Nach jahrelanger Sorge und Niedergeschlagenheit fühlte ich mich plötzlich sicher. Mao hatte das Problem meiner Herkunft und meiner politischen Vergangenheit gelöst. Er war der oberste Führer, und niemand konnte seine Autorität anzweifeln.

Ein Leibwächter kam und servierte Mao das Essen. Der Vorsitzende lud mich ein, seine Mahlzeit zu teilen. Vier Gerichte standen zur Auswahl – Fisch, Schweinefleisch mit Paprikaschoten (ein Leibgericht Maos), Lammfleisch mit Lauch und eine Gemüseplatte. Während die Speisen regelrecht in Öl schwammen, war an Sojasoße und Salz gespart worden.[17] Die meisten Menschen führten Mitte der fünfziger Jahre immer noch ein sehr entbehrungsreiches Leben; Nahrungsmittel waren knapp, und Öl stellte eine Kostbarkeit dar. Ich war es nicht gewohnt, mit Öl zubereitete Speisen zu essen. Deshalb hielt ich mich sehr zurück.

»Sie essen ja gar nichts«, tadelte mich Mao. »Der Fisch ist ausgezeichnet – und das Schweinefleisch auch.«

»Ich habe keinen großen Hunger«, entschuldigte ich mich. Erst viel später gewöhnte ich mich an seinen Geschmack.

»Das ist mein Frühstück und mein Mittagessen«, sagte er. »Mir genügen zwei Mahlzeiten am Tag. Vermutlich ist jetzt nicht Ihre Essenszeit.«

Wir plauderten weiter. Er wollte wissen, ob ich mich je mit Philosophie befaßt hätte.

»Als Student konnte ich mich nicht einmal mit meinen medizinischen Büchern so intensiv beschäftigen, wie ich es mir gewünscht hätte«, antwortete ich. »Für andere Lektüre hatte ich kaum Zeit. Seit ich Arzt bin, widme ich mich ganz meinen Patienten. Deshalb hatte ich bisher wenig Gelegenheit, philosophische Bücher zu lesen. Aber ich habe zwei Aufsätze des Vorsitzenden gelesen: ›Über die Praxis‹ und ›Über den Widerspruch‹.«

Die beiden Artikel hatten mir wirklich gefallen. Mao schrieb gut – einfach und präzise. »Über die Praxis« hatte mich gelehrt, daß wahres Wissen eher von Taten als von bloßer Lektüre herrührt – eine nützliche Lektion für einen angehenden Chirurgen. »Über den Widerspruch« hatte mir deutlich gemacht, daß man die Ursachen eines Problems erforschen muß, statt sich auf die Symptome zu konzentrieren.

Mao lächelte. »Während des Widerstandskrieges gegen Japan [1937 bis 1945] wurde ich gebeten, an der ›Antijapanischen Universität‹ in Yan'an eine Vorlesung in Philosophie zu halten. Damals dachte ich, ich müßte die Erfahrungen unserer Revolution zusammenfassen, indem ich die Theorie des Marxismus in die konkrete Wirklichkeit Chinas integrierte. Deshalb schrieb ich diese beiden Artikel. Ich glaube, ›Über die Praxis‹ war bedeutender als ›Über den Widerspruch‹. Für die Niederschrift von ›Über den Widerspruch‹ benötigte ich zwei Wochen, aber die Vorlesung über das Thema dauerte nur zwei Stunden.«

Wenn ich Jahre später manchmal zurückblickte und mich fragte, warum ich bei unserer ersten Begegnung einen so guten Eindruck auf Mao gemacht hatte, mußte ich oft an diesen Teil der Unterhaltung denken. Erst nachdem ich einige Zeit mit Mao und seinen engsten Mitarbeitern zusammen war, erkannte ich, wie wichtig Mao diese beiden Aufsätze waren. Er betrachtete sie als wesentlichen Beitrag zur philosophischen Entwicklung des Marxismus-Leninismus – als Darlegung des »Sozialismus mit chinesischen Merkmalen«. Die Sowjets hingegen maßen den Schriften keine große Bedeutung bei und stempelten sie sogar als revisionistisch ab. Gerüchten zufolge hatte Stalin P. F. Judin, einen bekannten marxistisch-leninistischen Philosophen, als sowjetischen Botschafter nach China entsandt, damit er sich mit Maos Gedankengut vertraut machte und darüber Bericht erstattete. Mao besuchte Judin oft, und dann diskutierten die beiden bis spät in die Nacht. Aber Judin wies Maos Ansichten beharrlich zurück, bis dieser verärgert reagierte. »Stößt die Philosophie mit Marx und Lenin tatsächlich an ihre Grenzen?« fragte er manchmal. »Kann die Einbeziehung der revolutionären Erfahrung Chinas nicht neue philosophische Gedanken hervorbringen?«[18]

An jenem Nachmittag wußte ich jedoch von all dem nichts, und Mao selbst hielt sich zurück. »Ich denke, Sie sollten ein paar philosophische Bücher lesen«, meinte er. »Für Sie als Arzt könnte das von großem Nutzen sein. Ich habe gerade Engels' *Dialektik der Natur* beendet. Nehmen Sie das Buch mit. Wie ich hörte, ist an amerikanischen Universitäten der höchste akademische Grad in den Geistes- und Naturwissenschaften der Doktor der Philosophie. Offenbar sind auch die Amerikaner der Ansicht, daß die Philosophie in allen Wissenschaftszweigen eine bedeutende Rolle spielt. Ich halte es aber auch für wichtig, Geschichte zu studieren. Ohne Kenntnis der Geschichte wissen wir nicht, wie die Gegenwart zustande gekommen ist. Und Sie sollten sich auch in der Literatur auskennen. Wenn Sie als Arzt, der mit so vielen Menschen Kontakt hat, nur über medizinische Kenntnisse verfügen, sind Sie für die anderen nicht interessant. Sie sprechen nicht dieselbe Sprache.«

Mao machte eine Pause.

»Nun, für heute wollen wir es genug sein lassen. Wir werden in Zukunft noch oft Gelegenheit haben, uns zu unterhalten.« Zum Abschied drückte er mir fest die Hand.

Ich verließ das Schwimmbad kurz nach neunzehn Uhr, und in meinem Kopf überschlugen sich die Gedanken. Das Treffen war voller Überraschungen gewesen. Zuerst hatte ich Mao im Bett vorgefunden, dann hatte ich seine seltsamen Schlafgewohnheiten und seinen trockenen Humor kennengelernt, und schließlich hatte er mir die Nervosität genommen, so daß ich frei meine Meinung äußerte. Er war furchteinflößend und umgänglich zugleich, klug und bilderstürmerisch. Die Anspannung war verschwunden, und ich fühlte mich plötzlich sicherer als in den Jahren zuvor. Obwohl uns immer noch eine tiefe Kluft trennte und ich nur wenig von ihm wußte, war ich sicher, daß ich einer bedeutenden Persönlichkeit gegenübergesessen hatte. Ich war stolz darauf, daß ich in einer so vertraulichen Funktion für ihn arbeiten sollte. Es war eine Chance, die ich mir nicht einmal im Traum vorgestellt hatte. Aber würde ich meine Sache auch gut machen? Wie sollte ich mich vorbereiten? Was erwartete man von mir? Ich suchte umgehend Wang Dongxing auf.

»Sie waren ziemlich lange beim Vorsitzenden«, begrüßte er mich. Er war sichtlich zufrieden, denn wenn das Gespräch nicht positiv verlaufen wäre, hätte Mao mich schon viel früher weggeschickt. »Worüber haben Sie gesprochen?«

Ich erzählte ihm von unserer Unterhaltung.

Wang war begeistert. »Sehen Sie? Ich habe Ihnen ja gleich gesagt, Sie schaffen es. Das ist schon mal ein guter Anfang. Nur weiter so!«

Das Telefon klingelte. Es war Maos Leibwächter Li Yinqiao. Ich hatte auf Mao einen sehr guten Eindruck gemacht und den Test bestanden. Mao wünschte, daß ich sein Leibarzt wurde.

»Ich werde es dem Minister für Öffentliche Sicherheit, Luo Ruiqing, mitteilen«, sagte Wang. »Gehen Sie jetzt nach Hause und ruhen Sie sich aus. Und behalten Sie alles, was Sie heute erlebt haben, für sich.«

Lillian war die einzige, der ich von meiner neuen Aufgabe erzählte. Auch sie meinte, daß ich wohl einen guten Eindruck gemacht haben müsse. Sonst hätte Mao nicht so lange mit mir gesprochen und mich zum Essen eingeladen.

Aber meine Bedenken hatten sich noch nicht gelegt. »Wir werden ja sehen, ob es mit meiner Arbeit auch so gut klappt«, sagte ich.

Am nächsten Tag rief mich Fu Lianzhang an und lud mich in sein Haus in der Bogensehnen-Gasse ein. Ich fuhr mit dem Rad zu ihm.

Diesmal kam er zur Begrüßung sogar persönlich an die Tür und drückte mir die Hand. »Erzählen Sie mir, wie es gelaufen ist.«

Ich habe nie erfahren, auf welchen Wegen sich die Neuigkeit so rasch verbreitet hatte. Fu hörte aufmerksam zu, als ich ihm meine Begegnung mit Mao schilderte, und wurde immer aufgeregter. Er goß mir eine Tasse Tee ein, ging zweimal um das Teetischchen herum und murmelte vor sich hin: »Das war Glückssache.«

Schließlich wandte er sich mir zu und lächelte. »Sie haben wirklich Glück. Schon bei Ihrem ersten Treffen mit dem Vorsitzenden haben Sie sich so lange mit ihm unterhalten. Welch ein Ereignis!« Ich spürte, daß Fu überrascht und neidisch war.

»Als der Vorsitzende 1934 an Malaria litt und dennoch in die Schlacht ziehen wollte, bat er mich, ihn zu behandeln«, sagte Fu. »Ich gab ihm damals Chinin. Und als er wieder einmal in den Krieg zog, trug er mir auf, mich um seine schwangere Frau, die Genossin He Zizhen, zu kümmern. Ich holte ihr Baby auf die Welt.«[19]

Fus Wangen glühten, als er an jene Zeit zurückdachte, und Schweißperlen standen ihm auf der Stirn. Er trank ein paar Schlucke abgekochtes Wasser. »Ich trinke weder Tee, noch nehme ich irgendwelche Aufputschmittel«, erklärte er kurz.

»Später hat mir der Vorsitzende das Leben gerettet«, fuhr Fu fort und lenkte das Gespräch in eine andere Richtung. »Damals wurde ich beschuldigt, Mitglied des Anti-Bolschewiken-Korps der Guomindang zu sein, und Mao nahm mich in Schutz. Als junger Mann erkrankte ich an Tuberkulose, und auch damals war er überaus gütig zu mir. Während des Langen Marsches, als alle anderen zu Fuß gehen mußten, ließ er mich auf einem Pferd reiten. Er sorgte wegen meiner schlechten Gesundheit dafür, daß mir jeden Tag ein ganzes Huhn serviert wurde.« Hühnerfleisch war damals teuer und schwer zu bekommen, und täglich ein ganzes Huhn zu essen war ein unvorstellbarer Luxus.[20]

Fu bot mir noch etwas Tee an und sagte dann: »Ich teile Ihnen das alles mit, weil ich möchte, daß Sie den Vorsitzenden verstehen.«

Ich wußte nur wenig über die Anfänge der Kommunistischen Partei und über Maos Vergangenheit. Deshalb bat ich Fu weiterzusprechen. »Was Sie mir da erzählen, ist äußerst hilfreich für mich.«

Fu lächelte. »Der Vorsitzende leidet unter schwerer Schlaflosigkeit. Während der Zeit in Jiangxi Anfang der dreißiger Jahre mußte ich, als Geschäftsmann verkleidet, nach Shanghai reisen und dort ein Sedativum – Veronal – und Traubenzucker besorgen. Ich riet dem Vorsitzenden, beides vor dem Schlafengehen einzunehmen. Die Medizin wirkte, und Mao war überglücklich. Wie Sie sehen, stehe ich loyal zum Vorsitzenden. Er und ich sind gleich alt, aber ich bin nicht so gesund wie er.«[21]

Fu betrachtete mich aufmerksam. »Ihre Berufung bedeutet, daß die Partei Ihnen vertraut«, sagte er. »Es ist eine edle, aber auch sehr schwierige Aufgabe.«

Die Mahlzeit wurde serviert. »Gestern hat der Vorsitzende Sie zum Essen eingeladen, heute tue ich es«, meinte Fu. Es gab nur leichte Speisen, unter anderem auch gekochtes Huhn. »Ich esse immer noch täglich ein Huhn.« Er ließ Wein bringen und hob sein Glas. »Normalerweise trinke ich keinen Wein, aber heute mache ich eine Ausnahme.«

Er fuhr fort: »Als Leibarzt des Vorsitzenden Mao müssen Sie sehr vorsichtig sein. Wenn Sie mal irgendwelche Probleme haben, wenden Sie sich einfach an mich. Ich werde Ihnen helfen.« Ich hatte keine Ahnung, wie Fu mir helfen könnte. Offenbar wollte er nur soviel wie möglich über Mao und dessen Aktivitäten erfahren.

Nachdem Fu ein wenig von dem Huhn gegessen hatte, schob er seinen Teller beiseite. »Ich esse fünf Mahlzeiten am Tag, aber immer nur kleine Portionen«, erklärte er.

»Der Vorsitzende möchte, daß Sie ihm Englisch beibringen«, sagte er dann. »Das ist eine gute Gelegenheit, sich mit ihm anzufreunden. Sie sollten ihn nicht nur medizinisch betreuen, sondern auch sonst alles tun, was er von Ihnen verlangt.«

Ich fühlte mich durch Fus Rat beleidigt. »Wenn ich täte, wozu Sie mir raten«, erwiderte ich, ohne nachzudenken, »bliebe mir nur wenig Zeit für meinen Beruf.«

Fu wurde ernst. »Sie sollten die Sache so sehen: Der Vorsitzende weiß unendlich viel, und Sie können eine Menge von ihm lernen. Sie sind Arzt. Wenn Sie Ihr Wissen erweitern, werden Sie öfter Gelegenheit haben, sich mit ihm zu unterhalten. Dann werden Sie ihn besser verstehen.«

Auch Mao hatte mir geraten, weitere Kenntnisse auf verschiedenen Gebieten zu erwerben, und ich begriff, daß Fu recht hatte. Noch war Mao jung und gesund, und meine Aufgabe würde etliche Jahre lang kaum darin bestehen, seine Krankheiten zu behandeln, sondern dafür zu sorgen, daß er gesund blieb. Ich mußte sein Temperament, seinen Charakter und seine Gewohnheiten kennenlernen, und dazu brauchte ich sein Vertrauen. Ich dankte Fu für seinen Rat. Er ergriff meine Hand und drückte sie. »Bitte, besuchen Sie mich jede Woche.«

Auf den Straßen wimmelte es von Menschen, und es herrschte eine festliche Atmosphäre. Beijing bereitete sich auf den 1. Mai vor, und die Häuser waren mit bunten Plakaten und Fahnen geschmückt. Ich fühlte mich wohl.

Nach meiner Rückkehr war mein Traum wie eine Seifenblase geplatzt. Andere Angehörige meiner Generation – mein Bruder, meine Cousins und viele meiner Freunde – hatten ihren Platz in dieser neuen, revolutionären Gesellschaft schon gefunden. Sie waren alte Kämpfer, Männer, die in den dreißiger Jahren in Yan'an die Revolution vorangetrieben hatten. Nach der Gründung der Volksrepublik China waren sie dafür mit wichtigen Ämtern belohnt worden. Obwohl manche während der Drei-Anti-Bewegung auf Kritik gestoßen waren, hatten sie ihre Posten behalten, und jetzt waren sie geachtete, erfolgreiche Mitglieder der Gesellschaft. Auch meine ehemaligen Kommilitonen hatten etwas aus ihrem Leben gemacht. Sie arbeiteten als führende Spezialisten in den großen Krankenhäusern des Landes und waren hochangesehen.

Meine Karriere dagegen war ins Stocken geraten. Ministerpräsident Zhou Enlai hatte zwar vor einiger Zeit angekündigt, meine Klinik in Zhongnanhai werde in Kürze mit dem für den Staatsrat eingerichteten Krankenhaus zusammengelegt, und er hatte mich zum Leiter der neuen Einrichtung ernannt. Aber all diese Umstrukturierungen waren beunruhigend, und ich hatte keine Ahnung, was die Zukunft bringen würde. Dank meiner Berufung zum Leibarzt Maos konnte ich jetzt der Klinik und ihren Zwängen entfliehen.

Als Maos Leibarzt würde ich viel mehr Respekt genießen. Mao war der oberste Führer Chinas und wurde von Millionen Menschen verehrt. Aber er lebte sehr zurückgezogen, von allen abgeschottet, sogar von seinen engsten politischen Mitarbeitern. Und er wurde scharf bewacht. Für gewöhnliche Menschen war er eine rätselhafte, unerreichbare Persönlichkeit. Selbst die höchsten Parteifunktionäre hatten keinen direkten Zugang zu ihm und bekamen ihn nur bei offiziellen Sitzungen zu Gesicht. Als sein Arzt würde ich ständig an seiner Seite sein, jeden Tag, würde ihm Englisch beibringen, mich mit ihm über Philosophie unterhalten und Zeuge all dessen werden, was in seinem inneren Zirkel passierte.

Meine Welt hatte sich verändert. Der Himmel hatte sich aufgetan, und die Erde hatte mich umarmt. Ich war kein Niemand mehr. Als ich Fu Lianzhang kurz nach meiner Rückkehr im Jahr 1949 aufsuchte, war er bei der Begrüßung nicht einmal aufgestanden, und trotzdem hatte ich es damals als Ehre empfunden, von einem so hohen Funktionär empfangen zu werden. Jetzt öffnete er mir persönlich – fast unterwürfig – die Tür. Bald merkte ich, daß mich viele hochrangige Politiker plötzlich höflich und zuvorkommend behandelten und sich unbedingt mit mir unterhalten wollten. Ich war kein gewöhnlicher Mediziner mehr, sondern der Leibarzt des Vorsitzenden Mao. Ich war außer mir vor Freude!

6. KAPITEL

Am Vorabend der Feiern zum 1. Mai, nur wenige Tage nach meiner ersten Begegnung mit Mao, wurde ich kurz vor Mitternacht von einem seiner Leibwächter aufgefordert, unverzüglich zum Vorsitzenden zu kommen.

Ich eilte zu Maos Residenz in der Annahme, er sei krank. Warum sonst sollte man mich noch so spät rufen? Ich hatte Maos Haus noch nie betreten, und ich näherte mich dem Gebäude voll Ehrfurcht, als sei es ein Heiligtum. Mir war, als sei mein persönlicher Langer Marsch vom gewöhnlichen Arzt zum Mitarbeiter im Zentrum der Revolution beendet. Von heute an, dachte ich, werde ich in diesem heiligen, verbotenen Reich fest verwurzelt sein. Ein Schauer durchlief mich.

Es heißt immer, Mao habe ein asketisches Leben geführt und sei ein Vorbild an Sparsamkeit gewesen. Als man nach seinem Tod die Türen seiner Residenz öffnete, wurden seine abgetragenen Sachen, sein Morgenrock und seine Pantoffeln für die Öffentlichkeit ausgestellt zum Beweis, daß er bewußt auf Luxus verzichtet habe, um mit der breiten Masse verbunden zu bleiben. Mao war ein Bauer und hatte einen einfachen Geschmack. Er kleidete sich nur an, wenn es unbedingt sein mußte, und verbrachte die meiste Zeit des Tages im Bett, nur in einen Morgenrock gehüllt und mit nackten Füßen. Wenn er sich anzog, bevorzugte er alte Kleider und abgewetzte Leinenschuhe. Den konventionellen »Mao-Anzug« und Leinenschuhe trug er nur bei offiziellen Anlässen. Gewöhnlich mußte einer der Leibwächter seine neuen Leinenschuhe einlaufen. Die Fotos, die ihn gutgekleidet bei der Arbeit in seinem Büro zeigen, waren gestellt. Er führte praktisch all seine Amtsgeschäfte vom Schlafzimmer oder vom Rand seines Hallenbades aus.

Trotzdem lebte er wie ein Kaiser. Seine Residenz lag im Herzen Zhongnanhais, inmitten des ehemaligen kaiserlichen Parks, zwischen Mittlerem und Südlichem See mit Blick nach Süden. Sie muß der bestbewachte Ort der Welt gewesen sein. Ausländischen Gästen fiel auf, daß nirgends bewaffnete Posten zu sehen waren. In Wirklichkeit waren überall in Zhongnanhai Wachen verteilt, aber so diskret, daß man sie nicht gleich bemerkte. Sie bildeten eine Art konzentrischen Kreis um Mao und den gesamten Gebäudekomplex. Maos Leibwächter, die gleichzeitig seine Bediensteten waren, trugen zwar Pistolen, hätten aber eigentlich gar nicht bewaffnet sein müssen, denn außerhalb des konzentrischen Kreises herrschten so strenge

Sicherheitsvorkehrungen, daß die Residenz einem Kokon glich. Neben Maos Leibwächtern, die sowohl inner- wie außerhalb des Gebäudes postiert waren, gab es noch die »externen Wachen«, Angehörige von Wang Dongxings Hauptbüro der Sicherheitskräfte. Auch sie waren bewaffnet.

Bewaffnete Soldaten des Zentralen Garnisonskorps, das offiziell zwar vom Stabschef der Armee geführt wurde, in Wirklichkeit aber der unmittelbaren Aufsicht Wang Dongxings als stellvertretendem Leiter des Büros für Öffentliche Sicherheit unterstand, bewachten den näheren Umkreis von Zhongnanhai. Wohin immer Mao sich begab, überall wurden die gleichen Schutzmaßnahmen getroffen.

Maos Aufenthaltsort wurde streng geheimgehalten, nur die höchsten Parteiführer waren darüber informiert. Wenn er bei offiziellen Anlässen Zhongnanhai verließ, wurde sein Wagen irgendwo in der Umgebung abgestellt, damit sich niemand sein Autokennzeichen merkte. Außerdem wurde das Kennzeichen häufig geändert. Kurz nach der Machtübernahme durch die Kommunisten waren die Sicherheitsmaßnahmen zum Teil dem sowjetischen System nachempfunden worden, zum Teil stammten sie aber auch noch aus der Kaiserzeit.

Maos Haus, erbaut während der Regierungszeit Qianlongs (1735–1796), hatte dem Kaiser als Bibliothek und Zufluchtsort gedient. Das Gebäude war jahrzehntelang nicht ordentlich instand gehalten worden und vom Zerfall bedroht gewesen. Noch erstrahlte es nicht völlig im alten Glanz, denn die Renovierungsarbeiten waren weiterhin im Gange. Als ich das Haus zum erstenmal betrat, beeindruckte mich eher die zweckbetonte Schlichtheit der Innenausstattung als die Eleganz. Aber Qianlong war allgegenwärtig.[22]

Das Haupttor zu Maos Residenz auf der Südseite war nach alter Tradition farbenfroh bemalt. Die Holztafel über dem Tor trug die Aufschrift *Fengzeyuan*, »Garten der übergroßen Wohltätigkeit«. Sämtliche Inschriften auf den Holztafeln über den Eingängen des Gebäudes stammten von Kaiser Qianlong selbst. Die Ziegel der Dächer waren grau, nicht golden wie die nebenan in der Verbotenen Stadt, aber die Häuser waren im gleichen Stil gebaut wie der kaiserliche Wohnsitz.

Innerhalb des Haupttors, zu beiden Seiten des Eingangs, befanden sich zwei kleine Räume, die ständig mit Leibwächtern besetzt waren. Nur Besitzer eines A-Ausweises durften den von einer Mauer umgebenen Komplex betreten. Über einen großen Hof gelangte man geradewegs zur »Halle des langen Lebens« *(Yinian Tang)*, in der Mao vor dem Bau der Großen Halle des Volkes im Jahr 1959 Sitzungen abhielt, ausländische Würdenträger empfing und

Bankette veranstaltete. Hinter der »Halle des langen Lebens« lag die »Halle der vollkommenen Harmonie« *(Hanhe Tang),* in der Maos umfangreiche Bibliothek untergebracht war. Sie war fast immer verschlossen.

Maos Privaträume, Chrysanthemenduft-Studio genannt, befanden sich im zweiten Hof, der durch einen überdachten Gang mit dem ersten verbunden war. Unter herrlichen alten Kiefern und Zypressen standen Tische und Stühle aus Korbgeflecht; im Sommer hielt Mao hier oft Sitzungen unter freiem Himmel ab. Seine Residenz bestand aus zwei Hauptgebäuden und mehreren kleinen Nebenbauten. Der riesige Raum, der ihm als Arbeits- und Schlafzimmer diente, lag im ersten Hauptgebäude und war durch ein großes Speisezimmer vom Schlafzimmer seiner Frau getrennt. Im zweiten Hauptgebäude, durch einen Korridor mit ihrem Schlafzimmer verbunden, war das Wohnzimmer von Jiang Qing. In dem Raum neben ihrem Schlafzimmer war Ye Zilong, der Leiter des Büros der Privatsekretäre, untergebracht, der gleichzeitig Maos oberster Verwalter war und sich um dessen persönliche Belange kümmerte.

In einem anderen Gebäude westlich von Ye Zilongs Unterkunft, das mit der »Halle der vollkommenen Harmonie« verbunden war, befand sich die Küche. Ye war auch für Maos Ernährung zuständig. Die Beschaffung der Nahrungsmittel lief zwar ebenfalls nach sowjetischem Muster ab, ähnelte aber den alten Methoden der Kaiserzeit; die Aufsicht oblag Wang Dongxings Hauptbüro der Sicherheitskräfte. Kurz nach Maos Rückkehr aus Moskau Anfang der fünfziger Jahre waren dem Büro der Sicherheitskräfte zwei sowjetische Experten zugeteilt worden, die an der Entwicklung einer Methode zur Beschaffung und Kontrolle der Nahrungsmittel für die Führer von Zhongnanhai mitwirken sollten. Die Basis bildete ein landwirtschaftlicher Betrieb – die Jushan-Farm –, der hochwertiges Gemüse, Fleisch, Eier und Hühner für Mao und andere Spitzenpolitiker lieferte. Maos Küchenchef schickte einfach seine Einkaufsliste an die Versorgungsabteilung des Büros der Sicherheitskräfte nördlich von Zhongnanhai in der Nähe des Beihai-Parks. Die Versorgungsabteilung wiederum leitete die Liste an die Jushan-Farm weiter. Von dort wurden die Nahrungsmittel zur Versorgungsstelle beim Beihai-Park geschickt, wo man sie in zwei Labors auf Frische und Nährwert sowie auf giftige Stoffe hin untersuchte. Danach wurden die Nahrungsmittel vorgekostet, ehe man sie Mao servierte. Bei allen hochrangigen Politikern – auch in den Provinzen – wurde diese kostspielige Methode angewandt, die eine Menge öffentlicher Gelder verschlang.

Maos Schlafzimmer war durch einen Korridor mit einem anderen Gebäude verbunden, das ihm angeblich als Büro diente. Das Büro war jedoch das ganze Jahr über verschlossen und wurde nur zu offiziellen Fototerminen geöffnet. Mao benutzte es nie.

An den Komplex, den Mao und Jiang Qing bewohnten, grenzte ein anderes Gebäude an, in dem Li Min, Maos Tochter aus der Ehe mit He Zizhen, Li Na, seine Tochter aus der Ehe mit Jiang Qing, und Jiang Qings Schwester Li Yunlu untergebracht waren. Li Yunlu war um einiges älter als Jiang Qing, ihre Füße waren noch gebunden. Nach dem Tod der Mutter hatte sie ihre jüngere Schwester aufgezogen. Später war sie die Mätresse eines Geschäftsmannes geworden. Nach dem Umzug der Parteispitze nach Zhongnanhai hatte Jiang Qing Li Yunlu gebeten, mit ihrem Sohn zu ihr zu kommen und ihr bei der Erziehung Li Nas und Li Mins zu helfen. Weder Mao noch Jiang Qing zeigten viel Interesse an ihren Kindern. Diese besuchten Internate, und sogar in den Ferien sahen sie ihre Eltern nur gelegentlich beim Essen.

In einem vierten Gebäude befanden sich die Büros des medizinischen Personals und der Sekretäre Maos sowie die Unterkunft seines Neffen Yuanxin, der damals noch die Mittelschule besuchte. Außerdem gab es dort einen Tischtennisraum und einen Saal, in dem Maos Geschenke, seine Kleidung und viele von Jiang Qings Habseligkeiten aufbewahrt wurden. Unter anderem lagerten hier die Bilder solch namhafter Maler wie Qi Baishi und Xu Beihong, die Mao von den Künstlern geschenkt bekommen hatte. Die meisten Geschenke jedoch stammten aus dem Ausland. Später entdeckte ich große, mit kunstvollen Schnitzereien versehene Holzschachteln voll kubanischer Zigarren, die Fidel Castro geschickt hatte, und Kisten mit altem Brandy von Rumäniens Staatschef Ceauşescu. Der Schah von Persien hatte Mao ein schönes Zigarettenetui aus Gold und Silber verehrt. Ye Zilong war sowohl für die Küche als auch für diesen Lagerraum zuständig.

Dieser Komplex hatte den größten Innenhof. Hier wuchsen viele immergrüne Pflanzen und Bambussträucher, und es gab einen schönen Springbrunnen und ein Spalier mit Weintrauben. Zum Hof gehörte auch ein großer Gemüsegarten, und Ende der sechziger Jahre war unter dem Garten ein Luftschutzbunker gebaut worden.

Den Mittelpunkt des fünften Gebäudes, in das man durch einen separaten Hintereingang gelangte, bildete die Regierungshalle *(Qinzheng Dian)*. Bevor die Große Halle des Volkes errichtet wurde, machten ausländische Botschafter hier ihre Aufwartung. Die Schlafräume von Maos Leibwächtern und Jiang Qings Krankenschwestern befanden sich ebenfalls in dem Gebäude. Außerdem lagerten dort Maos Nahrungsmittel in drei Kühlschränken der Marke

General Electric aus den vierziger Jahren sowie Vorräte für den täglichen Bedarf und Medikamente.

Die Büros der Leibwächter, in denen auch Maos Terminkalender aufbewahrt wurde, befanden sich auf der Rückseite des vierten Gebäudes. Jeder, der Mao sprechen wollte, auch die engsten Mitarbeiter, mußte sich zuerst bei den Leibwächtern melden. Dorthin begab ich mich am 30. April 1955 um Mitternacht in der Annahme, Mao sei krank. Ich wurde von einem Leibwächter empfangen.

»Was ist los?« fragte ich.

»Der Vorsitzende hat schon zwei Schlaftabletten genommen, kann aber trotzdem nicht schlafen«, erklärte der Leibwächter. »Er möchte mit Ihnen sprechen.«

Ich wurde zu Maos Schlafzimmer geleitet. Es war riesig, fast so groß wie ein Ballsaal. Die Möbel waren eher westlicher denn chinesischer Prägung, modern und funktionell, und vor den vier Fenstern hingen schwere Samtvorhänge. Später fiel mir auf, daß die Vorhänge immer zugezogen waren, so daß man nicht wußte, ob draußen Tag oder Nacht war.

Mao lag auf einem großen Holzbett, das etwa anderthalbmal so groß war wie ein normales Doppelbett; einer der Tischler in Zhongnanhai hatte es speziell für ihn angefertigt. Auf dem Bett stapelten sich Bücher, und ich bemerkte, daß die Bettkante auf der Seite, wo Mao jetzt ruhte, um rund zehn Zentimeter erhöht war. Laut Li Yinqiao handelte es sich um eine Sicherheitsvorkehrung, damit Mao nicht aus dem Bett falle. Erst Jahre später wurde mir klar, daß die Schräglage eher etwas mit Maos Sexualleben als mit seiner Sicherheit zu tun hatte.

Neben dem Bett stand ein großer, viereckiger Schreib- und Eßtisch. Die meisten Mahlzeiten nahm Mao allein in seinem Schlafzimmer ein. Schon damals gingen er und Jiang Qing getrennte Wege, und sie aßen nur selten gemeinsam.

»Ich habe noch nicht zu Abend gegessen«, sagte Mao zur Begrüßung und musterte mich aufmerksam. »Ich möchte mich mit Ihnen unterhalten.« Er trug einen Morgenmantel, und darunter sah man seine nackte Brust. In der Hand hielt er ein altes, in Leinen gebundenes chinesisches Buch.

Mao legte das Buch beiseite, und ich setzte mich auf einen Stuhl neben dem Bett und trank den Tee, den mir der Leibwächter gebracht hatte.

»Gibt es etwas Neues?« fragte Mao. Ich war verwirrt. Was es Neues gab, erfuhr ich aus der *Volkszeitung*, und ich ging davon aus, daß Mao ebenfalls zu ihren Lesern zählte. »Mit wem haben Sie beispielsweise in den letzten paar Tagen gesprochen?« fügte Mao hinzu, als er meine Verwirrung bemerkte. »Worüber haben Sie sich unterhalten?«

»Gibt es etwas Neues?« – das fragte Mao von nun an täglich, und er stellte all seinen Mitarbeitern dieselbe Frage. Auf diese Weise sammelte er Informationen und hielt uns ständig unter Kontrolle. Er erwartete von uns, daß wir ihm von unseren Gesprächen und Aktivitäten erzählten, und regte uns zu gegenseitiger Kritik an. Es gefiel ihm, einen Mitarbeiter gegen den anderen auszuspielen. Er duldete keine Geheimnisse.

Ich berichtete ihm von meinem Gespräch mit Fu Lianzhang.

Mao hörte aufmerksam zu. Dann erzählte er, wie sich Fu Lianzhang den Kommunisten auf dem Langen Marsch von der Provinz Jiangxi zum neuen Hauptquartier in Shaanxi angeschlossen hatte. »Während unseres Kampfes gegen die antibolschewistische Truppe der Guomindang Anfang der dreißiger Jahre wurden auf Anordnung der Kommunistischen Partei fünf Mitglieder von Fu Lianzhangs Familie hingerichtet, darunter seine Tochter und sein Schwiegersohn. Trotz ihrer Mitgliedschaft in der Partei waren sie bezichtigt worden, insgeheim der antibolschewistischen Truppe der Guomindang anzugehören.«[23] Von Fu Lianzhang selbst wußte ich, daß er Mao damals wegen Malaria behandelt hatte.

»Obwohl Fu noch kein Mitglied der Kommunistischen Partei war, fragte ich ihn, ob er sich dem Langen Marsch anschließen wolle«, fuhr Mao fort. »Er bejahte. Wir gaben ihm ein Pferd, aber er konnte nicht reiten, deshalb fiel er in einen Fluß und wäre fast ertrunken. Trotzdem blieb er den ganzen Weg nach Shaanxi bei uns. Fu Lianzhang ist ein rechtschaffener Mann. Aber Sie dürfen nicht auf alles hören, was er sagt. Sie brauchen mit ihm nicht über meine gesundheitlichen Probleme zu sprechen. Wenn ich mich nicht wohl fühle, reden Sie mit mir über die Behandlungsmethode, nicht mit ihm. Wenn ich mit der Behandlung einverstanden bin, werde ich Ihnen keine Vorwürfe machen, falls etwas schiefgeht. Wenn Sie aber nicht mit mir über Ihre Methode sprechen, dürfen Sie hinterher keine Anerkennung erwarten, auch wenn es mir wieder besser geht.«

Einerseits war ich froh, Fu Lianzhang nicht zu Rate ziehen zu müssen, andererseits aber war ich beunruhigt, weil Mao von mir erwartete, daß ich mit ihm über die Behandlung sprach. Sollte ich ihm tatsächlich die physiologischen und pathologischen Veränderungen beschreiben, die der Körper während einer Krankheit durchmacht? Würde ich ihm wirklich jeden einzelnen Schritt erläutern und ihn von meiner Behandlungsmethode überzeugen müssen? Wie sollte ich ihm das alles in einer für ihn verständlichen Sprache erklären?

Mao würde kein angenehmer Patient sein.

Das Essen wurde serviert. Wieder schwammen die Speisen in Öl. Mao war zweiundsechzig und wog über hundertneunzig Pfund – das war selbst für seine Größe etwas zuviel. Später kritisierte ich häufig seine Ernährungsweise und warnte ihn davor, zuviel Fett zu essen, aber er hörte nicht auf mich. Seit frühester Jugend war er an fettes Schweinefleisch gewöhnt, und diese Gewohnheit behielt er bis zu seinem Tod bei.

Jetzt bot er mir ein Gericht aus bitterer Melone mit rotem Pfeffer an. »Wie schmeckt es?« fragte er.

Ich hatte so etwas noch nie gegessen. »Es ist scharf und bitter«, antwortete ich.

Mao lachte lauthals. »Jeder sollte in seinem Leben ein wenig Bitterkeit kosten, vor allem jemand wie Sie.«

Chi ku bedeutet entweder etwas Bitteres essen oder Not leiden, und ich war nicht sicher, ob Mao das Gericht meinte oder ein Wortspiel benutzte, um mir zu zeigen, daß er mich für einen Weichling hielt, für das Produkt einer in Wohlstand lebenden Oberschicht.

Wie ich später feststellte, war Mao der Ansicht, jeder solle »Bitterkeit kosten« – seine Töchter Li Na und Li Min ebenso wie die obersten Führer des Landes. Die meisten hohen Parteifunktionäre stammten aus bäuerlichen Verhältnissen und hatten jahrzehntelang für den Sieg der Revolution gekämpft. Sie hatten genug Bitterkeit erfahren. Die Macht und das luxuriöse Leben in der Stadt hatten sie nach Maos Ansicht jedoch verweichlicht. Ohne regelmäßige leidvolle Erfahrungen, so Mao, werde das wahre China bei den hohen Funktionären in Vergessenheit geraten.

Mao wechselte das Thema. Die Welt, erklärte er, habe China drei wichtige Dinge zu verdanken: die chinesische Medizin, Cao Xueqins Roman *Traum der Roten Kammer* und Mah-Jongg. Er wollte wissen, ob ich Mah-Jongg spiele.

Mah-Jongg ist ein Gesellschaftsspiel mit einhundertsechsunddreißig dominoähnlichen Steinen für gewöhnlich vier Personen. Für viele Chinesen ist es regelrecht zur Sucht geworden. Meine Familie aber hatte Glücksspiele immer mißbilligt, und seit meiner Kindheit waren Mah-Jongg und Opium für mich zwei Krebsgeschwüre, die die chinesische Gesellschaft von innen her zerfraßen. Deshalb hatte ich dieses Spiel nie erlernt.

»Nun, Sie sollten Mah-Jongg nicht belächeln«, tadelte mich Mao. »Jeder Spieler muß nicht nur auf seine eigenen Spielsteine achten, sondern auch auf alle anderen, und das bei insgesamt hundertsechsunddreißig Steinen. Man muß aufpassen, wie die anderen spielen, um sich ausrechnen zu können, wie die eigenen Gewinnchancen stehen. Wenn Sie das Spiel beherrschten, würden Sie auch das Verhältnis zwischen dem Prinzip der Wahrscheinlichkeit und dem Prinzip der Gewißheit verstehen.«[24]

Mah-Jongg ist in der Tat ein strategisches Spiel, und Mao war sowohl Chinas bedeutendster Stratege als auch ein hervorragender Mah-Jongg-Spieler. Aber ich glaube, sein strategisches Geschick hatte andere Ursprünge: die Lektüre von Sun Zis altehrwürdiger *Kriegskunst*, der chinesischen Geschichte und des *Romans der Drei Reiche*. Aber Mao spielte nicht nur Mah-Jongg, um seinen Verstand zu schärfen. Wie ich später erfuhr, waren seine Spielpartner in der Regel hübsche junge Mädchen. Während seine Hände mit den Steinen beschäftigt waren, flirtete er mit seinen Partnerinnen, und seine Füße berührten unter dem Tisch ihre Füße oder Beine.

»*Der Traum der Roten Kammer*«, fuhr Mao fort, »handelt vom Aufstieg und Fall der Feudalgesellschaft. Es ist eine Kurzfassung der Geschichte Chinas während der vergangenen zweitausend Jahre. Eigentlich lese ich keine Romane, aber dieser gefällt mir.«

Ich hatte den Roman nur überflogen. Es war mir unmöglich, ihn von Anfang bis Ende zu lesen, obwohl er wirklich der bedeutendste chinesische Roman ist. Aber die Handlung ist so kompliziert und darin kommen so unglaublich viele Personen vor, daß ich das Buch jedesmal, wenn ich es zur Hand nahm, bereits nach zwei oder drei Seiten wieder gelangweilt beiseite legte. Ein Thema des Romans ist der Untergang der wohlhabenden Familie Jia und der korrupten Gesellschaft, in der diese Familie verwurzelt ist. Für Mao war das Buch eine klassische Studie über die Korruption und den Untergang des »Feudalismus« in China. Für die Chinesen aber war es seit Jahrhunderten die tragische Liebesgeschichte von Jia Baoyu, dessen Familie seine Liebe zu einer jungen Frau mißbilligt und ihm die Heirat mit ihr untersagt. Jia wendet sich schließlich von der Gesellschaft und seiner Familie ab und wird Mönch, aber seine anfängliche Auflehnung artet in Vergnügungssucht aus. Später, als ich Mao besser kannte, begriff ich, daß er sich in hohem Maße mit Jia Baoyu identifizierte. Selbst seine Residenz, der »Garten der übergroßen Wohltätigkeit«, schien eine beinahe exakte Kopie des stattlichen Hauses der Familie Jia zu sein. Auch Mao war ein Rebell, der gern junge Frauen verführte, und er umgab sich mit Gespielinnen. Im Gegensatz zu Jia Baoyu wurde Mao jedoch kein Mönch. »Halten Sie mich nicht für einen Heiligen«, warnte mich Mao gleich zu Beginn unserer Beziehung. »Ich bin weder ein Heiliger noch ein Mönch. Und ich will es auch gar nicht sein.«

Mao schrieb Chinas hohe Bevölkerungszahl der Wirksamkeit der chinesischen Medizin zu. Obwohl China seit viertausend Jahren ständig von Krieg und Naturkatastrophen heimgesucht werde, sei die Bevölkerung mittlerweile auf über fünfhundert Millionen angewachsen. Oder sei das etwa auf westliche Medizin zurückzuführen? Westliche Medizin werde in China erst seit etwa hundert Jahren angewandt. Davor hätten sich die Menschen schon seit Tausenden von Jahren auf chinesische Heilmittel verlassen. Warum gebe es eigentlich immer noch Leute, die die chinesische Medizin ablehnten? Mao fragte natürlich, ob ich etwas über chinesische Medizin wisse.

Meine Vorfahren waren zwar Anhänger der chinesischen Medizin gewesen, aber ich war nach westlichem Muster ausgebildet worden und hatte mir über den Beitrag der traditionellen Medizin nicht allzu viele Gedanken gemacht. Ich glaubte allerdings nicht daran, daß Chinas hohe Bevölkerungszahl das Verdienst der chinesischen Heilkunde sei. Ich erwiderte, daß ich zwar ein paar alte chinesische Bücher über Medizin gelesen hätte, sie aber nicht verstehen könne. Das betreffe vor allem die Schriften, die sich mit der Theorie der fünf Elemente – Metall, Holz, Wasser, Feuer und Erde – befaßten. Mir leuchte die Theorie nicht ein.

Mao lachte. »Die Lehre von *yin* und *yang* und den fünf Elementen ist wirklich recht kompliziert«, meinte er. »Sie wird von chinesischen Naturheilkundlern benutzt, um den physiologischen und pathologischen Zustand des menschlichen Körpers zu erklären. Meiner Ansicht nach sollten die chinesische und die westliche Medizin zusammengefaßt werden. Erfahrene Ärzte aus dem Westen sollten etwas über chinesische Heilkunde erfahren, und chinesische Ärzte sollten Anatomie, Physiologie, Bakteriologie, Pathologie und ähnliches studieren. Sie sollten lernen, die Prinzipien der chinesischen Medizin mit Hilfe der modernen Wissenschaft zu erklären. Klassische medizinische Bücher aus China müßten in eine moderne Sprache übertragen und mit Anmerkungen und Erläuterungen versehen werden. So könnte durch die Verbindung von chinesischer und westlicher Medizin eine neue medizinische Wissenschaft entstehen. Das wäre ein bedeutender Schritt.«

Nach einer kurzen Pause fuhr er fort: »Obwohl ich dafür bin, die chinesische Medizin zu fördern, glaube ich persönlich nicht an sie. Ich nehme keine chinesischen Heilmittel. Finden Sie das nicht seltsam?«

Ich mußte ihm recht geben, denn in der Öffentlichkeit trat Mao als Befürworter der traditionellen Medizin auf.

»Morgen ist der 1. Mai«, sagte Mao am Ende unserer nächtlichen Unterhaltung. »Begleiten Sie mich zum Tiananmen und verfolgen Sie von dort aus die Feiern. Es wird ein großes Erlebnis für Sie sein.« Er erkundigte sich nach dem Alter meines Sohnes.

»Er ist fünf«, sagte ich.

»Nehmen Sie ihn doch mit«, schlug Mao vor.

»Das halte ich für keine gute Idee«, erwiderte ich. »Alle hochrangigen Politiker werden dort sein. Niemand sonst nimmt seine Kinder mit. Und wenn er etwas anstellt, fällt es auf mich zurück.«

Mao lächelte. »Schon gut. Sie müssen ihn nicht mitnehmen. Gehen Sie jetzt nach Hause und schlafen Sie noch ein wenig.«

Als ich nach Hause kam, war es halb vier Uhr morgens. Normalerweise ging ich abends um zehn zu Bett. Lillian hatte auf mich gewartet. Ich erzählte ihr von meiner Unterhaltung mit Mao. »Er ist bei guter Gesundheit und braucht keine ständige ärztliche Betreuung. Ich habe den Eindruck, er sieht in mir eher den Gesprächspartner als den Arzt.«

Lillian riet mir, Geduld zu haben und mich zunächst den Wünschen des Vorsitzenden zu beugen. »Du hast doch eben erst mit deiner Arbeit begonnen. Offenbar hast du einen sehr guten Eindruck auf ihn gemacht. Du darfst jetzt nichts überstürzen.«

Das war das erste von zahllosen nächtlichen Gesprächen mit Mao. Er führte ein zurückgezogenes Leben. Jiang Qing sah er nur selten, Freunde hatte er nicht. Der Geist von Yan'an – die Kameradschaft der Überlebenden des Langen Marsches – war ein Mythos. Gelegentlich trafen sich Liu Shaoqi oder Zhou Enlai aus politischem Anlaß mit Mao, aber zumeist beschränkte sich der Kontakt auf flüchtige Randnotizen auf den Dokumenten, die sie regelmäßig austauschten, oder auf die Sitzungen des Ständigen Ausschusses des Politbüros, die Mao in unregelmäßigen Abständen in der Halle des langen Lebens – oder wo er sich sonst gerade aufhielt – einberief. Tagtäglich war er nur in Gesellschaft seiner Leibwächter, und da es sich um junge, ungebildete Bauernburschen handelte, war eine Unterhaltung mit ihnen für Mao nur selten interessant. Er plauderte mit ihnen über ihre Freundinnen, gab ihnen Ratschläge in Liebesdingen, und manchmal half er ihnen sogar beim Schreiben von Liebesbriefen. Aber über die Themen, die ihn am meisten interessierten – chinesische Geschichte und Philosophie –, konnte er nicht mit ihnen sprechen.

Also machte Mao mich zu seinem Gesprächspartner. Er forderte mich auf, die von ihm bevorzugten historischen und philosophischen Texte zu lesen, und führte mit mir Woche für Woche stundenlange Gespräche. Wenn er nicht schlafen konnte, las er manchmal ein Buch oder berief eine Sitzung ein – gleichgültig, wie spät es war –, aber oft ließ er einfach jemanden kommen, um mit ihm zu plaudern, und meist war ich es. Es war nicht ungewöhnlich, um drei Uhr morgens von Mao aus dem Bett geholt zu werden. Vor dem Nationalfeiertag und dem 1. Mai, wenn er auf dem Tiananmen die Parade abnehmen und die Menge begrüßen mußte, litt er besonders stark unter Schlaflosigkeit.

Lillian tat zwar gut daran, mich zur Geduld zu mahnen, aber sie irrte sich in der Annahme, ich müsse dem Vorsitzenden nur vorübergehend entgegenkommen. Mao war ein Diktator, und wir mußten ihm jeden Wunsch erfüllen. Jeder Versuch, den eigenen Willen durchzusetzen, hätte verheerende Folgen gehabt.

7. KAPITEL

Am Morgen nach meinem ersten nächtlichen Gespräch mit Mao meldete ich mich kurz nach neun im Dienstzimmer der Leibwache in Maos Residenz. Den Notfallkoffer hatte ich vorsorglich dabei. Wang Dongxing war bereits da, und kurz darauf kam auch Mao aus seinem Schlafzimmer; er trug einen wollenen Sun-Zhong-Shan-Anzug und braune Leinenschuhe. Er war wegen der bevorstehenden Feier bereits aufgeregt und begrüßte uns mit offenkundiger Freude.

Dann erschien Luo Ruiqing, der Minister für Öffentliche Sicherheit, und salutierte dem Vorsitzenden. Auf Maos Zeichen hin stiegen wir in die wartenden Limousinen und fuhren zum Tiananmen.

Seit meiner Rückkehr nach China im Jahr 1949 hatte ich an allen Festlichkeiten zum Nationalfeiertag und zum 1. Mai teilgenommen, und jedesmal war ich von der Begeisterung der Menschenmenge auf dem Tiananmen-Platz, von der Parade, der Musik und den Fahnen mitgerissen worden. Ich liebte es, die hohen Politiker zu beobachten, wenn sie vom Tor des Himmlischen Friedens aus die Parade abnahmen und den Menschen zuwinkten. Jedesmal war ich stolz gewesen, Chinese zu sein. Heute aber war ich nicht mehr nur einer unter vielen, sondern auch ich würde über dem Tiananmen stehen, inmitten der obersten Führer des Landes, und die Feiern aus der Höhe betrachten.

Ich saß mit Luo Ruiqing im ersten Wagen. Als wir hinter dem Tor des Himmlischen Friedens anhielten, sprang Luo hinaus, eilte zu Maos Limousine, öffnete den Schlag und bot ihm die Hand, um ihm aus dem Wagen zu helfen. Mao musterte den Minister für Öffentliche Sicherheit wütend, stieg aus und sagte: »Seien Sie nicht so gedankenlos. Mir brauchen Sie nicht zu helfen. Stützen Sie lieber die stellvertretende Vorsitzende Song Qingling.« Der 1. Mai war ein besonderer Anlaß, und die kommunistische Regierung hielt nach außen hin noch immer am Bild einer Einheitsfront mit den anderen, nichtkommunistischen »demokratischen« Parteien fest. Sun Zhong-Shans Witwe Song Qingling war die prominenteste Fürsprecherin der Einheitsfront-Politik. Luo eilte zu Songs Wagen, aber sie war bereits ausgestiegen.

Obwohl Song Qingling damals schon um die Sechzig gewesen sein muß, war sie immer noch so schön und anmutig wie an jenem Tag, als ich sie zum erstenmal auf dem Tiananmen gesehen hatte. Sie war sehr liebenswürdig und gab jedem zur Begrüßung die Hand.

Die anderen sogenannten Demokraten dagegen wirkten senil und unnahbar. Sie bewegten sich ihrem Alter entsprechend langsam und bedächtig. Mao begrüßte sie freundlich und wandte sich dann an Song Qingling. Er bat sie galant, zum Aufenthaltsraum über dem Tor des Himmlischen Friedens voranzugehen, und half ihr die grobbehauene Steintreppe hinauf.

Unter dem Beifall der bereits versammelten Gäste erklommen wir den Tiananmen, und ich war überrascht, als ich oben einen geräumigen Aufenthaltsraum mit vielen bequemen Polstersesseln vorfand, die in einem großen Halbkreis aufgestellt waren. Ein reichlicher Imbiß, Obst und Getränke waren vorbereitet. Kein Wunder, daß die Parteiführer fünf bis sechs Stunden lang der Parade zusehen konnten, ohne die geringsten Anzeichen von Unbehagen oder Müdigkeit erkennen zu lassen!

Mao schüttelte viele Hände und trat dann auf den mit roten Laternen und Fahnen geschmückten Balkon hinaus. Ich folgte Mao zum Podium und sah, von Jubel erfüllt, zu, wie er der Menge zuwinkte, den langen Balkon auf und ab schritt und nach allen Seiten grüßte. Er gab sich gelassen, aber ich wußte, wie aufgeregt er in Wirklichkeit war. Der Platz unter uns glich einem Farbenmeer. Tausende ganz in Weiß gekleidete Studenten mit den leuchtend roten Halstüchern der Jungen Pioniere und ebenso viele sorgsam ausgewählte Kader und Arbeiter trugen bunte Fahnen. Sobald Mao erschien, war die Menge nicht mehr zu bändigen. Die Menschen schwenkten ihre Fahnen, sprangen in die Höhe und feierten in Sprechchören die Kommunistische Partei, das neue China und den Vorsitzenden Mao.

Peng Zhen, der Bürgermeister von Beijing, eröffnete die Feier. Am Fuße des Tiananmen, in der Nähe der Stelle, an der ich am 1. Oktober 1949 gestanden hatte, spielte eine Militärkapelle die chinesische Nationalhymne. Kanonen feuerten einundzwanzig Salutschüsse ab. Die Kapelle spielte weiter – »Der Osten ist rot« (»Der Osten ist rot; die Sonne scheint; China hat einen Mao Zedong hervorgebracht.«), die Internationale und den Marsch der Volksbefreiungsarmee.

Die Festlichkeiten begannen.

Zuerst zog das Militär vorbei – Angehörige von Heer, Marine und Luftwaffe in Uniform, mit Panzern, Kanonen und allen möglichen anderen Waffen. Während Mao und die führenden Regierungsmitglieder die Parade abnahmen, spielte die Kapelle unentwegt Militärmusik. Dann marschierten Kader, Arbeiter und Studenten vorbei. Mit Nationalflaggen und bunten Fähnchen winkten sie Mao und den anderen hohen Funktionären zu. Die Parade dauerte etliche Stunden, aber Mao ging nur selten in den Aufenthaltsraum, um sich auszuruhen. Er war bester Laune.

Am Nachmittag traf dann die letzte Gruppe am Fuß des Podiums ein. Einige tausend Kinder, in Weiß gekleidet und mit roten Halstüchern, hielten große bunte Blumensträuße hoch und priesen in Sprechchören China und die Kommunistische Partei. Es gab keinen Zweifel daran, daß die Menge Mao liebte und respektierte. Sämtliche Teilnehmer an der Parade waren speziell für diesen Anlaß ausgewählt worden. Sie hatten den Auftrag, Mao zu lieben.

»Nehmen Sie an der Feier teil, und Sie werden eine Lektion in Patriotismus erhalten«, hatte Mao mir erklärt. »Dann werden Sie Ihr Land noch mehr lieben.« Er hatte recht. Als ich an jenem 1. Mai 1955 neben ihm stand und auf die Menge hinabblickte, war ich völlig berauscht von der Militärmusik, dem Farbenmeer und der Demonstration militärischer Stärke. Eine Welle des Patriotismus ergriff von mir Besitz.

Gegen siebzehn Uhr dreißig war die Parade beendet, und wir kehrten nach Zhongnanhai zurück. Ehe Mao sich in sein Arbeitszimmer zurückzog, erinnerte Luo Ruiqing ihn daran, daß wir wegen des Feuerwerks um neunzehn Uhr wieder zum Tiananmen fahren mußten.

»Es war ein langer, anstrengender Tag«, sagte Luo Ruiqing zu uns. »Seien Sie trotzdem pünktlich um halb sieben wieder hier.«

Ich kehrte in meine Wohnung im Südgebäude zurück, wo meine Frau und mein Sohn John Schach spielten. Ich hatte versprochen, an diesem Nachmittag mit ihnen in den Park zu gehen, und anschließend wollten wir bei meiner Mutter zu Abend essen. Aber nun wurde nichts aus unserem Plan.

»Was soll ich nur Mutter sagen?« fragte Lillian. Ich schickte sie und John vor und versprach, so bald wie möglich nachzukommen. Wenn ich bis um neun nicht auftauchte, sollten sie sich auf den Heimweg machen. Ich ging in mein Büro und aß rasch eine Schüssel Nudeln.

Die Sekretäre und Leibwächter versammelten sich gegen halb sieben. Sie waren unzufrieden, weil sie nicht genug Zeit zum Essen gehabt hatten. »Macht nichts«, versicherte ihnen Wang Dongxing. »Am Tiananmen gibt es genug zu essen. Aber stürzt euch nicht alle gleichzeitig auf das Büfett, sonst könnten die Leute auf die Idee kommen, die Mitarbeiter von Gruppe Eins würden bevorzugt behandelt.«

Mittlerweile war es neunzehn Uhr, aber Mao erschien immer noch nicht.

»Langbart Wang schneidet dem Vorsitzenden gerade die Haare«, erklärte Wang Dongxing. Eine halbe Stunde später wandte sich Luo Ruiqing ungeduldig an Wang. »Sagen Sie dem Vorsitzenden lieber Bescheid, daß es Zeit ist.« Wang Dongxing verschwand im Chrysanthemenduft-Arbeitszimmer. Ich folgte ihm.

Mao saß in seinem Eßzimmer in einem Korbsessel. Er hatte ein weißes Tuch um den Hals und las in einem fadengehefteten Buch, wobei er den Kopf ohne Rücksicht auf den alten Wang hin und her bewegte. Da außerdem die Lehne des Sessels zu hoch war, hatte Wang beim Haareschneiden seine liebe Mühe und kam ordentlich ins Schwitzen.

Langbart Wang hieß eigentlich Wang Hui und war damals in den Sechzigern. Er hatte Mao bereits in den späten dreißiger Jahren die Haare geschnitten. Während der Bewegung für Gedankenreform war er 1942 des Verrats an der Partei beschuldigt worden. Unter massivem Druck hatte er schließlich gestanden, er habe geplant, Mao mit dem Rasiermesser zu ermorden.

»Als ich von Wangs Geständnis erfuhr, hatte ich meine Zweifel«, teilte Mao mir später mit. »Jahrelang hatte Wang mir die Haare geschnitten und mich rasiert, ohne mich auch nur ein einziges Mal zu verletzen. Wenn er mich hätte umbringen wollen, hätte er es schon längst tun können. Ich rief Langbart Wang zu mir. Er begann zu weinen, fiel vor mir auf die Knie und gestand seine Mordpläne. ›Warum hast du mich nicht schon längst umgebracht?‹ fragte ich. Wang antwortete, er habe die Ankunft der Guomindang abwarten wollen. ›Wenn die Guomindang kommt, bringt sie mich sowieso um‹, sagte ich. Schließlich gab er zu, daß man ihn tagelang nicht habe schlafen lassen, um ein Geständnis zu erzwingen.

Daraufhin ließ ich die Kampagne stoppen und betonte, daß die Menschen die Wahrheit sagen und nicht zum Lügen gezwungen werden sollten.«[25]

Langbart Wang war loyal geblieben. In der Tat hatte Mao damals viele seiner engsten und loyalsten Mitarbeiter auf ähnliche Weise gerettet.

Luo Ruiqing betrat das Zimmer. »Können Sie ihn nicht zur Eile antreiben?« flüsterte er Wang Dongxing zu.

»Das geht nicht, Minister Luo«, erwiderte Wang Dongxing leise. »Wenn er schneller macht, könnte er den Vorsitzenden verletzen. Das wäre ein schöner Schlamassel!«

Nach dem Haareschneiden begann Langbart Wang, Mao zu rasieren – eine noch schwierigere Aufgabe. Wang mußte in die Hocke gehen, um an Maos Kinn heranzukommen, denn der Vorsitzende war nach wie vor in sein Buch vertieft und hielt den Kopf gesenkt. Es wurde immer später.

Endlich war Wang fertig. Mao und die anderen stiegen in die wartenden Limousinen, und die Wagenkolonne setzte sich in Bewegung. Während der Fahrt unterhielten sich Wang Dongxing und Luo Ruiqing über die Probleme beim Haareschneiden. Luo wollte aus dem Beijing-Hotel einen Frisierstuhl besorgen und diesen in einem speziellen Raum aufstellen lassen.

Wang hatte Mao bereits denselben Vorschlag gemacht, doch dieser war dagegen. »Dem Vorsitzenden ist es so lieber«, erklärte Wang.

»Aber Langbart ist schon alt. Seine Hände zittern«, meinte Luo. »Es wäre eine Katastrophe, wenn er den Vorsitzenden aus Versehen verletzt.«

»Jemand anderen zu finden dürfte schwierig sein«, sagte Wang. »Außerdem will der Vorsitzende keinen anderen. Er würde keinem neuen Friseur trauen, der mit einer scharfen Klinge herumhantiert.«

Auf einmal wurde mir bewußt, daß ich als Maos Arzt vielleicht eines Tages zu Spritze, Nadel oder gar Skalpell greifen mußte. Die Erlaubnis, ihn zu behandeln, war auch von seinem Vertrauen abhängig. Und damit ich sein Vertrauen gewinnen konnte, mußten wir Freunde werden.

Sobald Mao das Podium von Tiananmen erklommen hatte, begann das Feuerwerk. Alle großen Gebäude der Stadt waren hell erleuchtet, und ihre Umrisse zeichneten sich gegen den dunklen Abendhimmel ab. Es war ein atemberaubender Anblick – das farbenprächtige Feuerwerk vor der hell erleuchteten Kulisse sowie Tausende und Abertausende von buntgekleideten Menschen, die unten auf dem Platz Volkstänze aufführten.

Noch während des Feuerwerks bat Ministerpräsident Zhou Enlai den Vorsitzenden Mao, sich mit einigen ausländischen Gästen, unter ihnen der damals sechzigjährige vietnamesische Präsident Ho Chi Minh, fotografieren zu lassen. Der hagere, energiegeladene Ho mit dem langen, dünnen weißen Spitzbart war wie ein Bauer gekleidet, und die nackten Füße steckten in groben Strohsandalen. Ho hatte lange in China gelebt, und sein chinesischer Leibwächter erzählte mir, Ho habe eine Vorliebe für alles Chinesische – Essen, Kleidung, Transportmittel, Häuser. Er sprach fließend Chinesisch. Auch verbrachte er damals noch die meiste Zeit in den beiden chinesischen Provinzen Guangxi und Yunnan, die an Vietnam grenzen. Ich wurde ihm vorgestellt, und er war mir auf Anhieb sympathisch. Während Mao jedem großen Respekt abnötigte, wirkte Ho zugänglicher und weniger einschüchternd.

Gegen zweiundzwanzig Uhr war das Feuerwerk vorbei. Keiner von denen, die an den Vorbereitungen für den Abend beteiligt gewesen waren, wollte mir Auskunft darüber geben, wieviel das aufwendige Essen und die

Getränke gekostet hatten, aber ich erfuhr, daß allein für das Feuerwerk rund eine halbe Million *renminbi* ausgegeben worden waren. Der durchschnittliche Monatslohn eines Arbeiters betrug damals etwa dreißig Renminbi. Später hielt ich solche Festivitäten für beinahe kriminell, vor allem während der »drei bitteren Jahre«, als Millionen von Menschen hungerten.

Auch für Mao verloren die Feste an Bedeutung. Einer der Gründe dafür, daß er später vom Amt als Vorsitzender der Republik zurücktrat, war seine Abneigung gegen die Festlichkeiten zum Nationalfeiertag und zum 1. Mai. Er wollte sich damit von der Last zeremonieller Auftritte befreien. Auch die Entscheidung Mitte der sechziger Jahre, den Nationalfeiertag nur alle fünf Jahre zu begehen, wurde nach Maos Aussage nicht getroffen, um unnütze Ausgaben zu vermeiden. Während der Kulturrevolution, auf dem Höhepunkt des internen Machtkampfes, nahm Mao auf dem Tiananmen-Platz acht Paraden von Millionen Rotgardisten ab, die weitaus mehr Geld verschlangen als die Festlichkeiten zum Nationalfeiertag oder zum 1. Mai. Im Kampf mit dem politischen Gegner spielte Geld für Mao keine Rolle. Nach Lin Biaos verhängnisvollem Fluchtversuch in die Sowjetunion im September 1971 nahm er nicht mehr an den Feiern teil.

Nach all der Aufregung freute ich mich darauf, endlich zu meiner Familie zurückzukehren. Aber daraus wurde nichts. Zu meiner Überraschung hörte ich, daß Mao noch einen Tanzabend veranstalten wollte. Nach der Revolution hatte man Gesellschaftstänze als dekadent und bürgerlich verboten und die Tanzsäle geschlossen. Aber hinter den Mauern von Zhongnanhai hielt Mao im großen Lotus-Saal nordwestlich seiner Residenz einmal wöchentlich eine Tanzveranstaltung ab. Auch für diesen Abend war nach dem Feuerwerk ein Ball geplant, und ich mußte daran teilnehmen.[26]

Ich ging mit Mao in den großen Saal. Sofort wurde er von gut einem Dutzend attraktiver junger Frauen der Kulturtruppe des Zentralen Garnisonskorps umringt, die mit ihm flirteten und ihn um einen Tanz baten. Eine Band der Kulturarbeitstruppe spielte westliche Tanzmusik – Foxtrott, Walzer und Tango –, und Mao tanzte reihum mit den jungen Mädchen, das heißt, er schlich eher dahin, als daß er tanzte. Nach jedem Tanz nahm er mit seiner Partnerin eine Weile Platz, um zu plaudern, aber schon nach ein paar Minuten wurde er von der nächsten jungen Dame aufgefordert. Jiang Qing war kurz zuvor nach Hangzhou abgereist, aber Zhu De und Liu Shaoqui waren anwesend. Nur Mao und die anderen beiden Parteiführer saßen an Tischen. Die etwa hundert Gäste – vorwiegend Kader des Generalbüros und junge Leute der Kulturarbeitstruppe – saßen auf Stühlen entlang der Wände des Ballsaals.

Da ich jung, Maos Arzt und einer der wenigen Männer im Saal war, wurde auch ich von den Mädchen zum Tanzen aufgefordert.

In regelmäßigen Abständen verstummte die westliche Tanzmusik, und der Saal wurde von den Klängen der Peking-Oper erfüllt. Die Peking-Oper ist eher alte Volkstradition als hohe Kunst, und die Geschichten, die sie erzählt, sind oft recht derb, voller Intrigen, Liebesaffären und Betrügereien. Manche sind geradezu pornographisch. Die Musik kann für westliche Ohren eine Qual sein; sie ist laut und mißtönend, eben das genaue Gegenteil westlicher Tanzmusik. Ich war erstaunt, an diesem Abend Melodien aus *Shushan Qijie* zu hören, einer Oper, die von der Liebe einer Prostituierten zu einem Studenten erzählt. Aber noch erstaunter war ich, als Mao zu den Klängen der Peking-Oper seine Variante des westlichen Gesellschaftstanzes vorführte.

Im Laufe des Abends erschien mir meine Anwesenheit immer überflüssiger, aber Maos Leibwächter Li Yinqiao riet mir, noch zu bleiben. »Auch beim Tanzen behält der Vorsitzende seine Mitarbeiter im Auge. Wenn Sie jetzt gehen, wird er denken, daß wir beide nicht gut miteinander auskommen, und mir Vorwürfe machen.«

»Aber wieso denn?« fragte ich. »Zwischen uns gibt es doch keine Probleme.«

»Das stimmt, aber Sie verstehen den Vorsitzenden noch nicht. Sie werden ihn erst verstehen, wenn Sie eine Weile hier gearbeitet haben.«

Li Yinqiao hatte recht. Selbst wenn Mao sich vergnügte, wollte er seine Mitarbeiter um sich haben. Als ich mich ein Jahr später in Hangzhou in mein Zimmer zurückzog, statt an einer Tanzveranstaltung des Parteikomitees teilzunehmen, klopfte prompt ein Leibwächter Maos an meine Tür. Und als ich 1958 in Hunan wegen eines heftigen Wolkenbruchs auf die abendliche Darbietung verzichten wollte, kam der Leiter des Amts für Öffentliche Sicherheit von Hunan auf Anweisung Maos persönlich vorbei, um mich dorthin zu begleiten. So lernte ich, keine von Maos Gesellschaften zu verpassen.

Es dauerte mehrere Jahre, ehe ich den Zweck dieser Tanzveranstaltungen begriff. Nach offizieller Version sollte die von Wang Dongxing ins Leben gerufene Kulturarbeitstruppe für die Unterhaltung des Zentralen Garnisonskorps sorgen. In Wirklichkeit aber war sie zu Maos Vergnügen da. Die Truppe bestand aus jungen Frauen, die nach Aussehen, künstlerischem Talent und politischer Vertrauenswürdigkeit ausgewählt worden waren und Mao als Bettgespielinnen dienten.[27]

1961 wurde eines der speziell für Mao angefertigten Betten in dem Raum neben dem Ballsaal aufgestellt. Im Laufe des Abends zog sich Mao manchmal dorthin zurück, um sich »auszuruhen«. Oft beobachtete ich, wie er eine junge Frau bei der Hand nahm und mit ihr in dem Raum verschwand.

1957 kam Peng Dehuai, der stellvertretende Vorsitzende der Militärkommission, während einer Sitzung des Politbüros auf die Kulturarbeitstruppe zu sprechen. Peng war der aufrichtigste Mann im Politbüro und der einzige hochrangige Parteiführer, der keiner Konfrontation mit Mao aus dem Weg ging. Er warf Mao vor, sich wie ein Pascha aufzuführen, der sich einen Harem mit dreitausend Konkubinen hält. Auch Luo Ruiqing und Wang Dongxing blieben von seiner Kritik nicht verschont. Die Kulturarbeitstruppe aber wurde erst aufgelöst, nachdem Ye Zilong, Maos oberster Verwalter, sichergestellt hatte, daß es dem Vorsitzenden auch in Zukunft nicht an Partnerinnen mangeln würde.

An jenem Abend des 1. Mai 1955 wußte ich von alledem noch nichts. Ich wußte nur, daß ich nach Hause zu meiner Familie wollte. Aber die Tanzveranstaltung dauerte bis zwei Uhr morgens. Ich lehnte Wang Dongxings Angebot ab, mit ihm noch einen Imbiß zu nehmen, und eilte nach Hause, wo Lillian auf mich wartete.

Wir aßen zusammen eine Schale Bratreis, und sie drückte ihre tiefe Enttäuschung darüber aus, daß ich diesen Feiertag nicht mit der Familie begangen hatte. Meine Mutter hatte ein großes Festmahl vorbereitet, und man hatte bis zweiundzwanzig Uhr mit dem Essen gewartet. Mein Sohn John war so müde gewesen, daß er bei meiner Mutter eingeschlafen war und die Nacht bei ihr verbrachte.

Seit meiner ersten Begegnung mit Mao war noch nicht einmal eine Woche vergangen, und schon hatte sich mein ganzes Leben verändert. Mein regulärer Stundenplan war auf den Kopf gestellt worden. »Du hast schon die Gewohnheiten des Vorsitzenden Mao angenommen«, meinte Lillian. Von nun an würde mein Leben mit ihr und der Familie nie mehr so sein wie früher. Ich liebte Lillian sehr, aber ich war nur noch selten zu Hause. Früher hatten wir uns immer auf die Feiertage im Kreise der Familie gefreut, aber solange ich für Mao arbeitete, konnten wir diese Tage nie mehr gemeinsam verbringen, und in zweiundzwanzig Jahren hatte ich nur eine Woche Urlaub.

Oft mußte ich bis spät nachts bei Mao sein und kam erst kurz vor dem Morgengrauen wieder heim. Lillian blieb dann häufig auf und wartete auf mich, denn sie war stets in Sorge.

Außerdem war Mao dauernd auf Reisen, und ich begleitete ihn überallhin. Manchmal war ich ein paar Monate fort, ein paarmal sogar ein ganzes

Jahr. Mein zweiter Sohn, Erchong, kam 1956 in meiner Abwesenheit zur Welt. Lillian und ich waren nicht nur häufig voneinander getrennt, sondern sie war auch in Beijing von meinem Leben im engsten Mitarbeiterkreis Maos ausgeschlossen. Sie wurde nie Parteimitglied, denn als Tochter eines wohlhabenden Grundbesitzers und frühere Angestellte der Briten und Amerikaner war sie politisch untragbar. Nur meine Stellung als Maos Leibarzt bot ihr Schutz vor den verheerenden politischen Kampagnen, denen so viele zum Opfer fielen.

In all den Jahren opferte sie sich auf, um mir die Arbeit zu erleichtern. Sie führte den Haushalt und kümmerte sich um unsere beiden Kinder und meine betagte Mutter. Bei ihrer Rückkehr nach China war Lillian eine lebhafte, aufgeschlossene, junge Frau voller Energie und Lebensfreude gewesen. Aber mit der Zeit veränderte sie sich, und es tat weh, dabei zusehen zu müssen. Die ständige Sorge um mich, der Kummer darüber, von so vielem im neuen China ausgeschlossen zu sein, und die Schwierigkeit, eine Arbeit zu finden, führten dazu, daß sie sich immer mehr zurückzog. »Wir leben wie Vagabunden«, sagte sie immer. »Unsere Familie ist keine richtige Familie mehr.« Ihr Lebensfunke schien zu erlöschen.

8. KAPITEL

Mitte Juli 1955, etwa sechs Wochen nachdem ich mit Mao auf der Tribüne von Tiananmen gestanden hatte, wurde ich unerwartet nach Beidaihe, einem Ferienort am Golf von Bohai, gerufen. Dort verbrachte die oberste Parteiführung jedes Jahr den Sommer, um der Hitze in Beijing zu entfliehen. Mao war ein paar Tage zuvor mit seinen engsten Mitarbeitern nach Beidaihe abgereist; unter ihnen befand sich Dr. Zhou Zezhao, dessen Nachfolger ich werden sollte. Ich leitete damals noch die Klinik von Zhongnanhai und begleitete den Vorsitzenden nicht auf seinen Reisen. Wenn ich plötzlich so dringend gebraucht wurde, mußte etwas nicht in Ordnung sein.

Ich nahm den Sonderzug, der täglich offizielle Dokumente sowie Funktionäre und Mitarbeiter Maos beförderte, und traf noch am selben Tag in Beidaihe ein.

Ich erfuhr, daß Mao in der Nacht zuvor schlecht geschlafen hatte und schon früh am Morgen zum Schwimmen gegangen war. Seine Leibwächter hatten versucht, ihn davon abzuhalten, da ein stürmischer Wind wehte und starker Seegang herrschte. Mao ließ sich jedoch nicht beirren und ging hinunter zum Strand, die Leibwächter im Schlepptau.

Die Leibwächter hatten Wang Dongxing alarmiert, der daraufhin ebenfalls zum Strand eilte und versuchte, Mao von dem gewagten Unternehmen abzubringen. Aber Mao mißachtete alle Warnungen und stürzte sich, gefolgt von einer Schar kräftiger junger Leibwächter, in die Fluten.

Wang Dongxing war verzweifelt. Wenn dem Vorsitzenden etwas zustieß, würde man ihn dafür verantwortlich machen. Er rief Luo Ruiqing und Zhou Enlai zu Hilfe, um die Verantwortung auf die beiden abzuwälzen. Als die beiden Regierungsmitglieder den Strand erreichten, war Mao bereits weit draußen auf See. Zhou, völlig außer sich, informierte umgehend Liu Shaoqi, den zweiten Mann nach Mao, aber Liu lehnte es ab, sich einzumischen. Entweder war er zu klug oder zu zurückhaltend, um sich gegen Mao aufzulehnen.

Jiang Qing und Dr. Zhou waren ebenfalls am Strand. Dr. Zhou war ein bescheidener Mann in den Fünfzigern, also rund zwanzig Jahre älter als ich. Jiang Qing war wütend auf den Arzt. »Der Vorsitzende ist gerade aufs offene Meer hinausgeschwommen«, schrie sie. »Was werden Sie tun, wenn etwas passiert? Einfach dastehen und zuschauen?« Das Problem war, daß Dr. Zhou nicht schwimmen konnte.

Zwei Soldaten halfen dem Arzt in ein kleines Rettungsboot und versuchten, zu Mao zu rudern. Aber bei dem starken Seegang war es unmöglich, das Boot auf Kurs zu halten, und der Arzt wurde schwer seekrank. Während das Boot noch gegen die Wellen ankämpfte, war Mao bereits wieder sicher zum Strand zurückgekehrt. Als auch der Arzt endlich den Strand erreichte, kletterte er mit wackligen Beinen aus dem Boot, sank auf dem Sand in die Knie und erbrach sich. Zu diesem Zeitpunkt ließ Jiang Qing nach mir schicken.

Mao war erbost über Wang Dongxing. »Sie Idiot!« schrie er ihn an. »Sie hätten wissen müssen, daß ich auch unter solchen Bedingungen schwimmen kann. Statt dessen haben Sie nicht nur versucht, mich daran zu hindern, sondern haben auch noch andere Parteiführer zu Hilfe geholt, um mich einzuschüchtern.«

Wang Dongxing und Luo Ruiqing waren Maos Beschützer, aber auch seine treuen und ergebenen Anhänger. Sie befanden sich in einem ausweglosen Dilemma: Wenn etwas passierte, würde weder ihre Loyalität noch die Tatsache eine Rolle spielen, daß Mao ihre Warnungen ignoriert hatte. Sie konnten nicht nur ihren Posten, sondern auch ihr Leben verlieren.

Mao jedoch betrachtete ihre Bemühungen als Angriff auf seine persönliche Freiheit, und es mißfiel ihm, daß andere Mitglieder des Politbüros versuchten, ihn zu zügeln. Nach dem Vorfall in Beidaihe änderte sich Maos Verhältnis zu Wang Dongxing und Luo Ruiqing. Jahrelang nagte der Zorn an ihm, bis er sich schließlich gegen die beiden wandte.

Der Vorfall brachte auch für mich eine Veränderung mit sich. Ende des Sommers wurde Dr. Zhou stillschweigend von seinen Pflichten entbunden. Er verließ Zhongnanhai, um Leiter des Krankenhauses von Beijing zu werden. Und ich wurde Maos Leibarzt. Ich hatte nicht nur die Aufgabe, Maos Krankheiten zu kurieren, sondern ich sollte möglichst auch dafür sorgen, daß er gesund blieb. Wenn er sich je eine vermeidbare Krankheit zuziehen oder unnötig Schmerzen leiden sollte, würde man mir die Schuld geben. Meine Arbeit und mein Leben standen pausenlos auf dem Spiel, und ich mußte auf jede Schwankung im Gesundheitszustand des Vorsitzenden achten. Fortan begleitete ich ihn überallhin, ob innerhalb oder außerhalb Beijings.

Um Maos Gesundheitszustand besser beurteilen zu können, mußte ich zunächst eine medizinische Untersuchung durchführen. Außerdem hatte ich bei der Durchsicht von Maos Krankenblatt festgestellt, daß die Zahl seiner weißen Blutkörperchen seit zwei Jahren erhöht war – statt der üblichen 6000 bis 8000 pro Kubikmillimeter waren es über 10 000. Der Vorsitzende litt an einer milden chronischen Infektion, und ich mußte die Ursache finden.

Es widerstrebte mir, mit Mao darüber zu sprechen, weil er so stolz auf seinen körperlichen Zustand war und es haßte, krank zu sein. Auch hatte er eine Abneigung gegen Ärzte. Im Jahr 1951 hatte ihn ein sowjetisches Ärzteteam so ausgiebig untersucht, daß ihm schließlich die Geduld ausgegangen war.

Während einer unserer Englischstunden – wir lasen gerade die englische Übersetzung von Engels' *Entwicklung des Sozialismus von der Utopie zur Wissenschaft* – ergriff ich die Gelegenheit und erklärte Mao, daß die Zahl seiner weißen Blutkörperchen etwas zu hoch sei, was auf eine leichte Infektion hindeute.

»Warum?« fragte Mao. Er wußte fast nichts von moderner Medizin.

»Es ist nichts Ernstes«, sagte ich. »Ich muß nur den Infektionsherd finden.« Zu diesem Zweck wolle ich die Nasennebenhöhlen, die Zähne, den Hals und die Prostata untersuchen. Ich versicherte ihm, daß die Untersuchung nicht länger als eine halbe Stunde dauern werde, und er war einverstanden.

Mit der Nase und den Nebenhöhlen war alles in Ordnung. Dann schaute ich in seinen Mund. Mao war es nicht gewohnt, sich die Zähne zu putzen. Wie viele Bauern aus dem Süden Chinas spülte er sich morgens den Mund einfach mit Tee aus und aß die Teeblätter, nachdem er die Flüssigkeit getrunken hatte. Bislang hatte er sich allen Bemühungen widersetzt, ihn zu einem Besuch beim Zahnarzt zu überreden. Peng Dehuai, der Mao stets offen seine Meinung sagte, hatte mir bereits empfohlen, den Vorsitzenden zu einer besseren Mundhygiene zu bewegen. »Die Zähne des Vorsitzenden sehen aus wie grün angemalt«, meinte Peng, und als ich in Maos Mund sah, stellte ich fest, daß seine Zähne mit einem grünlichen Belag überzogen waren. Ein paar schienen locker zu sein, und aus dem Zahnfleisch trat Eiter aus. Eine derartige Infektion bereitet normalerweise erhebliche Schmerzen, doch Mao hatte nie über Beschwerden geklagt. Vermutlich besaß er eine hohe Schmerztoleranz und litt oft stumm, weil ihm Ärzte und Krankheiten verhaßt waren.

»Können Sie etwas dagegen tun?« wollte Mao wissen, nachdem ich ihm das Problem erklärt hatte. Ich riet ihm, einen Zahnarzt aufzusuchen, da Zahnheilkunde nicht Bestandteil meiner medizinischen Ausbildung gewesen sei.

Mao lächelte. »Konfuzius hat einmal gesagt: ›Zu wissen, was man weiß und was man nicht weiß, das ist wahres Wissen.‹«

Ich untersuchte Maos Prostata. Seine Vorhaut war außergewöhnlich straff und ließ sich nur schwer zurückschieben, und ich hatte Bedenken wegen einer möglichen Infektion. Seit dem Umzug nach Zhongnanhai hatte Mao nicht mehr gebadet. Statt dessen ließ er sich von seinen Bediensteten jeden Abend, während er Dokumente durchsah, las oder plauderte, mit einem warmen, feuchten Handtuch abfrottieren.

Bei der Untersuchung stellte ich außerdem fest, daß der linke Hoden kleiner war als üblich und daß sich der rechte Hoden weder im Hodensack noch im Leistenkanal befand. Eine Hodenretention – eine angeborene Hemmungsmißbildung, bei welcher der Hoden in der Bauchhöhle steckenbleibt – hat zwar keinerlei Auswirkungen auf die Fortpflanzung, erhöht aber die Wahrscheinlichkeit, an Hodenkrebs zu erkranken. Deshalb mußte ich diese Anomalie im Auge behalten.

Um zu prüfen, ob eine weitere Infektion vorlag, benötigte ich eine Spermaprobe. Maos Prostata war klein und weich. Ich massierte sie, um etwas Sekret für die Labortests zu erhalten.

Ein paar Tage später mußte ich für Mao mit dem Zahnarzt Dr. Zhang Guangyan von der Medizinischen Hochschule in Beijing einen Behandlungstermin vereinbaren. Zhang war zwei Jahre älter als ich und hatte an der Fakultät für Zahnmedizin der West China Union University studiert.

Die Zahnbehandlung sollte, wie das Haareschneiden, im Speiseraum des Chrysanthemenduft-Studios stattfinden. Zu diesem Zweck wurde der Korbsessel mit der hohen Rückenlehne in einen Zahnarztstuhl verwandelt. Während Zhang nervös seine Instrumente ordnete, fragte er mich nach dem Ergebnis meiner Untersuchungen und nach den Gewohnheiten und Launen des Vorsitzenden. Da ich erst seit ein paar Monaten Maos Leibarzt war, konnte ich lediglich antworten: »Ich weiß nur, daß bei ihm alles schnell und ohne viel Gerede vonstatten gehen muß.«

Der Vorsitzende las gerade in einem geschichtlichen Werk, als wir das Zimmer betraten. Es kam häufig vor, daß er Gäste mit einem Buch in der Hand begrüßte. Trotz seiner Macht war Mao bei der ersten Begegnung mit Leuten manchmal unsicher, und er wußte, daß auch Gäste in seiner Gegenwart nervös wurden, weil sie ihn für einen Halbgott hielten. Das Buch half ihm, sich zu entspannen und ein Gespräch zu beginnen. Überhaupt war er ein Meister der Konversation. Indem er den Gästen Witze erzählte und höflich mit ihnen plauderte, nahm er ihnen die Scheu und brachte sie dazu, ganz offen zu sprechen. Auf diese Weise sammelte er Informationen.

»Ah, da sind Sie ja«, sagte Mao und legte das Buch beiseite. »Bei einem guten Buch kann man wirklich alles vergessen.« Er erhob sich, gab Dr. Zhang die Hand und bat uns, Platz zu nehmen.

Dann wurde Tee serviert. Ein Leibwächter reichte Mao ein feuchtes Handtuch, mit dem er sich Gesicht und Hände abwischte.

Mao fragte Zhang nach seinem Vornamen. Er heiße *guang yan*, sagte der Zahnarzt – *guang* bedeutet »ausbreiten« und *yan* verweist auf das »Han-Volk«. Obwohl China ein Vielvölkerstaat ist, machen die Han-Chinesen dreiundneunzig Prozent der Bevölkerung aus.

»Demnach wollen Sie für die Ausbreitung des Han-Volkes sorgen«, entgegnete Mao. »Während der Kampagne gegen die Mandschu in den letzten Tagen der Qing-Dynastie wäre Ihr Name äußerst populär gewesen.« Die Qing-Dynastie, die im Jahr 1911 zusammenbrach, wurde nicht von den Han, sondern von den Mandschu aus dem Norden Chinas begründet. Die feindselige Haltung des Volkes gegenüber der Qing-Dynastie rührte vor allem daher, daß die Mandschu-Kaiser ethnisch »Fremde« waren.

Auf Maos Frage nach seiner Herkunft erwiderte Zhang, er komme ursprünglich aus der Provinz Hebei, was »nördlich des Flusses« bedeutet, lebe aber bereits seit vielen Jahren in der Provinz Sichuan, was »vier Flüsse« heißt.

»Ah, aus der Provinz Hebei! Wissen Sie, welcher Fluß mit ›nördlich des Flusses‹ gemeint ist?« fragte Mao.

»Ja, der Gelbe Fluß«, antwortete der Zahnarzt. Der Gelbe Fluß hat in der chinesischen Geschichte wiederholt seine Richtung geändert, und er verlief knapp südlich von Hebei, als die Provinz ihren Namen bekam. Heute fließt er viel weiter im Süden durch Shandong.

Mao zündete sich eine Zigarette an. »Und wie heißen die vier Flüsse in Sichuan?« fragte er weiter.

»Min, Tuo, Jialing und Jinsha«, antwortete Zhang prompt.

Mao korrigierte Zhang mit einem Lächeln. »Ich glaube, der letzte ist nicht der Jinsha, sondern der Fu. Er ist viel größer als der Jinsha.«

»Ich dachte an eines Ihrer Gedichte über Sichuan, in dem es zum Jinsha heißt: ›Die Goldsandwasser: Gischt an bewölkte Klippen.‹ Deshalb glaubte ich, der Jinsha sei einer der vier Flüsse.«

Mao lachte. »Es ist doch nur ein Gedicht.«

Dann brachte er das Gespräch auf die West China Union University Medical School, die von Amerikanern gegründet worden war, und darauf, daß Zhang in den Vereinigten Staaten studiert hatte. Mao war entzückt darüber. »Während des Krieges mit Japan schickten die Vereinigten Staaten eine Militärdelegation nach Yan'an«, sagte er, »und wir kamen alle gut miteinander aus. Ein amerikanischer Arzt namens Dr. George Hatem ist bei uns geblieben und hat entscheidend bei unserer Bekämpfung von Geschlechtskrankheiten mitgewirkt.« Dr. Hatem (1910–1988) hatte sich 1936 zusammen mit Edgar Snow zum nördlichen Stützpunkt der Partei nach Baoan in der Provinz Shaanxi begeben und bis zu seinem Tod in China gelebt.

»Die Amerikaner haben für China auch viele Facharbeiter ausgebildet«, fuhr Mao fort – eine Bemerkung, die für einen normalen Chinesen undenkbar gewesen wäre. In der Öffentlichkeit wurden die Vereinigten Staaten immer noch als Chinas Feind Nummer eins verunglimpft, und es galt als konterrevolutionär, sich lobend über den Feind zu äußern. »Ich mag Leute, die in England und in den Vereinigten Staaten ausgebildet worden sind«, meinte Mao. Er ließ Dr. Zhang wissen, daß er bei mir Englisch lerne. »Wir lesen gerade Engels' *Entwicklung des Sozialismus von der Utopie zur Wissenschaft. Shehuizhuyi* heißt im Englischen doch Sozialismus, oder?«

»Ja, richtig«, erwiderte Zhang.

Da Maos Geplänkel Zhangs Nerven offenbar beruhigt hatte, schlug ich vor, mit der Behandlung zu beginnen. Mao war einverstanden.

Zuerst entfernte Zhang den Belag von den Zähnen sowie Speisereste aus den Zahnzwischenräumen. »Um zu verhindern, daß sich der Belag neu bildet, sollten Sie sich täglich die Zähne putzen, Vorsitzender«, empfahl er.

»Nein«, protestierte Mao. »Ich reinige meine Zähne mit Tee. Ich brauche keine Zahnbürste. Ein Tiger putzt sich auch nie die Zähne, und trotzdem sind sie scharf.«

Bei dieser unorthodoxen Logik verschlug es Zhang und mir die Sprache.

Mao blinzelte nach diesem kleinen Triumph. »Sehen Sie, es gibt viele Dinge, die ihr Ärzte nicht erklären könnt.«

»Ziemlich viele«, räumte Zhang höflich ein. Dann teilte er Mao mit, daß er ihm oben links einen Zahn ziehen müsse. »Der Zahn ist vereitert und ziemlich locker. Wenn er nicht gezogen wird, könnten auch die Zähne daneben angegriffen werden.«

»Ist es wirklich so schlimm?« fragte Mao.

»Ja. Ich würde es nicht wagen, Sie zu täuschen«, erwiderte Zhang.

»In Ordnung. Aber ich habe Angst vor den Schmerzen. Verwenden Sie ein Betäubungsmittel.«

Zhang flüsterte mir zu: »Ist der Vorsitzende allergisch gegen Novocain?«

»Nein«, antwortete ich. Mao hatte schon ziemlich viele Penicillin- und Novocain-Spritzen bekommen, ohne darauf allergisch zu reagieren.

»Brauchen wir denn wirklich ein Betäubungsmittel?« fragte Zhang leise. »Ich kann den Zahn ganz leicht ziehen.«

»Ich glaube, Sie sollten ihm lieber eine Spritze geben«, erwiderte ich. »Dann ist er nicht so nervös.«

Dr. Zhang verabreichte Mao Novocain, und mit einem leichten Ruck war der Zahn draußen.

Mao freute sich. »Die britisch-amerikanische Schule hat einen großen Sieg errungen«, rief er.

Ein paar Tage später hatte sich die Zahl seiner weißen Blutkörperchen wieder normalisiert.

»Sie haben mich von einem jahrelangen Problem befreit«, sagte Mao zufrieden. Er bat mich, ihm Zahnbürste und Zahnpasta zu besorgen, und fing an, sich die Zähne zu putzen. Aber schon nach wenigen Tagen gab er es wieder auf. Er hatte sich viel zu sehr daran gewöhnt, den Mund mit Tee auszuspülen.

Maos Zahnprobleme blieben ebenso wie seine Abneigung gegen Zahnärzte bestehen. Mit den Jahren wurden seine Zähne schwarz und begannen auszufallen. Anfang der siebziger Jahre hatte er im Oberkiefer schon keine Backenzähne mehr. Glücklicherweise fiel es beim Sprechen und Lachen in der Regel nicht auf, daß ihm so viele Zähne fehlten und die restlichen verfärbt waren.[28]

Das Ergebnis der Prostata-Untersuchung überraschte mich, denn es zeigte, daß Mao steril war. Dabei hatte er mit seinen drei Frauen mehrere Kinder, und das jüngste – Li Na, seine Tochter mit Jiang Qing – war damals gerade fünfzehn. Er mußte irgendwann in der Lebensmitte steril geworden sein. Die Ursache konnte ich nicht feststellen.

»Dann bin ich jetzt also ein Eunuch?« fragte Mao besorgt, als ich ihn über seine Sterilität informierte.

»Nein, keineswegs«, entgegnete ich. Den meisten Eunuchen an den Kaiserhöfen waren sämtliche Genitalien entfernt worden, manche hatten jedoch nur ihre Hoden eingebüßt.

Ich merkte bald, daß Mao nicht das geringste von der Funktionsweise der menschlichen Fortpflanzungsorgane wußte. Bei unserem Gespräch erfuhr er zum erstenmal von der Retention seines rechten Hodens, aber weder diese Anomalie noch seine Sterilität machten ihn in irgendeiner Weise zum Eunuchen.

»Ihr Sperma ist anormal, und deshalb sind Sie steril«, sagte ich. »Dies hat jedoch keinerlei Auswirkungen auf Ihren Geschlechtstrieb und auf Ihre Potenz.«

Mir wurde klar, daß Mao sich keine Sorgen wegen seiner Sterilität machte, sondern Angst hatte, impotent zu werden. Er hatte lange geglaubt, man könne nur zwischen zwölf und sechzig Jahren sexuell aktiv sein. Später erfuhr ich, daß er seine ersten sexuellen Erfahrungen als Junge in seinem Heimatort Shaoshan gesammelt hatte. Nur allzu gern erinnerte er sich an ein frühes sexuelles Erlebnis mit einem hübschen zwölfjährigen Mädchen.

Im Dezember 1953 war Mao sechzig geworden, und er fürchtete, das Ende seiner sexuellen Aktivität sei gekommen. Er hatte Anfälle von Impotenz erlebt und sah einen Zusammenhang zwischen Geschlechtstrieb und Gesundheit. Solange er Sex begehrte, hielt er sich für gesund. Da auch ein Extrakt aus Hirschgeweih – ein altes chinesisches Aphrodisiakum, das meine Vorgänger ihm häufig injiziert hatten – nichts gegen seine Impotenz hatte ausrichten können, war er sehr beunruhigt. Er hatte sich vorgenommen, lange zu leben, gesund zu bleiben und bis zu seinem achtzigsten Lebensjahr sexuell aktiv zu sein, und es gehörte zu meinen Aufgaben, ihm dabei zu helfen.

Deshalb war er verärgert, als ich ihn vor dem Gebrauch des Aphrodisiakums warnte. Ich wußte nicht, welche Wirkung der Extrakt hatte, und wollte sichergehen, daß er harmlos war. »Ihr Ärzte«, meinte Mao verächtlich, »der eine sagt dies, der andere das. Ich werde nur noch zu siebzig Prozent auf den Rat von Ärzten hören.«

Mao beharrte zwar nicht auf der Verabreichung des Aphrodisiakums, verlangte aber, daß ich eine andere Behandlungsmethode für seine Impotenz und für ein langes Leben fand. Auch darin folgte er, wie in so vielen anderen Dingen, der Tradition der chinesischen Kaiser. Der legendäre erste Kaiser von China, der Gelbe Kaiser, der Vater des Han-Volkes, von dem angeblich alle Chinesen abstammen, soll dadurch unsterblich geworden sein, daß er mit tausend Jungfrauen schlief. Seitdem glaubten die Kaiser, je mehr Geschlechtspartner sie hätten, desto länger würden sie leben – daher ihre vielen Tausende von Konkubinen. Qin Shihangdi, der Gründerkaiser der Qin-Dynastie, mit dem Mao sich oft gleichsetzte, soll einen taoistischen Priester und fünfhundert unberührte Kinder übers Meer geschickt haben, um das Elixier der Unsterblichkeit zu suchen. Der Sage nach sind die Japaner die Nachkommen dieser Kinder.

Kurz nachdem ich mit meiner Arbeit als Leibarzt begonnen hatte, hörte Mao, daß eine rumänische Ärztin namens Lepschinskaja ein neues Mittel entdeckt habe, das, täglich in geringen Dosen verabreicht, das Leben verlängern, die sexuelle Potenz steigern sowie neue Kraft und Ausdauer schenken sollte. Mao interessierte sich für das Mittel, wollte aber, daß ich es zuerst testete. Wenn es bei mir wirke, werde er es auch nehmen.[29]

Ich wies ihn auf den Altersunterschied hin – ich war erst fünfunddreißig und er bereits zweiundsechzig – und versicherte ihm, daß ich nichts von den Symptomen spürte, unter denen er zu leiden habe. Dr. Lepschinskaja nannte ihr Medikament Vitamin H3, doch es handelte sich lediglich um Novocain. Ich glaubte zwar nicht an derartige Zaubermittel, aber da ich wußte, daß Mao gegen Novocain nicht allergisch war, hatte ich keine Einwände dagegen, daß er das Mittel ausprobierte. Drei Monate lang bekam er täglich eine Spritze Vitamin H3 ins Gesäß. Dann brachen wir die Behandlung ohne Erfolg ab.

In all den Jahren, in denen ich für Mao arbeitete, gelang es mir nicht, ihm die moderne Medizin nahezubringen. Er verharrte in seinen altmodischen Ansichten. Als Arzt mit westlicher Ausbildung vermutete ich, daß die Potenzstörungen, die ihn so beunruhigten, eher psychische als physische Ursachen hatten. Nachdem ich eine Reihe von Urologen und Neurologen zu Rate gezogen und mich selbst von Maos physischer Gesundheit überzeugt hatte, begann ich, ihn mit einem Placebo zu behandeln. Ich verschrieb ihm Traubenzucker und Ginseng-Kapseln und bezeichnete sie als ein »Stärkungsmittel«.

Mit der Zeit stellte ich fest, daß Maos Potenzstörungen immer dann auftraten, wenn er in eine politische Auseinandersetzung mit ungewissem Ausgang verstrickt war. Anfang der sechziger Jahre, als seine Macht einen neuen Höhepunkt erreichte, verschwanden die Beschwerden fast ganz. Mao und Jiang Qing hatten sich zwar bereits sexuell entfremdet, aber mit seinen Geliebten hatte er keinerlei Probleme. Er folgte dem Beispiel der chinesischen Kaiser und nahm sich immer mehr und immer jüngere Frauen, um sein Leben zu verlängern.

Trotz seiner Nervosität bei der Suche nach dem Lebenselixier zweifelte Mao nie wirklich daran, daß er außerordentlich lange leben werde.[30] Er vertraute auf das Gedicht, das er als junger Mann geschrieben hatte und in dem es hieß, er werde zweihundert Jahre leben und dreitausend *li** gegen den Strom schwimmen. Maos Bemerkungen gegenüber Ausländern Mitte der sechziger Jahre, er bereite sich darauf vor, Gott – oder Marx – gegenüberzutreten, waren nur ein Trick. Er war nie gesünder gewesen als zu Beginn der Kultur-

* Li: chinesisches Längenmaß, etwa fünfhundert Meter

revolution, und auch danach blieb sein Gesundheitszustand mehrere Jahre lang stabil. Wenn er zur Zielscheibe politischer Attacken wurde, flüchtete er sich häufig in Krankheiten, oder er benutzte sie als politische Strategie. Maos Gesundheit und die Politik des Landes waren nicht selten miteinander verknüpft.

Mao scheute sich auch nicht, eine Krankheit vorzutäuschen. Als 1963 die chinesisch-sowjetischen Beziehungen an einem Tiefpunkt angelangt waren, spielte er dem sowjetischen Botschafter in China den Schwerkranken vor, um zu sehen, wie die Sowjetunion auf seinen möglichen Tod reagieren würde. Vorher hatte er seinen Auftritt mehrmals vor mir und anderen Mitarbeitern geprobt. Er hatte sich in eine Frotteedecke gehüllt, Lethargie und Schmerzen vorgetäuscht und so getan, als habe er Schwierigkeiten beim Sprechen. Anschließend hatte er den sowjetischen Botschafter an sein Krankenbett gerufen und eine ausgezeichnete Vorstellung geliefert.

1965 versuchte Mao etwas Ähnliches. Er erklärte seinem alten Freund, dem Journalisten Edgar Snow, daß er bald sterben werde, um die Reaktion der US-Regierung auf seinen nahen Tod zu testen und eine Änderung in der Chinapolitik der Vereinigten Staaten herbeizuführen. Mao war überzeugt, daß Snow, dessen Buch *Roter Stern über China* mittlerweile sowohl in der chinesischen als auch in der englischen Ausgabe ein Klassiker war, als CIA-Agent für die amerikanische Regierung arbeitete. Dem französischen Kulturminister André Malraux erklärte Mao ebenfalls, daß er nicht mehr lange zu leben habe, um die Reaktion der Europäer auf die Nachricht zu analysieren.

Mao beschuldigte häufig andere, Verschwörungen anzuzetteln; dabei war er selbst der größte Manipulator.

9. KAPITEL

In den ersten Jahren meiner Tätigkeit als Leibarzt beschränkten sich Maos gesundheitliche Probleme auf gelegentliche Erkältungen, Bronchitis, Hautjucken, Hühneraugen oder Appetitlosigkeit. Und er hatte so häufig Verstopfung, daß ihm einer seiner Leibwächter alle zwei oder drei Tage einen Einlauf machen mußte. Sein Stuhlgang war tägliches Gesprächsthema. Ein normaler Stuhlgang war für seine Mitarbeiter ein Grund zum Feiern.[31]

Für mich jedoch war Maos ständige Schlaflosigkeit das quälendste Problem.

Mao besaß eine ungeheure Energie. Er haßte nicht nur jegliche Routine, sondern lehnte sich auch gegen die Zeit auf. Schlafen war Zeitverschwendung, ebenso wie Baden. Sein Körper wollte sich nicht auf einen 24-Stunden-Rhythmus festlegen lassen. Mao blieb länger wach als andere, und ein Großteil seiner Aktivitäten fand nachts statt. Ging er an einem Tag um Mitternacht zu Bett, kam er in der darauffolgenden Nacht erst um drei Uhr morgens zur Ruhe, und in der nächsten Nacht konnte er erst um sechs einschlafen. Er blieb immer länger wach, manchmal sogar 36 oder 48 Stunden hintereinander. Danach konnte er zehn bis zwölf Stunden durchschlafen, und auch der größte Lärm weckte ihn nicht auf. Ich bin nicht sicher, wann sich dieses Muster herausbildete. Möglicherweise war seine innere Uhr schon immer falsch gelaufen. Fu Lianzhang erzählte mir, daß er Mao bereits Anfang der dreißiger Jahre wegen Schlaflosigkeit behandelt habe. Gewiß hätten die zwei Jahrzehnte des revolutionären Kampfes vor der Gründung der Volksrepublik und der jahrelange Guerillakrieg das normale Schlafverhalten eines jeden Menschen durcheinandergebracht.

Wenn Mao nicht schlafen konnte, wandte er sich entweder körperlichen Aktivitäten zu wie Schwimmen, Tanzen oder Spazierengehen, um müde zu werden, oder er nahm Schlaftabletten – und das bereits seit über zwanzig Jahren. In den dreißiger Jahren hatte Fu Lianzhang ihm Veronal gegeben, und nach 1949 verordnete er ihm Amobarbital, ein starkes Barbiturat, zu je 0,1 Gramm pro Kapsel. Wenn eine Tablette nicht wirkte, nahm Mao zwei, drei oder vier. Oft half gar nichts. Seine Müdigkeit war gepaart mit Hyperaktivität, so daß er sich oft kaum noch auf den Beinen halten konnte und seine Mitarbeiter fürchteten, er könne hinfallen oder einen Schlaganfall bekommen.

Noch bevor ich meinen Dienst antrat, hatte Fu Angst, Mao könne aus Versehen eine Überdosis Barbiturate nehmen. Deshalb hatte er die Menge an Amobarbital in den Kapseln heimlich von ursprünglich 0,1 Gramm auf 0,05 bis 0,075 Gramm reduziert. Das hatte jedoch zur Folge, daß Mao noch mehr Tabletten schluckte.

Ich war äußerst besorgt, als ich erfuhr, daß Mao Barbiturate nahm, und warnte ihn vor den Tabletten. »Sie wollen wohl nicht, daß ich schlafe«, lautete seine Antwort, und er bestand darauf, die Pillen weiterhin zu nehmen.

Eines Tages rief er mich zu sich. »Wie viele Tage, glauben Sie, hat ein Jahr?« fragte er.

Das war wieder eine seiner unorthodoxen Fragen. »Dreihundertfünfundsechzig natürlich«, antwortete ich.

»Nun, für mich hat es nur zweihundert Tage, weil ich so wenig schlafe«, erklärte er.

Ich war verwirrt, bis ich erkannte, daß er den Zyklus von Wachen und Schlafen meinte, den er jedes Jahr durchmachte. »Wenn Sie nur Ihre Wachphasen berücksichtigen, Vorsitzender, kommen Sie auf über vierhundert Tage im Jahr. Und so betrachtet, währt Ihr Leben ewig, wie es in dem Gedicht beschrieben wird: ›Sonne und Mond sind in den Bergen bedeutungslos, tausend Jahre vergehen unbemerkt.‹«

Mao brüllte vor Lachen. »Wenn Sie recht haben, dann wäre Schlaflosigkeit ja ein Mittel, um lange zu leben!« Er scherzte, aber mir war klar, daß ich etwas gegen seine Schlaflosigkeit unternehmen mußte.

Ich empfahl eine andere Methode. Das von Fu Lianzhang verordnete Amobarbital sorgte für ausgedehnten Schlaf, aber es wirkte zu langsam. Ich schlug vor, Mao solle zwanzig Minuten vor der letzten Mahlzeit zwei Kapseln zu je 0,1 Gramm Secobarbital nehmen, um rasch einzuschlafen. Nach dem Essen solle er dann noch eine Kapsel Amobarbital schlucken, um den Schlaf zu verlängern. Von Fu Lianzhangs Methode, die Dosis heimlich zu reduzieren, hielt ich nichts. Ich war der Meinung, Mao sollte über Art und Dosierung des Medikaments, das er einnahm, Bescheid wissen. Da die Medizin von seinen Leibwächtern – einfachen, ungebildeten Bauernburschen – verabreicht wurde, wollte ich sichergehen, daß sie ihm nicht zu viel gaben.

Fu Lianzhang, der noch immer mein Vorgesetzter war und deshalb zuerst informiert werden mußte, war mit meinem Vorschlag einverstanden. Aber Mao reagierte skeptisch, als ich ihm versicherte, daß die neue Methode besser wirken werde. »Ein prahlender Arzt hat keine wirksame Medizin zur

Hand«, meinte er in Anlehnung an ein bekanntes Sprichwort. Trotzdem wollte er einen Versuch wagen.

Die neue Behandlung hatte Erfolg. Mao konnte besser schlafen, und schon nach kurzer Zeit konnte ich die Dosis Secobarbital reduzieren und den Traubenzuckergehalt in den Kapseln erhöhen. Er meinte: »Die Kapseln in Ihrem Arzneikoffer sind zwar winzig, aber sie helfen.«

Manchmal war Mao jedoch so aufgeregt, daß selbst meine Methode nichts nützte.

Mao litt an zwei verschiedenen Arten von Schlaflosigkeit: Zum einen ging seine innere Uhr anders, zum anderen litt er unter sogenannter Neurasthenie.

In den Vereinigten Staaten wird Neurasthenie nicht mehr als Krankheit anerkannt. Aber in China waren ihre Symptome weit verbreitet, und sowohl Mao als auch Jiang Qing hatten häufig darunter zu leiden. Neurasthenie wird in der Regel durch eine psychische Störung verursacht, aber da Chinesen sich schämen zuzugeben, daß sie psychisch krank sind, treten körperliche Symptome auf. Das häufigste Symptom ist Schlaflosigkeit. Andere Anzeichen sind Kopfschmerzen, chronische Schmerzen, Schwindelgefühl, Angstzustände, hoher Blutdruck, Depressionen, Impotenz, Hautprobleme, Verdauungsstörungen, Appetitlosigkeit und Gereiztheit.

Mit der Zeit erschien mir Neurasthenie als eine typisch kommunistische Krankheit: die Folge des Eingesperrtseins in einem System, aus dem es kein Entrinnen gab. 1952 wurde ich zum erstenmal auf dieses Syndrom aufmerksam. Nachdem mein Bruder während der Drei-Anti-Kampagne heftig attakkiert worden war, litt er an schwerer Neurasthenie, die sich vor allem in hohem Blutdruck äußerte. Nach der Kampagne gegen Rechtsoppositionelle im Jahr 1957, in deren Verlauf so viele Unschuldige fälschlich angeklagt wurden, nahmen die Fälle von Neurasthenie drastisch zu. Meines Wissens war die Krankheit unter der Guomindang-Regierung nicht so verbreitet gewesen, denn damals hatte man immer eine Möglichkeit zur Flucht. Aber unter den Kommunisten gab es kein Entkommen. Schwere Psychosen wie Schizophrenie oder manische Depression wurden im kommunistischen System mehr oder minder akzeptiert, aber kleinere psychische Störungen fielen in die Kategorie der »ideologischen Probleme«. Für einen Chinesen ist ein Besuch beim Psychiater wegen persönlicher Probleme ein derart unerträglicher Gesichtsverlust, daß zu Maos Lebzeiten solche Störungen überhaupt nicht behandelt wurden. Obwohl jeder Arzt genau wußte, daß sich hinter der Neurasthenie seiner Patienten ein ernsthaftes persönliches Problem verbarg, verschrieb er Medikamente, statt den Ursachen der Erkrankung auf den Grund zu gehen.

Für Maos Ängste verwandte ich nie die Bezeichnung Neurasthenie; auch er selbst nahm das Wort nie in den Mund. Wenn Mao Depressionen hatte und sich ins Bett legte, sagte er nur, er sei niedergeschlagen, und bat mich um Hilfe.[32] Dann verschrieb ich ihm Ginseng sowie Vitamin B und C. Maos Krankheit äußerte sich in einer Vielzahl von Symptomen – Schlaflosigkeit, Schwindelgefühl, Juckreiz, Impotenz. Am schlimmsten aber waren seine Angstzustände. Einmal verlor er auf freiem Feld plötzlich die Orientierung, und wenn seine Leibwächter ihn nicht gestützt hätten, wäre er gestürzt. Auch bei öffentlichen Auftritten bekam er gelegentlich solche Anfälle. Als Mao beim Empfang einer afrikanischen Delegation von mehreren Abgesandten umringt wurde, die sich lebhaft unterhielten, gestikulierten und auf den Vorsitzenden deuteten, bemerkte ich, wie er zu schwanken begann. Sofort war wie immer ein Helfer zur Stelle, um ihn zu stützen. Wenn er entspannt war und sich wohl fühlte, verschwanden die Symptome, und keine der vielen Untersuchungen, die an seinem Herzen, seinem Gehirn oder seinem Innenohr vorgenommen wurden, deutete auf ein körperliches Leiden hin.

Mao litt ebenso an Neurasthenie wie viele gewöhnliche Chinesen, aber die Krankheit mußte eine andere Ursache haben, denn als die einflußreichste Person des Landes war Mao schwerlich im System gefangen. Maos immer wiederkehrende Anfälle beruhten auf seiner Angst, andere hochrangige Politiker stünden nicht loyal zu ihm und er könne nur wenigen innerhalb der Partei wirklich vertrauen. Im Vorfeld einer wichtigen politischen Auseinandersetzung wurde das Problem noch schlimmer. Während Mao seine Strategie entwickelte, konnte er manchmal wochen- oder gar monatelang nicht richtig schlafen. Als ich Maos Leibarzt wurde, wußte ich nicht, daß er sich damals gerade mit dem Problem der Kollektivierung der Landwirtschaft herumschlug und daß seine Schlaflosigkeit die Folge dieses politischen Kampfes war.

Mao wollte China umwandeln, je eher und gründlicher, desto besser. Die Agrarreform zu Beginn der fünfziger Jahre, in deren Verlauf Grundstücke und landwirtschaftliche Geräte der Reichen unter den Armen aufgeteilt worden waren, hatte ihn nicht zufriedengestellt, denn noch immer überwog das Privateigentum. Mao strebte den Sozialismus an, und das bedeutete Kollektivwirtschaft. Er wollte nicht auf die Mechanisierung der Landwirtschaft warten, denn China war zu arm, und die Mechanisierung würde zu lange dauern.

In den ländlichen Gebieten waren bereits 1953 Genossenschaften gegründet worden, doch sowohl die Bauern als auch viele Provinzgouverneure hatten sich gegen das hohe Tempo der Bewegung und die Einrichtung unkontrollierbar großer Kollektive zur Wehr gesetzt. In einigen Teilen des Landes wurden die Kollektive fast ebenso schnell wieder abgeschafft, wie man sie gegründet hatte, und Deng Zihui, der Leiter der Abteilung für Landarbeit, ordnete ihre Beseitigung an. Mao war wütend auf Deng Zihui und andere Parteifunktionäre, die seinen Plan durchkreuzen wollten. Er löste die Abteilung für Landarbeit auf und versetzte Deng auf einen bedeutungslosen Posten. »Während des demokratischen Umbruchs hat Deng Zihui uns unterstützt«, erklärte Mao später mit Blick auf die Zeit während des Bürgerkrieges, als die Partei eine gemäßigte Agrarreformpolitik verfolgte, »aber nach der Befreiung hat er einen anderen Kurs eingeschlagen.« Im Sommer 1955, als die Parteispitze in Beidaihe versammelt war und Mao sich herausfordernd in die Wellen stürzte, waren die Meinungsverschiedenheiten besonders stark zutage getreten, und auch den Herbst hindurch blieb die Lage gespannt.

Zu Beginn meiner Arbeit als Leibarzt Maos ging ich der Politik aus dem Weg. Während ich mir wegen der Zahl seiner weißen Blutkörperchen, seiner Impotenz und seiner Schlaflosigkeit Gedanken machte, merkte ich nicht, daß Mao die meiste Zeit darauf verwendete, einen Gegenangriff gegen die konservativeren Mitglieder der Partei zu planen. Im Herbst und Winter 1955/56 hielt er eine Reihe von Versammlungen ab, um für seine Idee der sozialistischen Umgestaltung zu werben, und zu Beginn des Winters begann er mit der Arbeit an dem Buch *Der sozialistische Umschwung in Chinas Landwirtschaft*. Er sammelte landesweit Berichte über die Kollektivierung, verfaßte Einleitungen zu den Artikeln und forderte immer wieder eine rasche sozialistische Umgestaltung der ländlichen Gebiete. Es war eine Attacke gegen die Parteiführung und eine Möglichkeit, die Partei auf einen raschen Sozialisierungskurs zu drängen. In dieser Zeit war er ständig nervös und konnte nicht schlafen.

Im Spätherbst 1955, noch während der Arbeit an seinem Buch, schlief Mao drei Nächte lang recht unruhig, und schließlich blieb er über dreißig Stunden wach. Die Schlaftabletten, die ich ihm gegeben hatte, wirkten nicht mehr. Er schwamm bis zur Erschöpfung, und als auch das nicht half, ließ er mich rufen.

Er lag im Hallenbad auf einem Sofa. Seine Wangen waren gerötet, und er wirkte aufgeregt und erschöpft zugleich. »Also, was wollen Sie mir geben, damit ich schlafen kann?« fragte er.

Ich schlug flüssiges Chloralhydrat vor, obwohl Fu Lianzhang mir gesagt hatte, daß Mao keine flüssige Medizin wolle. Die Arznei schmecke bitter und sei ein bißchen scharf und beißend.

»Ist schon in Ordnung«, meinte Mao. »Ich mag scharfe Sachen.«

Ich ging zu der Apotheke in der Gongxian-Gasse, wo Fu Lianzhang weiterhin die Medikamente für Mao und die anderen hochrangigen Führer kontrollierte. Die Arzneimittel wurden aus den Vereinigten Staaten, England und Japan importiert und von einer Firma in Hongkong geliefert. Als zusätzliche Sicherheitsmaßnahme wurden Maos Medikamente immer unter dem Pseudonym Li Desheng verordnet, was soviel wie »Li von moralischer Überlegenheit« bedeutet. Mao hatte diesen Namen angenommen, als die Partei 1946 angesichts eines drohenden Überfalls der Guomindang den Stützpunkt in Yan'an räumen mußte.

Der Vorsitzende wartete im Schwimmbad auf mich. Ich sollte ihm beim Essen Gesellschaft leisten. »Sie nehmen die Medizin am besten vor der Mahlzeit«, riet ich.

Ich goß fünfzehn Milliliter zehnprozentiges Chloralhydrat in einen Becher, und Mao trank ihn in einem Zug aus. Die Arznei schmecke gar nicht so übel, sagte er, ein bißchen wie Wein. »Mal sehen, ob sie wirkt«, sagte er.

Während der Mahlzeit begann die Arznei zu wirken, und Mao wurde euphorisch. Nach dem Essen war er so müde, daß er nicht einmal mehr in seine Residenz zurückkehren konnte. Er legte sich auf das Bett neben dem Schwimmbecken und schlief zehn Stunden durch.

Mitten in der Nacht rief mich Maos Leibwächter herbei. Er erklärte, daß ich mit meiner Medizin ins Schwarze getroffen hätte.

Mao schlief noch. Kurz darauf erwachte er und zündete sich eine Zigarette an. »Was ist das für ein Zaubermittel?« wollte er wissen. »Es ist einfach wunderbar!«

»Es handelt sich um eines der ältesten Schlafmittel«, erwiderte ich. »Chloralhydrat wurde im neunzehnten Jahrhundert eingeführt und ist für seine zuverlässige Wirkung bekannt. Klinische Untersuchungen haben ergeben, daß es völlig ungefährlich ist.«

»Warum haben Sie es mir dann nicht schon früher gegeben?«

»Weil ich wußte, daß der Vorsitzende keine flüssige Arznei mag, und weil es nicht gut schmeckt. Deshalb habe ich das Mittel erst empfohlen, als ich es für absolut notwendig hielt.« Genaugenommen unterscheidet sich Amobarbital, an das Mao gewöhnt war, in seiner Wirksamkeit kaum von Chloralhydrat.

Vermutlich wußte Mao, daß seine Neurasthenie sowohl psychische wie physische Ursachen hatte, und er kannte die Kraft von Placebos. Als er als Kind einmal schwer krank gewesen war, hatte seine Mutter ihn zu einem buddhistischen Tempel gebracht, um für ihren Sohn zu beten und Weihrauch anzuzünden. Kurz darauf war Mao wieder gesund geworden. »Ich bin gegen die Zerstörung buddhistischer Tempel«, sagte er später, obwohl Parteiführer in ganz China sie niederreißen ließen. »Die Armen vertrauen auf die Götter, wenn sie krank sind. Wenn sie Buddha um Heilung anflehen, hilft ihnen die Asche des Weihrauchs, gesund zu werden. Haben Schlaftabletten nicht eine ähnliche Wirkung? Erleichtern sie nicht auch die Seele?«

Er fuhr fort: »Sie haben wohl eine Menge Zaubermittel in Ihrem Arzneikoffer, was? Na gut, gehen Sie nach Hause und schlafen Sie etwas. Ich werde jetzt arbeiten.«

Von diesem Zeitpunkt an nahm Mao Chloralhydrat, um zu schlafen, oftmals zusammen mit Secobarbital. Allmählich wurde er von dem Medikament regelrecht abhängig, und zwar nicht nur, weil es ihm den nötigen Schlaf verschaffte, sondern auch, weil es seinen Appetit anregte und ihn in Hochstimmung versetzte. Schließlich nahm er es auch ein, wenn er Gäste empfing und Versammlungen oder Tanzveranstaltungen besuchte.

10. KAPITEL

Da ich mich von der Politik fernhielt, ahnte ich nichts von den zunehmenden Spannungen zwischen Mao und der zentralen Parteiführung. Aber Anfang 1956 spürte ich, daß der Vorsitzende von einem nagenden politischen Unbehagen ergriffen wurde. Rückblickend weiß ich, daß das Jahr 1956 ein Wendepunkt war. Damals wurde die Saat der Kulturrevolution gesät, des massiven politischen Umbruchs, der das Land ein Jahrzehnt später erschüttern sollte. Chruschtschows geheime Rede gegen Stalin auf dem XX. Parteitag der KPdSU im Februar 1956 brachte die Wende.

Mao nahm an dem Parteitag in Moskau nicht teil. Die chinesische Delegation wurde von Zhu De geleitet, der zusammen mit Mao die Rote Armee gegründet und im Krieg die Guerilla-Truppen kommandiert hatte. Zhu De war damals um die Siebzig, ein netter alter Herr mit dichtem schwarzem Haar und einem freundlichen Lächeln. Er hatte keinerlei politische Ambitionen. Nach der Befreiung hatte er sich mehr oder weniger ins Privatleben zurückgezogen und war vorwiegend ehrenamtlich tätig: als stellvertretender Vorsitzender der Zentralen Volksregierung der Volksrepublik China (1949 bis 1954) und stellvertretender Vorsitzender der Volksrepublik China und des Nationalen Verteidigungsrates der Volksrepublik China (1954 –1959). Wenn er nicht gerade offizielle Inspektionsreisen unternahm, widmete er sich in seinem Gewächshaus in Zhongnanhai der Orchideenzucht – er hatte insgesamt über tausend Pflanzen. Wir nannten ihn immer noch »Oberbefehlshaber«, und er genoß auch weiterhin den Respekt der Chinesen, weil er mitgeholfen hatte, die Kommunistische Partei an die Macht zu bringen. Zhu De war auf Chruschtschows Attacke nicht vorbereitet gewesen. Er setzte Mao telegrafisch davon in Kenntnis und bat um Anweisungen, wie er reagieren solle. Gleichzeitig schlug er vor, China solle Chruschtschows Kritik unterstützen. Deng Xiaoping, der sich ebenfalls in Moskau aufhielt, pflichtete Zhu De bei. Mao war außer sich. »Zhu De ist ein Ignorant«, erklärte er wütend. »Er will, daß wir Stalin kritisieren und die moralischen Grundsätze der Revolution völlig vergessen. Chruschtschow und Zhu De sind unzuverlässig.«

Mao hatte ein geradezu mystisches Vertrauen in die Rolle des Führers. Er zweifelte nicht daran, daß einzig und allein seine Führerschaft China retten und verändern würde. Er war der Stalin Chinas, und jeder wußte das. Mao teilte die allgemeine Auffassung, daß er der Messias des Landes sei.

Chruschtschows Kritik an Stalin zwang Mao in die Defensive, untergrub seine Autorität und stellte seine Führung in Frage. Hätte Mao der Kritik an Stalin zugestimmt, wäre damit der Kritik an seiner eigenen Person Tür und Tor geöffnet worden. Nach Stalins Tod und Chruschtschows Amtsübernahme im Jahr 1953 hatte Mao dessen Ernennung begrüßt. Aber nach der Attacke gegen Stalin wurde Mao zum erbitterten Gegner Chruschtschows. In seinen Augen hatte der neue sowjetische Führer einen elementaren Grundsatz der Revolution verletzt – den Grundsatz der unerschütterlichen Loyalität. Obwohl Chruschtschow Stalin alles verdankte, hatte er sich gegen ihn gewandt.

Zudem spielte Chruschtschow laut Mao mit seiner Kritik den Amerikanern in die Hände – dem imperialistischen Lager. »Er übergibt das Schwert anderen, damit die Tiger uns verschlingen können«, klagte er. »Wenn sie das Schwert nicht wollen, werden wir es nehmen. Wir können es gut gebrauchen. Mag die Sowjetunion Stalin kritisieren, wir werden es nicht tun. Aber nicht nur das, wir werden seiner Linie auch weiterhin treu bleiben.«

Doch als Mao mir sein Verhältnis zu dem verstorbenen sowjetischen Führer schilderte, hörte ich verblüfft, daß Stalin und er nie miteinander ausgekommen waren. Maos Feindseligkeit gegenüber dem sowjetischen Führer saß sehr tief; sie reichte zurück in die Zeit der Sowjetregierung in Jiangxi Anfang der dreißiger Jahre.

1924 – die Kommunistische Partei Chinas war knapp drei Jahre alt – hatte die Komintern die neue Partei angewiesen, mit der Guomindang ein politisches Bündnis zu schließen. In China herrschte Chaos, und es gab keine Zentralregierung. Nach dem Willen der Komintern sollten die chinesischen Kommunisten mit den Nationalisten zusammenarbeiten, um die Kriegsherren in den verschiedenen Regionen zu stürzen und das Land unter einer Regierung zu vereinen. Es kam zur Bildung einer Einheitsfront. 1927 jedoch ging Jiang Jieshi mit aller Gewalt gegen die Kommunisten in den Städten vor, und die Zahl der Parteimitglieder nahm rapide ab. Mao war mittlerweile in seine Heimatprovinz Hunan zurückgekehrt, wo er Zeuge einer Bauernrevolte wurde. Erfahrungsgemäß waren in China Revolten häufig von den Landgebieten ausgegangen, und deshalb war Mao überzeugt, daß die Revolution des zwanzigsten Jahrhunderts ihren Ursprung ebenfalls auf dem Land haben würde, mit den Bauern als treibender Kraft. Er schlug eine kühne Strategie vor, die nach marxistisch-leninistischen Begriffen zwar unorthodox war, Chinas historischen Bedingungen aber durchaus entgegenkam. Nach Maos Vorstellung sollte die Kommunistische Partei die Bauernrevolten leiten. In den entlegenen Bergen der Provinz Jiangxi errichtete er einen Stützpunkt, um von dort aus mit Hilfe der Bauern eine Bodenreform durchzuführen. Daneben führte er immer wieder Guerilla-Angriffe gegen Jiang Jieshis Truppen in der Hoffnung, die Nationalisten letztlich derart zu schwächen, daß die Bauern die Städte besetzen konnten. Unter Maos Führung dehnte sich das Sowjetgebiet von Jiangxi allmählich aus.

1930 ernannte Stalin den damals erst fünfundzwanzigjährigen Wang Ming, der gerade sein Studium in der Sowjetunion beendet hatte, zu seinem Komintern-Vertreter in China. Laut Mao übernahm zwar nicht Wang Ming, aber dessen Fraktion die Führung der Kommunistischen Partei Chinas: Sie beharrte darauf, die revolutionären Aktivitäten wieder vom Land in die Stadt zu verlagern, wodurch sie die immer noch geschwächten Kommunisten in aussichtslose Kämpfe verstrickte. Mao wurde vom sowjetischen Lager als konservativ bezeichnet und an die Wand gedrängt. »Stalin nannte mich einen Kohlkopf-Kommunisten – außen rot und innen weiß«, erzählte Mao.[33]

Die Jiangxi-Sowjetregierung kam ins Wanken. Jiang Jieshis Truppen umzingelten den Stützpunkt in den Bergen und starteten eine Reihe brutaler Angriffe – »Vernichtungsfeldzüge«, wie Jiang sie nannte. Fast hätte er damit Erfolg gehabt. Der fünfte Feldzug hätte das Ende der Kommunistischen Partei bedeutet, hätte sie sich nicht zum Ausbruch aus der Umzingelung entschlossen und den legendären Rückzug angetreten, der als der Lange Marsch bekannt wurde. Erst auf dem Marsch gewann Mao seine Führungsposition zurück.

Mao machte Stalin und die Komintern für die frühen Krisen der Partei verantwortlich. Seiner Ansicht nach hatte die Komintern eine günstige Ausgangslage ins Gegenteil gewendet. »In den von der Guomindang kontrollierten Gebieten Chinas betrugen unsere Verluste damals hundert Prozent«, erklärte er. »Und in den Sowjetgebieten waren es neunzig Prozent. Aber statt Stalin oder die Sowjetunion für das Desaster verantwortlich zu machen, tadelten wir unsere eigenen Genossen wegen ihres falschen ideologischen Dogmatismus.« Nicht Stalin, sondern Wang Ming, der treue Anhänger der Stalinschen Politik, wurde für diese Katastrophe zur Rechenschaft gezogen, und Mao beschuldigte ihn sogar, ein »linker Abenteurer« zu sein.

Mao warf Stalin außerdem vor, daß dieser sich nach dem Zweiten Weltkrieg der amerikanischen Macht gebeugt und der KPCh geraten habe, dem Beispiel der kommunistischen Parteien Frankreichs, Italiens und Griechenlands zu folgen und ihre Waffen der Regierung, also der Guomindang, zu übergeben. Mao weigerte sich. Während des Bürgerkrieges zwischen Nationalisten und Kommunisten habe Stalin keine Hilfe angeboten und den Kommunisten keine einzige Waffe oder Gewehrkugel geliefert, »ja nicht einmal einen Furz«. Statt dessen habe er sie gedrängt, ihren Feldzug nördlich des Yangtze zu beenden und der Guomindang die Kontrolle über den Süden einzuräumen. »Wir schenkten seinen Worten keine Beachtung«, sagte Mao.

Ich hatte immer gehört, daß ein Großteil der Waffen, welche die kommunistischen Truppen während des Bürgerkrieges benutzten, aus der Sowjetunion stammte und zurückgelassen wurde, als die Sowjets die Mandschurei am Ende des Zweiten Weltkrieges evakuierten. Aber Mao wollte nicht zugeben, daß die Sowjets überhaupt geholfen hatten, und ich konnte ihm schwerlich widersprechen.

Als die Kommunisten die Guomindang-Hauptstadt Nanjing erobert hatten und Jiang Jieshi nach Guangzhou fliehen mußte, blieben die Botschafter Englands und der Vereinigten Staaten nach Angaben Maos in Nanjing, um mit der neuen Regierung zu kooperieren. Die Sowjets dagegen unterstützten die Guomindang und verlegten ihre Botschaft nach Guangzhou. Stalin, so Mao, habe den Sieg der Kommunisten nicht gewollt.

»Im Winter 1949, nur wenige Monate nach der Befreiung, reiste ich dann zu Verhandlungen in die Sowjetunion«, fuhr Mao fort. »Aber Stalin traute mir nicht. Zwei Monate vergingen, ohne daß etwas geschah. Schließlich wurde ich wütend und verkündete: ›Wenn Sie nicht verhandeln wollen, dann lassen wir es eben sein, und ich fahre wieder nach Hause.‹ Am Ende kam der Chinesisch-Sowjetische Vertrag über Freundschaft, Zusammenarbeit und gegenseitige Hilfe doch noch zustande.«

Der Koreakrieg führte ebenfalls zu Spannungen zwischen Mao und Stalin. Ich war immer der Ansicht gewesen, China und die Sowjetunion hätten während des Krieges zusammengearbeitet, doch Mao bestritt dies. »Als die amerikanische Armee die chinesisch-koreanische Grenze am Yalu erreichte, erklärte ich Stalin, wir müßten unsere Truppen dorthin schicken«, sagte Mao. Aber Stalin habe sich geweigert, da er einen dritten Weltkrieg befürchtet habe. Mao teilte Stalin mit, wenn er nicht kämpfen wolle und wenn die Amerikaner ganz Korea eroberten, wäre dies sowohl für China als auch für die Sowjetunion eine Bedrohung. Schließlich hole man sich bei offenem Mund leicht eine Erkältung. Mao wollte auf alle Fälle kämpfen, aber dazu brauchte er sowjetische Waffen.[34] Wenn die Sowjets Angst hätten, von den Vereinigten Staaten und von England der Unterstützung Chinas beschuldigt zu werden, könne China der Sowjetunion die Waffen abkaufen. China werde allein kämpfen und die Sowjetunion nicht in die Sache hineinziehen. Mao unterstellte Stalin, dieser habe China noch weiter spalten wollen, indem er versucht habe, Gao Gang zum Herrscher der Mandschurei zu machen und dort eine eigene kommunistische Partei zu gründen.

Maos Behauptungen überraschten mich. Nach allen öffentlichen Darstellungen war die Sowjetunion Chinas großer Bruder, das Vorbild für unsere eigene sozialistische Entwicklung. Aber laut Mao war das Verhältnis in Wahrheit eher wie das zwischen Herrscher und Untertan. »Sie wollen uns verschlingen«, sagte Mao. Er wolle niemandem untertan sein. Die Geschichte habe ihn gelehrt, ferne Länder zu unterstützen, aber vor den Nachbarländern auf der Hut zu sein, und er mißtraue dem sowjetischen Expansionismus auch weiterhin.

Maos Kritik drang allerdings nie an die Öffentlichkeit, denn in seiner Eigenschaft als Führer der Revolution war er zu eng mit Stalin verbunden.

Chruschtschows Rede brachte auch eine Wende in Chinas Innenpolitik. Zhu Des Vorschlag, China solle die Attacke gegen Stalin befürworten, war für Mao ein furchtbarer Affront. Ich glaubte nie, daß Zhu De für Mao eine Gefahr darstellte, und hielt Maos Verärgerung für unangebracht. Aber Mao und Zhu waren schon früher in Jiangxi aneinandergeraten, und Mao behauptete, Zhu Des anfängliche Einstellung zu Chruschtschows Rede »spiegele seinen Charakter wider«. Deshalb war er nicht von Zhu Des Loyalität überzeugt.[35]

Am 1. Mai 1956, zwei Monate nach Chruschtschows Rede und Maos Wutanfall, wurde Zhu De krank. Eigentlich ließ sein Gesundheitszustand es nicht zu, daß er auf der Tribüne des Tiananmen der Parade beiwohnte. Aber es war politisch ungemein wichtig, daß Chinas Führungsspitze auf dem offiziellen Foto zum 1. Mai vollzählig war, und Zhu De machte sich Gedanken darüber, welchen Eindruck seine Abwesenheit in der Öffentlichkeit hinterlassen würde. »Wenn ich nicht hingehe«, sagte er zu Ren Bishis Witwe Chen Zongying, »werden die Leute denken, ich hätte einen schlimmen politischen Fehler begangen und dürfe deshalb nicht dabeisein.« Als das Foto schließlich aufgenommen wurde, stand Zhu De blaß und abgespannt auf seinem Platz nicht weit vom Vorsitzenden Mao entfernt.

Mao verzieh Chruschtschow nie, daß er Stalin attackiert hatte. Im Laufe des Jahres 1956 merkte ich jedoch, wie unzufrieden er auch mit der Führung seiner eigenen Partei war. In erster Linie mißfiel ihm die unterwürfige, phantasielose Art, mit der das sowjetische Modell nachgeahmt wurde.

1956 waren bereits viele Dinge von der Sowjetunion übernommen worden. Unter unmittelbarer Aufsicht der Kommunistischen Partei hatte sich ein enormer bürokratischer Apparat entwickelt, der auch die ländlichen Gebiete erfaßte. Die Kollektivierung der Landwirtschaft war abgeschlossen, und die großen Fabriken und Geschäfte in den Städten befanden sich unter staatlicher Kontrolle. Kleinere, weniger entwickelte Handwerksbetriebe und Läden waren ebenfalls kollektiviert oder von den Ortsverwaltungen übernommen worden. In ökonomischer und bürokratischer Hinsicht schien der sozialistische Wandel vollzogen zu sein.

Aber der Gesinnungswandel, die dynamische Wiedergeburt Chinas, die Mao erstrebte, war schwerer zu erreichen. Aus ehemaligen Revolutionären waren Bürokraten geworden, denen die eigene Bequemlichkeit und der gesellschaftliche Status quo wichtiger waren als Maos revolutionäres Ideal. Mao zeigte sich ungeduldig. Er wollte die Revolution rasch voranbringen, doch die Parteibürokraten, darunter auch hochrangige Politiker, mahnten zur Vorsicht und hielten an der Idee einer allmählichen Entwicklung nach sowjetischem Modell fest. Institutionen und organisatorische Strukturen wurden ohne Rücksicht auf die besonderen Verhältnisse in China nachgeahmt. Mao war über seine eigenen Mitarbeiter verärgert.

Maos Revolution erforderte Mut, Begeisterung und Kampfbereitschaft, und Mao war der Ansicht, daß es den anderen Führern Chinas an diesen Eigenschaften fehle. Da einige sogar Chruschtschows Attacke gegen Stalin gutgeheißen hatten, sah er seine Position in Frage gestellt. Mao wollte nicht, daß einer seiner Untergebenen nach seinem Tod Chruschtschows Beispiel folgte und vernichtende Urteile über ihn fällte. Und er rechnete auch ständig damit, daß jemand versuchen würde, noch zu seinen Lebzeiten seine Herrschaft zu untergraben.

Diese Unzufriedenheit mit seiner eigenen Partei, die im Laufe der Jahre noch zunahm, führte schließlich zu der verhängnisvollen Kulturrevolution.

11. KAPITEL

Maos Selbstbeschreibung war sehr treffend. Er sei *heshang dasan,* erklärte er Edgar Snow 1970, was wörtlich übersetzt »ein Mönch mit einem Schirm« bedeutet. Aber *heshang dasan* ist nur die erste Hälfte eines Verspaares. Die zweite, wichtigere Hälfte, *wufa wutian*, bleibt immer unerwähnt. *Wufa wutian*, was soviel wie »ohne Haare, ohne Himmel« bedeutet, kann auch »ohne Gesetz, ohne Gott« heißen, also einen Menschen bezeichnen, der weder irdischen noch göttlichen Gesetzen unterworfen ist. Da Maos damalige Dolmetscherin literarisch nicht gebildet war, übersetzte sie seine Worte als »ein einsamer Mönch, der die Welt mit einem undichten Schirm durchwandert«.[36] Edgar Snow und andere Wissenschaftler folgerten daraus, daß Mao sich für einen tragischen Einzelgänger hielt. In Wahrheit aber wollte Mao deutlich machen, daß er selbst Gott und Gesetz sei: *wufa wutian.*

»Ich habe an der Universität der Geächteten studiert«, pflegte Mao zu sagen. Er rebellierte gegen jede Autorität und mußte alles im Griff haben. Dies galt nicht nur für Entscheidungen auf höchster politischer Ebene, sondern auch für alltägliche Kleinigkeiten. In Zhongnanhai geschah nichts ohne seine Zustimmung. Er legte sogar fest, welche Kleidung seine Frau trug.

Mao hatte keine Freunde und lebte völlig isoliert. Er verbrachte nur wenig Zeit mit seiner Frau, seine Kinder sah er noch seltener. Trotz seiner Leutseligkeit bei unserer ersten Begegnung hatte ich den Eindruck, daß Mao weder Liebe noch Freundschaft, noch menschliche Wärme geben konnte. Als ich einmal in Shanghai mit dem Vorsitzenden eine Artistenvorstellung besuchte, verletzte sich ein Kind bei einem akrobatischen Kunststück schwer. Die Zuschauer erstarrten vor Schreck, die Mutter des Kindes war in Tränen aufgelöst. Nur Mao plauderte ungerührt weiter und lachte, als wäre nichts geschehen. Soviel ich weiß, hat er sich auch nie nach dem Schicksal des jungen Akrobaten erkundigt.

Maos Gefühlskälte war mir unbegreiflich. Vielleicht hatte er schon so viele Menschen sterben sehen, daß er sich an menschliches Leid gewöhnt hatte. Seine erste Frau Yang Kaihui und seine beiden Brüder waren von der Guomindang hingerichtet worden; sein ältester Sohn war im Koreakrieg gefallen; mehrere andere seiner Kinder waren auf dem Langen Marsch Mitte der dreißiger Jahre verschollen. Aber ich habe nie beobachtet, daß er wegen dieser Verluste irgendeine Regung zeigte. Die Tatsache, daß er überlebt hatte, während so viele andere gestorben waren, schien ihn nur in seinem Glauben zu bestärken, daß er ein langes Leben führen werde. Was die Toten anging, so meinte er, man müsse eben »für die Revolution Opfer bringen«[37].

Von Informationen war Mao jedoch nie abgeschnitten. Zwar verbrachte er viel Zeit im Bett und zog sich oft tagelang nicht an, doch er las ständig und ließ sich stets von seinen Mitarbeitern schriftlich oder mündlich über die Ereignisse in China und in der Welt unterrichten, angefangen von den kleinen Intrigen in seiner unmittelbaren Umgebung über Vorgänge in den entlegenen Gebieten Chinas bis hin zu Geschehnissen in weit entfernten Ländern.

Mao haßte jegliches Protokoll und Zeremoniell. Als sein Protokollchef Yu Xinqing kurz nach Maos Ernennung zum Staatsoberhaupt im Jahre 1949 vorschlug, er solle künftig der internationalen Gepflogenheit folgen und beim Empfang ausländischer Botschafter einen dunklen Anzug und schwarze Lederschuhe tragen, reagierte Mao empört. »Wir Chinesen haben unsere eigenen Bräuche«, erklärte er. »Warum sollen wir uns nach anderen richten?« Fortan trug er den sogenannten Sun-Zhong-Shan-Anzug und braune Leinenschuhe. Als andere führende Politiker dem Beispiel ihres Vorsitzenden folgten, änderte sich der Name der Uniform, und der graue »Mao-Anzug« kam in Mode. Der Protokollchef, der die Kühnheit besessen hatte, Mao zu empfehlen, er solle sich nach dem internationalen Protokoll richten, wurde entlassen. Während der Kulturrevolution beging er Selbstmord.

Mao betrachtete Terminkalender und Routine, Protokoll und Zeremoniell als Mittel, ihn zu kontrollieren, und er ordnete sich keinerlei Regeln unter. Vielmehr schwelgte er in seiner Unberechenbarkeit: Wenn er einen Spaziergang machte, ging er immer auf einem anderen Weg zurück. Er war stets auf der Suche nach etwas Neuem, Unerprobtem, sowohl im Privatleben als auch in der Politik.

Am meisten faszinierte ihn die chinesische Geschichte. »Wir müssen aus der Vergangenheit lernen, um der Gegenwart zu dienen«, sagte er häufig. Unzählige Male hatte er die Geschichte der vierundzwanzig Dynastien gelesen – eine Reihe offizieller Chroniken, die jeweils von der neuen, siegreichen Dynastie zusammengestellt wurden und die Zeit zwischen 221 v. Chr. und 1644 n. Chr. behandelten.

Maos Geschichtsauffassung unterschied sich jedoch grundlegend von der in China üblichen. Für Moral war in Maos Politik kein Platz. Zu meiner Bestürzung hörte ich, daß Mao sich nicht nur mit Chinas Kaisern identifizierte, sondern daß seine größte Bewunderung gerade den grausamsten und skrupellosesten Tyrannen galt. Auch er war bereit, zu den brutalsten Mitteln zu greifen, um seine Ziele zu erreichen.

Mao bewunderte besonders Kaiser Zhou, den Herrscher der Shang-Dynastie, der im elften Jahrhundert v. Chr. regiert hatte. Das chinesische Volk hat Kaiser Zhou immer mit Abscheu betrachtet und ist entsetzt über seine Grausamkeit. Das Leben seiner Untertanen bedeutete ihm nichts, und er liebte es, die verstümmelten Leichen seiner Opfer als Warnung für potentielle Rebellen öffentlich zur Schau zu stellen. Das Becken seines Schwimmbads war mit Wein gefüllt.

Zhous Exzesse jedoch, meinte Mao, seien bedeutungslos im Vergleich mit seinen Taten. Kaiser Zhou habe Chinas Fläche beachtlich ausgedehnt, die südöstliche Küstenregion unter seine Kontrolle gebracht und viele verschiedene Stämme unter einer Regierung vereint. Natürlich habe er einige loyale und fähige Minister ermorden lassen – das bemerkenswerteste Beispiel ist wohl der berühmte Bigan –, aber dieser Mann sei nur deshalb umgebracht worden, weil er von einer weiteren Expansion abgeraten habe. Gewiß, Kaiser Zhou habe ein Leben in Luxus geführt und sich Tausende von Konkubinen gehalten, aber welcher Herrscher habe das nicht getan?

Qin Shihangdi (221–206 v. Chr.), der Begründer der Qin-Dynastie und des chinesischen Kaiserreichs, das fast zweitausend Jahre überdauerte, zählte ebenfalls zu Maos Favoriten, und mit ihm wurde er am häufigsten verglichen. Wie Kaiser Zhou hatte auch Qin Shihangdi Chinas Territorium ausgeweitet und eine Vielzahl kleiner Gebiete zu einem Staat zusammengefaßt. Er hatte einheitliche Maße und Gewichte eingeführt und das Straßennetz ausgebaut. Aber das chinesische Volk verachtete ihn, weil er die Anhänger des Konfuzius hinrichten und die klassischen Bücher verbrennen ließ. Dies habe Qin Shihangdi jedoch nur getan, erklärte Mao, damit seine Bemühungen, China zu vereinigen und das chinesische Imperium aufzubauen, nicht gestört würden. Außerdem habe er nur 260 Konfuzianer getötet. Was sei daran so tragisch? Man dürfe im Hinblick auf Qin Shihangdi nicht das Belanglose überbewerten und das Überragende außer acht lassen.

Maos Bewunderung galt auch Kaiserin Wu Zetian (627–705 n. Chr.), einer der wenigen Frauen, die in China an die Macht gelangt waren – ein Ziel, das Jiang Qing später ebenfalls anstrebte. Als Mao mich nach meiner Meinung über Kaiserin Wu fragte, antwortete ich ganz offen: »Sie war zu mißtrauisch, beschäftigte zu viele Spitzel und ließ zu viele Menschen umbringen.«

»Nun ja, aber Wu Zetian war auch eine Sozialreformerin«, sagte Mao. »Sie unterstützte die Interessen der mittleren und kleinen Grundbesitzer auf Kosten des Adels und der großen Familien. Wenn sie nicht mißtrauisch gewesen wäre und sich nicht auf ihre Informanten verlassen hätte, wie hätte sie dann die Komplotte der Adligen und Großfamilien gegen sie aufdecken können? Und warum sollte sie die Leute, die sich gegen sie verschworen hatten, nicht hinrichten lassen?«

Mit Kaiser Sui Yangdi (604–618 n. Chr.) war es ähnlich. In den Augen der Chinesen gehört er zu den schlimmsten Herrschern. Er liebte Frauen und Alkohol und lebte in dekadentem Überfluß. Hübsche junge Mädchen mußten sein Vergnügungsschiff an Seidenschnüren stromaufwärts ziehen. Beim Ausbau des Kaiserkanals kamen unzählige Menschen ums Leben. Trotzdem zählte Mao Sui Yangdi zu den besten Herrschern. Alle Ströme Chinas fließen von Westen nach Osten. Der Kaiserkanal verband den Norden mit dem Süden, und deshalb sei Sui Yangdi auch ein großer Einiger gewesen.

Mao interessierte sich vor allem für chinesische Geschichte, aber er hatte auch einiges über historische Persönlichkeiten des Westens gelesen. Vor allem schätzte er Napoleon. Nach Maos Ansicht hatte Napoleon durch den verstärkten Einsatz von Artillerie die Militärstrategie revolutioniert. Außerdem habe der französische General Expansionspolitik und Wissenschaft in Einklang gebracht, indem er nicht nur Soldaten mit nach Ägypten nahm, sondern auch Wissenschaftler und Gelehrte, die dort die Ursprünge der westlichen Zivilisation erforschten. Mao wollte in China ähnliche Studienreisen organisieren. 1964 plante er eine wissenschaftliche Expedition zur Quelle des Gelben Flusses in der entlegenen Provinz Qinghai. Der Gelbe Fluß galt lange als Wiege der chinesischen Kultur, und Mao beabsichtigte, diese Kultur bis zu ihrem Ursprung zurückzuverfolgen.

Wang Dongxing wurde mit der Logistik betraut und stellte ein Team aus Historikern, Geographen, Geologen, Experten für Gewässerkunde und Ingenieuren zusammen. Er beschaffte Pferde aus der Inneren Mongolei sowie Vorräte und Ausrüstung von der Armee, und Mao und ich übten gemeinsam Reiten. Fünf Tage vor dem vereinbarten Termin am 10. August 1964 wurde die Reise abgesagt. Mao hatte erfahren, daß die Vereinigten Staaten beabsichtigten, noch mehr Truppen nach Vietnam zu entsenden, und wollte die Situation im Auge behalten. Schließlich entschied er, heimlich chinesische Soldaten in vietnamesischen Uniformen ins Kriegsgebiet zu schicken, um seine Verbündeten zu unterstützen.

Maos Geschichtsauffassung verriet auch eine Menge über ihn selbst. Die Berichte aus Chinas Vergangenheit dienten ihm dazu, die Gegenwart zu begreifen und zu manipulieren, und er sah sie im Zusammenhang mit seinem Beitrag zur gegenwärtigen Politik des Landes. Ich bin davon überzeugt, daß die Intrigen an Chinas Kaiserhöfen sein Denken weitaus mehr beeinflußten als der Marxismus-Leninismus. Natürlich war Mao ein Revolutionär. Sein Ziel bestand darin, China umzugestalten und es wieder zu Macht und Wohlstand zu führen. Doch die Vergangenheit war richtungweisend für seine Regierung und seinen Umgang mit Verschwörungen auf höchster Ebene.

Aber im Hinblick auf den Wandel, den Mao anstrebte, bot die chinesische Geschichte kaum eine Hilfe. Maos Ansicht nach war die chinesische Kultur verbraucht. Er wollte sie neu beleben, und deshalb war es notwendig, vom Ausland zu lernen und fremde Ideen den chinesischen Verhältnissen anzupassen. Oft sagte er, das Resultat werde »weder chinesisch noch fremdländisch, weder ein Esel noch ein Pferd, sondern ein Maultier« sein.

Mit Hilfe des Sozialismus wollte Mao die kreativen Energien des chinesischen Volkes wecken und China den alten Glanz zurückgeben. Die nötige Inspiration holte er sich von der Sowjetunion, denn diese war als sozialistischer Staat von überragender Bedeutung für China. Seit der Gründung der Volksrepublik beharrte Mao darauf, daß China »nach einer Seite tendieren« müsse. Die Sowjetunion diente Chinas neuer Regierung als Vorbild. Aber wenn Mao vom Sozialismus sprach, meinte er damit immer einen Sozialismus mit typisch chinesischen Merkmalen, einen Sozialismus zum Wohl und zum Ruhm Chinas. Der Massenimport ausländischer Ideen und Waren ohne eigene Kreativität sei zu verurteilen, erklärte er oft. Er hatte nie die Absicht, das sowjetische Modell unkritisch zu übernehmen.

Zudem zeigte er schon am ersten Tag unserer Bekanntschaft eine ausgeprägte Bewunderung für die Technologie, die Dynamik und die Wissenschaft der Vereinigten Staaten und des Westens. Sein Hang, »nach einer Seite zu tendieren«, wurde stets durch die Erkenntnis gemildert, daß die Sowjetunion nicht das einzige potentielle Vorbild für die Wiedergeburt Chinas sei.

Mao hatte eine grandiose Vision von seiner eigenen Rolle in der Geschichte. Er war der größte Führer, der größte Herrscher von allen – der Mann, der China geeint hatte und dem Land nun wieder zu seiner ursprünglichen Macht verhelfen wollte. In meiner Gegenwart benutzte Mao nie das Wort »Modernisierung«. Er war kein moderner Mensch. Statt dessen sprach er davon, das Land wohlhabend zu machen und ihm seine alte Größe zurückzugeben. Er, der Rebell und Bilderstürmer, wollte seine eigene Große

Mauer errichten. Seine eigene Größe und die Chinas waren miteinander verflochten. Ganz China gehörte Mao, und er konnte nach Belieben damit experimentieren. Mao *war* China, und er mißtraute jedem, der ihm seinen Platz streitig machen wollte oder seine Ansichten nicht teilte. Seine Gegner räumte er unbarmherzig aus dem Weg. Das Leben seiner Untertanen bedeutete ihm nichts.

Zunächst fiel es mir schwer zu glauben, daß Mao bereit war, Bürger unseres Landes zu opfern, um seine Ziele zu erreichen. Seit Maos Begegnung mit dem indischen Ministerpräsidenten Jawaharlal Nehru im Oktober 1954 wußte ich, daß er die Atombombe für einen »Papiertiger« hielt und sich nicht scheute, Millionen Chinesen zu opfern, um aus dem Kampf gegen die »Imperialisten« als Sieger hervorzugehen. »Man braucht die Atombombe nicht zu fürchten«, behauptete Mao gegenüber Nehru. »In China leben viele Menschen. Sie können nicht alle durch eine Bombe ausgelöscht werden. Wenn jemand anders eine Atombombe abwerfen kann, dann kann ich es auch. Der Tod von zehn oder zwanzig Millionen Menschen wird mich nicht schrecken.« Nehru war schockiert.

In einer Rede in Moskau im Jahr 1957 erklärte Mao, er sei bereit, dreihundert Millionen Menschen zu opfern – die Hälfte der Bevölkerung Chinas. Selbst wenn China die Hälfte seiner Bevölkerung verliere, werde das Land keinen großen Schaden erleiden, denn es könne noch mehr Menschen hervorbringen.[38]

Erst als während des Großen Sprungs nach vorn Millionen Chinesen verhungerten, wurde mir bewußt, wie sehr Mao den grausamen Herrschern ähnelte, die er so bewunderte. Er wußte, wie viele Menschen starben, aber das kümmerte ihn nicht.

Aus unseren ersten Gesprächen über die chinesische Geschichte konnte ich persönliche Lehren ziehen. Maos Geschichtsauffassung war für mich sehr aufschlußreich. Er war der Mittelpunkt, um den sich alles drehte. Sein Wille war maßgebend.

Treue war oberstes Gebot. Von seinen Untergebenen – seiner Ehefrau und seinen Freundinnen, seinen Mitarbeitern und Bediensteten sowie den politischen Führern, mit denen er sich angeblich die Macht teilte – verlangte er absolute und ungeteilte Loyalität.

Diese Loyalität basierte weniger auf Vertrauen als auf Abhängigkeit. Da Mao selbst unfähig war, anderen Gefühle entgegenzubringen, erwartete er auch nicht, daß man ihm Zuneigung schenkte. In all den Jahren, in denen ich Maos Leibarzt war, erlebte ich immer wieder, wie er sich – auf dieselbe Weise wie bei mir – die Loyalität anderer sicherte.

Mit seinem Charme errang er das Vertrauen der Menschen und brachte sie dazu, ihre Fehler zu gestehen. Mao verzieh alles und gab jedem ein Gefühl der Sicherheit. Auf diese Weise gewann er durch seinen scheinbaren Großmut loyale Anhänger.

Diejenigen, die loyal zu Mao standen, wurden von ihm abhängig, und je länger sie von ihm abhängig waren, desto schwerer fiel es ihnen, aus seinem Kreis auszubrechen. Niemand in China hätte es gewagt, jemandem, der dem Parteivorsitzenden gegenüber möglicherweise nicht loyal war, Beistand zu leisten.

Etliche waren tatsächlich treu, entweder weil Mao sie persönlich gerettet hatte und ihnen ein Gefühl der Sicherheit gab, oder weil sie ihn als den Retter Chinas betrachteten. Andere wiederum waren nur Speichellecker. Mao genoß Schmeicheleien, auch wenn er ahnte, daß sie nicht ernst gemeint waren, denn ihm war klar, daß er mit der Zeit die wirklich loyalen Anhänger von den Schmeichlern würde unterscheiden können. Die letzteren konnten abserviert werden, wenn sie nicht mehr gebraucht wurden.

Maos Wahlspruch lautete: »Dem Volke dienen«, und in ganz China prangte die Botschaft an den Reklametafeln – weiße Schriftzeichen auf rotem Grund, in Maos eigener Handschrift. Hinter dem Tor des Neuen China (Xinhua), dem Südeingang von Zhongnanhai, waren die Schriftzeichen in Gold auf eine Reklametafel gemalt. Sie verwehrte den gewöhnlichen Chinesen jeden Blick in die moderne Verbotene Stadt, in der Chinas oberste Führer lebten und arbeiteten. Auf unseren regelmäßigen Sitzungen in Zhongnanhai, die dem »politischen Studium« dienten, wurden auch wir immer wieder ermahnt, dem Volk und der Partei zu dienen statt uns selbst. Diese Botschaft hatte mich stets inspiriert. Sie war einer der Gründe dafür gewesen, daß ich unbedingt der Kommunistischen Partei beitreten wollte.

Aber schon kurz nachdem ich mit meiner Arbeit begonnen hatte, erkannte ich, daß Mao der Mittelpunkt war, um den sich alles drehte, ein kostbarer Schatz, der gehütet, gehegt und umworben werden mußte. Alles wurde für Mao getan. Er mußte nie eine Hand rühren, sich nie selbst Socken, Schuhe oder Hose anziehen oder sich die Haare kämmen. Als ich Wang Dongxing darauf aufmerksam machte, daß sich die Energien der Gruppe Eins ausschließlich darauf konzentrierten, Mao zu dienen, nicht dem Volk, meinte er, »dem Volke dienen« sei ein abstrakter Ausdruck. »Wir müssen einer konkreten Person dienen«, erklärte er. »Mao zu dienen heißt demnach, dem Volk zu dienen, nicht wahr? Die Partei hat Sie mit der Arbeit hier betraut. Demnach arbeiten Sie doch für die Partei, oder?«

Jung und naiv wie ich war, schenkte ich Wang Dongxings Worten Glauben.

Später begriff ich jedoch, daß Mao ebenso wie die Kaiser, die sich schonungslos ihrer Minister entledigt hatten, wenn diese nicht voll und ganz ihrer Meinung waren, auf alle Berater und Mitarbeiter verzichten konnte, die nicht völlig mit ihm übereinstimmten. In der ersten Zeit hatte man hohe Funktionäre, die manchmal anderer Ansicht waren als Mao, nicht dafür bestraft. Aber Mao war nachtragend, und wenn er von der Illoyalität eines Untergebenen überzeugt und die Zeit reif war, konnte er einen alten Revolutionär ohne Zögern einfach fallenlassen. Männer wie Zhou Enlai schienen das zu wissen und waren Mao völlig ergeben. Andere, wie Liu Shaoqi und Lin Biao, waren es nicht und mußten deshalb abtreten. Wann immer ein hoher Politiker zu unabhängig dachte, wurde er eliminiert.

Wenn Mao den Verdacht hatte, daß Mitglieder seines Stabes zu engen Kontakt zu anderen wichtigen Funktionären unterhielten – sei es Zhou Enlai, Lin Biao oder Liu Shaoqi –, entließ er sie sofort. »Alles Unheil kommt aus dem Mund«, warnte Mao mich. Daher wußte ich, daß mein Schicksal von meinem Schweigen abhing. Während der politischen Kampagnen, die China in den folgenden zwei Jahrzehnten immer wieder überrollten, nahm ich mir Maos Lektionen zu Herzen und beschränkte mich darauf, mich um die Gesundheit des Vorsitzenden zu kümmern. Schließlich war ich sein Arzt. Selbst als ich mir seiner Rücksichtslosigkeit bewußt wurde, schwieg ich, um mich nicht in Gefahr zu bringen. Nur Maos Wille zählte. Trotzdem verehrte ich ihn. Er war Chinas Leitstern, der Retter unseres Landes, unser höchster Berg, unser aller Führer. Für mich war China eine einzige große Familie, und diese Familie brauchte ein Oberhaupt. Der Vorsitzende Mao war das Oberhaupt. Ich wollte ihm dienen – und damit auch dem chinesischen Volk.

12. KAPITEL

Erst als ich mit Mao auf Reisen ging, wurde mir klar, welcher Aufwand seinetwegen betrieben wurde. Seine Sicherheit und Gesundheit gingen über alles. In Zhongnanhai wurde Mao gut bewacht, und es gab umfangreiche Sicherheitsvorkehrungen, aber allmählich wurden diese Maßnahmen so zur Routine, daß ich sie kaum noch bemerkte. Nur auf Reisen traten die Extravaganzen offen zutage.

Mao war ständig unterwegs, er lebte nur selten längere Zeit in Beijing. Er fühlte sich in der »Nördlichen Hauptstadt« nicht zu Hause. Ihn zog es mehr in seine Heimat, den Süden, und seine bevorzugten Aufenthaltsorte waren Guangzhou, Hangzhou, Shanghai und Wuhan. Oft blieb er monatelang fort und kam nur zu den obligatorischen Auftritten am 1. Mai und am Nationalfeiertag sowie zu Empfängen für ausländische Gäste nach Beijing. Auch wenn es ums Reisen ging, hatte Mao seine Marotten. Wenn er am Morgen beschloß, nach Hangzhou aufzubrechen, waren wir häufig am Nachmittag schon unterwegs. Selbst seine Begleiter wurden über das endgültige Reiseziel nicht informiert, und wenn Mao die Reise auch schon lange geplant hatte, erfuhren wir in der Regel erst am Vorabend davon. Die Sicherheitskräfte hatten Angst, es könne etwas über seine Pläne durchsickern. Selten hatten wir mehr als ein oder zwei Tage Zeit, uns vorzubereiten.

Normalerweise fuhr Mao mit dem Zug – mit seinem eigenen, elegant eingerichteten Zug, der aus elf Waggons bestand. Der Zug war in einer speziellen Halle abgestellt, weit entfernt vom Hauptbahnhof Beijings, um sicherzustellen, daß Mao unbehelligt ankommen und abreisen konnte. Mao und Jiang Qing hatten getrennte Waggons, obwohl Jiang Qing uns nur ein einziges Mal begleitete. Ein dritter Waggon diente als Speisezimmer und Küche. Maos Luxuswagen war mit einem riesigen Holzbett und einem großen Vorrat an Büchern ausgestattet, die viel Platz einnahmen.

Vier Schlafwagen mit Etagenbetten waren reserviert für Maos Leibwächter, die Sicherheitsbeamten des Zentralen Garnisonskorps, das Zugpersonal und Maos Stab – Fotografen, persönliche Helfer und den Koch. Sie alle hatten einen eigenen Speisewagen. In einem anderen war medizinisches Gerät für den Notfall untergebracht, und ein Waggon wurde als Ersatz mitgeführt.

Das einzige, was in dem Zug fehlte, war eine Klimaanlage, so daß man im Sommer fast vor Hitze umkam. Anfang der sechziger Jahre bekam Mao jedoch einen neuen Zug aus Ostdeutschland. Er war äußerst komfortabel ausgestattet, mit indirekter Beleuchtung, den modernsten Geräten und natürlich mit Klimaanlage. Wang Dongxing, Maos Privatsekretär Lin Ke und ich hatten einen eigenen Waggon mit Wohnabteil. Die großen, komfortablen Abteile waren mit Tisch und Bett eingerichtet, und im Bad gab es fließendes warmes Wasser.

Ebenso erstaunlich waren auch die Sicherheitsvorkehrungen entlang der Strecke. Für die Dauer der Reise wurde der gesamte Zugverkehr auf der Strecke lahmgelegt, und dadurch gerieten die Fahrpläne derart durcheinander, daß es eine ganze Woche dauerte, bis der Verkehr wieder normal lief. Die Bahnhöfe, auf denen es normalerweise von Reisenden und Verkäufern wimmelte, wurden geräumt und von Sicherheitsbeamten abgeriegelt. Es war immer ein gespenstisches Erlebnis, in die leeren Bahnhöfe einzufahren und auf den Bahnsteigen nur Wachposten stehen zu sehen. Als andere Mitarbeiter und ich Wang Dongxing auf die fehlenden Verkäufer hinwiesen, ließ er ein paar Sicherheitsbeamte als Verkäufer verkleiden, um der Szene ein wenig Realität zu verleihen.

Jede Provinz, die Maos Zug passierte, war für die Sicherheit des Vorsitzenden verantwortlich, und jede Provinz stellte für den jeweiligen Abschnitt der Reise einen Lokführer und eine Lok zur Verfügung. Außerdem wurden neben den Sicherheitsbeamten aus Beijing, die mit im Zug saßen und an Haltepunkten Posten bezogen, von den Sicherheitsbüros der Provinzen einige hundert Soldaten bereitgestellt, und auf der gesamten Strecke war alle fünfzig Meter ein Mann postiert. Ich sprach einmal mit dem Leiter eines örtlichen Sicherheitsbüros an der Bahnlinie zwischen Beijing und Manzhouli – der Stadt an der Grenze zwischen der Mandschurei und der Sowjetunion –, der bei Maos Rückkehr aus Moskau im Januar 1950 Wache gehalten hatte. Mitten im Winter war eine mehrere hundert Kilometer lange Bahnstrecke zwei Wochen lang rund um die Uhr von Soldaten und Milizionären bewacht worden. Mein Gesprächspartner hatte zwei Wochen lang zusammengekauert in einem Graben an der Strecke gelegen. Alle wußten, daß ein paar hochrangige Funktionäre in dem Zug saßen, doch sie erfuhren erst viel später, daß Mao selbst mit von der Partie gewesen war.

Mao reiste nicht nach Fahrplan, denn der Zug fuhr nur, wenn der Vorsitzende wach war; solange er schlief, hielt der Zug. Deshalb war der Fahrtverlauf ebenso unberechenbar wie Maos Schlaf. Während der Vorsitzende schlief, stand der Zug auf dem Rangiergleis eines Militärflugplatzes, eines

Verschiebebahnhofs oder einer Fabrik, die vor seiner Ankunft geräumt wurde. So war es leichter, Mao zu beschützen.

Gelegentlich benutzte Mao auch das Flugzeug. Im Sommer 1956 unternahm ich mit ihm die erste Flugreise.[39] Nachdem er den Winter über an seinem Buch *Der sozialistische Aufschwung auf dem Land* gearbeitet, Hangzhou und Shanghai besucht und den Versuch unternommen hatte, seine Pläne zur raschen Kollektivierung der Landwirtschaft voranzutreiben, wollte Mao fliegen – einfach um der Erfahrung willen, erklärte er. Mao war zuvor erst einmal geflogen. Im August 1945 hatte ihn eine amerikanische Maschine zusammen mit US-Botschafter Patrick Hurley von Yan'an nach Chongqing gebracht, wo er an den unglückseligen Verhandlungen zwischen Kommunisten und Nationalisten teilnahm, die den Ausbruch eines Bürgerkrieges verhindern sollten.

Alle für Maos Sicherheit Verantwortlichen hatten große Bedenken, und es wurden besonders umfangreiche Sicherheitsvorkehrungen getroffen. Luo Ruiqing, der Minister für Öffentliche Sicherheit, arbeitete direkt mit dem Chef der chinesischen Luftwaffe, General Liu Yalou, zusammen, um das Flugzeug – eine sowjetische IL-2, die als das sicherste Modell galt – zu testen und auszurüsten.

Am Morgen unserer Abreise begleitete General Liu Mao und sein Gefolge persönlich zum Militärflugplatz Xiyuan (Westlicher Garten) am Westrand der Stadt, nicht weit vom Sommerpalast. Für die Dauer des Fluges wurde über ganz China der Luftverkehr eingestellt, und mehrere Kampfflugzeuge kontrollierten den Luftraum. Luo Ruiqing, Yang Shangkun, Wang Dongxing und eine Reihe von Sekretären, Sicherheitsbeamten und Helfern flogen in einer anderen sowjetischen Maschine, einer IL-14; sie startete zuerst. Die beiden Fahrer Maos, sein Koch, ein Fotograf, zwei »Lebensmittelexperten« und weitere Sicherheitsbeamte wurden auf zwei andere Flugzeuge verteilt. Andere Mitglieder des Stabes, insgesamt zweihundert Personen, waren zusammen mit Maos Wagen – einer kugelsicheren, gepanzerten sowjetischen ZIS-Luxuslimousine, die speziell für ihn gebaut worden war – mit dem Sonderzug vorausgeschickt worden. Der Wagen sollte Mao vom Flughafen zu seiner Villa in Guangzhou bringen. Der Zug wurde in einer Halle auf dem Flughafen der Weißen Wolken abgestellt für den Fall, daß Mao seine Reise mit der Eisenbahn fortsetzen wollte.

Maos Flugzeug war klein und hatte nur einen Propeller. Die ursprünglichen vierundzwanzig Sitze waren entfernt und der gesamte Innenraum war umgestaltet worden. Im vorderen Teil der Maschine hatte man ein Bett, einen kleinen Tisch und zwei Sessel für den Vorsitzenden aufgestellt, und im hinteren Teil standen noch vier bequeme Sessel für seine Begleiter – zwei Leibwächter, einen Privatsekretär und mich.

Oberst Hu Ping von der Luftwaffe war unser Pilot.

»Muß ich Ihnen also tatsächlich mit diesem Flug Umstände machen«, begrüßte Mao Oberst Hu, als wir das Flugzeug bestiegen. Er bot seinen ganzen Charme auf, um den Piloten zu beruhigen.

»Es ist eine große Ehre und ein Glück für mich, den Vorsitzenden fliegen zu dürfen«, erwiderte Hu Ping. Bald sollte ich erkennen, daß zwischen den Schmeicheleien, die Mao zuteil wurden, und dem raschen Aufstieg der Schmeichler ein direkter Zusammenhang bestand. Während der Kulturrevolution avancierte Hu Ping zum Leiter des Hauptquartiers des Generalstabs der Luftwaffe. 1971 kam er jedoch wegen der Beteiligung an Lin Biaos Komplott gegen Mao ins Gefängnis, und alle Unterlagen über die Dienste, die er dem Vorsitzenden geleistet hatte, wurden vernichtet.

Wir machten die Reise in zwei Etappen. Während des Fluges widmeten wir uns dem Englischstudium, und gegen Mittag legten wir in Wuhan eine Zwischenlandung ein. Wir wurden von einem stattlichen Aufgebot örtlicher Funktionäre begrüßt, unter ihnen der erste Parteisekretär der Provinz, Wang Renzhong, und der Parteiführer von Wuhan, Liu Kenong, der in einem prachtvollen Gästehaus, einer ehemaligen Villa Jiang Jieshis, uns zu Ehren ein großes Bankett veranstaltete. Das Haus lag in dem malerischen Erholungsgebiet rund um den Ost-See, gegenüber der berühmten Wuhan-Universität. Die Kellner waren freundlich und zuvorkommend; man hatte sie in den britischen und französischen Hotels ausgebildet, die vor 1949 eine Besonderheit in Wuhans gewesen waren. Der Silberkarpfen aus Wuchang, eine Leibspeise Maos, schmeckte köstlich.

Während der Reise hatte ich Gelegenheit, die Schmeicheleien mitzuerleben, mit denen Mao überall überschüttet wurde. Wang Renzhong zeichnete sich dabei ganz besonders aus. »Man kann Stalin und den Vorsitzenden einfach nicht miteinander vergleichen«, beteuerte er. »Stalin hat so viele Menschen getötet. Unsere Partei dagegen hat Ihren Rivalen Wang Ming nicht nur toleriert, sie hat sogar versucht, mit ihm einig zu werden.«

»Natürlich müssen wir zwischen den Widersprüchen im Volk und den Widersprüchen zwischen uns und dem Gegner unterscheiden«, entgegnete Mao freundlich. »Um mit den Widersprüchen im Volk fertigzuwerden, dürfen wir nicht willkürlich Menschen verhaften oder umbringen.«

»Das ist aber nur unter der Führung des Vorsitzenden möglich«, sagte

Wang, und ich konnte mich des Eindrucks nicht erwehren, daß sein Lob pure Berechnung war. Bis zur Kulturrevolution war Wangs politischer Stern unablässig im Steigen. Zu Beginn der Bewegung wurde er einer ihrer stellvertretenden Führer, und er fiel erst in Ungnade, nachdem er Jiang Qing beleidigt und ohne ihre ausdrückliche Zustimmung öffentlich eine Rede gehalten hatte.

Gegen achtzehn Uhr landeten wir auf dem Flughafen der Weißen Wolken in Guangzhou, wo der Empfang nicht minder beeindruckend war. Guangdongs Erster Parteisekretär Tao Zhu war gekommen, ebenso der Parteiführer der Provinz, Chen Yu. Als ich während der Fahrt aus dem Fenster der Limousine blickte, um mir einen ersten Eindruck von Guangzhou zu verschaffen, war ich entsetzt über den Dreck und den Lärm. Überall lag Abfall herum, und das Abwasser floß durch die Straßen. Unter das eintönige kantonesische Geschnatter mischte sich das Klappern der Holzsandalen auf dem Pflaster.

Maos Besuch in Guangzhou war ein streng gehütetes Geheimnis, und der Mitarbeiterstab der Gruppe Eins wurde völlig von der Außenwelt abgeschnitten. Wir durften weder unsere Enklave verlassen noch Telefongespräche führen, noch Besuch oder Post bekommen. Briefe, die wir nach Hause schrieben, wurden durch einen Sonderkurier befördert. Erst wenige Tage vor unserer Abreise schickte Wang Dongxing uns auf eine Besichtigungstour, bei der Angehörige des Sicherheitsbüros der Provinz Guangdong als Führer fungierten.

Nach der Sicherheit stand Maos Bequemlichkeit gleich an zweiter Stelle.

Kurz nach der Befreiung Beijings war es zur Gewohnheit geworden, für die Parteielite vornehme alte Villen zu beschlagnahmen oder neue zu bauen. Damals hatten Yang Shangkun und das Generalbüro für die fünf höchsten Führer – Mao, Liu Shaoqi, Zhou Enlai, Zhu De und Ren Bishi – auf den Jadebrunnen-Hügeln nahe der Duftberge fünf Villen errichten lassen. Nach den Angaben seiner beiden Wächter Luo Ruiqing und Wang Dongxing, die beide Nichtschwimmer waren, wurde ein Schwimmbecken für Mao gebaut. Da ihnen Maos Sicherheit über alles ging, legten die beiden fest, daß das Becken nur die Länge von zwei Badewannen haben und das Wasser kaum knietief sein sollte.

Mao war erbost über dieses nutzlose Planschbecken, und seine Wut wurde noch zusätzlich angeheizt, als sich der unbeugsame Peng Dehuai auf einer Sitzung des Politbüros dagegen aussprach, Maos Privatvergnügen mit staatlichen Geldern zu finanzieren. Mao erstattete dem Staat die Kosten für den Bau des Schwimmbades, aber von der Villa hielt er sich stets fern.[40]

Auch in Beidaihe wurden Villen und Schwimmbäder konfisziert oder neu gebaut. Im Jahre 1950 ließ Yang Shangkun dort Häuser enteignen und allen hochrangigen Politikern eine Villa zuteilen. Für Mao errichtete man einen Neubau, der als Haus Nummer 8 bezeichnet wurde.

Danach wurde in den Provinzen mit dem Bau von Villen begonnen, und die Führer der Provinzen wetteiferten darum, bei der Konstruktion möglichst Maos Geschmack zu treffen.

Aber es kam zu Fehleinschätzungen. In der Annahme, das Moderne sei das beste, ließen viele Parteiführer die Häuser mit Matratzen und Sitztoiletten westlichen Stils ausstatten. Infolgedessen nahm Mao auf Reisen immer sein eigenes hartes Holzbett mit und bestand auf einem niedrigen Abort. Sogar als er 1949 nach Moskau reiste, nahm er sein Bett mit, und während seines Moskau-Besuchs im Jahre 1957 benutzte er einen Nachttopf, weil es im Kremlpalast nur Sitztoiletten gab.

Tao Zhu war der erste gewesen, der für Mao und Jiang Qing eine luxuriöse neue Villa hatte bauen lassen, und er hatte dabei weniger Fehler gemacht als andere. Deshalb hielt sich Mao gern in Guangzhou auf.

Das Gästehaus Xiao Dao (»Inselchen«), in dem wir wohnten, lag auf einer kleinen Insel, die von zwei Nebenarmen des Perlflusses begrenzt wurde. In den Anlagen wuchsen süß duftende Blumen, Bananenstauden und tropische Pflanzen in Hülle und Fülle.

Drei Gebäude auf der Insel waren speziell für Mao reserviert. Eines davon war Dr. Sun Zhong-Shans altes Landhaus, aber weil Tao Zhu es für zu klein hielt, hatte er noch ein anderes, das Haus Nummer 1, bauen lassen. Es verfügte über getrennte Schlafzimmer für Mao und Jiang Qing, und dazwischen befand sich ein großer Raum, in dem man sich Filme ansehen konnte. In einem dritten Gebäude, an das später ein Schwimmbad mit Olympia-Ausmaßen angebaut wurde, konnte man sich entspannen, lesen und speisen. Die Villen 4, 5 und 6 waren normalerweise für Liu Shaoqi, Zhou Enlai und Zhu De reserviert, aber im Juni 1956 wurden Luo Ruiqing, Yang Shangkun, Wang Dongxing, Maos Sekretär Lin Ke und ich dort untergebracht.

In Guangzhou traf man immer strengere Sicherheitsvorkehrungen als anderswo, denn Tao Zhu, Luo Ruiqing und weitere Sicherheitskräfte hatten Angst vor feindlichen Eindringlingen aus Hongkong. Sie waren davon überzeugt, daß es in der rund hundertfünfzig Kilometer entfernten britischen Kolonie nur so von Spionen der Guomindang und anderen subversiven Elementen wimmelte, die den Vorsitzenden umbringen wollten. Auf der ganzen Insel wurden bewaffnete Soldaten des Zentralen Garnisonskorps postiert.

Der Schiffsverkehr auf dem Fluß wurde eingestellt, und ständig waren Patrouillenboote unterwegs, um mögliche Eindringlinge aufzuspüren. Ansonsten war es auf der Insel gespenstisch still. Nur der Gesang der tropischen Vögel war zu hören.

Da Wang Dongxings Zentrales Garnisonskorps eine ganze Kompanie nach Guangzhou entsandt hatte, umfaßte allein Maos Gefolge aus Beijing zweihundert Menschen. Die meisten waren zu acht oder zu zehnt in einem Zimmer im Gebäude des Sicherheitsbüros von Guangdong untergebracht. Es lag am Ende der Brücke, die die Insel mit dem Festland verband.

Bei so vielen Menschen waren die Mitarbeiter des Sicherheitsbüros von Guangdong und das Personal des Insel-Gästehauses völlig überfordert. Es gab nicht ausreichend Platz, nicht genügend Gerät und zu wenig Küchenpersonal, um uns alle zu versorgen. Maos Küche dagegen war gut ausgestattet und hygienisch einwandfrei, so daß weder gesundheitliche noch organisatorische Probleme entstanden. Die Nahrung des Vorsitzenden wurde täglich von der Jushan-Farm in Beijing eingeflogen und von Maos Koch zubereitet. Mao kostete häufig von den delikaten Früchten, dem Gemüse und dem Fisch aus Guangdong, doch er zog immer noch die öligen, stark gewürzten Speisen aus Hunan vor.

Die Verpflegung der Sicherheitskräfte war dagegen ein Problem. Da es keine Kühlschränke gab und die Lebensmittel für zweihundert Personen in der Hitze offen herumlagen, war die Gefahr einer Lebensmittelvergiftung recht groß. Die Beseitigung des Abfalls war ebenfalls schwierig, und der Unrat zog Ratten und Mäuse an.

Wang Dongxing stellte dem Küchenpersonal von Guangzhou ein paar Mitarbeiter aus Beijing zur Seite und kümmerte sich um die Hygiene sowie um die Beschaffung und Lagerung der Lebensmittel. Ich war für alle medizinischen Fragen zuständig.

Obwohl Wang Dongxing und Luo Ruiqing sich alle Mühe gaben, die Schwierigkeiten, die der große Stab von Sicherheitskräften verursachte, vor Mao zu verbergen, wurde der Vorsitzende dennoch darauf aufmerksam. »Überall habt ihr Wachen postiert, als wolltet ihr euch auf die Konfrontation mit einem mächtigen Feind vorbereiten«, beklagte er sich bei Wang Dongxing. »Ihr wollt alles selbst machen, als würdet ihr den örtlichen Führern nicht trauen, und den Massen noch viel weniger.« Mao fühlte sich nicht bedroht. Er wußte, daß die Massen ihn liebten. Warum sollten sie ihm etwas antun?

Kurz nach uns trafen auch Liu Shaoqi, Zhou Enlai, Zhu De und Chen Yun in Guangzhou ein, gefolgt von Parteiführern der Provinz und örtlichen Funktionären. Mao hatte eine Sitzung einberufen. Während die Parteispitze in den Gästehäusern auf der Insel untergebracht war, zog ich in das Haus des Sicherheitsbüros auf der anderen Seite der Brücke. Die Provinz-Parteiführer und die Lokalpolitiker wurden auf die verschiedenen Gästehäuser verteilt, die dem Militärbezirk Guangzhou und der Provinzregierung in Guangdong unterstanden.

Tao Zhu veranstaltete zur Begrüßung der Neuankömmlinge ein Bankett und lud Mao als Ehrengast ein. Die kantonesische Küche zähle zu den Schätzen des Landes, erklärte Tao Zhu, und er hoffe, Mao werde das Gericht probieren. Mao hielt jedoch nichts von solchen Höflichkeitsfloskeln und lehnte die Einladung ab. Wang Dongxing, Ye Zilong und ich mußten ihn bei dem Bankett vertreten, und ich sollte ihm anschließend Bericht erstatten.

Anderthalb Stunden vor Beginn des Banketts kam Tian Chou, der Personalchef des Hauptbüros der Sicherheitskräfte, zu mir. Die Lebensmittelchemiker hatten in der Nahrung Zyanid entdeckt, und er war äußerst beunruhigt. Man hatte die Küche unter Quarantäne gestellt, und das Personal durfte sich nicht entfernen. Wang Dongxing forderte mich auf, ihn sofort in die Küche zu begleiten.

Die sieben langen Tafeln waren bereits festlich gedeckt, und man wartete auf die Ankunft der erlesenen Gäste. Ich ging in das Labor neben der Küche, wo die beiden Lebensmittelchemiker aus Beijing gerade die diversen Delikatessen, den Reis und die Getränke untersuchten. Sie schwitzten vor Anspannung, aber als sie mich sahen, waren sie erleichtert und wollten meinen Rat hören.

Der stellvertretende Leiter des Büros für Öffentliche Sicherheit in Guangdong, ein Mann namens Su, erklärte, das Küchenpersonal sei mehrmals überprüft worden. Trotzdem war er besorgt. Hongkong mit seinen Tausenden von Spionen sei einfach zu nahe. Vielleicht sei es irgendeinem »kriminellen Element« gelungen, sich einzuschleichen und die Lebensmittel zu vergiften.

Seltsamerweise enthielten nur die Bambussprossen Zyanid. Die anderen Speisen waren in Ordnung. Die Bambussprossen stammten aus einem der Gärten des Gästehauses. Ich ließ frische Sprossen ausgraben und sie ebenfalls untersuchen. Wieder wurde Zyanid gefunden. Ich schickte nach einem Wagen und fuhr sofort zur Bibliothek des Sun-Yatsen-Instituts für Medizin, das nur wenige Minuten vom Gästehaus entfernt lag. Dort brachte ich in Erfahrung, daß Bambussprossen von Natur aus eine geringe Menge Zyanid enthalten, die jedoch keine Gefahr für die Gesundheit darstellt.

Tao Zhu war hocherfreut. Er grinste, schüttelte mir die Hand, bedankte sich überschwenglich und versprach, auf dem Bankett einen Toast auf mich auszubringen.

Auch der stellvertretende Leiter des Büros für Öffentliche Sicherheit bedankte sich bei mir. »Sie haben uns einen großen Gefallen getan«, sagte er. »Noch vor ein paar Minuten war Sekretär Tao so durcheinander, daß er mich und meine Leute bestrafen wollte. Aber nun, da sich alles aufgeklärt hat, kann das Bankett pünktlich stattfinden. Ohne Sie hätten wir vor einem furchtbaren Problem gestanden.«

Als ich mich während des Banketts erhob, um Tao Zhu für seinen Toast zu danken, wandte er sich an Wang Dongxing und zitierte das alte chinesische Sprichwort: »Ein starker General kommandiert keine schwachen Soldaten.« Wang freute sich über das Kompliment. Er war stolz darauf, daß seine Entscheidung, mich zu Maos Leibarzt zu machen, öffentlich Anerkennung gefunden hatte.

Gleich nach dem Bankett suchte ich Mao auf. Er lag im Bett und las ein Buch über die Ming-Dynastie. Ich erzählte ihm von dem Zyanid, und er gab der Sowjetunion die Schuld an der Konfusion.

»Ich halte es für keine gute Idee, alles kritiklos vom Ausland zu übernehmen«, bemerkte er. Damit meinte er die Nahrungsmittelkontrollen, die ebenso wie die umfangreichen Sicherheitsmaßnahmen von Chinas Großem Bruder stammten. »Jetzt wird das Essen nicht nur in Beijing kontrolliert, sondern auch in anderen Teilen des Landes. Das schafft grundlos Verwirrung. Sagen Sie Wang Dongxing, er soll damit aufhören.«

Wang war verärgert, weil ich mit Mao gesprochen hatte, aber er wußte, daß ich recht hatte und daß die Lebensmittelkontrollen geändert werden mußten.

Kurz darauf schloß man die beiden Lebensmittellabors, der Kontrolldienst in Beijing wurde abgeschafft, und das Büro der Sicherheitskräfte übertrug der Stadt Beijing die Verwaltung der Jushan-Farm. Die Änderungen waren jedoch nur oberflächlicher Art. Der Großteil der Lebensmittel für Mao kam auch weiterhin von der Jushan-Farm, obwohl die Beschaffungsstelle angewiesen worden war, die Nahrungsmittel nicht nur von dort zu beziehen, sondern auch von anderen Anbietern.

Als Mao von den Änderungen erfuhr, lächelte er. »Wenn ich sage, ›lernt von der Sowjetunion‹, müssen wir von der Sowjetunion doch nicht auch noch lernen, wie man scheißt und pißt, oder? Ich möchte eigentlich nicht von der Sowjetunion lernen. Ich möchte von den Vereinigten Staaten lernen.«

13. KAPITEL

Auch Jiang Qing hielt sich in Guangzhou auf, und ich hatte häufig mit ihr zu tun.

»Sie sollten Jiang Qing über den Gesundheitszustand des Vorsitzenden unterrichten«, bat mich Maos Leibwächter Li Yinqiao bereits zwei Tage nach unserer Ankunft.

»Warum?« fragte ich. »Haben wir sie nicht erst am Tag unserer Ankunft gesehen?«

»Wenn Sie es nicht tun, wird sie behaupten, Sie verhielten sich geringschätzig«, beharrte Li.

Ich befolgte seinen Rat. An jenem Morgen um neun Uhr wurde ich in ihr Arbeitszimmer im Haus Nummer 2 geführt. Jiang Qing trug ein pastellblaues Kostüm und weiße Lederschuhe mit flachen Absätzen; ihr Haar war zu einem Knoten zusammengesteckt. Sie saß in einem Sessel und las die *Nachrichtenblätter**, ein internes Rundschreiben, das täglich unter den höchsten Führern des Landes verteilt wurde und wichtige Meldungen über das In- und Ausland enthielt, die nicht zensiert waren und größtenteils aus der ausländischen Presse stammten. Jiang Qing hatte sich Maos Angewohnheit zu eigen gemacht, Besucher mit einem Buch in der Hand zu empfangen, was bei ihr allerdings erheblich weniger Eindruck machte. Sie täuschte nur vor zu lesen; oft wartete sie, bis ihr die Ankunft des Besuchers gemeldet wurde, ehe sie das Buch zur Hand nahm.

Eingedenk der wiederholten Ermahnungen Li Yinqiaos und der Krankenschwestern, gegenüber der Frau des Vorsitzenden besonders höflich zu sein, begrüßte ich Jiang Qing artig, und sie forderte mich durch einen Wink auf, Platz zu nehmen. »Dem Vorsitzenden geht es gut«, sagte ich. »Seine ungeregelte Lebensweise ist der Gesundheit zwar nicht gerade förderlich, aber schließlich lebt er schon lange so. Wenn wir ihn jetzt zwingen, sich zu ändern, könnte das mehr schaden als nutzen.«

* In China gab es damals drei »interne« Informationsquellen: Die *Reference News (cankao xiaoxi)* mit neuesten Meldungen ausländischer Zeitungen und Nachrichtenagenturen sowie unveröffentlichten Inlandsmeldungen der Nachrichtenagentur Neues China wurden von den normalen Kadern gelesen. Die *Reference Materials (cankao ziliao)* mit den neuesten Meldungen aus der ausländischen Presse und die *Internal Reference News (reibu cankao)* mit Inlandsmeldungen waren für die höchsten Führer bestimmt.

»Sie halten es also nicht für nötig, daß der Vorsitzende ein regelmäßiges Leben führt?« fragte sie schroff.

»Nein«, erwiderte ich. »Seine Schlaflosigkeit könnte sich sonst noch verschlimmern.«

»Ist das Ihre ärztliche Meinung?« fragte sie mit sarkastischem Unterton.

»In der Tat.«

Sie zog die Augenbrauen hoch und musterte mich. »Haben Sie das auch dem Vorsitzenden gesagt?«

»Ja.«

Jiang Qing war verblüfft. Nervös klopfte sie mit dem Finger auf den Tisch. »Und was hat der Vorsitzende geantwortet?«

»Der Vorsitzende hat mir zugestimmt. Er sagte, er werde langsam alt und könne seine Gewohnheiten nicht mehr so leicht umstellen.«

Sie senkte den Kopf, blickte wieder auf und strich sich leicht übers Haar. Ich wußte, daß Maos Angewohnheiten sie störten, aber sie konnte es sich nicht leisten, anderer Meinung zu sein als ihr Mann. Jiang Qing war völlig abhängig von Mao, und keiner seiner engeren Mitarbeiter benahm sich so unterwürfig und schmeichlerisch wie sie. Ohne Mao war sie nichts. »Ich bin auch dieser Ansicht«, log sie. »Schon viele wollten den Vorsitzenden bewegen, seine Gewohnheiten zu ändern. Ich war immer dagegen.« Sie lächelte. Dann fragte sie: »Und was ist mit den Schlaftabletten?«

»Der Vorsitzende leidet schon seit vielen Jahren unter Schlaflosigkeit. Die Tabletten helfen ihm, den nötigen Schlaf zu finden.«

»Offenbar wollen Sie daran nichts ändern.«

»Stimmt – solange er die Dosis nicht erhöht.«

»Kein Arzt scheint es für eine so gute Idee zu halten, daß man Schlaftabletten nimmt«, meinte sie bissig. »Nehmen Sie selbst welche?«

»Nein.«

»Und Sie wissen doch sicher, daß Schlaftabletten gesundheitsschädlich sind?«

»Natürlich ist es besser, keine Tabletten zu nehmen«, entgegnete ich. »Aber der Vorsitzende ist schon seit Jahren daran gewöhnt …«

»Haben Sie dem Vorsitzenden etwa gesagt, er könne weiter Schlaftabletten nehmen?« unterbrach sie mich schroff.

»Ja. Ich habe das Schlafverhalten des Vorsitzenden genau studiert. Jeden Tag geht er zwei oder drei Stunden später schlafen als am Vortag. Manchmal ist er vierundzwanzig oder sechsunddreißig Stunden wach. Aber danach schläft er zehn bis zwölf Stunden durch. Das ergibt im Durchschnitt fünf bis sechs Stunden Schlaf pro Tag. Auf den ersten Blick erscheint das verwirrend, aber im Grunde hat dieses Verhalten eine eigene Regelmäßigkeit.«

»Warum haben Sie mir das alles nicht schon früher mitgeteilt?« fragte sie.

Allmählich verlor ich die Geduld. »Ich hatte noch keine Gelegenheit dazu. Der Vorsitzende hat es mir erst kürzlich gesagt.«

»Na gut, lassen wir es dabei bewenden«, sagte Jiang Qing frostig. »Sprechen Sie in Zukunft zuerst mit mir, bevor Sie den Vorsitzenden aufsuchen.«

Ich hatte nicht die Absicht, mich zuerst an Jiang Qing zu wenden. Da sie ihren Mann nicht direkt kontrollieren konnte, versuchte sie, über mich Einfluß auf Mao auszuüben. Ich verabschiedete mich höflich, aber ich hatte vor, ihre Anweisungen zu ignorieren.

»Dieser Dr. Li ist äußerst arrogant«, sagte Jiang Qing später zu einer ihrer Krankenschwestern, nachdem ich gegangen war. »Er ist stur und überheblich und beharrt auf seiner Meinung. Wir müssen etwas gegen ihn unternehmen.«

Ich erzählte Mao von meinem Gespräch mit Jiang Qing, und er versuchte, zwischen seiner Frau und mir zu vermitteln. »Offenbar hat Jiang Qing etwas gegen Sie«, meinte er. »Sagen Sie ihr doch einfach einmal etwas Schmeichelhaftes, damit sie zufrieden ist.«

Wang Dongxing wollte ebenfalls, daß ich Jiang Qing mehr Respekt entgegenbrachte, und schien die Konsequenzen zu fürchten, falls ich es nicht tat. Vermutlich hatte auch er Konflikte mit ihr gehabt.

Der Rat der beiden überraschte mich. Ich hatte gelernt, aufrichtig zu sein und niemandem nach dem Mund zu reden.

Obgleich ich Jiang Qing nicht schmeicheln wollte und es mir schwerfiel, Sympathie für sie zu empfinden, versuchte ich, sie zu verstehen. Sie führte ein Leben im Luxus, aber ohne Sinn. Mao kümmerte sich nicht um sie, und sie hatte keinen Anteil an seinem Leben. Er war zwanzig Jahre älter als seine Frau, und sie hatten ganz unterschiedliche Neigungen. Jiang Qing legte Wert auf Pünktlichkeit und Routine, Mao dagegen lehnte jede Regelmäßigkeit ab. Mao las leidenschaftlich gern, doch Jiang Qing fehlte die Geduld dazu. Mao war stolz auf seine Gesundheit und seine Konstitution, Jiang Qing erging sich in ihren Krankheiten. Sie aßen noch nicht einmal dieselben Mahlzeiten. Während Mao die scharfen Speisen aus Hunan bevorzugte, bestand Jiang Qing entweder auf fadem Kochfisch mit Gemüse, oder sie gab sich als Kennerin der »westlichen« Küche, die sie in der Sowjetunion probiert hatte, und verlangte Schmorbraten und Kaviar.

Man hatte bereits Anstrengungen unternommen, eine sinnvolle Tätigkeit für sie zu finden. 1949 war sie zur stellvertretenden Leiterin der Filmzensurabteilung im Kulturministerium ernannt worden, aber sie hatte sich so arrogant aufgeführt, daß niemand mit ihr auskam. Daraufhin wechselte sie als stellvertretende Leiterin der Abteilung für Politische Sekretäre in Yang Shangkuns Generalbüro in Zhongnanhai. Aber wieder schüchterte sie alle derart ein, daß Mao sie ihres Amtes entheben mußte.

Nun machte er sie zu seiner Sekretärin. In dieser Funktion sollte sie Berichte aus den *Nachrichtenblättern* sammeln. Die meisten anderen Parteiführer hatten ebenfalls ihre Ehefrauen mit dieser Aufgabe betraut.

Jiang Qing war zwar häufig mit einem Exemplar der *Nachrichtenblätter* anzutreffen, doch sie machte sich nur selten die Mühe, es zu lesen. Und wenn sie es tat, konnte sie nicht zwischen wichtigen und unwichtigen Meldungen unterscheiden, so daß ihre Arbeit für Mao wertlos war. Im Grunde erledigte Lin Ke Jiang Qings Arbeit und sammelte die Berichte.

Jiang Qing war das, was die Chinesen *xiao congming* – »einen kleinen Klugscheißer« – nennen, raffiniert im Detail, aber nicht sehr gebildet und ohne jede analytische Begabung. Über die Geschichte Chinas wußte sie nur wenig, über die Welt jenseits der Grenzen noch viel weniger. Häufig verstand sie nicht einmal, was sie las. Einmal erklärte sie mir, England sei nicht so feudalistisch wie China gewesen, weil es oft von Königinnen regiert worden sei. Da der chinesische Paternalismus als feudalistisch galt, meinte sie, die Herrschaft einer Frau sei ein Zeichen für Modernität. Sie hatte ein Ohr für den Beijing-Akzent, doch ihre chinesischen Sprachkenntnisse waren begrenzt. Aber sie verstand es, ihre Unkenntnis zu verbergen, indem sie sich ganz beiläufig erkundigte, wie bestimmte Wörter im Beijing-Dialekt ausgesprochen wurden. In einem Wörterbuch nachzuschlagen war ihr zu mühselig.

Trotz ihrer eigenen intellektuellen Mängel machte sie sich gern über die Schwächen anderer lustig. Mao hatte mich einmal mit den Worten aufgezogen, ich hätte meine Geschichtskenntnisse in der Peking-Oper erworben – eine Beleidigung, die mich zu einem systematischeren Studium der chinesischen Vergangenheit veranlaßte. Jiang Qing aber amüsierte sich noch über Maos Bemerkung, als der Witz längst abgenutzt war.

Mao war beunruhigt über die Gleichgültigkeit seiner Frau, was historische und aktuelle Ereignisse betraf. Deshalb schickte er ihr oft Bücher, Dokumente und Sammlungen mit den neuesten Nachrichten, damit sie dieselben Informationen erhielt wie er. Aber Jiang Qing hatte immer Ausreden parat.

Statt zu lesen, sah sie sich von morgens bis abends importierte Filme aus Hongkong an. Sie sei krank, erklärte sie. Jiang Qing war immer krank. Die Filme sollten ihre Neurasthenie kurieren.

1953 hatten das Gesundheitsministerium und das Hauptbüro der Sicherheitskräfte auf Jiang Qings angebliche Krankheiten reagiert und ihr Dr. Xu Tao als Leibarzt zugewiesen. Xu Tao war ursprünglich Maos Arzt gewesen, aber da Jiang Qing so häufig kränkelte, hielt der Vorsitzende es für besser, wenn Xu Tao sich um seine Frau kümmerte.

Jiang Qing hatte Xu Tao das Leben zur Hölle gemacht. Während der Kampagne gegen Konterrevolutionäre im Jahre 1954 leitete sie Attacken gegen ihn ein, und auch später trieb sie ihr schändliches Spiel weiter. In Guangzhou wurde er erneut das Opfer bösartiger Verleumdungen. Diesmal wurde ihm vorgeworfen, sich einer der Krankenschwestern Jiang Qings unsittlich genähert zu haben.

Die Schwester litt unter Blutarmut und fühlte sich oft schlapp und benommen. Deshalb bat sie Dr. Xu kurz nach der Ankunft in Guangzhou, sie einmal gründlich zu untersuchen. Dr. Xu führte die Untersuchung in einem Vorzimmer des Gästehauses durch, in dem sie wohnten. Plötzlich kam einer der Leibwächter ins Zimmer – ein ungebildeter Bauernbursche von zweifelhafter Moral, der keine Ahnung von ärztlichen Gepflogenheiten hatte. Jedenfalls beschuldigte der junge Mann Dr. Xu der sexuellen Nötigung.

Als Chef der Leibwache mußte sich Wang Dongxing des Falles annehmen. Er war von Xu Taos Unschuld überzeugt. Zum einen kannte er den Arzt schon lange, und zum anderen war er sich über die mangelnde Bildung und den rohen Charakter des Leibwächters im klaren.

Auch ich war über den Vorwurf empört. Es war einfach unvorstellbar, daß Dr. Xu so etwas getan hatte. Er war ein überaus vorsichtiger Mann, ein wenig dickköpfig vielleicht, aber mit festen moralischen Grundsätzen. Außerdem hatte man ihn schon einmal mit einer Gruppe von Parteigegnern in Verbindung gebracht, und er war sicher nicht so dumm, sich seine ganze Zukunft zu verbauen. Bei der Ermittlung verteidigte ich Dr. Xu mit dem Hinweis, daß seine Integrität und seine berufliche Karriere auf dem Spiel stünden. Wir hätten kein Recht, ihn mit einer völlig unbegründeten Klage zu belasten.

Am Ende setzte sich sogar Mao für die Ehre des Arztes ein. Dr. Xu wurde von dem Verdacht freigesprochen, und der Leibwächter wurde entlassen. Wahrscheinlich war es das erste Mal, daß man einen Angehörigen des medizinischen Personals bei einem Konflikt mit den Sicherheitskräften fair behandelte.

Aber Jiang Qing schikanierte ihren Arzt weiterhin. Dr. Xu mußte als ihr Filmvorführer fungieren und durfte nur solche Streifen auswählen, die Jiang Qing entspannend fand und die ihr nachts nicht den Schlaf raubten. Wenn seine Wahl nicht ihren Geschmack traf – was oft der Fall war –, warf sie ihm seelische Grausamkeit vor. Xu bat darum, von der Aufgabe entbunden zu werden, aber Jiang Qing blieb stur. Das Anschauen von Filmen diene der Behandlung ihrer Neurasthenie, und deshalb gehöre es zu seinen Pflichten, die Filme vorzuführen.

Die meisten Filme gefielen ihr allerdings nicht, und ihre Kritik war oftmals vernichtend. Selbst bei einem guten Film schaffte sie es, anderen den Spaß zu verderben. Wenn sie sich *Vom Winde verweht* ansah, behauptete sie immer, hier werde für die Sklaverei des Südens Propaganda gemacht, und diejenigen, denen der Film gefiel, beschimpfte sie als »stinkende Konterrevolutionäre«. Mitte der fünfziger Jahre hatte ihr Wort kaum Gewicht. Aber ein paar Jahre später, während der Kulturrevolution, zerstörte sie mit ihren Gehässigkeiten so manche Karriere und so manches Leben.

Selbst wenn Dr. Xus Auswahl ihre Zustimmung fand, war sie nicht zufrieden. Manchmal war das Bild auf der Leinwand zu hell, und sie behauptete, ihre Augen schmerzten. Wurde es dunkler eingestellt, konnte sie das Bild nicht mehr sehen. Und wenn die Helligkeit stimmte, war etwas mit der Raumtemperatur nicht in Ordnung. Entweder war es zu kühl oder zu warm, zu stickig oder zu zugig. Nie konnte man es ihr recht machen, immer war das Personal schuld, und die Vorwürfe nahmen kein Ende.

Erst relativ spät erkannte ich, daß Maos zahllose Frauengeschichten die wahre Ursache von Jiang Qings Problemen darstellten. Da ihre Krankenschwestern – meist attraktive junge Frauen, die für Mao eine leichte Beute waren – meiner Aufsicht unterstanden, bat sie mich gelegentlich, dafür zu sorgen, daß die Schwestern sich nicht mit ihrem Mann einließen. Einmal traf ich Jiang Qing zufällig im Park von Zhongnanhai, wo sie weinend auf einer Bank vor Maos Residenz saß. Sie forderte mich eindringlich auf, kein Wort über ihre Tränen verlauten zu lassen. Ebensowenig wie jemand eine politische Schlacht gegen ihren Mann gewinnen könne, Stalin eingeschlossen, sei eine Frau in der Lage, den Kampf um seine Liebe zu gewinnen. Je unverhohlener ihr Mann Jagd auf andere Frauen machte, desto größer wurde ihre Angst, er werde sie verlassen.

Isoliert, einsam und enttäuscht, wie sie war, ließ sie jeden ihre Frustration spüren. Ich weiß nicht, ob es ihr schwerfiel, aber Jiang Qing mußte Mao in allem recht geben, und sie tat nichts ohne seine Erlaubnis. Da sie sich gegen

Mao nicht durchsetzen konnte, nutzte sie ihre Stellung als seine Frau, um andere herumzukommandieren, und ihre Unsicherheit machte sie gemein und hinterhältig. Oft ärgerte sie sich über die Leibwächter, besonders weil sie wußte, daß sie Mao bei seinen Affären behilflich waren. Doch da die Leibwächter direkt für Mao arbeiteten und Wang Dongxing unterstellt waren, hatte sie kaum Gelegenheit, die Männer zu schikanieren. Deshalb ließ sie ihre Wut hauptsächlich an ihren eigenen Bediensteten aus, vor allem am medizinischen Personal.

Jiang Qing warf anderen unablässig vor, sie zu quälen, doch in Wirklichkeit war sie es, die ihrem Personal seelische Qualen zufügte. Offenbar glaubte sie, wenn sie unglücklich sei, müßten auch alle anderen leiden. Nur wenige blieben lange bei ihr. Die meisten baten um Versetzung, wenn sie die ständigen Drangsalierungen satt hatten. Im Herbst 1956 bat auch Xu Tao um seine Entlassung. Nach der Kampagne gegen Konterrevolutionäre und den Verleumdungen wegen angeblicher sexueller Nötigung hatte er sich in das medizinische Studium geflüchtet; er wollte an ein Krankenhaus zurückkehren, wo er seine Kenntnisse anwenden und vertiefen konnte. Schließlich wechselte er an das Peking Union Medical Hospital über, das zu den besten und bedeutendsten Krankenhäusern des Landes zählte. Damals beneidete ich Xu Tao um seine Entlassung.

14. Kapitel

Während Jiang Qing das abhängigste Glied in der Kette der engsten Mitarbeiter Maos war, dürfte Ye Zilong das nützlichste gewesen sein. Jeder in Maos Umgebung hatte eine bestimmte Funktion.

Offiziell war Ye Leiter des Büros der Privatsekretäre im allgemeinen und Chef der Privatsekretäre Maos im besonderen. Er arrangierte Sitzungen und sorgte dafür, daß Protokolle angefertigt wurden, und als Maos oberster Verwalter war er für dessen persönliche Angelegenheiten – wie Essen, Kleidung und Finanzen – zuständig.

Später erfuhr ich von Wang Dongxing und von Ye selbst, daß er auch Gefährtinnen für Mao herbeischaffte. Die Frauen holte er sich entweder aus seinem Büro der Privatsekretäre, aus dem Büro für Verschlußsachen oder aus der Kulturarbeitstruppe des Zentralen Garnisonskorps. Dabei achtete er darauf, daß die Mädchen jung, unerfahren, ungebildet, politisch einwandfrei und Mao gegenüber völlig loyal waren.

Bezeichnend war, daß Ye in Maos Residenz wohnte – angeblich, um ihm seine Aufgabe als Verwalter und Privatsekretär Maos zu erleichtern. Hauptsächlich aber diente seine Wohnung als Versteck für die jungen Frauen, ehe sie zum Vorsitzenden gebracht wurden. Sobald Jiang Qing fest schlief und Mao bereit war, die jungen Damen zu empfangen, führte Ye Zilong sie leise durch den Speiseraum in Maos Schlafzimmer. In den frühen Morgenstunden kam er wieder zurück und geleitete die Frauen hinaus.

Ye kümmerte sich auch um das beachtliche Konto, das Mao beim Büro für Sonderausgaben unterhielt. Im Jahre 1966, kurz vor der Kulturrevolution und noch ehe von dem kleinen Roten Buch mit den Zitaten Maos einige hundert Millionen Exemplare verkauft worden waren, hatte Mao allein mit seinen *Ausgewählten Werken* bereits drei Millionen *renminbi* verdient. Schon in den fünfziger Jahren war er einer der reichsten Männer Chinas und konnte es sich leisten, großzügig zu sein. Er unterstützte ehemalige Lehrer, Freunde und Genossen, damit sie auch in Zukunft ein angenehmes Leben führen konnten, nachdem die neue kommunistische Regierung sie ihres Besitzes und ihrer Erwerbsmöglichkeiten beraubt hatte. Außerdem benutzte er das Geld, um den Frauen, mit denen er schlief, seine Dankbarkeit zu beweisen. Ye Zilong hatte die Aufgabe, sie diskret zu bezahlen; die Summen bewegten sich zwischen ein paar hundert und ein paar tausend *renminbi*.

Ye Zilong war ein unangenehmer Zeitgenosse, unkultiviert und fast analphabetisch, einer jener Bauern, die sich als junge Männer der Partei angeschlossen und am Langen Marsch teilgenommen hatten. Kurz nach dem Langen Marsch war er in Maos Dienste getreten. Vor seiner Ankunft in Beijing im Jahre 1949 war er noch nie in einer Großstadt gewesen. Die Machtübernahme der Partei in Beijing war für ihn eine wirkliche Befreiung, und er rechnete es Mao hoch an, daß er ihn über Nacht aus der ländlichen Armut in ein Paradies der Reichtümer geführt hatte. Ye gehörte nicht zu jenen einfältigen Bauern, die sich von den strahlenden Lichtern der Großstadt blenden ließen. Ich bin sicher, daß es ihm schon lange vor seiner Ankunft in Beijing an Charakterstärke mangelte. Nur hatte er früher keine Gelegenheit zur Korruption gehabt.

Ich hatte Ye Zilong in der Klinik von Zhongnanhai kennengelernt, kurz bevor ich Maos Leibarzt wurde. Er war mir von Anfang an unsympathisch. Ich kann mich noch erinnern, daß er mich 1951 um fünf Fläschchen Penicillin bat, damit einer seiner Verwandten in Hunan gegen Syphilis behandelt werden konnte. Damals wurde in China jedoch noch kein Penicillin hergestellt, und die beiden importierten Fläschchen, die wir in der Klinik aufbewahrten, waren äußerst kostbar. Zu Yes großer Bestürzung lehnte ich seine Bitte ab.

Die Oberschwester der Klinik hatte sich erstaunt gezeigt. Schon damals war bekannt, daß Ye dem Vorsitzenden sehr nahestand und daher großen Einfluß hatte. Die meisten hätten Yes Bitte erfüllt, um seine Gunst zu gewinnen, und die Schwester war sicher, daß ich ihn beleidigt hatte. Mir kam nie in den Sinn, daß sich unsere Wege noch einmal kreuzen und daß wir einander fast täglich sehen würden.

Wie wir alle war auch Ye Zilong Anfang der fünfziger Jahre in das kostenlose Versorgungssystem eingebunden. Für den Luxus, nach dem er sich sehnte, hatte er kein Geld. Aber als Maos Privatsekretär konnte er alles, was er begehrte, umsonst bekommen. Wollte man Maos Gunst gewinnen, mußte man sich nur bei seinem Privatsekretär einschmeicheln. Während die Partei zu Schlichtheit und Sparsamkeit aufrief, verschaffte sich Ye jedes Vergnügen und jeden Luxus. Nachdem ein eleganter Klub für hochrangige Funktionäre gegründet worden war, freundete sich Ye Zilong mit den Managern an und verschaffte sich so regelmäßig freien Zutritt zu großen Banketten.

Die Sicherheitsbeamten, die gewöhnlichen Chinesen den Zutritt zu Yes bevorzugten Treffpunkten – dem exklusiven Klub der Spitzenkader oder dem Beijing-Hotel – verwehrten, fragten Ye nie nach seinem Ausweis. Alle hielten ihn für einen wichtigen Mann, einen hochrangigen Parteifunktionär. Immerhin war er eine stattliche Erscheinung. Seine Haut war hell und glatt, und während in Beijing jeder in ausgeblichenen, geflickten und ausgebeulten Baumwollklamotten herumlief, trug Ye wollene, maßgeschneiderte Mao-Anzüge. Wenn Mao einen neuen Anzug angepaßt bekam, war Ye dabei, und zum Dank fertigte der Schneider des Vorsitzenden ihm seine beeindruckende Garderobe kostenlos an.[41]

Als Maos oberster Verwalter war Ye für dessen privaten Lagerraum verantwortlich, in dem die vielen Geschenke aufbewahrt wurden, die Mao von allen Seiten bekam. Bald kannte Ye Zilong die Namen aller führenden ausländischen Elektrogerätehersteller, auch wenn er weder die Herkunftsländer auf einer Landkarte finden noch die Namen der jeweiligen Staatsoberhäupter nennen konnte.

Ye hielt sich an das alte Sprichwort, wonach derjenige, der die Küche verwaltet, auch dort essen soll. Von der Tuanhe-Umerziehungsfarm bezog Ye kostenlos Lebensmittel. Nach der Machtübernahme durch die Kommunistische Partei richtete die neue Regierung im ganzen Land »Umerziehungsfarmen« für Kriminelle und politische Gefangene ein. Die Lebensbedingungen auf den Höfen waren hart. Die meisten politischen Gefangenen waren Leute von niedrigem Rang – ehemalige Fußsoldaten oder kleine Beamte, die unter der Guomindang gedient hatten. Die hohen Funktionäre waren entweder geflohen oder, wie mein Vater, ins kommunistische Lager übergewechselt. Tuanhe wurde vom Büro für Öffentliche Sicherheit in Beijing geleitet und war die größte Umerziehungsfarm in der Hauptstadt. Die Insassen sorgten für ein reichhaltiges Nahrungsangebot – Fleisch, Fisch, Gemüse und Reis –, und sie fertigten auch selbst Pullover und andere Kleidungsstücke an.

Ye Zilong machte sich die Freundschaft mit dem Leiter der Tuanhe-Umerziehungsfarm zunutze und erhielt sogar während der großen Hungersnot in den Jahren 1960 bis 1962, bei der Millionen von Menschen umkamen, große Mengen an hochwertigen Nahrungsmitteln.

Ye war zwar verheiratet, aber bei einer von Maos Tanzveranstaltungen lernte er eine Mitarbeiterin des Büros für Verschlußsachen kennen und verliebte sich in sie. Als der Vorgesetzte der jungen Frau davon erfuhr, ließ er sie heimlich mit dem Schiff aus Beijing fortbringen. Niemand wollte Ye sagen, wohin seine Freundin verschwunden war.

Als Ye 1958 mit Mao in Wuhan weilte, traf er die Frau zufällig auf einer anderen Tanzveranstaltung, und die beiden erneuerten ihre Beziehung. Mit einiger Mühe arrangierte Ye die Scheidung seiner Freundin und ließ sie in die rund hundert Kilometer östlich von Beijing gelegene Industriestadt Tianjin versetzen. Da es damals noch keine Autobahn gab und die Straßen ständig verstopft waren, dauerte die Fahrt dorthin von Beijing aus sechs Stunden. Ye besorgte seiner Freundin einen Arbeitsplatz und ein Haus und besuchte sie heimlich. Oft blieb er mehrere Tage lang. Wenn Jiang Qing gerade nicht in Beijing war, fuhr er mit ihrem Wagen nach Tianjin. Während der großen Hungersnot versorgte er auch seine Freundin mit Nahrungsmitteln. Als man im Laufe der Kulturrevolution eine Untersuchung gegen Ye einleitete, mußte er die Beziehung erneut unterbrechen. Erst 1980, als Ye Zilong rehabilitiert und zum stellvertretenden Bürgermeister von Beijing gewählt wurde, kamen die beiden wieder zusammen. Ye war mittlerweile ein kahlköpfiger alter Mann und seine Freundin eine grauhaarige alte Dame.

Meine Aufnahme in die Gruppe Eins hatte Ye Zilong mißfallen. Er konnte nicht vergessen, daß ich mich geweigert hatte, ihm das Penicillin für seinen Verwandten zu geben. Für ihn, den erfahrenen Kader, Bauern und Teilnehmer des Langen Marsches, war ich ein bürgerlicher Intellektueller, der noch mit den alten gesellschaftlichen Mängeln behaftet war. Und die Tatsache, daß sein Gegner Wang Dongxing mich ausgewählt hatte, verstärkte seine Abneigung mir gegenüber. Kurz nachdem Fu Lianzhang und er von meiner Ernennung zum Leibarzt erfahren hatten, faßten sie den Plan, schnellstens für meine Entlassung zu sorgen. Wie ich von Jiang Qing erfuhr, äußerten sie Mao gegenüber Bedenken wegen meiner Herkunft und erklärten, ich sei politisch unzuverlässig. Mao war nicht ihrer Ansicht.

Als Mitglied der Gruppe Eins mußte ich notgedrungen mit Ye Zilong zusammen arbeiten, was meine Abneigung ihm gegenüber noch erhöhte.

Maos Leibwächter waren auch nicht gerade sympathisch. Ihre Büros lagen direkt neben denen des Pflegepersonals, deshalb war der Unterschied zwischen den beiden Gruppen nicht zu übersehen. Die Schwestern konzentrierten sich auf ihre Arbeit und unterhielten sich nur über ihren Beruf. Xu Tao war besonders schweigsam. Da er einer parteifeindlichen Gruppierung angehört hatte und erst kürzlich der sexuellen Nötigung bezichtigt worden war, wußte er, daß ihn auch der kleinste Versprecher in noch größere Schwierigkeiten bringen konnte.

Die Leibwächter dagegen waren überaus geschwätzig. Sie unterhielten sich oft laut und unbefangen über Dinge, die das Pflegepersonal nie erörtert hätte. Sex war eines ihrer Lieblingsthemen. Ich hatte mich schon gewundert, wie zwanglos Mao über Sex sprach. Zum Beispiel interessierte er sich sehr für das Sexualleben Gao Gangs, des einstigen Statthalters der Mandschurei, der 1954 Selbstmord begangen hatte, nachdem er der Verschwörung gegen die Partei bezichtigt worden war. Gao Gang besaß, wie es hieß, so viel Einfluß, daß sein guter Freund Stalin ihn »König der Mandschurei« nannte. Von Wang Dongxing hatte ich erfahren, daß Gao und sein angeblicher Mitverschwörer Rao Shushi deshalb der Säuberung zum Opfer fielen, weil sie Liu Shaoqi stürzen wollten.

Mit mir sprach Mao kaum über Gao Gangs politische Fehltritte. Stattdessen machte er sich Gedanken über Behauptungen, daß Gao mit mehr als hundert Frauen geschlafen habe, und überlegte, mit welchen Mitteln Gao sich seine Bettgenossinnen wohl geangelt hatte. »Gaos Frau gab zu, daß ihr Mann in der Nacht, in der er Selbstmord beging, zweimal mit ihr geschlafen hatte«, bemerkte Mao. »Können Sie sich solche Wollust vorstellen?«

Er fuhr fort: »Gaos Liebesabenteuer waren im Grunde trivial. Hätte er nicht so schwerwiegende politische Irrtümer begangen, wären sie für uns überhaupt nicht von Interesse. Trotz seiner politischen Vergehen wäre er für uns nützlich gewesen, wenn er nur seine Fehler eingestanden hätte.«

Auch Jiang Qing sprach ganz offen über Sex. Kurz nachdem ich meine Stelle als Leibarzt angetreten hatte, hörte ich überrascht, daß sie bei verschiedenen Gelegenheiten voll Stolz verkündete, sie habe in der Nacht zuvor mit Mao geschlafen. Zudem pries sie die Potenz des Vorsitzenden in den höchsten Tönen. Unter diesen Umständen war es kaum verwunderlich, daß Sex für Maos Leibwächter ein so beliebtes Gesprächsthema war.

Ein anderes Lieblingsthema der Sicherheitsbeamten war Jiang Qing. Sobald sie sich außer Hörweite befand, drehte sich das Gespräch nur noch um sie, und man machte sich schonungslos über sie lustig. Vor allem ein junger Leibwächter namens Xiao Zhang konnte die Frau des Vorsitzenden verblüffend echt nachahmen. Xiao Zhang war klug, ein femininer Typ und ein sehr guter Schauspieler. Da Jiang Qings Kleidung (sogar ihre seidene Unterwäsche) in der Wachstube aufbewahrt und dort von den Leibwächtern gewaschen und gebügelt wurde, schlüpfte Xiao Zhang hin und wieder in einen Regenmantel Jiang Qings, setzte einen ihrer Strohhüte auf und stolzierte mit schwingenden Hüften im Zimmer umher. Die anderen brachen jedesmal in schallendes Gelächter aus, und selbst Mao, der zufällig einmal Zeuge eines solchen Auftritts wurde, grinste nur und sagte kein Wort.

Ich fühlte mich in diesem Kreis nicht wohl und versuchte, mich von den Sicherheitskräften fernzuhalten. In ihrer Gegenwart war ich recht schweigsam, und man sah mir an, daß ich ihr Benehmen mißbilligte. Deshalb warf Ye Zilong mir Vornehmtuerei und Hochmut vor.

Hinter meinem Rücken ging er zu Mao und erklärte ihm, ich sei arrogant, denn als Arzt sähe ich auf einfache Kader aus Arbeiter- und Bauernfamilien herab – ein weiterer Beweis für meine politische Unzuverlässigkeit.

Mao liebte solche Anschuldigungen. Er säte bewußt Zwietracht unter seinen Mitarbeitern. Ständig sammelte er Informationen, um uns gegeneinander auszuspielen und zu verhindern, daß wir uns gegen ihn verbündeten. Er sorgte dafür, daß innerhalb der Gruppe Eins stets eine gespannte Atmosphäre herrschte. Zum Beispiel hatte Jiang Qing ständig Streit mit Ye Zilong und Li Yinqiao. Früher hatten sich Jiang und Ye nahegestanden, doch als Jiang entdeckte, welch wichtige Rolle Ye für ihren Mann spielte, hatte sich das Verhältnis deutlich abgekühlt. Auch mit Li Yinqiao verstand sie sich nicht, weil er sie einmal beschuldigt hatte, sie habe sich während einer politischen Kampagne nach Hangzhou abgesetzt, um einer Überprüfung zu entgehen. Wang Dongxing und Ye Zilong waren einander spinnefeind, und Ye Zilong und Li Yinqiao kamen nicht miteinander aus, weil beide um Maos Gunst wetteiferten. Mao förderte den Zwist, aber sobald die Auseinandersetzungen zu eskalieren drohten, trat er als Friedensstifter auf und stellte, wenn auch nur für kurze Zeit, wieder Einvernehmen her.

»Ärzte tun immer so vornehm«, sagte Mao eines Tages in Guangzhou zu mir. »Das gefällt mir nicht.«

»Bei anderen mögen Ärzte vielleicht vornehm tun«, erwiderte ich, »aber nicht bei Ihnen.«

»Das bezweifle ich«, konterte Mao. »Haben Sie sich denn nie überheblich verhalten?« Damals erfuhr ich von Ye Zilongs Anschuldigungen gegen mich.

Gemessen an Maos Umgebung hatte ich tatsächlich »vornehm getan«. Sowohl die soziale Stellung meiner Familie als auch meine Ausbildung hatten mich gelehrt, daß mein Beruf einen hohen Prestigewert hatte und daß Ärzte Respekt verdienten. Maos revolutionären Wertvorstellungen zufolge hatten nun Arbeiter und Bauern Vorrang. Aber ich konnte meine Haltung nicht so leicht ändern. Ich war immer noch stolz auf meine Arbeit und fühlte mich durch den groben Umgangston beleidigt, der unter Maos Personal herrschte.

Ye empfahl, mich zu entlassen, aber Mao spielte den Vermittler. Er befahl Ye, sich nicht mehr über mich zu beschweren, und ließ auch mir über Jiang Qing Anweisungen zugehen. Sie riet mir, Ye Zilong ein wenig Respekt entgegenzubringen und ihm etwas Nettes zu sagen. Schließlich arbeite Ye Zilong schon länger für den Vorsitzenden als ich, und sogar sie müsse sich auf Ye einstellen, erklärte sie.

Aber ich wollte Ye Zilong ebensowenig schmeicheln wie Jiang Qing. Ich erklärte Mao ganz offen, was ich von Ye Zilong und Li Yinqiao hielt, und fügte hinzu, daß die beiden auch anderen unsympathisch seien. »Sie sind nützlich für mich. Versuchen Sie, mit Ihnen auszukommen«, lautete Maos Antwort. Damals begriff ich noch nicht, warum die beiden für Mao so nützlich waren. Erst Jahre später kam ich hinter das Geheimnis ihrer Macht.

Jedenfalls empfand ich meine Situation als bedrückend – nicht Maos wegen, den ich immer noch verehrte, und auch nicht Jiang Qings wegen, sondern wegen der Mitarbeiter der Gruppe Eins. Mir waren diese Kriecher zuwider, und ich hatte es satt, ständig gemahnt zu werden, wem ich schmeicheln oder um wen ich herumscharwenzeln sollte. Obwohl ich zu Maos engsten Mitarbeitern gehörte, wurde ich von den übrigen Mitgliedern der Gruppe Eins wie ein Niemand behandelt. Ye Zilong und Li Yinqiao – und überhaupt die Privatsekretäre und Leibwächter – waren mit den Eunuchen am Kaiserhof vergleichbar, die dem Herrscher von morgens bis abends nicht von der Seite wichen, seine Befehle übermittelten und ihren Einfluß dazu nutzten, andere einzuschüchtern und zu erniedrigen. Von mir wurde erwartet, daß ich meinen Stolz herunterschluckte und selbst zum Kriecher wurde. Obwohl ich Mao als Leibarzt diente, war ich solchen Rüpeln wie Ye Zilong und Li Yinqiao auf Gedeih und Verderb ausgeliefert.

Ich versuchte, mir über meine Situation klar zu werden. Mao war noch gesund und brauchte keinen Arzt, der rund um die Uhr für ihn da war. Wenn ich blieb, würde aus mir nie ein erstklassiger Mediziner werden, und ich hatte immer noch den Wunsch, mich als Arzt zu beweisen.

Deshalb beschloß ich, meine Stellung aufzugeben.

Zuerst wandte ich mich an Wang Dongxing. Er schaute mich ungläubig an. »Sie haben doch viel für den Vorsitzenden getan«, versuchte er, mich zu ermutigen. »Sie haben das Problem mit seinen weißen Blutkörperchen gelöst und ihm neue Schlaftabletten verschrieben. Sie dürfen das Ganze nicht so eng sehen, sondern Sie müssen auch an die Partei denken. Man bekommt nicht so leicht einen solchen Posten. Außerdem, wenn Sie sich die Sache jetzt nicht noch einmal gründlich überlegen und ohne ersichtlichen Grund kündigen, werden Sie hinterher möglicherweise ohne Arbeit dastehen.«

Wangs letztes Argument gab mir zu denken. Andere, die die Gruppe Eins ohne triftigen Grund verlassen hatten, darunter ein ehemaliger Arzt Maos, hatten Mühe gehabt, Arbeit zu finden.[42] Jeder nahm an, sie hätten aus politischen Gründen gehen müssen. Warum sonst sollte jemand den erlauchten Kreis von Zhongnanhai verlassen? Niemand wollte es riskieren, eine politisch verdächtige Person einzustellen.

Trotzdem kam ich immer wieder zu demselben Schluß: Ich wollte meinen Posten aufgeben – je eher, desto besser.

Dann suchte ich Jiang Qing auf. »Ich habe über meine Situation hier nachgedacht«, sagte ich. »Mir scheint, ich entspreche nicht den politischen Anforderungen, die an den Leibarzt des Vorsitzenden gestellt werden. Wir müssen einen Ersatz für mich finden – jemanden, der aus der richtigen Gesellschaftsschicht kommt und dessen Herkunft politisch einwandfrei ist.«

Jiang Qing erkundigte sich, ob ich mit Mao über die Sache gesprochen hätte. Ich verneinte. Sie überlegte einen Moment lang und riet mir, nicht zum Vorsitzenden zu gehen. Sie selbst wolle mit ihm sprechen.

Am nächsten Tag bestellte Jiang Qing mich zu sich. Sie habe mit Mao gesprochen, und sie seien zu einer Entscheidung gelangt. Meine politischen Schwierigkeiten und die meiner Familie gehörten der Vergangenheit an. Außerdem hätten Wang Dongxing, Luo Ruiqing und Yang Shangkun meine Verhältnisse überprüft und sie als unproblematisch eingestuft, und Zhou Enlai wisse ebenfalls Bescheid. »Sie können also ganz beruhigt sein und wieder an ihre Arbeit zurückkehren«, meinte sie. »Vergessen Sie Ihre politischen Probleme.«

Wang Dongxing war hocherfreut. »Immerhin wissen wir jetzt, wie der Vorsitzende über Sie denkt«, sagte er stolz. »Jetzt müssen Sie sich nur noch bei der Arbeit Mühe geben, dann werden Sie keine Schwierigkeiten mehr haben.«

Ich saß in der Falle.

Nach diesem Vorfall war Jiang Qing viel freundlicher zu mir. Sie lud mich häufig zu sich ein, um mit mir zu plaudern, und ließ mir Tee servieren. Sie ahmte Maos Gesprächsstil nach, tat entspannt und unbeschwert, ermutigte mich, offen zu sprechen, und versuchte, meine Gedanken zu erforschen, ohne die eigenen preiszugeben. Jiang Qing konnte ihren Mann recht gut imitieren – schließlich war sie früher Schauspielerin gewesen –, aber im Grunde lag ihr sein Stil nicht. Da sie die Ansichten Maos vertrat, mußte ich mit meinen Äußerungen vorsichtig sein. Ich ahnte noch nicht, daß ein Jahrzehnt später schon die harmloseste Bemerkung über einen Roman oder ein Gedicht lebensgefährlich sein konnte. Aber ich hatte schon damals ein ungutes Gefühl und war in Jiang Qings Gegenwart stets auf der Hut.

Im Frühsommer 1956 – wir waren noch in Guangzhou – teilte Jiang Qings Krankenschwester mir mit, daß Maos Frau mich sehen wolle. »Sie hat gute Nachrichten für Sie«, sagte die Schwester.

Jiang Qing sah sich gerade Fotos an – sie war eine recht gute Amateurfotografin –, als ich ihr Zimmer betrat. Sie legte die Bilder beiseite. »Doktor, wie ich höre, schwitzen Sie viel«, begann sie.

Ich wurde verlegen. Mir fehlte die passende Kleidung für das tropische Klima in Guangzhou. Zwar zog ich bei der Arbeit meine Jacke aus, aber da es keine Klimaanlage gab und meine Hosen aus schwerem Stoff waren, schwitzte ich tatsächlich den ganzen Tag.

»Ich habe meine Sommersachen nicht mitgebracht«, erklärte ich.

Jiang Qing deutete auf mehrere Stoffballen auf einem Tisch. »Nehmen Sie einen davon und lassen Sie sich vom Schneider einen neuen Anzug machen. Ihre Kleidung ist einfach zu schwer.«

Ich zögerte, und die Krankenschwester zupfte an meinem Ärmel, um mir zu bedeuten, daß ich Jiang Qings Geschenk akzeptieren solle. Trotzdem lehnte ich ab, denn ich wollte mich nicht dem Vorwurf aussetzen, von der Frau des Parteivorsitzenden Geschenke angenommen zu haben.

Aber Jiang Qing blieb hartnäckig. Sie wies einen der Bediensteten an, mich zum Schneider zu begleiten.

Jiang Qings Angebot brachte mich in eine äußerst unangenehme Lage. Obwohl sie als furchtbar geizig galt, zeigte sie sich mit einemmal großzügig und machte mich zum Objekt ihrer Spendierlaune. Wenn ich das Geschenk verweigerte, riskierte ich, Jiang Qing und möglicherweise auch Mao zu beleidigen.

Ich schilderte Wang Dongxing mein Dilemma. »Wenn Sie den Stoff nicht nehmen, wird sie behaupten, Sie sähen auf sie herab«, sagte Wang. »Nehmen Sie ihn aber an, werden andere neidisch sein. Ich werde ihr das Problem schildern. Vielleicht kann ich sie umstimmen.«

Aber es gelang ihm nicht. »Sie fragt sich, warum ein Genosse einem anderen nicht helfen soll«, berichtete mir Wang Dongxing. »Jiang Qing sagt, sie wolle Sie nicht bestechen. Falls die anderen sich hinter Ihrem Rücken aufregen, werde ich ihnen die Situation erklären.«

Ich war gezwungen, das Geschenk anzunehmen. Aber das Gerede war noch schlimmer, als ich befürchtet hatte. »Jiang Qing war bisher immer so knauserig«, meinte Li Yinqiao. »Ihre freundliche Geste gegenüber Dr. Li ist sicher einmalig.« Schließlich verbreiteten Ye Zilong und Li Yinqiao das Gerücht, Jiang Qing und ich seien *hao* – »gute Freunde« –, womit angedeutet werden sollte, daß wir ein Verhältnis hätten. Das Gerücht kam auch Mao zu Ohren, und vielleicht glaubte er es sogar.

15. Kapitel

Es war bereits Juni, und in Guangzhou herrschte eine unerträgliche Hitze. Mao zog in das Haus Nummer 3 und hielt sich dort vorwiegend in der großen Empfangshalle auf. Täglich brachten Bedienstete fünf große Fässer voll Eis, damit der Vorsitzende es angenehm kühl hatte. Wir anderen mußten uns mit Ventilatoren zufriedengeben, die lediglich die warme Luft verteilten.

Nachts wurden wir von Moskitos umschwärmt. Schliefen wir ohne Moskitonetze, wurden wir gestochen, benutzten wir sie, erstickten wir fast vor Hitze. Auch Mao blieb von den Plagegeistern nicht verschont und warf seinen Leibwächtern vor, sie gäben sich nicht genug Mühe, die Moskitos loszuwerden. Aber die Wächter schoben mir die Verantwortung zu. Moskitos seien Überträger von Malaria, meinten sie, und deshalb sei ihre Bekämpfung Sache des Arztes.

Die Moskitos waren ein hartnäckiges Problem. Wir wohnten auf einer Insel, und das Wasser um uns herum war eine ausgezeichnete Brutstätte für die Moskitolarven. Außerdem gab es in den Häusern eine Menge Schlupfwinkel. Die Decken in den Räumen waren fast viereinhalb Meter hoch, und vor den Fenstern hingen schwere Vorhänge. Tagsüber versteckten sich die Moskitos an den Decken oder zwischen den Vorhängen, und nach Sonnenuntergang gingen sie zum Angriff über. Alle Bemühungen, der Plage Herr zu werden, scheiterten. Das Problem wurde erst gelöst, als wir aus Hongkong große Mengen DDT anforderten.

Die drückende Hitze machte Maos Mitarbeiter allmählich nervös. Sie baten mich, Mao zu überzeugen, daß es an der Zeit sei, nach Beijing zurückzukehren. »Mich stört die Hitze nicht«, meinte Mao. »Und außerdem habe ich hier noch ein paar Dinge zu erledigen. Verschieben wir die Abreise noch eine Weile.« Vermutlich standen wichtige politische Entscheidungen an. Während Maos Abwesenheit hatte die zentrale Führung in Beijing in Leitartikeln der *Volkszeitung* öffentlich die »Abenteurerpolitik« angeprangert und erklärt, die industrielle und die landwirtschaftliche Produktion sollten schrittweise gesteigert werden. Die chinesische Öffentlichkeit wußte damals genausowenig wie ich, daß die Parteiführung Maos Politik kritisierte, denn er war es, der auf einer zügigen Kollektivierung und einer Vergrößerung der industriellen Produktion beharrte.[43]

Kurz nachdem ich versucht hatte, Mao zur Abreise zu überreden, fragten mich Luo Ruiqing und Wang Dongxing, ob das Wasser des Perlflusses sauber sei. Zu meiner Überraschung erfuhr ich, daß der Vorsitzende soeben verkündet hatte, er wolle in drei Flüssen schwimmen – im Perlfluß in Guangzhou, im Xiang in Changsha in der Provinz Hunan und im Yangtze in Wuhan in der Provinz Hubei. Luo Ruiqing und Wang Dongxing sowie die Führer der beteiligten Provinzen hielten sein Vorhaben für zu gefährlich. Tao Zhu erklärte, der Perlfluß in Guangzhou sei zu stark verschmutzt, und Wang Renzhong meinte, der Yangtze in Wuhan sei zu breit. Aber Mao hörte nicht auf sie. Jetzt erwarteten Luo und Wang von mir ein offizielles Urteil darüber, ob der Perlfluß zu stark verschmutzt war oder nicht.

Das Wasser war vermutlich nicht besonders sauber, denn schließlich lagen Guangzhous Industrieanlagen stromaufwärts. Aber ohne Tests konnte ich nicht sagen, wie stark die Verschmutzung war.

Wang und Luo forderten mich auf, das Wasser auf Bakterien und Schadstoffe zu untersuchen und ihnen das Ergebnis so bald als möglich vorzulegen.

Am nächsten Morgen, noch ehe ich meine Tests abgeschlossen hatte, erschien ein Leibwächter Maos, um mich zu holen. Der Vorsitzende sei außer sich. »Es geht um das Schwimmen«, erklärte der Leibwächter. Luo Ruiqing und Wang Dongxing hätten ein Treffen mit Mao verabredet und wollten mich dabeihaben.

Als ich Maos Unterkunft betrat, warteten die beiden Sicherheitsbeauftragten schon dort. Sie hatten vor Aufregung ganz rote Gesichter und schwitzten stark. Wang lächelte mir verlegen zu. Die Testergebnisse spielten keine Rolle mehr. Der Vorsitzende zog sich gerade zum Schwimmen um.

Dann kam Mao, bekleidet mit einem weißen Bademantel, einer weißen Badehose und Ledersandalen, aus seinem Schlafzimmer. Er marschierte geradewegs zur Anlegestelle und bestieg die wartende Yacht. Tao Zhu, Wang Renzhong und Yang Shangkun folgten ihm, und ich rannte hinter ihnen her. Mao wollte allen zeigen, daß er sich von seinem Vorhaben nicht abbringen ließ. Als Kind hatte er in dem Teich, der zum Besitz seines Vaters gehörte, schwimmen gelernt, und er war ein guter Schwimmer. Alle, die mittlerweile für seine Sicherheit verantwortlich waren, hatten sich bemüht, ihn vom Schwimmen abzubringen, aber je intensiver seine Leibwächter ihn zu beschützen suchten, desto sturer wurde er.

Die Yacht fuhr ein Stück stromaufwärts und wurde sofort von vier Sampanen umringt, als die Motoren stoppten. Mao kletterte die Leiter an der Bordwand hinunter und tauchte ins Wasser, gefolgt von zwanzig bis dreißig

Leibwächtern und den anderen Parteiführern. Ich sprang als letzter und schloß mich dem Schutzring um Mao an. Mao hatte sich so schnell entschieden, daß er als einziger eine Badehose trug. Wir anderen schwammen in der Unterwäsche.

Der Fluß war über neunzig Meter breit, und es herrschte eine leichte Strömung. Das Wasser war schmutzig, wie ich befürchtet hatte; gelegentlich schwamm Unrat vorbei. Aber der Schmutz störte Mao nicht. Er ließ sich auf dem Rücken treiben, den dicken Bauch wie einen runden Ball aus dem Wasser gestreckt, die Beine entspannt, als liege er auf einem Sofa. Das Wasser trug ihn stromabwärts, und nur ganz selten benutzte er Arme oder Beine, um vorwärtszukommen.

Ich war kein guter Schwimmer und mußte meine ganze Kraft aufbieten, um mich über Wasser zu halten. Mao bemerkte, wie ich mich anstrengte, und rief mich zu sich herüber. »Sie müssen sich entspannen«, sagte er. »Bewegen Sie Ihre Arme und Beine nicht soviel. Auf diese Weise können Sie sich lange ohne viel Mühe über Wasser halten. Versuchen Sie es.«

Ich probierte es aus, aber leider ohne Erfolg. Ich mußte einfach Arme und Beine bewegen, um nicht zu ertrinken.

Yang Shangkun und Wang Renzhong lernten schneller. Auch sie erhielten von Mao Schwimmunterricht, und schon nach kurzer Zeit trieben sie mit ihm auf dem Wasser dahin. Bis ich soweit war, sollten Jahre vergehen.

Wir schwammen fast zwei Stunden den Perlfluß stromabwärts und legten dabei zehn oder elf Kilometer zurück. Danach duschten wir und aßen an Bord der gut ausgestatteten Yacht zu Mittag. Jiang Qing, die uns vom Deck aus beobachtet hatte, leistete uns Gesellschaft.

Mao war so guter Laune, als hätte er gerade einen Krieg gewonnen. »Hat nicht Dr. Li gesagt, das Wasser sei zu schmutzig?« wandte er sich an Luo Ruiqing.

»Ja«, warf ich ein. »Ich sah Exkremente vorbeitreiben.«

Mao lachte laut. »Wenn wir uns immer nach euch Ärzten richten würden, könnten wir nicht existieren. Brauchen nicht alle Lebewesen Luft, Wasser und Erde? Sagen Sie mir, welches dieser Elemente ist sauber? Ich glaube nicht, daß es saubere Luft, sauberes Wasser oder saubere Erde gibt. Wenn Sie einen Fisch in destilliertes Wasser werfen, wie lange, glauben Sie, wird er überleben?«

Ich schwieg, denn Mao würde meine Ansichten über Hygiene ohnehin nicht akzeptieren.

Als ich ihn am Abend wiedersah, wurde deutlich, daß sich zwischen ihm und seinen Beschützern ein neuer Konflikt zusammenbraute. »Ich möchte in allen drei Flüssen schwimmen«, erklärte er. »Nach Ansicht Luo Ruiqings und Wang Dongxings sollte ich in gar keinem schwimmen. Im Yangtze seien der starke Wellengang und die Strudel zu gefährlich. Wenn ich von der Strömung mitgerissen würde, könne mich niemand retten. Tao Zhu wollte nicht, daß ich im Perlfluß schwimme, aber er hat nichts gegen den Xiang. Wang Renzhong will nicht, daß ich im Yangtze schwimme, aber er hat keine Einwände gegen den Perlfluß und den Xiang.«

Hier ging es um die Frage der Zuständigkeit. Luo Ruiqing und Wang Dongxing waren überall für Maos Sicherheit verantwortlich, deshalb sollte er ihrer Ansicht nach in keinem der drei Flüsse schwimmen. Als erster Parteisekretär von Guangdong war Tao Zhu dagegen, daß Mao im Perlfluß sein Leben riskierte. Und wenn Mao im Yangtze schwamm, war es Wang Renzhongs Sache, sich um seine Sicherheit zu kümmern.

»Ich brauche Ihren Schutz nicht«, sagte Mao. »Sie wissen doch nicht einmal, wie das Wasser ist. Deshalb habe ich Han Qingyu und Sun Yong losgeschickt, damit sie probehalber im Yangtze schwimmen und mir ihre Eindrükke schildern.« Die beiden Sicherheitsbeamten waren gute Schwimmer und gehörten zu denen, die Mao immer im Wasser begleiteten.

Es war undenkbar, daß Mao im Yangtze schwimmen konnte. Der Yangtze ist der größte, reißendste und gefährlichste Strom Chinas. Selbst Boote sind bei der starken Strömung und den vielen Strudeln schwer zu steuern. Noch nie war jemand eine längere Strecke im Yangtze geschwommen – nicht einmal die Menschen, die an seinen Ufern lebten. Aber Mao wollte es trotzdem wagen.

Nach ihrer Rückkehr berichteten Han Qingyu und Sun Yong übereinstimmend, daß der Yangtze viel gefährlicher sei als der Perlfluß. Wer in einen der vielen Strudel geriet, war verloren. Außerdem wimmelte es im Wasser von Schnecken, die Schistosomiase übertragen, eine Wurmerkrankung der inneren Organe.

Luo Ruiqing schlug Wang Renzhong vor, er solle Mao das Ergebnis mitteilen, aber Wang schickte die beiden Schwimmer selbst zu ihm. Wang wußte genau, daß Mao nicht auf ihn hören würde.

Luo Ruiqing schärfte den beiden Leibwächtern ein, Mao die Wahrheit zu sagen, und sie waren einverstanden.

Wir alle gingen gemeinsam zu Mao. Han Qingyu war in Gegenwart des großen Führers derart nervös, daß er zu stottern begann und keinen Satz herausbekam. Nach ein paar vergeblichen Versuchen unterbrach Mao ihn.

»Schon gut, sagen Sie nichts«, meinte er. »Ich werde Ihnen jetzt Fragen stellen, und Sie beantworten immer eine nach der anderen.« Han wurde noch nervöser.

»Ist der Fluß sehr breit?« begann Mao.

Han nickte. »Ja, sehr breit.«

»Gibt es viele Strudel?«

»Ja, viele Strudel.«

»Kann man sich befreien, wenn man in einen Strudel gerät?«

Han schüttelte energisch den Kopf. »Nein, unmöglich.«

»Der Fluß eignet sich also nicht zum Schwimmen?«

»Nein.«

Plötzlich schlug Mao mit der Faust auf den Tisch und platzte los: »Ich wette, Sie sind gar nicht selbst im Wasser gewesen. Woher wollen Sie dann Bescheid wissen? Wie können Sie Hauptmann unserer Wachen sein?«

»Gun dan!« schrie Mao, was soviel heißt wie: »Verpiß dich!« – ein Ausdruck, den das chinesische Volk von den höchsten Politikern sicher nicht erwartet.

Han wurde kreidebleich und stand vor Schreck wie angewurzelt da.

»Gun dan!« schrie Mao noch einmal.

Han verließ den Raum. Die anderen rührten sich nicht.

Mao wandte sich an Sun Yong. »Jetzt sagen Sie mir, wie der Yangtze ist.«

Sun wußte genau, was er zu antworten hatte. »Vorsitzender«, sagte er ohne Zögern, »Sie können im Yangtze schwimmen.«

Mao lächelte. Sun wollte noch etwas hinzufügen, aber Mao kam ihm zuvor. »Das genügt. Sagen Sie nichts mehr. Machen Sie sich zum Schwimmen fertig.«

Wang Dongxing war wütend auf Sun Yong. »Warum haben Sie gelogen?« fragte er. »Sie hatten doch versprochen, dem Vorsitzenden die Wahrheit zu sagen!«

Sun errötete. »Vizeminister Wang, haben Sie nicht gesehen, was mit Han passiert ist? Wenn ich dem Vorsitzenden das gleiche gesagt hätte, hätte er auch mich hinausgeworfen. Ich kann nichts dafür.«

Auch Han war verärgert und hielt seinem Kollegen vor, ihn verraten zu haben.

Wang Dongxing versuchte, Han zu beruhigen, und versprach, ihn vor Maos Zorn zu schützen. Aber es gelang ihm nicht. Nach unserer Rückkehr nach Beijing wurde Han aus der Gruppe Eins ausgestoßen. Sun Yong, der gelogen und seinen Kollegen verraten hatte, blieb weiter als Leibwächter in Maos Diensten und wurde sogar befördert.

Ende Juni 1956 war Mao endlich bereit abzureisen. Sein nächstes Reiseziel war Changsha, die Hauptstadt seiner Heimatprovinz Hunan. Dort wollte er wie früher in seiner Jugend im Xiang-Fluß schwimmen. Wir fuhren mit dem Sonderzug.

In Changsha war es furchtbar heiß; die Temperaturen lagen bei vierzig Grad. Am Tag nach unserer Ankunft ging Mao das erste Mal schwimmen.

Der Xiang führte gerade Hochwasser, an manchen Stellen war er hundertachtzig Meter breit. Maos Gruppe – alles in allem etwa fünfzig Personen – näherte sich dem Wasser von einer Straße her, die parallel zum Fluß verlief. Plötzlich herrschte an der Spitze der Gruppe große Aufregung. »Bringt ihn in ein Krankenhaus«, riefen einige. Li Xiang, der Leiter des Büros für Öffentliche Sicherheit in Hunan, war von einer Wasserschlange gebissen worden.

Mao blieb gelassen, aber der Kreis aus fünfundzwanzig oder dreißig Sicherheitsbeamten um ihn herum wurde enger gezogen. Luo Ruiqing war sichtlich erschrocken und fragte mich ängstlich: »Haben Sie Medizin gegen Schlangenbisse bei sich?« Ich konnte ihn beruhigen. Um Li Xiang machte er sich keine Sorgen, und auch von mir wurde nicht erwartet, daß ich dem verwundeten Funktionär half. Ich war ausschließlich für Maos Gesundheit verantwortlich.

Obwohl die Strömung des Xiang stärker war als die des Perlflusses, ließ Mao sich wie in Guangzhou stromabwärts treiben. Er schwamm zu einer kleinen Insel mitten im Fluß, die er in seiner Jugend oft besucht hatte. Sie hieß Orangen-Insel.

Kaum hatte er die Insel betreten, legte dort auch eines der Patrouillenboote an. Bedienstete brachten Mao einen Bademantel, Sandalen und ein Päckchen Zigaretten. Wir anderen blieben barfuß, nur mit Badehose bekleidet.

Auf der Insel lebten ein paar Familien; ihre Häuser waren halb verfallen. Die Orangenbäume, nach denen man die Insel benannt hatte, waren nirgends zu sehen. Mao zündete sich eine Zigarette an und ging zu einer schäbig gekleideten alten Frau, die Kleidungsstücke flickte.

»Wie ist das Leben hier?« fragte Mao. Offenbar wußte die alte Frau nicht, daß sie den Vorsitzenden der Kommunistischen Partei Chinas vor sich hatte, denn sie setzte ihre Arbeit unbeirrt fort und gab keine Antwort. Mao wiederholte die Frage.

»Mama huhu«, sagte sie schließlich gleichgültig, ohne aufzublicken. »Es geht so.«

Mittlerweile hatte sich eine kleine Gruppe von Inselbewohnern um Mao versammelt, und er erzählte, daß er in seiner Jugend häufig zu der Insel geschwommen sei. Damals sei sie noch unbewohnt gewesen.

Als wir mehrere Jahre später, im Juni 1959, zurückkamen, war sie wieder unbewohnt, denn Maos außerplanmäßiger Aufenthalt auf der Insel hatte den Sicherheitskräften einen solchen Schrecken eingejagt, daß kurz darauf Angehörige des Sicherheitsbüros der Provinz und Soldaten einer in der Nähe stationierten Einheit die Insel nach »verdächtigen Elementen« absuchten und alle Bewohner vertrieben. Sie verwandelten die Insel in einen prachtvollen Park mit Orangenbäumen – ein herrlicher Anblick, wenn die Bäume im Herbst in voller Blüte standen. Ich fragte Li Xiang, den Chef des Sicherheitsbüros von Hunan, was aus der alten Frau geworden sei, aber Li behielt es für sich.

Am dritten Tag unseres Aufenthalts in Hunan ging Mao wieder schwimmen. Wir versuchten diesmal alle, uns wie er mit dem Strom treiben zu lassen. Plötzlich geriet der unglückliche Han Qingyu, der Mao vor dem Yangtze gewarnt hatte, in eine Jauchegrube. Die Gruben befanden sich normalerweise am Flußufer, aber diese war überschwemmt worden, als das Wasser stieg. Han war über und über mit Kot bedeckt, und obwohl der Arme schlimm aussah, mußte ich einfach in das Gelächter der anderen einstimmen.

Aber als Maos Arzt war ich auch um die Gesundheit des Vorsitzenden besorgt; deshalb kam ich am Abend auf das Problem zu sprechen.

Mao lachte und meinte, die Nahrungsmittel, die wir zu uns nähmen, verdankten ihr Aroma dem Mist, mit dem sie gedüngt würden. »Der Xiang ist einfach zu schmal«, fuhr er fort. »Ich möchte im Yangtze schwimmen. Auf zum Yangtze!«

Innerhalb von Stunden saßen wir im Zug nach Wuhan.

Wang Renzhong hatte umfangreiche Vorbereitungen getroffen. Wir wohnten wieder im Gästehaus am Ost-See. Wang hatte einen Dampfer mit dem Namen »Der Osten ist Rot Nummer eins« aufgetrieben, auf dem zwei- bis dreihundert Menschen Platz hatten und der über ein großes Außendeck, viele Kojen, ein komplett eingerichtetes Bad und eine Menge Toiletten verfügte. Mao, die anderen Parteiführer sowie ein großer Stab von Leibwächtern bestiegen den Dampfer in der Nähe einer Fabrik, die für diesen Zweck geräumt worden war und jetzt von Sicherheitskräften bewacht wurde. Acht Boote mit Sicherheitsbeamten an Bord gaben dem Dampfer Geleitschutz, und vier Motorboote patrouillierten im weiteren Umkreis.

Als der Dampfer die Mitte des Flusses erreichte, stromabwärts von der gewaltigen Brücke, die sich damals noch im Bau befand, stieg Mao über eine Strickleiter ins Wasser, und die anderen Führer folgten ihm. Sofort bildeten etwa vierzig Sicherheitsbeamte einen Kreis um den Vorsitzenden.

Ich versuchte, Maos Schwimmstil nachzuahmen, indem ich mich vom Wasser treiben ließ und die Arme und Beine so wenig wie möglich bewegte. Der Yangtze führte ebenfalls Hochwasser, und von der Mitte des Flusses aus war das Ufer kaum zu sehen. Es war eine herrliche Art, sich zu entspannen.

Plötzlich hörte ich Rufe und sah, wie mehrere kleine Boote Kurs auf den Dampfer nahmen. Ein paar Matrosen sprangen ins Wasser. Ich schwamm zu Mao, um zu erfahren, was geschehen war. Aber niemand wußte etwas.

Erst später an Bord wurde uns berichtet, daß der Drei-Sterne-General Chen Zaidao, der Kommandeur des Militärbezirks Wuhan, kurz nach uns allein ins Wasser gegangen war. Wegen der starken Strömung hatte er es mit der Angst zu tun bekommen und versucht, zum Dampfer zurückzuschwimmen. Aber die Strömung riß ihn mit, und er schluckte eine Menge Wasser. Die Matrosen konnten ihn gerade noch vor dem Ertrinken retten.

Wir ließen uns zwei Stunden im Wasser treiben. Allmählich näherten wir uns der Stelle im Fluß, wo es von Schistosomiase-Überträgern nur so wimmelte.

Ich machte Mao darauf aufmerksam. »Das ist doch ein Trick«, sagte er. »Sie wollen nur, daß ich an Bord des Schiffes zurückkehre.«

»Ich glaube, zwei Stunden sind genug«, antwortete ich. »Viele hatten vor unserer Abfahrt keine Gelegenheit, etwas zu essen. Sie müssen mittlerweile sehr hungrig sein.«

»In Ordnung. Gehen wir an Bord und essen wir etwas.«

Ein Matrose, der mit uns geschwommen war, schätzte, daß wir ungefähr fünfundzwanzig Kilometer zurückgelegt hatten, aber ich bin mir sicher, daß es noch mehr waren. Die Strömung war sehr stark, und wir hatten uns überhaupt nicht anstrengen müssen.

»Das ist gar kein richtiges Schwimmen, sondern bloßes Sich-treiben-lassen«, fand auch Yang Shangkun.

Als Mao endlich wieder an Bord war, atmeten die Funktionäre, die für seine Sicherheit verantwortlich waren, erleichtert auf. Wang Dongxing malte sich aus, daß Mao an Chen Zaidaos Stelle hätte sein können und fast ertrunken wäre. »Man hätte mir ein unverzeihliches Verbrechen vorgeworfen«, meinte er.

Sun Yong, der Mao zugeraten hatte, im Yangtze zu schwimmen, war ebenfalls erleichtert. Er wußte, daß es sein Ende bedeutet hätte, wenn etwas passiert wäre.

Mao lud uns ein, ihm beim Mittagessen an Bord Gesellschaft zu leisten.

Er freute sich über seinen Erfolg, und die Schmeicheleien ließen nicht auf sich warten. Wang Renzhong schenkte Mao ein Glas Wein ein. »Vorsitzender«, sagte er, »bitte trinken Sie ein Glas, damit Sie sich keine Erkältung holen.«

Mao lachte. »Wie sollte sich jemand bei dieser Hitze erkälten? Aber lassen Sie uns trotzdem etwas trinken. Alle sollen mit mir anstoßen.« Er nippte an seinem Glas und wandte sich an General Chen, der sich noch nicht ganz von dem Schrecken erholt hatte. »Genosse Chen Zaidao, ich glaube, auch Sie sollten sich stärken. Normalerweise schwimmt man mit dem Strom. Warum haben Sie versucht, das Gegenteil zu tun?«

Chen war sprachlos.

Wang begann mit der albernen Schmeichelei. »Vorsitzender, wir kennen Sie nun schon seit vielen Jahren, aber wir hatten bisher keine Ahnung, was für ein großartiger Schwimmer Sie sind und wie stark Ihre Entschlußkraft ist. Als Sie jung waren, sagten Sie: ›Kämpft gegen den Himmel, kämpft gegen die Erde, kämpft gegen die Menschen – das Glück ist endlos.‹ Das stimmt in der Tat. Nachdem wir heute mit Ihnen geschwommen sind, ist das Glück endlos. Wir haben eine Menge von dem Vorsitzenden gelernt. Ich hoffe, Sie werden uns in Zukunft noch mehr beibringen und uns noch häufiger kritisieren.«

Luo Ruiqing, der sich hartnäckig gegen Maos Vorhaben, in den drei Flüssen zu schwimmen, gewehrt hatte, stimmte ein. »Wir sind seit langem treue Anhänger des Vorsitzenden, und wir haben noch nicht alles verarbeitet, was wir von ihm gelernt haben. Ich gehöre nicht zu den Menschen, die Köpfe so hart wie Granit haben. Ich kann mich ändern.«

Yang Shangkun hatte nichts gegen Maos Pläne einzuwenden gehabt, aber ich wußte, daß Maos Leistung ihn nicht beeindruckt hatte. Trotzdem fiel er jetzt in den Chor ein. »Keiner kommt dem Vorsitzenden an Stärke gleich«, sagte er mit einem Lächeln. »Kein anderer Führer dieser Erde kann mit solcher Verachtung auf gewaltige Berge und mächtige Flüsse hinabschauen wie der Vorsitzende. Keine Persönlichkeit der Geschichte kann sich mit ihm messen.«

Selbst Wang Dongxing, der alles getan hatte, um Mao vom Schwimmen abzuhalten, vergaß seine früheren Proteste. »Vorsitzender, wir müssen aus dieser Erfahrung Lehren ziehen«, erklärte er. »Wir sollten nicht nur die Sicherheit im Auge haben. Wir müssen auch an die Folgen denken, die die Handlungen des Vorsitzenden für die ganze Nation haben. Unser Volk kann am Beispiel des Vorsitzenden lernen: Denkt das, was früher als undenkbar galt; und vollbringt das, was man früher für unmöglich hielt.«

Mao sonnte sich in dem Lob. »Schmeichelt mir nicht. Nichts ist unmöglich, wenn man es wirklich will. Denkt daran, wenn ihr mit etwas Ungewohntem konfrontiert werdet, und sträubt euch nicht gleich dagegen. Und wenn ihr zu etwas gezwungen werdet, zögert nicht, sondern bereitet euch ernsthaft darauf vor – so wie Genosse Wang Renzhong. Das ist die richtige Einstellung.«

Jiang Qing hielt sich mit ihrem Lob zurück, bis die anderen geendet hatten. Sie war dagegen gewesen, daß Mao im Yangtze schwamm, doch seine Entschlossenheit hatte sie bewogen, ihre Meinung zu ändern. »Was ist so gefährlich daran?« hatte sie in verächtlichem Ton gefragt.

Jetzt blickte sie selbstgefällig in die Runde. »In Guangzhou wart ihr dagegen, daß der Vorsitzende schwimmt. Ihr hattet fürchterliche Angst. Aber ich war anderer Ansicht.«

»Nur Jiang Qing steht ganz auf meiner Seite«, behauptete Mao oft. Er hatte recht. Jiang Qing unterstützte Mao in allem, was er tat. Sie hatte keine andere Wahl.

Ich betrachtete die versammelten Gäste, alles hochrangige Mitglieder der Kommunistischen Partei, und dachte an das, was Mao über seine Genossen gesagt hatte. »Sie wetteifern ständig um meine Gunst, und ich habe Verwendung für sie.« Aber im Grunde waren diese Männer nur Kriecher und Höflinge. Wie konnten sie Mao von Nutzen sein?

Die Unterhaltung während des Essens und die Schmeicheleien der Mitarbeiter wären absurd gewesen, hätte es sich nur um das Schwimmen gehandelt. Aber das Lob, das Mao zuteil wurde, hatte auch politische Auswirkungen. Maos Pläne zur Umgestaltung Chinas waren grandios, gefährlich und waghalsig, und durch sein Streben nach einer rascheren Verwandlung Chinas in einen sozialistischen Staat widersetzte er sich der behutsameren Gangart der zentralen Führung. Maos Kritik an allen, die sich, ohne nachzudenken, gegen das Ungewohnte sträubten, sollte auch die Konservativen in Beijing treffen. Nach Maos Ansicht waren die Probleme, die bei der Kollektivierung der Landwirtschaft und beim sozialistischen Wandel in den Städten auftauchten, auf unzureichende Vorbereitungen zurückzuführen, nicht auf die Politik an sich. Wenn Mao wider alle Vernunft in gefährlichen Flüssen schwimmen konnte, ohne Schaden zu nehmen, konnte auch China es wagen, die gesamte Wirtschafts- und Sozialstruktur umzugestalten, um wieder zu Ruhm und internationalem Ansehen zu gelangen. Und falls Chinas Führungsspitze Mao bei seinen grandiosen Plänen nicht unterstützen wollte, so hatte er immerhin Provinzführer wie Tao Zhu und Wang Renzhong auf seiner Seite. Mao konnte seine Pläne nur verwirklichen, wenn die Funktionäre auf Provinz-

und Ortsebene mit ihm zusammenarbeiteten – daher seine häufigen Reisen. In den Provinzen fand er die Unterstützung, die ihm in Beijing versagt blieb. Deshalb war seine Reise im Sommer 1956 ein großer Erfolg.

Mao regierte China so, wie er schwamm. Er verfolgte eine Politik, die keiner nachvollziehen konnte, und setzte riskante politische Ideen durch wie den Großen Sprung nach vorn, die Volkskommunen und die Kulturrevolution. Im Juni 1956 war von den waghalsigsten politischen Plänen – dem Großen Sprung nach vorn und der Kulturrevolution – noch nicht die Rede. Und die zehn großen Monumente seiner Herrschaft, die zur Feier des ersten Jahrzehnts der »Befreiung« durch die Kommunistische Partei errichtet wurden, darunter die Große Halle des Volkes und das Museum der Revolution, mußten erst noch auf dem Reißbrett entworfen werden.

Nachdem Mao in Wuhan zum erstenmal im Yangtze geschwommen war, bekam ich allmählich eine Vorstellung davon, wie unglaublich seine Ideen waren.

Während unseres Aufenthalts in Wuhan begleitete ich Mao zu einem Treffen mit dem Leiter des Yangtze-Tal-Planungsbüros, Lin Yishan. Damals erfuhr ich von Maos Vorhaben, am mittleren Abschnitt des Yangtze einen riesigen Damm zu bauen. Als ich Lins Ausführungen hörte und den Entwurf für den Damm sah, bekam ich es mit der Angst zu tun, denn Lin Yishan war ein altgedienter Revolutionär, kein Wissenschaftler oder Ingenieur. Das Projekt zielte auf ein technisches Wunderwerk ab, das das gesamte Yangtze-Tal verändern sollte. Das Unternehmen erforderte außerordentliches wissenschaftliches Know-how, und die Folgen waren nicht absehbar. Aber Mao war begeistert. »Die drei Schluchten werden verschwinden«, erklärte er mir, »und es wird nur ein großer Stausee übrigbleiben.« Er meinte den berühmtesten Abschnitt des Yangtze mit seinen steilen Felsen, seiner reißenden Strömung und seiner atemberaubenden Szenerie, die seit Jahrhunderten in der Malerei und in der Dichtung gefeiert wurden.

Am Abend nach unserem Besuch bei Lin schrieb Mao ein Gedicht, um das Schwimmen, die Flüsse und den Wagemut der Männer zu preisen, die entschlossen waren, die Welt zu verändern.

Hab kaum getrunken von Ch'ang-shas Wasser,
und hab gegessen von Wu-ch'angs Fisch:
den Zehntausendmeilenfluß gequert und hinüber,
ins Ferne den Blick, Ch'us Himmel entlang.

Unbesorgt um Windstoß, um Wellenschlag,
besser als müßig zu Hause, ziellos umher,
heute wird weit mir, überaus frei.
Der Meister, als er am Strom war, sagte:
»Geht weiter alles, wie dieses da!«

Im Wind die Masten bewegt,
Schildkröte, Schlange still;
Anfang mit großen Plänen.
Die eine Brücke, im Flug sich spannend,
nordsüdlichen Himmelsgraben macht sie passierbar.
Weiter stehn, westwärts am Fluß, die steinernen Wälle,
abzuschneiden des Zauberbergs Wolken und Regen,
hohe Kliffs über ebenem See.
Die Geisterfee, sollte sie noch wohlauf sein,
sie müßte erschrecken: Die Welt wurde anders.[44]

Nichts konnte Mao aufhalten, nicht einmal die Proteststürme der Führung in Beijing. Er war der Qin Shihangdi des zwanzigsten Jahrhunderts. Qin Shihangdi hatte die Große Mauer gebaut. Auch Mao wollte ein gewaltiges Monument bauen, das Jahrhunderte überdauern würde. Der Damm, der den größten und bedeutendsten Fluß Chinas bändigen sollte, war nur eines unter mehreren ähnlichen Projekten.

Später arbeiteten auch Wissenschaftler und Ingenieure an dem Yangtze-Projekt mit. Sicher hatte das Wissen um Maos Traum von einem Damm ihr Handeln beeinflußt. Mit der Behauptung, das Projekt sei durchführbar, schmeichelten sie sich bei Mao ein. Gewissenhafte Techniker hätten ihm vermutlich nicht so leicht zugestimmt. Obwohl aufrechte Wissenschaftler und Ingenieure später vor dem Staatsrat und bei der Politischen Konsultativkonferenz Bedenken äußerten, wurde das Projekt mehr als fünfzehn Jahre nach Maos Tod, im April 1992, gebilligt.

Auch an den folgenden beiden Tagen schwamm Mao im Yangtze, und jedesmal stieg er triumphierend aus dem Wasser. Nach dem dritten Mal erklärte er plötzlich, er wolle sofort nach Beijing zurückkehren. Es war bereits Juli. Da ich mich völlig auf das Wohlergehen des Vorsitzenden und die internen Streitigkeiten seiner engsten Mitarbeiter konzentriert hatte, waren mir die politischen Kämpfe, die Mao selbst in seiner Abwesenheit aus Beijing ausfocht, entgangen. Wenn ich überleben wollte, mußte ich mich ohnehin aus der Politik heraushalten. Von den großen Veränderungen im Land erfuhr ich nur durch Mao selbst, aus den parteiinternen Dokumenten, die ich in die Hand bekam, und aus den Berichten, die mir mein Freund Tian Jiaying, Maos politischer Sekretär, zuspielte. Nach unserer Rückkehr nach Beijing würde es nicht mehr so einfach sein, Distanz zu wahren.

16. KAPITEL

In Beijing versuchte Mao, mich fester in seinen Kreis einzubinden. Sein Vertrauen zu mir wuchs von Tag zu Tag, und er wollte, daß ich mich politisch stärker engagierte und mich nicht nur als sein Arzt betätigte. »Ich bin gesund«, meinte er, »und Sie haben nicht viel zu tun. Ich glaube, Sie sind ein rechtschaffener Mann.« Er hatte mir eine ähnliche Aufgabe zugedacht wie Lin Ke. Neben der Lektüre des internen Informationsmaterials sollte ich eigene politische Untersuchungen anstellen, Berichte schreiben und als Maos Ratgeber fungieren.

Der Vorschlag behagte mir nicht. Wenn ich die Aufgabe eines Sekretärs übernahm, würde ich in einen unberechenbaren und gefährlichen politischen Sog geraten. Ich verstand nichts von Politik und wollte nicht in das politische Geschehen hineingezogen werden. Wang Dongxing riet mir, Maos Angebot anzunehmen, denn dadurch würde sich auch Wangs Beziehung zum Vorsitzenden festigen. Aber mir war klar, daß der Neid der anderen Mitglieder der Gruppe Eins wachsen und die Sticheleien zunehmen würden. Schon beim geringsten Fehler würden die Neider über mich herfallen. Mein Leben als Maos Arzt war schon unsicher genug, doch als sein Sekretär würde ich ständig in Gefahr schweben. Ich mußte das Angebot ablehnen.

Also erklärte ich, daß ich für Verwaltungsaufgaben nicht qualifiziert sei und niemals ein so guter Sekretär werden würde wie Lin Ke. Deshalb wolle ich Mao auch weiterhin nur als Leibarzt dienen.

Mao gab jedoch nicht auf. Er überschüttete mich und meine Familie mit Gefälligkeiten. Als im Sommer 1956 unser jährlicher Urlaub in Beidaihe näherrückte, schlug er mir vor, meine beiden Söhne mitzunehmen.

Ich erhob Einwände: Mein jüngster Sohn sei noch zu klein, und John, der ältere, sei ein nicht gerade ruhiges Kind.

»Sie sind zu vorsichtig«, mahnte Mao. »Kein Wunder, daß Jiang Qing Sie für reserviert hält. Wenn Li Na, Li Min und Yuanxin mitkommen können, warum dann nicht auch Ihre Kinder?«

Maos Begünstigungen brachten mich innerhalb der Gruppe Eins in eine schwierige Lage. Ye Zilong und Li Yinqiao waren verärgert. »Dann nehmen Sie sie eben mit«, bemerkte Ye bissig, als ich ihm von Maos Vorschlag erzählte. Mir war unbehaglich zumute.

Wang Dongxing meinte zwar, ich solle auf das Angebot eingehen, fürchtete aber gleichzeitig die schlechte Stimmung beim Sicherheitspersonal, wenn ich meine Kinder mitnehmen durfte und andere nicht. Er riet mir, der Gesundheitsabteilung von Zhongnanhai die Vorbereitungen zu überlassen. Dann würden die Sicherheitsbeamten weniger Wirbel machen.

Ich diente nach wie vor zwei Herren – dem Sicherheitsbüro unter Wang Dongxing und der Gesundheitsabteilung von Zhongnanhai, denn ich galt offiziell noch immer als Leiter der Klinik. Da die meisten Parteiführer Chinas den Sommer in Beidaihe verbrachten, kam das Pflegepersonal der Gesundheitsabteilung mit. Die Krankenschwestern waren bereit, meine Kinder während der Fahrt nach Beidaihe zu betreuen. Schließlich erlaubte ich nur meinem damals sechsjährigen Sohn John, mich zu begleiten. Erchong blieb mit Lillian und meiner Mutter in Beijing.

Vor unserer Abreise regte Jiang Qing im Gespräch mit Wang Dongxing an, ich solle Li Min, Maos neunzehnjähriger Tochter aus seiner Ehe mit He Zizhen, während unseres Aufenthalts in Beidaihe Privatunterricht geben. Li Min war ehrlich, schlicht, wohlerzogen und höflich, aber nicht gerade intelligent. Sie hatte während des Zweiten Weltkrieges in der Sowjetunion gelebt und dort keine ausreichende Ausbildung erhalten. 1956 besuchte sie die Oberschule und bekam Nachhilfe in Mathematik, Physik und Chemie. Ohne mich zu fragen, machte mich Wang Dongxing zu ihrem Privatlehrer.

Ich war damit einverstanden, Li Min Privatunterricht zu erteilen. Aber Jiang Qing hatte noch ein weiteres Anliegen.

Sie hatte gehört, daß meine Frau sehr gut Englisch konnte, deshalb wollte sie, daß Lillian Li Na Englischunterricht gab. Wang hatte auch in diesem Punkt zugestimmt.

Ich war empört. Jiang Qings Tochter Li Na, obwohl erst sechzehn Jahre alt, war bereits gehässig und gemein. Lillian dagegen war eine freundliche, liebenswürdige Frau. Wie sollte sie mit Li Na zurechtkommen?

»Ich habe es Genossin Jiang Qing bereits versprochen«, erklärte Wang Dongxing. »Bitte, lassen Sie mich jetzt nicht im Stich.«

Aber ich blieb stur. »Nein«, wiederholte ich. »Lillian hat mit ihrer Arbeit genug zu tun.« Meine Frau arbeitete beim Verein für Auswärtige Angelegenheiten und begleitete oft ausländische Delegationen auf Rundreisen durch China. »Sie ist kein Parteimitglied«, fuhr ich fort. »Es wäre unpassend, wenn sie im Haus des Vorsitzenden ein und aus ginge. Außerdem waren ihre Eltern Grundbesitzer, und ihre Geschwister leben in Taiwan. Sie hat ernste politische Probleme.«

Wang war noch verärgert. »Na gut«, gab er schließlich zurück. »Machen

Sie sich keine Gedanken mehr. Ich werde selbst mit Ihrer Frau sprechen. Sagen Sie ihr, sie soll mich aufsuchen.«

Ich eilte nach Hause und bat Lillian inständig, nicht nachzugeben. Sie versprach es mir und ging sofort zu Wang. Besorgt wartete ich auf ihre Rückkehr.

Als Lillian nach einer Stunde zurückkam, war sie völlig ruhig. Bei ihrem Anblick zerstreuten sich meine Ängste. »Wir hatten ein angenehmes Gespräch«, begann sie. »Ich erzählte Vizeminister Wang von meiner Arbeit – von all den ausländischen Besuchern, die ich betreuen muß, und wie oft ich sie auf Rundreisen durch das Land begleite. Deshalb könne ich mich unmöglich auf einen bestimmten Zeitpunkt für Li Nas Unterricht festlegen.«

Ich war erleichtert. »Das hast du gut gemacht«, lobte ich. »Was hat er gesagt?«

»Er hörte mir aufmerksam zu. Dann räumte er ein, daß es keine leichte Aufgabe werden würde, und schließlich meinte er, daß wir später noch einmal über die Sache reden könnten. Das ist alles.«

»Ihre Frau ist sehr beschäftigt«, bemerkte Jiang Qing tags darauf.

»Ja. Sie muß sehr viele ausländische Gäste betreuen und kommt immer spät nach Hause.«

Jiang Qing nickte. »Wir werden ein anderes Mal über Li Na sprechen. Können Sie mit Li Mins Unterricht beginnen?«

»Ja, für zwei Stunden pro Tag.«

Ende Juli 1956 fuhr ich mit Mao in seinem Sonderzug nach Beidaihe. Mao und Jiang Qing wohnten wieder in Haus Nummer 8, Jiang Qings Schwester, Maos beide Töchter und sein Neffe Yuanxin waren in Zhang Xueliangs alter Villa untergebracht, und Maos Sekretär Lin Ke und ich bekamen Haus Nummer 10.

Beidaihe war bezaubernd. Lillian und ich waren 1954 dort gewesen – unser letzter gemeinsamer Urlaub für mehr als zwei Jahrzehnte – und hatten uns in den Ort verliebt. Beidaihe war ursprünglich ein kleines Fischerdorf an der Küste des Golfs von Bohai im Norden der Provinz Hebei gewesen. Nach dem Opiumkrieg hatten die Briten das Dorf in einen herrlichen Urlaubsort verwandelt und eine Eisenbahnverbindung nach Beijing geschaffen. Auch nach dem Abzug der Briten setzte sich der Aufschwung fort. Hohe chinesische Funktionäre und Geschäftsleute ließen sich in Beidaihe Villen bauen, und nun gab es dort zahlreiche Läden und Restaurants. Die roten Backsteinvillen im englischen Stil hoben sich malerisch von dem weiß-blauen Himmel ab. Das Meer war ein Kaleidoskop von Farben. Sein Blau, so erklärten uns die Fischer, verändere sich mit der Farbe der verschiedenen Fischschwärme. Am besten gefielen uns die Fische, die dem Wasser einen silbernen Schimmer verliehen.

Als ich 1954 mit Lillian in Beidaihe war, standen wir immer um zwei oder drei Uhr morgens auf und sammelten bei Ebbe am Strand Muscheln. Wenn die Fischer gegen vier ihren morgendlichen Fang feilboten, kauften wir unser Essen für den Tag ein. Die Krabben waren besonders gut, aber Lillian und ich bevorzugten eine Art Flunder namens *bimuyu*. Beide Augen der *bimuyu* befinden sich auf derselben Seite, und uns fiel das chinesische Liebesgedicht über die beiden *bimuyu* ein, die gemeinsam ins Meer hinausschwimmen.

Während des Urlaubs mit Mao hatten wir prächtiges Wetter, so daß wir uns von der Hitze Beijings erholen konnten. Morgens und abends, wenn vom Meer eine sanfte, salzige Brise herüberwehte, war es besonders angenehm und kühl. Direkt vor unserer Haustür lag ein ebener Sandstrand, der sich elf Kilometer nach Osten und Westen erstreckte, und am fernen Horizont schaukelten farbenfrohe alte Dschunken auf dem Wasser. Vor unserem Haus standen vier große Pflaumenbäume mit eigroßen violetten, süßen Früchten, die man nur zu pflücken brauchte. Wenn es geregnet hatte, gingen wir in kleinen Gruppen in den Wald, um die großen, nach Kiefern duftenden Pilze zu sammeln, die bei Feuchtigkeit aus dem Boden drangen. Zusammen mit gedörrten Garnelen zauberte unser Koch daraus eine delikate Suppe. Mao mochte keine Pilzsuppe, aber Jiang Qing liebte sie.

Alles in allem herrschte in Beidaihe eine lockere Atmosphäre. Jeden Abend wurden Filme gezeigt, darunter auch die neuesten ausländischen Produktionen, und mittwochs und samstags veranstaltete Mao Tanzabende in einem großen Saal mit Freiterrasse. Gelegentlich nahmen auch Liu Shaoqi und Zhu De daran teil. Ich gab Li Min morgens zwei Stunden Unterricht, und nachmittags ging ich mit Mao schwimmen, begleitet von einer ganzen Schwadron von Leibwächtern und diversen Mitarbeitern des Hauptbüros – insgesamt dreißig oder vierzig Leute. Das Wachpersonal hatte etwa zweitausend Meter vom Strand entfernt eine Plattform auf dem Meeresboden verankert, auf der Mao ausruhen und sich sonnen konnte, ehe er zum Strand zurückschwamm.

In Beidaihe gab es im Sommer oft heftige Unwetter, und noch lange danach sorgte eine starke Brandung dafür, daß die Plattform völlig überspült wurde. Dennoch bestand Mao darauf, täglich hinauszuschwimmen, und Wang Dongxing und Luo Ruiqing hatten mittlerweile den Versuch aufgegeben, ihn daran zu hindern. Ich mußte mich mit ihm durch die rauhe See kämpfen – ein aufregendes, oftmals auch erschreckendes Erlebnis. Die Wellen trugen uns empor, schleuderten uns durch die Luft und rissen uns wieder in die Tiefe, und ich wühlte mich, nach Atem ringend, zurück an die Wasseroberfläche. Oft nahm ich meine ganze Kraft zusammen und schwamm in Richtung Plattform, um im nächsten Moment von einer hohen Welle wieder an den Strand zurückgeworfen zu werden.

Im Meer wimmelte es von Haien, und Maos Wachpersonal hatte jenseits der schwimmenden Plattform ein Netz gezogen, um sie fernzuhalten. Wenn die Wachleute tatsächlich einmal einen Hai fingen, zeigten sie ihn Mao – eine stumme Warnung, nicht zu weit hinauszuschwimmen.

Mao blieb immer bis zum späten Nachmittag am Strand. Entweder las er Dokumente durch, oder er unterhielt sich mit anderen Parteiführern. Ein Zelt schützte ihn vor den Sonnenstrahlen und diente ihm als Salon.

Mein Sohn John gewöhnte sich rasch an das Leben in Beidaihe. Es wurden seine schönsten Ferien, und er kehrte kräftig und sonnengebräunt nach Beijing zurück. Nachmittags gingen die Sicherheitsbeamten mit ihm schwimmen, und abends sahen sie sich zusammen Filme an. Auch Li Min mochte ihn, und die beiden spielten häufig miteinander. John wohnte bei mir, machte jeden Morgen ordentlich mein Bett und achtete darauf, daß unsere Kleidung immer sauber war. Ich war stolz darauf, daß er sich so gut benahm.

Auch die anderen Parteiführer hielten sich in Beidaihe auf, aber Liu Shaoqi und Zhu De waren die einzigen, die ich regelmäßig zu Gesicht bekam. Die anderen Politiker hatten in Maos Gegenwart Hemmungen; deshalb lebten sie sehr zurückgezogen, badeten an ihrem Privatstrand und veranstalteten in den vom Staatsrat geschaffenen Einrichtungen auf dem Osthügel ihre eigenen Tanzabende. Nur selten wagten sie sich in Maos Nähe. Ich suchte keinen Kontakt zu ihnen, da Mao von uns absolute Loyalität erwartete und fürchtete, wir könnten Geheimnisse ausplaudern.

Zhu De schien jedoch nicht zu wissen, daß Mao ihm immer noch grollte. Er kam oft an den Strand, wenn Mao dort war, und manchmal plauderte er sogar mit ihm unter dem Sonnenzelt. Der ehemalige Oberbefehlshaber konnte nicht schwimmen, aber er ging häufig mit einer Schwimmweste ins Wasser. Er war ein leidenschaftlicher Schachspieler, und wenn keine anderen Spieler da waren, lud er meinen Sohn zu einer Partie ein. Zhu De behandelte mich stets höflich und zuvorkommend, und er war sehr um die Gesundheit des Vorsitzenden besorgt.

Liu Shaoqi – hochgewachsen, schlank, mit silbergrauem Haar und leicht gebeugter Haltung – war neben Zhu De der einzige Parteiführer, der Mao häufig am Strand besuchte. In der Regel erschien er gegen fünfzehn oder sechzehn Uhr. Der zurückhaltende, würdevolle und wachsame Liu Shaoqi war damals Maos designierter Nachfolger, die Nummer zwei in der Partei, zuständig für innenpolitische Angelegenheiten. Obwohl Mao und Liu eng zusammenarbeiteten, waren sie eher Genossen als Freunde. In Beijing sahen sie sich nur selten, und meist verkehrten sie schriftlich miteinander. Wenn die Parteizentrale ein Dokument verfaßte, das der Zustimmung Maos bedurfte, wurde es zunächst an Liu geschickt. Dieser versah es mit Randbemerkungen und Empfehlungen und leitete es dann über das Büro für Vertrauliche Mitteilungen an Mao weiter. Und Mao wiederum schickte es mit seinen Kommentaren zur Fertigstellung an Liu zurück.

Wang Guangmei, Lius letzte Ehefrau, begleitete ihren Mann normalerweise nach Beidaihe.[45] Wie viele Frauen von Parteiführern war sie um einiges jünger als ihr Mann. Wang war damals um die Dreißig, hatte dichtes schwarzes Haar, ein längliches Gesicht und etwas vorstehende Zähne. Sie war nicht unbedingt schön, aber attraktiv und kontaktfreudig – eine Frau, die gern im Rampenlicht stand. Immer wenn Wang Guangmei Mao sah, begrüßte sie ihn herzlich, und manchmal schwamm sie sogar mit ihm hinaus zur Plattform. Jiang Qing gab sich keine große Mühe, ihre Abneigung gegen Lius Frau zu verbergen, und ich spürte eine gewisse Eifersucht. Wang war wesentlich jünger als Jiang Qing und viel entspannter und geselliger. Jiang Qing schien sich am Strand nicht wohl zu fühlen. Sie hatte nie schwimmen gelernt, und es war ihr peinlich, daß sie am rechten Fuß sechs Zehen hatte. Deshalb versteckte sie ihre Füße immer in Gummischuhen, wenn sie durchs Wasser watete.

Liu hatte aus seinen diversen Ehen zahlreiche Nachkommen, und einige davon waren in diesem Sommer ebenfalls in Beidaihe. Liu Tao, Lius sechzehn- oder siebzehnjährige Tochter aus seiner Ehe mit Wang Qian, war ebenfalls sehr lebhaft. Auch sie schwamm gelegentlich mit Mao zur Plattform hinaus, und bei den zweimal wöchentlich stattfindenden Tanzabenden forderte sie Mao häufig in aller Unschuld zum Tanz auf. Bei ihr nahm Mao sich nie dieselben Freiheiten heraus wie bei so vielen anderen jungen Mädchen. Trotzdem ärgerte sich Jiang Qing über Liu Taos offene, freundliche Art. Aber niemals wäre ich im idyllischen Beidaihe auf den Gedanken gekommen, daß sich ihre kleinlichen Eifersüchteleien und ihre Unsicherheit zehn Jahre später zu einer solchen Rachsucht auswachsen könnten, daß sie versuchen würde, Liu Shaoqis ganze Famiiie auszulöschen.

Zudem ahnte im Sommer 1956 noch niemand, daß Mao selbst sich später gegen den Mann wenden würde, den wir alle für seinen engsten Mitarbeiter hielten.

Aber dieser Bruch war bereits programmiert, denn Mao und Liu hatten eine unterschiedliche Meinung über Lius Rolle in der Politik des Landes. Mao betrachtete sich selbst als höchsten Führer, sein Wort als oberstes Gebot. Liu Shaoqi sah er als seinen Stellvertreter bei der Bewältigung der täglichen Parteiarbeit. Aber Liu Shaoqi hielt sich seiner Ansicht nach für Mao ebenbürtig – oder zumindest fast gleichrangig – und für den Staat unentbehrlich. Je deutlicher sich Liu mit Mao auf eine Stufe stellte, desto unzufriedener wurde der Vorsitzende.

Der Sommer 1956 leitete die Wende in Maos Beziehung zu Liu ein. Ich entdeckte dies jedoch erst, als sich meine eigene Beziehung zu Mao schlagartig verschlechterte.

17. KAPITEL

Im malerischen Beidaihe hatte ich allenfalls mit Sommergewittern und böigem Wind gerechnet. Doch dann ging ein plötzlicher Wutanfall Maos auf mich nieder, den ich Fu Lianzhang zu verdanken hatte.

Kurz nach unserer Rückkehr nach Beijing im Juli 1956 hatte Fu Lianzhang mich gebeten, einen kurzen Bericht über den Gesundheitszustand des Vorsitzenden zu verfassen. Er zeigte ein lebhaftes Interesse an Maos Wohlbefinden und hatte ihm einen Brief geschrieben, den ich übergeben sollte. Mao sollte ein neues westdeutsches Barbiturat namens Phanodorm ausprobieren und sich von einem Ärztestab gründlich untersuchen lassen.

Mir gefiel Fus Vorschlag nicht. Maos Schlaflosigkeit hatte sich gemildert, seit ich die Behandlung umgestellt hatte, und solange er seine sechs bis acht Stunden Schlaf pro Tag bekam, sah ich keinen Grund, mit neuen Medikamenten herumzuexperimentieren. Und niemand wußte besser als Fu, daß Mao sich nicht gern untersuchen ließ.

Ich setzte Fu meine Bedenken auseinander.

Fu willigte ein, die neuen Schlaftabletten nicht auszuprobieren, drängte mich aber, Mao von der Notwendigkeit einer Untersuchung zu überzeugen. Er habe den Vorsitzenden seit den dreißiger Jahren begleitet, und Mao habe ihm immer vertraut. »Sagen Sie ihm, daß der Vorschlag von mir stammt«, empfahl Fu. Er benannte zwei Fachärzte für Innere Medizin vom Peking Union Medical College, die die Untersuchung durchführen sollten.

Fu Lianzhang hatte mich in eine schwierige Lage gebracht. Offiziell war er noch immer mein Vorgesetzter, dessen Anweisungen ich mich nicht einfach widersetzen konnte. Gleichzeitig wußte ich aber, daß Mao Fus Vorschlag ablehnen und ich die volle Wucht seines Zorns zu spüren bekommen würde. Ich hatte wenig Neigung, Mao auf das Thema anzusprechen.

Zwei Tage verstrichen. Fu beschwerte sich über die Verzögerung und drängte mich aufs neue, Mao den Brief zu übergeben.

Ich konnte mich nicht länger sträuben. Unverzüglich machte ich mich auf den Weg.

Der Vorsitzende war gerade geschwommen und nahm jetzt ein Sonnenbad am Beckenrand. »Warum gehen Sie in letzter Zeit nicht mehr schwimmen?« wollte er wissen. »Ärzte sollten auf ihre Gesundheit achten.«

Ich zog meine Badehose an und stieg ins Becken.

»Achten Sie auf die Ausdauer. Das Tempo spielt keine Rolle.« Mao erteilte mir vom Beckenrand aus Ratschläge.

»Ich beherrsche noch immer nicht den Schwimmstil des Vorsitzenden«, erwiderte ich. »Ich muß noch mehr üben.«

Er winkte mich näher zu sich heran, um mir seinen Stil zu erläutern. »Sie sehen sehr gesund aus«, ermutigte er mich.

Das war mein Stichwort. »In Wuhan ist der Vorsitzende jedesmal zwei Stunden ohne Pause im Yangtze geschwommen. Herz und Kreislauf des Vorsitzenden sind überdurchschnittlich gut.«

»Sie schmeicheln mir.«

»Nein, ich sage die Wahrheit. Viele Jüngere können nicht so ausdauernd schwimmen. Ein Matrose, der uns begleitete, hat einen Krampf bekommen.«

»Warum habe ich davon nichts erfahren?«

»In der Nähe waren so viele Menschen, daß Genosse Wang Renzhong eine Panik befürchtete, wenn der Unfall bekanntgeworden wäre.«

»Kein Grund zur Aufregung«, erwiderte Mao. »Jeder hat eine andere Konstitution.«

Auf dieses Stichwort hin brachte ich meinen Vorschlag an: »Der Vorsitzende sollte sich vielleicht einer medizinischen Untersuchung unterziehen, solange er sich noch in so hervorragender Verfassung befindet. Dies würde uns für spätere Vergleiche Basisinformationen liefern.« Noch brachte ich Fu Lianzhang nicht ins Spiel, denn ich wollte nicht, daß Mao mir vorwarf, Fu blindlings zu gehorchen.

Mao schüttelte den Kopf. »Das ist Ärztegeschwätz. Die Leute vom Land scheren sich nicht darum, wenn sie mal krank werden. Selbst wenn sie an einer ernsthaften Krankheit leiden, gehen sie oft nicht zum Arzt. Bei heilbaren Krankheiten kann Medizin etwas bewirken, bei unheilbaren nicht. Ist Ihre Heilkunst wirklich für alles gut? Nehmen Sie zum Beispiel den Krebs. Kann ein Arzt den Krebs heilen? Ich glaube nicht.«

Ich erklärte, daß Krebs im frühen Stadium geheilt werden könne, wenn er noch keine Metastasen gebildet habe. »Ohne gründliche Untersuchung kann Krebs im Frühstadium jedoch nicht entdeckt werden«, fügte ich hinzu.

»Nennen Sie mir Beispiele«, forderte Mao.

Zum damaligen Zeitpunkt waren die meisten kommunistischen Spitzenpolitiker relativ jung und gesund. Keiner von ihnen konnte als Beispiel herhalten. Ich erwähnte einige Fälle, in denen Brustkrebs erfolgreich behandelt worden war.

Mao lächelte. Ich hatte ihn in seiner Auffassung bestätigt. »Brustkrebs entsteht an der Oberfläche des Körpers«, erwiderte er. »Man kann ihn relativ leicht aufspüren und behandeln. Sie sollten also besser sagen, daß nur einige Krebsarten durch Früherkennung geheilt werden können. Das gilt jedoch nicht für alle Arten von Krebs.« Nach einer Pause fragte er: »Wollen Sie wirklich, daß ich mich untersuchen lasse?«

»Vizeminister Fu hat einen Brief an den Vorsitzenden geschrieben. Wenn Sie ihn bitte lesen möchten.«

»Dieser Fu Lianzhang«, sagte Mao aufgebracht nach der Lektüre des Briefes. »Er hat wohl nichts Besseres zu tun. Ich habe jetzt keine Zeit für eine Untersuchung. Warten wir damit bis zum Sommer, wenn wir nach Beidaihe fahren.« Wir vereinbarten, daß die von Fu benannten Ärzte nach Beidaihe kommen sollten, um dort die Untersuchung durchzuführen.

Fu Lianzhang nahm die Nachricht erfreut auf. »Habe ich es Ihnen nicht gesagt? Ich wußte, daß der Vorsitzende einwilligt, wenn er hört, daß der Vorschlag von mir kommt.« Fu unterhielt kaum noch Kontakt zu Mao. Er hatte ihn gründlich mißverstanden.

In Beidaihe sollten Zhang Xiaoqian und Deng Jiadong, beide Ärzte am Peking Union Medical College, Mao untersuchen, während sich Lin Qiaozhi und Yu Aifeng auf Jiang Qing konzentrieren würden. Jiang Qing ließ sich unverzüglich untersuchen, wohingegen die für Mao zuständigen Ärzte selbst nach zwei Wochen immer noch nicht zu ihm gerufen worden waren. Dann beklagte sich Fu Lianzhang bei mir, weil die Ärzte in Beijing gebraucht würden; ich solle dafür sorgen, daß die Untersuchung vonstatten gehe.

Nichts leichter als das, dachte ich. Mao hatte sich bereits einverstanden erklärt, wir mußten also nur noch einen geeigneten Zeitpunkt festsetzen. Am nächsten Tag während der Englischstunde kam ich beiläufig auf das Thema zu sprechen. Die Ärzte warteten seit nunmehr zwei Wochen und ließen fragen, wann die Untersuchung stattfinden solle.

»Sie sollen hier ruhig eine Weile ausspannen«, entgegnete Mao.

»Was soll ich ihnen ausrichten?«

»Ausrichten?« fragte Mao.

»Nun, wir sprechen doch über die Untersuchung?«

»Wie kommen Sie denn darauf?« knurrte Mao.

»Vor unserer Abreise aus Beijing hat der Vorsitzende doch erklärt, er wolle sich in Beidaihe untersuchen lassen.«

Da verlor Mao die Geduld. »Ich kann doch wohl meine Meinung ändern?«

schrie er. »Auch die Entscheidungen des Politbüros kann ich ändern. Dahinter steckt bestimmt dieser verfluchte Wang Dongxing. Ich will mich nicht untersuchen lassen. Sagen Sie ihm, er soll abhauen.«

Ich hatte keine Ahnung, weshalb Mao so zornig geworden war. »Vizeminister Fu Lianzhang hat die Untersuchung vorgeschlagen, nicht Wang Dongxing«, erwiderte ich verlegen.

»Dann soll eben auch dieser verfluchte Fu Lianzhang abhauen«, brüllte Mao.

»Er ist doch gar nicht hier«, murmelte ich und versprach Mao, die Untersuchung abzusagen.

Ich war verstört. Mao hatte keinen Grund, auf mich wütend zu sein. Wenn er sich nicht untersuchen lassen wollte, hätte er höflich ablehnen können.

»Der Vorsitzende ist nicht ernsthaft böse auf Sie«, meinte Li Yinqiao, als ich aus Maos Zimmer kam. Gespräche unter vier Augen gab es bei Mao nicht. Li Yinqiao und der Leibwächter Xiao Zhang hatten an der Tür gelauscht. »In den letzten beiden Tagen ist das Politbüro mehrmals zusammengetreten, außerdem haben Ministerversammlungen im Staatsrat stattgefunden, und die Parteisekretäre aus den Provinzen haben sich getroffen. Viele Themen sind behandelt worden. Der Vorsitzende hat sich mit harschen Worten über die Sicherheitsvorkehrungen geäußert. In seinem Sonderzug seien zu viele Leibwächter. Er beanstandet auch ein paar organisatorische Details bei der Vorbereitung seines Bades im Yangtze. Ich weiß nicht recht, was los ist.«

Vielleicht war Mao wirklich nicht wütend auf mich. Vielleicht war er auf Funktionäre der Parteispitze böse und ließ seine Wut nur an mir aus.

»Entweder der Vorsitzende oder Jiang Qing werden die Angelegenheit morgen klären«, ermunterte mich Li. »Machen Sie sich nichts daraus. Vergessen Sie es einfach.«

Trotzdem war ich sehr verstört und mußte ständig an Maos Wutausbruch denken. Ich hatte schon erlebt, wie er anderen gegenüber die Geduld verlor und grob wurde, doch zum erstenmal hatte er mich mit unflätigen Worten beschimpft. Ich war außerordentlich beunruhigt. Wie sollte ich weiter für einen so schwierigen, unberechenbaren und launischen Menschen arbeiten? Die Tätigkeit kam mir plötzlich zu schwierig und gefährlich vor. Ich wollte fort. Ich wollte wieder im Krankenhaus arbeiten.

In meinem Zimmer begann ich, mir Vorwürfe zu machen. Natürlich hatte ich gewußt, daß Mao sich nicht untersuchen lassen wollte, als ich das Thema in Beijing anschnitt. Ich hatte ihn dazu überreden müssen, und er hatte nur eingewilligt, um mich zu beschwichtigen. Da ich noch immer versuchte, mich aus der Politik herauszuhalten, wußte ich kaum etwas über Maos Aktivitäten in Beidaihe. Wie dumm ich gewesen war!

Am nächsten Abend ließ Mao mich zu sich rufen. Kaum betrat ich sein Zimmer, lächelte er auch schon. »Es ist nicht leicht, für mich zu arbeiten, nicht wahr?« Ich erwiderte sein Lächeln. »Zornesausbrüche sind für mich ein Mittel der Gegenwehr«, sagte er. »Wenn ich gegen meinen Willen zu etwas gezwungen werden soll, brause ich auf. Dann bin ich die Sache los. Achten Sie nicht auf meine Wutanfälle. Ich war schon immer für Kritik und Selbstkritik. Sollte ich einmal einen Fehler machen, sagen Sie es mir. Nur reden Sie nicht hinter meinem Rücken.«

»Es war voreilig von mir, die Untersuchung vorzuschlagen, Genosse Vorsitzender.«

»Ich habe hier in Beidaihe viel zu erledigen«, erklärte Mao. Der Achte Parteitag der Kommunistischen Partei Chinas werde in einigen Wochen zusammentreten, und er stecke mitten in den Vorbereitungen. Er habe für eine ärztliche Untersuchung jetzt keine Zeit. Besänftigend setzte er nach einer Pause hinzu: »Kümmern Sie sich um die Ärzte. Sie können gerne noch ein Weilchen bleiben. Dr. Zhang Xiaoqian kommt wie ich aus Hunan, vielleicht unterhalte ich mich einmal mit ihm.«

Ich hatte zwar noch immer keinen Überblick über die politische Lage, aber nun wußte ich, daß sich der Zorn des Vorsitzenden gegen jemand anderen richtete.

Nach diesem Vorfall nahm Mao eine versöhnlichere Haltung ein. Er schien sein Vertrauen in mich wiedergewonnen zu haben. Jeden Tag trafen wir uns zum Englischlernen, und wenn er nicht einschlafen konnte, rief er mich oft spät nachts zu einem Plausch zu sich. Meist sprach er dann über sein schlechtes Verhältnis zur Sowjetunion und darüber, daß China vom Westen lernen müsse. Er machte sich Sorgen über die kulturelle Stagnation und hoffte, westliches Gedankengut könnte die Entwicklung in China beleben. Er wollte von der westlichen Kultur profitieren, ohne sich dem Westen unterwerfen zu müssen; er wollte etwas Neues schaffen, eine Verschmelzung aus chinesischen und westlichen Elementen. Als ich auf den großen Unterschied zwischen beiden Kulturen hinwies, warf er mir Phantasielosigkeit und mangelnden Unternehmungsgeist vor. Denselben Vorwurf erhob er auch gegen die Parteiführung.

Etwa um diese Zeit, im Spätsommer des Jahres 1956, erwähnte Mao mir gegenüber erstmals seine Absicht, als Vorsitzender der Volksrepublik zurückzutreten.[46] Ich glaubte ihm nicht, mußte jedoch später feststellen, daß

Mao niemals nur so dahinredete. Manchmal vergingen Monate oder sogar Jahre, bis ich die volle Bedeutung unserer Gespräche erfaßte. Seine Rücktrittsabsicht war damals noch ein Geheimnis, wurde jedoch bereits auf höchster Parteiebene diskutiert. Drei Jahre später, im Jahre 1959, trat er tatsächlich zurück. Als Begründung wurden seine Gesundheit genannt und der Wunsch, in die »zweite Reihe« zu treten, um sich, frei von lästigen Amtsgeschäften, auf die wichtigen Fragen zu konzentrieren. Die Wahrheit sah jedoch etwas komplizierter aus.

Maos Gesundheit war *ein* Grund. Vor den Feierlichkeiten auf dem Tiananmen-Platz schlief er immer schlecht und holte sich bei der Zeremonie oft eine Erkältung, die manchmal verschleppt wurde und sich zur Bronchitis ausweitete. Für Krankheiten wollte Mao keine Zeit vergeuden.

Ein weiterer Rücktrittsgrund war seine Abneigung gegen Formalitäten. Das Amt des Staatsoberhauptes war repräsentativer Art, und er haßte es, sich formell zu kleiden. Für ihn war es Zeitverschwendung, Beglaubigungsschreiben von Botschaftern entgegenzunehmen oder sich mit ihnen auf Staatsempfängen zu treffen. 1956 hatten selbst die Tiananmen-Feiern an Glanz eingebüßt.

Später begriff ich jedoch, daß Maos Rücktritt auch taktische Gründe hatte. Er wollte die Loyalität hoher Parteiführer auf die Probe stellen – vor allem die von Liu Shaoqi und Deng Xiaoping –, denen er schon damals mißtraute. Chruschtschows Anti-Stalin-Rede hatte Mao in die Defensive gedrängt. Die Reaktion der chinesischen Parteiführer, ihre anfängliche Unterstützung Chruschtschows, ihre bejahende Haltung gegenüber dem Ruf nach kollektiver Führung sowie ihre Kritik an Maos Sprunghaftigkeit ließen ihn an ihrer Loyalität zweifeln. Durch die heimliche Ausstreuung seiner Rücktrittsabsichten gab Mao der Parteiführung die Möglichkeit, ihre Loyalität unter Beweis zu stellen, indem sie versuchte, ihn zum Bleiben zu bewegen. Als dieser Versuch ausblieb, sann er auf andere Wege, seine Macht zu sichern. Er zog sich aus der Frontlinie zurück und verließ im Frühsommer Beijing für eine lange Reise in den Süden. Nun konnte er die politischen Manöver aus der Ferne beobachten. Wenn er die lästigen Amtsgeschäfte abgeben wollte, dann allein zu dem Zweck, seine Vormachtstellung zu sichern und sich wichtigeren Aufgaben wie dem Umbau der chinesischen Gesellschaft zuzuwenden.

Was die Vertrauensprüfung seiner Parteispitze betraf, so mußte Mao nicht lange warten. Auf dem Achten Parteitag im September 1956 wurden Maos schlimmste Befürchtungen über Liu Shaoqi und Deng Xiaoping bestätigt.

18. KAPITEL

Der Parteitag sollte am 15. September 1956 eröffnet werden. Bereits einige Zeit vorher kehrten die meisten Parteiführer nach Beijing zurück, nur Mao blieb noch in Beidaihe. Die Tage wurden jetzt kühler. Mao liebte frisches Wetter, und wir setzten unsere nachmittäglichen Schwimmrunden fort, bis das Wasser sogar für ihn zu kalt wurde. Unmittelbar vor Kongreßbeginn reisten wir ab.

Der Achte Parteitag war der erste seit 1945. Damals hatte die Gründung der Volksrepublik noch nicht stattgefunden, und der Sitz der Partei befand sich noch in Yan'an. Jetzt sollten ein neues Zentralkomitee gewählt und die Richtlinien für das neue sozialistische System festgelegt werden. Mao hatte die Versammlungsleitung Liu Shaoqi und Deng Xiaoping überlassen, und ich glaube, ihre politische Vernunft wurde von ihrer Selbstüberschätzung verdrängt. Ihre Fehleinschätzung von Maos Rücktrittsplänen führte dazu, daß ihre Kongreßleitung gewissermaßen zu einem Schlag ins Gesicht des Vorsitzenden wurde. Sie versuchten, die Führung an sich zu reißen und Mao sowohl in unwesentlichen formalen Dingen als auch in wichtigen inhaltlichen Fragen in die zweite Reihe zu drängen.

Liu Shaoqi sollte den politischen Rechenschaftsbericht für die Partei abgeben und damit die wichtigste Rede des Kongresses halten. Normalerweise wäre Mao aktiv miteinbezogen worden, und er hätte die Ausführungen von Liu Shaoqi kommentiert. Wie Mao mir damals und bei zahlreichen Gelegenheiten während der Kulturrevolution erklärte, hatte Liu Shaoqi ihm keinen Einblick in sein Manuskript gewährt.

»Ich werde als Vorsitzender der Republik zurücktreten, aber noch bin ich Parteivorsitzender«, klagte Mao. »Warum wurde ich bei der Vorbereitung des Kongresses nicht zu Rate gezogen? Man hat mir keine Gelegenheit gegeben, am Entwurf für den politischen Rechenschaftsbericht mitzuarbeiten.«

Ich wußte nicht, ob Mao die Rede von Liu gelesen und kommentiert hatte oder nicht. Doch ihr Inhalt schien ihn wenig zu erfreuen. Wahrscheinlich hatte er sich über das Gelesene geärgert und sich deshalb zu der Aussage mir gegenüber hinreißen lassen. Die auf dem Achten Parteitag festgelegten Prinzipien waren von Mao nie unterstützt worden. Seine ablehnende Haltung war ein weiterer Grund für seine spätere Entscheidung, die Kulturrevolution in Gang zu bringen. Erst auf dem Zwölften Parteitag von 1969, auf dem Liu

Shaoqi und Deng Xiaoping sowie die meisten Abgeordneten des Achten Parteitags gestürzt und auf dem Maos Gedanken zu Richtlinien für den Staat erklärt wurden, war die Rache des Vorsitzenden vollendet.

Deng und Liu arbeiteten eng zusammen, und ihr Regierungskonzept unterschied sich meines Wissens grundlegend von Maos Vorstellungen. Für sie war die Partei ein Entscheidungsorgan, und Chruschtschows Kritik an Stalin bestätigte sie in ihrer Ansicht, daß Entscheidungen kollektiv getroffen werden sollten. Für sie war Mao ein Primus inter pares. Mao dagegen dachte eher absolutistisch. Er stellte sich und seinen Willen über alles und lehnte jeden Widerspruch schon im Ansatz ab.

Mao eröffnete den Kongreß mit einem Begrüßungswort. Ich begleitete ihn auf die Eröffnungs- und auf die Schlußsitzung und lauschte Liu Shaoqis Rede hinter den Kulissen. Als ich Liu und Deng Xiaoping sprechen hörte, wußte ich sofort, daß Mao vor Wut rasen würde. In den Reden wurde das Prinzip der kollektiven Führung hochgehalten, und dem Personenkult wurde eine Absage erteilt. In der von Deng beschriebenen neuen Verfassung fehlte der Satz, der die Worte Maos zur ideologischen Richtschnur für das Land erhob. Für Mao war eine neue Stellung als Ehrenvorsitzender nach seiner Niederlegung des Parteivorsitzes vorgesehen, wobei Deng andeutete, daß auch dieses Amt nicht auf Dauer angelegt sei.

Das Loblied auf die kollektive Führung nach dem Vorbild Chruschtschows war besonders ärgerlich für Mao. Wenn sich die Partei diesem Prinzip verschwor, wären alle gleichberechtigt und wichtige Fragen müßten gemeinsam entschieden werden. Mao würde in den Hintergrund treten. Doch er wollte an der Spitze bleiben. Er wollte den Personenkult.

Das entsprach auch meiner Vorstellung. Mao war zum Führer bestimmt, nicht Liu Shaoqi oder irgendein Kollektivorgan.

Mao wollte zwar angeblich in die zweite Reihe zurücktreten, gleichzeitig aber erwartete er, in allen wichtigen Angelegenheiten konsultiert zu werden.

Während des Achten Parteitags wurde ich zum erstenmal auf die Differenzen zwischen Mao und Liu Shaoqi, seinem designierten Nachfolger, aufmerksam. Der Kongreß stellte einen Wendepunkt in den Beziehungen Maos zu Liu und Deng dar. Mao war davon überzeugt, daß die beiden Parteiführer ganz bewußt versuchten, ihn auszubooten.

Mao hatte die Eigenart, seinen Zorn zunächst nicht gegen die eigentlich Betroffenen, sondern gegen deren Untergebene zu richten. Wie damals, als sich Maos Verärgerung über Stalin zunächst gegen seinen Stellvertreter Wang

Ming richtete, so wütete er in seinem Zorn auf Liu Shaoqi und Deng Xiaoping jetzt gegen deren Untergebene Luo Ruiqing und Wang Dongxing. Seine Wut führte auch zu einer raschen, dramatischen Veränderung meiner Lebensumstände.

Kurz nach dem Achten Parteitag, unmittelbar nach den Festlichkeiten zum Nationalfeiertag am 1. Oktober des Jahres 1956, kam es zur Explosion. Die meisten Mitarbeiter in Zhongnanhai befanden sich im Huairen-Saal und sahen sich eine chinesische Oper an. Mao war in seinem Schlafzimmer, und ich saß im nahegelegenen Dienstzimmer und ging einige medizinische Unterlagen durch. Plötzlich kam Li Yinqiao in mein Büro und rief von dort aus im Huairen-Saal an. Luo Ruiqing und Wang Dongxing, die sich beide die Oper ansahen, sollten sich sofort bei Mao melden.

Binnen weniger Minuten trafen sie ein; beide waren über die formlose Art der Vorladung erstaunt und fragten sich, um welche dringende Angelegenheit es sich handeln könne.

»Der Vorsitzende möchte Sie sprechen« war alles, was sie aus Li Yinqiao herausbekamen.

Kaum hatten die beiden Funktionäre Maos Schlafzimmer betreten, begann dieser, sie mit den unflätigsten Worten zu beschimpfen. Ihr Besuch dauerte eine Stunde. Li Yinqiao und ein weiterer Leibwächter lauschten an der Tür. Bereits in Beidaihe hatte Mao Kritik an Luo und Wang geübt. Ihre Sicherheitsvorkehrungen seien übertrieben, überflüssig und ahmten die in der Sowjetunion üblichen Maßnahmen auf unterwürfige Weise nach. Er war immer noch wütend auf Wang, der sich gegen das Bad im Yangtze ausgesprochen hatte. Am meisten aber ärgerte er sich darüber, daß sie sich zu sehr der Parteibürokratie unterordneten. Beide legten ihre Berichte gewöhnlich direkt Liu Shaoqi vor, der das Amt des Parteisekretärs bekleidete.

Mao aber war der oberste Chef der Partei, und die hierarchische Ordnung zwang Luo und Wang nicht unbedingt, ihre Berichte irgend jemand anderem vorzutragen. Ihr Verhalten hatte nichts mit einem besonderen Treueverhältnis zu Liu Shaoqi und Deng Xiaoping zu tun, und gewiß wollten sie auch Mao nicht gegen sich aufbringen. Ihres Wissens bestand zwischen Mao und und der Führungsspitze ein gutes Verhältnis, und sie erstatteten der Parteizentrale Bericht, weil sie befürchteten, Maos Ablehnung ihrer Sicherheitsvorkehrungen könne zu einem Unglück führen. Sie wollten dafür sorgen, daß die unmittelbar unter Mao stehenden Funktionäre die Verantwortung für einen Unglücksfall teilen würden.

Mao hatte sich schon immer darüber geärgert, daß die beiden Funktionäre der Parteizentrale so häufig Bericht erstatteten, und nach Lius Verhalten auf dem Achten Parteitag war Mao noch wütender. Sein Zorn wurde zudem von Li Yinqiao angestachelt, der Mao wissen ließ, Luo und Wang seien entschlossen, den Vorsitzenden trotz seiner Kritik in Beidaihe mit den »größtmöglichen Sicherheitsmaßnahmen« zu umgeben.

Li wußte, daß Mao gegen »größtmögliche Sicherheit« war. Er wollte nach eigenem Gutdünken schwimmen, wo es ihm beliebte, sich unter die Massen mischen und auch unbeobachtet seinen sexuellen Affären nachgehen. Größtmögliche Sicherheit bedeutete größtmögliche Überwachung durch Leibwächter, die er nicht kannte, die aber Luo und Wang gegenüber loyal waren. Je mehr Leibwächter aus dem Verwaltungsapparat ihn umgaben, desto mehr Personen waren in seine Privatangelegenheiten eingeweiht und um so wahrscheinlicher war es, daß die Parteizentrale von seinen Aktivitäten erfuhr. Mao brauchte mehr Spielraum. Noch immer litt er unter Peng Dehuais Vorwurf wegen der dreitausend Konkubinen. Er wollte nicht, daß die Parteiführung über jeden seiner Schritte informiert war. Er brauchte Leibwächter, die nur ihm verpflichtet und bereit waren, die Verwaltungshierarchie zu umgehen. Das konnte er jedoch nicht aussprechen, denn noch durfte er nicht zugeben, daß er seinen eigenen Genossen ablehnend gegenüberstand.

»Ich glaube nicht an das alte Sprichwort aus Hunan, in dem es heißt: ›Wenn der Schlachter stirbt, muß das Schwein ungehäutet gegessen werden‹«, schimpfte Mao und meinte damit, er könne sehr gut auch ohne Luo Ruiqing und Wang Dongxing auskommen. »Sie sind entlassen!«

Zu Luo Ruiqing sagte Mao, er werde seines Amtes als Minister für Öffentliche Sicherheit enthoben und mit der viel unbedeutenderen Position eines Gouverneurs der Provinz Hunan betraut. Wang Dongxing habe als Leiter von Maos Sicherheitsdienst und als stellvertretender Minister im Sicherheitsbüro zurückzutreten. Er solle zur »Umerziehung« in die zentrale Kaderschule der Partei in Beijing und dann zur weiteren Läuterung in seine Heimatprovinz Jiangxi zurückgeschickt werden.

Blaß und zitternd kamen die beiden aus Maos Zimmer. Vor allem Luo Ruiqing war aufgebracht. Er konnte nicht verstehen, weshalb Mao seine gutgemeinten Sicherheitsmaßnahmen ablehnte.

»Was ist nur passiert?« fragte Luo mit bebenden Lippen, als die beiden das Dienstzimmer betraten. Er wollte sofort der Parteiführung Bericht erstatten und eine Versammlung im Sicherheitsministerium einberufen. Offenbar hatte er noch immer nicht begriffen, daß seine Vorliebe, alles mit der Parteizentrale zu besprechen, der Hauptentlassungsgrund war.

Wang Dongxing, der Mao näherstand, verstand ihn besser. Er wußte, wenn Luo jetzt eine Versammlung einberief oder direkt zur Parteiführung ging, wäre die Chance für einen Kompromiß vertan, und der Bruch zwischen Luo und dem Vorsitzenden wäre endgültig.

Er warnte Luo vor übereilten Schritten und schlug vor, mit der Versammlung zu warten. Luo ließ sich überzeugen.

Später schrieb Luo Ruiqing Mao einen Brief, in dem er seine Fehler eingestand. Die Versammlung, die er schließlich im Sicherheitsministerium einberief, diente der öffentlichen Selbstkritik.

Mao ließ sich erweichen, und Luo behielt sein Ministeramt. Er wurde nie nach Hunan abgeordnet.

Auch Wang Dongxing schickte Mao ein Entschuldigungsschreiben und übte Selbstkritik, konnte sich damit aber nicht entlasten. Er wurde entlassen.

Wang Dongxings Weggang bedeutete für mich einen schmerzlichen Verlust. Er war mein Freund und Beschützer gewesen – meine einzige Stütze innerhalb der Gruppe Eins. Er hatte mir Ratschläge erteilt, mich auf dem laufenden gehalten und mir beigestanden, wenn etwas schiefging. Wang Dongxing hatte mich gegen den hartnäckigen, aber erfolglosen Widerstand von Personen, die jetzt von seiner Entlassung profitieren würden, in die Gruppe Eins gebracht. Ye Zilong und Li Yinqiao waren über Wangs Schicksal hocherfreut und ließen mich ihre feindselige Haltung weiterhin spüren. Ohne Wang fühlte ich mich den ständigen Intrigen innerhalb der Mauern der Residenz ungeschützt ausgeliefert. Ohne Wang Dongxing gab es kein Überleben für mich, ich würde bei lebendigem Leib gefressen werden. Auch ich mußte also die Gruppe Eins verlassen. Ich begann, meine Flucht vorzubereiten.

19. KAPITEL

Jiang Qing durchkreuzte meine Pläne. Diesmal war sie wirklich krank. Bei einer Routinekontrolle in Beidaihe wurde ein Abstrich bei ihr vorgenommen, der sich als positiv erwies. Zur Bestätigung des Ergebnisses schickten ihre Ärzte Lin Qiaozhi und Yu Aifeng die Objektträger an zwei führende Pathologen des Landes: an Liang Boqiang vom Sun-Yatsen-Institut in Guangzhou und an Hu Zhengxiang vom Peking Union Medical College. Beide Ärzte stimmten überein: Die Probe war positiv. Die Diagnose lautete auf Gebärmutterhalskrebs *in situ*. Der Krebs hatte jedoch noch nicht gestreut. Er befand sich in einem sehr frühen Stadium, und die Heilungschancen wurden hoch eingeschätzt.

Aber schließlich war Jiang Qing Maos Frau, und die Ärzte sicherten sich nach allen Seiten ab. Dr. Yu Aifeng flog mit einer weiteren Probe in die Sowjetunion. Auch dort wurde die Diagnose bestätigt. Fu Lianzhang, der den Kontakt zu den Ärzten hielt, verfaßte einen Bericht für Mao.

Mao berief eine Besprechung mit den Ärzten ein. Dr. Lin Qiaozhi, die Gynäkologin, die den Abstrich vorgenommen hatte, schlug eine Kobalt-60-Therapie in der Sowjetunion vor. Die chinesischen Krankenhäuser führten Radiumbestrahlungen durch, waren für Kobalt-60-Therapien jedoch noch nicht ausgerüstet. Die russischen Ärzte gaben der Kobaltbestrahlung den Vorzug. Dem Vorschlag von Dr. Lin lagen nicht nur medizinische Überlegungen zugrunde, sondern sie wollte auch sich und ihre chinesischen Kollegen schützen. Keiner der chinesischen Ärzte wollte zur Verantwortung gezogen werden, falls sich ihre optimistische Prognose als falsch erwies.

»Sie treffen die Entscheidung«, sagte Mao. »Wenn man krank ist, sollte man auf ärztlichen Rat hören.« Also wurde Dr. Lins Vorschlag angenommen. In Begleitung von Dr. Yu Aifeng sollte Jiang Qing in die Sowjetunion reisen.

Jiang Qing hatte andeutungsweise mitbekommen, daß etwas nicht stimmte, sie war aber noch nicht über die Krankheit aufgeklärt worden. Mao wollte, daß wir Ärzte mit ihr sprachen. Er lud uns alle zum Essen ein.

Jiang Qing war untröstlich, als sie die Wahrheit erfuhr, und erst, als die Ärzte ihr immer wieder versicherten, daß die Strahlentherapie völlige Heilung versprach, beruhigte sie sich. Wenige Tage später flog sie in die Sowjetunion.

Inzwischen war es Anfang November geworden. Ich mußte jetzt aktiv werden. Zwei für mich interessante Fortbildungsangebote lagen vor: Ich konnte in England Tropenmedizin studieren oder mich am Krankenhaus von Beijing in Neurologie weiterbilden. Dort würde ich bei dem berühmten sowjetischen Neurologen Ruschinski, der damals in China arbeitete, einen Kursus besuchen. Die Chefärzte der bedeutendsten Neurologieabteilungen des Landes sollten daran teilnehmen. Nach dem Lehrgang wollte das Krankenhaus von Beijing ein wissenschaftliches Forschungsinstitut für Neurologie einrichten.

Ich unterrichtete Mao über die beiden Fortbildungsmöglichkeiten. »Heißt das, daß Sie weggehen wollen?«

»Ja, wenn Sie damit einverstanden sind«, erwiderte ich.

»Tropenmedizin?« fragte er nachdenklich. »Das hat nichts mit mir zu tun.«

Bei diesen Worten begriff ich, daß Mao meinen Weggang als nur vorübergehend ansah. Er wollte, daß ich zurückkäme.

»Wenn Sie wirklich gehen wollen, machen Sie den Kursus hier in Beijing. Dann werden Sie mir noch besser helfen können.« Da Mao in erster Linie über Neurasthenie klagte, würde mir die Neurologiefortbildung tatsächlich bei meiner Arbeit mit ihm helfen.

»Wenn der Vorsitzende einverstanden ist, werde ich die Angelegenheit mit dem Gesundheitsministerium regeln.« Ich hatte noch immer die Absicht, endgültig aus der Gruppe Eins auszuscheiden, doch mußte ich schrittweise vorgehen. Das Gesundheitsministerium war für die Stellenvergabe für Ärzte zuständig.

»Wer wird in Ihrer Abwesenheit Ihren Platz einnehmen?« fragte Mao.

Auch darüber hatte ich mir schon Gedanken gemacht. Ich wollte Dr. Bian Zhiqiang meine Stellung überlassen. Er war Internist am Krankenhaus in Beijing, ungefähr fünf Jahre jünger als ich und Absolvent einer bedeutenden medizinischen Fakultät in Nanjing.

»Ich kenne ihn nicht«, sagte Mao. »Wollen Sie denn für immer fort, wenn er die Stelle bekommt?«

Ich versicherte Mao, daß ich zurückkehren würde, wenn er es wünsche.

»Richten Sie Fu Lianzhang aus, daß ich vorläufig ohne einen Ersatz auskomme. Wir wollen später darüber entscheiden.«

Fu Lianzhang freute sich über meinen Weggang. Er hatte mich nie gern als Maos Leibarzt gesehen. Trotz der Einwände von seiten Maos bestimmte er Bian zu meinem Nachfolger. Dieser zog sofort nach Zhongnanhai um, und ich begann Mitte November mit der Fortbildung.

Ich genoß meine wiedergewonnene Freiheit! Der Kursus gefiel mir, der Stundenplan war sehr voll, und schon bald ging ich völlig in meinen neuen Studien auf. Die Zusammenarbeit mit anderen Ärzten war sehr anregend für mich. Oft arbeitete ich bis zwei oder drei Uhr früh und fühlte mich trotzdem leistungsfähiger und entspannter als in Zhongnanhai, wo ich mit »Kollegen« wie Ye Zilong und Li Yinqiao zusammengewirkt hatte. Der stellvertretende Direktor des Krankenhauses von Beijing forderte mich auf, nach Abschluß des Lehrgangs dort zu bleiben, und versprach mir eine Stelle in der neuen Neurologieabteilung.

Auch Lillian war von meiner neuen Tätigkeit begeistert und glücklich wie schon lange nicht mehr. Meine Arbeit ließ uns immer noch nicht viel gemeinsame Zeit, aber wenigstens nahm ihr Leben wieder normale Züge an. Ihre Eltern zogen von Nanjing nach Beijing um und wohnten mit meiner Mutter, Lillian und unseren beiden Söhnen in dem alten Haus unserer Familie. Ihre Eltern waren froh, bei uns wohnen zu können. Erst kurz zuvor hatte man ihnen ihre Bürgerrechte zurückgegeben, nachdem die Behörden in Nanjing erfahren hatten, daß ich Arzt eines hochrangigen Funktionärs in Beijing war. Sie waren wieder als ehrbare arme Stadtbewohner eingestuft worden. Auch sie fühlten sich jetzt viel freier und kümmerten sich hingebungsvoll um ihre beiden Enkel.

Ich behielt meine Wohnung in Zhongnanhai, obwohl wir uns selten dort aufhielten. Luo Daorang, der nach Wang Dongxings Entlassung vorübergehend die Leitung der Sicherheitsabteilung übernommen hatte, erlaubte mir, meinen offiziellen Arbeitsplatz ins Krankenhaus zu verlegen, wollte aber keine endgültige Trennung von Mao zulassen, um mir die Rückkehr zu erleichtern. Vor mir hatte Mao schon drei Leibärzte gehabt. Luo befürchtete Schwierigkeiten, wenn er mich ziehen ließ und Mao mich später zurückhaben wollte.

Ich war so in meine Studien vertieft, daß die politischen Veränderungen in China unbemerkt an mir vorübergingen. Nur am Rande bekam ich mit, daß Mao eine politische Kampagne unter dem Motto begonnen hatte »Laßt hundert Blumen blühen, laßt hundert Schulen miteinander wetteifern«. Ich wußte auch, daß er in einer Rede am 27. Februar 1957 die Intellektuellen und die Mitglieder der »demokratischen Parteien« zur Kritik an der Partei aufgerufen hatte und daß wir nach unserem Lehrgang ebenfalls Gelegenheit bekommen sollten, unsere Kritik zu formulieren. Zu diesem Zweck wurden im Krankenhaus Versammlungen einberufen. Ich war zu sehr mit meinen Studien beschäftigt, um an den Zusammenkünften teilzunehmen. Das politische

Geschehen schien weit weg, wie ein Krieg in einem fernen Land, und niemand zwang uns, den Versammlungen beizuwohnen.

Im Frühjahr 1957 konzentrierte ich mich immer noch auf mein Studium und war glücklich, wieder in meiner alten Umgebung zu sein.

Dann besuchte mich Li Yinqiao am 4. Mai 1957 im Krankenhaus. Der Vorsitzende habe sich erkältet und wolle mich sehen. Ich wurde zurückbeordert.

Aber ich wollte nicht.

Ich sprach Li auf Dr. Bian Zhiqiang an. Er sei doch jetzt für den Vorsitzenden zuständig.

Nach meinem Weggang habe Dr. Bian Mao ungefähr zweimal gesehen, erzählte mir der Leibwächter, doch Mao könne sich nicht an ihn gewöhnen. Zum Kennenlernen hatte Mao den jungen Arzt auf eine seiner Tanzveranstaltungen eingeladen, die gesellige Atmosphäre sollte Bian etwas auflockern. Dennoch war er so nervös, daß er in Maos Gegenwart regelrecht zitterte. Mao konnte ihn nicht leiden. Er war also jetzt nach seiner Rückkehr aus Guangzhou ohne Arzt. Auch Jiang Qing sei aus der Sowjetunion zurückgekehrt. Beide wollten wieder von mir betreut werden, berichtete Li Yinqiao. »Wenn der Vorsitzende Sie ruft, können Sie ihm doch keine Absage erteilen.«

Ich hatte noch Dienst im Krankenhaus. Nach der Dienstordnung mußte ich um Erlaubnis bitten, wenn ich gehen wollte, und nur der Parteisekretär am Krankenhaus wußte, daß ich der Leibarzt des Vorsitzenden war. Aus Sicherheitsgründen mußte meine Position geheimgehalten werden. Man befürchtete, potentielle Attentäter könnten Mao vergiften und mich dabei als Instrument benutzen.

»Ihre Vorgesetzten wissen von dem Problem«, sagte Li. Nach der Entfernung Wang Dongxings war ein gewisser Wang Jingxian für Maos Sicherheit verantwortlich. Dieser hatte auch meine Rückkehr angeordnet und Li Yinqiao beauftragt, mich abzuholen. Draußen wartete ein Wagen.

Ich bestand darauf, meine Vorgesetzten zu unterrichten.

Li Yinqiao gab nicht nach. »Sie haben keine Zeit. Wir sollten den Vorsitzenden nicht warten lassen. Sie können ihn ja zuerst aufsuchen und anschließend das Krankenhaus informieren.«

Ich hatte die Gruppe Eins also nie wirklich verlassen, sondern ich war nur an das Gesundheitsministerium ausgeliehen worden. Das Hauptbüro der Sicherheitskräfte hatte mein Leben noch immer völlig unter Kontrolle. Mir blieb keine andere Wahl – mit dem Arztkoffer in der Hand kehrte ich nach Zhongnanhai zurück.

Mao lag im Bett und wirkte blaß und erschöpft. Er bat mich, neben ihm auf dem Bett Platz zu nehmen. Ein Leibwächter servierte Tee. Auf meine Frage nach seinem Befinden antwortete Mao: »Nicht gut. Ich habe mich erkältet.«

Er leide seit über zwei Monaten an einer Erkältung mit Husten, und er habe keinen Appetit mehr.

Mao erlaubte mir, ihn zu untersuchen. Er war nicht ernsthaft krank, nur schwer erkältet. Ich wollte ihn mit Hustensirup und einem Abführmittel behandeln.

»Also gut, dann werde ich eben diese Medizin einnehmen. Sie können das Rezept ausschreiben und den Sicherheitskräften entsprechende Instruktionen geben. Sie müssen nicht jedesmal herkommen, wenn ich die Medizin einnehme.«

Ich stimmte ihm zu und wollte aufbrechen.

»Setzen Sie sich doch noch ein bißchen her«, bat Mao. Ich nahm wieder Platz.

»Es ist nicht gerade leicht, für mich zu arbeiten, nicht wahr?« fragte er lächelnd und erinnerte mich an den Vorfall in Beidaihe, als er die Beherrschung verloren hatte. »Sie wollen endgültig hier fort, oder? Aber ich habe noch immer keinen neuen Arzt. Ich schlage Ihnen eine Vereinbarung auf Gegenseitigkeit vor. Sie kehren zu Ihrer Arbeit bei mir zurück. Ich weiß, daß Sie hier nicht viel zu tun haben. Wir werden noch etwas anderes für Sie finden. Ich kann mich dunkel an den Gesundheitsminister unter dem Guomindang-Regime erinnern – Zhou Yichun oder so ähnlich, ich weiß nicht mehr genau; er erwarb die deutsche Doktorwürde mit einer Untersuchung über die Eierstöcke von Kaninchen. Auch Sie könnten in Ihrer Freizeit forschen. Vielleicht könnten Sie sich ein paar Tiere besorgen, eine Ausrüstung kaufen und ein Forschungslabor einrichten. Ich würde das Ganze aus meiner eigenen Tasche bezahlen, nicht mit Regierungsgeldern. Was halten Sie davon?«

Meiner Ansicht nach war es nicht sinnvoll, in Zhongnanhai ein Tierlabor einzurichten. Ich würde harter Kritik ausgesetzt sein, denn Tiere durften innerhalb von Zhongnanhai nicht gehalten werden, nicht einmal Hunde oder Katzen. Die Gesundheits- und Sicherheitskräfte fürchteten, Tiere könnten Krankheiten einschleppen und Mao oder andere Parteiführer anstecken. Jiang Qing verursachte später einmal einen ziemlichen Aufruhr, als sie sich ein Hausäffchen anschaffte.

»Wenn ich nichts zu tun habe, könnte ich vielleicht mehr Bücher lesen«, sagte ich.

Er dachte eine Weile über den Vorschlag nach. »In Ordnung. Aber das ist nicht genug. Kein Wissen ohne Praxis. Also verbleiben wir folgendermaßen: Sie übernehmen meine ärztliche Betreuung und entscheiden später, wie Sie die restliche Zeit nutzen wollen.«

Das war keine Vereinbarung auf Gegenseitigkeit. Es war ein höflich formulierter Befehl des Parteivorsitzenden. Niemand wagte es, Mao zu widersprechen. Sein Wort war Gesetz. Hätte ich nein gesagt, hätte ich nie mehr eine Arbeit gefunden. Auch meine Frau wäre ohne jede Hoffnung auf eine neue Anstellung entlassen worden. Ich hätte sogar verhaftet und gefoltert werden können.

»Ich habe Sie einmal gefragt, ob Sie mein Sekretär werden wollen, doch Sie lehnten ab«, erinnerte mich Mao nach einer Weile. »Im modernen China gibt es eine Reihe berühmter Politiker, die als Ärzte angefangen haben und als Politiker ihre Laufbahn beendeten, zum Beispiel Sun Zhong-Shan, Lu Xun und Guo Moruo. Der Arztberuf mag schön sein, aber man muß sich nicht darauf beschränken. Es schadet nichts, sich auch mit den Gesellschaftswissenschaften auseinanderzusetzen.«

Mao konnte mich zwingen, ihm als Arzt zu dienen, aber er konnte mich nicht dazu überreden, sein Sekretär zu werden. Ich war Mediziner, kein Politiker, und ich wäre niemals bereit gewesen, mich an den Machtkämpfen zu beteiligen.

»Sie meinen es ernst?« fragte Mao. »Nun gut. Dann sind Sie eben nur mein Arzt. Wir sollten aber versuchen, eine gemeinsame Sprache zu finden, vom anderen zu lernen. Sie könnten öfter in den *Nachrichtenblättern* lesen, auch wenn Sie nicht mein Sekretär sind. Dann können wir uns besser unterhalten und friedlich miteinander umgehen.«

Ich war bitter enttäuscht. In meiner Arbeit am Krankenhaus von Beijing hatte ich endlich Frieden gefunden, und ich wollte unbedingt dort bleiben. Durch meine Arbeit bei Mao würde ich nicht einmal mehr meine Kollegen treffen können. Loyalität gegenüber Mao bedeutete die Aufgabe des Freundeskreises. Mir schauderte vor dem Gedanken, wieder mit Ye Zilong und den anderen aus Gruppe Eins zusammenarbeiten zu müssen. Doch ich war von Mao abhängig, ich hatte keine andere Wahl.

»Ich werde wirklich als Vorsitzender der Volksrepublik zurücktreten«, verkündete Mao. Seine Rücktrittsabsichten waren immer noch geheim, der Entschluß aber stand jetzt fest. »Die Zentralverwaltung hat den Spitzenfunktionären aus Partei und Regierung ein Diskussionspapier vorgelegt. Ye Zilong, Li Yinqiao und einige andere aus Gruppe Eins sind mit meinem Plan gar nicht einverstanden. Sie befürchten den Verlust ihrer Privilegien, wenn ich nicht mehr Vorsitzender der Republik bin. Sie meinen, es sei glorreicher, für den Vorsitzenden zu arbeiten.«

Ich ahnte nun, daß Mao nicht nur unter seiner Erkältung litt. In den sechs Monaten meiner Abwesenheit hatten enorme politische Veränderungen stattgefunden. Ich war so mit meiner Arbeit am Krankenhaus beschäftigt gewesen, daß ich die Anzeichen nicht bemerkt hatte. Nun steckte ich wieder mitten in der Politik.

Ich kehrte nie mehr an das Krankenhaus von Beijing zurück. Weder konnte ich meine Habseligkeiten dort persönlich abholen noch erklären, weshalb ich den Lehrgang abgebrochen hatte. Ich rief den Parteisekretär des Krankenhauses an und teilte ihm mit, daß Mao mich zurückbeordert habe. Ein Sicherheitsbeamter aus Zhongnanhai holte meine Sachen ab. Noch in derselben Nacht wohnte ich wieder in Zhongnanhai, gefangen in der Falle der Gruppe Eins. Diesmal stand kein Fluchtweg mehr offen.

III

Die Jahre 1957 bis 1965

20. KAPITEL

Lin Ke versuchte, mich über die Geschehnisse während meiner Abwesenheit ins Bild zu setzen.

Mao war wütend über die auf dem Achten Parteikongreß erlittenen Kränkungen: über den Ruf nach einer kollektiven Führung, die Erklärung, daß China niemals einen Personenkult betreiben werde, die Streichung des Verfassungsartikels, nach dem das Wort des Vorsitzenden Mao richtungweisend für das Staatsvolk sei, und über die Kritik am »Abenteurertum«. Viele Spitzenfunktionäre der Partei waren ihm viel zu konservativ und zu zaghaft bei der Einführung revolutionärer Veränderungen. Auf der zweiten Plenartagung des Achten Zentralkomitees Mitte November war er immer noch verärgert. In seiner Rede betonte er die Bedeutung des Klassenkampfes und verkündete seinen Vorsatz, eine Säuberungskampagne der Partei zu starten, um »Subjektivismus, Sektierertum und Bürokratismus« auszumerzen.

Unmittelbar nach der Novembertagung, so berichtete Lin Ke, habe sich Mao drei Monate lang ins Bett zurückgezogen, ein Verhalten, das er häufig bei einem ungelösten politischen Konflikt zeigte. Er sei nur aufgestanden, um ins Badezimmer zu gehen oder um hin und wieder eine Rede zu halten. Diese scheinbar depressiven Erschöpfungszustände dienten Mao dazu, die nächsten politischen Schritte zu planen.[47]

Maos Rede vom 27. Februar 1957 war Teil seiner Strategie. Er hatte sein Bett verlassen, um vor der Obersten Staatskonferenz zu sprechen, die er als Vorsitzender der Republik leitete. Teilnehmer der Versammlung waren nicht nur die Mitglieder des Politbüros, hohe Angehörige der Militärkommissionen und hohe Regierungsvertreter, sondern auch die Führer der sogenannten demokratischen Parteien. In seiner Rede übte er scharfe Kritik an der Parteibürokratie und forderte die Mitglieder der »demokratischen Parteien« auf, Kritik an den Fehlern der Kommunistischen Partei zu äußern und Verbesserungsvorschläge zu machen. Die Revolution bezeichnete er als Sieg, den Sozialismus als Erfolg, und er erklärte, die Zeit der Klassenkämpfe sei vorüber. Wohl gebe es noch Konterrevolutionäre, doch in so geringer Zahl – wenige Giftpflanzen in einem Getreidefeld –, daß sie keinen Schaden anrichten könnten. Die gesellschaftlichen Widersprüche seien unter den gegenwärtigen Bedingungen »nichtantagonistischer« Natur, es handele sich um Widersprüche im Volk, die bei richtiger Behandlung gelöst werden könnten.

Die Rede stellte das Herzstück der Strategie Maos für die bevorstehende Säuberung der Partei dar. Säuberungsbewegungen waren für die Kommunistische Partei nichts Neues. Die erste hatte Mao schon 1942 von Yan'an aus durchgeführt. Diesmal aber sollte sie sich nicht auf den Parteiapparat beschränken. Mao traute der Partei eine Säuberung aus eigener Kraft nicht mehr zu. Er wollte die gesamte Öffentlichkeit, vor allem die Intellektuellen aus den sogenannten demokratischen Parteien, einbeziehen, um die Partei zu kritisieren. Es war eine äußerst ungewöhnliche Methode, da die Kommunistische Partei eine eng verflochtene, mächtige und geheime Organisation darstellte, die von Außenstehenden noch nie hatte kritisiert werden dürfen. Wagte jemand, Kritik zu äußern, mußte er damit rechnen, als Konterrevolutionär abgestempelt zu werden, wie schon Hunderttausende unschuldiger Menschen vor ihm.

Mao hegte zudem ein tiefes Mißtrauen den chinesischen Intellektuellen gegenüber. In der Öffentlichkeit sprach er sich zwar dafür aus, sich mit ihnen zusammenzuschließen und ihr Wissen zu nutzen, aber er zweifelte weiterhin an ihrer Loyalität. Die Intellektuellen mußten politisch umerzogen, also auf Parteilinie gebracht werden. Die Umerziehung gebildeter Chinesen hatte bereits kurz nach der Befreiung begonnen. Aufsässige und rhetorisch geschulte Intellektuelle, die sich nicht umerziehen ließen, wurden übel angegriffen.

Das jüngste Opfer solcher Angriffe war der Schriftsteller Hu Feng. Hu Feng, ein freimütiger Kritiker der Zensur, hatte es gewagt, dem Kulturministerium konstruktive Vorschläge zu unterbreiten. Die schärfste Kritik hatte er jedoch im privaten Kreis und in Briefen an Freunde geäußert. Einige dieser Freunde standen fest zur Partei und hatten die Briefe den Behörden übergeben. Aufgrund solcher Äußerungen, die Hu naiverweise als privat angesehen hatte, kam er im Jahr 1955 als Kopf einer »geheimen parteifeindlichen Bande« ins Gefängnis. Das ermutigte andere Intellektuelle nicht gerade, Kritik zu üben, nicht einmal unter Freunden.

Maos Taktik, die Diskussion unter den Intellektuellen anzuregen, »hundert Blumen blühen und hundert Schulen miteinander wetteifern« zu lassen, beruhte auf der riskanten Annahme, daß es nur wenige echte »Konterrevolutionäre« gab, daß Aufmüpfige wie Hu Feng für immer zum Schweigen gebracht worden waren und daß die anderen Intellektuellen nur diejenigen Personen und Praktiken kritisieren würden, die Mao zu reformieren beabsichtigte.

Er hatte Grund zu der Annahme, daß seine Taktik erfolgreich sein würde. Denn auch bei Begegnungen mit Vertretern der »demokratischen Parteien«, wurde er stets mit unterwürfigen Schmeicheleien überhäuft – nicht anders als auf unserer Sommerreise im Jahr 1956, auf der er mit provinziellen kommunistischen Parteiführern zusammengetroffen war. Nachdem Hu Feng zum Schweigen gebracht worden war, durfte man vermuten, daß die verbleibenden loyalen Intellektuellen Maos Vorgaben folgen würden.

Auf der Obersten Staatskonferenz kritisierte Mao seine eigene Führungsschwäche im Zusammenhang mit dem wirtschaftlichen Niedergang des Landes. Da ergriff Zhang Zhizhong das Wort und nahm den Vorsitzenden in Schutz. Zhang Zhizhong war früher General der Guomindang gewesen und hatte 1945 in führender Position an den Verhandlungen zwischen Kommunisten und Nationalisten mitgewirkt. Auf Drängen von Zhou Enlai war er 1949 zu den Kommunisten übergelaufen und seitdem ein glühender Anhänger seiner früheren Gegner.

»Ich vergleiche den Vorsitzenden häufig mit Jiang Jieshi«, erklärte Zhang vor der Obersten Staatskonferenz. Jiang Jieshi gebe immer anderen die Schuld, wenn etwas mißlungen sei. Niemals übernehme er selbst die politische Verantwortung. Mao dagegen schiebe die Schuld nie auf andere. »Welch ein Unterschied! Bewundernswert!«

Die von Mao angeregte Kritik kam nur schleppend in Gang. Die meisten Intellektuellen wagten nicht, sie offen zu äußern. Maos beherrschende Persönlichkeit sowie die ihn umgebende Aura von Integrität und Macht führten dazu, daß selbst die Tapfersten und Aufrechtesten in Ehrfurcht erstarrten. Die Bekenntnisse, die Mao seinem Gegenüber so oft im privaten Gespräch entlockte, waren armselige Entschuldigungen für in der Vergangenheit gehegte Zweifel. Andersdenkende wurden weder in der Öffentlichkeit noch im privaten Rahmen durch Mao zur Wahrhaftigkeit ermuntert, weshalb er in dem Glauben lebte, im Volk nahezu uneingeschränkte Unterstützung zu besitzen.

Als die Intellektuellen stumm blieben, verließ Mao ein weiteres Mal sein Bett und betrat die Rednerbühne. Auf der Landeskonferenz der Kommunistischen Partei Chinas über Propagandaarbeit, die vom 6. bis zum 13. März 1957 stattfand und von führenden Parteifunktionären ebenso wie von parteilosen »demokratischen Elementen« besucht wurde, wiederholte Mao die Kernaussagen seiner Februarrede und machte sich für die Bewegung der Hundert Blumen stark. Die »demokratischen Kräfte« forderte er auf, ihr Zaudern zu überwinden und offen Kritik zu äußern. Die Zeitungen berichteten über seine Thesen, und überall im Land schlossen sich örtliche Parteiführer der Bewegung an. Es hieß, je mehr man die Partei liebe, desto offener müsse man sie kritisieren.

Aber wenn überhaupt Kritik vorgebracht wurde, fiel sie zahm und kleinlaut aus. Auf einer Kundgebung auf dem Tiananmen-Platz Ende April ergriff Mao wieder das Wort und ermutigte die Menschen zur Parteikritik.

Nun endlich kamen die Demokraten seiner Aufforderung nach, und die kritischen Stimmen wurden lauter.

Zu diesem Zeitpunkt, Anfang Mai, kehrte ich zu Mao zurück.

Allmählich wurden die »Fehler« der Partei immer harscher beurteilt, schließlich stellte man sogar ihren Führungsanspruch in Frage. Nicht nur einzelne Parteimitglieder, sondern die Partei als Ganzes wurde angegriffen. Plötzlich hieß es, die Kommunistische Partei habe keinen automatischen Herrschaftsanspruch, die Gewalt müsse geteilt werden. Manche verlangten ein Mehrparteiensystem oder ein Rotationsprinzip, das jeder Partei eine Chance geben sollte, und ein paar Wirrköpfe wollten den »demokratischen Parteien« sogar eigene Armeen zugestehen.

Schließlich wurde Maos Führung aufs Korn genommen, man verglich die Kommunistische Partei mit einem buddhistischen Kloster, dessen Abt (Mao) die »heiligen Schriften« diktiere, die von den Mönchen (den Parteifunktionären) nachgebetet würden. Einige beschwerten sich gar, daß sie nur die Mönche und nicht den Abt selbst kritisieren durften.

Natürlich war Mao schockiert. Nie hatte es in seiner Absicht gelegen, sich selbst zum Gegenstand der Kritik zu machen oder die Partei als Institution angreifen zu lassen. Von allen Seiten war er nur Schmeicheleien gewohnt und hatte nicht geahnt, wie tief die Unzufriedenheit bei den Intellektuellen saß.

Mitte Mai erreichte die Kritik ihren Höhepunkt. Wie eine mächtige Woge schien sich die öffentliche Meinung in China gegen die Partei zu wenden. Selbst Mitarbeiter des Staatsrates, die zu den führenden Köpfen der »demokratischen Parteien« zählten und von der Regierung häufig konsultiert wurden, schlossen sich der Kritik an. Die parteieigene *Volkszeitung*, die von Deng Tuo herausgegeben und von meinem Freund Hu Qiaomu, dem stellvertretenden Leiter des Propagandabüros, kontrolliert wurde, fiel in die Kritik ein.

Mao hatte sich gründlich verrechnet. Deprimiert blieb er im Bett und pflegte seine Erkältung, die mich wieder auf den Plan rief. Wütend über die immer heftiger werdenden Angriffe, überdachte er seine Strategie und plante den Gegenschlag.

Am 15. Mai, wenige Tage nach meiner Rückkehr, schrieb Mao den Artikel »Der Wandel der Dinge«. Das Papier kursierte vertraulich unter den hohen Parteifunktionären. Danach sollte die Stoßrichtung der Säuberungskampagne bald geändert werden. Mao plante einen Gegenangriff auf seine lautstarken Kritiker. Die Zeitungen sollten nach wie vor kritische Stellungnahmen veröffentlichen, gleichzeitig aber auch parteifreundlichen Artikeln und Attacken gegen die »rechten Elemente« Gehör verschaffen.

»Erst locken wir die Schlangen aus ihren Löchern«, erklärte Mao. »Dann schlagen wir zu. Meine Strategie ist, die Giftpflanzen erst wachsen zu lassen und sie dann eine nach der anderen auszumerzen. Sie sollen zu Dünger werden.« Immer noch wurden die Intellektuellen zur Kritik ermuntert, die Parteifunktionäre aber waren nun eingeweiht und wußten, daß ein Gegenangriff auf die Intellektuellen bevorstand.

»Ich wollte die Kommunistische Partei mit Hilfe der demokratischen Parteien auf den richtigen Weg bringen«, sagte Mao. »Aber ich habe nicht geahnt, daß diese so unzuverlässig sind.« Am schlimmsten waren für ihn die Mitglieder des Demokratischen Bundes. Der Bund, in den vierziger Jahren von einer Gruppe Intellektueller gegründet, strebte einen Kompromiß zwischen Kommunisten und Nationalisten an. »Ein Haufen Banditen und Huren ist das«, schimpfte Mao. Seiner Meinung nach hatten Chruschtschows Angriff auf Stalin im Februar 1956 und der ungarische Aufstand am Ende desselben Jahres eine antikommunistische Welle ausgelöst, die jetzt über die ganze Welt schwappte. Viele Chinesen, Parteifunktionäre wie gewöhnliche Leute, Wirrköpfe in Maos Augen, hätten sich davon beeindrucken lassen.

Sein Zorn richtete sich gegen Hu Qiaomu, der angeblich nichts gegen die Beendigung der Parteikritik in der *Volkszeitung* unternommen hatte. »Wenn Sie die Zeitung nicht im Griff haben, treten Sie zurück und lassen Sie es andere machen«, tadelte er Hu und befahl ihm, einen Angriff auf die Rechten vorzubereiten.

Am 8. Juni 1957 veröffentlichte die *Volkszeitung* einen ersten Hinweis auf einen Wandel der Säuberungskampagne. In einem von Mao verfaßten Artikel mit der Überschrift »Wozu das?« wurde behauptet, eine kleine Gruppe versuche, die sozialistische Regierung zu stürzen. Die Massen seien aufgerufen, einen Gegenangriff zu starten.

Am 19. Juni 1957 schließlich wurde Maos Rede vom 27. Februar, in der er die Intellektuellen zur Kritik ermutigt hatte, in der *Volkszeitung* veröffentlicht. Sie trug den Titel »Über die richtige Behandlung der Widersprüche im Volke« und wurde der Öffentlichkeit als eine nur geringfügig geänderte Version der parteikritischen Rede verkauft, die Mao vor der Obersten Staatskonferenz im Februar gehalten hatte. Tatsächlich jedoch unterschied sich der Artikel entscheidend von der Originalrede. Dort waren der Kritik keine

Grenzen gezogen worden. Mao hatte die Menschen nachdrücklich aufgefordert, frei zu sprechen, hundert Blumen blühen zu lassen. In der am 19. Juni veröffentlichten Rede dagegen nannte Mao sechs Kriterien für die Zulässigkeit von Kritik: Sie müsse dazu beitragen, das Volk zu einigen und nicht zu spalten, den Aufbau des Sozialismus zu fördern, die demokratische Diktatur des Volkes zu festigen, die Führung durch die Kommunistische Partei zu sichern und die internationale sozialistische Einheit zu fördern.

Hatte Mao sich durch die lautstarke Kritik der Intellektuellen verraten gefühlt, so fühlten sich nun die Intellektuellen schmerzlich von ihm im Stich gelassen. Immer wieder hatte er sie zur Kritik ermutigt, seine Botschaft war in allen chinesischen Zeitungen und Produktionsstätten verbreitet worden, doch nun hatte er den Spieß umgedreht.

Mao wußte, daß sich die Intellektuellen hintergangen fühlten. Nach der Veröffentlichung seiner Rede in der Version vom 19. Juni sagte er mir: »Jetzt behaupten manche Rechten, ich hätte sie gedrängt, sich an der Hundert-Blumen-Bewegung zu beteiligen, sie zur bedingungslosen Kritik an der Partei ermutigt und übe nun Vergeltung. Aber von Anfang an habe ich sie gewarnt, keinen Ärger zu machen. Manche haben auf mich gehört, aber nur die wenigsten.« Heute weiß ich, daß Mao damals unaufrichtig war. Seine Strategie, die Intellektuellen für die Kritik an seinen Gegnern innerhalb der Partei zu benutzen, hatte sich gegen ihn selbst gewandt.

Gegen Ende Juni, einige Wochen nach meiner Rückkehr, forderte der neue Sicherheitschef Wang Jingxian mich auf, meine Sachen zu packen. Mao werde Beijing mit unbekanntem Ziel verlassen. Die Zeit der Hundert Blumen war vorüber, Maos Kampagne gegen die Rechten nahm ihren Anfang.

21. KAPITEL

Wie üblich benutzten wir Maos luxuriösen Sonderzug, dessen Fahrplan den ungewöhnlichen Schlafenszeiten des Vorsitzenden angepaßt wurde. Die Sicherheitsvorkehrungen hatten sich allerdings seit der Zeit des Sicherheitschefs Wang Dongxing völlig geändert. Das Gefolge war jetzt auf nicht einmal ein Zehntel geschrumpft. Der neue Sicherheitschef Wang Jingxiang war ein ängstlicher Mann, der diese unangenehme Aufgabe nur widerstrebend übernommen hatte. Er befolgte Maos Wünsche bis ins Detail, verringerte die Kräfte in Zhongnanhai auf ein Minimum und verließ sich beim Personenschutz vorwiegend auf die Sicherheitstruppen vor Ort.

Nachdem Mao sich zum Gegenangriff entschlossen hatte, machte seine Genesung rasche Fortschritte; die Erkältung war überstanden, und die frühere Energie kehrte zurück. Unterwegs hatten Lin Ke und er viel Zeit für Gespräche, die mir halfen, meine Informationslücken zu schließen. Häufig fanden meine nächtlichen Gespräche mit Mao ein oder zwei Tage später ihren Niederschlag in einer seiner Reden.

»Ich lasse den Gegner zuerst angreifen, dann schlage ich zurück«, erklärte Mao mir eines Tages. »Ich befolge drei Regeln. Erstens halte ich mich an den alten Philosophen Laotse. Ich leite keine Aktion ein. Werde ich angegriffen, ziehe ich mich zurück, bleibe passiv und still. Der Feind soll glauben, er habe einen Vorteil errungen.« Reagierten wir sofort, meinte Mao, würden die Feinde keine Gelegenheit haben, ihr wahres Gesicht zu zeigen. Deshalb wolle er abwarten, bis sie sich eine Blöße gäben.

»Erst wenn sie uns ihr wahres Gesicht gezeigt haben, üben wir Vergeltung«, sagte Mao. »Wir zahlen es ihnen mit gleicher Münze zurück. Das ist die Philosophie des Konfuzius.«

Es hatte in Wirklichkeit nichts mit der Lehre des Konfuzius zu tun, sondern es war eine Taktik Maos, die er nicht nur gegenüber den Rechten, sondern auch gegenüber seinen Gegnern innerhalb der Partei anwendete.

»Am Anfang wußten die Leute nicht, wer die Rechten sind und wie sie aussehen, und wir konnten es ihnen nur schwer erklären. Jetzt aber können wir sie genau beschreiben. Es sind Konterrevolutionäre! Nein, nennen wir sie einfach rechte Elemente.«

Maos zweite Regel besagte, daß er seine Gegner nur dann einsperren ließ, wenn sie sich eines ungeheuerlichen Vergehens schuldig gemacht hatten und wenn das Volk ernsthaft gegen sie aufgebracht war. »Sollen sie arbeiten. Warum ihre Produktivkraft vergeuden, indem man sie einsperrt? Auch wenn sie als Führungspersönlichkeiten nicht geeignet sind, können sie Werte schaffen. Dieses Verfahren geht auf eine lange chinesische Tradition zurück.«

Die dritte Regel bestand darin, daß die Gegner an ihrem eigenen Arbeitsplatz umerzogen werden sollten. Die Kollegen mußten das Verhalten der Rechten beobachten und ihnen zuhören. »Die Rechten belehren uns durch ihr schlechtes Beispiel«, sagte Mao. »Sie zeigen uns, was falsch und böse ist.«

Mao war der Meinung, fast jeder könne umerzogen werden. Jeder habe die Chance, ein guter Mensch zu werden. »Eine Kuh kann nicht von Natur aus den Boden pflügen oder dem Menschen Milch geben. Ein nicht eingerittenes Pferd eignet sich nicht zum Reiten. Ein Konterrevolutionär oder ein Spion muß irgendeine besondere Begabung besitzen, warum wäre er sonst Konterrevolutionär, Rechter oder Spion geworden? Warum sollen wir sie nicht umerziehen und uns ihre Fähigkeiten zunutze machen?«

Wir legten erst in Jinan in der Provinz Shangdong einen Zwischenstopp ein, dann reisten wir nach Shanghai weiter, wo wir zu Gast bei Major Ke Qingshi waren, einem glühenden Anhänger Maos. Ke Qingshi war der einzige Parteifunktionär, der Lenin persönlich kennengelernt hatte. Während seines Studiums an einer sowjetischen Universität hatte er auch in einer Fabrik gearbeitet, in der Lenin eine Rede hielt. Ke habe diese Szene niemals vergessen, erzählte Mao. »Daran sehen Sie, wie mächtig der Einfluß eines großen Führers auf das Volk sein kann.«

Ke hatte für den Vorsitzenden ein prächtiges Marmorhaus mit Bronzedach herrichten lassen, den früheren Wohnsitz des jüdischen Kaufmanns Silas Hardoon, der in den dreißiger Jahren in Shanghai sein Glück gemacht hatte. Es lag mitten im Zentrum und war von einer hohen Backsteinmauer umgeben; die Gartenanlagen boten noch immer einen prachtvollen Anblick, Seerosenteiche mit Fröschen darin und alte Bäume waren über die sanft ansteigenden Rasenflächen verstreut. Mao fühlte sich in diesem westlichen Luxus nicht wohl und bestand trotz Kes Einwänden darauf, in seinen Zug zurückzukehren.

Im Gegensatz zu Maos früheren Reisen war sein Besuch in Shanghai diesmal ein öffentliches Ereignis. Das ganze Land sollte wissen, daß er das Heft in die Hand genommen hatte und die Kampagne gegen die Rechten eingeleitet worden war.

In Shanghai entwickelte sich die Kampagne zügig. Wir besuchten eine Fabrik, in der die Arbeiter bereits auf Plakaten zum Angriff gegen die Rechten aufriefen. Mao hielt eine Rede vor örtlichen Parteifunktionären, Armee- und Regierungskadern und traf sich mit den bekanntesten linken Künstlern der Stadt, dem Schriftsteller Ba Jin, dem Schauspieler Zhao Dan, dessen Frau Huang Zongying und der Schauspielerin Qing Yi.

Wenn Mao kämpfte, war er ständig in Bewegung. Schon bald verließen wir das hektische Shanghai und erreichten das friedliche Hangzhou, die schönste Stadt Chinas. Noch nie hatte ich ein so prächtiges Anwesen gesehen wie Liuzhuang, wo wir untergebracht waren. Es hatte einst einem märchenhaft reichen Teehändler gehört, aber jetzt war es für Mao umgebaut und modernisiert worden. Liuzhuang lag auf einer abgelegenen, in den Westsee hineinragenden blühenden Halbinsel und war kleiner und geschmackvoller als der Sommerpalast in Beijing. Seine Gartenanlagen hingegen waren größer und prächtiger als die herrlichen Gärten von Suzhou.

Der sowjetische Politiker Anastas Mikojan kam in geheimer Mission nach Hangzhou. Er wollte Mao wegen der kürzlichen Absetzung Malenkows und Molotows beschwichtigen. Außerdem standen schwierige Gespräche über die geplante Entwicklung chinesischer Atomwaffen an. Mao rief mich zu sich.

Mikojan war ein untersetzter, gebückt gehender Mann von ungefähr sechzig Jahren. Er litt unter Arthritis im Rücken und in den Beinen und erhoffte sich Hilfe von der Akupunktur. Ich vereinbarte für ihn einen Termin bei einem berühmten Spezialisten in Beijing. Während wir noch über seine Gesundheit plauderten, bot er mir ein Glas Wodka an und ging auf die Gefahren eines Atomkrieges ein. Offensichtlich war er durch die Begegnung mit Mao aufgewühlt und hatte das Bedürfnis, sich auszusprechen. Die Unbekümmertheit, mit der Mao ein Massensterben in Kauf nahm, erfüllte ihn mit großer Sorge.

Mao hatte ihm seine »Papiertiger«-Theorie entwickelt und behauptet, in einem Atomkrieg könne China Millionen von Toten verkraften. Mikojan versuchte, mir die schreckliche Zerstörungskraft der Atombombe zu schildern. Er hoffte, China werde aus den Erfahrungen der Sowjetunion lernen und auf den Bau der Bombe verzichten. Die Kosten waren dabei nur ein Aspekt; er beschrieb mir auch die unsäglichen Leiden eines hochrangigen Sowjetfunktionärs, der die Atombombentests geleitet hatte. Dieser war an aplastischer Anämie gestorben – einer Erkrankung, bei der das Knochenmark keine roten Blutkörperchen mehr produzieren kann.

»Ich bin Arzt«, gab ich zurück. «Ich weiß nicht viel über die Atombombe. Aber aus meiner ethischen Sicht lehne ich sie ab, denn sie tötet wie alle anderen Waffen auch.«

Ich hatte kein Recht, ein so heikles Thema mit einem ausländischen Spitzenpolitiker zu besprechen, und hielt es deshalb für besser, Mao über die Unterhaltung zu informieren. Für ihn war der Besitz der Atombombe nur eine Frage der Macht, nicht eine Frage von Menschenleben. »Mikojan hat mir auch versichert, die sowjetischen Atomwaffen reichten für beide Länder aus«, sagte er und zitierte: »›Der sowjetische Nuklearschirm überspannt uns alle.‹ Die Sowjets möchten die Kontrolle über uns gewinnen, deshalb sind sie gegen die chinesische Bombe. Sie befürchten, wir könnten ihren Rat nicht befolgen, wir könnten die Vereinigten Staaten provozieren. Aber wir haben keine Angst vor Konflikten mit anderen Ländern. Ich werde die Atombombe auf jeden Fall entwickeln lassen. Darauf können Sie sich verlassen. Wir lassen uns von niemandem herumkommandieren.«

Wenn Mao bereit war, so viele Chinesen in einem Atomkrieg zu opfern, warum sollte er dann davor zurückschrecken, Zehntausende von Rechten ermorden zu lassen. Er würde ihre Exekution zwar nicht persönlich anordnen, aber er würde auch nicht dagegen einschreiten.

Mao hielt in Hangzhou eine weitere Rede und ruhte sich dann ein paar Tage aus. Nach kurzem Aufenthalt reisten wir nach Nanjing, wo wir in einer Villa untergebracht wurden, die früher einem Guomindang-Politiker gehört hatte. Im Juli herrschte in Nanjing eine drückende Hitze, oft stieg das Thermometer auf über vierzig Grad Celsius. Mao machte die Hitze weniger aus als mir. Täglich schafften seine Bediensteten Fässer mit Eis in sein Zimmer, und während er sich über die Anti-Rechts-Kampagne verbreitete, schmolz das Eis dahin, und ich schwitzte.

Die Kampagne fegte wie ein Sturm über das Land. Genüßlich las Mao die geheimen *Nachrichtenblätter* mit seitenfüllender Kritik an den Rechten. Unsere nächtlichen Gespräche fanden jetzt häufiger statt. Der Schlafmangel schien eine aufputschende Wirkung auf ihn zu haben.

Lin Ke, der während meiner Zeit am Krankenhaus von Beijing engen Kontakt zu Mao gehalten hatte, erläuterte mir, wie er Maos gegenwärtige

Stimmung politisch einschätzte. Seiner Meinung nach war der Vorsitzende gezwungen, sich vorübergehend mit seinen Gegnern in der Partei auszusöhnen, um gemeinsam mit ihnen gegen die Intellektuellen vorzugehen, die ihre Kritik so lautstark geäußert hatten. Deng Xiaoping war für die Organisation der Anti-Rechts-Kampagne verantwortlich. Deng hatte Mao auf dem Achten Parteikongreß durch seine Rücktrittsempfehlung verärgert, aber er gehörte zu den Parteifunktionären, denen Mao hartes Durchgreifen zutraute. Erst viel später erfuhr ich, mit welcher Besessenheit Deng die Anti-Rechts-Kampagne leitete und wie brutal er diejenigen attackierte, die den Primat der Partei in Frage gestellt hatten.

Aus heutiger Perspektive halte ich Maos Kampagnen von 1956 und 1957 für eine fehlgeschlagene Kulturrevolution. Heute verbinden wir mit dem Jahr 1957 hauptsächlich die Schrecken der Anti-Rechts-Kampagne, obwohl die Gegner Maos ursprünglich nicht die Rechten außerhalb der Partei waren, sondern führende kommunistische Funktionäre, die ihn gekränkt, in seiner Macht beschnitten und vor seinen utopischen sozialistischen Träumen gewarnt hatten. Mao befürwortete die Angriffe auf seine Gegner, aber er wollte das sozialistische System und den Führungsanspruch der Kommunistischen Partei nicht in Frage gestellt sehen. Und vor allem wollte er seine eigene Führungsposition nicht aushöhlen lassen. Deshalb war er gezwungen, sich vorübergehend mit seinen Gegnern innerhalb der Partei zu verbünden. Diese traten ihm begeistert zur Seite, denn auch ihr Führungsanspruch war untergraben worden.

Mao hatte den Parteiführern jedoch gezeigt, daß er sie bei Bedarf von außen angreifen lassen konnte, und diese Drohung schwebte wie ein Damoklesschwert über all jenen, die ihn ins Wanken bringen wollten. Aber zunächst schlossen sich die meisten Parteifunktionäre Maos Linie an. Die Angst vor einem erneuten Angriff von seiten Maos und der Intellektuellen, aber auch der Glaube an Maos utopische Ideen führten dazu, daß sie später seinen Großen Sprung nach vorn unterstützten.

Der Vorsitzende beabsichtigte, zum Zweck der Bestandsaufnahme eine Parteiversammlung einzuberufen. In Nanjing war es zu heiß, deshalb rief Jiang Weiqing, der körperbehinderte erste Parteisekretär der Provinz Jiangsu, zu der auch Nanjing gehört, verschiedene Parteiführer der Provinz zu sich, um gemeinsam mit ihnen einen angenehmeren Tagungsort ausfindig zu machen.

Sie entschieden sich für Qingdao, ein früher von den Deutschen kontrolliertes Seebad in der Provinz Shandong, in dem ein kühleres Klima herrscht und hervorragende Möglichkeiten zum Schwimmen bestehen. Für eine Zugreise war es dem Vorsitzenden zu heiß; deshalb flogen wir mit zwei IL-14-Maschinen sowjetischer Bauart und machten eine Zwischenlandung in Jinan, wo Mao vor einer Gruppe von Partei- und Militärkadern aus Shandong eine mitreißende Rede gegen die Rechten hielt – eine Kurzfassung unserer nächtlichen Plaudereien.

Qingdao, dessen Klima von einem erfrischenden Seewind bestimmt wird, lieferte eine willkommene Atempause nach der Hölle von Nanjing. Die mit ihren Hügeln an San Francisco erinnernde Stadt war von einem deutschen Baustil geprägt. Zwischen üppigem Strauchwerk und Bäumen standen adrette, ziegelgedeckte Backsteinhäuser, die von Backsteinmauern umschlossen waren. Mao wohnte mit seinem Gefolge in dem auf einer Anhöhe liegenden prächtigen Schloß, in dem einst der deutsche Gouverneur residiert hatte. Es bot eine großartige Aussicht auf die Stadt und das Meer.

Mao besuchte die berühmtesten Sehenswürdigkeiten der Stadt: das Aquarium, das als das schönste in ganz China galt, die Universität von Shandong, an der Jiang Qing angeblich die Vorlesungen des berühmten Shakespeare-Forschers Liang Shiqiu gehört hatte, und ein Lokomotivwerk, in dem Maos Erscheinen allgemeine Freude hervorrief, obwohl er keine Ansprache hielt, sondern nur in die Menge winkte. Die Sicherheitsvorkehrungen in Qingdao waren sehr streng. Man hatte viele Straßen der Stadt für Fahrzeuge und Fußgänger gesperrt.

Die Versammlung der Parteisekretäre der Provinzen und Gemeinden begann am 17. Juli 1957, kurz nach unserer Ankunft, und dauerte mehrere Tage. Die Diskussionen konzentrierten sich auf die Anti-Rechts-Kampagne und auf die Frage, wie die sozialistische Umgestaltung der Gesellschaft vorangetrieben werden solle. Die *Volkszeitung* veröffentlichte Maos Konferenzbericht unter dem Titel »Die politischen Bedingungen des Sommers 1957«. Darin griff er die Rechten erneut an und legte einmal mehr seine Gesellschaftsvision dar: das Bild eines modernen Industrie- und Agrarstaates, errichtet von einem riesigen Heer sozialistischer Technokraten. Maos Aussagen waren paradox – er sprach von der Zentralisierung der Macht und von Demokratie, von Disziplin und Freiheit, von ideologischer Einheit und vom Willen des einzelnen. Die Aufgabe bestehe darin, die Vereinigten Staaten in vierzig bis fünfzig Jahren, von 1953 an gerechnet, wirtschaftlich zu überholen und vom Sozialismus zum Kommunismus überzugehen.

Innerhalb des von Maos Gefolge gebildeten Kokons, in dem von der schnöden Welt abgeschirmten unermeßlichen Luxus war es mir unmöglich, den realen Umfang der Anti-Rechts-Kampagne zu erfassen. Selbst den Gesprächen mit Mao haftete etwas Unwirkliches an.

Außerdem war ich in Qingdao in Probleme verstrickt, die nichts mit Politik zu tun hatten.

22. KAPITEL

Das Problem hieß Jiang Qing. Im April, kurz bevor Mao mich zurückbeordert hatte, war sie aus der Sowjetunion heimgekehrt. Jetzt hielt sie sich mit uns in Qingdao auf. Die Kobaltbehandlung war erfolgreich verlaufen, aber seit ihrer Krebserkrankung war es schwieriger denn je, mit ihr auszukommen. Nach kaum zwei Tagen hatte sie Maos Mitarbeiterstab aus dem Schloß vertrieben, weil sie den von uns verursachten Lärm nicht ertragen konnte. Schon das Rauschen der Toilettenspülung störte sie. »Wer soll sich hier erholen?« fragte sie. »Ihr oder ich?«

Sie wurde weiterhin von zwei Gynäkologen überwacht. Allerdings hatte sie seit der Abreise Xu Taos Ende 1956 keinen Internisten mehr und bat mich deshalb, sie zu betreuen. »Ich werde Sie kaum in Anspruch nehmen, und wenn Sie nicht da sind, kann meine Krankenschwester sich die Anweisungen und Rezepte telefonisch von Ihnen geben lassen.« Dagegen konnte ich nichts einwenden.

Schon bald führte dieses Arrangement zu Schwierigkeiten. Einige Tage nach unserer Ausweisung aus dem Schloß rief mich Jiang Qings Krankenschwester an. Es war ungefähr dreiundzwanzig Uhr, und es regnete in Strömen, aber trotzdem wollte Jiang Qing mich sofort sprechen. Sie hatte eine verstopfte Nase. Ich vergewisserte mich am Telefon, daß ihr Puls normal war und daß sie kein Fieber hatte, empfahl ein Schnupfenmittel und versprach, am Morgen sofort bei ihr vorbeizuschauen. Ich besaß kein Auto und wollte mich wegen Jiang Qings Triefnase nicht dem Regen aussetzen.

Minuten später klingelte das Telefon erneut. Jiang Qing war wütend und ließ mir über die Krankenschwester ausrichten, es sei unverantwortlich für einen Arzt, ein Medikament zu verordnen, ohne die Patientin gesehen zu haben.

Auch ich kochte vor Wut. Es war später Abend, und Jiang Qing wußte, daß es stark regnete. Ihre »Krankheit« war nichts weiter als eine leichter Schnupfen, und ihr Verhalten erschien mir rücksichtslos. »Wenn sie nicht will, braucht sie das Mittel nicht zu nehmen«, erklärte ich der Krankenschwester. »Morgen komme ich vorbei.«

Am nächsten Tag kanzelte Jiang Qing mich öffentlich ab. Die beiden Gynäkologen sollten wieder nach Beijing zurückkehren, und sie hatte ein Abschiedsessen zu ihren Ehren geplant. Das Protokoll verlangte auch meine

Anwesenheit, aber sie weigerte sich, mich einzuladen, und ließ durch ihr Personal verbreiten, dies sei die Strafe für mein schlechtes Benehmen.

Dann erkältete sich auch Mao. In Qingdao war es selbst im Juli kühl und regnerisch, aber dennoch ging der Vorsitzende jeden Morgen an dem für ihn freigehaltenen Privatstrand von Shandong schwimmen. Kurz nach dem Ende der Parteiversammlung bekam er Husten, verlor den Appetit und wurde immer schnell müde. Meine westlichen Medikamente versagten, weshalb ich sie nach einigen Tagen wieder absetzte. Der erste Parteisekretär von Shandong, Shu Tong, überredete Mao, einen berühmten Facharzt für chinesische Medizin – Dr. Liu Huimin – aus Jinan kommen zu lassen. Zum erstenmal war Mao bereit, sich auf traditionelle Art behandeln zu lassen. Er vertraute der chinesischen Medizin nicht, obwohl er sie offiziell weiterhin förderte, und er haßte den heißen, bitteren Kräutersud, das Markenzeichen dieser alten Heilmethode. Verärgert über die hartnäckige Erkältung, entschloß er sich, es trotzdem einmal damit zu versuchen.

Ich habe die Wirkungsweise der chinesischen Medizin nie verstanden, aber viele Kräuterkuren scheinen zu helfen. Mein Vater wurde einmal von einem berühmten chinesischen Arzt auf diese Weise geheilt, nachdem die westliche Medizin versagt hatte. Auch ich war der Meinung, daß Mao diese Methode ausprobieren sollte.

Dr. Liu Huimin war ein hochgewachsener, hagerer Sechzigjähriger von einfachem, aufrechtem Wesen. Mao empfing ihn mit entwaffnendem Charme – wie immer, wenn er Menschen zum erstenmal begegnete. »›Huimin‹, das bedeutet ›Wohltäter der Menschen‹«, kommentierte er den Namen des Arztes. »Bitte, beehren Sie mich mit der Wohltat ihrer Behandlung.«

Dr. Liu fühlte Mao den Puls und schaute sich seine Zunge an. »Der Vorsitzende hat eine tiefsitzende Erkältung«, verkündete er mit ernster Stimme. »Wir müssen ihm eine Medizin verabreichen, um die Erkältung zu vertreiben.«

Mao wußte, daß er erkältet war, und brauchte keine Bestätigung – er wollte nur wieder gesund werden. »Ich verstehe nichts von chinesischer Medizin. Beraten Sie sich mit Dr. Li über die Behandlung«, sagte er und entließ uns. Dr. Liu bezeigte seinen Respekt durch eine traditionell tiefe Verbeugung, und dann gingen wir hinaus, um zusammen mit Shu Tong die weitere Therapie zu besprechen.

Dr. Liu wollte Mao zwei Kräutermischungen verabreichen, die kurz vor dem Schlafengehen in einer Brühe eingenommen werden mußten. Dann sollte Mao sich dick zudecken und schwitzen. Ich wußte, daß der Vorsitzende diese Behandlung nicht schätzen würde. Er mochte keine bittere Medizin, hielt sich gern in kühlen Räumen auf und deckte sich am liebsten nur mit einem leichten Frotteetuch zu.

»Gut, ich werde es dieses eine Mal versuchen«, sagte Mao widerwillig auf meinen Vorschlag hin.

Shu Tongs Frau bereitete den Aufguß vor. Ich überprüfte sämtliche Zutaten und stellte fest, daß die Kräuter harmlos waren. Da diese Medizin jedoch nicht die umfangreiche Sicherheitsprüfung in Fu Lianzhangs Apotheke passieren konnte, mußte ich mich vorsichtshalber mit dem Zentralen Gesundheitsbüro in Beijing absprechen. Schließlich wurden vier identische Portionen der Medizin, einer dunkelbraunen, bitteren Brühe, zubereitet. Eine Portion wurde versiegelt und für das Büro aufbewahrt. Dann stellten Shu Tong und ich uns als Versuchskaninchen zur Verfügung und tranken die Medizin. Als sich keine akuten Vergiftungserscheinungen einstellten, nahm Mao seine Portion ein.

Unter einer dicken Decke schwitzend, verbrachte Mao eine unangenehme Nacht, und am nächsten Tag fühlte er sich immer noch schlecht. Dr. Liu überredete ihn zu einer weiteren Anwendung.

Am Morgen des dritten Tages fühlte Dr. Liu dem Vorsitzenden den Puls und sah sich seine Zunge an. Die Erkältung des Vorsitzenden, entschied er, sei geheilt.

Mao war anderer Meinung. Er hatte immer noch Husten und Schnupfen. Die Symptome blieben die gleichen, und nach weiteren drei Tagen waren keine Anzeichen einer Besserung festzustellen.

Verwundert untersuchte Dr. Liu den Vorsitzenden aufs neue. Diesmal kam er zu dem Schluß, daß der Grund für die Unpäßlichkeit nicht die Erkältung, sondern allgemeine Erschöpfung sei. Er verordnete eine Mischung aus Ginseng und traditionellen chinesischen Kräutern, die Maos Nährstoffvorrat wieder ins Gleichgewicht bringen sollten. Es handelte sich um gängige Kräuter der chinesischen Heilkunst, und obwohl ich bezweifelte, daß es notwendig war, Mao zusätzliche »Nährstoffe« zu verabreichen, hatte ich keine Bedenken gegen die Verordnung. Auch das Zentrale Gesundheitsbüro erklärte sich einverstanden, und wieder fungierten Shu Tong und ich als Versuchskaninchen.

Zum Erstaunen des Arztes verbesserte sich Maos Gesundheitszustand immer noch nicht. Ich war der Meinung, der Aufenthalt in einer wärmeren Region könnte helfen, und glaubte nicht an Shu Tongs Prognose, der uns täglich einen Wetterumschwung versprach. Schließlich schlug ich Mao die Rückkehr nach Beijing vor. Er war einverstanden, und kaum trafen wir Anfang August in Zhongnanhai ein, verbesserte sich sein Zustand erheblich.

23. KAPITEL

Mao wollte mich die Anti-Rechts-Kampagne aus erster Hand erleben lassen.

»Sie sind wie ein Eremit, Sie verstecken sich in den Bergen und sehen keine Menschenseele«, sagte er nach unserer Rückkehr nach Beijing. Deshalb schlug er mir vor, das Peking Union Medical Hospital aufzusuchen und ihm über die dortige Situation zu berichten.

Das alte Peking Union Medical College war ursprünglich eines der vielseitigsten Krankenhäuser in China, hatte die besten Ärzte und die modernste Ausrüstung. Seit 1949 war das Krankenhaus jedoch nach sowjetischem Vorbild völlig neu organisiert worden, man hatte einige der herausragenden Ärzte versetzt, und die Leitung unterstand nun der Kontrolle der Partei. Der erste Parteisekretär Zhang Zhiqiang hatte das Heft in der Hand. Die Partei stufte ihn als Arzt ein, weil er im Krieg von kommunistischen Sanitätern ausgebildet worden war, aber die westlich ausgebildeten Ärzte, die am Krankenhaus arbeiteten, erkannten ihn natürlich nicht an. Zhang, ein grobschlächtiger, ungebildeter Mann, war ein alter Revolutionär, was damals als Qualifikation ausreichte.

Die wirklichen Ärzte, unter ihnen Freunde und ehemalige Lehrer von mir, waren über die organisatorischen Veränderungen beunruhigt. Sie bemängelten, daß der für die Gesamtverwaltung der Krankenhäuser zuständige Minister für Öffentliche Gesundheit sich in ihre internen Angelegenheiten einmischte. Zur öffentlichen Kritik ermutigt, hatten einige Ärzte während der Hundert-Blumen-Bewegung ihre Meinung geäußert. Ich erstattete Bericht über ihre Sorgen.

Mao lehnte meine Darstellung ab, warf mir vor, ein vorschnelles Urteil gefällt zu haben, und schickte mich zu weiteren Erkundigungen zurück.

Ich nahm an einer Versammlung teil, auf der die »rechten Elemente« im Krankenhaus kritisiert werden sollten. Im Kreuzfeuer standen vor allem der Direktor der medizinischen Hochschule, Li Zongen, und Li Kehong, der medizinische Direktor des Krankenhauses. Ihre Hauptkritiker waren junge Laboranten und Krankenschwestern, die keine Ahnung von der Leitung eines modernen Krankenhauses hatten. Die jüngeren Ärzte beteiligten sich aus Respekt vor den älteren Kollegen nicht an dieser Kampagne. Die beiden Dr. Lis wurden bezichtigt, sie hätten versucht, die Parteiführung zu untergraben, und ihre Autorität mißbraucht, indem sie sich in Personal-, Finanz- und Verwaltungsangelegenheiten einmischten. Die Menge war erregt und aufgebracht.

Zwar sympathisierte ich mit den beiden Ärzten, aber ich hielt ihre offene Kritik an der Partei für eine Dummheit. Ich arbeitete schon seit drei Jahren für Mao und verehrte ihn immer noch. Ich mußte keine konträren Meinungen unterdrücken oder für mich behalten, denn Maos Ansichten waren auch die meinen.

Nach der Versammlung suchte ich Dr. Zhang Xiaoqian auf, einen jener erfahrenen Ärzte, die Mao eigentlich in Beidaihe hatten untersuchen sollen. Wie Mao stammte Zhang aus der Provinz Hunan. Vor der Befreiung war er dort Direktor der Yale-in-China-Medical-School gewesen, und er galt als einer der besten Ärzte des Landes.[48] Im Frühjahr hatte auch Dr. Zhang das Wort ergriffen und den Parteisekretär der Hochschule kritisiert, denn dieser hatte willkürlich Ärzte aus Zhangs Abteilung versetzt. Deshalb bereitete die Anti-Rechts-Kampagne Dr. Zhang nun große Sorgen. »Es war ein furchtbarer Fehler, daß ich so viel gesagt habe. Ich hätte lieber schweigen sollen.« Dr. Zhang bat mich, »seine Haltung den richtigen Stellen nahezubringen«, womit er Mao meinte.

Mao lächelte, als ich ihm von meinem zweiten Besuch im Krankenhaus berichtete, denn er meinte, ich hätte die Situation nun endlich verstanden. Gerade in Personal-, Finanz- und Verwaltungsfragen manifestiere sich die Macht der Partei. »Nach jahrelangem Bürgerkrieg und unzähligen Todesopfern haben wir diese Macht errungen. Und jetzt wollen die Rechten sie uns wieder abnehmen.« Zhang Xiaoqian aber vergab er. »Dr. Zhang ist kein Rechter. Er ist nur naiv und hat sich von anderen manipulieren lassen.« Zhang Xiaoqian wurde wegen seiner Kritik nicht belangt.

Weniger Glück hatten Dr. Li Zongen und Dr. Li Kehong. Einige Wochen nach meinem Besuch wurden sie offiziell als Rechtsabweichler abgestempelt und zur »Umerziehung« aufs Land verbannt. Li Kehong, einer der besten Ärzte Chinas, mußte als Bibliothekar eines kleinen medizinischen Seminars in Yunnan im äußersten Südwesten Chinas arbeiten. Dr. Li Zongen, ebenfalls ein hervorragender Facharzt, wurde ins ferne Guizhou verbannt. Beide starben kurz nach ihrer Verbannung eines frühen Todes.

Selbst als sich die Anti-Rechts-Kampagne ausbreitete, erfaßte ich die Tragweite des Geschehens noch nicht. Ich wußte nicht, wie viele Menschen zur Umerziehungsarbeit verurteilt wurden und welche Qualen dies für sie bedeutete. Aus Maos Worten gewann ich sogar den Eindruck, der Vorsitzende sei seinen Feinden gegenüber großmütig und wolle ihnen eine Chance zum Umdenken geben. Als Mao mir mitteilte, die Hinrichtung seiner Gegner komme für ihn nicht in Frage, schenkte ich ihm Glauben. Ich unterstützte Mao und die Anti-Rechts-Kampagne. Mao war gut, die Kommunistische Partei war gut, und beide hatten China gerettet.

Erst 1960, drei Jahre später, als mir der chinesische Außenminister Chen Yi erzählte, man habe eine halbe Million Menschen als Rechtsabweichler abgestempelt, begriff ich, daß die Kampagne viele unschuldige Opfer gefordert hatte. Am meisten beunruhigte mich, daß man an den Produktionsstätten eine bestimmte Quote zu erfüllen hatte. Jede Einheit mußte fünf Prozent ihrer Mitglieder zu Rechten erklären, ob dies zutraf oder nicht.

Jetzt erst wurde mir klar, wie viele Menschen ihre Arbeit verloren hatten und in Umerziehungslager gesteckt worden waren. In der Tat ließ Mao seine Gegner nicht hinrichten, aber die körperlichen und seelischen Strapazen seiner »Umerziehungsmaßnahmen« hatten oft einen langsamen, qualvollen Tod zur Folge. Erst als ich selbst einmal zwei Wochen lang Schwerstarbeit leisten mußte, konnte ich mir eine Vorstellung vom Leben in den Arbeitslagern machen. Zum Beispiel wurden Männer, die höchstens zwanzig *jin* Steine tragen konnten, gezwungen, vierzig *jin* zu schleppen. Wenn sie dann hilflos und erschöpft am Boden lagen, nötigte man sie, ihre Verbrechen zu gestehen und andere zu verraten.

Ich hätte es besser wissen müssen. Mao selbst gab mir viele Hinweise. »Würden wir alle Grundeigentümer, alle reichen Bauern, Konterrevolutionäre, üblen Elemente und Rechten zusammenzählen, kämen wir auf mindestens dreißig Millionen«, sagte er einmal. »Wenn wir sie alle in einer einzigen Gegend zusammenfaßten, würden sie eine ganze Nation darstellen, von der alle möglichen Probleme ausgehen könnten. Auf die verschiedenen Partei- und Regierungsgremien verstreut, bilden sie jedoch nur eine kleine Minderheit. Bei unserem Sechshundert-Millionen-Volk ist das nur einer unter zwanzig. Wir haben also nichts zu befürchten. Es gibt allerdings Parteifunktionäre, die das nicht einsehen. Ich habe ihnen geraten, im Falle eines Angriffs standhaft zu bleiben, das Problem auszusitzen. Manche hielten die Angriffe jedoch kaum aus, und einige wollten sogar am liebsten die Partei verlassen und zu den Rechten überlaufen. Jetzt haben wir sie alle entlarvt und gehen selbst in die Offensive.«

Damals hatte ich zum erstenmal die unglaublich große Zahl von dreißig Millionen »Volksfeinden« gehört. Aber mittlerweile wußte ich, daß Mao selten ins Blaue hineinredete. Seine Zahl mußte aus zuverlässiger Quelle stammen. Später hegte ich die Vermutung, daß sie sogar noch höher war.

Es gab auch Hinweise darauf, wie wenig Mao das Leben seiner Landsleute bedeutete. »Wir haben so viele Menschen«, sagte er oft. »Wir können es uns leisten, auf ein paar zu verzichten. Was macht das schon aus?«

Ich bin froh, daß ich Mao damals nicht verstand, daß ich den Umfang seiner Säuberungsaktion nicht überschaute, daß ich nicht wußte, welch schreckliches Leid anderen Intellektuellen widerfuhr und wie viele Menschen ums Leben kamen. Ich hatte so oft versucht, aus Maos Zirkel auszubrechen, und immer wieder hatte er mich zurückgeholt. Jetzt saß ich hoffnungslos in der Falle. Was hätte ich tun können, wenn ich gewußt hätte, was sich außerhalb meines schützenden Kokons abspielte? Eine chinesische Redensart lautet *nande hutu*, was bedeutet, daß es manchmal nicht einfach ist, naiv zu sein, manchmal jedoch auch ein Glück. Aus heutiger Sicht weiß ich, daß ich damals naiv war und naiv sein mußte. Das war meine einzige Überlebenschance.

24. KAPITEL

Im November 1957 feierte die Sowjetunion den vierzigsten Jahrestag ihrer Gründung. Chruschtschow hatte zu diesem Anlaß die Führer der kommunistischen Parteien aus aller Welt eingeladen. Damals war der Vorsitzende Mao dreiundsechzig Jahre alt und hatte erst ein einziges Mal chinesischen Boden verlassen – Ende 1949, kurz nach der Gründung der Volksrepublik, als er in Moskau mit Stalin das Abkommen zwischen der Sowjetunion und China aushandelte.

Mao freute sich auf die Rückkehr nach Moskau. Die Anti-Rechts-Kampagne lief immer noch auf vollen Touren, und der Vorsitzende war bester Laune. Das Volk schien geeint und zuversichtlich wie nie zuvor. In Stadt und Land war der Sozialismus eingeführt, die Revolution ging zügig voran. Mao konnte als Sieger nach Moskau reisen, als der am längsten gediente ausländische Führer des kommunistischen Lagers, als Leiter einer riesigen Delegation, als Rivale und Herausforderer Chruschtschows.

Am 2. November wollten wir abreisen.

Ich war für die Reisevorbereitungen im medizinischen Bereich verantwortlich. Der stellvertretende Direktor des Zentralen Gesundheitsbüros, Huang Shuze, sollte die ärztliche Betreuung der Delegationsmitglieder übernehmen, während ich mich nur um den Vorsitzenden kümmern würde.

Jiang Qing schlug vor, auch Liu Huimin mitzunehmen, der Mao in Qingdao behandelt hatte. So könne sein Einsatz vergolten werden, und außerdem werde seine Anwesenheit in Moskau signalisieren, daß der Vorsitzende ein Förderer der chinesischen Medizin war. Dr. Lius anfängliche Begeisterung schlug bald in Besorgnis um. Er hatte Angst, das Gesicht zu verlieren, wenn er sich in Moskau erkältete. Welch unerträgliche Schmach, falls der Vorsitzende erkrankte und der Arzt selbst zu krank wäre, ihn zu behandeln! Auch befürchtete Dr. Liu, die jedem Delegationsmitglied ausgehändigten Einheitsmäntel aus Wolle seien nicht warm genug. Er wollte einen Pelzmantel und eine Pelzmütze und war sichtlich erleichtert, als der für die Versorgung zuständige Ye Zilong seine Wünsche erfüllte.

Dann machte sich Liu Sorgen um Maos Gesundheit. Er mußte für alle Eventualitäten gerüstet sein, denn in der Sowjetunion waren die Heilkräuter, die Liu bei einer Erkrankung des Vorsitzenden benötigte, nicht erhältlich. Seine Kräuter füllten drei riesige Kisten, und ihr scharfer Geruch drang sogar durch die versiegelten Behälter. Aber Dr. Liu wollte die Kisten unbedingt im Flugzeug mit sich führen.

Wir handelten aus, daß der Arzt Kräutervorräte für eine Woche im Flugzeug mitnehmen sollte; drei Kisten sowie das große Tongefäß für die Zubereitung der verschiedenen Sude würden gesondert mit einem vorausfahrenden Zug voller Geschenke nach Moskau geschickt werden.

Schließlich brauchten wir auch noch eine Krankenschwester für Mao. Meine Wahl fiel auf Xu Taos Frau, Wu Xujun, die fähigste und erfahrenste Krankenschwester, die ich kannte. Ye Zilong wollte jedoch eine der Schwestern mitnehmen, die Jiang Qing im Vorjahr in die Sowjetunion begleitet hatten. Das war billiger, denn die Partei kam für die Winterkleidung der Delegationsmitglieder auf, und die Begleiterin von Jiang Qing besaß bereits die passende Garderobe. Dagegen sprach, daß sie keine medizinische Ausbildung hatte. Ausnahmsweise unterstützte mich Jiang Qing: Eine gute Krankenschwester für den Vorsitzenden sei viel wichtiger als eine geringfügige Ersparnis. Also wurde Wu Xujun für die Aufgabe bestimmt.

Auch die Sowjets stellten einen Arzt ab, der den Vorsitzenden auf der Reise nach Moskau betreuen sollte. Ich mußte mich während seines kurzen Aufenthalts in Beijing um den Gast kümmern. Die Krankenschwester, der Direktor des Büros für Sonderausgaben in Zhongnanhai, Lai Zhulie, und ich führten ihn in das renommierte Restaurant Quanjude, das für seine hervorragende Zubereitung der berühmten Peking-Ente bekannt war. Der Doktor war begeistert und äußerte sich über die Speise ebenso überschwenglich wie über den starken Maotai-Branntwein. Als ich ihn an der sowjetischen Botschaft absetzte, war er selig berauscht und freute sich über die weitere Flasche Maotai, die ich ihm überreichte.

Die Russen hatten uns zwei Maschinen vom Typ TU-104 für den Flug zur Verfügung gestellt. Mao, Song Qingling, der sowjetische Arzt und ich benutzten die eine, der Rest der großen chinesischen Delegation die andere Maschine. Die Stewardessen versorgten uns mit Kaviar, Fisch, Pommes frites und belegten Broten, und bei den verschiedenen Zwischenstopps zum Auftanken gab es üppige Aufschnittplatten. Mao machte keinen Hehl aus seiner Abneigung gegen die russische Küche. Der russische Arzt trank schon zu Beginn der Reise Unmengen Wodka, ließ sich über die Schädlichkeit des Rauchens und über die Vorzüge des Trinkens aus. Den zweiten Teil der Reise verbrachte er damit, seinen Rausch auszuschlafen.

Am Flughafen wurden wir von Nikita Chruschtschow empfangen. In seiner Begleitung befanden sich der melancholisch und würdevoll wirkende, bärtige Nikolai Bulganin und mein alter Freund Anastas Mikojan. Mikojan begrüßte mich herzlich auf Russisch, ohne Dolmetscher verstand ich jedoch kein Wort. Vermutlich sagte er etwas über die von mir empfohlene Akupunkturbehandlung. Die einzige Frau des Empfangskomitees war die Kulturministerin Jekaterina Furzewa, eine attraktive Frau in den Fünfzigern, die aus unerfindlichen Gründen dauernd geschäftig hin- und herhastete.

Die chinesische Delegation war die bedeutendste der vierundsechzig angereisten Abordnungen. Chruschtschow ging freundlich und respektvoll mit Mao um, begleitete ihn persönlich zu seinem Quartier im Kremlpalast und bot ihm an, sich nach der Konferenz entweder in einer Datscha bei Moskau oder in dem Seebad Sotschi am Schwarzen Meer zu erholen. Mao lehnte ab und verhielt sich von Anfang an eher reserviert und kühl gegenüber Chruschtschow. Er war immer noch über dessen Kritik an Stalin verärgert. Fast unmittelbar nach unserer Ankunft begann er, gegen den russischen Parteichef zu sticheln. Als wir vom Flughafen in die Stadt fuhren, bemerkte Mao – wie ich auch –, daß die Menschen auf den Straßen lustlos und mürrisch wirkten. Ein auffallender Gegensatz zu China, wo die postrevolutionäre Begeisterung noch hohe Wellen schlug. »Mit seiner Kampagne gegen Stalin hat Chruschtschow die Unterstützung des Volkes verspielt. Kein Wunder, daß die Menschen ihren Enthusiasmus verloren haben.«

Mit größter Sorgfalt hatte man die Vorbereitungen für Mao und sein Gefolge getroffen. Der Palast, eine ehemalige Residenz der Zarin Katharina der Großen, war ein weitläufiges Labyrinth aus Korridoren und geräumigen Zimmern, ausgestattet mit den feinsten Antiquitäten. Auf den Böden lagen dicke, flauschige Teppiche, von den hohen Decken hingen glitzernde Kronleuchter, und die Wände waren mit Porträtgemälden geschmückt. Mao wohnte im prächtigsten Zimmer, dem Schlafzimmer Katharinas, einem riesigen, herrlich eingerichteten Raum. Diesmal hatte er zwar nicht sein eigenes Bett mitgebracht, bestand jedoch darauf – trotz der Toilette mit Wasserspülung im angrenzenden Badezimmer –, seinen eigenen Nachttopf zu benutzen.

Ye Zilong, Wang Jingxian, Lin Ke, Li Yinqiao, der Leibwächter Xiao Zhang, zwei Köche und ich wohnten mit Mao im Palast. Die übrigen Mitglieder der Delegation, darunter viele führende Partei- und Regierungsfunktionäre wie zum Beispiel Song Qingling, Deng Xiaoping, Peng Zhen, Peng Dehuai, Lu Dingyi, Yang Shangkun, Chen Boda und Hu Qiaomu, sowie das Begleitpersonal waren auf verschiedene Hotels verteilt oder wohnten in der chinesischen Botschaft. Ich bekam sie kaum zu Gesicht. Lin Ke und ich teilten uns ein Zimmer in einem Teil des Palasts, der zwar nicht so kostbar eingerichtet war wie das Zimmer Maos, aber dennoch sehr elegant wirkte. Wir wurden ständig mit Äpfeln, Orangen, Schokolade, Orangensaft, Mineralwasser und Zigaretten versorgt.[49]

Mao war bester Laune und in einer lebhaften, kämpferischen Stimmung. Mit keinem Wort erwähnte er den ihn umgebenden Luxus, schien ihn nicht einmal wahrzunehmen. Um so genauer achtete er auf die zuvorkommende Behandlung, die ihm und der chinesischen Delegation zuteil wurde, und stellte bissige Vergleiche mit seiner Aufnahme im Jahr 1949 an, als er mit Stalin verhandelt hatte. »Seht, wie sie uns jetzt behandeln«, stichelte er mit verächtlichem Lächeln. »Selbst in diesem kommunistischen Land unterscheidet man genau, wer mächtig und wer schwach ist. Diese Snobs!« Ich konnte kaum glauben, daß Mao diese bitteren Worte ernst meinte.

Wir besuchten das Lenin-Mausoleum und legten vor den gläsernen Särgen von Lenin und Stalin Kränze nieder – ein aufwühlendes Erlebnis. Die Körper der beiden sowjetischen Führer sahen verrunzelt und vertrocknet aus, und wie ich später erfuhr, waren ihre Extremitäten bereits verwest und durch Wachsattrappen ersetzt worden. Damals ahnte ich noch nicht, daß ich zwanzig Jahre später an der Spitze eines Ärzteteams Maos sterbliche Hülle konservieren sollte.

Mao zeigte wenig Interesse für die russische Kultur. Er aß ganz allein, sogar von den anderen chinesischen Delegationsmitgliedern getrennt. Zu jeder Mahlzeit wurde ihm eine reiche Auswahl russischer und chinesischer Speisen serviert – man hatte ihm zwei russische Köche zugeteilt, und einer seiner eigenen Köche war in der westlichen Kochkunst sehr bewandert. Dennoch aß Mao nur die von seinem Lieblingskoch zubereiteten Speisen aus seiner Heimat Hunan. Ich konnte seine Vorliebe für die chinesische Küche gut nachvollziehen, denn auch mir mundeten die schweren russischen Gerichte nicht. Als Mao mich eines Abends zum Essen einlud, machte ich mich deshalb genüßlich darüber her, obwohl ich eben erst russisch gespeist hatte. »Ich habe nicht den Eindruck, daß Sie gerade vom Essen kommen«, spöttelte Mao.

Maos einziger Ausflug in das russische Kulturleben erwies sich als peinlicher Fehlschlag. In Begleitung Chruschtschows besuchte er eine Aufführung von *Schwanensee*. Ich schloß mich an und saß mit den beiden Politikern in Chruschtschows Privatloge. Wir trafen erst zu Beginn des zweiten Aktes ein. Mao, der noch nie eine westliche Ballettaufführung gesehen hatte und von niemandem darauf vorbereitet worden war, langweilte sich von Anfang an.

»So könnte ich nie tanzen«, sagte er zu Chruschtschow. »Und Sie?« Der Führer der Sowjetunion bestätigte, daß auch er unmöglich auf Zehenspitzen tanzen könne. Am Ende des zweiten Akts verkündete Mao, er wolle gehen. »Warum hüpfen sie beim Tanzen auf den Zehenspitzen herum? Mir wird ganz komisch dabei. Warum tanzen sie nicht wie gewöhnliche Leute?« Ich vermute, Mao weigerte sich bewußt, die russische Kultur mit Wohlwollen zu betrachten. Es machte ihm Spaß, über Chruschtschow und die Mängel der Sowjetunion herzuziehen.

Erst als wir die chinesischen Gaststudenten der Moskauer Universität besuchten, zeigte Mao einen Hauch von Interesse. Das Essen in den Mensen war viel besser als der kärgliche Gemüsereis, den chinesische Studenten gewöhnlich vorgesetzt bekamen, und die Moskauer Studentenwohnheime wirkten viel komfortabler als chinesische Wohnheime. Hier teilten sich zwei Studenten ein Zimmer, das in China acht Studenten hätte genügen müssen. »Damit können wir uns nicht vergleichen«, sagte Mao.

Gewöhnlich nahm er tagsüber an Zusammenkünften teil und verbrachte die Abende allein in seinem Zimmer. Die Mitglieder seines Stabes hatten dadurch sehr viel freie Zeit. Einmal besuchte ich mit Lin Ke eine für die ausländischen Delegationen aufwendig inszenierte Revue, die uns sehr gefiel. Die meisten Abende verbrachten wir jedoch im Filmtheater des Palasts, wo wir uns amerikanische Filme aus der Zeit des Zweiten Weltkrieges ansahen. Unser Lieblingsfilm war *Der Große Walzer*. Han Xu vom Außenministerium, der spätere chinesische Botschafter in den Vereinigten Staaten, befürchtete, unsere Vorliebe für amerikanische Filme könne unsere Gastgeber kränken. Deshalb wünschten wir uns ab und zu einen sowjetischen Film. Ich begann, mir die gerade vollendete Verfilmung von Scholochows Roman *Der Stille Don* anzusehen, der von den Anfängen des Ersten Weltkrieges und der Oktoberrevolution handelt. Da der Film jedoch weder mit chinesischen noch mit englischen Untertiteln versehen war und ich kein Russisch verstand, ließ mein Interesse bald nach.

Unsere Delegation war bei den russischen Gastgebern besonders beliebt. Wir hatten unzählige Geschenke mitgebracht – ein kostbar geschnitztes Elfenbeinschiff, Cloisonné-Vasen, Kominternflaggen aus Blattgold für die höheren Funktionäre und einen großen Vorrat an chinesischen Zigaretten und Maotai-Branntwein für das Personal. Kurz nach der Ankunft fingen wir mit der Verteilung unserer Schätze an. Schon bald klopften nachts Leute an unsere Tür und baten um mehr. Diese üppigen Geschenke und die irrige Annahme, chinesische Ärzte hätten ein besonders hohes Prestige und Einkommen, waren vermutlich der Grund dafür, daß eines der Zimmermädchen mir einen Antrag machte. Lin Ke war aufgefallen, daß die junge Frau sich besondere Mühe gab, wenn sie mein Bett machte, und dann ließ sie mich durch unseren Dolmetscher Yan Mingfu wissen, daß sie meine Freundin werden wolle und sogar bereit sei, mit mir nach China zu gehen. Yan Mingfu wies sie in meinem Namen ab, und unsere Delegation amüsierte sich köstlich.

Gegen Ende unseres Aufenthalts in Moskau schlug Lai Zhulie, der Leiter des Büros für Sonderausgaben in Zhongnanhai, mir vor, dem Arzt, der Mao nach Moskau begleitet hatte, mit einem Dolmetscher der chinesischen Botschaft einen Dankesbesuch abzustatten. Der Arzt besaß eine geräumige, schön möblierte, mit Teppichen ausgelegte Wohnung. Er war über unseren Besuch hocherfreut und bewirtete uns reichlich. Als wir ihm jedoch unsere Geschenke überreichten – zwei Flaschen Maotai und ein paar hübsche Kleinigkeiten –, schien er verwirrt zu sein und lief nervös auf und ab. Schließlich zog er drei Hundertrubelnoten hervor und gab jedem von uns einen Schein. Ich war peinlich berührt und wollte das Geld nicht annehmen, doch Lai riß es mir aus der Hand und steckte es sich in die Tasche. Auf dem Rückweg erklärte er mir, alle Geschenke für die chinesische Delegation seien Regierungseigentum. Da Lai ein sehr niederträchtiger Mensch war, bin ich überzeugt, daß er das Geld für sich behielt.

Am 7. November fand auf dem Roten Platz die Parade zum vierzigsten Jahrestag der Oktoberrevolution statt. Wir alle nahmen daran teil. Mao stand mit Chruschtschow auf der Tribüne des Lenin-Mausoleums. Ich hatte einen Platz in unmittelbarer Nähe des Mausoleums; neben mir war der Generalsekretär der Kommunistischen Partei Estlands, der mehrere Jahre in Großbritannien gelebt hatte und ausgezeichnet Englisch sprach. Er hoffe, eines Tages nach China reisen zu können, sagte er. China sei ein so fernes, geheimnisvolles Land.

Unsere eigenen Paraden am 1. Mai und 1. Oktober folgten dem sowjetischen Vorbild. Inzwischen konnte ich das aufwendige Militärspektakel nicht mehr mitansehen. Selbst dem Roten Platz mit dem Kopfsteinpflaster und den Kathedralen und Palästen konnte ich keinen Reiz abgewinnen. Als zwei Jahre später der Tiananmen-Platz zum Gedenken an den zehnten Jahrestag der chinesischen Revolution vergrößert wurde, kam mir der Verdacht, daß China mit der Sowjetunion darum wetteiferte, den größten Platz der Welt zu bauen.

Trotz der Differenzen mit Chruschtschow war Mao vom Ergebnis der Moskauer Konferenz und von der gemeinsamen Schlußerklärung sehr angetan. »1848 haben Marx und Engels das *Kommunistische Manifest* veröffentlicht und die kommunistische Bewegung weltweit in Gang gesetzt. Über hundert Jahre später hat nun die Moskauer Erklärung die Erfahrungen dieser Bewegung zusammengefaßt und Perspektiven für die Zukunft vorgezeichnet.« Mao sah die Zukunft optimistisch und ließ sich von den in seiner eigenen Rede formulierten Voraussagen mitreißen. Vor den versammelten Delegierten prophezeite Mao, daß die Sowjetunion innerhalb der nächsten fünfzehn Jahre die Vereinigten Staaten in der Stahlproduktion und in anderen wichtigen Industriezweigen überholen werde; im selben Zeitraum werde China Großbritannien hinter sich lassen. Innerhalb von fünfzehn Jahren, behauptete Mao, würden die kommunistischen Wirtschaftssysteme jene der kapitalistischen Länder übertreffen und die ganze Welt werde reif für die kommunistische Revolution sein.[50]

Mao betrachtete Stahl als entscheidenden Indikator für die Wirtschaftsentwicklung und sprach von der Notwendigkeit, die Stahlproduktion Chinas zu steigern. Den Kalten Krieg, die Politik des amerikanischen Außenministers Dulles und die internationalen Spannungen kommentierte er billigend. »Die Spannungen in der Welt können uns nur nützlich sein, sie einigen unser Land. Solange die anderen ihre Säbel wetzen, werde ich nicht ruhen.«

Aus Chruschtschows Memoiren erfuhr ich später auch, daß dieser entsetzt auf Maos verantwortungslose Moskauer Rede im November 1957 reagiert hatte.[51] Mao sehe die Welt wie ein Frosch vom Boden eines Brunnens aus. Seiner Behauptung, die kommunistischen Länder könnten die kapitalistischen innerhalb von fünfzehn Jahren überholen, fehle jegliche Grundlage. Und die Fortsetzung der internationalen Spannungen zu befürworten sei im Atomzeitalter mehr als tollkühn. Maos Rede war aber ebensowenig leeres Geschwätz wie unsere nächtlichen Plaudereien. Er brütete eine neue Strategie aus. Die Idee zum Großen Sprung nach vorn – Maos utopischste und unglücklichste politische Kampagne – war geboren.

25. KAPITEL

Die Konferenz in Moskau hatte Mao Auftrieb gegeben. Während unserer Abreise am 20. November 1957 entwarf er bereits einen Aktionsplan zur Produktionssteigerung. Da die Führungsclique der Partei dabei das Haupthindernis bildete, mußte er sich als erstes ihre Unterstützung sichern.

Kurz nach unserer Rückkehr verbrachte Mao zwei Wochen mit Jiang Qing in Hangzhou. Dann flogen wir zu einer Parteiversammlung nach Nanning im autonomen Gebiet Guangxi. Schon auf der Reise versuchte Mao, die Parteifunktionäre für seinen Plan zu gewinnen.

Zhou Xiaozhou, der erste Parteisekretär der Provinz Hunan, begrüßte Mao während einer Zwischenlandung zum Auftanken in Changsha. Bei dieser Gelegenheit provozierte Mao den Parteiführer seiner Heimatprovinz mit der Frage: »Warum werden die landwirtschaftlichen Erträge in Hunan nicht gesteigert? Warum fahren die Bauern in Hunan nur eine Reisernte im Jahr ein?«

Zhou antwortete, die klimatischen Bedingungen in Hunan würden nur eine einzige Ernte zulassen. Mao widersprach und verwies auf die Provinz Zhejiang, zu der auch Hangzhou gehört. Dort herrschten im wesentlichen die gleichen klimatischen Bedingungen, und trotzdem gebe es zwei Reisernten. Warum also nicht in Hunan, bohrte Mao weiter. Das Gespräch wurde peinlich für Zhou, und er wußte nicht, was er antworten sollte.

»Sie informieren sich ja nicht einmal über die Erfahrungen anderer Regionen. Das ist das Problem«, sagte Mao.

»Wir werden uns von nun an informieren«, antwortete Zhou gehorsam.

»Was heißt hier informieren? Damit kommen Sie jetzt auch nicht mehr weiter. Sie können gehen.« Mao nahm ein Buch zur Hand und begann zu lesen. Gedemütigt verabschiedete sich Zhou von den anderen Anwesenden, wandte sich dann wieder Mao zu und versprach: »Wir werden ab sofort versuchen, zwei Ernten einzubringen.«

Als Zhou verschwunden war, legte Mao wütend sein Buch zur Seite und sagte bissig: »Er möchte es mit zwei Ernten versuchen! Er möchte sich nicht einmal über die Erfahrungen anderer informieren. Das führt doch zu nichts!«

In den nächsten Monaten fanden solche und ähnliche Gespräche zwischen Mao und den etwas bedächtigeren Parteiführern aus den Provinzen unter vier Augen und auf Parteiversammlungen statt. Nach und nach gelang es dem Vorsitzenden, auch die Zaghafteren auf seinen utopischen Weg einzuschwören.

Auf der Parteikonferenz von Nanning machte er dann den ersten großen Versuch, die Partei als Ganzes auf seine Linie zu bringen.

Nanning ist eine merkwürdig altmodische, farbenfrohe und saubere Stadt. Die Straßen sind schmal, Balkone in den oberen Stockwerken überdachen die kleinen Läden und schützen die Fußgänger vor den vielen Regenfällen. Das ganze Jahr hindurch ist es in dieser Gegend warm, feucht und üppig grün. Selbst im Januar, als wir dort eintrafen, herrschten milde Temperaturen von sechsundzwanzig Grad Celsius. Die Orangen- und Grapefruitbäume standen in Blüte, die Luft war von ihrem Duft erfüllt. Auch die Menschen sahen farbenfroh aus. In dem Gebiet leben die Zhuang, eine nationale Minderheit, deren Frauen kurze, schwingende Röcke und grellbunte Kopfbedeckungen tragen.

Die Menschen in Nanning sind einfach und ehrlich, die Gegend ist weder reich noch wirtschaftlich hochentwickelt. Die Honoratioren der Stadt waren stolz über Maos Besuch und gaben sich als Gastgeber die größte Mühe. Die offizielle Propaganda stellte Mao und seine Frau als genügsame Menschen dar, und da die Honoratioren die Propaganda wörtlich nahmen, waren sie sicher, daß Mao das ihm Gebotene schätzen werde. Der Vorsitzende und seine Frau wurden in zwei getrennten Gebäuden untergebracht, die zum offiziellen Gästehaus der Provinzverwaltung gehörten; sie lagen auf einem ruhigen, bewaldeten Hügel, einem herrlichen Fleckchen Erde mit einem großartigen Ausblick. Mao hatte keine Klagen, doch Jiang Qing hielt die Unterkunft für untragbar.

Ein paar Tage nach unserer Ankunft ließ sie mich holen. Ihre Krankenschwestern würden sie quälen, sagte sie und verlangte, daß ich die Schwestern zurechtwies. Zu meinen Aufgaben gehörte auch die Überwachung des Pflegepersonals von Jiang Qing, und wenn sie unzufrieden mit den Schwestern war, mußte ich eingreifen.

Jiang Qing behauptete, das Personal tue alles, damit sie sich erkälte. Das Gästehaus hatte keine Zentralheizung, und wenn es abends kühler wurde, stellten Jiang Qings Bedienstete einen Heizlüfter auf. Da dieser jedoch keinen Thermostat besaß, war es ihr mal zu heiß, dann wieder zu kalt. Hektisch suchten unsere Gastgeber nach einer Lösung und schickten schließlich eine Abordnung nach Hongkong, um ein modernes Gerät zu erwerben – einen tragbaren Radiator, der durch heißes Wasser, das in einem Röhrensystem zirkulierte, aufgeheizt wurde. Dadurch wurde eine gleichmäßige Erwärmung erzielt – dieses Problem war also gelöst.

Jiang Qing pflegte vor dem Zubettgehen ein Bad zu nehmen, doch in dem Gästehaus gab es keine Duschen. Die Krankenschwestern versuchten sich zu helfen, indem sie mehrere Schüsseln mit warmem Wasser füllten, die sie dann nach und nach über Jiang Qing ausleerten. Da das Wasser in den letzten Schüsseln aber immer kühler wurde, beschuldigte Jiang Qing die Schwestern, sie absichtlich mit eisigem Wasser zu übergießen, damit sie sich erkälte. Angesichts dieses Problems schickten unsere Gastgeber eine weitere Abordnung nach Hongkong, um das Zubehör für eine Duschanlage zu besorgen. Während des Einbaus der Dusche sollte Jiang Qing vorübergehend aus dem Gästehaus ausziehen. Sie weigerte sich und machte ihren Krankenschwestern weiterhin Vorwürfe. Als ich zu vermitteln suchte, richtete sich ihr Zorn gegen mich, und sie behauptete, ich wolle sie zwingen, in ein Hotel zu ziehen.

Es war unmöglich, vernünftig mit ihr zu reden. Wütend trug ich Mao die Sache vor.

»Jiang Qing ist ein Papiertiger«, meinte er. »Manches darf man einfach nicht ernst nehmen. Beachten Sie es nicht weiter. Die Schwestern sollen keine Angst vor ihr haben. Sagen Sie ihnen, daß ich ihre Arbeit zu schätzen weiß.«

Auch Jiang Qing war erbost und konfrontierte Mao mit dem Problem. Einer der Leibwächter hörte, wie Mao zu seiner Frau sagte: »Du kennst doch den Ausspruch: ›Ist die Mutter hundert Tage krank, wird sie keine liebevollen Söhne haben.‹ Diese Leute arbeiten, um Geld zu verdienen. Für eine umsichtige Bedienung fehlt ihnen der Sinn.« In meiner Gegenwart kritisierte Mao seine Frau und lobte die Krankenschwestern, ihr gegenüber aber kritisierte er die Schwestern. Anscheinend wollte er seine Frau jedoch bewegen, sich wieder mit mir zu versöhnen.

»Wissen Sie, wie oft ich versuche, es Ihnen recht zu machen?« fragte Jiang Qing mich eines Tages, als unsere Streitigkeiten noch in vollem Gang waren.

Das sei mir nicht bewußt, antwortete ich.

»Sie haben bemerkenswerte Stärken und Schwächen«, fuhr sie fort. »Sie sind findig bei der Lösung von Problemen und handeln oft entschlossen. Auch der Vorsitzende schätzt ihren Einfallsreichtum. Aber Sie sind auch eingebildet und eitel. Wenn Sie mal eine Meinung gefaßt haben, lassen Sie sich durch nichts davon abbringen. Sie haben sich jedoch um den Vorsitzenden so verdient gemacht, daß ich Sie nicht kritisieren darf. Ist Ihnen das bewußt?«

»Nein, ich weiß nicht, was Sie meinen.«

»Manchmal kann ich Sie einfach nicht ausstehen. Aber der Vorsitzende möchte Sie behalten, er ist an Sie gewöhnt. Sie und ich sind Verbündete, wir arbeiten beide für den Vorsitzenden. Ich habe Ihnen jetzt meine Meinung gesagt. Was denken Sie über mich?«

»Ich habe keine Meinung«, erwiderte ich. »Aber ich glaube, daß ich durch meine Qualifikationen und meine Herkunft nicht für die Arbeit hier geeignet bin. Ich hoffe noch immer, daß mich jemand ablösen kann.«

Jiang Qing wurde zunehmend ungeduldig und gereizt. »Über Ihre Eignung entscheidet der Vorsitzende.«

Ein Leibwächter hatte unser Gespräch belauscht und sagte zu mir: »Dr. Li, aus ihrer Sicht versucht Jiang Qing wirklich, nett zu Ihnen zu sein. Auch der Vorsitzende ärgert sich über sie. Erst vor kurzem hörte ich, wie er, nachdem sie aus seinem Zimmer gegangen war, vor sich hinmurmelte: ›Wir sind so beschäftigt, und du machst ein solches Theater. Das ist einfach nicht einzusehen!‹«

Doch das Theater mit Jiang Qing setzte sich fort. Das Problem mit der Dusche war immer noch nicht gelöst, und sie beschimpfte weiterhin die Krankenschwestern, die dann tränenüberströmt zu mir kamen. Ich wußte nicht mehr weiter. Der neue Sicherheitschef Wang Jingxian, ein fähiger Mann, beschied mich, seine Arbeit sei auf die Sicherheit der Führungsspitze beschränkt. Auch Ye Zilong betrachtete Jiang Qings Probleme mit der Dusche nicht als seine Aufgabe. Also setzte ich meine gesamten Überredungskünste ein und bewog die Frau des Vorsitzenden letzten Endes doch noch dazu, für eine Nacht in ein Hotel zu ziehen. Im Nu wurde die Dusche eingebaut.[52]

An der Konferenz in Nanning nahmen die führenden Parteifunktionäre des Landes und der Provinzen teil. Sie begann am 11. Januar 1958, und vom ersten Tag an herrschte eine gespannte Atmosphäre. Die Konferenzteilnehmer waren gereizt, die meisten Wirtschaftsplaner der Partei hielten Maos Vorhaben, England in fünfzehn Jahren einzuholen, für utopisch, und Mao mußte in diesen elf Tagen viel Zeit aufwenden, um gegen die für Planung, Entwicklung und Finanzen zuständigen Funktionäre anzukämpfen. Nur wenige wurden von ihm verschont, und selbst Zhou Enlai und Chen Yun entgingen nicht der Kritik.[53]

Jiang Qings früherer Ehemann, Huang Jing, der Vorsitzende der Kommission für Wirtschaft und Technik, die für die Technologieförderung verantwortlich war, brach unter der Belastung zusammen. Als das Ende der Konferenz nahte, bat mich Ke Qingshi, der Bürgermeister von Shanghai, nach Huang Jing zu sehen. Er zeige ein merkwürdiges Verhalten, nachdem Mao ihn mehrere Male scharf angegriffen hatte.

Huang Jing lag im Bett, starrte an die Decke und murmelte unverständliches Zeug vor sich hin. Er flehte mich an: »*Rao ming a, rao ming a!* – Rette mich, rette mich!«

Yang Shangkun sorgte dafür, daß man ihn zur Behandlung in die nahegelegene Stadt Guangzhou brachte. Er wurde von Li Fuchun, dem stellvertretenden Ministerpräsidenten und Vorsitzenden der Kommission für Planung, und von Xi Zhongxun, dem Generalsekretär des Staatsrats, begleitet. Auch im Flugzeug benahm sich Huang seltsam. Er kniete nieder, machte einen tiefen Kotau vor Li Fuchun und bat diesen, ihn freizulassen und sein Leben zu schonen. In Guangzhou kam er in ein Militärkrankenhaus und brach sich bei einem Fluchtversuch ein Bein. Dann hörte ich nichts mehr von ihm. Später erfuhr ich, daß er im November 1958 gestorben war.

Maos Stimmung stand in scharfem Kontrast zu der von ihm erzeugten Spannung. Nach einigen Wutausbrüchen begann er, lockerer zu werden, und bei Konferenzschluß gab er sogar seine übliche Distanz auf, nahm an dem festlichen Abschlußdiner teil und labte sich vor allem an einer kulinarischen Spezialität, die »Drache kämpft gegen Tiger« hieß und aus Giftschlangen (Drache) und Wildkatzen (Tiger) zubereitet war. Die »Spezialität« war sehr fettig, doch Mao sprach ihr mit besonderem Genuß zu.

Am nächsten Tag schwamm er vor der Stadt im Yong-Fluß. Die Wassertemperatur betrug vielleicht zwanzig Grad Celsius, zum Schwimmen eigentlich zu kalt. Mao bestand jedoch darauf, und ich mußte ihn begleiten. Er ließ sich wie üblich eine Stunde lang im Wasser treiben und hatte am nächsten Tag Schnupfen und Husten.

Wieder befolgte er die Ratschläge seines Arztes erst, als er sich wirklich elend fühlte, doch dann verbesserte sich sein Zustand rasch.

Die Konferenz von Nanning stand am Anfang einer Reihe von Parteiversammlungen, die Mao in den nächsten Monaten einberief. Mit stichelnden, schmeichelnden, dann wieder hetzenden Reden versuchte er, die Partei auf seine Linie einzuschwören, beschuldigte erst diesen Provinzfunktionär, dann jenen Wirtschaftsplaner, zu träge und langsam zu sein und die Entwicklung des Landes zu hemmen. Doch am Ende jeder Versammlung wurden die Planziele für die Landwirtschaft und die industrielle Produktion höher gesteckt, und bis zur Zweiten Plenartagung des Achten Parteikongresses im Mai 1958 hatte er den Boden für seinen Großen Sprung nach vorn bereitet.[54]

26. KAPITEL

Anfang 1958 bemerkte ich zum erstenmal eine Veränderung an Mao: ein bisher nicht vorhandenes, oft irrationales Mißtrauen, das in den Jahren bis zur Kulturrevolution immer stärker wurde. Nachdem wir Nanning verlassen hatten, legten wir einen zweiwöchigen Aufenthalt in Guangzhou ein und flogen dann nach Beijing zurück. Mao übte weiterhin Druck auf die Partei aus und ließ im Januar die Kampagne wieder anlaufen, mit deren Hilfe er die Partei auf seine Linie bringen wollte. Diesmal sollte die Prozedur parteiintern abgewickelt werden.

Anfang März flogen wir nach Chengdu, der Hauptstadt der Provinz Sichuan, die als Reisschale Chinas gilt. Dort berief Mao eine weitere Parteiversammlung ein.

Wir wohnten am zwölf Kilometer westlich der Stadt gelegenen Damm des Goldenen Ochsen. Die Gegend erinnerte an einen botanischen Garten mit weiten, saftig grünen Wiesen, mit Bambushainen, Blautannen und Zypressen. Palmen, Bananenstauden und Grapefruitbäume säumten die Wege, die Kamelien und Azaleen standen in voller, roter Blüte. Während unseres Aufenthalts regnete es häufig; danach waren die tropischen Wälder in geheimnisvolle Nebelschleier gehüllt und glichen einem chinesischen Landschaftsbild. Mao erzählte, einige seiner Gedichte über nebelverhangene Gärten und blühende Berghänge seien aus solchen Szenen hervorgegangen.

Ich freute mich über den Besuch in Chengdu. Seit meinem Medizinexamen vierzehn Jahre zuvor war ich nicht mehr in der Stadt gewesen, die doch eigentlich meine zweite Heimat war. So bald wie möglich stattete ich meiner alten Universität einen Besuch ab.

Auch das Gelände der West China Union University Medical School hatte einst an einen saftig grünen botanischen Garten erinnert. Zu meiner Studentenzeit war es die größte und schönste Gartenanlage in China gewesen, für mich das Paradies auf Erden. Jetzt sah alles ganz anders aus. Durch den alten Campus führte eine breite Straße, viele Häuser waren abgerissen worden, die verbliebenen Gebäude wirkten verfallen, die Gärten vernachlässigt. Die Universität hieß jetzt Medizinische Hochschule Sichuan, die geisteswissenschaftlichen Fakultäten waren in der Universität von Sichuan aufgegangen. Der Besuch bei meinem alten Kommilitonen und Freund Sun Yuhua, dem Leiter der Hochschule, erfüllte mich mit Nostalgie. Aber es kam mir zu riskant vor, noch andere Freunde zu besuchen, da meine Arbeit bei Mao äußerst heikel war und da die bevorstehende Parteikonferenz der Geheimhaltung unterlag.

Mao zeigte Verständnis für meine sentimentalen Gefühle und rezitierte ein berühmtes Gedicht aus der Zeit der östlichen Jin-Dynastie (317–420 n. Chr.):

»Lieblich umfangen die alten Weiden,
den südlichen Lauf des Flusses Han,
Nun da ihre Blätter fallen,
ist selbst der Fluß in Traurigkeit gehüllt.
So empfindsam ist die Natur.
Und was empfindest du?«[55]

Mao empfahl mir, meine alten Freunde zu besuchen; aber ich verzichtete darauf.

Bald nach unserer Ankunft wurde Mao von Li Jingquan, dem ersten Parteisekretär von Sichuan, zu einem Opernabend eingeladen, der in einem Theatersaal auf dem Gelände des Gästehauses stattfinden sollte. Zuerst war Mao skeptisch – er bevorzugte die Peking-Oper –, dann aber ließ er sich von der Vorstellung so mitreißen, daß er einmal seine Zigarette mit dem glühenden Ende in den Mund steckte. Danach besuchten wir die Sichuan-Oper jeden Abend. Im Handumdrehen hörten auch die Parteiführer der anderen Provinzen von Maos Liebe zur Oper. Sie interessierten sich für Maos Geschmack, da sie sich wünschten, ihn einmal zu Gast zu haben, und für dieses Ereignis gut vorbereitet sein wollten. Nach 1958 wurden in sämtlichen Provinzen neue Gästehäuser mit Opernsälen ausgestattet.

Maos Verhalten im Zusammenhang mit dem Hallenbad lieferte mir einen ersten Hinweis auf seine aufkeimenden irrationalen Ängste. Es war im Auftrag von Li Jingquan nach dem Vorbild des Hallenbades von Zhongnanhai speziell für Mao gebaut worden. Mao forderte mich und seine anderen Begleiter auf, ins Wasser zu steigen, doch er selbst fühlte sich unsicher. Mehrere Male fragte er mich, ob das Schwimmbad wirklich genauso wie das in Beijing sei, und äußerte die Befürchtung, das Wasser könne vergiftet sein. Wir anderen nahmen keinerlei Schaden beim Schwimmen, und Maos Verhalten erfüllte mich eher mit Neugier als mit Sorge. Erst im Rückblick, als sein Zustand sich verschlimmerte, erkannte ich, daß sein Mißtrauen der Beginn einer tiefgreifenden Paranoia war.

Mao war unruhig. Die Parteiführer bereiteten ihm immer noch Probleme. Seine Versuche, sie aus ihrer Lethargie zu reißen und auf seinen Kurs zu bringen, hatten nur begrenzten Erfolg gehabt. Die Konferenz sollte dazu dienen, die Parteiführung von neuem anzutreiben.

Auf der vom 9. bis zum 26. März 1958 tagenden Versammlung wurden die Diskussionen der Nanning-Konferenz fortgesetzt. Die für die wirtschaftliche Entwicklung verantwortlichen Parteifunktionäre wurden von Mao kritisiert und angespornt. Er wollte sie immer noch von seinem Plan überzeugen, in fünfzehn Jahren mit England wirtschaftlich gleichzuziehen. Die Produktionsziele waren ihm immer noch zu niedrig, die Wirtschaftsplaner zu zaghaft. Die Anti-Rechts-Kampagne hatte die öffentliche Kritik an der Partei im Sommer 1957 zwar zu einem jähen Ende gebracht, Maos Vertrauen in die Partei war jedoch noch nicht wiederhergestellt. Er beklagte sich über die mangelnde Führung im Land und bezeichnete die Parteispitze als »einen geistlosen Haufen mit der Mentalität von Sklaven«. Er wünschte sich mehr Mut und Entschlossenheit.

Die phantasielose Nachahmung der Sowjetunion und das gedankenlose, fast schon abergläubische Hersagen von Marx-Zitaten störten ihn besonders. »Der Marxismus ist nicht vom Himmel gefallen. Wir sollten uns nicht immer nach diesen Schriften richten und sklavisch jedes Wort nachbeten.« Diese in der Partei vorherrschende Mentalität führte er auf die konfuzianische Vergangenheit Chinas zurück. Die Ehrfurcht vor Konfuzius ging so weit, daß die Chinesen nicht wagten, seinen Namen zu nennen, sondern nur von dem »Weisen« sprachen. Ähnlich ergehe es der Partei mit Marx. Unfähig, auch nur einen Millimeter vom Text abzuweichen, erhebe sie sein Wort zum Dogma. Das Ergebnis sei das gleiche: Wie der Konfuzianismus in der Vergangenheit so lähme jetzt der Marxismus die Kreativität. Marx sei ein neuer Konfuzius, der China verkrüppele und das Land in seiner Entwicklung hemme. So sehr Mao Stalin auch ablehnte, dessen Kritik an Marx war seiner Meinung nach berechtigt. Stalin habe mutig daran gearbeitet, die Theorie und Praxis des Sozialismus weiterzuentwickeln.

Mao war der Ansicht, die Partei lasse sich von den Intellektuellen einschüchtern und kusche vor ihnen aus einem Gefühl der Minderwertigkeit heraus.

Er bezweifelte, daß die Kommunistische Partei Chinas eine Führungsrolle bei der gesellschaftlichen Umwandlung übernehmen konnte. »Unsere Parteikader haben einen zu engen Horizont. Sie leben im Wohlstand und schlagen sich den Bauch voll; ihre Energie ist vom Hirn in den Magen gewandert.«

In die jungen Leute aber setzte er noch immer Hoffnung. »Es sind immer die Jungen und Ungebildeten gewesen, die neue Ideen entwickelt, neue Lehrmeinungen entworfen und neue Religionen begründet haben. Konfuzius war dreiundzwanzig Jahre alt, als er seine neue Lehre begründete und Schüler um sich scharte. Welche Bildung hatte Jesus? Und hat die von ihm begründete Religion nicht bis zum heutigen Tage Bestand? Shakyamuni entwickelte die buddhistische Lehre im Alter von neunzehn Jahren. Auch Sun Zhong-Shan war kein Gelehrter. Er hat die höhere Schule erst besucht, als er schon Revolutionär war. Auch Marx war noch sehr jung, als er seine Theorie des dialektischen Materialismus entwickelte. Erst später wurde er zum Gelehrten. Mit neunundzwanzig Jahren setzte er sich mit anerkannten, bürgerlichen Gelehrten wie Ricardo, Adam Smith und Hegel auseinander. Und mit Dreißig schrieb er das *Kommunistische Manifest*, hatte bereits eine neue Lehre begründet.«

Er fuhr fort: »Schon immer sind die großen Gelehrten von den Jungen, Ungebildeten in Frage gestellt worden. Ihre Jugend und Unwissenheit spielten dabei keine Rolle. Wichtig ist allein, die Wahrheit zu erkennen und sie mutig zu propagieren.«

Maos Worte enthielten keine Ironie. Ihm kam nie zu Bewußtsein, daß man ihn selbst – wie Konfuzius den »Weisen« – nur den »Vorsitzenden« nannte. Schon bald würden auch seine Worte zum Dogma erhoben werden. Mao betrieb oft Geschichtsklitterung, wenn es seinen Zwecken diente. Sun Zhong-Shan zum Beispiel war Arzt und Angehöriger einer reichen Bildungselite, als er im Jahre 1911 seine revolutionären Aktivitäten aufnahm.

Viel später, im Jahre 1966, als Mao die Kulturrevolution ausrief und die Jugend des Landes aufforderte, sich gegen ihre Lehrer und die Kommunistische Partei zu erheben, erinnerte ich mich wieder an diese und ähnliche Gespräche. Seit Jahren hatte Mao über dieser Strategie gebrütet.

In Chengdu war Mao jedoch noch von der Gefolgschaft der Partei abhängig. Wieder ging er auf Konfrontationskurs und kritisierte alle, die behutsamer voranschreiten wollten. Er versuchte, sie davon zu überzeugen, daß die Ablehnung seiner Idee des »schnellen Vormarsches« antimarxistisch und damit »rechts« sei. In Chengdu hörte ich zum erstenmal die Maxime: »Schreitet rasch voran, setzt euch hohe Ziele und baut den Sozialismus mit größeren, schnelleren, besseren und ökonomischeren Resultaten auf.«[56]

Ebenfalls in Chengdu bemerkte ich erstmals einen Wandel in Maos Sozialismusverständnis. Trotz der Einführung des sozialistischen Wirtschaftssystems gebe es immer noch Klassen. Arbeiter und Bauern gehörten den »Guten« an, doch existierten weiterhin Überbleibsel des Imperialismus, des

Feudalismus und des bürokratischen Kapitalismus ebenso wie des rechten Bürgertums. Auch die Nationalbourgeoisie, die die Kommunisten im Kampf gegen die Guomindang unterstützt hatte, existiere noch und werde sich gegen die sozialistischen Reformen stellen. Die Intellektuellen zählte Mao zum bürgerlichen Lager. »Intellektuelle sind unbeständig, hängen ihr Mäntelchen nach dem Wind. Sie lesen viele Bücher, wissen aber nichts vom wirklichen Leben.« Mao begann, vom Klassenkampf zu sprechen.

Aus Maos Sicht war die Konferenz von Chengdu ein Erfolg. Die Planziele wurden höhergesetzt, und man verabschiedete siebenunddreißig neue Dokumente, in denen die früheren konservativen und realistischeren Wirtschaftsziele nach oben korrigiert wurden.

Der Partei stand eine Veränderung bevor, die katastrophale Auswirkungen für China haben sollte. Maos Wort hatte so viel Gewicht, sein Standpunkt war so maßgeblich, daß die Gemäßigteren kaum noch widersprechen konnten. Wer Skepsis gegenüber den unrealistisch hohen Planzielen äußerte, lief Gefahr, als Rechtsabweichler gebrandmarkt zu werden. Maos machtvoller Wille brachte alle, die anderer Meinung waren, nach und nach zum Schweigen. Diejenigen, die sich einschmeicheln wollten, begannen zu lügen und stimmten höheren Planzielen zu, selbst wenn sie diese für unerreichbar hielten. Verlogenheit beherrschte die Partei, und die unverfrorensten Lügner schienen den besten Stand bei Mao zu haben. Furcht breitete sich aus.

27. KAPITEL

Während wir uns in Chengdu aufhielten, wurde in Beijing die Säuberungskampagne innerhalb der Partei verstärkt. Mein Freund Lin Ke, dessen Aufgabe es war, Mao den Inhalt der täglich erscheinenden *Nachrichtenblätter* zu referieren, und der Mao ebenfalls in Englisch unterrichtete, geriet als einer der ersten unter Beschuß. Kaum erfuhr Lin Ke von den Anschuldigungen, reiste er aus Chengdu ab. Er mußte zu seiner Verteidigung persönlich in Beijing anwesend sein.

Diese Episode, die als Schwarzflaggen-Vorfall bekannt wurde, ist eines der merkwürdigsten und kompliziertesten Ereignisse, die ich im inneren Zirkel erlebte. Sie sollte das Leben und die Karriere vieler anderer Menschen zerstören, und sie verhalf mir zu einer unvergeßlichen Erfahrung.

Eine der Ursachen für die Verkrustungen innerhalb der Partei, die Mao so verärgerten, war die Art und Weise, wie politische Posten vergeben wurden. Hier lag auch der Grund für die komplizierten politischen Intrigen und den daraus entstehenden Schwarzflaggen-Vorfall. Das Problem war die Verantwortlichkeit der einzelnen Funktionäre. Wenn ein chinesischer Funktionär jemanden für ein Amt vorschlägt, wird er automatisch für die Handlungen seines Protegés verantwortlich. Das System funktioniert nur dann, wenn der Ernannte seinem Vorgesetzten gegenüber absolut loyal ist und selbst gegen besseres Wissen dessen Befehle ausführt. Die wichtigste Regel für Parteimitglieder heißt Disziplin, und Parteidisziplin bedeutet absoluten Gehorsam gegenüber dem Vorgesetzten, Unterwerfung des eigenen Willens unter das Diktat der Partei und die Anordnungen übergeordneter Kader. Die Partei und die vorgesetzten Funktionäre haben immer recht. Kritik am Vorgesetzten verletzt also sämtliche Regeln, die ein Parteimitglied gelernt hat. Ein Angriff auf einen Vorgesetzten ist ein Angriff auf die Partei schlechthin. Loyalität ist die vornehmste Tugend.

Solche Unterwürfigkeit wird mit Protektion belohnt. Da der Untergebene immer die Anweisungen seines Vorgesetzten ausführt, muß der Vorgesetzte seinen Untergebenen vor Anwürfen schützen. Folglich setzen alle gegen hohe Parteifunktionäre gerichteten Maßnahmen bei deren Untergebenen an. Wird einem unteren Parteifunktionär politisches Fehlverhalten vorgeworfen, so ist automatisch auch sein Vorgesetzter betroffen. Die endlosen politischen

Auseinandersetzungen, die ich im Laufe der Jahre erlebte, nahmen deshalb immer ihren Anfang im Mittelbau der Hierarchie. Wenn höhere Parteifunktionäre im Visier waren, standen immer erst ihre Untergebenen in der Schußlinie.

Mao lehnte dieses System leidenschaftlich ab, er sah darin die Ursache für mangelnde Risikobereitschaft und fehlenden Mut innerhalb der Partei. Jeder versuchte, die Verantwortung dem jeweils Höherstehenden zuzuschieben, und da jeder Fehler schwer geahndet wurde, litten Eigeninitiative, Unabhängigkeit und Entschlossenheit. Wurde jemand gestürzt, zog er seinen Chef, seine Untergebenen und viele andere mit sich. Ließ ein Parteiführer abweichendes Verhalten bei *einem* Untergebenen zu, so mußten seine anderen Untergebenen ebenfalls Fehler begangen haben.

Im Herbst 1957 ließ Mao die Säuberungskampagne wieder aufleben, um dieses verkrustete System aufzubrechen. Er ermunterte die unteren Parteifunktionäre, Irrtümer ihrer Vorgesetzten aufzuzeigen, insbesondere Verhaltensweisen, die als konservativ, also »rechts«, bezeichnet werden konnten.

Dieser ungewöhnliche Aufruf verunsicherte die unteren Schichten der Parteihierarchie. Was, wenn ihre Kritik nicht unterstützt würde, wenn der betroffene Parteiführer im Amt bliebe? Er könnte sich rächen und kraft seiner Position den Kritikern das Leben zur Hölle machen.

Aus diesem Grunde hielten sich die meisten Parteimitglieder zurück. Auch ich schwieg natürlich. Ich hatte zwar meine Probleme mit Ye Zilong und Li Yinqiao, aber ich hätte niemals gegen sie opponiert.

Einige Mitarbeiter in Zhongnanhai brachten ihre Kritik jedoch zur Sprache. Acht Politsekretäre, die in dem von Yang Shangkun geleiteten Generalbüro arbeiteten, schlossen sich zusammen und kritisierten He Zai, den stellvertretenden Leiter ihrer Abteilung. Sie warfen ihm vor, er buche alle Erfolge auf sein Konto, alle Mißerfolge jedoch schreibe er seinen Untergebenen zu. Außerdem beschuldigten sie ihn, vor den Vorgesetzten zu buckeln und seine Untergebenen zu schikanieren.

Zu den acht gehörte auch Lin Ke. He Zai schob die Verantwortung jedoch nach oben ab und behauptete, die eigentlichen Entscheidungen treffe nicht er, sondern sein Chef Yang Shangkun, der in der Parteihierarchie viel höher stand. He Zai als Rechten zu beschuldigen sei nach der Logik des Systems gleichbedeutend mit einer Anklage Yang Shangkuns, und damit politisch viel gefährlicher. He Zai behauptete auch, daß die Kritik an seiner Person einer Verurteilung der Partei gleichkomme und daß die acht Kritiker die eigentlichen Rechten seien. Er mobilisierte andere Mitarbeiter des Büros der

Politsekretäre, gegen die acht Dissidenten auszusagen, und verbreitete das Gerücht, mein Freund Tian Jiaying, der ebenfalls zu Maos Sekretären gehörte und wie He Zai einer der stellvertretenden Leiter des Büros war, habe die Kritiker aufgehetzt. Im März, als wir in Chengdu waren, hatte He Zai so viele Anhänger im Generalbüro um sich geschart, daß die acht Kritiker kurz davor standen, offiziell als partei- und sozialismusfeindliche rechte Clique abgestempelt zu werden.

Erst nach Beendigung der Konferenz von Chengdu und der Rückkehr Lin Kes nach Beijing begriff ich das Ausmaß der Anschuldigungen. Ich war mit Mao von Chengdu nach Chongqing gereist; anschließend machten wir eine Bootsfahrt durch die Schluchten des Yangtze mit Aufenthalt in Wuhan, wo wieder einmal über das Staudammprojekt gesprochen wurde. Anfang April fuhren wir weiter nach Guangzhou. Dort erwarteten uns Ye Zilong und Tian Jiaying, und ich erfuhr, daß Yang Shangkun die acht Sekretäre suspendiert und ihnen aufgetragen hatte, eine »Selbsteinschätzung« zu verfassen. Die Untersuchung ihrer parteifeindlichen Umtriebe wurde fortgesetzt.

Tian Jiaying war beunruhigt. Sicher waren die Anschuldigungen unberechtigt, aber er befand sich in einer Zwickmühle. Als einer der stellvertretenden Direktoren des Büros der Politsekretäre hatte er den gleichen Rang wie He Zai. Die acht Mitarbeiter waren somit auch seine Untergebenen, und er mußte damit rechnen, selbst Objekt der Ermittlungen zu werden. Er wollte das Problem mit Mao besprechen, fürchtete aber, dann noch mehr Schwierigkeiten zu bekommen. Tian Jiaying diente, wie alle Angehörigen der Gruppe Eins, zwei Herren. Zum einen arbeitete er unmittelbar für Mao; gleichzeitig aber unterstand er dem allgemeinen Befehl des Generalbüros der Partei. Falls er seine Sorgen direkt mit Mao erörterte, konnte ihm der Vorwurf gemacht werden, Yang Shangkun und das Generalbüro übergangen zu haben.

Ich persönlich machte mir Gedanken um Lin Ke. Ich kannte alle acht Beschuldigten, aber Lin Ke stand mir besonders nahe. In den vergangenen Jahren hatten wir eng zusammengearbeitet und auf Reisen oft ein Zimmer geteilt. Als Maos Sekretär bekleidete er das Amt, das Mao mir angeboten hatte; ich hätte also durchaus an seiner Stelle stehen können. Lin Kes Direktheit war manchmal kränkend, aber niemals hatte ich von ihm ein Wort gegen die Partei gehört. Ihn »parteifeindlicher« Umtriebe zu bezichtigen war absurd.

Die Angehörigen der Gruppe Eins sprachen in Guangzhou über nichts anderes als diesen Fall. Ich schwang mich schließlich zu Lin Kes Verteidigung auf und erklärte, ich könne mir nicht vorstellen, daß er irgend etwas gegen die Partei unternommen habe. Ob seine Ankläger vielleicht eine private Rechnung mit ihm begleichen wollten? Daraufhin wurde ich von Ye Zilong angegriffen.

»Sie sind nicht in Beijing. Wie wollen Sie das überhaupt beurteilen?«

»Wenn Lin Ke wirklich ein Gegner der Partei wäre, hätte er sich sicher irgendwann einmal verraten«, antwortete ich. »Soviel ich weiß, war er immer loyal. Wieso sollte er plötzlich ein Parteifeind sein?«

Wang Jiangxian gab mir ein Zeichen, ihm ins Nebenzimmer zu folgen.

Dort warnte er mich vor unbedachten Äußerungen. Die Entscheidung sei gefallen, meine Stimme habe kein politisches Gewicht. »Wenn Sie weiter so reden, wird es heißen, Sie wollten ihn decken. Man wird Sie beschuldigen, gegen die Entscheidung der Partei zu opponieren, und dann sind Sie dran.« Ye Zilong, der sich über Lin Kes Sturz freute, habe Mao bereits von der Entscheidung informiert. Wenn ich Lin Ke weiterhin verteidigte, werde Ye Zilong vielleicht auch gegen mich vorgehen.

Wang hatte recht. Ich konnte nichts tun.

Trotzdem war mir nicht wohl dabei. Die Anschuldigungen waren unberechtigt, und es war unfair, daß niemand Lin Ke in Schutz zu nehmen wagte.

Am Spätnachmittag desselben Tages ließ Mao mich zu sich rufen. Er hatte es sich an Deck der Yacht, die in der Nähe seines Gästehauses ankerte, bequem gemacht und war nur mit Badehose und Bademantel bekleidet. Er verlangte eine Englischstunde. Kaum hatten wir begonnen, wurden wir von Ye Zilong unterbrochen, der die neuesten Nachrichten über die »parteifeindliche Bande« in Zhongnanhai übermitteln wollte. Ich stand auf, um mich zurückzuziehen, denn die Angelegenheit ging mich offiziell nichts an. Mao forderte mich jedoch zum Bleiben auf. »Das ist kein Geheimnis. Wir werden die Englischstunde gleich fortsetzen.«

Mao fragte, weshalb es Ye sei, der den Bericht über die Parteifeinde erstatte. Die Untersuchung oblag Yang Shangkun und dessen Stellvertretern. An ihnen wäre es gewesen, Mao zu informieren. Yang Shangkuns Stellvertreter hatte jedoch Ye vorgeschickt.

Schweigend lauschte Mao dem Bericht, dann verabschiedete sich Ye Zilong.

Ich merkte, daß Mao die Angelegenheit unangenehm war; gleichwohl traute ich mich noch immer nicht, sie anzusprechen. Ich unterstand dem Zentralen Gesundheitsbüro des Ministeriums für Öffentliche Gesundheit, der Konflikt spielte sich jedoch im Büro der Politsekretäre ab. Deshalb verlangte die Parteidisziplin, daß ich mich heraushielt. Andernfalls konnte man mich bezichtigen, mit Lin Ke unter einer Decke zu stecken. Ich konnte mit Mao nicht unter vier Augen sprechen, denn ständig gingen Leibwächter ein und aus, schenkten Tee ein, tupften Maos Gesicht mit einem heißen Waschlappen ab, registrierten jedes Wort oder lauschten an der Tür, wenn sie gerade nicht im Zimmer waren. Brachte ich selbst das Thema zur Sprache, würden sie Ye Zilong davon unterrichten, und dann würden sich die Gegner Lin Kes innerhalb der Gruppe Eins auch gegen mich wenden. Also durfte ich nicht die Initiative ergreifen, sondern mußte warten, bis Mao das Thema anschnitt.

Ich wandte mich unserem Englischtext zu. Wir lasen die englische Fassung des politischen Rechenschaftsberichts, den Liu Shaoqi auf der für Mai geplanten zweiten Sitzung des Achten Parteikongresses halten sollte. Die Rede ließ Mao viel Raum für eigene Kommentare und war ganz in seinem Sinne geschrieben.

Mao unterbrach mich: »Sind Sie über die Probleme im Büro der Politsekretäre informiert?«

»Ich habe davon gehört, weiß aber keine Einzelheiten. Zu meinem Erstaunen habe ich von Direktor Ye erfahren, daß sich Lin Ke in ernsthaften Schwierigkeiten befindet.«

»Kennen Sie die betreffenden acht Personen?«

»Nur entfernt. Lin Ke ist der einzige, den ich näher kenne.«

»Was halten Sie von Lin Ke?«

Das war meine Chance. Ich mußte vorsichtig sein. Die anderen spitzten die Ohren. Ich mußte Lin Ke mit seinen Fehlern und Stärken darstellen. »In den letzten drei, vier Jahren haben wir viel Zeit zusammen verbracht. Wir haben viele Gespräche miteinander geführt. Ich glaube nicht, daß Lin Ke in irgendeiner Weise gegen die Partei eingestellt ist. Vielleicht ist er etwas geltungsbedürftig, mehr aber nicht.«

»Davon ist jetzt nicht die Rede. Ich frage Sie, ob Lin Ke Ihrer Meinung nach ein Gegner der Partei ist.«

Ich antwortete, daß Lin Ke meines Wissens nie etwas gegen die Partei gesagt habe. Vielleicht habe er einzelne Personen und Parteiführer kritisiert, aber ich hätte von ihm nie ein Wort gegen die Partei oder gegen den Vorsitzenden gehört. Er sei, versicherte ich Mao, meiner Ansicht nach sogar besonders loyal.

»Schön. Während der Anti-Rechts-Kampagne letztes Jahr waren Lin Ke und die anderen sieben Mitarbeiter sogar sehr aktiv. Warum sollten sie jetzt plötzlich Parteifeinde geworden sein?«

»Ich kenne die Einzelheiten nicht«, erwiderte ich. »Aber Genosse Tian Jiaying ist gerade da. Er ist besser informiert als ich.«

Mao wollte mit Tian Jiaying sprechen.

Tian Jiaying und Wang Jingxian fielen aus allen Wolken, als ich ihnen von dem Gespräch mit Mao erzählte. Wang lobte meinen Mut, Tian Jiaying war jedoch immer noch besorgt. Yang Shangkun war auch sein Vorgesetzter, und er wollte nicht den Eindruck erwecken, als bekämpfe er Yang oder übergehe ihn. Da Mao aber die Angelegenheit mit ihm erörtern wollte, beschloß er, ihm alles zu erzählen. Noch am selben Abend fand das Gespräch statt.

Um vier Uhr früh wurde ich von einem Leibwächter Maos aus tiefem Schlaf gerissen. Der Vorsitzende wolle eine weitere Englischstunde nehmen. Ich spritzte mir kaltes Wasser ins Gesicht und eilte in Maos Schlafzimmer.

»Eigentlich wollte ich Sie schon vor zwei Stunden wecken lassen, aber das war noch zu früh.« Einer der Leibwächter brachte mir einen starken Tee.

Ich wußte, daß Mao mit mir über Lin Ke sprechen wollte. Zuerst lasen wir aber ein paar Abschnitte eines englischen Textes. Dann sagte Mao: »Ich glaube, ich habe die Situation jetzt erfaßt. Die acht Mitarbeiter haben die Führungskader des Büros der Politsekretäre rechter Tendenzen beschuldigt. Dann haben He Zai und Yang Shangkun sich gegenseitig zu helfen versucht, indem sie ihrerseits die acht angriffen. Dadurch wurde der Fall völlig auf den Kopf gestellt. Ich meine, die acht Mitarbeiter haben recht. Einige Führungskader zeigen tatsächlich rechte Tendenzen. Dafür spricht die Art und Weise, wie sie gegen die acht vorgegangen sind. Sie mißbrauchen die Parteidisziplin, um ihre Untergebenen skrupellos einzuschüchtern. Die acht haben keine Chance.«

Mao verglich den Fall mit einem ähnlichen Vorkommnis während der Tang-Dynastie. Damals hatten acht junge, mutige Reformer aus der Verwaltung mit ihren Reformvorschlägen Grundbesitzer und Beamte vor den Kopf gestoßen. Diese hatten sich gewehrt, indem sie die acht in die Verbannung schickten.

»Ich habe Tian Jiaying nach Beijing zurückbeordert. Wir werden auch bald abreisen.«

Drei Tage vor den Mai-Feierlichkeiten kehrten wir nach Beijing zurück. Mao sprach drei Stunden lang mit Lin Ke und hörte sich dessen Sicht des Falles an. Maos Rückkehr bewirkte einen dramatischen Stimmungsumschwung in Zhongnanhai. Yang Shangkun hatte eine heiße Kampfrunde gegen die acht vorbereitet, als Tian Jiaying auftauchte und verkündete, der Fall könne erst nach einer persönlichen Untersuchung durch den Vorsitzenden abgeschlossen werden. Mao sei mit der Entscheidung des Generalbüros nicht einverstanden. Jetzt befanden sich He Zai und Yang Shangkun in der Klemme.

Unmittelbar nach dem 1. Mai lud Mao Tian Jiaying, Lin Ke, He Zai und zwei weitere Parteimitglieder aus dem Generalbüro – Liu Huafeng und Xiao Lan – zu einer persönlichen Besprechung. Ich sollte als Zuhörer dabeisein.

Mao lag im Bett und war nur mit einem Morgenrock bekleidet. In ruhigem, versöhnlichem Ton suchte er einen Kompromiß. Das Büro der Politsekretäre habe die Kampagne nicht ordnungsgemäß durchgeführt; die acht betroffenen Mitarbeiter hätten die Anti-Rechts-Kampagne unterstützt, sie seien keine Rechten. Proletarische Probleme könnten nicht mit den Mitteln der Bourgeoisie gelöst werden – greifst du mich an, bringe ich dich zu Fall.

Hätten alle Anwesenden dem Vorsitzenden beigepflichtet, wäre das Verfahren gegen die acht Kritiker sicherlich sofort fallengelassen worden. Doch Xiao Lan, eine gut vierzigjährige Mitarbeiterin des Generalbüros, widersprach. Sie gab zu bedenken, daß die acht die Chefs des Generalbüros kritisiert hätten und daß das Generalbüro bereits über ihre parteifeindliche Haltung entschieden habe. Sie seien vom Dienst suspendiert und beauftragt, eine Selbsteinschätzung zu verfassen.

Xiao Lan forderte Mao heraus. Obwohl ich ihren Standpunkt nicht teilen konnte, bewunderte ich ihren Mut. Doch sie war naiv und hatte nicht begriffen, weshalb Mao die Säuberungskampagne ins Leben gerufen hatte. Mao war unzufrieden mit der konservativen Haltung der Parteiführer, er wollte, daß sie kritisiert wurden. Seiner Meinung nach hatten die acht Mitarbeiter recht.

Maos Haltung änderte sich schlagartig. Er setzte sich auf, schob das Frottierhandtuch beiseite und schaute um sich. Er war kampfbereit. »Gut«, sagte er abweisend. »Beide Seiten bestehen auf ihrem Standpunkt. Ich kann sie nicht umstimmen. Wir werden eine Versammlung einberufen, um über den Fall zu entscheiden. Alle haben zu erscheinen. Wir wollen die Angelegenheit ausführlich diskutieren und ein für allemal abschließen. Das Verfahren wird morgen beginnen. Sämtliche politischen Mitarbeiter von Zhongnanhai müssen dabeisein. Sie können jetzt gehen.«

Mao hatte eine Bombe gezündet, die sich nicht mehr entschärfen ließ. Er unterstützte die Kader, die ihre Chefs kritisiert hatten, und hoffte, daß andere Mitarbeiter sich ihnen anschließen würden.

Yang Shangkun, Leiter und Parteisekretär des Generalbüros und gleichzeitig Parteisekretär des ZK-Hauptquartiers, war ein schlauer Kopf. He Zai, sein Untergebener, hatte sich darauf berufen, daß er nur die Befehle Yang Shangkuns ausführe. Da Yang Shangkun wußte, daß Mao sich gegen He Zai gestellt hatte, verfaßte er eine »Selbstkritik«, in der er sich von He Zai distanzierte und sich dafür entschuldigte, daß er dessen Aktivitäten und der Säuberungsbewegung innerhalb des Büros der Politsekretäre nicht genügend Aufmerksamkeit geschenkt habe. »Ich bitte alle Anwesenden, jene zu benennen, die unsere linken Genossen niederschlagen wollten«, erklärte er auf der ersten Versammlung. »Und wenn jemand meint, auch ich hätte Fehler begangen, soll er es ebenfalls sagen.« Das war ein geschickter Schachzug.

Xiao Lan wiederholte ihre Beschuldigungen gegen die acht, obwohl sie Maos Standpunkt jetzt kannte. Sie gab der Affäre ihren Namen: Auf dieser und allen folgenden Versammlungen wiederholte sie den Vorwurf, die Lin-Ke-Gruppe habe nicht die rote Flagge der Kommunistischen Partei, sondern die schwarze Flagge der Opposition gehißt.

Die Versammlungen zogen sich über einen Monat hin. Ich hatte nicht die Nerven, ständig dabeizusein. Wie nach Maos Eingreifen nicht anders zu erwarten war, wurden die acht schließlich entlastet. Doch erst in der Kulturrevolution begriff ich Maos Strategie beim Schwarzflaggen-Vorfall. Yang Shangkun als das ranghöchste Parteimitglied in dieser Affäre war schon damals der Hauptverdächtige für Mao gewesen, und über diesem stand sein Vorgesetzter Deng Xiaoping. Dieser Vorfall war für Mao nur eine von vielen Gelegenheiten, die Loyalität Yangs zu testen – ein Test, den Yang Shangkun letzlich nicht bestehen sollte. 1958 durfte er seinen Posten als Direktor des Generalbüros noch behalten. Das ZK-Hauptquartier, dem er als Parteisekretär angehörte, wurde jedoch aufgelöst – ein geringfügiger Autoritätsverlust, bei dem er aber immer noch sein Gesicht wahren konnte. Erst in der Kulturrevolution sollte der Vorfall wieder aufgegriffen werden und zu seiner Vernichtung führen.

In dieser Verfahrensrunde wurden die direkt unter Yang arbeitenden mittleren Kader bestraft. Li Dongye und Liu Huafeng, die die Weisungen von Yang Shangkun und Zeng San befolgt hatten, wurden zu Sündenböcken gemacht und in Umerziehungseinrichtungen verbannt, wo sie ein hartes Los erwartete. Erst im Jahre 1980, nach Maos Tod und der Rückkehr von Deng Xiaoping und Yang Shangkun an die Schalthebel der Macht, wurden sie rehabilitiert.

He Zai, dem die Kritik der Mitarbeiter ursprünglich gegolten hatte, erging es noch schlimmer. Er wurde aus der Partei ausgeschlossen und zur Umerziehung ebenfalls zu niederen Arbeiten verurteilt. Auch seine Rehabilitation erfolgte erst 1980.[57]

Xiao Lan, jene Frau, die Mao herausgefordert und sich so naiv und dumm der orthodoxen Parteilinie verschrieben hatte, wurde völlig vernichtet. Sie verlor ihren Posten, wurde aus der Partei ausgeschlossen und zur Umerziehung durch Schwerstarbeit verurteilt. Sie starb im Arbeitslager.

Doch wieder einmal trog der Schein. Die Gerüchte über Tian Jiaying, der angeblich hinter den acht Mitarbeitern und ihrem Kampf gegen He Zai steckte, trafen zu. He Zai und Yang Shangkun waren sein eigentliches Angriffsziel. Im Laufe des Verfahrens bewahrte Tian Jiaying Yang Shangkun vor der Entlassung, indem er bezeugte, dieser habe von He Zais Aktivitäten nichts gewußt. Nach He Zais Degradierung wurde Tian von Yang Shangkun mit einem höheren Amt belohnt.

Der Schwarzflaggen-Vorfall zeigte mir, wie verworren und gefährlich die politischen Kämpfe in Zhongnanhai sein konnten. Mao forderte die Untergebenen auf, ihre Vorgesetzten zu kritisieren, um die konservative Führungselite aufzubrechen. Da diese jedoch die Machtmittel zum Gegenschlag besaß, gingen die Kritiker das Risiko ein, als Rechte oder Konterrevolutionäre gebrandmarkt zu werden. Nur Maos persönliches Eingreifen konnte einen Untergebenen vor dem Verhängnis schützen. Aber Mao war noch nicht bereit, ihm mißfallende Parteiführer direkt anzugreifen und zu entmachten. Die politischen Kämpfe hatten immer einen ungewissen Ausgang, und einige standen immer auf der Seite der Verlierer, nämlich die mittleren Kader, Männer wie Lin Ke oder ich. Wir befanden uns in einer schwierigen Position. Die Loyalität zur Partei erforderte Unterwürfigkeit und Gehorsam. Wer Maos Aufforderung Folge leistete und seine Vorgesetzten kritisierte, lief Gefahr, zum Rechten gestempelt zu werden. Wieder einmal war ich froh, daß ich nicht auf Lin Kes Posten saß, und beschloß aufs neue, zu schweigen und mich nicht in die politischen Auseinandersetzungen einzumischen.

28. KAPITEL

Im Sommer 1958 wurden alle Chinesen aufgerufen, umfassende wasserwirtschaftliche Maßnahmen in Gang zu setzen, und viele nahmen die damit verbundene Knochenarbeit auf sich. Mao gab den Anstoß dazu. Die Projekte hatten nicht nur rein ökonomische Ziele, obwohl die Reservoirs vor allem das chinesische Bewässerungssystem verbessern und so die landwirtschaftliche Produktion erhöhen sollten. Mao wollte auf diese Weise den Wert der körperlichen Arbeit unterstreichen und ihr mehr Anerkennung verschaffen. So waren die Bauprojekte auch Ausdruck seiner lebenslangen Abneigung gegen die Arroganz der parasitären Intellektuellen und seiner Verherrlichung der fleißigen Bauern und Arbeiter.

In Beijing hatten sich Hunderttausende von Menschen laut Parteipropaganda »freiwillig« gemeldet, um ein neues Wasserreservoir in der Nähe der berühmten Ming-Gräber zu bauen. Die verfallenen Grabmale von dreizehn der sechzehn Ming-Kaiser liegen, versteckt im welligen Hügelland, etwa fünfzig Kilometer vor der Stadt. Soldaten, Partei- und Regierungspersonal, Arbeiter aus Schulen, Fabriken und Läden, sogar Botschaftsangehörige – alle wirkten bei diesem Projekt mit.

Dann begannen auch die Parteiführer Chinas, daran teilzunehmen; sie schaufelten abwechselnd Erde, während die Fotoapparate klickten, um das Ereignis für die Nachwelt festzuhalten.

Am Nachmittag des 25. Mai 1958 starteten sechs Busse mit hohen Partei- und Regierungsfunktionären in Zhongnanhai. Mao saß im ersten Fahrzeug in der vorletzten Reihe, direkt vor mir, und plauderte ausgelassen mit den anderen Passagieren.

»Normalerweise werden wir hohen Tiere von anderen bedient«, sagte er. »Nun ist es an der Zeit, daß wir selbst einmal mit anpacken. Alle behaupten, daß körperliche Arbeit gut sei, aber sobald sie es einmal wirklich versuchen, ändern sie sehr rasch ihre Meinung. Die Leute hier bauen aus unterschiedlichen Gründen an diesem Staudamm mit. Einige wollen wirklich arbeiten, andere fühlen sich verpflichtet, noch andere betrachten körperliche Arbeit als eine Art Auszeichnung. Wie auch immer, es ist jedenfalls besser, körperlich zu arbeiten, als überhaupt nichts zu tun.«

Am Bauplatz wimmelte es von Menschen. Soldaten bildeten das Gros, dazu kamen bezahlte Bauarbeiter, Bauern aus der Umgebung und auch »Freiwillige« aus der Stadt. Maos Ankunft elektrisierte sie alle; als er aus dem Bus stieg, klatschte die riesige Menschenmenge Beifall und rief Begrüßungsparolen, während General Yang Chengwu, der Kommandant des Militärgebiets von Beijing und Direktor des Staudamm-Projektes, den Vorsitzenden willkommen hieß.

Eine ganze Kompanie Soldaten war notwendig, um Mao und seinen Begleitern einen Weg durch die begeisterte Menge zu dem Zelt zu bahnen, das General Yang als Hauptquartier diente. Vom Zelt aus überblickten wir das ganze Gelände, und Yang informierte Mao über den Stand der Arbeiten. Weiter hinten wurde am Staudamm gebaut, während im Vordergrund in einer riesigen Grube zahllose Menschen mit Schaufeln große Steine ausgruben. Sie schippten Steine und Sand in Körbe und transportierten sie mit einem Tragholz zu Loren, die auf einem Gleis zwischen der Grube und dem Damm hin und her fuhren.

Vor dem Damm lief das gleiche Schauspiel in umgekehrter Reihenfolge ab. Tausende füllten die Steine und den Sand aus den Loren in gewaltige Körbe und schleppten diese mit Traghölzern zu einem Mahlwerk, das die Steine zu Schotter zerkleinerte. Dann wurde der Schotter wieder eingefüllt und mit Traghölzern direkt zum Damm gebracht. Es war eine Knochenarbeit.

Mao ging mit General Yang, der Parteispitze und mir im Gefolge zum Fuß des Dammes, krempelte die Ärmel hoch, nahm eine Schaufel und begann, im Schotter zu graben. Wir folgten seinem Beispiel. Mao trug ein weißes Hemd, eine hellgraue Hose und schwarze Stoffschuhe. Die Sonne brannte heiß vom Himmel. Maos Gesicht wurde rasch hellrot, und sein ganzer Körper war bald mit feinem gelbem Staub bedeckt. Er fing an zu schwitzen, und die kleinen Rinnsale zogen sich wie ein Netzmuster über sein Gesicht. Kurz vor Mittag, nach wenig mehr als einer halben Stunde Arbeit, drängte General Yang Chengwu den Vorsitzenden zu einer Pause. »Es ist lange her, daß ich so gearbeitet habe«, sagte Mao. »Eine kleine Anstrengung, und ich triefe vor Schweiß.« Mao zog sich zu einer Teepause ins Zelt des Kommandanten zurück.

»Warum kommt ihr von der Gruppe Eins nicht für einen Monat hierher?« fragte Mao mich, während er sich ausruhte. »Ihr müßt wissen, was es bedeutet, hart zu arbeiten. Schließlich sind so viele andere aus Beijing hier. Das Personal der Gruppe Eins darf da nicht fehlen.«

Maos Säuberungskampagne innerhalb der Partei ging weiter und erfaßte nicht mehr nur diejenigen, die »Fehler begangen hatten«, sondern auch ganz normale Mitglieder wie mich. Wir waren schuldig, weil wir uns »von der Masse entfernt« hatten, wie es im damaligen Sprachgebrauch hieß. Das

Personal der Gruppe Eins lebte gut – zu gut nach Maos Ansicht. Wir aßen und kleideten uns zu gut, wir wurden immer von anderen bedient. Also sollten wir das harte, entbehrungsreiche Leben der Arbeiter und Bauern kennenlernen und dadurch zur Mäßigung und Änderung unseres Lebensstils gebracht werden. Mao glaubte an die positive Wirkung von schwerer körperlicher Arbeit und wollte, daß wir alle – besonders ich, der Angehörige einer privilegierten Schicht, dessen Leben immer so einfach gewesen war – ein wenig Bitterkeit kosteten. Jetzt bekam ich die Auswirkungen der Arbeitsreform am eigenen Leib zu spüren.

Maos Vorschlag ließ mir keine Wahl. Ich war wenig begeistert über diese mühselige Aufgabe, aber ich mußte zustimmen. »In Ordnung«, antwortete ich, »aber wir müssen zuerst in die Stadt zurück, um unsere Sachen zu packen.«

Mao war einverstanden.

Am nächsten Morgen erschien Maos Bild auf der ersten Seite aller Zeitungen des Landes. Mit der Schaufel in der Hand, umringt von lächelnden Funktionären und einfachem Volk, bekundete der Vorsitzende seinen Respekt vor körperlicher Arbeit, seine Hingabe an die Massen und seine Bereitschaft, trotz seiner herausgehobenen Position als einer von ihnen an der Arbeit teilzunehmen. Das Foto wurde unzählige Male in Zeitungen und Zeitschriften abgedruckt, natürlich auch in jeder Propagandaschrift über Mao.[58] Es war das einzige Mal in den zweiundzwanzig Jahren, die ich für ihn arbeitete, daß er Schwerarbeit leistete, und er hatte die Schaufel noch nicht einmal eine Stunde lang geschwungen. Noch nie in der Geschichte hatte eine so einfache symbolische Handlung in einem ganzen Volk einen solchen Enthusiasmus für Knochenarbeit ausgelöst.

Am Abend nach Maos symbolischer Tat traf ich mich am Schwimmbecken mit ihm, um die Teilnahme von Gruppe Eins an diesem Projekt zu planen. Mao war gerade ein paar Bahnen geschwommen und trank jetzt mit Jiang Qing Tee am Beckenrand. »Dieser Staudamm bei den Ming-Gräbern ist ein sehr großes Unternehmen. Hunderttausende von Menschen setzen freiwillig ihre Zeit und Arbeitskraft dafür ein. Sogar Ausländer beteiligen sich daran. Wir dürfen sie nicht enttäuschen. Ab morgen wird das Personal von Gruppe Eins – Sie, die Sekretäre und die Leibwächter – dort zehn bis zwanzig Tage lang arbeiten. Ihr Auftrag ist einfach. Sie werden Schotter schaufeln und transportieren, egal ob es regnet oder die Sonne scheint. Arbeiten Sie bis zur Erschöpfung. Wenn Sie es wirklich nicht mehr aushalten, geben Sie mir Bescheid. Dann werde ich Sie zurückholen.«

Mao kehrte nicht mehr auf die Baustelle zurück, weil er angeblich zuviel zu tun hatte. Ein Sekretär und ein Leibwächter sollten bei ihm bleiben. Alle anderen Mitarbeiter von Gruppe Eins würden aufbrechen. »Tun Sie es für mich«, sagte er. »Vertreten Sie mich.«

»Deine Gesundheit ist angegriffen«, wandte er sich an Jiang Qing. »Du brauchst dich nicht anzuschließen. Aber halte die anderen nicht zurück. Stell dein Personal zur Verfügung.«

»Ich brauche nur zwei Krankenschwestern«, antwortete Maos Frau. »Die anderen können fahren.« Die Verringerung ihres Personals war für Jiang Qing ein schweres Opfer.

Wir fuhren am nächsten Tag ab, angeführt von Ye Zilong und Wang Jingxian, dem Nachfolger von Wang Dongxing als Leiter der Sicherheitsabteilung. Kader aus allen zentralen Organisationen von Partei und Regierung und aus der Stadtverwaltung Beijings hatten sich verpflichtet, zwanzig Tage lang auf der Baustelle zu arbeiten. Gruppe Eins traf ein wenig verspätet ein, denn die anderen Organisationen arbeiteten zumeist schon seit fünf Tagen.

Doch auch hier blieb Gruppe Eins eine privilegierte Elite. Die anderen mußten draußen unter einem improvisierten Wetterschutz aus geflochtenem Schilfrohr übernachten und waren den Unbilden des Wetters ausgesetzt. Uns dagegen quartierte General Yang Chengwu in einem Klassenzimmer einer Mittelschule im benachbarten Bezirk Fangshan ein. Der Raum war nicht möbliert und nur etwa zwölf Quadratmeter groß. Wir schliefen auf dem Boden und benutzten unsere wattierten Jacken als Unterlage. Zu neunt lagen wir wie Sardinen in einer Büchse und paßten nur in den Raum, wenn wir alle auf der Seite schliefen. Sobald sich einer bewegte, mußten auch alle anderen ihre Lage verändern. Wegen des ständigen Lärms, der Hitze und der Unruhe im Raum war an Schlaf kaum zu denken. Dennoch waren wir dankbar für unsere an den Umständen gemessen erstklassige Unterbringung.

General Yang hatte uns auch die beste Schicht, die Nachtschicht von Mitternacht bis acht Uhr morgens, zugewiesen – ein weiteres Zeichen unserer privilegierten Stellung. Es war Ende Mai, tagsüber war es schon glühend heiß, so daß die Nachtarbeit uns die schlimmste Hitze ersparte. Unser Frühstück nahmen wir nach der Arbeit ein – grobes Brot, das *wowo tou* genannt wird, Reisbrei und eingelegtes salziges Gemüse –, und den Morgen verbrachten wir mit politischem Unterricht, der uns davon überzeugen sollte, daß alle Fortschritte der menschlichen Kultur nur durch harte Arbeit erreicht worden seien. Das Mittagessen war etwas besser als das Frühstück –

gekochtes Gemüse, etwas Reis und eine Schale Suppe –, aber die Zutaten waren schlecht zubereitet, so daß mir der Appetit verging. Nach dem Essen gingen wir schlafen, standen etwa um einundzwanzig Uhr wieder auf und bereiteten uns auf die Arbeit vor.

Die Baustelle lag eine Wegstunde von der Schule entfernt. Wir gingen kurz vor dreiundzwanzig Uhr los. Mao hatte recht gehabt, als er behauptete, die Arbeit sei einfach. Ich grub Steine und Erde aus dem Flußbett und füllte damit Schaufel für Schaufel die großen Körbe. Wenn zwei Körbe voll waren, hängte ich sie an ein Tragholz, lud mir die Stange auf die Schultern und trug sie zu einer der offenen Loren, die den Schotter zur Damm-Baustelle transportierten. Ich war noch jung – erst achtunddreißig Jahre alt – und sehr gesund, und ich hatte in meiner Jugend Sport getrieben – Turnen und Basketball. Aber dies war die härteste, mühseligste Arbeit meines Lebens, und die Muskeln, die ich hier anstrengen mußte, waren ganz andere als die durch den Sport trainierten. Die Nächte waren kühl, aber dennoch war ich nach ein oder zwei Stunden schweißgebadet, und mir tat alles weh. Für viele andere aus der Gruppe Eins, die vom Lande kamen, schien die Arbeit mit der Schaufel so normal zu sein wie für mich das Heben einer Gabel. Sie beförderten sechs Körbe mit ihrem Tragholz, ohne daß man ihnen die Anstrengung ansah, und der Rhythmus ihrer Schritte hatte tänzerische Anmut.

Ich bemühte mich vergeblich, es meinen Genossen vom Lande gleichzutun. Eines Nachts war ich so erschöpft, daß ich das Gleichgewicht verlor, als ich meine Körbe entlud, und zur großen Freude aller Umstehenden selbst in der Lore landete. »Das ist etwas anderes, als mit Stethoskop und Skalpell zu hantieren, nicht wahr?« witzelten sie. Zum erstenmal in meinem Leben stieg ein flüchtiges Minderwertigkeitsgefühl in mir auf. Aber ich konnte mich damit trösten, daß diese Arbeiter und Bauern mit einem Stethoskop oder einem Skalpell in der Hand genauso lächerlich aussehen würden. Hier bekam ich auch eine Vorstellung davon, wie hart das Leben für die Rechten sein mußte, die zur Umerziehung verurteilt worden waren und Schwerstarbeit zu leisten hatten. Wie viele von ihnen würden überleben?

Die anderen versuchten mir die Arbeit zu erleichtern, indem sie erklärten, wie ich meine Kräfte einteilen konnte und wie ich das Holz tragen sollte, ohne die ganze Last zu spüren. Aber es war hoffnungslos. Eines Nachts regnete es stark; Wang Jingxian sah, daß ich völlig durchnäßt war und vor Kälte zitterte. Deshalb schlug er mir vor, aufzuhören und zur Schule zurückzukehren. Aber alle anderen arbeiteten weiter, also durfte auch ich nicht aufgeben. Ich strengte mich noch mehr an und war trotz des Regens und der Kälte bald schweißbedeckt.

Am fünfzehnten Tag stand ich am Rande des Zusammenbruchs. Ich hatte kaum geschlafen oder gegessen und alle Energiereserven verbraucht. Die Schmerzen dauerten an. Jeder Muskel tat weh, jeder Schritt wurde zur Qual. Die zwanzigtägige Arbeitsperiode für die Partei- und Regierungskader ging an diesem Tag zu Ende, nur die Gruppe Eins war fünf Tage später angetreten und mußte sich jetzt entscheiden, ob sie noch bleiben wollte. Niemand – nicht einmal die durchtrainierten Teilnehmer am Langen Marsch – wollte weitermachen. Aber ebensowenig wollte irgendeiner riskieren, als »reaktionäres Element« abgestempelt zu werden, wenn er vorschlug, die Arbeit zu beenden. Wir beschlossen, noch fünf Tage durchzuhalten.

Dann kam uns General Yang Chengwu zu Hilfe. Er gratulierte uns zu unserer Leistung. »Ihr Einsatz hat Ihre engagierte Unterstützung für dieses Projekt bewiesen«, sagte er. »Ob Sie fünfzehn oder zwanzig Tage arbeiten, spielt dabei keine Rolle. Der Vorsitzende braucht Sie. Eine Stunde Arbeit für den Vorsitzenden ist mehr wert als fünf Arbeitstage hier. Als Direktor dieses Projekts befehle ich Ihnen, die Baustelle zu verlassen.« Er lachte, und auch wir – überglücklich über seine Anweisung – brachen in Gelächter aus. Wir hatten den Befehl, nach Zhongnanhai zurückzukehren!

Dennoch wurde die Versammlung nicht aufgelöst, denn wir mußten noch einen Musterarbeiter aus unserer Gruppe wählen.

Ich wurde vorgeschlagen. »Dr. Li hat sich alles abverlangt«, sagte jemand. »Er ist gebildet, aber trotzdem ist er sich für nichts zu schade gewesen. Er hat immer Seite an Seite mit uns gearbeitet und bis zum Ende durchgehalten. Das war nicht einfach für ihn.« Die Mehrheit stimmte ihm zu, aber ich konnte diese Ehre nicht annehmen. Es wäre unsinnig gewesen, als Musterarbeiter für einen Auftrag geehrt zu werden, den ich geringschätzte. Ich war nicht aus eigenem Antrieb gekommen, sondern weil Mao es mir befohlen hatte. Außerdem hatte diese Auszeichnung für mich keinen großen Wert. Ich war Arzt, und meine medizinischen Kenntnisse waren mein ganzer Stolz. Auch kannte ich die Gruppe Eins. Wenn ich als Musterarbeiter herausgestellt würde, hätten andere Mitglieder der Gruppe – etwa Ye Zilong – einen neuen Grund für ihre Intrigen.

Ich lehnte die Auszeichnung ab. »Als Intellektueller muß ich durch Arbeit gebessert werden«, erklärte ich. »Ich kann nicht zum Musterarbeiter ernannt werden, denn dann wäre mein persönlicher Fortschritt ohne Sinn gewesen.« Einige Gruppenmitglieder redeten mir zu, aber ich blieb eisern.

Die Gruppe konnte sich jedoch nicht auf einen anderen Musterarbeiter einigen. Wieder fand General Yang Chengwu eine Lösung. »Sie alle arbeiten für den Vorsitzenden«, sagte er. »Sie alle haben ein Beispiel gegeben. Also ist jeder von Ihnen ein Musterarbeiter. Wir werden Ihre Gruppe zur Mustergruppe ernennen.« Alle waren mit diesem Vorschlag zufrieden. Wir konnten in Ehren nach Beijing zurückfahren.

Ich begab mich nicht sofort nach Hause, als der Lastwagen uns in Zhongnanhai absetzte. Seit mehr als zwei Wochen hatte ich nicht gebadet und wollte meiner Familie nicht in diesem Zustand unter die Augen treten. Statt dessen ging ich nach Xinghua Yuan, in eines der wenigen luxuriösen Badehäuser alten Stils, die es damals noch gab. Für fünf *yuan,* den Gegenwert von etwa fünf Kilo Schweinefleisch, wurde ich in einen separaten Raum mit einer bequemen Liege und einem Bad geführt. Ein Angestellter ließ in eine Wanne heißes Wasser ein, ich tauchte in das Bad und gönnte mir zum erstenmal seit zwei Wochen Entspannung.

Als das Bad beendet und mein Körper endlich sauber war, massierte mir der Angestellte auf der Liege meine schmerzenden Muskeln. Inzwischen kam meine Kleidung sauber, trocken und ordentlich gefaltet wieder zurück. Nachdem ich mich zwei Stunden in dem Badehaus erholt hatte, war ich endlich so weit wiederhergestellt, daß ich mich meiner Familie präsentieren konnte. Ich ging zu meiner Mutter nach Liulichang.

Mein Aussehen war immer noch ein Schock für meine Mutter und meine Frau. »Du bist so dünn geworden!« riefen sie. Lillian konnte meine Qualen nachvollziehen. Sie hatte einen Tag am Staudamm gearbeitet und war sonnenverbrannt und erschöpft zurückgekehrt. Beide wollten, daß ich zu Hause blieb und mich ausruhte.

Aber Mao wartete, und ich wollte der erste sein, der ihm von meinem Mißgeschick erzählte. Ich verschlang die leckeren Klöße, die meine Mutter gekocht hatte, und machte mich auf den Weg zum Vorsitzenden.

Er saß mit Jiang Qing am Rand des Schwimmbeckens. »Sieh an«, spöttelte er. »Nicht stark genug, um ein Hühnchen zu erwürgen! Sie sind also in die Lore gefallen, was? Ein Glück, daß Sie so schnell wieder herausgekommen sind. Sonst wären Sie mit dem Schotter zum Damm transportiert worden!« Ich war zu spät gekommen. Irgend jemand hatte ihm schon über meine Arbeit in den letzten zwei Wochen Bericht erstattet.

»Wie war's?« wollte Jiang Qing wissen. »Hat es in der Lore Spaß gemacht?« Ich wußte von ihrer Krankenschwester, daß Jiang Qing sich hämisch gefreut hatte. »Sie alle bekommen gutes Essen, halten sich an prächtigen

Orten auf und werden überall zuvorkommend behandelt, nur weil Sie zum Personal des Vorsitzenden gehören. Jetzt müssen Sie eben auch einmal ein bißchen leiden.«

»Sie hätten es beinahe nicht geschafft«, bemerkte Mao.

»Ich bin erschöpft«, gab ich zu. »Es war nicht gerade angenehm.«

»Ihr Intellektuellen könnt nur schön reden und schreiben. Ihr habt keine Vorstellung von Schwerarbeit. Es sind keine leeren Worte, wenn ich sage, daß Intellektuelle ab und zu auch einmal körperliche Arbeit leisten sollten, denn das bietet eine Möglichkeit, den Massen näherzukommen und die kollektive Kraft des Volkes schätzen zu lernen. Sie sollten versuchen, öfter an der Arbeit teilzunehmen. Es wäre gut für Sie.«

Maos Worte erschreckten mich. Es war keine schöne Aussicht für mich, auf die Baustelle zurückzukehren.

Die Geschichte von meinem zweiwöchigen Kampf mit der Schwerarbeit machte in Zhongnanhai die Runde. Noch lange Zeit bot mein schmählicher Sturz in die Lore Anlaß zu Witzeleien.

29. KAPITEL

Jiang Qing wurde 1956 nach ihrer Rückkehr aus der Sowjetunion zwanghaft hypochondrisch. Sie war überzeugt, daß ihr Gebärmutterhalskrebs wieder aufbrechen würde, daß sie einen Tumor in der Leber, im Magen und im Gehirn habe, daß ihr ganzer Körper von der Krankheit zerfressen sei. Außerdem beunruhigte sie ein Klingen in den Ohren. Sie konnte weder Licht noch Geräusche ertragen, beklagte sich über Zugluft, hatte keinen Appetit, konnte nicht schlafen. Also nahm sie erst diese Schlaftablette, dann jene, erst diese Medizin und dann, in der Überzeugung, sie sei allergisch gegen die erste, eine andere. Sie war abhängig von Tabletten, von der Medizin, von ihren Krankheiten.

Aber die Strahlenbehandlung hatte ihren Krebs völlig geheilt.

Wenn Mao und sie zusammenlebten, trug ich die Verantwortung für ihre Gesundheit, und ich war gezwungen, ihre Beschwerden ernst zu nehmen.

Bei einigen Bluttests nach Jiang Qings Rückkehr aus der Sowjetunion hatte ich eine leichte Unregelmäßigkeit ihres Blutbildes festgestellt. Ich war mir sicher, daß es sich um nichts Ernstes handelte, nur um eine der Anpassungsbemühungen des Körpers nach der Bestrahlung, aber Jiang Qing reagierte geradezu hysterisch. Ich wollte sie beschwichtigen, indem ich sie durch ein paar der bekanntesten Ärzte des Landes untersuchen ließ. Kurz nach meinem Ausflug in die harte Arbeitswelt beorderte das Zentrale Gesundheitsbüro – die Abteilung des Ministeriums für Öffentliche Gesundheit, die für die höchsten Politiker verantwortlich war – eine Anzahl von Spezialisten herbei, die unter meiner Leitung eine gründliche Untersuchung auf jede erdenkliche Krankheit hin vornahmen. Der Vorgang dauerte zwei volle Wochen, in denen sich Jiang Qing immer tyrannischer aufführte, nach Lust und Laune den Zeitplan änderte, die Ärzte herablassend behandelte und sie wie Diener herumkommandierte.

Nach dem Abschluß der Untersuchungen berief ich eine Versammlung der beteiligten Ärzte ein. Wir alle kamen zu der gleichen Diagnose: Jiang Qing war nicht krank. Ihr Krebs war ausgeheilt, ihr Blutbild fast normal. Und tatsächlich blieb sie vom Frühjahr 1957 bis zu ihrer Verhaftung zwanzig Jahre später vollkommen gesund.

Das Problem, darin stimmten wir alle überein, war psychischer Natur.

Ich konnte nachvollziehen, wie es entstanden war. Jiang Qing sorgte sich ernsthaft um ihre Gesundheit, und sie wußte nur wenig über den menschlichen Körper. Zudem war sie von Natur aus argwöhnisch und nervös und traute niemandem, nicht einmal ihren Ärzten. Mit ihrer bissigen Art und ihrem Egoismus vertrieb sie alle, die ihre Freunde hätten sein können, und ihre Beziehung zu Mao konnte man nicht als normal bezeichnen. Diese Isolation verstärkte ihre Angst noch mehr. Wir konnten ihre allgemeine psychische Erkrankung nur als Neurasthenie bezeichnen – es gab keinen anderen Begriff dafür. Aber wir waren Mediziner, Spezialisten für körperliche Gebrechen. Wir konnten Jiang Qings psychische Probleme nicht lösen.

Also verfaßten wir einen Bericht und schickten ihn sowohl an Mao als auch an Jiang Qing. Wir erklärten, daß wir jeden Aspekt der Gesundheit der Genossin Jiang Qing untersucht hätten, daß die Strahlentherapie erfolgreich gewesen sei und sie sich gut davon erhole. Wir rieten ihr, Vitamine einzunehmen, um ihre Widerstandskraft zu erhöhen, und ermunterten sie zu kulturellen, literarischen und sportlichen Aktivitäten. Daneben empfahlen wir ihr mehr soziale Kontakte und eine Arbeitspause. Das letztere war reine Höflichkeit, denn Jiang Qing hatte ohnehin nichts zu tun. Das war eine der Ursachen ihrer Probleme.

Jiang Qing wies den Bericht zurück und bestand darauf, ernsthaft krank zu sein. Ihrer Meinung nach waren die Ärzte entweder Narren oder Lügner. Sie befahl uns, den Bericht umzuschreiben.

Wir trafen uns noch einmal, diesmal jedoch nicht, um über ihre körperliche Gesundheit zu sprechen. Wir mußten einen Bericht schreiben, der Jiang Qing einerseits unsere Vorstellungen vermittelte und andererseits für sie akzeptabel war. Letztlich entschlossen wir uns, von einem langsamen und schrittweise erfolgenden Heilungsprozeß zu sprechen, mit dem eine natürliche Verstärkung ihrer Neurasthenie einhergehe. Die körperlichen Beschwerden, unter denen sie litt, seien ein Ergebnis dieser natürlichen Zunahme der Neurasthenie.

Aber auch mit diesem zweiten Bericht war Jiang Qing nicht zufrieden. »Können Sie mir garantieren, daß ich auch in Zukunft nicht krank werde?« forderte sie. Das war absurd, denn natürlich konnte ihr niemand eine solche Garantie geben. Außerdem fand sie den Bericht zu abstrakt. Wir sollten unsere Vorschläge bezüglich der kulturellen, literarischen und sportlichen Aktivitäten in einen Wochenstundenplan mit festen Terminen umsetzen.

Also empfahlen wir ihr, sich Filme anzusehen, Musik zu hören, ihre Fotografierkünste zu vervollkommnen und an Tanzgesellschaften und Konzerten teilzunehmen. Auch solle sie mit *tai ji chuan* beginnen, dem traditionellen Schattenboxen. *Tai ji chuan* erfordert hohe Konzentration bei der Kontrolle der Atmung und der Bewegungsabläufe. Wir dachten, dieser Sport werde Jiang Qing zu mehr Gelassenheit verhelfen.

Mao war skeptisch, aber er stimmte zu, daß sie es eine Weile versuchen solle. Das Gesundheitsbüro fand einen Lehrer, Gu, der von der Sportkommission in Shanghai empfohlen worden war, und dieser begann mit täglichen Übungen in den grundlegenden Techniken. Mao und seine Frau verbrachten gerade einige Wochen in einem Landhaus am westlichen Stadtrand Beijings – einem für die Parteispitze errichteten Gebäudekomplex, der »Sechs neue Häuser« genannt wurde. Dort leistete ich Gu beim täglichen Unterricht Gesellschaft.

Jiang Qing gab sich wirklich große Mühe, *tai ji* zu lernen, aber sie war eine schlechte Schülerin. Gu war ein sehr vorsichtiger und zurückhaltender Mann, doch er liebte seine Kunst und forderte auch von der Frau des Vorsitzenden strikten Gehorsam. Jiang Qing reagierte gereizt, wenn er ihre Haltung oder Atmung korrigierte, und ich mußte ihn dazu anhalten, sich nicht allzu schroff über ihre langsamen Fortschritte zu äußern.

Es wurde wieder Sommer, und im Juli kehrte ich mit Mao und Jiang Qing nach Beidaihe zurück. Gu begleitete uns, um das Trainingsprogramm fortzusetzen.

In Beidaihe verstärkten sich Jiang Qings psychische Probleme wieder schlagartig. Sie beklagte sich ständig. Da sie Angst vor dem Sonnenlicht hatte, befahl sie ihren Krankenschwestern, die Vorhänge zu schließen. Dann wieder wollte sie frische Luft und befahl, die Fenster zu öffnen – nur um über die Zugluft zu jammern. Sie fühlte sich durch das kleinste Geräusch belästigt, sogar das Rascheln der Kleider ihrer Bediensteten trieb sie zur Verzweiflung. Auch Farben störten sie; besonders Rosa- und Brauntöne verletzten ihre Augen. Alles in ihrer Wohnung – die Wände ebenso wie die Möbel – war in einem blassen Hellgrün gestrichen.

Ihre Krankenschwestern konnten Jiang Qing nichts recht machen. Innerhalb eines Monats wurden sie fünf- oder sechsmal ausgewechselt. »Es gibt sechshundert Millionen Chinesen, wir haben also genügend Auswahl«, sagte Jiang Qing einmal, als sie wieder eine Krankenschwester entließ.

Ich war verantwortlich für Jiang Qings Pflegepersonal und wußte nicht mehr ein noch aus. Daraufhin sprach ich mit Shi Shuhan und Huang Shuze, dem Direktor des Zentralen Gesundheitsbüros und seinem Stellvertreter, weil ich hoffte, ihre Erfahrung könne mir vielleicht helfen; aber auch sie wußten nicht weiter. Huang Shuze begleitete mich, als ich Yang Shangkun die Situation erklärte. »Jiang Qing hält nicht viel von mir«, sagte Yang. »Was kann ich also tun?«

Am Ende beschlossen Shi Shuhan, Huang Shuze und ich, das Problem dem Ministerpräsidenten Zhou Enlai vorzutragen. Wir alle hatten großen Respekt vor Zhou, und Shi Shuhan hatte schon wegen Lin Biao, der damals halb im Ruhestand lebte, vor dem gleichen Problem gestanden. Auch Lin Biao hatte an Neurasthenie gelitten und sich geweigert, auf seine Ärzte zu hören. Zhou Enlai teilte ihm mit, der Vorsitzende Mao und die Partei hofften sehr, daß Lin Biao die Anweisungen der Ärzte befolgen werde. Wenigstens für eine Weile hatte er sich daran gehalten. Wir dachten, daß Zhou eine ähnliche Lösung für Jiang Qing finden würde.

Aber wir irrten uns.

Wir baten um eine Unterredung mit dem Ministerpräsidenten und legten unsere Gründe dar. Zhou erwiderte, er sei zu beschäftigt. Statt dessen schlug er vor, wir sollten uns mit seiner Frau, Deng Yingchao, treffen, seiner engsten Beraterin und Vertrauten, die ebenfalls ein hochrespektiertes Mitglied des Zentralkomitees war. Ich hatte bisher kaum Kontakt zu Zhous Frau gehabt, sie aber schon lange aus der Ferne bewundert. »Große Schwester Deng« nannten wir sie. Es würde eine Ehre für mich sein, sie kennenzulernen.

Es war meine Aufgabe, Deng Yingchao das Problem zu schildern. Also beschrieb ich Jiang Qings Situation ausführlich und erklärte, ihre Schwierigkeiten seien keineswegs körperlicher Natur und deshalb mit medizinischen Mitteln nicht zu beheben. Meiner Ansicht nach seien Jiang Qings psychische Probleme eine Folge ihrer Isolation und ihrer völligen Teilnahmslosigkeit. Vielleicht könne sie durch ein Gespräch mit dem richtigen Menschen dazu gebracht werden, ihr Verhalten zu ändern und ihre Probleme zu beheben. Wir hätten uns an Deng Yingchao gewandt, weil wir selbst nicht mehr weiterwüßten.

Deng Yingchao hatte meiner Darstellung aufmerksam zugehört. »Der Vorsitzende hat sein ganzes Leben der Revolution geweiht«, antwortete sie. »Acht Mitglieder seiner Familie haben ihr Leben für die Revolution geopfert. Wir müssen uns klarmachen, daß Mao jetzt nur noch seine Frau, Genossin Jiang Qing, hat. Seine erste Frau, Yang Kaihui, starb für die Revolution, seine zweite Frau, He Zizhen, ist geistesgestört. Jetzt ist auch Jiang Qing krank. Wir müssen alles in unserer Macht Stehende tun, ihr zu helfen, weil wir auf diesem Weg dem Vorsitzenden unsere Dankbarkeit zeigen können. Egal, wie schwierig die Aufgabe ist, wir müssen so gut wie möglich für Jiang Qing sorgen.«

Sie fuhr fort: »Sie sagen, daß Genossin Jiang Qing psychische Probleme habe. Das macht uns sehr, sehr traurig. Sie hätten das nicht sagen sollen, denn es ist nicht fair dem Vorsitzenden gegenüber. Die Partei hat Sie beauftragt, Genossin Jiang Qing die bestmögliche medizinische Fürsorge zukommen zu lassen. Aber Sie haben kein Recht, sich in sonstige Dinge einzumischen.«

Ich war wie vor den Kopf geschlagen. Deng Yingchao verdrehte die Tatsachen; offensichtlich hatte sie mit Zhou Enlai gesprochen, denn sie hätte eine solche Ansicht bestimmt nicht ohne sein Einverständnis geäußert. Plötzlich begriff ich, daß Zhou Enlai ein Sklave Maos war, der dem Vorsitzenden aufs Wort gehorchte. Weder er noch seine Frau hatten sich ein Fünkchen unabhängigen Denkens bewahrt. Deng Yingchao war eine kluge und berechnende Frau. Ich hatte sie mit einem echten Problem aufgesucht, aber sie wollte sich dadurch bei Mao lieb Kind machen, daß sie uns anklagte, wir hätten unsere Pflichten dem Vorsitzenden gegenüber verletzt, hätten es an jener Ergebenheit fehlen lassen, die sie und ihr Mann an den Tag legten. Wenn Mao jemals von dieser Unterhaltung erfuhr, würden ihr Mann und sie an Ansehen gewinnen – und ich würde mit großer Sicherheit an Ansehen verlieren.

Ich fühlte mich betrogen. Sie hatte es geschafft, meine guten Absichten gegen mich zu wenden und mich in die Defensive zu drängen, indem sie mein Unvermögen, Jiang Qings Probleme zu lösen, zu einem Test für meine Loyalität gegenüber Mao machte. Deng Yingchao war eine Intrigantin, und ich mißtraute ihr fortan. Ich war empört und erschüttert, als ich ihr Haus verließ.

Nun hatte ich keine andere Wahl, als mit Mao selbst über die Sache zu reden. Die Gelegenheit dazu ergab sich bei Chruschtschows Geheimbesuch in China.

Chruschtschow traf am 31. Juli 1958 in Beijing ein. Mao kehrte mit dem Zug von Beidaihe nach Beijing zurück, um ihn zu empfangen. Unterwegs kam ich auf Jiang Qings Gesundheit zu sprechen.

Mao war überrascht. »Habt ihr mir den Bericht nicht schon gegeben? Ist irgendein neues Problem aufgetaucht?«

Ich erwiderte, daß es zwar kein neues Problem gebe, daß aber der Bericht nicht alles enthalten habe, was die Ärzte zu sagen wünschten. Mao drückte seine Zigarette aus und verlangte eine ausführliche Darstellung.

»Die Ärzte glauben, daß Genossin Jiang Qing keine ernsthaften physischen Probleme hat«, begann ich. »Ihre Schwierigkeiten sind psychisch bedingt.« Ich überreichte ihm eine Stellungnahme, die von den behandelnden Ärzten unterschrieben worden war. Mao las sie durch.

»Außerdem meinen die Ärzte, daß Genossin Jiang Qing oft ihre eigene Sicht der Dinge mit der Realität verwechselt«, fuhr ich fort. »Und sie ändert häufig ihre Meinung. Mehr soziale Aktivitäten und mehr Kontakt mit anderen Menschen könnten ihr helfen.«

Mao schwieg.

»Ich habe erfahren, daß sich Marschall Lin Biao bei seiner Erkrankung hartnäckig weigerte, auf die Ärzte zu hören. Als jedoch Ministerpräsident Zhou ihn bat, den Anordnungen der Ärzte zu folgen, gehorchte er, und schon machte seine Genesung Fortschritte. Das Problem ist, daß die Genossin Jiang Qing auf niemanden von uns hört. Wir wissen nicht mehr weiter.«

Mao schloß die Augen, zündete sich eine neue Zigarette an und nahm einen tiefen Zug. »Jiang Qing hört auf die Anordnungen der Partei«, sagte er langsam. Ich wußte, daß er sich selbst meinte, als er von der »Partei« sprach. Er fügte hinzu, seine Frau denke oft zu bürgerlich, wir hingegen betrachteten nur eines ihrer Probleme, ohne ein anderes zu berücksichtigen. »Was sie wirklich beunruhigt, ist der Gedanke, daß ich sie vielleicht eines Tages nicht mehr haben will. Ich habe ihr schon oft erklärt, daß sie sich keine Sorgen machen soll. Bitte, richten Sie den Krankenschwestern jetzt aus, daß ich ihre Bemühungen um Jiang Qing zu schätzen weiß. Sicher ist sie nicht gerade nett zu ihnen. Manchmal werden sie Jiang Qings Forderungen einfach zurückweisen müssen.«

»Das würden sie nicht wagen«, sagte ich. »Wie könnten sie ihre Forderungen zurückweisen? Dann würden sie vielleicht als Konterrevolutionäre angeklagt werden. Aber die Schwestern können sie auch dann nicht zufriedenstellen, wenn sie ihr Bestes geben.«

Mao lächelte. »Sie kränkelt schon so lange und sollte jetzt ein wenig entgegenkommender sein.«

»Die Schwestern erwarten gar nicht, daß sie entgegenkommend ist. Sie hoffen nur, daß Jiang Qing sie nicht dauernd kritisiert und aufhört, unerfüllbare Forderungen zu stellen.«

»Ich denke, sie hat die schlimmste Phase ihrer Krankheit hinter sich«, sagte Mao. »Bitte, danken Sie den Ärzten und Schwestern in meinem Namen.«

Dann erklärte ich, daß die Ärzte hofften, er werde nicht mit Jiang Qing über die Stellungnahme sprechen.

Mao stimmte zu. »Nein, ich werde ihr nichts davon erzählen. Ich denke, Jiang Qing wird auf die Anordnungen der Partei hören. Wenn Sie weiterhin Probleme mit ihr haben sollten, sprechen Sie mit ihr selbst – und auch mit mir. Aber reden Sie nicht hinter unserem Rücken mit anderen darüber. Das wäre nicht gut.«

»Ich habe nie hinter Ihrem Rücken über Sie gesprochen«, antwortete ich. (Natürlich hatte meine Unterhaltung mit Deng Yingchao hinter seinem Rücken stattgefunden. Aber das konnte ich nicht eingestehen, und außerdem bereute ich mein Treffen mit der Frau des Ministerpräsidenten schon lange.)

Mao lächelte wieder. »Lassen Sie uns alle das tun, was wir tun müssen.«

Ich traf mich mit Shi Shuhan, Huang Shuze und Cui Yitian, einem stellvertretenden Minister für Öffentliche Gesundheit, um über meine Unterredung mit Mao zu berichten. Sie äußerten sich besorgt wegen der möglichen Folgen für die Ärzte und das Gesundheitsbüro, falls Jiang Qing jemals etwas davon erfuhr, und sie gaben mir den guten Rat, nie wieder mit Mao über Jiang Qing zu sprechen.

Bestimmt ermahnte Mao seine Frau, was ihr Verhalten den Krankenschwestern gegenüber anging. Jiang Qing versuchte, sie besser zu behandeln, aber trotzdem wurden während des Sommers in Beidaihe einige entlassen. Ich begann zu vermuten, daß Jiang Qings Auseinandersetzungen mit den Schwestern nicht nur auf Unzufriedenheit mit ihrer Arbeit zurückzuführen waren, sondern sie war beunruhigt über die Anziehungskraft, die die jungen Frauen auf Mao ausübten. Jiang Qing hatte die Gewohnheit, die Vorstellungsgespräche mit den neuen Schwestern, die ihr vom Beijing-Krankenhaus geschickt wurden, während der Tanzgesellschaften zu führen, auf denen die Atmosphäre ihrer Ansicht nach entspannter war. Auch Mao war anwesend, und die jungen Mädchen versanken in Ehrfurcht, wenn sie den Großen Vorsitzenden erblickten. Einmal wurde Jiang Qing sehr ärgerlich, als eine junge Krankenschwester haltmachte, um dem Vorsitzenden die Hand zu schütteln und ihn herzlich zu begrüßen, bevor sie Jiang Qing ihre Medizin verabreichte. Ich versuchte, ihr klarzumachen, es sei ganz natürlich, daß die jungen Schwestern sich so überschwenglich benahmen, wenn sie dem hochverehrten Mann gegenüberstanden.

Aber Jiang Qing dachte da anders. »Doktor, Sie verstehen den Vorsitzenden nicht. Er ist ziemlich freizügig. Sein Liebesleben und seine geistige Arbeit sind zwei ganz verschiedene Dinge, und es gibt immer Frauen, die ihm zu Willen sind. Verstehen Sie? Sie müssen diesen jungen Dingern ein bißchen

Moral beibringen. Sie sollten höflich zu ihrem Führer sein, aber auch zurückhaltend beim Kontakt mit ihm.«

Jiang Qings Bemerkung verwirrte mich. Damals wußte ich noch nichts von Maos sexuellen Exzessen und erinnerte mich nur an meine Unterhaltung mit ihm, in der er von den Ängsten seiner Frau und seiner Beteuerung gesprochen hatte, daß er sie nie verlassen werde. Ich ahnte noch nicht, daß Jiang Qing die Realität in einigen Punkten besser durchschaute als ich. Maos sexueller Appetit war unstillbar, und Sex und Liebe waren zwei verschiedene Dinge für ihn.

30. KAPITEL

Am 31. Juli 1958 hielt sich Chruschtschow zu einem geheimen Besuch in Beijing auf. Bei dieser Gelegenheit bedankte sich Mao für die in der Sowjetunion genossene Gastfreundschaft mit einer Ohrfeige. Nur mit einer Badehose bekleidet, empfing Mao den Sowjetführer am Rande des Schwimmbeckens. Er forderte Chruschtschow auf, ihm Gesellschaft zu leisten und sich ebenfalls eine Badehose anzuziehen. Zu unser aller Erstaunen nahm dieser die Einladung an und ließ sich neben Mao ins Wasser gleiten. Chruschtschow konnte nicht schwimmen und trug eine Schwimmweste. Einige Leibwächter und ich sowie die Dolmetscher schwammen neben ihm her.

Chruschtschow ließ sich von Maos Beleidigung nicht beeindrucken, aber die Gespräche zwischen ihnen kamen kaum voran. In seinen Memoiren beschreibt Chruschtschow die Verachtung, die er für Maos unkonventionelle Art empfand. Ursprünglich hatte er eine Woche bleiben wollen, reiste jedoch schon nach drei Tagen wieder ab. Der Vorsitzende spielte sich absichtlich wie ein Kaiser auf und behandelte Chruschtschow wie einen Barbaren, der gekommen war, ihm zu huldigen. Wie Mao mir auf der Rückreise nach Beidaihe erklärte, wollte er Chruschtschow mit diesem Verhalten »einen Nadelstich in den Arsch verpassen«[59].

Maos Beschwerdenkatalog gegen die Sowjets war noch gewachsen, aber letztendlich hatte eine einzige Sorge den Vorrang. »Ihr eigentliches Ziel ist es, uns zu kontrollieren. Sie versuchen, uns an die Kette zu legen. Aber das ist reines Wunschdenken, und diese Dummköpfe reden auch noch offen über ihre Träume.« Die Sowjets hätten den Vorschlag gemacht, eine gemeinsame Flotte aufzustellen, und wollten einen leistungsstarken Rundfunksender in China bauen.

Mao warf Chruschtschow außerdem vor, China als Pfand bei den sowjetischen Bemühungen um ein besseres Verhältnis zu den Vereinigten Staaten einzusetzen. Chruschtschow verlange eine Garantie von China, daß es Taiwan nicht angreifen werde. Auch kritisiere er China wegen eines gerade anlaufenden Programms, das die landwirtschaftlichen Kollektive zu riesigen Volkskommunen verschmelzen sollte.

»Ich sagte ihm, wir könnten zusammen einen Rundfunksender errichten«, erklärte Mao, »aber er müsse uns die Ausrüstung und die Technologie zur

Verfügung stellen. Genauso könnten wir eine gemeinsame Flotte aufbauen – mit seinen Schiffen und unseren Kapitänen. Und ich machte ihm deutlich, daß es unsere ureigene Angelegenheit ist, ob wir Taiwan angreifen oder nicht. Er soll sich da gefälligst nicht einmischen. Und was die Volkskommunen angeht, warum sollen wir es nicht ausprobieren?«

Fernab von der Weltöffentlichkeit und vom Westen unbemerkt, hatte der Konflikt zwischen China und der Sowjetunion begonnen.

Noch auf dem Rückweg nach Beidaihe kochte Mao vor Wut. »Chruschtschow weiß einfach nicht, wovon er redet«, beschwerte er sich bei mir. »Er will die Beziehungen zu den Vereinigten Staaten verbessern? Gut, wir werden ihm dazu mit unseren Waffen gratulieren. Unsere Granaten sind so lange eingemottet gewesen, daß sie langsam nutzlos werden. Warum benutzen wir sie also nicht für eine Feier? Wir könnten auch die Vereinigten Staaten miteinbeziehen. Vielleicht lassen sie sich dazu bewegen, eine Atombombe auf Fujian abzuwerfen. Vielleicht werden dadurch zehn oder zwanzig Millionen Menschen getötet. Jiang Jieshi möchte, daß die Vereinigten Staaten die Bombe gegen uns einsetzen. Sollen sie es tun. Mal sehen, was Chruschtschow dann sagt.

Einige unserer Genossen verstehen die Situation nicht. Sie wollen, daß wir nach Taiwan übersetzen und es erobern. Meiner Meinung nach sollten wir Taiwan in Ruhe lassen, denn es übt einen Druck auf uns aus, der uns hilft, unsere innere Einheit aufrechtzuerhalten.«

Maos Äußerungen waren verwirrend für mich. Ich wußte nichts von Rundfunksendern oder gemeinsamen Flotten und nur wenig über Taiwan. Als er die Taiwan-Frage anschnitt, hatte ich zu hoffen gewagt, daß bald Friedensgespräche zwischen beiden Seiten beginnen würden. Ich hatte auch noch nichts über die Pläne gehört, Volkskommunen einzurichten. Wir hatten doch gerade den Übergang zu landwirtschaftlichen Kooperativen auf höherer Ebene geschafft.

Es sollte noch einige Wochen dauern, bis mir der wahre Sinn von Maos Äußerungen über Taiwan klar wurde. Die Volkskommunen dagegen lernte ich schon sehr bald aus eigener Anschauung kennen.

Am 2. August 1958, dem Tag nach unserer Rückkehr aus Beidaihe, wurde ich um drei Uhr morgens durch einen von Maos Leibwächtern aus dem tiefsten Schlaf gerissen. Der Vorsitzende wünsche eine Englischstunde. Ich eilte in sein Zimmer, und wir begannen Engels' *Entwicklung des Sozialismus von der Utopie zur Wissenschaft* auf englisch zu lesen. Neben der englischen Fassung des *Kommunistischen Manifests* war das sein bevorzugtes Lehrbuch, und wir beschäftigten uns immer wieder mit beiden Schriften. Mao lernte niemals wirklich Englisch. Er nutzte die Stunden, um sich zu entspannen und zu plaudern. Wir hörten gegen sechs Uhr morgens auf, und er bat mich, mit ihm zu essen.

Während des Essens zeigte er mir die neueste Ausgabe der *Nachrichtenblätter*; diese informierten die höchsten Funktionäre über Vorgänge, welche die Partei vor der Bevölkerung geheimhalten wollte. Die Berichterstattung war oft kritisch, analysierte die aktuellen Probleme oder die Widersprüche zwischen den Idealen der Partei und den Realitäten des täglichen Lebens. Während der Hundert-Blumen-Bewegung des Jahres 1957, als jeder ermutigt wurde, seine Meinung offen auszusprechen, waren die *Nachrichtenblätter* das Sprachrohr der schonungslosesten Kritik an der Partei. Manchmal konnte man auch reißerische Artikel darin finden – Berichte über Raubüberfälle und Morde, die nie an die Öffentlichkeit drangen.

Mit dem Beginn der Anti-Rechts-Kampagne im Sommer 1957 hatte sich aber auch der Charakter der *Nachrichtenblätter* geändert. Einige Journalisten, die offen über die Schattenseiten der chinesischen Gesellschaft berichtet hatten, Leute wie Li Shenzhi, wurden als Rechte abgestempelt und aus ihren Stellungen entfernt, manche sogar in entlegene Gebiete des Landes ins Exil geschickt. Im Frühjahr 1958, als die innere Säuberung der Partei und Maos Versuch, die Partei auf seinen Weg in die Zukunft einzuschwören, wiederaufgenommen wurden, hatten sich die *Nachrichtenblätter* um hundertachtzig Grad gedreht. Jetzt glorifizierten sie die großen Veränderungen, die sich in China – besonders in den ländlichen Gebieten – vollzogen. Die Ausgabe, die mir Mao an jenem Morgen zeigte, berichtete über die Gründung einer Volkskommune – also die Zusammenlegung vieler kleinerer landwirtschaftlicher Kooperativen zu einer einzigen riesigen Organisation – in Chaya in der Provinz Henan.[60]

»Dies ist ein außerordentlich wichtiges Ereignis«, sagte Mao. »Viele Kooperativen auf dem Lande haben sich vereinigt, um eine große Volkskommune zu bilden. Die Kommune wird die Brücke vom Sozialismus zum Kommunismus sein. Aber es gibt viele Dinge, die wir noch nicht wissen. Wie ist die Volkskommune organisiert? Wie arbeitet sie? Wie verteilt sie den Gewinn, und wie stellt sie fest, wieviel die einzelnen Leute gearbeitet haben? Wie wird dort die Idee verwirklicht, landwirtschaftliche Arbeit mit militärischer Ausbildung zu verbinden?«

Mao wollte, daß ich einige dieser neuen Volkskommunen untersuchte.

»Schauen Sie sich alles an. Bleiben Sie einen Monat dort. Machen Sie sich ein genaues Bild von der Situation, dann kommen Sie zurück und berichten mir davon. Haben Sie hier gerade dringende Aufgaben zu erledigen?«

Während eines langen ruhigen Sommers in Beidaihe hatte ich auf Maos Vorschlag hin begonnen, ein Buch über das Altern aus dem Englischen ins Chinesische zu übertragen, wobei ich die Übersetzung ständig mit Mao besprach. Er hatte die ersten Kapitel sehr interessant gefunden, begann sich aber bei dem Abschnitt über die Auswirkungen des Alterns auf die Körperzellen zu langweilen. Ich hatte die Übersetzung dennoch weitergeführt, um mir die Zeit sinnvoll zu vertreiben und nicht den Kontakt mit der medizinischen Literatur zu verlieren. Aber ich versicherte ihm, daß ich die Arbeit für die Zeit der Reise zurückstellen könne.

»Dieses Buch ist nicht von besonderer Bedeutung«, sagte er. »Sie können es später noch übersetzen. Dagegen ist die Volkskommune eine große Sache. Sie beeinflußt das politische System unseres Landes. Als unsere Armee 1949 den Yangtze überquerte, schrieb ein Amerikaner ein Buch mit dem Titel *China Shakes the World* – oder so ähnlich.[61] Jetzt, zehn Jahre später, wird China mit der Gründung der Volkskommunen die Welt noch einmal erschüttern. Also sehen Sie sie sich an. Aber fahren Sie nicht allein. Bitten Sie Ye Zilong und Huang Shuze, Sie zu begleiten.«

Mein Wissen über das ländliche China beruhte nur auf Spaziergängen, die ich in den Dörfern unternommen hatte, wenn Maos Zug irgendwo zu einer kurzen Pause anhielt, und ich war immer entsetzt gewesen über das, was ich dort zu sehen bekam: bittere Armut und Bauern, die von Fladenbrot aus grob gemahlenem Getreide lebten. Es waren einfache und ehrliche Menschen, und als ich einmal zwei Brötchen kaufen wollte, bestanden sie darauf, sie mir zu schenken. Ich aß damals eines davon und brachte das andere Mao. Er war nicht so überrascht über die Armut, wie ich erwartet hatte, aber er ermutigte mich und die anderen Mitarbeiter, solche »sozialen Untersuchungen« durchzuführen, wo immer wir Gelegenheit dazu hätten.

Noch während Mao über meine Entsendung zur Inspektion der Volkskommune sprach, fielen ihm auf einmal die Augen zu, seine Sprache wurde undeutlich und seine Stimme nahezu unhörbar. Er hatte seine Schlaftabletten kurz vor dem Essen genommen, und die Idee zu der Untersuchung der Volkskommune war ihm gekommen, als die Tabletten eine für diesen Zustand zwischen Wachen und Schlafen typische euphorische Stimmung bewirkten. Ich war mir nicht sicher, ob sein Vorschlag ernst gemeint oder Teil eines durch die Medikamente hervorgerufenen Traumes war.

»Ich werde mit den anderen sprechen. Wir können in zwei oder drei Tagen reisefertig sein«, antwortete ich.

»Da gibt es doch nichts mehr zu planen«, schnauzte er, einen Moment lang wieder wachgeworden. »Geben Sie ihnen Bescheid, daß sie sich heute fertig machen und morgen abfahren sollen.«

Der Vorsitzende schlief ein. Es war acht Uhr morgens. Ich unterrichtete Ye Zilong sofort von Maos neuestem Auftrag.

Einen Monat auf dem Lande – eine Reise ohne Mao und auch nur mit einem regulären Zug, Schlafen in einfachen Gasthäusern, die minderwertige Nahrung der Bauern –, das alles entsprach nicht gerade Ye Zilongs Vorstellung von einem angenehmen Auftrag. Er interessierte sich nicht für Politik. Kommunismus, Sozialismus und Kapitalismus waren für ihn das gleiche, solange nur sein luxuriöses Leben nicht in Frage gestellt wurde.

»Geben Sie Huang Shuze Bescheid«, sagte er. »Dann setzen wir uns zusammen und besprechen die Sache. Aber wir können morgen noch nicht abreisen. Ich brauche ein paar Tage.«

Sein Gerede machte mich nervös. Wir durften uns nicht verspäten. »Der Vorsitzende hat uns befohlen, morgen aufzubrechen«, beharrte ich. »Wir dürfen uns seinen Anordnungen nicht widersetzen.« Ich schlug vor, daß Ye Zilong mit Mao selbst reden solle, während ich Huang Shuze, den stellvertretenden Direktor des Gesundheitsbüros, informierte.

Huang war ein idealistischer Anhänger Maos. Das Wort des Vorsitzenden war ihm heilig. Er fühlte sich natürlich von Maos Auftrag geehrt und konnte am nächsten Tag abfahrbereit sein.

Ich war immer noch beunruhigt über Maos Befehl. Vielleicht hatte es sich nur um eine Laune gehandelt. Ich beschloß, die Angelegenheit mit Jiang Qing zu besprechen.

Sie war noch im Bett und aß gerade einen Mandeljoghurt und Toast zum Frühstück, als ich um die Mittagszeit in ihr Zimmer geführt wurde. Ich erklärte ihr das Dilemma. »Ich glaube nicht, daß der Vorsitzende nur so dahinredet, wenn es um eine so wichtige Sache geht«, antwortete sie. »Aber ich werde mit ihm reden, sobald er aufwacht.«

Zufällig begegnete ich Maos politischem Sekretär Tian Jiaying, einem guten Freund von mir. Er war immer außergewöhnlich gut informiert – nicht nur durch die Artikel der *Nachrichtenblätter*, sondern vor allem auch durch das vertrauliche Hintergrundmaterial, das er ständig von seinen Freunden und den politischen Sekretären der unteren Ebenen aus ganz China erhielt.

Er wußte alles über die neuen Volkskommunen. Doch er zeigte sich skeptisch.

Tian wies darauf hin, daß sich die Bauern 1956, als größere Kooperativen eingeführt wurden, über die zu schnelle Vorgehensweise beschwert hätten. Die Verwaltung der Kooperativen auf den unteren Organisationsstufen war noch nicht geordnet, bevor man die Kooperativen der höheren Stufen aufbaute. Jetzt versuchten wir, eine noch höhere Form der Organisation durchzusetzen – die Volkskommunen. Seiner Meinung nach waren sie in ökonomischer Hinsicht fragwürdig, aber sie gaben den Parteiführern der Provinzen die Möglichkeit, sich beim Vorsitzenden einzuschmeicheln.

Nach Maos anstachelnden Äußerungen auf den Treffen von Chengdu und Nanning wollten die Provinzführer zeigen, daß sie ihr Bestes taten, um die Entscheidungen durchzusetzen. Sie dachten sich alle möglichen Kniffe aus, um in Beijing Aufmerksamkeit zu erregen, und starteten einen wahnsinnigen Konkurrenzkampf um den höchsten Zuwachs in der Produktionsrate. Jeder wollte der Beste sein. Aber Tian Jiaying riet mir, die Vorgänge persönlich in Augenschein zu nehmen.

Nach dem Mittagessen packte ich meine Sachen für die Abreise am nächsten Tag. Dann machte ich ein kleines Nickerchen. Ich war seit drei Uhr morgens auf den Beinen gewesen.

Um neunzehn Uhr weckte mich Maos Leibwächter Xiao Li. Der Vorsitzende wollte mich sehen.

Sowohl Ye Zilong als auch Jiang Qing hatten mit ihm gesprochen. »Ich habe beschlossen, mich selbst von der Sache zu überzeugen«, sagte er. »Wir werden in einigen Tagen abreisen. Ich möchte recht viele Orte besuchen. Halten Sie sich also bereit und nehmen Sie eine Assistentin mit, falls Sie Hilfe brauchen.« Huang Shuze war, laut Mao, »befreit«. Statt dessen benötigte Mao eine Krankenschwester. Er nahm immer noch den Ginseng, den ich ihm für seine Impotenz verordnet hatte und der auf traditionelle Art zubereitet wurde, indem man die Wurzel in Wasser kochte. Die Krankenschwester sollte das Gebräu herstellen. Ich schlug Wu Xujun vor, die uns auch schon nach Moskau begleitet hatte.

Mao warnte mich, daß die Reise absolut geheim sei.[62] Meine Aufgabe dabei sei nicht nur die seines Leibarztes. »Es ist nicht gut für das medizinische Personal, wenn es sich darauf beschränkt, Krankheiten zu behandeln«, meinte er. Er wollte nicht, daß ich »isoliert von der Gesellschaft« lebte, besonders wenn die Gesellschaft einen so fundamentalen Wandel durchmachte. Es galt herauszufinden, wie dieser Wandel auch die Menschen veränderte.

Wir würden erkunden, wie sich die Besonderheiten der einzelnen Volkskommunen mit ihren sozialistischen Prinzipien vertrugen.

Zwei Tage später verließen wir Beidaihe in Maos luxuriösem Privatzug. So begann teils aus Trotz gegen Chruschtschow, teils aus einer durch Medikamente hervorgerufenen Laune, aber auch aus Maos angeborener Neugier heraus die sensationellste »Inspektionsreise«, die der Vorsitzende jemals durchgeführt hatte.

Unser Zug fuhr nach Süden. Diese »soziale Untersuchung«, das war von Beginn an klar, würde von ganz besonderer Art sein. Der Große Sprung nach vorn hatte begonnen.

31. KAPITEL

In diesem Sommer war das Wetter großartig wie seit Jahren nicht mehr. Jede Nacht regnete es, die Tage waren sonnig und mild, und es gab keinen Zweifel daran, daß die Ernte im Herbst die beste in Chinas Geschichte sein würde. Ganz China war in einem Taumel, überschäumend vor Aufregung und Optimismus.

Zuerst besuchten wir einige neueingerichtete Volkskommunen in der Provinz Hebei. Der Optimismus der Bauern war auch an den Namen der neuen Organisationen erkennbar – Namen, die eine ruhmreiche und revolutionäre Zukunft versprachen: die Kommunistische Kommune, Morgenröte, Morgensonne, Rote Fahne.

Dann fuhren wir nach Henan, wo der erste Parteisekretär Wu Zhifu – klein, dick und redlich – uns im Auto auf staubigen, ungeteerten Straßen durch das Hinterland seiner Provinz begleitete. Wir reisten in einer Wagenkolonne, insgesamt mehrere Dutzend Menschen – ein Kontingent bewaffneter Wachen aus Zhongnanhai unter Führung von Wang Jingxian, eine Gruppe von Wu Zhifus Sicherheitsbeamten aus der Provinz, Reporter der Nachrichtenagentur Neues China und einige Journalisten der Parteizeitung von Henan. Das Wetter im August war schweißtreibend heiß. Wir hatten große, breitkrempige Strohhüte auf, um uns vor der Sonne zu schützen, und man reichte uns feuchte Waschlappen zur Kühlung, wo immer wir anhielten. Die beiden Lastwagenladungen süßer, fruchtiger Wassermelonen, die wir ständig mit uns führten, waren die wirkungsvollste Erfrischung bei der Hitze. Mao war wie immer unbeeindruckt von der Hitze, und er machte sich nichts aus Wassermelonen, aber viele aus seinem Troß stürzten sich geradezu auf diese saftigen Früchte.

Mao war guter Laune, denn er genoß es, endlich einmal wieder auf dem Land zu sein. Wenn er in einen Kuhfladen trat und sich die Schuhe schmutzig machte, weigerte er sich, den Dreck abputzen zu lassen. »Es ist Dünger, also sehr nützlich«, sagte er. »Warum soll man ihn abwischen?« Erst wenn er abends seine Schuhe auszog, konnte seine Leibwache sie putzen. Die Felder trugen reiche Ernte und waren voll von arbeitenden Bauern. Nördlich des Gelben Flusses beteiligen sich die Frauen selten an der Feldarbeit, hier aber sahen wir, wohin wir auch blickten, in strahlendes Rot und Grün gekleidete Frauen und Mädchen, die Seite an Seite mit den Männern arbeiteten.

Im Lankao-Bezirk äußerte Mao die Absicht, im legendären Gelben Fluß zu schwimmen; er entsandte seinen treuen Begleiter Sun Yong, der ihn auch zu seinem ersten Schwimmversuch im Yangtze ermutigt hatte, um das Wasser testen zu lassen. Aber der Gelbe Fluß war voll Schlick und Schwemmsand, weshalb das nur brusthohe Wasser eher einer dicken braunen Brühe glich. Sun und die anderen Sicherheitsbeamten versanken sofort bis zu den Knien im Schlamm, ganz gleich, an welcher Stelle sie auch ans Wasser gingen. Mao gab seinen Plan auf.

Am 6. August führte uns Wu Zhifu zu einem Besuch des Dorfes Sieben Li im Bezirk Xin Xiang. Den Weg dorthin säumten Felder mit brusthohen Baumwollpflanzen, an denen faustgroße weiße Kugeln leuchteten. Die Ernte würde für Sieben Li überreichlich sein.

Als unsere Autos den Dorfplatz erreichten, rief uns das große rote Banner, das quer über den Haupteingang der Parteizentrale des Dorfes gespannt war, eine Begrüßung entgegen: »Volkskommune Dorf Sieben Li«.

Mao grinste, als er aus seinem Wagen stieg. »Dieser Name ›Volkskommune‹ ist großartig!« erklärte er. »Französische Arbeiter haben die Pariser Kommune errichtet, als sie die Macht ergriffen. Unsere Bauern haben die Volkskommune als eine politische und wirtschaftliche Organisation auf dem Weg zum Kommunismus geschaffen. Die Volkskommune ist großartig!«

Drei Tage später wiederholte Mao diesen Kommentar in Shandong. Ein aufmerksamer Journalist der Nachrichtenagentur Neues China stand in der Nähe, und sofort tauchten die Worte in den Schlagzeilen aller Zeitungen des Landes auf. Sie wurden schnell zu einer mitreißenden Parole, die von den Parteisekretären aller Ebenen wie ein neues kaiserliches Edikt befolgt wurde. Plötzlich wurden überall in China Kooperativen zu gigantischen Volkskommunen zusammengelegt, zu Organisationen, die Verwaltung und landwirtschaftliche Produktion miteinander verbanden und die Macht der Kommunistischen Partei auf dem Lande stabilisierten.

Die Reise von einer Volkskommune zur anderen wurde zu einer berauschenden Erfahrung. Etwas Großes spielte sich auf dem Lande ab, etwas Neues, nie zuvor Dagewesenes. Geschichte wurde gemacht. China hatte endlich den Weg aus der Armut zum Überfluß gefunden. Die Rettung des chinesischen Bauernstandes war nahe. Auch ich unterstützte die Bewegung der Volkskommunen. Der Vorsitzende Mao hatte recht. Volkskommunen waren großartig.

Mao war in Hochstimmung. Noch auf der Rückfahrt nach Beidaihe war er aufgeregt, und ich hatte ihn noch nie so glücklich gesehen. Er war davon überzeugt, das Problem der Nahrungsmittelversorgung in China gelöst zu haben, und glaubte, daß das Land jetzt mehr Nahrung produziere, als die Menschen essen konnten.

Vier Tage nach unserer Ankunft in Beidaihe, am 17. August 1958, berief Mao eine erweiterte Sitzung des Politbüros ein, die bis zum 30. August dauerte. Im Laufe dieser Tagung wurde am 23. August Maos Antwort an Chruschtschow bekanntgemacht. Danach begann China die Granaten einzusetzen, von denen Mao gesprochen hatte, um Quemoy, eine noch immer von der Guomindang besetzte Insel direkt vor der Küste der Provinz Fujian, massiv zu bombardieren. Das war Maos Antwort auf Chruschtschows Versuch, die Spannungen zwischen der Sowjetunion und den Vereinigten Staaten abzubauen, seine Demonstration der wichtigen Rolle Chinas im Mächtedreieck mit der Sowjetunion und den Vereinigten Staaten. Mao verstand Chruschtschows Bemühungen um den Weltfrieden als einen Versuch, die Kontrolle über ihn und China zu gewinnen. Er war überzeugt, daß Jiang Jieshi die Vereinigten Staaten dazu bringen wolle, eine Atombombe auf die Provinz Fujian abzuwerfen, und Mao hätte nichts dagegen gehabt. Das Bombardement von Quemoy war eine Herausforderung, um zu sehen, wie weit die Amerikaner gehen würden. Er nahm die Insel wochenlang unter Beschuß. Am 6. Oktober schließlich verkündete die Kommunistische Partei eine Feuerpause von einer Woche, die am 13. Oktober nochmals um zwei Wochen verlängert wurde. Als eine amerikanische Flotte in die Straße von Taiwan einlief, um das Gebiet gegen die chinesischen Angriffe zu sichern, nahm Mao das Bombardement wieder auf. Am 25. Oktober wurde eine neue Strategie verkündet: Wenn die amerikanischen Schiffe sich fernhielten, würden die Kommunisten die Kanonen an geraden Tagen schweigen lassen und Quemoy sowie die Matsu-Inseln nur an ungeraden bombardieren.

Mao wußte, daß »Genossen« wie Chruschtschow – und auch einige Chinesen – glaubten, er wolle Taiwan zurückerobern. Aber das war nie seine Absicht. Er wollte nicht einmal Quemoy und die Matsu-Inseln einnehmen. »Quemoy und Matsu sind unsere Verbindung zu Taiwan«, sagte er. »Wenn wir sie erobern, verlieren wir diese Verbindung. Hat nicht jeder Mensch zwei Hände? Wenn wir unsere beiden Hände verlieren, wird Taiwan unserem Griff entgleiten. Die Inseln sind wie zwei Taktstöcke, die Chruschtschow und Eisenhower zum Tanzen bringen. Sehen Sie nicht, welche Bedeutung diese Inseln besitzen?«

Für Mao war die Bombardierung von Quemoy und der Matsu-Inseln nur ein Spiel gewesen, das Chruschtschow und Eisenhower seine Unabhängigkeit und Handlungsfähigkeit demonstrieren und Chruschtschows neuen Friedensvorstoß durchkreuzen sollte. Ein schreckliches Spiel, das die Welt der Gefahr eines Atomkrieges aussetzte und das Leben von Millionen Chinesen bedrohte.

Zwei weitere bedeutsame Entscheidungen wurden während der Sitzungen des erweiterten Politbüros gefällt. Zum einen wurden die Volkskommunen offiziell zur neuen Form der wirtschaftlichen und politischen Organisation auf dem Land erklärt. Und zum anderen sollte Chinas Stahlproduktion binnen eines Jahres durch den Einsatz von Hinterhof-Stahlöfen verdoppelt werden.

Ganz China befand sich wie in einem Rausch. Mao hatte die Volkskommunen für großartig befunden, also waren plötzlich überall im Land Volkskommunen eingerichtet worden. Er hatte die Hinterhof-Stahlöfen mit einem wohlwollenden Lächeln bedacht, und schon bauten alle solche Öfen. Alles geschah, wie Mao es wünschte.

32. KAPITEL

Mao war immer noch viel unterwegs. Ab dem 10. September 1958 reiste er per Flugzeug, Zug und Schiff durch das Land, um sich die umwälzenden Veränderungen persönlich anzusehen. Und mit jedem Halt wuchs seine Beliebtheit beim Volk.

Wir flogen zuerst nach Wuhan. Zwei der größten Bewunderer Maos – der »Demokrat« und Abtrünnige der Guomindang, Zhang Zhizhong, und der erste Parteisekretär der Provinz Anhui, Zeng Xisheng – besuchten ihn dort. Mao lud Zhang Zhizhong zu dessen großer Freude ein, ihn auf der Inspektionsreise zu begleiten, und Zhang revanchierte sich, indem er Mao mit Schmeicheleien geradezu überschüttete. »Das Land ist wirklich in bestem Zustand«, lobte er. »Das Wetter ist großartig, das Volk lebt in Frieden, und die Leute fühlen sich sicher.«

Auch Zeng Xisheng bemühte sich um Maos Gunst. Er wollte den Vorsitzenden überreden, der Provinz Anhui einen weiteren Besuch abzustatten. Zhang Zhizhong, der ebenfalls aus Anhui gebürtig war, unterstützte Zengs Bitte. Schließlich stimmte Mao zu, und wir reisten in die Provinzhauptstadt Hefei. Nun erlebten wir neue Wunder. »Hinterhof-Stahlofen« hieß hier das Zauberwort.

Den ersten Ofen – ein improvisiertes Monstrum aus Ziegelsteinen und Mörtel, vier oder fünf Meter hoch – sah ich auf dem Hof hinter den Parteibüros der Provinz Anhui. Das Feuer brannte, und im Ofen wurden alle möglichen Haushaltsgegenstände aus Stahl – Töpfe, Pfannen, Türgriffe, Schaufeln – geschmolzen, um wieder Stahl zu produzieren, wie Zeng Mao gegenüber beteuerte. Zeng Xisheng hob einen heißen Brocken von der Erde auf, der gerade aus dem Ofen gezogen worden war, um Mao das Ergebnis der Arbeit zu zeigen, und nebenan waren Muster des hier gefertigten Stahls aufgereiht, die keinen Zweifel am Erfolg des Hinterhof-Stahlofens ließen. Mao hatte das Land aufgerufen, Großbritannien mit rationellen und ökonomischen Mitteln innerhalb von fünfzehn Jahren in der Stahlproduktion zu überholen. Warum sollte man Millionen von Dollars für moderne Stahlwerke ausgeben, wenn der Stahl beinahe umsonst auf Höfen oder Feldern produziert werden konnte?

Ich war verblüfft. Der Ofen machte aus den Haushaltsgegenständen Stahlbrocken, schmolz Messer zu Barren, die dann wieder zu Messern geschmiedet werden konnten. Ich wußte nicht, ob die Barren von hoher Qualität waren, aber es schien mir lächerlich, Stahl zu schmelzen, um Stahl zu produzieren, Messer zu zerstören, um Messer herzustellen. Überall in Anhui gab es Hinterhof-Stahlöfen, und alle produzierten die gleichen unregelmäßigen Barren.

Gegen Ende des Besuches schlug Zhang Zhizhong vor, Mao solle im offenen Wagen durch die Straßen fahren, damit die Einwohner der Stadt ihren großen Führer aus der Nähe sehen könnten. Seit Mao im Sommer 1949 bei der Befreiung Beijings mit einem offenen Jeep durch die von winkenden Menschen gesäumten Straßen gefahren war, hatte er sich nicht mehr so ungeschützt den Massen gezeigt. Man hielt die Besuche des Vorsitzenden in der Provinz stets geheim, und die Sicherheitsvorkehrungen waren sehr streng. Wenn er Fabriken besichtigte, unterlagen seine Begegnungen mit den Arbeitern sorgfältiger Kontrolle. Persönliche Treffen beschränkten sich normalerweise auf den kleinen Kreis der Parteielite und die Führer der »demokratischen Parteien«. Seine Auftritte auf dem Tiananmen-Tor zweimal im Jahr bildeten nur scheinbar Ausnahmen von dieser Regel. Auch die Massen, die dabei den großen Platz bevölkerten, waren handverlesen. Aber nicht nur die Sicherheitsproblematik hielt Mao davon ab, sich in der Öffentlichkeit zu zeigen. Der Vorsitzende wollte auch nicht beschuldigt werden, den Personenkult zu fördern.

Dennoch glaubte er, daß die Massen eine große Führungspersönlichkeit benötigten und daß die Möglichkeit, ihn leibhaftig zu sehen, eine inspirierende Wirkung haben könne. Er brauchte die Illusion, daß der Wunsch nach seiner Führung spontan von den Massen ausging. Der »Demokrat« Zhang Zhizhong, der Maos Dilemma spürte, hatte sich gut darauf vorbereitet, ihn ins Licht der Öffentlichkeit zu ziehen. »Anscheinend sind Sie sehr besorgt über die Entwicklung eines Personenkultes«, sagte Zhang.

Doch dann argumentierte er, daß Mao der Lenin, nicht der Stalin Chinas sei. Mao habe wie Lenin die Kommunistische Partei und das chinesische Volk zum revolutionären Sieg geführt und leite nun auch den Aufbau des Sozialismus. Anders als Lenin, der schon acht Jahre nach der Revolution gestorben sei, wirke Mao weiter, und das chinesische Volk hoffe, daß er es noch die nächsten dreißig oder vierzig Jahre mit seiner Führung segnen werde. Der Unterschied zwischen Mao und Stalin bestehe darin, daß Stalin den Kult um seine Person immer vorangetrieben habe, Mao dagegen nicht. Der Vorsitzende pflege einen demokratischen Führungsstil, der den Standpunkt der Massen betone und Willkür und Diktatur vermeide. »Wie könnte unser Land jemals einen Personenkult betreiben?« fragte Zhang. »Die Fortschritte sind so riesig, die Verbesserungen im täglichen Leben der Menschen so deutlich spürbar, daß die Massen ihre ehrlichen und leidenschaftlichen Gefühle für Sie ausdrücken wollen. Unser Volk liebt seinen großen Führer wirklich. Das ist kein staatlich verordneter Personenkult.« Mao schätzte Zhangs Schmeicheleien. Die beiden bildeten ein gutes Team. Der Vorsitzende war einverstanden, sich den Einwohnern von Hefei öffentlich zu zeigen.

Am 19. September 1958 säumten über dreihunderttausend Menschen die Straßen von Hefei, um vielleicht einen Blick auf Mao zu erhaschen. Er fuhr in einem offenen Wagen langsam durch die Stadt, winkte der Menge gelassen zu und sonnte sich in ihrer Bewunderung. Ich hege den Verdacht, daß die Menschenmengen in Hefei nicht spontaner zusammengekommen waren als die auf dem Tiananmen-Platz. Die farbenfohe Kleidung, die Blumengirlanden, die Sträuße, die sie schwenkten, als die Kolonne vorüberfuhr, das Singen und Tanzen, die Parolen – »Lang lebe der Vorsitzende Mao«, »Lang lebe die Volkskommune«, »Lang lebe der Große Sprung nach vorn« –, all das ließ vermuten, daß Zeng Xisheng wenig dem Zufall überlassen hatte. Aber dennoch überschlugen sich die Menschen vor Begeisterung, wenn der Vorsitzende in Sicht kam.

Mao plante ein System der Nahrungsmittelverteilung für die Volkskommunen auf dem Lande, so daß jeder essen konnte, was er wollte, ohne dafür zu bezahlen. Er redete davon, die Kader nicht mehr zu entlohnen und statt dessen wieder zum System der kostenlosen Versorgung zurückzukehren, wie es bis 1954 existiert hatte – das gleiche System, das meine ausländischen Geldvorräte aufgezehrt hatte. Die Löhne würden abgeschafft werden. Für die Grundbedürfnisse würde der Staat sorgen; zusätzlich sollte eine kleine Beihilfe für unvorhergesehene Ausgaben gewährt werden. Maos Vorstellung nach sollte dieses System zuerst im Generalbüro in Zhongnanhai wieder eingeführt werden, angefangen bei uns von der Gruppe Eins.

Maos Denken war in diesem Punkt stark von einem Artikel beeinflußt worden, der am 15. September erschienen war und aus der Feder des Propagandadirektors von Shanghai, Zhang Qunqiao, stammte. Mao war so begeistert von Zhangs Artikel, daß er den Propagandadirektor aufforderte, sich mit ihm im Zug zu treffen. Damals sah ich diesen Mann, der während der Kulturrevolution zu solcher Berühmtheit aufsteigen und später Mitglied der berüchtigten Viererbande werden sollte, zum erstenmal. Zhang war ein ruhiger, abweisender und grüblerischer Typ, und es war sehr schwierig, sich mit ihm zu unterhalten. Er war mir vom ersten Augenblick an unsympathisch, und sein Vorschlag, das System der kostenlosen Versorgung wiedereinzuführen, ließ mich schaudern. Meine ganzen Ersparnisse waren in den zwei Jahren nach meiner Rückkehr durch dieses System vernichtet worden. Die Lebensmittelversorgung und die minimale finanzielle Beihilfe würden nicht ausreichen, um meine Familie am Leben zu erhalten. Außer meiner Frau und meiner Mutter mußte ich noch zwei kleine Kinder ernähren, und ich hatte bisher verschiedene andere Verwandte unterstützt – die Eltern meiner Frau, zwei Tanten und einen Cousin. Ohne mein Gehalt würden wir alle mit dem sehr viel niedrigeren Lohn meiner Frau auskommen müssen. Das würde nicht reichen, um zu überleben.

Niemand aus der Gruppe Eins wollte die Wiedereinführung des Versorgungssystems. Auch Ye Zilong war besorgt. Er bezog ein hohes Einkommen, und er liebte sein luxuriöses Leben. Als er bemerkte, wie betroffen ich auf die Idee reagierte, ermunterte er mich, meine Bedenken bei Mao vorzubringen. Das war ein gerissener Vorschlag. Wenn ich erfolgreich war und den Vorsitzenden dazu überreden konnte, den Plan fallenzulassen, würde Ye Zilong weiterhin sein Gehalt einstreichen. Wenn Mao das System dennoch einführte, wäre ich derjenige, den man als reaktionäres Element brandmarken würde. Yes Gehalt wäre dann zwar dahin, aber politisch hätte er sich nichts zuschulden kommen lassen.

Mao hatte sich noch nicht entschieden, und er wollte tatsächlich die Meinung seiner Mitarbeiter hören, bevor er sich festlegte. Wieder wollte niemand das Risiko auf sich nehmen, als reaktionäres Element zu gelten. Für mich jedoch ging es um das Überleben meiner Familie. Ich mußte mit Mao reden.

Mao lag im Bett und las, als ich sein Abteil betrat.

»Irgendwelche Neuigkeiten?«

»Wir haben über das Versorgungssystem gesprochen.«

»Irgendwelche brillanten Ideen?«

Ich erklärte, welche Schwierigkeiten ich ohne Gehalt und mit so vielen Familienmitgliedern, die auf meine Unterstützung angewiesen seien, würde bewältigen müssen.

Mao meinte, daß man auch in den Städten Kommunen einrichten könne. Stadtbewohner, sogar die ganz jungen und die älteren, die keine Arbeit hätten, könnten dann ihre Versorgung über die Kommunen beziehen. Kleinkinder würden in die öffentlichen Kinderhorte geschickt werden. Das sei der Weg zum Kommunismus. »Würde das nicht alle Ihre Probleme lösen?« fragte er.

Ich erwiderte, daß meine älteren Verwandten nicht bei guter Gesundheit seien und nicht in der Kommune arbeiten könnten. Aber sie seien sehr stolz und würden nicht von der Arbeit fremder Menschen leben wollen. Mehr noch, wenn die Kommune sie und meine Kinder versorgen müsse, seien die Aufwendungen für den Staat sicherlich höher als mein Gehalt.

Mao erkannte das Problem. »Bevor wir entscheiden, werden wir genau ausrechnen müssen, welche Arbeitskräfte in einer städtischen Kommune zur Verfügung stehen, und welche Möglichkeiten die Kommune hat, nicht arbeitende Menschen zu unterstützen. Wenn es zu viele Alte oder Kinder gibt, stünden wir wirklich vor einem Dilemma.« Er sei bereit zu warten, falls die Zeit noch nicht reif wäre.

Xiao Zhang, einer der Leibwächter, hatte unsere Unterhaltung belauscht und signalisierte sein Einverständnis, als ich Maos Abteil verließ. Auch ich war zufrieden mit dem Gespräch. Mao dachte damals immer noch verantwortungsbewußt und war bereit, auf warnende Stimmen zu hören und die Konsequenzen der vielen Verbesserungsvorschläge abzuwägen. Er zweifelte sogar am Sinn der Hinterhof-Stahlöfen und daran, daß so kleine Produktionsstätten das richtige Mittel waren, Großbritannien in fünfzehn Jahren einzuholen. »Wenn diese kleinen Öfen wirklich soviel Stahl produzieren«, wollte er wissen, »warum bauen die anderen Länder dann so gigantische Stahlwerke? Können die anderen wirklich so dumm sein?«

Tian Jiaying verhielt sich abwartend. Er war erschüttert über Zhang Qunqiaos Ruf nach einem kostenlosen Versorgungssystem und beschuldigte ihn, verantwortungslos zu handeln, nur um sich beim Vorsitzenden beliebt zu machen. »Wir dürfen diese Parolen nicht unbesehen übernehmen«, argumentierte Tian. »Wir können nicht einfach unseren niedrigen Stand in der Agrarproduktion oder die Notwendigkeit ignorieren, Hunderte Millionen von Menschen zu ernähren und zu kleiden. Es ist doch absurd, daß wir auf dem Weg in eine kommunistische Gesellschaft sein sollen, wenn wir eine nackte und hungerleidende Bevölkerung im Schlepptau haben. Früher hat unsere Partei immer die Wahrheit in den Fakten gesucht, aber das tun wir jetzt nicht. Die Leute prahlen und lügen, sie haben ihr Schamgefühl verloren. Damit verletzen wir die große Tradition unserer Partei.« Einige der Berichte aus den Provinzen verhießen laut Tian Getreideernten von durchschnittlich zehntausend Pfund pro *mu**. »Das ist absurd«, meinte er. »Es ist beschämend.«

Er schrieb diese Täuschungsmanöver der Atmosphäre zu, die Mao er-

* Ein *mu* entspricht ungefähr 660 Quadratmetern.

zeugt hatte. »Als der König von Chu eine Gemahlin mit einer guten Figur suchte, hungerten sich alle seine Konkubinen zu Tode bei dem Versuch abzunehmen«, sagte Tian. »Sobald der Herr seine Wünsche ausspricht, bemühen sich die Diener mit allen Kräften, sie zu erfüllen.« Maos Plan für den Großen Sprung nach vorn sei utopisch – Großbritannien in fünfzehn Jahren einzuholen, die landwirtschaftliche Produktion umzustellen und die Volkskommunen als ein Mittel zum Übergang vom Sozialismus zum Kommunismus, von Armut zu Überfluß zu benutzen. Mao sei an Speichelleckerei und Kriecherei gewöhnt. Er habe die Parteispitze und die Regierung dazu gebracht, seine grandiosen Visionen zu akzeptieren. Die höchsten Funktionäre des Staates schmeichelten Mao, weil sie sonst um ihre politische Zukunft fürchten müßten, und übten deshalb Druck auf die Kader der unteren Ebenen aus, die wiederum einerseits die Bauern erbarmungslos peinigten und andererseits ihren Vorgesetzten meldeten, was diese hören wollten. Unglaubliche, phantastische Behauptungen würden aufgestellt. Die Angaben über die Getreideproduktion wüchsen von zehntausend auf zwanzigtausend, ja sogar bis zu dreißigtausend Pfund pro *mu* an.

Fachleute für Massenpsychologie könnten vielleicht erklären, was im China des Spätsommers 1958 fehlschlug. Das Land wurde von einer Massenhysterie beherrscht, der auch Mao, der Urheber der Kampagne, letztlich zum Opfer fiel.

Wir kehrten rechtzeitig zu den Feierlichkeiten am 1. Oktober nach Beijing zurück, reisten aber kurz danach wieder in den Süden. Die Szenerie, die wir vom Zug aus betrachteten, war unglaublich. Die Felder waren voll von arbeitenden Bauern: Frauen und Mädchen in roten und grünen Kleidern, grauhaarigen alten Männern und Jugendlichen. Alle kräftigen jungen Männer waren aus der landwirtschaftlichen Produktion abgezogen worden, um die Hinterhof-Stahlöfen zu bedienen.

Diese Öfen hatten die ländliche Umgebung verändert. Überall standen sie, und wir konnten die Bauern beobachten, wie sie ständig hin- und hereilten, Rohstoffe transportierten und die Feuer schürten. Nachts schienen die Öfen die Landschaft zu übersäen, und ihre Feuer erleuchteten den Himmel.

Jede Kommune, die wir besuchten, legte Zeugnis ab von der überreichlichen Ernte, die jetzt eingefahren wurde. Die Statistiken sowohl für Getreide als auch für Stahl waren überwältigend. »Stationen zur Verbreitung guter Nachrichten« wurden in den Speisesälen der Kommunen eingerichtet, rote Fahnen geschwenkt, Gongs und Trommeln geschlagen, und jede Station konkurrierte mit den Brigaden und Kommunen der Nachbarschaft um die höchsten und phantastischsten Zahlen.

Maos anfängliche Skepsis war verschwunden, und mit ihr sein gesunder Menschenverstand. Nach seinem Verhalten zu urteilen, glaubte er an die unverschämt übertriebenen landwirtschaftlichen Produktionsziffern. Seine Begeisterung war ansteckend, und sie hatte auch mich befallen. Natürlich war ich erstaunt darüber, daß das ländliche China so schnell umgewandelt werden konnte. Aber ich sah diesen Wandel mit eigenen Augen und gestattete mir nur flüchtige Zweifel.

Eines Abends im Zug versuchte Lin Ke, mir die Sache zu erklären. Ich plauderte mit ihm und Wang Jingxian, betrachtete die Feuer der Stahlöfen, die sich bis zum Horizont hinzogen, und äußerte meine Verwunderung darüber, wie schnell die Öfen überall aufgetaucht seien und wie jäh die Produktionsziffern anstiegen.

Lin Ke erwiderte, daß alles, was wir von unseren Fenstern aus sähen, gestellt sei – Teil einer gewaltigen landesweiten chinesischen Oper mit mehreren Akten, die nur für Mao aufgeführt werde. Die Parteisekretäre hätten befohlen, überall an der Bahnstrecke bis zu einer Entfernung von zehn *li* auf beiden Seiten Öfen aufzustellen. Und die Frauen seien so farbenfroh in Rot und Grün gekleidet, weil man es ihnen so befohlen habe. In Hubei habe der Parteisekretär angeordnet, Reispflanzen von weit entfernten Feldern am Bahndamm entlang neu anzupflanzen, um Mao den Eindruck einer überreichlichen Ernte zu vermitteln. Der Reis sei so eng gepflanzt worden, daß man stromgetriebene Ventilatoren benutzen müsse, um die Luftzirkulation in den Feldern zu verstärken und das Faulen der Pflanzen zu verhindern. Ganz China sei eine Bühne, das ganze Volk spiele eine Klamotte für den Vorsitzenden Mao.

Die Produktionsstatistiken seien falsch, sagte Lin Ke. Kein Boden könne eine Ernte von zwanzig- oder dreißigtausend Pfund pro *mu* hervorbringen, und die Barren aus den Stahlöfen seien wertlos. Der polierte Stahl, den ich in Anhui gesehen hatte und von dem Zeng Xisheng behauptete, er stamme aus den Hinterhof-Öfen, sei das Produkt einer riesigen modernen Fabrik gewesen.

»In den Zeitungen steht etwas anderes«, protestierte ich.

Lin Ke beharrte darauf, daß auch die Zeitungen voller Lügen seien und nur das druckten, was man ihnen befehle. »Sie wagen es nicht, der Öffentlichkeit zu enthüllen, was wirklich vorgeht.«

Ich war überrascht. Die *Volkszeitung* war unsere wichtigste Informationsquelle, die seriöseste Zeitung des Landes. Wenn die *Volkszeitung* Lügen druckte, wer berichtete dann die Wahrheit?

Unser Gespräch war gefährlich, und meine aufgeregten Fragen beunruhigten Wang Jingxian. »Hören wir auf damit«, unterbrach er uns. »Es ist Zeit, schlafen zu gehen.« Er nahm mich zur Seite wie damals, als ich Lin Ke verteidigt hatte, und warnte mich davor, so freimütig zu reden. »Sie könnten Probleme bekommen.«

Ich konnte Lin Ke nicht glauben. Ich war mitgerissen von der Dramatik des Großen Sprungs nach vorn, wurde völlig von dieser Täuschung vereinnahmt. Noch vertraute ich der Partei, Mao, der *Volkszeitung*. Aber diese Enthüllungen waren besorgniserregend.

Wenn Lin Ke recht hatte, warum schenkte dann niemand dem Vorsitzenden reinen Wein ein? Was war mit Maos Beratern – Männern wie Tian Jiaying, Hu Qiaomu, Chen Boda, Wang Jingxian, Lin Ke oder Zhou Enlai? Wenn sie die Wahrheit kannten, warum informierten sie den Vorsitzenden nicht? Aber niemand, nicht einmal seine engsten Mitarbeiter, wagte, den Mund aufzumachen.

Ich fragte mich, ob Mao trotz seines so deutlich zur Schau getragenen Enthusiasmus Zweifel hatte.

Doch im Oktober 1958 drehten sich Maos Gedanken nicht um die Statistiken oder die wunderbaren Steigerungen der Getreide- und Stahlproduktion. Es gab vielleicht Übertreibungen, aber was ihn viel stärker beunruhigte, war die Behauptung, der Kommunismus sei zum Greifen nahe. Maos Problem bestand darin, diesen Glauben unter Kontrolle zu halten, ohne den damit verbundenen Enthusiasmus zu dämpfen. »Niemand kann die Begeisterung und die Entschlossenheit der Massen in Abrede stellen«, sagte er eines Nachts. »Aber die Volkskommune ist etwas ganz Neues. Es wird noch eine Menge harter Arbeit erfordern, sie wirklich zu einer funktionierenden Organisation zu machen. Gewisse führende Politiker wollen die Dinge rasch vorantreiben, sicherlich in guter Absicht. Sie wollen sich Hals über Kopf in den Kommunismus stürzen. Andere mißtrauen dem eingeschlagenen politischen Weg immer noch, dem Großen Sprung nach vorn, den Volkskommunen. Und einige Ewiggestrige errichten sogar heimlich Hindernisse.«

Der Optimismus dauerte an, als das Zentralkomitee der Partei vom 2. bis zum 10. November 1958 in Zhengzhou in der Provinz Henan tagte. Mao betonte den Teilnehmern gegenüber, was er auch schon zu mir gesagt hatte: daß die allgemeine Linie der Politik – der Große Sprung nach vorn und die Volkskommunen – bekräftigt werden müsse. Aber der Übergang zum Kommunismus erfordere noch etwas Geduld. China könne sich nicht voreilig in eine ungewisse Zukunft stürzen. Außerdem würden die Bauern zu hart an die Kandare genommen. Die Kader auf allen Ebenen sollten sich stärker um das Wohlergehen der Bevölkerung kümmern. Einige Monate zuvor hatte Mao die Kader noch unter Druck gesetzt und zum Handeln angestachelt. Jetzt versuchte er, sie zu bremsen. Er zügelte die überzogenen Erwartungen, aber er beschwerte sich nicht über die manipulierten Produktionsstatistiken und die Hinterhof-Stahlöfen.

In Zhengzhou hob sich endlich der Vorhang, der mich bisher daran gehindert hatte, Mao klarer zu sehen. Im Überschwang des Großen Sprungs nach vorn hatte Mao seine privaten Aktivitäten nicht so geheimgehalten. Er wohnte in seinem Zug, besuchte aber allabendlich die Tanzveranstaltungen, die ihm zu Ehren im Gästehaus von Zhengzhou gegeben wurden. Eine junge Krankenschwester, Xiao Li, die zu Maos Personal gehörte, begleitete ihn zu den Gesellschaften, und ich wußte, daß er nachts mit ihr schlief.

Das letzte Kontingent der chinesischen Freiwilligen war gerade aus Korea zurückgekehrt, und die Kulturarbeitstruppe der Zwanzigsten Armee befand sich in Zhengzhou, um von Mao persönlich willkommen geheißen zu werden. Die jungen Mädchen der Truppe umschwärmten Mao, überschütteten ihn mit Aufmerksamkeit und wetteiferten um die Ehre eines Tanzes. Ich erinnere mich noch heute an eine junge Frau, die perfekt mit Mao tanzte, immer mutiger wurde, sich hin und her wiegte und sich genießerisch im Rhythmus der Musik drehte. Auch Mao war entzückt über die jungen Mädchen, und er blieb oft von einundzwanzig Uhr bis zwei Uhr morgens auf diesen Parties.

Nach der Tagung in Zhengzhou fuhren wir mit dem Zug nach Wuhan. Die Kulturarbeitstruppe der Zwanzigsten Armee begleitete uns, ebenso Xiao Li. Mao war bester Laune. Wang Renzhong hatte dafür gesorgt, daß er vom Zug aus nur überreiche Ernten, glühende Hinterhof-Öfen und fröhlich gekleidete Frauen sah.

Alle schienen ständig zu singen. Aber als Arzt kam ich nicht umhin festzustellen, daß viele der Frauen auf den Reisfeldern bis zur Hüfte im Wasser standen. Das Pflanzen in tiefem Wasser war eine weitere Errungenschaft des Großen Sprungs nach vorn. Für die Frauen bargen diese Felder eine große Gefahr von Unterleibsinfektionen.

In Wuhan berief Mao die sechste Vollversammlung des Achten Zentralkomitees der Partei ein. Wang Renzhong hatte den fähigsten Leuten des Sicherheitspersonals von Hubei die Verantwortung für die Schutzmaßnahmen und die Logistik übertragen, und wie gewöhnlich war die Unterbringung hervorragend. Die besten Köche des Ortes waren angetreten, um aufwendige Mahlzeiten mit den seltensten Delikatessen zuzubereiten, und in unseren Zimmern standen dauernd Erfrischungsgetränke und Früchte bereit. Mao warnte vor der Vorstellung, der Kommunismus sei zum Greifen nahe, aber für uns, die wir in einer Art kommunistischem Paradies lebten, hatte er schon begonnen.

Die für die öffentliche Sicherheit zuständigen Behörden von Hubei bemühten sich zwar, Maos private Aktivitäten im Zug zu verschleiern, doch er selbst und seine Konkubinen benahmen sich immer schamloser. Die Tanzabende und die üppigen nächtlichen Vergnügungen wurden fortgesetzt, und Mao ließ sich ganz offen von Xiao Li begleiten.

Mao gab mir wie all seinen persönlichen Mitarbeitern ein paar Tage Urlaub, damit wir unsere Familien in Beijing besuchen konnten. Es war mein einziger Urlaub in zweiundzwanzig Jahren. Deshalb hielt ich mich nicht während der gesamten Tagung in Wuhan auf, die vom 28. November bis zum 10. Dezember dauerte. Wiederum wurden die Kader und die Bevölkerung aufgefordert, realistischer zu denken. China stehe nicht auf der Schwelle zum Kommunismus, und das Volk solle weiterhin nach Leistung entlohnt werden. Die Begeisterung, die das ganze Land erfaßt habe, sei eine gute Sache, aber die politischen Analysen hätten sich an den Fakten zu orientieren.

Mao hatte erkannt, daß die gemeldeten Produktionsziffern übertrieben waren; deshalb wurden die künftigen Planziele niedriger angesetzt. Maos Rücktritt als Vorsitzender der Republik wurde endlich offiziell verkündet. Das Zentralkomitee war damit einverstanden, daß er bei der nächsten Sitzungsperiode des Nationalen Volkskongresses nicht mehr als Vorsitzender fungieren würde.

Aber Mao trat als Vorsitzender nur deshalb zurück, um endlich die Alleinherrschaft zu übernehmen. Er hatte noch immer die oberste Führung inne und war auf dem besten Wege, als unfehlbar und beinahe allmächtig angesehen zu werden. Die Stimmung in Wuhan war immer noch überaus gut, und die aktuellen Probleme waren von der Art, wie Mao sie gern hatte – übergroßer Optimismus und Enthusiasmus, zu waghalsiges Vorgehen, allzuviel Schwung. Maos Begeisterung für die Volkskommunen blieb ungebrochen. Er kritisierte die Sowjetunion wegen der dort herrschenden Ansicht, daß der Kollektivierung erst die Mechanisierung der Landwirtschaft vorangehen müsse. Seiner Meinung nach war die Volkskommune das richtige Mittel, auf dem Lande Wohlstand zu schaffen. Endlich machten die Massen Geschichte. Wenn Fehler begangen werden müßten, dann lieber durch zu rasche Fortschritte als durch ein zu langes Beharren auf schon überholten Ideen.

Die Vertreter solcher »rechten« Ideen wurden entlassen und festgenommen, in Arbeitslager gesteckt und Todesqualen ausgesetzt. Die Linken dagegen, die zu noch schnellerem Vorgehen rieten, bekamen nur einen leichten Klaps zur Warnung.

Kurz vor Ende der Tagung kehrte ich nach Wuhan zurück und nahm an dem Abschlußbankett teil, das Mao den anderen Mitgliedern der Parteispitze gab. Liu Shaoqi, Zhou Enlai und Deng Xiaoping waren ebenso anwesend wie sämtliche Parteisekretäre der Provinz. Fast alle Trinksprüche wurden auf Mao ausgebracht. Wang Renzhong, kriecherisch wie immer, gab die Richtung an. »Die Verlautbarungen dieser Tagung sind das Kommunistische Manifest von heute«, rief er. »Nur unter der genialen Führung unseres Vorsitzenden kann eine solche rote Sonne im Osten aufgehen.«

Zhou Enlai stand auf, um die Schmeicheleien fortzusetzen. »Genosse Chen Boda hat gesagt, daß ein Tag in einer wirklich kommunistischen Gesellschaft genausoviel wert sei wie zwanzig Jahre in einer nichtkommunistischen. Heute haben wir diese produktive Kraft erreicht.«

Ke Qingshi schloß sich ihm an. »Es ist nicht richtig, wenn gesagt wird, man könne Marx nicht übertreffen. Haben wir ihn nicht schon in Theorie und Praxis übertroffen?«

Es gab auch Trinksprüche, die die Sowjetunion kritisierten. »Seit Jahrzehnten versucht die Sowjetunion, ein fortschrittliches System der sozialen Entwicklung aufzubauen, aber sie hat stets versagt. Wir dagegen haben es in weniger als zehn Jahren geschafft.«

Liu Shaoqi und Deng Xiaoping tranken mit den anderen, brachten aber keinen Toast auf Mao aus.

Normalerweise trank Mao sehr wenig, aber während Chinas Spitzenfunktionäre bei den Trinksprüchen ein Glas nach dem anderen leerten, lief sein Gesicht knallrot an. Dann gab er die Schmeicheleien an Zhou Enlai weiter, seinen treuesten Diener, den loyalsten seiner Gefolgsleute. »Ministerpräsident Zhou kann eine Menge vertragen«, meinte er. »Laßt uns auf den Ministerpräsidenten anstoßen.«

Ich erhob als erster mein Glas auf Zhou Enlai und stieß mit ihm an. »Ex!« sagte ich.

»Oh, wir müssen feiern«, verkündete Zhou, als auch die anderen auf ihn anstießen. Zhous Trinkfestigkeit war enorm, er bekam nie ein rotes Gesicht. An diesem Abend jedoch betrank er sich, und er wachte mitten in der Nacht mit Nasenbluten auf. Luo Ruiqing gab mir am nächsten Morgen die Schuld daran. Ich hätte nicht mit dem Anstoßen beginnen dürfen, denn als Arzt wisse ich doch, wie gefährlich es sei, andere zum Trinken zu verleiten.[63]

Die Ernte des Herbstes 1958 war die beste in der Geschichte Chinas. Aber schon Mitte Dezember herrschte ein akuter Mangel an Nahrungsmitteln. Noch während Chinas Regierungsspitze auf die geniale Führung des Vorsitzenden Mao anstieß, trat die Katastrophe, die sich unbeachtet über Monate hinweg zusammengebraut hatte, offen zutage.

In Wuhan bekam die Führung, bewirtet von Wang Renzhong, die Krise nicht zu spüren. Aber als ich während der Beratungen für einige Tage nach Hause fuhr, stellte ich fest, daß es in Zhongnanhai kein Fleisch und kein Öl gab. Auch Reis, Gemüse und andere Grundnahrungsmittel waren schwer zu bekommen. Irgend etwas war schiefgegangen.

In der Tat. Ein großer Teil der riesigen Ernte lag noch auf den Feldern und verfaulte, denn viele kräftige Männer waren von den Feldern abgezogen worden, um an den Stahlöfen zu arbeiten. Die Frauen und Kinder allein schafften es nicht, die Ernte einzubringen. Es war schwere Knochenarbeit, die sie nicht lange aushielten, und so verrottete vieles auf den Feldern.

Damals wußte ich es noch nicht, aber China stand am Rande des Abgrunds. Die führenden Parteikader und die ersten Parteisekretäre in den Provinzen hatten sich bei Mao eingeschmeichelt, ohne auch nur einen Gedanken an das Wohl vieler hundert Millionen Bauern zu verschwenden. Die absurden Behauptungen, daß die Produktion ins Unermeßliche wachse, wurden von der Parteispitze ernst genommen. Aber wie konnte ein *mu* Land fünfzig-, hundert- oder gar zweihunderttausend Pfund Reis hervorbringen?

Ländliche Gebiete wurden mit einem gewissen Prozentsatz ihrer Produktion besteuert, und diejenigen, die Riesenerträge vorgetäuscht hatten, mußten jetzt gewaltige Abgaben leisten. Einige Gegenden führten ihre gesamte Produktion an den Staat ab, andere behielten nicht genug übrig, um die Bevölkerung zu ernähren. Die Bauern begannen zu hungern, bald würden sie verhungern. Je größer die Lügen, desto mehr Menschen mußten dafür mit dem Leben bezahlen.

Paradoxerweise exportierte man den Großteil des Getreides, das an den Staat abgeliefert wurde, in die Sowjetunion, um Schulden zu begleichen. Es ging darum, das Gesicht zu wahren. Mao konnte den Mißerfolg der Kommunen, denen sich Chruschtschow so vehement widersetzt hatte, nicht eingestehen.

Um ihre Abgaben zu vermindern und genügend Nahrungsmittel zurückzuhalten, meldeten einige Kommunen, sie seien von Naturkatastrophen heimgesucht worden. Ihre Ernte sei reichlich gewesen, aber das schlechte Wetter habe sie vernichtet. Diese Kommunen durften das Getreide behalten, das sie sonst dem Staat hätten abtreten müssen, teilweise wurden sie sogar durch staatliche Getreidelieferungen unterstützt.

Auch die Hinterhof-Stahlöfen erwiesen sich als eine Katastrophe. Da nicht genug Kohle zur Verfügung stand, um die Öfen in Gang zu halten, wurde das hölzerne Mobiliar der Bauern verfeuert – ihre Tische, Stühle und Betten. Was die Öfen produzierten, war jedoch unbrauchbar – nichts anderes als geschmolzene Messer und Pfannen und Töpfe. Mao behauptete zwar, daß China noch nicht an der Schwelle zum Kommunismus stehe, aber in einer absurden Form hatte uns der Kommunismus bereits ereilt. Privateigentum wurde abgeschafft, indem man es an die gefräßigen Stahlöfen verfütterte.

Aber Maos euphorische Stimmung dauerte fort. Vermutlich wußte er auch jetzt noch nichts von der drohenden Katastrophe. Ich sah, wie sich die Lage zuspitzte, aber ich wagte nicht, es offen auszusprechen. Unter Maos engsten Mitarbeitern war Tian Jiaying sicherlich der am besten informierte, der skeptischste und ehrlichste. Meiner Meinung nach hätte er Mao aufklären sollen. Aber Tian Jiaying befand sich in Henan, um die dortige Situation zu überprüfen. Erst bei seiner Rückkehr durfte mit wahrheitsgetreuen Berichten gerechnet werden. Mao vertraute ihm. Er würde seinen Worten Glauben schenken.

33. KAPITEL

Jetzt setzte auch die Kritik an Mao ein, zunächst aber nur in versteckter Form. Zhou Xiaozhou, der erste Parteisekretär der Provinz Hunan, dem Mao immer noch mißtraute, weil er bei der Steigerung der landwirtschaftlichen Produktion zur Vorsicht gemahnt hatte, war der erste, der den Vorsitzenden kritisierte. Wir verließen Wuhan Mitte Dezember und legten einen kurzen Zwischenaufenthalt in Changsha ein, wo Zhou Xiaozhou Mao zu einer Hunan-Oper einlud – *Sheng Si Pai* (»Die Kommission über Leben und Tod«). Es war eine komplizierte Geschichte um eine junge Frau, die fälschlich des Mordes beschuldigt wurde. Hai Rui (1513–1587), ein aufrechter Beamter der Ming-Dynastie (1368–1644), war der Held des Stückes. Er arbeitete am Hof des Kaisers Jiajing und konnte in letzter Minute die Hinrichtung der jungen Frau verhindern. Peng Dehuai, Chinas angesehener Verteidigungsminister, der nie ein Blatt vor den Mund nahm und es schon oft gewagt hatte, Mao zu kritisieren, hatte die Oper im November während seines Besuches in Changsha gesehen und sie sehr zu schätzen gewußt. Hai Rui, berühmt für seinen Gerechtigkeitssinn, seine Integrität und sein Engagement für Reformen, war der Held mehrerer örtlicher Volksopern. Alle hoben den Mut und Anstand des Beamten hervor, der sein Leben für das Wohl des Landes und der Menschen eingesetzt und es gewagt hatte, den prahlerischen und schlechtberatenen Kaiser herauszufordern. Die Wahl gerade dieser Oper durch Zhou Xiaozhou konnte kein Zufall gewesen sein. Gewiß hielt auch er sich für einen aufrechten Beamten, der sich für das Wohl des Landes einsetzte, dem jedoch von einem törichten Kaiser Steine in den Weg gelegt wurden.

Wenn Mao die implizite Kritik überhaupt wahrnahm, zeigte er jedenfalls keine Reaktion. Er mochte die Oper und war von der Rolle des Hai Rui fasziniert. Noch in derselben Nacht in Changsha bat er Lin Ke, ihm einige Geschichten aus der Zeit der Ming-Dynastie mit weiteren Beispielen von Hai Ruis Mut und Integrität zu besorgen. Und in den nächsten Monaten ermunterte er die Parteiführer immer wieder, sich am Vorbild Hai Ruis zu orientieren.

Wir blieben nicht lange in Changsha. Jiang Qing wartete in Guangzhou. Mao sprach immer noch begeistert von den letzten Produktionsstatistiken. Er interessierte sich nun für die Arbeiten des sowjetischen Wirtschaftswissenschaftlers Leontjew und wollte die Organisation der Sowjetwirtschaft mit den neuen Strukturen in China vergleichen. Also rief er Chen Boda, Tian Jiaying und Deng Liqun zu sich nach Guangzhou, um mit ihnen Leontjews Buch zur politischen Ökonomie zu lesen.

Dort berichtete Tian Jiaying auch über die Situation in Henan. Ich hatte damals keine Möglichkeit, mit ihm zu sprechen, und wußte nur, daß die Lage in Henan kritisch war und die Menschen hungerten. Bei meinen nächtlichen Gesprächen mit dem Vorsitzenden bemerkte ich eine ganz neue Art von Besorgnis. Gelegentlich fragte er sich, ob man wirklich zehntausend Pfund von einem *mu* ernten könne, und er traute auch der Qualität des Stahls, der in den Hinterhof-Öfen produziert wurde, nicht mehr. Wenn Mao Bedenken hatte, so wurden sie durch seinen Großen Sprung nach vorn außer Kraft gesetzt. Die Aktion hatte die schöpferischen Energien des chinesischen Volkes freigesetzt, und Mao wollte diese Entwicklung nicht abwürgen. Er stand auf der Seite der Massen und vertrat ihre Interessen. Seine Führungsstärke resultierte aus seiner Fähigkeit, die Menschen zu motivieren, ihre große kreative Kraft zu wecken, und seine Politik des Großen Sprungs betonte, wie er glaubte, genau diese Aspekte. Sein Vertrauen in seine Führung, den Großen Sprung und die chinesischen Massen war ungebrochen.

An Maos fünfundsechzigstem Geburtstag, dem 26. Dezember 1958, hielten wir uns in Guangzhou auf. Tao Zhu, der erste Parteisekretär der Provinz Guangdong, gab ein festliches Bankett für Mao, aber dieser verweigerte die Teilnahme. »Ich habe meinen Geburtstag gern gefeiert, als ich jung war, aber jetzt erinnert mich jeder Geburtstag daran, daß ich wieder ein Jahr älter geworden bin und noch ein Jahr weniger zu leben habe.« Es handelte sich um eine höfliche Ausrede, denn Mao war noch in den besten Jahren und glaubte sicher nicht, daß ihm ein baldiger Tod drohe. Seine Abneigung gegen Bankette war vermutlich zurückgekehrt, weil er dabei war, sein Gesicht zu verlieren. Der Große Sprung nach vorn brachte nicht die erwarteten Ergebnisse, und er bemühte sich, die Ursachen zu ergründen.

Mao verbrachte die Nacht seines fünfundsechzigsten Geburtstags im Bett. Mich und andere Mitarbeiter von Gruppe Eins schickte er zu Tao Zhus Fest. Er bat mich, ihm wie üblich später davon zu berichten. Bei dem Bankett brachte man Trinksprüche auf die Gesundheit des Vorsitzenden aus, die genauso extravagant waren wie das Essen. Ich war so betrunken, daß ich gleich nach dem Fest ins Bett ging, ohne wie gewöhnlich Bericht zu erstatten.

Li Yinqiao weckte mich mitten in der Nacht. Wir sollten sofort nach Beijing aufbrechen.

Jiang Qing war nachts aufgewacht und hatte ihre Krankenschwester mit Mao im Bett ertappt. Die dann folgende Szene beschrieb Li Yinqiao sehr ausführlich. Zum erstenmal, seit ich sie kannte, hatte Jiang Qing gegenüber Mao die Beherrschung verloren. Dabei kamen auch andere Beschuldigungen zur Sprache. Vor kurzem hatte die Tochter einer früheren Angestellten Maos ihn besucht. Mao war mit der Angestellten in Kontakt geblieben und hatte die Erziehung ihrer Tochter unterstützt, indem er ihr dreihundert *yuan* für den Schulbesuch zur Verfügung stellte. Die junge Frau kam 1958 in ihren Winterferien in Maos Schlafzimmer und stattete ihm im November/Dezember in Wuhan einen ähnlichen Besuch ab. Jiang Qing hatte davon erfahren und verdächtigte ihren Mann, nicht nur mit ihrer Krankenschwester und dem jungen Mädchen eine Affäre zu haben, sondern auch mit der Mutter. Alles dies wurde während des nächtlichen Streits zwischen den beiden aufgeworfen.

Mao brach sofort nach Beijing auf und ließ seine vor Wut kochende Frau zurück.

Noch in derselben Nacht reisten wir ab, und zwar so schnell, daß ich mich nur in größter Eile anziehen, meine Sachen packen und zum Zug laufen konnte.

Jiang Qing bereute ihren Ausbruch sehr bald. Ihre Entschuldigung erreichte Mao kurz nach unserer Ankunft in Form eines einfachen Schreibens, das eine Zeile aus der *Reise nach Westen*, einem der beliebtesten Romane Chinas, zitierte. Als der chinesische Mönch Xuan Zang, der nach Indien reist, um buddhistische Schriften zu entdecken und die Wahrheit zu suchen, nach einem Wutanfall den Affen Sun Wukong in der Höhle des Wasservorhangs zurückläßt, ist dieser enttäuscht und einsam. »Mein Körper ist in der Höhle des Wasservorhangs«, sagt der Affe zu Xuan Zang, »aber mein Herz folgt dir überallhin.« Mao war erfreut, diese Worte in Jiang Qings Schreiben zu lesen. Mao war der Xuan Zang unserer Tage, er befand sich auf einer gefährlichen Mission und suchte die Wahrheit in Gestalt des Kommunismus. Seine Affären waren trivial, verglichen mit den Gefahren auf dem Weg zum Kommunismus. Mao hatte jetzt indirekt Jiang Qings Erlaubnis, seine Liebesabenteuer fortzuführen.

34. KAPITEL

Zu Beginn der Jahres 1959 herrschte in Beijing Panik. Gerüchte, daß demnächst auch in den Städten Kommunen eingerichtet werden sollten, gingen um, und die Menschen glaubten, ihr Privateigentum solle bald vom Staat konfisziert werden. Die Stadt wirkte wie ein gigantischer Flohmarkt; jeder versuchte, seine wertvollen Besitztümer in der Hoffnung loszuschlagen, daß er das Geld behalten dürfe, wenn sein sonstiges Eigentum den Kommunen zufalle.

Das Leben meiner Familie war merklich schwieriger geworden, seit der Große Sprung nach vorn begonnen hatte, und da ich den größten Teil des Jahres 1958 mit Mao auf Reisen gewesen war, hatte ich meinen Angehörigen nur wenig helfen können. Ich war froh, endlich zurück zu sein.

Meine Mutter fürchtete, in der neuen Stadtkommune zur Arbeit gezwungen zu werden, obwohl sie alt und schwach war und wochentags auf meine beiden Söhne aufpassen mußte, während meine Frau arbeitete. Wer würde sich um die Kinder kümmern, wenn die Kommune eingerichtet war? Mao wollte, daß sie staatlich geführte Kinderhorte besuchten.

Die Gerüchte waren noch nicht verstummt, als man Lillian und mir anbot, auch meine Mutter und meine Söhne in Zhongnanhai unterzubringen. Aber ich wollte meine Familie nicht stärker als unbedingt nötig in das Leben der Residenz hineinziehen. Zudem brauchte ich einen Ort, an den ich mich flüchten konnte, so oft es ging. Das alte Anwesen meiner Familie war für mich immer noch die einzige Stätte, an der wir wirklich eine Familie sein, die Sorgen vergessen, lachen und uneingeschränkt glücklich sein konnten. Ich wollte mir diesen schützenden Hafen bewahren.

Mao hörte die Stadtbewohner Zeter und Mordio schreien und ließ seinen Plan für die Stadtkommunen rasch fallen. Dennoch wurde ein Großteil unseres Familienbesitzes beschlagnahmt. Aufmerksame Funktionäre aus der Nachbarschaft hatten festgestellt, daß meine Mutter und meine Söhne nur fünf Zimmer in unserem riesigen Gebäudekomplex mit dreißig Räumen bewohnten. Meine Mutter hatte einigen Verwandten gestattet, weitere Räume zu benutzen, und die übrigen für eine symbolische Summe vermietet. Im Winter 1958/59, als die linksgerichtete Propaganda ihren Höhepunkt erreichte, beschlossen unsere örtliche Nachbarschaftsorganisation, das Wohnungsbeschaffungsamt von Beijing und das Hauptbüro für Öffentliche Sicherheit, das ganze Haus mit Ausnahme der Räume, in denen meine Mutter und meine Söhne lebten, zu konfiszieren. Natürlich nannten sie diesen Akt nicht »Konfiszierung«. Meine Mutter sollte für den »freiwilligen« Verkauf ihres Hauses »entschädigt« werden und das Eigentum mitverwalten, wenn die neuen Mieter einzogen.

Dennoch waren meine Mutter und meine Frau außer sich. Das Haus war unser Erbe und schon seit vielen Generationen in unserem Besitz. Meine Frau drängte mich, mit meinen Vorgesetzten im Hauptbüro der Sicherheitskräfte und im Zentralen Gesundheitsbüro zu sprechen. Vielleicht könne ich einen Kompromiß erreichen.

Auch ich war bestürzt, aber ich konnte nicht um eine Sonderbehandlung bitten. Meine Familie war schon immer privilegiert gewesen, während die meisten Personen, mit denen ich zusammenarbeitete, aus armen Bauernfamilien stammten. Meine Vorgesetzten hatten keinen Grund, mir das Haus meiner Familie weiterhin zu überlassen – schon gar nicht in der gerade herrschenden »linken« Atmosphäre. Das Ergebnis meiner Bemühungen wäre wahrscheinlich ein weiteres Angebot gewesen, mit der ganzen Familie nach Zhongnanhai zu ziehen, und genau das wollte ich vermeiden. Also gaben wir unseren Familienbesitz auf – bis auf die von meiner Mutter und meinen Söhnen bewohnten Räume. Die Kaufsumme war so lächerlich gering, daß wir das Haus dem Staat praktisch schenkten, und meine Mutter erhielt kein Mitspracherecht bei der Auswahl der Mieter.

Ich tröstete meine Mutter so gut ich konnte und versuchte, ihr klarzumachen, daß sie immer noch froh sein könne, fünf Zimmer zu haben, während die Wohnungen in der ganzen Stadt überfüllt waren und die meisten Menschen überhaupt nichts mehr besaßen.

In diesem Winter 1958/59 wurden die Nahrungsmittel immer knapper, und die Situation meiner Mutter verschlechterte sich erheblich. Lillian aß immer noch in der Kantine in Zhongnanhai, und ich leistete ihr Gesellschaft, wenn ich gerade dort war. Es gab kein Fleisch, das Essen wurde immer schlechter, aber es reichte noch aus. Zhongnanhai war der letzte Ort, an dem man die Auswirkungen einer Versorgungskrise zu spüren bekam. Aber meiner Mutter fehlte es auch an den Grundnahrungsmitteln. Vor den Lebensmittelläden bildeten sich lange Schlangen.

Meine Mutter war damals schon über siebzig, und sie wurde immer häufiger krank. Sie litt unter hohem Blutdruck. Wir sorgten dafür, daß die Nachbarn ihr halfen, sich für sie anstellten und einkaufen gingen. Aber die wirtschaftliche Lage wurde von Monat zu Monat schlechter, und Tian Jiaying sagte, das sei erst der Anfang. Die ganze Nation war von den Versorgungsmängeln betroffen, und keine Besserung war in Sicht.

Da die Krise immer bedrohlicher wurde, erwartete ich, daß Mao in Beijing bleiben würde. Ich sollte mich täuschen.

Eines Abends Ende Januar 1959 besuchte ich Hu Qiaomu im Krankenhaus von Beijing, wo er sich von einem erneuten Aufbruch seines Magengeschwürs erholte. Dort erhielt ich einen Notruf: Ich solle sofort zur Gruppe Eins zurückkehren. Mao mußte plötzlich erkrankt sein. Ich rannte hinaus, ließ sogar meinen Pullover liegen, um keine Zeit zu vergeuden, sprang auf mein Fahrrad und erreichte gerade das Eingangstor des Krankenhauses, als der Leibwächter Xiao Li mit dem Auto um die Ecke bog. Mao hatte beschlossen, der Mandschurei einen Besuch abzustatten. Er reiste sofort ab.

Der Vorsitzende war schon auf dem Weg zum Flugplatz, als ich in Zhongnanhai ankam. Meine medizinische Ausrüstung hatte er dabei, und auf mich wartete ein Auto. Ich hatte noch nicht einmal Zeit, meine Zahnbürste einzupacken, von Kleidern gar nicht zu reden. Wir erreichten den Flughafen, als Maos Maschine gerade abgehoben hatte. Eine andere wartete schon mit laufenden Motoren auf uns. Xiao Li und ich waren die einzigen Passagiere, und das Flugzeug startete, sobald wir an Bord waren.

Einige Stunden später verließ ich die Maschine in Shenyang, Provinz Liaoning, in der kältesten Region Chinas, im kältesten Monat des Jahres ohne Mantel und Pullover. Die Räume waren glücklicherweise gut geheizt, aber draußen fror ich erbärmlich. »Haben Sie Ihre ganze Kleidung wegen des Großen Sprungs nach vorn verkauft?« witzelte Mao. »Oder haben Sie sie der Volkskommune gespendet?« Glücklicherweise dauerte die Reise nur fünf Tage.

Der Vorsitzende war in den Norden Chinas gereist, weil sich dort die größten Kohlegruben und Stahlfabriken befanden und er wissen wollte, wie man Stahl herstellte und wie die Qualität der Produkte aus den Hinterhof-Stahlöfen einzuschätzen sei.[64] Er hatte geplant, die Stahlproduktion zu dezentralisieren, um den schöpferischen Energien der Bauern freie Bahn zu schaffen und um die alles lähmende zentrale Wirtschaftsbürokratie ihrer Macht zu berauben. Aber Mao hatte auf die Frage, die er häufig mir gegenüber aufwarf, immer noch keine Antwort erhalten: Warum setzte der technologisch hochentwickelte Westen auf riesige Produktionsstätten, wenn ebenso guter Stahl auch in den winzigen Hinterhof-Öfen hergestellt werden konnte? Außerdem interessierte es ihn, wie die Öfen beheizt wurden. Auf dem Lande, wo Brennstoff knapp geworden war, nachdem man die Wälder abgeholzt hatte, verfeuerten die Bauern ihre Türen und Möbel, um die Öfen in Gang zu halten. Die großen und modern ausgerüsteten Stahlfabriken im Nordwesten hatten riesige Kohlevorräte. Mao wollte sowohl die Stahlanlagen als auch die Kohlegruben besichtigen.

Die Lehren, die er aus diesem Besuch zog, waren überzeugend: Stahl von hoher Qualität konnte nur in großen, modernen Fabriken mit zuverlässiger Befeuerung, etwa durch Kohle, hergestellt werden. Aber er befahl nicht, die Produktion der Hinterhof-Öfen einzustellen. Die entsetzliche Verschwendung von Arbeitskraft und Material war nicht seine Hauptsorge. Mao wollte den Enthusiasmus der Massen auf keinen Fall dämpfen.

Wir kehrten kurz nach Beijing zurück, aber Mao brach bald wieder nach Tianjin, Jinan, Nanjing, Shanghai und Hangzhou auf. Er lud Luo Ruiqing und Yang Shangkun ein, ihn zu begleiten, weil er die Reise dazu benutzen wolle, sie zu »erziehen«. Beide waren beim Vorsitzenden in Ungnade gefallen und fühlten sich durch die Einladung geehrt. Luo Ruiqing, der stets loyal zu Mao gestanden hatte, versuchte immer noch, Anerkennung beim Vorsitzenden zu finden – indem er sich von der Organisation der Sicherheitsmaßnahmen fernhielt und sogar zu schwimmen begann. Aber er hatte Maos Vertrauen noch nicht völlig zurückgewonnen.

Yang Shangkun, der noch immer unter seiner Entlassung als Parteisekretär des ZK-Hauptquartiers nach dem Schwarzflaggen-Vorfall einige Monate zuvor litt, setzte ebenfalls alles daran, sich bei Mao beliebt zu machen. Er konzentrierte sich auf Verwaltungsaufgaben statt auf die Politik und gab sich als zuverlässiger Helfer ohne jeden politischen Ehrgeiz. Isoliert und unsicher, hatte er sich Deng Xiaoping als dem kommenden Mann angeschlossen, der ihn vor den Unwägbarkeiten des politischen Wandels schützen sollte. Yang hatte selten Gelegenheit, mit Mao zusammenzutreffen, und war begeistert darüber, daß er ihn begleiten durfte.

Es handelte sich wieder einmal um eine »Inspektionsreise«; wir besuchten Fabriken, Universitäten, Volkskommunen und Schulen. Die Partei- und Militärführer der Provinzen überschütteten den Vorsitzenden mit Lob und bekundeten immer wieder ihre Loyalität. Obwohl sich die wirtschaftliche Lage verschlechterte, wuchs der Kult um Mao. Wenn die Nahrungsmittel knapp wurden, machten die Menschen nicht Mao verantwortlich, sondern ihre örtlichen Funktionäre. Jeder glaubte, der Vorsitzende sei gekommen, um die Dinge wieder ins rechte Lot zu bringen. Diese Haltung Mao gegenüber wurzelte in der chinesischen Tradition. Der Kaiser war niemals im Irrtum, sondern wurde höchstens von seinen Mitarbeitern und Hofbeamten schlecht beraten. Riesige Menschenmengen hießen Mao überall willkommen, begrüßten ihn mit donnerndem Applaus und dem Ruf »Lang lebe der Vorsitzende Mao«.

Mao wollte Luo und Yang zeigen, wie beliebt er beim Volk war. Und er erreichte sein Ziel: Luo Ruiqing und Yang Shangkun waren tief beeindruckt. Der Vorsitzende hatte ihnen durch seine Einladung großes Ansehen verschafft, und sie sonnten sich in dem Ruhm, der von ihm abstrahlte.

Nur eines bedauerte Yang Shangkun. Mao hatte während der Fahrt über viele Themen gesprochen – darüber, wie man die Beziehungen zwischen Industrie und Landwirtschaft organisieren könne, wie die Volkskommunen aufzubauen seien, wie eine gerechte Verteilung und Entlohnung aussehen müsse. Aber niemand hatte die Bemerkungen des Vorsitzenden protokolliert. Als er eines Nachts mit Luo Ruiqing und anderen Mitarbeitern zusammensaß, sagte Yang, er wolle einen Weg finden, die Worte des Vorsitzenden festzuhalten. Mao äußerte sich auf diesen Reisen durch die Provinzen oft über seine politischen Absichten, aber das Zentrale Sekretariat, das keine Berichte darüber erhielt, konnte die Aussagen nicht als politische Richtlinien zu Papier bringen. Örtliche Kader standen vor dem gleichen Problem. Sie konnten die Kommentare Maos an die höheren Stellen – Liu Shaoqi und Deng Xiaoping – weitergeben, aber ohne offizielle Aufzeichnungen wollte niemand die Politik an diesen Meldungen aus den Provinzen ausrichten.

»Wir müssen überlegen, wie wir die Worte des Vorsitzenden festhalten und die Protokolle für eine spätere Auswertung an das Zentrale Sekretariat weitergeben können«, erklärte Yang Shangkun. Es war die gute Idee eines dankbaren Untergebenen.

Ye Zilong erzählte mir, Yang habe vorgeschlagen, er solle Mao um Erlaubnis bitten, auf künftigen Reisen einen Stenographen mitzunehmen. So werde die Zentrale ein komplettes Protokoll von Maos Worten erhalten. Aber Mao wollte keinen Stenographen. Er betrachtete seine Äußerungen als beiläufig, und er kannte die Kraft seines Wortes. In ganz China hatte man sich eilig darangemacht, Volkskommunen einzurichten, sobald Mao verkündet hatte: »Volkskommunen sind großartig.« Er wollte nicht, daß eine zufällige Bemerkung so übereilt in konkrete Politik umgesetzt wurde. Die Verantwortung war zu groß.

Kurz darauf bestieg ein Team von Technikern des Büros für Öffentliche Sicherheit Maos Zug, um Abhörgeräte in seinem Schlafwagen und im Empfangsbereich zu installieren. Die winzigen Mikrophone waren so gut in Lampenschirmen, Wandleuchten und Blumenvasen versteckt, daß Mao sie nie bemerken würde. Die Mikrophone waren mit Aufnahmegeräten in einem anderen Abteil verbunden, in dem ein junger Techniker, Liu, arbeitete. Er schnitt die Gespräche mit und wartete die Ausrüstung. Mao erfuhr nie, mit welchen Aufgaben Liu betraut war, aber der junge Mann begleitete uns fortan auf allen Reisen. Von Ye Zilong erfuhr ich später, daß man ähnliche Geräte auch in den Gasthäusern der Provinzen, die Mao häufig aufsuchte, angebracht hatte.

Wir Mitarbeiter der Gruppe Eins waren zu absoluter Geheimhaltung verpflichtet worden. Die Entscheidung, den Vorsitzenden abzuhören, sei ganz oben gefallen, wie Ye Zilong uns mitteilte. Wenn dieses Geheimnis je verraten werde, würden die Konsequenzen furchtbar sein. Wir alle schwiegen. Die Partei hatte befohlen, und wir gehorchten. Niemand von uns konnte wissen, wie katastrophal diese Entscheidung sein sollte.

35. KAPITEL

Als in Shanghai zwischen dem 2. und dem 5. April 1959 die siebte Plenarversammlung des Achten Zentralkomitees der Partei tagte, war Mao noch immer optimistisch, sein Vertrauen in den Großen Sprung nach vorn und die Volkskommunen weiterhin ungebrochen. Gewiß, im Zusammenhang mit dem Großen Sprung waren kleine Probleme aufgetreten, aber sie schienen lösbar. Die Organisationsstrukturen der Volkskommunen mußten vervollkommnet werden, und es galt, Richtlinien festzulegen, nach denen die Arbeitskräfte zwischen den Hinterhof-Stahlöfen und der Landwirtschaft aufgeteilt werden sollten. Mao hatte zu viele kräftige Männer von der Feldarbeit abgezogen. Der Modus der Lohnzahlungen in den Kommunen war neu zu ordnen, und auch die Ertragsprognosen mußten wieder auf eine vernünftige Höhe zurückgeschraubt werden.

Maos größte Sorge galt nicht der Nahrungsmittelknappheit, den zu hoch gesteckten Zielen oder den Hinterhof-Öfen, die Arbeitskraft verschwendeten und Ausschuß produzierten. Er fürchtete vielmehr, daß die Kreativität der Massen, die der Große Sprung entfesselt hatte, gebremst werden könne. Falls er wußte, daß das Land auf eine Katastrophe zusteuerte, so gab er dies jedenfalls mit keiner Bemerkung zu erkennen. Auch ich glaubte immer noch, die Probleme seien nur vorübergehender Art – das Ergebnis von Kommunikationsschwierigkeiten auf den unteren Ebenen. Ich befand mich in Maos engerem Kreis und nahm die Welt draußen kaum wahr.

Mao wohnte während der Tagung in Shanghai in seinem Zug, denn zum einen mochte er die reiche Ausstattung des früheren Anwesens von Silas Hardoon nicht, zum anderen unterhielt er noch immer ein Verhältnis mit Xiao Li, der Krankenschwester, die den Sonderzug begleitete. Er ging jeden Abend mit Xiao Li in den exklusiven Jinjiang Club, der früher von den Franzosen geführt worden war und jetzt eine vornehme Rückzugsmöglichkeit für Spitzenfunktionäre bot. Da man von Maos Vorliebe für das weibliche Geschlecht wußte, arrangierten die örtlichen Sicherheitsbehörden Treffen mit den berühmtesten Schauspielerinnen und Sängerinnen Shanghais. Aber diese Frauen interessierten Mao nicht. Sie waren zu alt, zu anspruchsvoll, zu welterfahren für ihn. Mao bevorzugte jüngere, unerfahrenere Frauen, denn sie ließen sich leichter lenken. Also zogen die Shanghaier Sicherheitsbehörden für die abendlichen Vorführungen junge Mädchen aus den Kulturarbeitstruppen heran.

Ke Qingshi arrangierte auch die Aufführung einer weiteren Oper über Hai Rui, dessen Geschichte Mao im Vorjahr in Changsha so beeindruckt hatte. Im Verlauf dieser Oper sitzt Hai Rui im Gefängnis, weil er ironisch bemerkt hat, daß der Name des Jiajing-Kaisers genauso klinge wie die Aussage, daß der Kaiser das Volk in den Ruin getrieben habe. Zuerst droht der Kaiser, Hai Rui töten zu lassen. Aber nachdem er eine Denkschrift des Beamten ein zweites und ein drittes Mal gelesen hat, wird ihm endlich klar, daß Hai Rui ein guter und aufrichtiger Mann ist – bereit, sein Leben für das Wohl des Staates zu opfern. Hai Rui bleibt zwar im Gefängnis, aber der Kaiser setzt seine Hinrichtung aus. Eines Tages serviert ihm die Wache im Gefängnis ein besonders gutes Essen. Der Beamte nimmt an, dies sei seine letzte Mahlzeit und seine Hinrichtung stehe kurz bevor. Erst als er aufgegessen hat, gratuliert ihm die Wache und teilt ihm mit, daß der Kaiser gestorben sei. Hai Rui, der wirklich treu zum Kaiser gestanden hat, ist so traurig, daß er die ganze Mahlzeit wieder von sich gibt.

Wieder war Mao von Hai Rui begeistert. Mao begann, die Haltung Hai Ruis zu propagieren, indem er dessen Biographie neu auflegen und an die Teilnehmer der Tagung verteilen ließ. Er drängte sie, dem Beispiel Hai Ruis zu folgen. Später brachte er Historiker dazu, sich intensiver mit Hai Rui zu befassen, und ihre Artikel wurden in den Zeitungen des ganzen Landes veröffentlicht. In Shanghai und Beijing inszenierte man moderne Theaterstücke über Hai Rui. Der Beamte der Ming-Dynastie wurde zum Volkshelden.

Maos Begeisterung für Hai Rui entbehrte nicht einer gewissen Ironie, und da diese Figur später zu einem so wichtigen Symbol der Unzufriedenheit über die gegen Peng Dehuai gerichtete Säuberungskampagne und für den Beginn der Kulturrevolution wurde, habe ich oft über die Bedeutung Hai Ruis für Mao nachgedacht. Mao hatte einen komplexen und oft widersprüchlichen Charakter. Wie der Kaiser glaubte er an seine eigene Unfehlbarkeit. Wenn falsche Entscheidungen getroffen wurden, lag der Fehler nicht bei ihm, sondern darin, daß er falsche Informationen bekommen hatte. Der Kaiser konnte sich nicht irren, aber er konnte getäuscht werden.

Hai Rui gefiel Mao aus drei Gründen ganz besonders. Er sagte immer die Wahrheit, aber er stand so treu zum Kaiser, daß er, obwohl zu Unrecht verurteilt, ohne ein Wort des Widerspruchs sterben wollte – zum Ruhm des Kaisers und zum Wohl des Volkes. Und Hai Rui gab nicht dem Kaiser die

Schuld, wenn etwas schiefging, sondern dessen betrügerischen und korrupten Ministern.

Mao wollte, daß man ihm die Wahrheit sagte. Obwohl ich heute desillusioniert bin, glaube ich immer noch, daß Mao, hätte er die ganze Wahrheit schon zu Beginn des Großen Sprungs nach vorn erfahren, die katastrophale Entwicklung sehr viel früher gestoppt hätte. Aber die Wahrheit mußte ihm von einem modernen Hai Rui nach seinen eigenen Bedingungen nahegebracht werden. Er konnte sie nicht akzeptieren, wenn sie Kritik an ihm enthielt oder von konspirierenden Ministern stammte, die vielleicht seine Macht begehrten. Es war die Aufgabe von Leuten ohne politischen Ehrgeiz, ihm die Wahrheit zu sagen.

Aber nur wenige Personen dieser Art gelangten in die höheren Ränge der politischen Macht. Es gab kaum wirklich selbstlose, unvoreingenommene Kader, die das Wohl des Staates über alles andere stellten. Da Mao die chinesische Geschichte mit all ihren Machtkämpfen und politischen Ränken so gut kannte, rechnete er auch an seinem Kaiserhof mit Intrigen und spielte selbst dieses Spiel.

Damit wurden Maos Aufforderung, von Hai Rui zu lernen, ebenso wie sein Aufruf an die Intellektuellen, die Partei zu kritisieren, zu einem Teil seiner eigenen konspirativen Strategie. Er wollte die Wahrheit von jenen hören, die völlig loyal und ohne politischen Ehrgeiz waren.

Maos Einsatz für Hai Rui war jedoch auch ein Trick, um seine Feinde aus ihren Verstecken zu locken. Wie der Kaiser nahm auch Mao für sich allein das Recht in Anspruch zu entscheiden, wer ein loyaler Anhänger sei und wer den Kaiser nur kritisiere, um seine eigene Macht zu stärken.

Aber es gab Brüche in Maos Logik. Ebenso wie Mao gerade die Kaiser besonders schätzte, die das Volk am stärksten verabscheute – Qin Shihangdi, Zhou, Sui Yangdi –, hielten die meisten, die die Geschichte von Hai Rui lasen, auch den Jiajing-Kaiser für größenwahnsinnig und ungerecht. Viele der engsten Mitarbeiter Maos waren davon überzeugt, ihm ebenso treu zu dienen wie Hai Rui dem Kaiser. Mao behauptete, daß die unteren Kader unter dem »Druck von oben« gelogen hätten, und kritisierte deshalb seine eigenen Mitarbeiter. Aber der Druck ging von Mao selbst aus. 1958 hatte er seine Kritiker als Rechtsabweichler bezeichnet und sie gnadenlos bestraft; dann hatte er die Partei zu immer neuen Aktionen getrieben und die Führer dazu angestachelt, höhere Produktionsziele festzulegen. Er selbst hatte die Atmosphäre geschaffen, die es den anderen Politikern so schwermachte, die Wahrheit zu sagen, und die Parteispitze war ihm aus Loyalität – oder Furcht – gefolgt.

Mao sah die Fehler nicht bei sich, sondern bei den anderen Parteiführern, den bösen Ministern am Jiajing-Hofe. Seine Begeisterung für Hai Rui diente ihm einmal mehr dazu, die Kritik von sich selbst auf andere abzulenken. Männer wie etwa Zhou Xiaozhou verstanden die Geschichte jedoch anders. Sie waren Menschen wie Hai Rui, treue Anhänger Maos, die unschuldig angeklagt und bestraft worden waren, und Mao erschien in ihren Augen als der gar nicht mehr gütige Kaiser.

Mitte April 1959 kehrten wir zur ersten Plenartagung des Zweiten Nationalen Volkskongresses – der nominell in China herrschenden Legislative – nach Beijing zurück. Der Nationale Volkskongreß akzeptierte gemäß den Instruktionen, die er vom Zentralkomitee der Partei erhalten hatte, Maos Rücktritt als Vorsitzender der Republik und wählte statt dessen Liu Shaoqi. Zhu De leitete weiterhin den ständigen Ausschuß des Nationalen Volkskongresses, Song Qingling und Dong Biwu wurden zu stellvertretenden Vorsitzenden der Republik gewählt.

Maos Rücktritt war ebenso wie die Wahl Liu Shaoqis schon seit langem geplant, und die öffentliche Ankündigung des Wechsels ging ohne Fanfarenstöße vor sich. Bis zu diesem Zeitpunkt waren die beiden mit »Vorsitzender« *(zhuxi)* betitelten Posten – der Vorsitzende der Kommunistischen Partei Chinas und der Vorsitzende der Republik – von Mao besetzt gewesen, und es hatte mithin nur einen Träger dieses Titels gegeben. Seit der Ernennung Liu Shaoqis zum Vorsitzenden der Republik gab es zwei Vorsitzende in China, wo Titel wichtig sind. Das konnte Mao einfach nicht ertragen.

Daß China jetzt zwei Vorsitzende hatte, obwohl Mao die Oberhoheit beanspruchte, zog politische Folgen nach sich, die ich – und wohl die meisten Chinesen – damals nicht überblicken konnte. Aber Maos Kampf darum, seine Autorität als einziger Vorsitzender in China wieder geltend zu machen, hatte bereits begonnen und würde mit dem Sturz Liu Shaoqis enden – sowie mit der Beseitigung des Titels »Vorsitzender der Republik«.

Wir blieben nur für einen Monat in Beijing und fuhren Ende Mai wieder mit dem Zug in den Süden Chinas.

36. KAPITEL

Alles hatte sich verändert. Die Feuer in den Hinterhof-Öfen waren erloschen, die strahlend bunt gekleideten Frauen verschwunden. Die Felder waren leer. Keine Ernte. Keine Menschen. Wuhan, das immer noch von Maos Freund Wang Renzhong regiert wurde, war in einer verzweifelten Lage. Wir wurden wie gewöhnlich im Gästehaus Meiyuan untergebracht, aber es gab dieses Mal wenig zu essen. Manchmal wurde uns Fisch serviert. Gemüse war eine Seltenheit. Nirgendwo in der Provinz fand man Zigaretten oder Streichhölzer, die Warenhäuser waren geräumt, alles war verbraucht. Noch wenige Monate zuvor hatte Wang Renzhong, der Mao ständig um den Bart ging, damit geprahlt, daß in der Provinz Hubei zehn- bis zwanzigtausend Pfund Reis pro *mu* geerntet würden. Nun herrschte Hungersnot.

In Changsha, in Maos Heimatprovinz Hunan, war die Lage besser. Auch dort gab es weniger Nahrungsmittel als früher, aber niemand litt Hunger, und die kleinen Freiluftrestaurants versorgten weiterhin ihre Gäste. Wir wohnten in dem prächtigen Gästehaus Lotusgarten, das aus sehr schönen modernen Gebäuden bestand und von Lotusbäumen in einer sanft ansteigenden Rasenlandschaft umgeben war. Der Tee und die Zigaretten auf unseren Zimmern schmeckten schal. Man hatte sie uns zu Ehren aus dem Lager geholt. Aber die Warenhäuser waren noch nicht völlig geleert, und der Tee und die Zigaretten waren die besten Chinas. In Hunan aßen wir sogar Fleisch: den wohlschmeckenden Schinken, für den die Provinz so berühmt ist.

Die Ironie des Gegensatzes zwischen Hunan und Hubei blieb auch Zhou Xiaozhou nicht verborgen. Der erste Parteisekretär von Hunan, der den Vorsitzenden mit Hai Rui bekannt gemacht hatte, war von Mao 1957 scharf kritisiert worden, weil er es in seiner Provinz nicht geschafft hatte, zwei Ernten im Jahr einzubringen. Wang Renzhong begleitete Mao nach Changsha, und eines Tages, als Luo Ruiqing, Wang Renzhong, Zhou Xiaozhou und ich plauderten, konnte Zhou sich nicht zurückhalten und begann gegen Wang zu sticheln. »Ist nicht Zhejiang wegen seiner hohen Erträge letztes Jahr gelobt worden?« fragte er bitter. »Und Hunan wurde an den Pranger gestellt. Aber jetzt seht euch Hubei an. Dort gibt es nicht einmal alte Zigaretten oder Tee. Ihr habt alle Reserven aufgebraucht. Wir sind zwar arm, aber wir haben wenigstens noch Vorräte gelagert.« Wang Renzhong stolzierte ohne ein Wort hinaus, und wir anderen schwiegen verlegen. Aber Zhou hatte recht. Man sah den Unterschied auch auf den Straßen. In Hunan gab es noch etwas zu essen.

Mao beschloß, auch sein Geburtsdorf Shaoshan in Hunan zu besuchen. Er hatte es seit 1927, also seit zweiunddreißig Jahren, nicht mehr gesehen.

Maos Rückkehr nach Shaoshan diente ihm dazu, die Wahrheit zu erfahren. Er glaubte den führenden Kadern nicht. In Shaoshan würde es keine sorgfältig geplanten Schauspiele geben. Mao kannte den Ort zu gut und würde jeden Versuch, ihn zu täuschen, sofort durchschauen. Außerdem würden die Dorfbewohner offen mit ihm reden. Es waren ehrliche, einfache Leute, und Mao fühlte sich als einer von ihnen. Er vertraute den Bauern.

37. KAPITEL

Am 25. Juni, einem heißen und sonnigen Tag, brachen wir von Changsha auf. Wir fuhren mit dem Auto über die ungepflasterten und staubigen Landstraßen. Unser Wagen war nicht klimatisiert, und der Staub wehte in Schwaden durch die offenen Fenster. Außerdem schwitzten wir stark, und zwei Stunden später, bei der Ankunft an der Präfektur von Xiangtan, dürften wir ausgesehen haben, als wären wir durch den Schlamm gezogen worden.

Der Parteisekretär der Präfektur von Xiangtan, Hua Guofeng, hieß uns willkommen. Es war das erste Mal, daß Mao – ebenso wie ich – dem Mann begegnete, der sechzehn Jahre später sein Nachfolger werden sollte. Wir ruhten uns eine Weile in Xiangtan aus und unterhielten uns mit Hua, der uns nicht bis zum Ende unserer Reise begleitete. Mao fürchtete, die Bauern in Shaoshan würden vielleicht weniger offen reden, wenn der Leiter ihrer Präfektur dabei wäre.

Das Dorf Shaoshan war vierzig Autominuten von Xiangtan entfernt. Mao wurde auf einem Hügel in einer alten Pension untergebracht, die einst von christlichen Missionaren betrieben worden war. Ich schlief in einer Schule am Fuße des Hügels. Sogar nachts war es schwül, und ich fühlte mich durch das Moskitonetz über meinem Bett so eingeengt, daß ich nicht schlafen konnte.

Li Yinqiao rief mich gegen fünf Uhr morgens an. Auch Mao habe nicht geschlafen. Er wolle, daß ich ihn auf einem Spaziergang begleitete. Wir trafen uns vor seiner Pension und gingen mit Luo Ruiqing, Wang Renzhong, Zhou Xiaozhou und einem Schwarm von Leibwächtern im Gefolge den Hügel hinunter. Bald machte Mao mitten in einem kleinen Kiefernwäldchen vor einem Grabhügel halt. Erst als er auf traditionelle Art seinen Respekt bekundete, indem er sich aus der Hüfte heraus verbeugte, bemerkte ich, daß wir vor dem Grab seiner Eltern standen. Shen Tong, einer der Sicherheitsbeamten, pflückte rasch einen Strauß Wildblumen. Mao legte den Strauß auf das Grab und verbeugte sich noch dreimal. Auch alle anderen verbeugten sich. »Es gab hier irgendwo einen Grabstein«, sagte Mao. »Nach all diesen Jahren ist er jetzt wohl verschwunden.« Luo Ruiqing schlug vor, die Grabstätte wiederherzurichten, aber Mao war nicht einverstanden. »Es genügt schon, daß ich die Stelle gefunden habe.«[65]

Wir stiegen weiter den Hügel hinunter, auf das Haus von Maos Familie zu. Wieder machte Mao halt, schaute sich verwundert um und schien etwas zu suchen. Dies war der Ort, an dem der buddhistische Schrein gestanden hatte, über den Mao so oft sprach – der Schrein, den seine Mutter immer besuchte, wenn ihr Sohn krank war, an dem sie Weihrauch abbrannte und Mao die Asche im sicheren Vertrauen auf deren heilsame Wirkung zu essen gab. Der kleine Schrein war ebenso wie der Grabstein verschwunden. Man hatte ihn einige Monate zuvor im Zuge der Gründung der Volkskommune abgerissen, weil man die Ziegel zum Bau der Hinterhof-Stahlöfen und das Holz als Brennmaterial benötigte.

Mao verfiel auf unserem Spaziergang in tiefes Schweigen. Er war sehr traurig über die Zerstörung des Schreines. »Es ist so schade darum«, sagte er. »Man hätte ihn stehen lassen sollen. Die armen Bauern, die sich keinen Arztbesuch leisten können, würden weiterhin hierherkommen, zu den Göttern beten und die Weihrauchasche essen. Der Schrein gab ihnen Hoffnung. Die Menschen brauchen solche Hilfe und Stärkung.« Ich lächelte, aber er meinte es ernst. »Verachten Sie die Wirkung der Weihrauchasche nicht.« Er wiederholte, daß die Medizin seiner Meinung nach nur für heilbare Krankheiten tauge. »Weihrauchasche dagegen gibt den Menschen die Kraft, gegen die Krankheit zu kämpfen. Sie sind Arzt, Sie sollten wissen, welch große Rolle die Psychologie bei der Behandlung spielt.«

Wir besuchten das Haus, in dem Maos Familie gewohnt hatte. Es stand jetzt leer. Der Personenkult um Mao war erst im Entstehen, deshalb hatte das Haus noch seinen ursprünglichen Zustand; das alte Handwerkszeug der Bauern war noch sauber unter dem Vordach aufgereiht. Nur auf einem Holzbrett über dem Eingang konnte man lesen, daß dies das Haus sei, in dem Mao seine Kindheit verbracht habe. Der Baustil war typisch für diese Gegend – einfache Lehmwände und ein Strohdach. Mit seinen acht Räumen rund um einen Hof war es offensichtlich das Heim eines reichen Bauern gewesen.

Das Land, das Maos Vater, oft von Tagelöhnern unterstützt, bearbeitet hatte, war jetzt Teil der Volkskommune. Direkt hinter dem Haus lag ein kleiner, von Bäumen umsäumter Teich. »Hier bin ich immer geschwommen, und es war die Tränke für die Rinder.«

Mao erzählte aus seiner Kindheit. »Mein Vater war streng. Er schlug uns dauernd. Einmal, als er mich verprügeln wollte, entwischte ich ihm, und er jagte mich rund um den See und verfluchte mich als respektlosen Sohn. Aber ich schrie zurück, daß ein liebloser Vater selbst schuld sei, wenn er einen respektlosen Sohn habe.«

Mao beschrieb seine Mutter als freundliche und immer hilfsbereite Frau. Sie, Maos jüngerer Bruder und Mao selbst bildeten oft eine »Einheitsfront«

gegen seinen Vater. »Mein Vater ist schon lange tot, aber wenn er heute noch am Leben wäre, hätte man ihn als reichen Bauern eingestuft und bekämpft.«

Er besuchte seine Verwandten, um aus erster Hand zu erfahren, welche Auswirkungen der Große Sprung nach vorn bei ihnen gehabt hatte. Nur die Frauen und Kinder waren zu Hause. Die Männer arbeiteten an weit entfernten Stahlöfen oder Staudämmen. Mao konnte schon auf den ersten Blick erkennen, wie hart das Leben für die Familien von Shaoshan war. Alle Töpfe und Pfannen waren in die Stahlöfen gewandert, das Dorf hatte jedoch nichts zurückerhalten. Alle aßen in den öffentlichen Kantinen, denn in den Häusern war kein Kochgeschirr mehr vorhanden. Aber auch mit Töpfen und Pfannen hätten sie nicht kochen können, denn die irdenen Herde waren zerstört worden, um Dünger für die Felder zu gewinnen.

Am Nachmittag nahm Mao ein Bad im neugebauten Wasserspeicher von Shaoshan und sprach mit den Einheimischen über dieses Projekt. Es wurde von allen Seiten kritisiert. Der Sekretär der Kommune habe das Reservoir zu schnell fertigstellen lassen, und es habe bereits ein Leck. Außerdem sei das Fassungsvermögen zu gering, so daß man bei Regen Wasser ablassen müsse, um eine Überflutung zu verhindern.

Die Direktoren der Kommune riefen die Männer von ihren Arbeitsstellen zurück, und Mao lud sie – rund fünfzig Leute – zu einem Abendessen in die Pension ein. Alle beschwerten sich über die Kantinen. Die Älteren mochten sie nicht, weil die Jüngeren sich immer vordrängten. Die Jüngeren beschwerten sich, weil es nie genug zu essen gebe. Häufig komme es zu Schlägereien um das Essen, und vieles davon werde bei diesen Kämpfen verschüttet.

Mao erkundigte sich nach den Hinterhof-Stahlöfen. Wieder hörte er nichts als Klagen. In dieser Gegend gab es kaum Bodenschätze, also verwendete man die am Ort geförderte minderwertige Kohle, um die Öfen zu befeuern. Außerdem war überhaupt kein Eisenerz vorhanden; deshalb bestand nur eine einzige Möglichkeit, die Direktiven zu erfüllen: Man konfiszierte das Eigentum der Bauern. Das Endprodukt waren Eisenklumpen, mit denen niemand etwas anfangen konnte.

Als Mao aufhörte zu fragen, versank der Raum in Schweigen. Eine düstere Stimmung befiel uns alle. In Shaoshan war der Große Sprung nach vorn nicht gerade erfolgreich. »Wenn ihr eure Bäuche in den Kantinen nicht füllen könnt, ist es besser, sie einfach zu schließen«, sagte Mao. »Sonst ist es eine Verschwendung von Nahrungsmitteln. Und was das Staudammprojekt betrifft: Ich bin nicht der Meinung, daß jedes Dorf ein eigenes Reservoir haben muß. Wenn die Wasserspeicher schlecht konstruiert sind, können große Probleme auftreten. Und wenn ihr keinen guten Stahl produzieren könnt, solltet ihr besser damit aufhören.«

Durch diese Worte legitimiert, war Shaoshan wahrscheinlich das erste Dorf des Landes, in dem man die öffentlichen Speisesäle abschaffte, den Bau von Wasserspeichern stoppte und die Stahlöfen allmählich auseinanderbaute. Maos Stellungnahme wurde zwar nie veröffentlicht, jedoch schnell durch Mundpropaganda verbreitet. Bald wurden diese Projekte in vielen Gebieten eingestellt.

Maos Besuch in Shaoshan hatte ihn auf den Boden der Tatsachen zurückgebracht. Seine Hochstimmung war verflogen, als wir nach Wuhan zurückkehrten. Noch immer aber zweifelte er nicht daran, daß die politischen Programme grundsätzlich richtig seien; man müsse nur eine langsamere Gangart einschlagen. Auch jetzt wolle er nichts tun, um den Enthusiasmus der Massen zu dämpfen. Das Problem liege bei den Kadern. Wie könne man sie wieder in die Realität zurückbringen, ohne ihren Willen zu brechen oder eine gedrückte Atmosphäre in der Bevölkerung zu erzeugen? Es sei eine Propagandafrage: Wie könne man Kader und Bauern gleichermaßen mobilisieren und dennoch dafür sorgen, daß sie mit den Füßen auf dem Boden blieben? Mao entschloß sich, ein Treffen einzuberufen, um diese Propagandaprobleme zu erörtern. Es sollte in Wuhan stattfinden.

Am 28. Juni trafen wir in Wuhan ein, wo eine Bruthitze herrschte. Wang Renzhong hielt es für besser, das Treffen in einem angenehmeren Klima durchzuführen. Er schlug Qingdao vor, den Tagungsort vom Sommer 1957, aber Mao erinnerte sich an die hartnäckige Erkältung, die er sich dort zugezogen hatte, und lehnte ab.

Ke Qingshi, der Bürgermeister von Shanghai, empfahl Lushan, den berühmten Erholungsort in den Bergen am Yangtze in der Provinz Jiangxi, wo Jiang Jieshi immer die Zusammenkünfte der Guomindang abgehalten hatte. In einer Höhe von fast fünfzehnhundert Metern würde das Wetter angenehm kühl sein. Außerdem lag Lushan nicht allzuweit von Wuhan entfernt – man brauchte nur mit dem Schiff den Yangtze hinunterzufahren. Das war wichtig, weil sich schon viele Parteiführer in Wuhan eingefunden hatten. Sie nach Lushan zu transportieren wäre kein Problem.

Mao stimmte zu. Die Partei würde sich in Lushan treffen.

38. Kapitel

Im übrigen China herrschten noch schlimmere Zustände als in Shaoshan. Eine schreckliche Hungersnot durchzog das Land. Die Provinz Anhui, deren Parteisekretär Zeng Xisheng Mao die Hinterhof-Stahlöfen zum erstenmal gezeigt hatte, wurde besonders schwer heimgesucht, ebenso Henan, das wir im August 1958 besucht hatten, um die neueingerichteten Volkskommunen in Augenschein zu nehmen. In einigen abgelegenen und nur schwach bevölkerten Gebieten, etwa in Gansu, verhungerten die Menschen. Und auch die Bauern in Sichuan starben vor Hunger – in der am dichtesten bevölkerten Provinz, die größer war als viele Länder. Diese Provinz galt als Chinas Reisschüssel, und hier hatte Mao im März 1958 seinen Plan propagiert, Großbritannien in fünfzehn Jahren zu überholen. Zehntausende von Bauern hatten infolge der Hungersnot wie schon so häufig in der Geschichte ihre Dörfer verlassen.

Dies alles hörte ich auf dem Weg nach Lushan, als ich mit Mao, seinen Mitarbeitern und mehreren Provinzführern den riesigen Yangtze hinunterfuhr. Tian Jiaying war ebenfalls an Bord; seine Erinnerungen an die sechsmonatige Inspektionsreise durch Henan und Sichuan, die er im Auftrag Maos durchgeführt hatte, waren noch frisch. Ich stand an Deck mit ihm, Lin Ke und Wang Jingxian, der nun anstelle von Wang Dongxing für Maos Sicherheit verantwortlich war. Tian Jiaying beschrieb das Ausmaß der Hungersnot in Sichuan. Die überaus optimistische Zielvorgabe in der Stahlproduktion für 1959 war von zwanzig auf dreizehn Millionen Tonnen gekürzt worden. Aber immer noch arbeiteten sechzig Millionen Bauern starke und gesunde Männer, die man auf den Feldern dringend gebraucht hätte, an den Stahlöfen. Diese Verschwendung von Arbeitskräften wirkte sich katastrophal aus. Die Situation spitzte sich zu.

Tian Jiaying war nicht nur über die vielen Todesopfer bekümmert, sondern vor allem darüber, daß so viele Menschen in wichtigen Positionen die Krise zu verschleiern suchten. Fehlinformationen, die sich von Tag zu Tag absurder ausnähmen, würden verbreitet. Aber die Personen, die solche Lügen in die Welt setzten, würden noch dafür gelobt, während man diejenigen, die wahrheitsgemäß berichteten, angreife.

Das Gespräch drehte sich immer konkreter um Mao. Er sei ein großer Philosoph, ein großer Soldat und ein großer Politiker, aber ein furchtbar schlechter Ökonom. Er habe eine Leidenschaft für grandiose Projekte, und er habe die Verbindung zum Volk verloren sowie den von ihm selbst propagierten Arbeitsstil vergessen: die Wahrheit aus den Tatsachen abzuleiten, Bescheidenheit, Aufmerksamkeit für Details erkennen zu lassen. Hier lägen die tieferen Gründe für die wirtschaftlichen Probleme des Landes.

Wang Jingxian erzählte uns von Maos vielen Geliebten. Der Vorsitzende führte nach Wangs Schilderung ein schockierend ausschweifendes Privatleben.

Ich hatte zwar gewußt, daß die wirtschaftliche Lage schlecht war, aber nicht, daß die Hungersnot das ganze Land erfaßt hatte und Millionen Menschen umkamen. Und ich war überrascht von der Kritik an Mao. Tian Jiaying war normalerweise sehr vorsichtig, und die Offenheit, mit der er jetzt sprach, war auch in einer so vertrauten Gruppe gefährlich. Wang Jingxians Enthüllungen erstaunten mich einfach. Wang war verantwortlich für das Wohlergehen des Vorsitzenden, und auch unter Freunden hätte er zurückhaltender sein sollen. Ich schwieg ebenso wie Lin Ke.

Ke Qingshi, Wang Renzhong und Li Jingquan, der erste Parteisekretär der Provinz Sichuan, traten hinzu, um zu erfahren, was wir mit solchem Eifer diskutierten.

»Wir sprechen über die Nahrungsmittelknappheit«, sagte Tian Jiaying. »Die Menschen verhungern.«

»China ist ein großes Land«, antwortete Li Jingquan. »Unter welcher Dynastie gab es keine Hungeropfer?« Er hatte recht. Die immer wieder auftretenden Hungersnöte sind ein Teil der chinesischen Geschichte. Aber 1959 sollte sich China eigentlich mitten im Großen Sprung nach vorn befinden. Sogar als die Menschen schon verhungerten, stellte die offizielle Propaganda noch phantastische Behauptungen auf.

»Die Menschen zeigen größere Begeisterung für die Arbeit als je zuvor«, sagte Wang Renzhong und wiederholte damit Worte des Vorsitzenden. Beide Provinzsekretäre lagen voll auf Maos Linie.

Auch Ke Qingshi folgte Maos politischer Richtung. »Manche achten nur auf die kleinen Dinge und verlieren dabei die größeren aus den Augen. Sie sehen immer die negativen Aspekte und beschweren sich über alles mögliche. Der Vorsitzende meint, daß solche Leute direkt vor einem Berg stehen könnten und ihn immer noch nicht wahrnehmen würden.«

Noch bevor wir Lushan erreichten, waren die Fronten klar. Wang Renzhong, Li Jingquan und Ke Qingshi hatten unter dem Druck von Mao, entweder die

Produktion zu steigern oder ihren Posten zu verlieren, die Wahrheit an Maos Altar geopfert, den Großen Sprung gepriesen, ihre wirtschaftlichen Probleme heruntergespielt und die Zentrale mit unrealistischen Wirtschaftsstatistiken gefüttert. Denn sie wußten genau, was man dort hören wollte. Sie wurden in der Zentrale von Kadern wie Luo Ruiqing und Yang Shangkun unterstützt. Deren Tätigkeitsbereiche hatten offiziell zwar nichts mit Wirtschaftsfragen zu tun, aber diese Männer hatten sich auf Maos politische Neigungen eingestellt, nachdem sie früher von ihm kritisiert worden waren, und wollten jetzt nichts tun, was seinen Zorn wieder aufflammen lassen konnte. Sie standen nicht aus Überzeugung, sondern aus Gründen der Selbsterhaltung zu Mao und hatten keine Kenntnis vom wahren Ausmaß der ökonomischen Probleme.

Unter Maos Kritikern gab es grundsätzlich zwei Haltungen. Die eine wurde von Planern wie Bo Yibo, dem Leiter der Staatlichen Wirtschaftskommission, und Li Fuchun, verantwortlich für die Staatliche Planungskommission, vertreten. Sie hatten die Aufgabe, Produktionsziele zu setzen und entsprechende Pläne zu erarbeiten. Zu Beginn des Großen Sprungs hatte sich Bo Yibo geweigert, unrealistische Produktionsziele festzulegen, aber später hatte er unter Maos Druck nachgegeben. Als Bo das ganze Ausmaß der Krise erkannte, befahl er seinem Stab, einen ehrlichen und ausführlichen Bericht vorzubereiten. Aber da er spürte, daß Mao jegliche Kritik zuwider war, wagte er nicht, ihm den Bericht vorzulegen. In einer Telefonkonferenz wies er seine Untergebenen im ganzen Land an, weiterhin auf die Erfüllung der überhöhten Produktionspläne hinzuarbeiten. Er war sicher, daß Maos verwegene wirtschaftliche Pläne scheitern würden, aber er wagte nicht, den Vorsitzenden herauszufordern. Bo Yibo übte niemals öffentlich Kritik am Großen Sprung, ebensowenig wie Li Fuchun.

Die zweite Gruppe von Kritikern hatte Inspektionsreisen durch die Provinzen unternommen und wußte aus erster Hand von der Katastrophe. Sie waren weder Wirtschaftsplaner noch für die Umsetzung von Maos grandiosen Plänen verantwortlich, aber sie hatten mit eigenen Augen gesehen, wie sich das Chaos auf dem Lande mehr und mehr verschärfte. Maos politische Sekretäre – Tian Jiaying, Hu Qiaomu und Cheng Boda – gehörten zu dieser Gruppe. Ihre Aufgabe war es, wahrheitsgemäß Bericht zu erstatten.

Aber während die Kritiker miteinander sprachen, war eine Verständigung mit denjenigen, welche die überzogenen Produktionsziffern meldeten, nahezu unmöglich. Es gab nur sehr wenige, die bei der Wahrheit blieben und dafür in Kauf nahmen, bei Mao in Ungnade zu fallen. Die meisten hängten ihr Mäntelchen nach dem Wind. Und sogar Männer wie Tian Jiaying, der auf Inspektionsreise gewesen war und Bescheid wußte, oder Zhou Xiaozhou, der das Ausmaß der Krise kannte und im privaten Kreis sowohl den Großen Sprung als auch Mao selbst kritisierte, schreckten davor zurück, Mao direkt Widerstand zu leisten. Auf dem Schiff war Tian Jiaying durchaus bereit, mit Lin Ke über die Probleme des Landes zu diskutieren, aber sobald Maos treueste Anhänger – Ke Qingshi und Li Jingquan – sich zu uns gesellten, verstummte er.

Wir legten am 1. Juli 1959 in Jiujiang in der Provinz Jiangxi an. Wang Dongxing, der sich immer noch zur »Umerziehung« in Jiangxi aufhielt, war zum Vizegouverneur der Provinz ernannt worden und kam an Bord, um uns zu begrüßen. Er versicherte Mao, er habe engen Kontakt zu den Massen gehabt und aus dieser Erfahrung wirklich viel gelernt.

Der Vorsitzende war erfreut. »Die können nicht immer nur Spitzenfunktionen ausüben«, sagte er. »Wir sollten das neu regeln. Jeder, der auf der zentralen Ebene beschäftigt ist, sollte von Zeit zu Zeit auch in Provinzorganisationen arbeiten.«

Die Straße von Jiujiang nach Lushan war gut gepflastert, und wir erreichten den ausgedehnten Urlaubsort in den Bergen nach etwas mehr als einer Stunde. Für die Betreuung der Parteiführer hatten Yang Shangkun, der erste Parteisekretär, Fang Zhichun, der Vorsitzende des Volkskongresses der Provinz Jiangxi, der mit Mao Yuanxins Mutter verheiratet war, und Vizegouverneur Wang Dongxing zu sorgen. Wang leitete die Sicherheitsmaßnahmen für Mao. Dadurch geriet er in direkten Konflikt mit Wang Jingxian. Dieser ignorierte Wang Dongxings Anordnungen, weil Wang Dongxing schon lange nicht mehr mit Mao zusammen gewesen sei und deshalb den Vorsitzenden nicht mehr verstehe. Diese Beleidigung vergaß Wang Dongxing ihm nie, und Wang Jingxian mußte später dafür bezahlen.

Mao wohnte in Jiang Jieshis zweistöckigem Landhaus; ich wurde in einem Gebäude in der Nähe untergebracht. Hier war es kalt und feucht, und wir hielten uns in einer solchen Höhe auf, daß Wolkenfetzen durch meinen Raum zogen, wenn ich die Fenster offen ließ.

Am 2. Juli, dem Tag nach unserer Ankunft, eröffnete Mao die Sitzung des erweiterten Politbüros. Er bezeichnete die Versammlung als eine »Zusammenkunft von Feen *(shenxian)*«. Feen leben, ebenso wie wir damals, im Himmel zwischen den Wolken, haben keine Sorgen und tun, was ihnen gefällt.

Mao wünschte keine feste Tagesordnung. Die Parteiführer sollten über alles reden, was ihnen am Herzen lag. Er schlug neunzehn Diskussionspunkte vor und ermunterte die Teilnehmer, offen über diese Themen zu sprechen. Der Vorsitzende wußte zu Beginn der Tagung, daß es Probleme mit dem Großen Sprung nach vorn gab, aber er glaubte, man habe bereits Maßnahmen getroffen, um diese Probleme zu beseitigen. Er hatte keinen Grund, größeren Ärger zu fürchten. In seiner kurzen Begrüßungsrede rühmte er die Errungenschaften des Großen Sprungs, spielte auch auf die Schwierigkeiten an und sagte, er hoffe, daß die Teilnehmer die Energie und Kreativität des chinesischen Volkes zu schätzen wüßten.

Maos Vertrauen in den Großen Sprung nach vorn war immer noch ungebrochen, und mir ist nicht bekannt, wie gut er zum Zeitpunkt dieser Rede über die tatsächliche Situation informiert war. Der Besuch in seinem Heimatdorf mußte ihm die Mühen deutlich gemacht haben. Aber am 2. Juli 1959 war ihm meiner Meinung nach noch nicht klar, wie katastrophal sich die Lage entwickelt hatte, und er glaubte weiterhin, daß die Partei alles tat, um die Situation in den Griff zu bekommen. Auf der »Feen-Tagung« sollten einerseits Lösungsvorschläge für die Probleme diskutiert, andererseits aber auch Wege gefunden werden, um den Enthusiasmus der Massen aufrechtzuerhalten. Maos Parole an das Volk lautete einfach: Arbeitet noch härter!

Meinen Aufzeichnungen zufolge sagte er: »Manche fragen mich: ›Wenn unsere Produktion so stark gestiegen ist, warum ist dann die Versorgung mit Nahrungsmitteln so schlecht? Warum können die Genossinnen keine Haarnadeln kaufen? Warum bekommt man keine Seife und keine Streichhölzer?‹ Wir können die Situation nicht erklären, also sollten wir es gar nicht erst versuchen. Wir sollten die Krise durchstehen und unsere Arbeit mit noch größerer Entschlossenheit und Energie fortsetzen. Nächstes Jahr wird sich die Versorgungslage bessern. Dann werden wir alles erklären. Zusammenfassend läßt sich feststellen, daß die allgemeine Situation hervorragend ist. Im Moment gibt es noch viele Probleme, aber eine strahlende Zukunft liegt vor uns.«

Im Anschluß an seine Rede verteilten sich die Politiker in kleine, nach geographischen Kriterien getrennte Grüppchen – Norden, Nordosten, Nordwesten, Osten, Süden und Südwesten –, um die Probleme ihrer jeweiligen Region zu erörtern.

Am Abend hörte ich von Mao, daß die Tagung noch etwa zwei Wochen dauern werde. Er wirkte sehr entspannt und war guter Laune. Und er wollte auf Besichtigungstour gehen, denn Lushan ist ein riesiges Berggebiet, berühmt für seine Naturschönheiten.

Dr. Wang Shousong, der Leiter des Krankenhauses von Jiangxi und Absolvent einer japanischen medizinischen Hochschule, hatte eine Klinik für die Tagungsteilnehmer und deren Gefolge eingerichtet und zu diesem Zweck auch vier junge und energiegeladene Krankenschwestern aus dem nahegelegenen Sanatorium von Lushan abgezogen. Die Parteiführung der Provinz gestaltete die Abendunterhaltungen, und den Auftritten der Musik- und Tanztruppe von Jiangxi folgten die von Mao so heißgeliebten Tanzgesellschaften. Auch die jungen Krankenschwestern besuchten diese Veranstaltungen, und nach einigen Tagen wechselte Mao ständig zwischen einer Schwester namens Zhong und Yu, einem Mitglied der Tanztruppe, hin und her. Der Vorsitzende bemühte sich immer weniger, seine Affären geheimzuhalten.

Die Tagung verlief so reibungslos und Mao vergnügte sich so gut, daß er Jiang Qing in Beidaihe anrief und sie bat, nicht zu kommen. Er würde sie nach dem Ende der Tagung treffen.

Fünf Tage nach unserer Ankunft in Lushan brach ein großer Streit in der Gruppe Eins aus. Li Yinqiao war wütend auf mich und Lin Ke, weil er die beiden »Intellektuellen« bedienen müsse. Das Gebäude, in dem Lin Ke und ich untergebracht waren, hatte kein Telefon, und wenn der Vorsitzende nach uns verlangte, mußte Li Yinqiao einen Leibwächter schicken, um uns zu holen. Die Wachen ärgerten sich über die Lauferei und schlugen uns vor, ein Büro im Erdgeschoß von Maos Residenz zu beziehen. Wir lehnten ab, weil es dort sehr eng war und wir nicht Zeugen des ständigen Kommens und Gehens von Maos weiblichen Gästen sein wollten. Außerdem fürchteten wir, Mao könne denken, wir betätigten uns als Spione.

Die Meinungsverschiedenheit ließ jedoch den tiefsitzenden Groll innerhalb der Gruppe Eins aufbrechen. Es war ein Kampf der Bauern gegen die Intellektuellen, bei dem Li Yinqiao und die Leibwächter auf der einen, Lin Ke und ich auf der anderen Seite standen.

Seit er in Lushan war, litt Mao an Appetitlosigkeit; die Mahlzeiten, die sein Chefkoch Li Xiwu zubereitete, schmeckten ihm nicht. Li Yinqiao verlangte von mir eine Lösung des Problems. Ich gab zurück, daß Maos Essen nicht in meinen Zuständigkeitsbereich falle, und er warf mir vor, hochnäsig zu sein und mich vor der Verantwortung zu drücken. Wir stritten uns noch einige Tage und vergaßen dabei das Parteitreffen völlig.

Tian Jiaying holte mich wieder in die politische Realität zurück. »Ist Ihnen klar, daß beim großen Treffen von Lushan die Stimmung ebenso gespannt ist wie bei Ihrem kleinen Treffen?« fragte er mich eines Tages. Zuerst nahm ich ihn nicht ernst. Zu Beginn der Tagung hatte Mao locker und gutgelaunt gewirkt, und ich war so mit dem »kleinen Treffen« von Lushan innerhalb der Gruppe Eins beschäftigt, daß mir nichts aufgefallen war. Aber Maos Stimmung hatte sich geändert. Er war nicht mehr so gesprächig und schien oft in Gedanken versunken zu sein; er grübelte über etwas nach, und das war auch der Grund für seine Appetitlosigkeit.

Die Treffen der kleinen Regionalgruppen dauerten schon mehrere Tage. Mao nahm nicht daran teil, aber er las die Berichte und informierte sich so über die Ergebnisse. In den kleinen Runden begannen die Leute, offen ihre Meinung zu sagen und sich über die manipulierten Produktionsstatistiken zu beschweren. Sie erzählten von der Hungersnot, die in vielen ländlichen Gebieten schon weit um sich gegriffen habe. Mit der Zeit nahmen immer weniger Teilnehmer ein Blatt vor den Mund.

Mao konnte als Zuschauer jetzt gut erkennen, welche Position die einzelnen Parteifunktionäre in bezug auf den Großen Sprung nach vorn vertraten. Seine Kritiker hatten sich verrechnet. Sie hatten den Tenor der Eröffnungsrede und Maos Aussage vergessen, daß die Lage gut und die Probleme lösbar seien. Jetzt interpretierten sie sein Schweigen als Zustimmung, während Mao im Gegenteil immer wütender wurde. Mao betonte oft, daß er immer offen handele *(gao yangmou)* und nie konspirativ vorgehe *(gao yinmou)*. Er war der Meinung, den Rahmen für die Diskussion auf dem Begrüßungstreffen deutlich gezogen zu haben.

Aber irgend etwas lief völlig falsch – Maos »Feen-Tagung« löste sich in Luft auf. Und das Schlimmste sollte noch kommen.

39. KAPITEL

Am 10. Juli, dem achten Tag des Treffens in Lushan, berief Mao ein Treffen der Regionalführung ein. Er betonte, daß die Partei ihre Probleme nur durch ideologische Einigkeit werde lösen können. Die allgemeine Linie – also der Große Sprung nach vorn und das Ziel, Großbritannien in fünfzehn Jahren einzuholen – sei immer noch völlig korrekt. In den letzten Jahren habe man schon viel erreicht. Gewiß, es habe Komplikationen gegeben, aber sie seien relativ unbedeutend. »Hat nicht jeder Mensch zehn Finger?« fragte er. »Neun Finger brauchen wir, um unsere Erfolge zu zählen, und nur einer bleibt für die wenigen Fehlschläge.«

Er warnte vor dem Idealismus derer, die China schon an der Schwelle zum Kommunismus wähnten. Auf der gegenwärtigen Entwicklungsstufe müsse man die Volkskommunen als rein ländliche Kooperativen betrachten – hochentwickelte Kooperativen, aber eben noch keine kommunistisch geprägten Organisationen. Alle – die Kader ebenso wie das einfache Volk – hätten unrealistisch hohe Erwartungen in die Volkskommunen gesetzt. Bei der Durchführung der Revolution hätten wir ein gewisses »Lehrgeld« zahlen müssen. Die Nation habe etwa zwei Milliarden *renminbi* beim Bau von Stahlöfen verloren, aber dafür hätten die Menschen überall im Land etwas Neues gelernt – wie man Stahl herstelle. Diese Milliarden seien in Wirklichkeit Lehrgeld für ein neues Handwerk gewesen.

Mao wartete die Kommentare zu seiner Rede nicht ab, sondern verließ anschließend sofort den Raum. Ich mußte ihm folgen, aber Tian Jiaying erzählte mir später, daß nach seiner Rede tiefes Schweigen herrschte. Sie war als Warnung vor weiterer Kritik verstanden worden.

Peng Dehuai jedoch setzte die Debatte fort, allerdings sehr diskret in einem privaten, handgeschriebenen Brief, den er Mao am 14. Juli überreichte. Es war ein langer Brief, und obwohl ich den Inhalt zunächst nicht kannte, wußte ich, daß Mao unglücklich darüber war. Er schlief die ganze Nacht nicht.

Später las ich den Brief. Im ersten Teil lobte Peng die Errungenschaften des Großen Sprungs nach vorn, die enormen Steigerungen der landwirtschaftlichen und industriellen Produktion. Er sprach über die Volkskommunen und legte dar, daß ihre Mängel seit November 1958 durch neue organisatorische Richtlinien weitgehend behoben worden seien. Die Hinterhof-Stahlöfen hatten in seinen Augen Vor- und Nachteile. Sie hätten eine landesweite Suche nach Bodenschätzen in Gang gesetzt, die für ihren Betrieb nötig seien. Viele hätten sich neue technische Fertigkeiten angeeignet, und die Kader seien in der Lage gewesen, ihr Organisationstalent zu schulen. Das seien die Vorteile. Auf der anderen Seite habe man beträchtliche Mengen an Bodenschätzen und Arbeitskraft vergeudet. Hier lägen die Nachteile. Er halte die Nachteile für bedeutender als die Vorteile.

Im zweiten Teil seines Briefes betonte Peng Dehuai die Notwendigkeit, aus dem Großen Sprung nach vorn zu lernen. Er führte aus, daß der Sprung linke Tendenzen gefördert habe – die Produktionsziffern seien völlig verzerrt worden, und viele hätten sich in einen kleinbürgerlichen Fanatismus hineingesteigert. Er schloß mit dem Appell, die Partei solle in Zukunft klarer zwischen Richtig und Falsch unterscheiden und das ideologische Denken auf ein höheres Niveau heben. Er wolle jedoch nicht einzelnen die Schuld geben, denn das könne sich negativ auf die Einheit der Partei und die weitere Arbeit auswirken. Es war ein ehrlicher Brief, gut durchdacht und ausgewogen. Peng Dehuai war kein Politiker, sondern ein einfacher und redlicher Mensch, ein mutiger Soldat ohne jede Fähigkeit zu politischen Intrigen. Er sagte die Wahrheit, während viele andere logen, und im Unterschied zu den meisten Parteiführern hatte er keine Angst vor Mao.

Am 16. Juli rief Mao, nur mit einem weißen Morgenrock und Hausschuhen ohne Socken bekleidet, das ständige Komitee des Politbüros zu einem Treffen in seine Villa. Liu Shaoqi, Zhou Enlai, Zhu De und Chen Yun waren die einzigen Mitglieder dieses Komitees, die sich damals in Lushan aufhielten. Deng Xiaoping lag im Krankenhaus von Beijing. Am 2. Mai war er während eines Billardspiels im Klub der Spitzenkader nördlich von Zhongnanhai ausgerutscht und hatte sich das Bein gebrochen. Ich überwies ihn an das Krankenhaus, um das Bein richten zu lassen, und dort legte man ihm einen Gipsverband an. Er blieb für einige Wochen in der Klinik und wurde rund um die Uhr von einer jungen Schwester versorgt, die eigentlich aus Shanghai abgeordnet worden war, um für Mao zu arbeiten. (Die junge Frau wurde zur großen Bestürzung von Dengs Frau während dieses Einsatzes schwanger, wie ich von Shi Shuhan, dem Direktor des Zentralen Gesundheitsbüros, erfuhr. Man schickte sie nach Shanghai zurück und zwang sie zur Abtreibung.)

Auch Lin Biao fehlte. Er litt immer noch an Neurasthenie und war häufig krank. Ich erfuhr später, daß er auf Wasser, Wind und Kälte allergisch reagierte. Die Wolken in Lushan, der ständige Regen und der Wind wären eine Qual für ihn gewesen.

Bei diesem Treffen des ständigen Komitees waren auch Maos Mitarbeiter anwesend. Mao erklärte den Parteiführern, daß die Rechten außerhalb der Partei den Großen Sprung nach vorn schon lange kritisiert hätten und daß jetzt auch innerhalb der Partei Kritik laut werde. Einige seien der Meinung, der Große Sprung nach vorn habe mehr geschadet als genutzt. Zu ihnen gehöre, wie sein Brief zeige, auch Peng Dehuai.

Mao sagte, er werde Pengs Brief an die Teilnehmer der Tagung in Lushan verteilen lassen, damit sie sich selbst ein Bild von dessen Inhalt machen könnten. Er drohte, daß er, falls sich die Partei spalte, eine neue Partei unter den Bauern organisieren werde. Falls die Armee sich spalte, werde er eben eine andere aufbauen.

Die Mitglieder des ständigen Komitees begannen, Pengs Brief zu erörtern. Mao hatte ihnen die Bedeutung der Angelegenheit ja schon eindringlich vor Augen geführt; deshalb fielen die Bemerkungen seiner Genossen zurückhaltend aus.

Nach diesem Treffen wurde der Brief zur Diskussion an die Regionalgruppen verteilt. Nur wenige wagten es, Peng zuzustimmen, aber es gab ein paar Mutige. Am 19. Juli erklärte Huang Kecheng, der Chef des Generalstabs und ein enger Freund von Peng, seine Unterstützung, und ihm schloß sich Zhou Xiaozhou an, der erste Parteisekretär der Provinz Hunan, der schon lange über die Wirtschaftskrise beunruhigt war. Beide lobten die Intention des Briefes, hielten aber einige Formulierungen für etwas zu drastisch. Auch Li Rui – er diente seit kurzem als einer von Maos politischen Sekretären – meinte, daß Pengs Brief die Probleme des Großen Sprungs nach vorn unterstreiche und die bedrückende Atmosphäre beseitige, die sogar innerhalb der Parteielite aufrichtige Kritik verhindert habe.

Am 21. Juli attackierte der stellvertretende Außenminister Zhang Wentian, der in der Sowjetunion ausgebildet worden war, Maos Führungsstil und den Großen Sprung in einer langen, verblüffenden Rede. In den frühen dreißiger Jahren war Zhang nach seiner Rückkehr aus der Sowjetunion ein Mitglied der Wang-Ming-Fraktion gewesen, die gegen Maos Führung opponiert hatte. Später hatte er sich jedoch Mao angeschlossen und galt als absolut verläßlich. Eine Zeitlang war er Botschafter in der Sowjetunion gewesen, hatte aber nach 1949 keine verantwortungsvolle Position mehr bekleidet.

Zhang Wentian sagte, einige hätten bereits mit der Verwirklichung des Kommunismus gerechnet, als das System der kostenlosen Versorgung und die öffentlichen Kantinen in den Volkskommunen eingeführt wurden, doch er sei anderer Ansicht. Er sprach sich für eine Politik aus, welche die Wahrheit in den Tatsachen suche. Aber dies sei leichter gesagt als getan, wie auch der Vorsitzende Mao häufig betone. Zhang gab indirekt zu bedenken, daß Maos Worte und Taten nicht zueinander paßten. »Der Vorsitzende Mao erklärt uns oft, daß wir mutig genug sein sollten, Ideen zu entwickeln, die von seinen eigenen abweichen«, legte Zhang Wentian dar. »Er fordert uns auf, den Kaiser vom Pferd zu ziehen, auch wenn wir dabei den Kopf aufs Spiel setzen. Diese Worte sind gut gemeint. Aber wer hat keine Angst bei der Aussicht, den Kopf zu verlieren?«

Abschließend setzte sich Zhang für den Geist der Demokratie und die freie Meinungsäußerung ein. »Wir müssen eine lebendige, frische Atmosphäre schaffen, in der die Menschen offen sagen können, was sie denken. Nur dann können wir Kampfgeist entwickeln. Unsere Führung muß einen Arbeitsstil und eine Umgebung schaffen, in der die Basis frei und ungehindert ihre Ideen vorbringen kann. Peng Dehuais Brief will uns veranlassen, unsere Erfahrungen auszuwerten und zusammenzufassen. Diese Zielsetzung ist anerkennenswert.«

Andere Mitglieder von Zhang Wentians Gruppe, besonders Männer wie Ke Qingshi, der Bürgermeister von Shanghai, Zeng Xisheng, der erste Parteisekretär von Anhui, und Shu Tong, der erste Parteisekretär von Shandong, nahmen an seiner Rede Anstoß, unterbrachen ihn ständig, wiesen seine Argumente zurück und tadelten ihn, weil er Mao so direkt angriff. Zhang Wentian erwiderte, daß er lieber die Wahrheit sagen und dafür sterben wolle, als jämmerlich dahinzuvegetieren.

Am 23. Juli berief Mao eine neue Vollversammlung des erweiterten Politbüros ein. Er behauptete, jetzt hätten sich Personen innerhalb und außerhalb der Partei zusammengetan, um die Führung zu attackieren. Einige außerhalb der Partei seien Rechte, und jetzt gehörten auch manche innerhalb der Partei dazu. »Ich möchte diesen Genossen einen Rat geben. Wenn ihr redet, müßt ihr wissen, in welche Richtung ihr geht. Angesichts der Krise solltet ihr nicht schwach werden. Einige Genossen verlieren die Fassung in schweren Stürmen. Sie stehen nicht fest, sondern schwingen hin und her wie die Bauern beim Tanz des Reispflanzens. Sie zeigen die gleiche Unzuverlässigkeit und den gleichen Pessimismus wie die Bourgeoisie. Noch sind sie keine Rechten, aber sie kommen ihnen immer näher. Gefährlich nahe.«

Mao wies Pengs Brief Punkt für Punkt zurück und legte dabei besonderes Gewicht auf Pengs Äußerungen zum kleinbürgerlichen Fanatismus und auf seine Behauptung, daß wir weniger gewonnen als verloren hätten. Die Spannung stieg.

Während Mao sprach, saß Peng Dehuai schweigend in der letzten Reihe des Saales. Er kochte bereits vor Wut. Schon vor Maos Auftritt hatte Peng den Vorsitzenden zur Rede gestellt, weil Mao einen privaten, an ihn adressierten Brief ohne Pengs Einverständnis an die Teilnehmer der Tagung verteilt hatte. Mao antwortete hinterhältig, daß Peng es ihm ja auch nicht ausdrücklich verboten habe. Peng ereiferte sich so sehr, daß er kein Wort mehr herausbrachte.

Nachdem Mao seine Ansprache beendet hatte, schlüpfte Peng schnell zur Tür hinaus. Ich verließ den Raum in Maos Gefolge, und draußen stießen wir auf Peng. »Genosse Peng, lassen Sie uns noch einmal miteinander reden«, sagte Mao sofort. Aber Peng Dehuai war außer sich. »Es gibt nichts mehr zu reden!« Sein Gesicht lief rot an, er hob den rechten Arm über den Kopf und führte einen Hieb gegen einen imaginären Gegner.

»Wir haben unterschiedliche Standpunkte, aber wir können doch immer noch unsere Meinungen austauschen«, antwortete Mao.

»Reden nützt nichts mehr«, beharrte Peng und entfernte sich.

Der Chor der Kritik an Peng Dehuai begann und bildete ein Echo zu Maos Anklage, daß Peng und seine Sympathisanten Rechtsabweichler seien. Dann beschloß Mao, das Zentralkomitee des Achten Parteikongresses zu einer Plenarsitzung einzuberufen. Das Zentralkomitee war das höchste Staatsorgan in China. Jede formelle Aktion gegen Peng Dehuai bedürfte seiner Zustimmung.

Jiang Qing traf am nächsten Tag in Lushan ein. Mao hatte seine Meinung geändert. Er wollte sie jetzt bei sich haben.

Ye Zilong, Wang Dongxing und ich holten sie am 24. Juli am Jiujiang-Flughafen ab. »Wie geht es dem Vorsitzenden?« fragte sie kühl. Ich erklärte, Mao habe den Appetit verloren und sich einige Tage lang über das Essen beschwert, doch jetzt sei das Problem gelöst. Wang Dongxing habe einen exzellenten Koch aus Nanchang kommen lassen. Der Appetit des Vorsitzenden sei zurückgekehrt, und ihm schmecke vor allem die Schildkrötensuppe, eine Spezialität des Koches.

Jiang Qing war in politischer Mission nach Lushan gekommen, und ihr Auftreten hatte sich plötzlich geändert. Die Krankheiten und die Lethargie waren verschwunden. Normalerweise war sie nach einer Reise erschöpft und brauchte eine lange Ruhepause. Aber die Spannung in Lushan hatte ihre Kräfte mobilisiert. Mao schlief bei ihrer Ankunft noch, deshalb besuchte sie sofort Lin Biao, der selbst gerade erst eingetroffen war. Er wohnte am Fuße des Berges, weit weg von der Feuchtigkeit und der Kälte des Gipfels. Sie unterhielten sich zwei Stunden lang. Dann fuhr sie den Berg hinauf, um mit Zhou Enlai und seiner Frau Deng Yingchao, mit dem stellvertretenden Ministerpräsidenten Li Fuchun und seiner Frau Cai Chang sowie mit dem Bürgermeister von Shanghai, Ke Qingshi, lange Einzelgespräche zu führen. Nie zuvor hatte Jiang Qing aktiv an der Politik teilgenommen. Als Mao sie in Yan'an heiratete, hatte das mißtrauische Politbüro seine Zustimmung an die Bedingung geknüpft, daß Jiang Qing sich aus der Politik heraushalte. Jiang Qing tat nichts ohne Maos Erlaubnis. Die Tatsache, daß er seine Frau nach Lushan bestellt und sie zu Gesprächen mit den anderen bedeutenden Parteiführern geschickt hatte, deutete darauf hin, daß er vor einem großen Problem stand. Sie war hier, um ihren Mann zu verteidigen. Es war schon Abend, als sie ihre Besuche beendete. Mao war inzwischen aufgestanden.

Am nächsten Morgen ging ich zu Jiang Qing. »Ich bin so schnell hierhergekommen«, sagte sie, »weil ich mir Sorgen um den Vorsitzenden gemacht habe. Aber er scheint guter Laune und bei bester Gesundheit zu sein. Sie müssen gut auf ihn aufpassen. Li Yinqiao hat mir gestern abend erzählt, daß der Vorsitzende schlecht gegessen habe. Sie müssen immer daran denken, daß Sie für die Ernährung des Vorsitzenden zuständig sind. Sorgen Sie dafür, daß das Küchenpersonal seine Arbeit weiter verbessert.«

Mir war klar, daß Li Yinqiao mich wieder bei Jiang Qing angeschwärzt hatte. Ich war Arzt, kein Ernährungswissenschaftler, und ich wollte nicht für die Suche nach neuen Köchen und die ständigen Schwankungen von Maos Appetit verantwortlich sein. Die Beharrlichkeit, mit der ich meine Integrität als Mediziner verteidigte, war einer der Gründe für Li Yinqiaos Kritik während des kleinen Treffens innerhalb der Gruppe Eins gewesen. Auf Jiang Qings Ermahnung konnte ich nur antworten, daß das Problem mit Maos Essen ja nun gelöst sei. Sie nickte und fügte dann noch eine Warnung hinzu: »Doktor, Sie sind ein intelligenter Mensch mit einem großen Wissen. Sie sind anders als zum Beispiel Li Yinqiao. Aber Sie müssen ein Gespür für politische Dinge entwickeln. Lassen Sie sich nicht von anderen irreführen. Während Ihres Aufenthaltes hier sollten Sie Kontakte mit anderen möglichst vermeiden.« Jiang Qings Warnung war eine gutgemeinte Geste – ein Versuch, mich vor den politischen Folgen der Kontroverse von Lushan zu schützen. Sie wollte, daß ich den Umgang mit Personen vermied, von denen bekannt war, daß sie nicht mit Mao übereinstimmten – mit Personen wie meinem Freund Tian Jiaying.

Bei der Eröffnung der achten Plenarsitzung des Achten Zentralkomitees am 2. August war Mao wieder in der Offensive. »Als wir in Lushan ankamen«, sagte er, »haben wir alles auf die leichte Schulter genommen. Wir veranstalteten eine Art ›Feen-Treffen‹ und plauderten ohne feste Tagesordnung. Es gab keine Spannungen. Später merkte ich, daß einige das Gefühl hatten, sie könnten ihre Meinung nicht deutlich genug zum Ausdruck bringen. Diese Form des lockeren Gesprächs war nicht nach ihrem Geschmack, und sie waren unfähig, den Kern unserer Diskussion zu erfassen. Sie provozierten eine Konfliktsituation, und sie wollten die Generallinie angreifen, ja sogar zerstören. Nun, die Anzeichen einer Spaltung sind schon vorher schrittweise deutlich geworden. In den letzten neun Monaten hatten wir gegen linke Tendenzen zu kämpfen. Heute liegt das Problem anders, denn auf der Konferenz von Lushan stehen wir nicht linken, sondern rechten Forderungen gegenüber. Rechte Opportunisten starten jetzt einen wütenden Angriff auf die Partei, ihre Führung, die Arbeit des Volkes und den großen, dynamischen sozialistischen Wiederaufbau.«

Maos Eröffnungsrede vor dem Zentralkomitee bestimmte den Tenor der folgenden Treffen. Dadurch, daß Mao die Teilnehmer aufgefordert hatte, die auf eine Spaltung angelegten Aktivitäten der »parteifeindlichen Gruppe« zu kritisieren, war Peng zum Feind gestempelt worden, und kein Gespräch oder Meinungsaustausch konnte ihn rufen. In der folgenden Woche, vom 3. bis zum 10. August, teilte sich das Zentralkomitee in kleine Arbeitsgruppen, die den Auftrag hatten, Peng und seine Anhänger anzugreifen. Die Bedeutung des Zwischenfalls wurde hochgespielt, seine Zielsetzung völlig verfälscht. In Wirklichkeit war Pengs Brief keineswegs gegen die Partei oder gegen Mao gerichtet gewesen. Doch unter Maos Anleitung wurde der Brief jetzt zum Teil eines riesigen Komplotts. Peng und die Männer, die sich seiner Kritik angeschlossen hatten, wurden vor das Zentralkomitee gerufen, um offenzulegen, »wie sie sich vor und während des Treffens verschworen« hätten. Langsam begann ich, einige von Maos Übertreibungen und Verdrehungen in den Gesprächen mit mir besser zu verstehen. Die »Geschichte«, wie Mao sie darstellte, hatte oft nichts mit der Wahrheit zu tun.

Plötzlich bekam die Unterhaltung an Bord des Schiffes nach Lushan, bei der Tian Jiaying von den Hungeropfern in Sichuan und Wang Jingxian so offen über Maos Liebesleben gesprochen hatten, eine ominöse Bedeutung. Drei politische Sekretäre Maos – Tian Jiaying, Chen Boda und Hu Qiaomu – waren in die Provinzen geschickt worden, um die Ergebnisse des Großen Sprungs nach vorn zu untersuchen. Alle waren Zeugen einer ökonomischen

Katastrophe und einer weitverbreiteten Hungersnot geworden. Alle hatten ehrlich Bericht erstattet. Nun traten die ersten Parteisekretäre dieser drei Provinzen – Li Jingquan, Ye Fei und Zeng Xisheng – auf den Plan, um sich gegen die Berichte zu verteidigen und um die Männer anzugreifen, die sie geschrieben hatten.

Die Bürgermeister von Shanghai, Ke Qingshi, von Hubei, Wang Renzhong, und von Guangdong, Tao Zhu, sowie der Sicherheitsbeauftragte Luo Ruiqing wurden ebenfalls aktiv und attackierten Peng und seine Anhänger auf gehässige Art, wobei sie besonders meinen Freund Tian aufs Korn nahmen. »Was weiß ein junger Mann wie Sie schon vom Kommunismus?« fragte Luo Ruiqing und fuchtelte Tian Jiaying mit dem Zeigefinger vor dem Gesicht herum. »Sie reden Unsinn. Welches Recht haben Sie überhaupt, vor der Plenarversammlung des Zentralkomitees zu sprechen?« Die Reise, zu der Luo Ruiqing 1958 von Mao eingeladen worden war, hatte seine Loyalität dem Vorsitzenden gegenüber noch verstärkt.

Li Rui, der Neuling unter Maos politischen Sekretären, wurde ebenfalls beschimpft und versuchte, seine Position zu verteidigen, doch Zhou Enlai unterbrach ihn. »Dies ist eine Plenarsitzung des Zentralkomitees der Partei. Sie sind weder Mitglied noch Vertreter dieses Gremiums. Also haben Sie kein Recht zu sprechen.«

Chen Boda, Hu Qiaomu und Tian Jiaying waren gefährlich nahe daran, als Mitglieder der neuen »parteifeindlichen Gruppe« verurteilt zu werden.

Schließlich sprach Mao auf einer weiteren Vollversammlung am 11. August ein Machtwort: »Peng Dehuai und seine Gefährten sind ideologisch nicht so auf die proletarische sozialistische Revolution vorbereitet, wie es notwendig wäre. Sie alle sind bürgerliche Demokraten, die sich zu unserer Partei Zugang verschafften, indem sie vortäuschten, Anhänger des Marxismus zu sein. Chen Boda, Hu Qiaomu und Tian Jiaying sind die Theoretiker unserer Partei. Wir brauchen sie noch. Bei Li Rui sieht es anders aus. Er ist kein Theoretiker.«

Dadurch wurden Tian Jiaying, Chen Boda und Hu Qiaomu gerettet. Li Rui dagegen galt als Angehöriger der parteifeindlichen Gruppe.

Auch Maos Personal geriet ins Kreuzfeuer der Kritik. Luo Ruiqing rief uns am 12. August zusammen und hielt uns eine Standpauke. »Sie wissen Ihr Glück gar nicht zu schätzen. Die Partei hat großes Vertrauen in Sie gesetzt und läßt Sie für den Vorsitzenden arbeiten. Aber Ihnen fehlt die Selbstachtung. Ich habe gehört, einige von Ihnen kommen nicht miteinander aus und arbeiten nicht so zusammen, wie es nötig wäre. Statt dessen versuchen Sie,

Ihre Verantwortung anderen aufzubürden. Und Sie, Wang Jingxian, haben den parteifeindlichen Elementen mit Ihrer üblen Nachrede Argumente geliefert. Diese Angelegenheit werden wir näher betrachten, wenn wir nach Beijing zurückgekehrt sind.« Luo legte eine eiserne Regel fest: Wir durften niemandem, egal wem, Interna über die Vorgänge in der Gruppe Eins oder über Mao anvertrauen. Nicht einmal untereinander durften wir über den Vorsitzenden oder über die Situation in der Gruppe Eins reden. Ich spürte, daß die Sache noch nicht ausgestanden war, daß noch Entlassungen und Säuberungen auf uns zukommen würden.

Am 16. August schrieb Mao in einem Parteidokument, daß auf der Konferenz von Lushan ein großer Kampf ausgebrochen sei: »Es ist ein Klassenkampf, eine Fortsetzung des Kampfes auf Leben und Tod zwischen den beiden großen Klassen, der Bourgeoisie und dem Proletariat, der sich schon in den letzten zehn Jahren der sozialistischen Revolution abgespielt hat.« Damit waren Peng Dehuai und seine Anhänger als Vertreter der Bourgeoisie abgeurteilt.

Die Konferenz von Lushan billigte später dieses Dokument, in dem Peng Dehuai als parteifeindliches Element gebrandmarkt und die Generallinie des Großen Sprungs nach vorn verteidigt wurde. Die Partei werde eine neue landesweite Kampagne gegen die Rechtsabweichler beginnen – diesmal gegen die Parteimitglieder und Kader, die Peng Dehuais kritische Bewertung des Großen Sprungs teilten. Sie litten nach Meinung der Partei an einer neuen Krankheit: dem »Rechtsopportunismus«.

Dieser neueste Parteibeschluß verwirrte und beunruhigte mich. Wenn man die Auseinandersetzung mit Peng Dehuai als »Klassenkampf« bezeichnete und ihn als ein »parteifeindliches Element« und einen »Rechtsopportunisten« betrachtete, stellte man ihn fast auf eine Ebene mit der Guomindang. Ich wußte, daß Peng kein Feind der Partei war. Ich kannte ihn als einen guten und ehrlichen Menschen.

Ich selbst war nicht in Gefahr – obwohl mein guter Freund Tian Jiaying durch die Mangel der Politik gedreht wurde und obwohl ich auf der Fahrt den Yangtze hinunter Ohrenzeuge der kritischen Gespräche über Mao geworden war. Ich besaß Maos Vertrauen, und ich hatte nie ein Wort gegen ihn gesagt. Dazu war ich zu vorsichtig und zu naiv.

Aber es war qualvoll, die Ereignisse in Lushan mitanzusehen, und meine nervliche Anspannung wurde durch die Streitigkeiten in der Gruppe Eins noch verschlimmert. Sie begann sich auf meinen Körper auszuwirken, und mein Magengeschwür, das sich vorher nur selten bemerkbar gemacht hatte, brach plötzlich auf. Ich litt ständig unter Schmerzen, konnte nichts essen und mußte mich zwingen, Flüssigkeiten zu schlucken. Ich hatte innere Blutungen, mein Stuhlgang wurde schwarz. Auch die Medikamente, die ich mir selbst verschrieb, halfen nicht. Ich fühlte mich schwach und verlor rapide an Gewicht. Dr. Wang Shousong, der leitende Arzt der Klinik in Lushan, drängte mich, die Konferenz zu verlassen und mich im nahegelegenen Nanchang in Behandlung zu begeben. Wenn ich aber mitten in diesem politischen Konflikt abgereist wäre, hätte man vermuten können, daß ich die Krankheit nur vorschob, um vor meinen eigenen politischen Problemen Reißaus zu nehmen. Also blieb ich und erwähnte meine Krankheit nie gegenüber Mao. Ich versuchte, mich mit einer flüssigen Diät und Medikamenten selbst zu behandeln.

Aber die Blutungen hörten nicht auf. Als die Treffen des Zentralkomitees zu Ende gingen, war ich abgemagert und schwach. Hu Qiaomu, der mich am 20. August wegen einer Erkältung aufsuchte, merkte sofort, daß ich krank aussah. Er redete mir zu, mich unverzüglich in Behandlung zu begeben, und berief sich dabei auf seine eigene Erfahrung mit einem chronischen Magengeschwür. Er versprach, die Erlaubnis, Lushan zu verlassen, beim Vorsitzenden für mich einzuholen.

Hu ging direkt zu Mao. Der Vorsitzende war damit einverstanden, daß ich sofort nach Beijing zurückkehrte und dort die bestmögliche Behandlung erhielt. Huang Shuze, der stellvertretende Leiter des Zentralen Gesundheitsbüros, wurde beauftragt, meine Einweisung in das Krankenhaus zu veranlassen, und Ye Zilong sollte mich in eines der Flugzeuge setzen, die Dokumente und Personal zwischen Jiujiang und Beijing hin- und hertransportierten.

Ich verabschiedete mich von Jiang Qing. Die schöne Umgebung von Lushan hatte ihr viele Gelegenheiten zum Fotografieren geboten, und sie betrachtete gerade einige ihrer Bilder, als ich eintrat. Auch sie zeigte sich entsetzt über mein schlechtes Aussehen. Der Vorsitzende und sie seien in den letzten Wochen furchtbar beschäftigt gewesen und hätten nicht gewußt, wie krank ich sei. Dennoch zögerte sie, mich nach Beijing zurückkehren zu lassen. Sie schlug mir vor, noch etwas länger zu bleiben und dann zusammen mit ihr und Mao abzureisen. Damit wollte sie deutlich machen, daß ich immer noch das Vertrauen des Vorsitzenden genoß und daß sie beide mich schützen würden. Aber ich war zu krank, um den Vorschlag zu akzeptieren.

1 Sommer 1954 in Zhongnanhai. Dr. Li Zhisui, fotografiert von Wang Dongxing, vor der Einfassungsmauer des Geländes, auf dem Mao Zedong in Beijing lebte.

2 *(oben)* Dr. Li schwimmt im Sommer 1956 zusammen mit Mao Zedong in der Nähe von Wuhan im Yangtze. (Mao ist auf dem Foto nicht zu sehen, da er vorausgeschwommen ist.)

3 *(unten)* Besuch im Kreml von Moskau, November 1957. Mao Zedong verabschiedet sich von Nikita Chruschtschow, Anastas Mikojan und Nikolaj Bulganin. Auf dem Foto sind (v.r.n.l.) Dr. Li, Mao Zedong und sein Leibwächter, Li Yinqiao, zu sehen.

4 Im Kreml von Moskau, November 1957. Auf dem Foto erkennt man (v.l.n.r.) Oberschwester Wu Xujun (2. v.l.), Mao Zedong (in der Mitte), den Dolmetscher Yan Mingfu (5. v.l.) und Dr. Li (2. v.r.).

5 *(oben)* Lushan, Sommer 1961. In der zweiten Reihe sind v.l.n.r. zu erkennen: Jiang Qing (2. v.l.), Mao Zedong, ein Unbekannter, Dr. Li, Wang Dongxing. In der dritten Reihe stehen der politische Sekretär Maos, Lin Ke (7. v.l.), und der Sicherheitsbeamte Shen Tong (8. v.l.). Die anderen Personen auf dem Foto sind Krankenschwestern, Leibwächter und Sicherheitsbeamte.

6 *(unten)* Frühsommer 1961 im Wangzhuang-Gästehaus, Hangzhou, nach der Verabschiedung ausländischer Gäste durch Mao Zedong. Im Bild vorne sind (v.l.n.r.) zu sehen: Mao Zedong, Wang Dongxing und Dr. Li. Wang Fang, der Direktor des Büros für Öffentliche Sicherheit von Zhejiang, wird von Mao halb verdeckt.

7 Dr. Li Zhisui, Sommer 1961, auf einem Foto von Jiang Qing.

8 *(oben)* Im Sommer 1961 trifft Mao Zedong seine dritte Ehefrau, He Zizhen, im neuen Gästehaus von Lushan. Das Foto zeigt v.l.n.r.: den Sicherheitsbeamten Lu, Wang Dongxing, den Privatsekretär Xu Yefu, den persönlichen Mitarbeiter Li Yuanhui, Dr. Li, Oberschwester Wu Xujun, Mao Zedong, Schwester Zhou und zwei Leibwächter.

9 *(unten)* Mao Zedongs einundsiebzigster Geburtstag am 26. Dezember 1964. Vor dem Raum 118 in der Großen Halle des Volkes, v.l.n.r.: Leibwächter Xiao Zhang, Sicherheitsbeamter Wang Yuqing, der Kommandeur des Zentralen Garnisonskorps Zhang Yaoci, Mao Zedong, Oberschwester Wu Xujun, Dr. Li, Lin Ke und der Leibwächter Zhou Fuming.

10 26. Dezember 1963, Mao Zedongs siebzigster Geburtstag. Er und Dr. Li stehen vor Raum 118 in der Großen Halle des Volkes.

11 Jinggangshan, Mai 1965. Oberschwester Wu Xujun, Mao Zedong und Dr. Li vor dem Gästehaus.

12 Im Mai 1965 wird Mao Zedong von der Bevölkerung Jinggangshans begrüßt. Rechts von Mao sind Dr. Li und der örtliche Gouverneur zu sehen.

13 *(links)* Dr. Li und Mao Zedong im Meiyuan-Gäste-
aus, Wuhan, 3. Juli 1966. Kurz darauf mußte Dr. Li
ach Beijing zurückkehren, um die Kulturrevolution
us nächster Nähe zu erleben.

14 *(oben)* Auf dem Tiananmen-Platz im August 1966. Mao Zedong begrüßt Rote Garden; Dr. Li ist direkt hinter Mao.

15 *(oben)* Im November 1966 mustert Mao Zedong die Roten Garden im offenen Jeep. Vorne im Wagen der Fahrer und Wang Dongxing; auf dem Rücksitz (v. r. n. l.) der Leibwächter Zhou Fuming, Dr. Li, Mao Zedong und der Minister für Öffentliche Sicherheit Xie Fuzhi.

16 *(folgende Seite oben)* Feierlichkeiten aus Anlaß des siebzehnten Jahrestages der Gründung der KPCh am 1. Oktober 1966 auf dem Platz des Himmlischen Friedens. Mao Zedong und Zhou Enlai haben den Balkon auf dem Tiananmen-Tor verlassen und sich unter die Roten Garden gemischt. Vorne auf dem Bild sind Mao und Zhou Enlai zu sehen; dahinter (3. v. l.) Wang Dongxing, dann Dr. Li und Wu Xujun. Direkt hinter Wang Dongxing stehen der Leibwächter Sun Yong und Zhang Yaoci.

17 *(folgende Seite unten)* Am 26. Dezember 1967 feiert Mao Zedong seinen vierundsiebzigsten Geburtstag zusammen mit Angehörigen der 1. Kompanie des Zentralen Garnisonskorps in Zhongnanhai. Links von Mao steht Wang Dongxing, rechts Dr. Li. Vor Dr. Li ist Oberschwester Wu Xujun zu sehen. Ganz rechts steht Zhang Yaoci.

18 *(oben)* Im Herbst 1969 vor Maos Sonderzug in Tianjin. Der Sekretär Sun Yulan (mit Brille) und Krankenschwester Ma (mit Pferdeschwanz) sitzen in der Mitte der ersten Reihe. Zweite Reihe (v. r. n. l.): Dr. Li, Zhang Yaoci, Wu Xujun, Wang Dongxing. Mao ist der achte von links. Die anderen Personen sind Begleiter, Krankenschwestern und Sekretäre.

19 *(unten)* Das chinesische Frühjahrsfest 1972. V. l. n. r.: Dr. Hu Xudong, Zhang Yaoci, Ministerpräsident Zhou Enlai, Dr. Li, Dr. Wu Jie.

0 *(oben)* Während der Trauerfeierlichkeiten im
eptember 1976 aus Anlaß von Mao Zedongs Tod. In
er dritten Reihe, 2. v.l., steht Dr. Li. Ansonsten sind auf
iesem Foto Ärzte, Krankenschwestern und Sicherheits-
eamte zu sehen.

21 *(unten)* Treffen am 26. Dezember 1977, bei dem Verfahren zur Konservierung von Mao Zedongs Leichnam besprochen wurden. Im Vordergrund rechts sitzt Dr. Li, an seiner Seite Huang Shuze.

22 Dr. Li und seine Frau Lillian am Südlichen See in Zhongnanhai, Sommer 1984. Von ihrer Wohnung im dritten Stock aus konnten sie über den See schauen.

Dann bat ich sie, Mao Abschiedsgrüße auszurichten, aber sie drängte mich, ihn persönlich aufzusuchen.

Mao lag im Bett und las eine historische Darstellung über die Ming-Dynastie; vielleicht wieder einmal die Geschichte von Hai Rui, der den Mut gehabt hatte, dem Kaiser die Wahrheit zu sagen.

Ich erklärte, daß Huang Shuze mich ablösen werde. Mao riet mir, mich im Krankenhaus von Beijing behandeln zu lassen. Dies war die exklusivste Klinik in ganz China. Als Patienten wurden nur Regierungs- und Parteifunktionäre vom stellvertretenden Minister aufwärts oder führende »demokratische Persönlichkeiten« wie Guo Moruo aufgenommen. Das Krankenhaus war um die Jahrhundertwende von den Deutschen eingerichtet worden, und die medizinische Ausrüstung sowie das Personal gehörten zum Besten, was China zu bieten hatte.

Mao wünschte mir gute Besserung und mahnte mich, niemandem von den Vorgängen während der Konferenz von Lushan zu berichten. »Gehorchen Sie den Beschlüssen der Partei!«

Huang Shuze übernahm meine Vertretung nur widerwillig, aber er hatte keine andere Wahl. Ich gab ihm Maos Krankenblatt und einen kurzen Bericht über den Gesundheitszustand des Vorsitzenden. Huang bemühte sich intensiv um die Organisation meiner Rückkehr nach Beijing. Er rief Shi Shuhan, den Direktor des Zentralen Gesundheitsbüros, und Ji Suhua, den Leiter des Krankenhauses von Beijing, an und vereinbarte mit ihnen meine Einweisung für den nächsten Tag.

Ich verabschiedete mich von Luo Ruiqing und Yang Shangkun. Auch Luo empfahl mir, mich zu schonen und die beste Behandlung zu verlangen. Er warnte mich: »Behalten Sie alles, was Sie hier erfahren haben, für sich. Sie müssen ein Gespür für die Politik entwickeln.«

Yang Shangkun schrieb meine Krankheit der nervlichen Belastung durch unsere »kleine Lushan-Konferenz« zu. »Gruppe Eins ist wie ein großer Malkasten«, sagte er. »Niemand kann sich darin aufhalten, ohne eine bestimmte Farbe anzunehmen. Sie haben in Lushan eine Menge gehört. Wenn Sie in Beijing sind, können Sie vielleicht den Genossen Deng Xiaoping besuchen. Er hat das Krankenhaus gerade verlassen.«

Mao und Luo Ruiqing hatten mir eingeschärft, alle Vorgänge in Lushan geheimzuhalten; Yang Shangkun hingegen wollte, daß ich seinem Vorgesetzten Bericht erstattete. Aber mir war klar, daß ich schweigen mußte, um mir Ärger zu ersparen. Das Krankenhaus von Beijing würde mein Schutzschild gegen den politischen Sturm sein. Die Parteiführer benutzten das Hospital auch oft, um ihre politischen Wunden auszukurieren. Ich schwor mir, so lange wie möglich dort zu bleiben und meinen Rückzug aus der Gruppe Eins vorzubereiten.

Wang Dongxing und der Vorsitzende des Volkskongresses von Jiangxi, Fang Zhichun, begleiteten mich zum Flughafen und überschütteten mich mit Abschiedsgeschenken – einem großen Früchtekorb, Dosen mit Tee aus Lushan und zehn Flaschen Wein aus der Provinz Jiangxi. Wegen meines Magengeschwürs durfte ich keinen Wein trinken, aber Wang bestand darauf, daß ich ihn für meine Freunde mitnahm.

Sobald sich das Auto über die gewundene Bergstraße vom Konferenzort entfernte, löste sich meine Anspannung. Ich ließ eine von inneren Spaltungen bedrohte Partei zurück. Meine Träume von China und der Partei hatten sich verflüchtigt. Mein Bild von Mao war zerschmettert worden. Meine einzige Hoffnung war, daß ich mich selbst aus der Katastrophe retten konnte. Je weiter wir uns von Lushan entfernten, desto weniger Schmerzen bereitete mir mein Magengeschwür. In Lushan hatte ich nicht schlafen können, aber schon als das Flugzeug abhob, fiel ich in einen tiefen Schlummer. Ich schlief immer noch, als wir in Beijing landeten. Ich war der einzige Passagier gewesen.

40. KAPITEL

Lillian holte mich in Begleitung von Shi Shuhan und Ji Suhua am Flughafen ab. Bevor ich mich in der Klinik meldete, statteten Lillian und ich meiner Mutter einen kurzen Besuch ab.

Mit der fortschreitenden Wirtschaftskrise hatte sich die Situation meiner Familie weiter verschlechtert. Meine Mutter wurde zusehends gebrechlicher. Ihr Blutdruck war immer noch hoch, außerdem litt sie an einer Herzschwäche. Oft nahm sie am Tag nur eine Mahlzeit zu sich – nicht nur, weil es so wenig zu essen gab, sondern auch, weil sie keinen Appetit hatte. Und da meine Frau von früh bis spät arbeitete und ich oft nicht in Beijing war, trug sie weiterhin die Hauptverantwortung für unsere beiden Söhne.

Meine Mutter war bekümmert über meine Krankheit. Ich war ihr einziger leiblicher Sohn, sie liebte mich sehr und machte sich ständig Sorgen um mich. Da ich sie nicht aufregen wollte, verabschiedete ich mich schon nach wenigen Minuten und begab mich ins Krankenhaus.

Mein Magengeschwür war nicht bösartig. Wu Jie, mein ehemaliger Professor, der nun die Abteilung für Innere Medizin leitete, versicherte mir, daß ich mich auch ohne eine Operation rasch erholen würde, wenn ich seine Anweisungen in bezug auf Diät und Medikamente befolgte. Tatsächlich spürte ich schon nach drei Tagen erste Anzeichen einer Besserung. Die Blutung ließ nach, und ich fühlte mich viel wohler. Doch ich ärgerte mich über die Frau im Nebenzimmer, die Gattin eines stellvertretenden Gesundheitsministers. Sie wußte, daß ich für Mao arbeitete, und bot all ihre Überzeugungskraft auf, um etwas über Maos Beziehung zu Jiang Qing zu erfahren. Die Frau war so aufdringlich, daß Ji Suhua, der Leiter der Klinik, mir schließlich ein anderes Zimmer zuwies.

Während ich mich auf dem Wege der Besserung befand, wurde meine Mutter mit einem Herzinfarkt in das nahegelegene Tongren-Krankenhaus eingeliefert. Der Infarkt war nicht allzu ernst, doch sie mußte wochenlang in der Klinik bleiben, um sich zu erholen. Eine Tante kümmerte sich um unsere Söhne, und Lillian pendelte zwischen beiden Krankenhäusern hin und her. Ich fühlte mich gesund genug, die Klinik gelegentlich zu verlassen und meine Mutter gemeinsam mit meiner Frau zu besuchen.

Die Klinik wurde zu meinem Refugium. Die neue Kampagne gegen den »Rechtsopportunismus« lief gerade an, und ich wollte nicht hineingezogen werden. Peng Zhen, der Bürgermeister von Beijing, ließ als enthusiastischer Anhänger der Kampagne die Straßen mit riesigen roten Fahnen schmücken, auf denen die alten und neuen Parolen zu lesen waren: »Lang lebe der Vorsitzende Mao!«, »Lang lebe die Generallinie!«, »Lang leben die Volkskommunen!«, »Lang lebe der Große Sprung nach vorn!«

Mein älterer Bruder, der immer noch im Gesundheitsministerium arbeitete, wurde ein Opfer der Bewegung. Ich hatte damals keinen Kontakt zu ihm, und Lillian wollte, daß ich innerhalb des Ministeriums Nachforschungen anstellte. Doch dadurch hätte ich nur die Aufmerksamkeit auf mich gelenkt. Ich wollte mich völlig aus der Politik heraushalten.

Und ich wollte die Gruppe Eins verlassen. Es war weniger Mao, der meine Arbeit dort so unerträglich machte, als vielmehr Ye Zilong und Li Yinqiao. Sie waren roh und ungehobelt, und je länger sie in der Gruppe Eins arbeiteten, desto korrupter wurden sie. Ye Zilongs Affäre mit Xiao He war 1958 in Wuhan wiederaufgelebt, und bald begann auch Li Yinqiao ein Techtelmechtel. Ich mißbilligte ihr Verhalten und ihre Borniertheit und verachtete beide. Doch sie kommandierten mich herum und demütigten mich, indem sie mich zwangen, nicht nur auf Maos Gesundheit, sondern auch auf seinen Appetit zu achten. Außerdem mußte ich in den nicht enden wollenden, sinnlosen Streitereien zwischen Jiang Qing und ihren Krankenschwestern vermitteln. Im Alter von fast vierzig Jahren befand ich mich in einer beruflichen Sackgasse. Ich hätte viel lieber als Chirurg gearbeitet.

Ji Suhua bot mir eine Stelle im Krankenhaus von Beijing an. Ich sollte in der Klinik die Abteilung des Büros für Gesundheit leiten und wäre dafür zuständig gewesen, das Befinden hoher Parteifunktionäre zu überwachen. Doch das hätte nur bedeutet, mich den politischen Intrigen im Krankenhaus statt in Zhongnanhai auszusetzen. Die Verhältnisse waren dort auch nicht anders. Intensiv sah ich mich nach Arbeit in Shanghai und Nanjing um.

Anfang September kehrte Mao nach Beijing zurück, und bald darauf besuchten mich Li Yinqiao und Luo Guanglu, ein Privatsekretär Maos. Sie redeten mir zu, die Klinik zu verlassen. Der zehnte Jahrestag der Gründung des neuen China stand an. Es sollte ein großes Fest werden. In den vergangenen zehn Monaten hatten Millionen von Menschen ihre Arbeitskraft dafür eingesetzt, die von Mao in Auftrag gegebenen zehn großen Projekte rechtzeitig zum zehnten Jahrestag fertigzustellen. Alle Einwohner Beijings hatten sich daran beteiligt – eine neue Form des Frondienstes für den chinesischen Kaiser des zwanzigsten Jahrhunderts. So wie Qin Shihangdi die Große Mauer und jeder folgende Kaiser sein eigenes gewaltiges Bauprojekt hatte errichten lassen, so ließ Mao zur Feier des zehnten Jahrestags seiner Regierung zehn große Bauwerke vollenden. Der Tiananmen-Platz mit der riesigen Großen Halle des Volkes und dem Museum für Chinesische Geschichte zu beiden Seiten wurde erweitert, so daß er heute eine halbe Million Menschen faßt. Die Militärparade und das Feuerwerk würden die spektakulärsten in der Geschichte des neuen China werden. Li Yinqiao und Luo Guanglu wollten nicht, daß ich das große Ereignis verpaßte.

Aber ich schloß mich Mao auf dem Tiananmen-Platz nicht an. Der zehnte Jahrestag der Gründung des neuen China kam und ging, und ich blieb im Krankenhaus.

Meine Mutter erholte sich im Tongren-Krankenhaus. Dann, eines Tages Ende November, verlor sie während ihres täglichen heißen Bades plötzlich das Bewußtsein. Als ich die Intensivstation des Krankenhauses erreichte, war ihr Blutdruck schon gefährlich niedrig. Die Ärzte hatten keine Hoffnung mehr. Nur wenige Stunden später starb sie – enttäuscht darüber, daß sie ihre beiden Enkelsöhne nicht mehr hatte sehen können.

Wir hielten keine Begräbnisfeier für sie ab. Mit Hilfe des Zentralen Gesundheitsbüros ließen wir ihre Leiche drei Tage nach ihrem Tod einäschern. Ich stellte die Urne mit der Asche zu Hause auf meinen Schreibtisch, da ich sie nicht zum Babaoshan-Friedhof schicken wollte. Vielleicht war eine meiner Bewerbungen an Krankenhäusern in Nanjing oder Shanghai erfolgreich, dann würde ich die Asche meiner Mutter dorthin mitnehmen.

Nach dem Tod meiner Mutter war es für uns noch schwieriger, die fünf Räume unseres Heims in der Stadt zu behalten. Ich wollte Zhongnanhai verlassen und wieder in das Haus meiner Mutter ziehen, doch Luo Daorang, der neue Leiter des Hauptbüros der Sicherheitskräfte, war dagegen. Er vermutete, daß ich mich von der Gruppe Eins absetzen wollte. Als Leibarzt Maos mußte ich in Zhongnanhai wohnen. Luo schlug mir vor, mit der ganzen Familie dorthin umzusiedeln, und bot uns ein zusätzliches Zimmer für unsere beiden Söhne an. »Überlegen Sie es sich, Dr. Li. Wenn Sie zur Gruppe Eins zurückkehren, werden Sie ständig unterwegs sein. Falls Ihre Frau und Ihre Kinder im Haus Ihrer Mutter bleiben, haben Sie bald kein Familienleben mehr.«

Luo hatte recht. Lillian und mir blieb nichts anderes übrig, als mit der ganzen Familie nach Zhongnanhai umzuziehen. Unser älterer Sohn konnte mit dem Fahrrad zur Schule fahren, und unseren jüngeren Sohn, der damals erst drei Jahre alt war, wollten wir während der Woche in der Kindertagesstätte von Beihai unterbringen und ihn am Wochenende zu uns nach Hause holen. Meine Frau, unser älterer Sohn und ich konnten unsere Mahlzeiten in der Kantine von Zhongnanhai einnehmen.

Ich verließ die Klinik für kurze Zeit, um beim Umzug meiner Familie zu helfen, und kehrte dann auf Bitten Lillians zurück. Lillian besuchte mich oft und brachte an Wochenenden unsere beiden Söhne mit. Bald würde ich mich wieder der Gruppe Eins anschließen müssen, und sie wollte mich völlig wiederhergestellt sehen, bevor ich mich erneut dem Streß meiner Arbeit aussetzte.

Das Wohnungsbeschaffungsamt von Beijing fand schnell heraus, daß die Räume meiner Mutter leerstanden, und verlangte die Übereignung des gesamten Besitzes. Wieder blieb mir keine Wahl. Zehn Jahre nach der Gründung der Volksrepublik China und mehr als ein Jahrzehnt nachdem ich als junger Idealist zurückgekehrt war, um meinem Land zu dienen, wurde ich zum Proletarier, zum Mitglied der besitzlosen Klasse. Der Staat konfiszierte das gesamte Privateigentum meiner Familie.

Ich war niedergeschlagen. Selbst für einen Idealisten ist es nicht leicht, sein geliebtes Heim, den Besitz seiner Familie über Generationen hinweg, aufzugeben. Nach dem Einmarsch der Japaner war ich mit meiner Mutter nach Suzhou geflohen und hatte das Land für siebzehn Jahre verlassen. Doch ich hatte meine Kindheit in diesem Haus verbracht, und nach der Rückkehr nach China verbanden sich die besten Erinnerungen meines Erwachsenenlebens mit ihm. Unsere letzte Bastion der Wärme, der Zufriedenheit und des Friedens, der einzige Ort, an dem wir noch frei reden und scherzen konnten, war für immer verloren.

41. KAPITEL

Ende Dezember erhielt ich die Aufforderung, mich wieder der Gruppe Eins anzuschließen. Xu Yunbei, der stellvertretende Minister für Öffentliche Gesundheit, stattete mir einen Besuch ab. Er hatte meinen Fall bereits mit meinem Arzt, Wu Jie, besprochen. Als Li Yinqiao versuchte, mich aus der Klinik herauszuholen, hatte Wu Jie erklärt, ich müsse mich noch einige Zeit erholen. Erst der stellvertretende Minister für Öffentliche Gesundheit konnte sich über ihn hinwegsetzen. Jetzt stimmte Wu Jie meiner Entlassung zu.

Ich wollte noch bleiben, aber Xu gab nicht nach. Die Mutter meines Stellvertreters, Huang Shuze, sei gestorben, und er sei zu ihrem Begräbnis nach Tianjin zurückgekehrt. Man brauche mich in der Gruppe Eins.

Ich widersetzte mich weiterhin.

Aber meine Genesung war zu einem Politikum geworden. »Die Kampagne gegen den Rechtsopportunismus verbreitet sich wie ein Lauffeuer«, warnte Xu Yunbei. »Es sieht nicht gut aus, wenn Sie in der Klinik bleiben, ohne ernsthaft krank zu sein.«

Es war ein klarer Fall von politischer Erpressung. Während der vier Monate, die ich im Krankenhaus verbracht hatte, waren große Veränderungen vor sich gegangen. Peng Dehuai war seiner militärischen Ämter enthoben worden, ebenso sein Stellvertreter Huang Kecheng, der Chef des Generalstabs. Luo Ruiqing war befördert worden und hatte Huangs Posten übernommen. Und Lin Biao hatte Peng Dehuai als Verteidigungsminister sowie als Vorsitzender der Militärkommission und stellvertretender Minister für Nationale Sicherheit abgelöst. Viele fragten sich, weshalb Mao einen so gebrechlichen Mann mit derart wichtigen Ämtern betraute.

Lin Biao machte sich als Verteidigungsminister während einer erweiterten Sitzung der Militärkommission zuerst daran, seinen Vorgänger zu attakkieren. Er bezeichnete Peng Dehuai als einen »Parteifeind« und »Rechtsabweichler«. Dann nahm er Marschall Zhu De aufs Korn. »Was hat Zhu als Oberbefehlshaber geleistet?« sagte Lin sarkastisch über den Mann, der zusammen mit Mao die Rote Armee gegründet hatte. »Er hat weder große Schlachten geschlagen noch große Siege errungen.« Lins Rede war im voraus von Mao genehmigt worden. Der Vorsitzende hatte sich also gegen seinen alten Kampfgefährten Zhu De gewandt.

Wenn ich im Krankenhaus bliebe, könnte mich Xu Yunbei beschuldigen, Peng Dehuai zu unterstützen. Womöglich würde ich dann der Kampagne gegen den Rechtsopportunismus zum Opfer fallen.

Ich versprach Xu, das Krankenhaus zu verlassen, sobald die amtlichen Papiere einträfen. Aber Xu versicherte mir, sein Wort als stellvertretender Gesundheitsminister sei alles, was die Klinik für meine Entlassung brauche.

Schon am nächsten Tag kehrte ich in die Gruppe Eins zurück.

Mao hielt sich in Hangzhou auf. Wang Jingxian forderte, daß ich mich so schnell wie möglich dorthin begab.

Am 22. Dezember 1959 stieg ich mit Li Yinqiao ins Flugzeug. Unterwegs gerieten wir in einen schweren Schneesturm und in so heftige Turbulenzen, daß wir in Nanjing zwischenlanden mußten. Der Schneesturm fegte über die Region hinweg nach Süden in Richtung Hangzhou. Es war zu gefährlich weiterzufliegen. Der Leiter des Büros für Öffentliche Sicherheit der Provinz Jiangsu bestellte einen Wagen, der uns zu Mao bringen sollte. Am nächsten Morgen brachen wir auf – es schneite heftig – und fuhren langsam in Richtung Hangzhou, wo wir gegen fünfzehn Uhr ankamen. Mao schlief noch. Wir trafen uns erst am Abend.

Aus trüben Augen sah er mich müde an. Er hustete ununterbrochen. »Ich bin seit mehreren Tagen krank«, sagte er. »Wie steht es mit Ihnen?«

»Mir geht es wieder gut. Doch der Vorsitzende scheint sich eine Erkältung zugezogen zu haben.«

»Ich weiß nicht. Ich fühle mich einfach nicht wohl.«

»Dann möchte ich den Vorsitzenden untersuchen.«

Mao hatte leicht erhöhte Temperatur, aber Herz, Blutdruck und Puls waren normal. Er litt unter einer schweren Erkältung und akuter Bronchitis.

Mao wollte schnell wieder gesund werden, denn eine neue Runde von Parteikonferenzen stand an. Ich schlug vor, daß er gegen die Bronchitis Antibiotika und gegen die Erkältung einige andere Medikamente einnehmen solle, und er war damit einverstanden.

Am nächsten Abend ging es Mao deutlich besser. Seine Temperatur war normal, und er hustete nicht mehr. Er machte einen fröhlichen Eindruck. »Mein hochmütiger Leibarzt hat gute Medizin«, scherzte er.

Der sechsundsechzigste Geburtstag des Vorsitzenden rückte näher. Ich übergab Mao eine Nachricht von Jiang Hua, dem ersten Parteisekretär von Zhejiang. Er lud Mao zu einem Bankett zu dessen Ehren ein. Mao lehnte ab, da er noch Erholung brauche. Er forderte die Gruppe Eins auf, an dem

Fest teilzunehmen und ihm Bericht zu erstatten. Gleichzeitig warnte er uns davor, allzu verschwenderisch zu sein. Wir sollten nicht seinen Geburtstag feiern, sondern miteinander plaudern und uns vergnügen. Wegen der Hungersnot im Lande verlor Mao immer noch an Ansehen, und er wollte nicht im Wohlstand schwelgen, während das gewöhnliche Volk darbte.

Die anderen Parteifunktionäre konnten sich weniger gut in die Stimmung des Volkes hineinversetzen.

Ye Zilong, der eine Schwäche für gutes Essen hatte, nahm sich vor, Wang Fang, den Direktor des Büros für Öffentliche Sicherheit von Zhejiang, betrunken zu machen. »Doktor, Sie haben uns allen einen großen Dienst erwiesen«, meinte er dankbar, als ich ihm die Einladung überbrachte.

Am nächsten Tag, dem 26. Dezember, hatte Mao Geburtstag. Sein gesamter Mitarbeiterstab gratulierte ihm. Mao hatte sich völlig erholt und war guter Laune. Er bedankte sich bei mir für die wirksame Behandlung, und wir ließen uns zusammen fotografieren.

Für das Bankett an jenem Abend wurden acht Tische für jeweils zehn Personen aufgestellt, und die gesamte Führungsspitze der Provinz Zhejiang nahm daran teil. Jiang Hua, der erste Parteisekretär, und Wang Fang, der Direktor des Büros für Öffentliche Sicherheit der Provinz, eilten im Namen der Gäste zu Mao und beglückwünschten ihn.

Maos Warnung vor übermäßigem Genuß wurde gründlich mißachtet. Das Bankett war das extravaganteste meines Lebens. Man tischte die teuersten Delikatessen auf, die China zu bieten hat. Wir aßen echte Vogelnestersuppe mit jungen Tauben, eines der seltensten chinesischen Gerichte, und Haifischflossensuppe, die in einem speziellen Tontopf gekocht wird – ebenfalls ein exotisches, teures Gericht. Diese beiden Delikatessen waren durch nichts zu übertreffen, doch die anderen Speisen schmeckten kaum weniger köstlich. Auch der Wein war ausgezeichnet, und Ye Zilong mußte sich nicht übermäßig anstrengen, um Wang Fang betrunken zu machen.

Während unseres Mahles flüsterte Wang Jingxian mir zu: »Wir sollten uns schämen, so zu feiern, während so viele Menschen verhungern.«

Ich stimmte ihm zu. Draußen, außerhalb der schützenden Mauern der Gruppe Eins, abgeschnitten von den besonderen Privilegien der Führungsspitze des Landes, starben die Bauern Chinas. 1959 war die Ernte noch schlechter gewesen als im Jahr zuvor. Millionen von Menschen kamen um, und bevor die Hungersnot vorüber war, würde sich die Zahl der Opfer vervielfachen. Währenddessen feierte ich mit Lin Ke und Wang Jingxian, mit Ye Zilong, Li Yinqiao und der gesamten Führungsspitze der Provinz Zhejiang den sechsundsechzigsten Geburtstag des nicht anwesenden Kaisers Mao, und die Tische bogen sich unter den teuren Delikatessen. Der Leiter des Büros für Öffentliche Sicherheit fiel betrunken zu Boden. Ich fühlte mich erbärmlich.

Doch mir blieb keine andere Wahl. Hätte ich mich geweigert, an der Feier teilzunehmen, wäre ich selbst in politische Schwierigkeiten geraten. »Wer sich allein in die Schlacht begibt, wird stets niedergeschossen«, zitierte Lin Ke oftmals den Literaten Lu Xun. »Wenn wir in der Gruppe Eins überleben wollen, müssen wir unserem Gewissen zuwiderhandeln.« Die einzige Möglichkeit, mit meinem Gewissen zu leben, bestand darin, mich von der Gruppe Eins loszusagen. Wieder hatte ich es versucht, und wieder war ich gescheitert.

Ich lebte in einer isolierten Welt. In der Gruppe Eins gab es keine Regeln, kein Gesetz. Es war ein Paradies, frei von jeglichem Zwang, allein Maos Launen unterworfen – und dem Schuldgefühl, das diejenigen von uns quälte, die noch ein Gewissen hatten.

42. KAPITEL

Während die Hungersnot weiter um sich griff, wucherte die Korruption innerhalb der Partei sogar noch stärker. Anfang Januar 1960, einige Tage nach Maos Geburtstag, reisten wir von Hangzhou nach Shanghai, wo am 7. Januar eine erweiterte Sitzung des Politbüros stattfinden sollte. Mao verbrachte die Nächte in seinem Zug, doch die Sitzungsteilnehmer und sein Gefolge waren in dem eleganten, früher französisch geführten Jinjiang-Hotel untergebracht. In den Konferenzräumen wurde ein phantastisches Dokument nach dem anderen vorgelegt, und das Politbüro steuerte mehr und mehr nach links. Die Stahlproduktion sollte auf achtzehn Millionen Tonnen angehoben werden, und man wollte auf der Ebene der Bezirke und Volkskommunen kleine Unternehmen gründen. Die Bewässerungsanlagen sollten erweitert und große Betriebe zur Schweinemast eingerichtet werden.

Tagsüber dachten sich die Parteiführer Chinas undurchführbare Wirtschaftspläne aus. Abends amüsierten sie sich. Akrobaten, Musik- und Tanzgruppen aus dem ganzen Land sowie die Stars der Oper von Beijing und örtlicher Opernhäuser traten auf.

Und sie kauften ein. Jetzt war Ke Qingshi, der Bürgermeister von Shanghai, an der Reihe, für Mao und die Elite der Partei ein aufwendiges Schauspiel zu inszenieren. Die ganze Nation litt unter schrecklicher Lebensmittel- und Konsumgüterknappheit, doch die Läden des Jinjiang-Hotels waren vollgestopft mit preiswerten Qualitätsprodukten aller Art: Fahrrädern, Lederschuhen, feinen Wollsachen – Waren, die es in keinem anderen örtlichen Geschäft gab. Die Führer Chinas, der Mitarbeiterstab von Zhongnanhai und wir von der Gruppe Eins kauften wie verrückt ein. Auch mich ergriff das Einkaufsfieber. Eines Nachmittags begegnete ich Yang Shangkun und Ye Zilong, die, mit Paketen beladen, ein Geschäft verließen.

Ye Zilong hatte begonnen, seine Arbeit zu vernachlässigen, wodurch sich Li Yinqiao eine günstige Gelegenheit bot. Auf Jiangs Betreiben hin entzog Mao Ye die Kontrolle über seine Gelder und übertrug Li Yinqiao die Verantwortung für die Konten.

»Jahrelang habe ich die schmutzigen Geschäfte für ihn erledigt, und das ist der Lohn«, beklagte sich Ye Zilong aufgebracht bei mir.

»Meiner Ansicht nach war der Vorsitzende recht gut zu Ihnen«, versuchte ich ihn zu beschwichtigen.

»Quatsch!« gab Ye zurück. »Er will mich hinausekeln. Das ist schlimmer, als gefeuert zu werden.« Seine frühere Diskretion schien verflogen. Plötzlich enthüllte er Einzelheiten über Maos Privatleben: wie er Maos Konkubinen in der Dunkelheit zu ihm brachte und sie so lange versteckte, bis der Vorsitzende bereit war; wie er die Frauen mit Geldern vom Bankkonto des Vorsitzenden bezahlte und sie heimlich wieder hinausbegleitete, bevor Jiang Qing etwas merkte.

Jetzt konnte ich nicht mehr so tun, als wisse ich von nichts, wenn Mao seine weiblichen Gäste empfing. Ye Zilong bestätigte nur das, was ich über Jahre hinweg geahnt, aber nicht zu glauben gewagt hatte. Nach meiner Rückkehr unternahm Mao keinen Versuch mehr, seine Affären zu vertuschen. Während meines Krankenhausaufenthaltes hatte der Vorsitzende eine neue Angestellte des Büros für Verschlußsachen kennengelernt, eine junge Frau mit weißer Haut, dunklen Augen und feingeschwungenen Augenbrauen. Sie hieß Xie Jingyi und hatte Mao mit der Behauptung beeindruckt, sie habe ihn schon in der Grundschule gegen seine Kritiker verteidigt und sei deshalb sogar von ihren Schulkameraden verprügelt worden.

Danach war Xie Jingyi oft bei Mao, und die Beziehung wurde allgemein bekannt. Sie reiste mit ihm nach Shanghai, begleitete ihn Tag und Nacht und tanzte mit ihm bis in die frühen Morgenstunden. Mao war unermüdlich und kehrte oft erst dann zum Zug zurück, wenn Xie Jingyi erschöpft war.

Xie Jingyi war Maos erste Geliebte, die keinen Versuch machte, die Beziehung vor Jiang Qing geheimzuhalten. Sie war stolz darauf, Maos Konkubine zu sein, und sie behandelte die Frau des Vorsitzenden wie eine Freundin. Jiang Qing schien ihre Freundschaft zu erwidern. Ihre Entschuldigung Mao gegenüber, nachdem sie ihn mit ihrer Krankenschwester im Bett erwischt hatte, signalisierte offenbar, daß sie sich mit seinen Affären abfand.

Mein Vertrauen in den Vorsitzenden war durch die Verbannung Peng Dehuais schwer enttäuscht worden. Und als ich mir die Wahrheit über sein Privatleben nicht mehr verhehlen konnte, empfand ich nur noch Abscheu für den Mann, den ich einst so verehrt hatte.

Das Problem der Korruption in der Gruppe Eins wurde nicht dadurch gelöst, daß Mao die Verantwortung für seine persönlichen Angelegenheiten auf Li Yinqiao übertrug. Li Yinqiao war ebenso korrupt wie Ye Zilong.

1958 hatte Li Yinqiao sich mit einer Angehörigen von Maos Personal angefreundet, und die Arbeit der beiden wurde in Mitleidenschaft gezogen, was Mao nicht entging.

Während Mao in seinem Zug schlief, traf Li sich heimlich mit seiner Freundin im Jinjiang-Hotel. Eines Tages, als Ke Qingshi Mao zu einer Parteisitzung abholen wollte, war Maos Leibwächter nirgends zu finden. Endlich tauchte er auf, und Mao sagte wütend: »Li Yinqiao, Sie treiben sich Tag und Nacht herum. Wofür halten Sie sich eigentlich?«

Ke Qingshi war besorgt. Li Yinqiao hatte sich um die Sicherheit des Vorsitzenden zu kümmern, und in Shanghai war Ke für Maos Wohlergehen verantwortlich. Ke sprach mit seinem Kollegen Peng Zhen, dem Bürgermeister von Beijing. Andere Mitglieder der Führungsspitze wurden zu Rate gezogen. Alle waren der Meinung, daß etwas getan werden müsse. Maos Sicherheit stehe auf dem Spiel.

Die Sache wurde noch problematischer, als wir Shanghai verließen und nach Guangzhou reisten. Drei Tage nach unserer Ankunft kam Li Yinqiaos Freundin ganz aufgelöst zu mir. Sie war schwanger, und ich sollte ihr helfen, das Kind in Guangzhou abzutreiben.

Ich zögerte, denn wir benutzten die örtlichen medizinischen Einrichtungen nur im äußersten Notfall. Da sie behauptete, sie sei in Beijing schwanger geworden, fragte ich, weshalb sie nicht in die Hauptstadt zurückkehren und dort abtreiben lassen könne. Warum wolle sie den Eingriff in Guangzhou vornehmen lassen?

Zwei Tage später erschien Li Yinqiao bei mir. Es sei »ungünstig« für seine Geliebte, in Beijing abzutreiben. Dort sei sie zu vielen Leuten bekannt, und man werde die Angelegenheit nicht geheimhalten können. Ye Zilong habe seine Zustimmung zu einer Abtreibung in Guangzhou gegeben.

Ye Zilongs Erlaubnis hatte mit Li Yinqiaos Schweigen in einer anderen Sache zu tun. Kurz nachdem wir in Guangzhou angekommen waren, hatte Ye mich um ein Rezept gegen Haarausfall gebeten. Er nannte mir den Namen einer in Japan hergestellten Lotion, die aus Hongkong importiert werden mußte. Diesmal stellte ich das Rezept aus. Ye Zilong erinnerte sich noch sehr gut daran, daß ich mich geweigert hatte, ihm zur Behandlung der Syphilis seines Bruders Penicillin zu verschreiben. Ich wußte, er würde mir das Leben schwermachen, wenn ich ihm eine weitere Bitte abschlug. Diese Art kleinlicher Erpressungen war in der Gruppe Eins an der Tagesordnung. Ye Zilong hatte der Abtreibung zum Ausgleich dafür zugestimmt, daß Li Yinqiao Mao nichts von dem importierten Tonikum erzählte.

Ich vereinbarte mit dem Leiter des Volkskrankenhauses in Guangzhou, daß die Abtreibung dort vorgenommen werden sollte, doch es behagte mir nicht, meinen Einfluß als Leibarzt Maos einsetzen zu müssen. Am Nachmittag begab sich Lis Freundin ins Krankenhaus.

Jiang Qing fragte mich noch am selben Abend, weshalb die Frau im Krankenhaus sei. Ich antwortete, sie lasse eine Abtreibung vornehmen. Man brauchte Jiang Qing nicht zu sagen, wer der Vater des Kindes war. »Das ist untragbar!« rief sie und schlug mit der flachen Hand auf den Tisch.

Nach unserer Rückkehr nach Beijing lebte Li Yinqiao während der Abwesenheit seiner Frau Han Guixiang offen mit seiner Freundin zusammen. Deren Ehemann, der Filmregisseur Xu Xiaobing, erfuhr davon und beging einen Selbstmordversuch. Lis Freundin kam eines Nachmittags in meine Wohnung gerannt und schrie verzweifelt um Hilfe. Ihr Mann liege im Sterben.

Xu Xiaobing lag auf dem Fußboden seiner Wohnung und atmete schwer. »Ich will nicht mehr leben«, flüsterte er. »Ich habe mein Gesicht verloren.« Er hatte das Quecksilber eines Thermometers geschluckt, doch alle Lebenszeichen waren normal, und er brauchte nicht einmal in die Klinik eingeliefert zu werden.

Auch der Selbstmordversuch ihres Mannes konnte die Frau nicht von der Liebesaffäre mit Li Yinqiao abbringen.

Ye Zilong fühlte sich weiterhin zurückgesetzt. »Mao sagt zwar nicht direkt, daß er meinen Abschied wünscht, aber er läßt mich auch nichts mehr für sich tun«, klagte er. Mao fing an, Ye vor den anderen Mitarbeitern zu kritisieren. Daraufhin erkundigte sich Ye bei Peng Zhen, ob dieser ihm eine Anstellung besorgen könne. Er tratschte immer noch über Mao, und der Kreis der Eingeweihten umfaßte bald auch hohe Politiker wie Peng Zhen und Yang Shangkun. Maos Eskapaden waren zwar schon ein offenes Geheimnis in der Parteielite, aber Ye Zilongs Geschwätz war dennoch gefährlich. Es führte ihn beinahe ins Verderben. Mao kamen die Gerüchte, die Ye über ihn verbreitete, nie zu Ohren, und ich weiß nicht, wie er darauf reagiert hätte. Doch Liu Shaoqi erfuhr davon, und er bewies Loyalität Mao gegenüber. Er war um die Sicherheit des Vorsitzenden besorgt und ging schnell und unbarmherzig gegen Ye vor. »Ye hat die Partei verleumdet«, erklärte Liu. Er wollte Maos Privatsekretär verhaften und erschießen lassen.

Erst als sich Zhou Enlai und Peng Zhen für Ye einsetzten, war Liu Shaoqi bereit, sein Leben zu schonen.

Andere Mitglieder der Gruppe Eins folgten Maos Beispiel in ihrem Privatleben. Die meisten waren junge, gutaussehende Männer. Die Tanzabende, an denen wir alle teilnahmen, boten reichlich Gelegenheit, hübsche junge

Frauen kennenzulernen. Doch bei der Führungsspitze des Landes wurde ein anderer Maßstab angelegt als bei niedrigeren Rängen. Mao war niemandem Gehorsam schuldig und konnte tun, was er wollte, aber seinem Mitarbeiterstab wurden von der Partei strenge Vorschriften auferlegt. Nun mußte etwas geschehen. Vielleicht konnte Wang Dongxing das Problem lösen – Mao holte ihn zur Gruppe Eins zurück.

43. KAPITEL

Von der Härte des Exils geläutert, kehrte Wang Dongxing im Oktober 1960 nach Zhongnanhai zurück. Seine politischen Instinkte waren bis aufs äußerste geschärft, und er folgte einem neuen Gesetz des politischen Überlebens: dem des absoluten Gehorsams gegenüber dem Vorsitzenden. »Mao darf nicht widersprochen werden«, lautete seine oberste Regel. »Wenn Mao ›eins‹ sagt, heißt das eins. Wenn Mao ›zwei‹ sagt, heißt das zwei.«

Wang nahm sich vor, keinen Fehler mehr zu machen, denn er wollte nie wieder ins Exil geschickt werden.

Jiang Qing zu gehorchen war der erste Fehler, den er vermeiden mußte. Bevor er nach Jiangxi geschickt wurde, war ein Befehl von ihr für Wang ein Befehl Maos gewesen. Doch niemand konnte Jiang Qing zufriedenstellen, und sie hatte sich trotz Wangs angestrengter Bemühungen gegen ihn gewandt. Auch Mao hatte Wang ermahnt: »Wenn Sie Jiang Qings Befehle befolgen, dann arbeiten Sie für sie, nicht für mich.« Deshalb hörte Wang jetzt nur noch auf Mao. Jiang Qing konnte ihn nicht länger einschüchtern.

Als erstes nahm Wang sich vor, seine Macht innerhalb der Gruppe Eins zu konsolidieren. Er entließ seine Feinde und stellte nur Leute ein, die ihm treu ergeben waren. Die Korruption innerhalb der Gruppe Eins war so kraß geworden, daß selbst Mao nicht mehr die Augen davor verschließen konnte. Dies war der Anlaß für Wangs interne »Säuberungskampagne«, die auf den Ausschluß seiner Feinde Ye Zilong und Li Yinqiao abzielte.

Auch Mao war mit Ye und Li unzufrieden, doch konnte er nicht ohne weiteres einschreiten. Die beiden Männer kannten sich zu gut in den privaten Angelegenheiten des Vorsitzenden aus, als daß er sie offen getadelt und damit die Enthüllung seiner Geheimnisse riskiert hätte. Aber er ging hinter den Kulissen gegen sie vor.

Wang Dongxings Hauptmotiv bestand darin, sich an Ye Zilong und Li Yinqiao zu rächen und ihre Macht an sich zu reißen. Er gab ihnen die Schuld an seiner Verbannung: Sie hatten Intrigen gegen ihn gesponnen und Mao gegen ihn aufgebracht. Nun war die Zeit der Vergeltung gekommen.

Daneben motivierte ihn vielleicht auch ein Sinn für Gerechtigkeit. In den ländlichen Gebieten von Jiangxi hatte er ein entbehrungsreiches Leben geführt und viel Leid gesehen. Jetzt stieg Verbitterung in ihm auf, als er die Privilegien der Gruppe Eins wahrnahm. Inzwischen machte sich die Hungersnot auch in Zhongnanhai bemerkbar. Die zinnoberroten Mauern, welche die Bewohner von der Realität abschirmten, hielten dem Hunger nicht mehr stand. Unsere Rationen wurden auf sechzehn Pfund Reis im Monat gekürzt; Fleisch, Eier und Speiseöl waren nirgends zu bekommen. Wir durften auf dem freien Markt Gemüse kaufen, doch dieses wurde nur äußerst selten angeboten. Man organisierte Ziegenjagden, aber bald gab es auch keine Ziegen mehr.

Die Menschen in Zhongnanhai waren unterernährt, Wassersucht und Hepatitis griffen um sich. Auch meine eigene Familie war davon betroffen. Lillian litt an Unterernährung und Wassersucht, aber sie sorgte sich mehr um unsere Söhne als um sich selbst. Wenn ich gelegentlich einige Sojabohnen mit nach Hause brachte, gab sie ihren Anteil den Kindern. Nun waren meine Reisen mit Mao für die Familie ein Grund zum Feiern. Sie hatte mehr zu essen, weil sie meine Monatsration von sechzehn Pfund Reis auch erhielt, wenn ich unterwegs war.

Mao war natürlich von den Einschränkungen nicht betroffen, und alle versuchten, ihn abzuschirmen, doch er war sich des Ernstes der Lage durchaus bewußt. Die Dokumente, die er jeden Tag erhielt, gestatteten ihm nicht, die Wahrheit zu verdrängen. Aus allen Teilen des Landes trafen niederschmetternde Meldungen ein, und im Sommer 1960 war er so deprimiert, daß er sich in sein Bett zurückzog. Er war psychisch nicht fähig, sich mit den Konsequenzen der Hungersnot auseinanderzusetzen. Als ich ihm berichtete, daß sich überall Wassersucht und Hepatitis ausbreiteten, beschuldigte er mich, Probleme zu erfinden. »Ihr Ärzte habt nichts Besseres zu tun, als den Leuten angst zu machen«, sagte er barsch. »Ihr sucht nach Krankheiten. Wenn keiner krank wäre, hättet ihr alle nichts zu tun.«

Ich betonte, daß die Ärzte nicht nach Krankheiten suchten, sondern in ihren Kliniken täglich mit den Folgen der Unterernährung konfrontiert würden. »Na und?« gab er zurück. »Wir haben zu wenig zu essen. Ihr Ärzte macht die Leute nur verrückt, wenn ihr über Krankheiten redet. Ich glaube Ihnen nicht.« Er gab mir eine Ausgabe der *Nachrichtenblätter*. In einem Artikel wurde vorgeschlagen, daß die Menschen zur Stärkung des Immunsystems mehr Proteine und Kohlenhydrate zu sich nehmen sollten. Yang Shangkun begann das zu fördern, was er den »Geist des Langen Marsches« nannte. Er forderte uns auf, unser entbehrungsreiches Leben hinzunehmen, autonom zu werden und unser eigenes Gemüse anzubauen. Bald kümmerte sich jeder um sein eigenes winziges Gemüsebeet; viele nahmen Urlaub und pflegten ihren kostbaren Garten. Dennoch waren unsere Mägen selten gefüllt.

Meiner Ansicht nach war es ein Ausdruck von Maos Gefühlskälte, daß er die Augen vor den Krankheiten verschloß, die überall im Land herrschten. Doch ich gestand ihm seine Illusionen zu und erwähnte das Thema nicht mehr. In seiner Gegenwart verhielt ich mich so, als gebe es weder Hunger noch Krankheit. Mao wies weiterhin Parteiführer in die Schranken, die sich über die »dunklen Seiten des Lebens« Gedanken machten. »Je mehr sie über die dunklen Seiten des Lebens reden«, sagte Mao oft, »desto düsterer sieht unsere Zukunft aus.«

Während der Hungersnot gab Mao immerhin ein Privileg auf: Er verzehrte kein Fleisch mehr. »Wenn mein Volk verhungert, kann ich kein Fleisch essen.«

Liu Shaoqi und Zhou Enlai befürchteten, daß dieses Opfer Maos Gesundheit angreifen werde, und baten mich, ihn umzustimmen. Als die nordöstlichen Provinzen der Führungsspitze Wild und Tigerfleisch als Geschenk zusandten, ermunterte ich Mao, davon zu kosten. Aber er weigerte sich. »Schickt es in die Kantine, dort können alle davon essen.«

»Sollen wir etwas für den Vorsitzenden zurücklegen?« fragte ich.

»Ich esse jetzt kein Fleisch«, antwortete Mao. »Wartet noch ein Weilchen.«

Einige Menschen in Zhongnanhai hatten etwas mehr zu essen, weil Mao ihnen das Fleisch zur Verfügung stellte, doch die Ernte wurde dadurch nicht besser. Dennoch wurde er von allen, die Bescheid wußten, für diese Geste bewundert.

Während der Hungersnot brachte Wang Dongxing seine Säuberungskampagne ins Rollen. Die Gruppe Eins war wegen ihrer Privilegien bei den anderen, weniger verwöhnten Kadern in Zhongnanhai nicht besonders gut angesehen. Jeder wußte, wie oft wir verreisten, wie gut wir untergebracht wurden, daß wir für Essen und Trinken nichts zu bezahlen brauchten. Sie sahen die Rolex-Armbanduhren und Leica-Kameras – Beutegut, das bei taiwanesischen Spionen konfisziert und von Sicherheitsbeamten zu Spottpreisen an den Kreis um Mao verkauft wurde. Alle wußten, daß wir seltene Luxusgüter erhielten – Wollanzüge, Seidenstoffe und Lederschuhe –, die sich kein Normalbürger leisten konnte.

Wang Dongxings Kampagne richtete sich hauptsächlich gegen den Leibwächter Li Yinqiao. »Ye Zilong und ich sind gleichrangig, und er arbeitet schon länger für den Vorsitzenden als ich«, erklärte Wang Dongxing. »Wenn ich gegen ihn vorgehe, könnte er mich in Schwierigkeiten bringen.« Wangs Taktik bestand darin, Ye zu isolieren und seine Aufmerksamkeit auf Li zu richten. Er befürchtete eine Verschwörung der beiden, falls er sie gleichzeitig angriff.

Mao stimmte zu. Ye Zilong würde nicht in aller Öffentlichkeit attackiert werden. Wer etwas an ihm auszusetzen hatte, sollte seine Kritik schriftlich und vertraulich einreichen.

Auch Li Yinqiaos Geliebte wurde aus der Kampagne herausgehalten. Die Angelegenheit war zu delikat. Wang Dongxing machte sich Sorgen darüber, daß ihre Abtreibung in Guangzhou bekannt werden könne. Wenn herauskäme, daß Li Yinqiao der Vater des Kindes war, würden viele das Gesicht verlieren. Wang fürchtete einen weiteren Selbstmordversuch.

Die Ermittlungen gegen Li Yinqiao begannen Ende Oktober und dauerten zwei Monate. Jeden Tag wurden zwei- bis dreistündige Sitzungen abgehalten. Gewöhnlich trafen wir uns, wenn Mao schlief und alle Mitarbeiter frei von Verpflichtungen waren. Nur wenige konnten daher Maos Rolle in dieser Kampagne richtig einschätzen. Er erhielt täglich Berichte, inszenierte die gesamte Kampagne über seine Leibwächter und schärfte ihnen ein, was sie zu sagen hatten. Zum Beispiel sprach der Leibwächter Xiao Tian von Li Yinqiaos Einkaufsbummel in Shanghai und hob hervor, daß Li seiner Verantwortung Mao gegenüber nicht nachgekommen sei. Ohne jemanden direkt zu beschuldigen, fragte er, woher Li das Geld für seine Einkäufe in Shanghai habe.

Es war einfach, den Mitarbeiterstab gegen Li Yinqiao zu mobilisieren. Er hatte zahlreiche Feinde, die sich jetzt erhoben, um sich für sein willkürliches Verhalten zu rächen. Doch die erdrückendsten Beweise wurden nie erwähnt. Jeder war darauf bedacht, sein Gesicht zu wahren. Auch ich beschränkte meine Kritik auf den generellen Mißbrauch von Privilegien, dessen wir alle auf die eine oder andere Art schuldig waren: unsere luxuriösen Unterkünfte; die Üppigkeit unserer Speisen; die kostenlosen Dienstleistungen; den Zugang zu seltenen Luxusgütern. Auch ich äußerte mich nicht zu der Abtreibung in Guangzhou.

Doch die Kampagne hatte unbeabsichtigte Folgen. Ye Zilong sollte zwar von öffentlicher Kritik ausgenommen werden, aber einige Details über seinen Machtmißbrauch sickerten durch – so zum Beispiel die Tatsache, daß er ein Privathaus in Tianjin unterhielt und sich regelmäßig mit führenden Kadern traf, die extravagante Festessen für ihn veranstalteten. Ye Zilong wirkte während des gesamten Verfahrens sehr nervös.

Wang Dongxing wurde in Zhongnanhai über Nacht zum Helden, weil er es gewagt hatte, so etablierte und mächtige Männer herauszufordern. Zhou Enlai und Liu Shaoqi lobten ihn.

Es war Mao, der den Schlußstrich zog. Er suchte sich dazu seinen siebenundsechzigsten Geburtstag aus, den 26. Dezember 1960.

Zwei Tage zuvor hatte Wang Dongxing dem Vorsitzenden die Ergebnisse seiner Ermittlungen vorgelegt. Einige langjährige Mitglieder seines Stabs, so berichtete Wang, hätten das Leid der Massen ignoriert und sich zu einer privilegierten Elite entwickelt. Während die ganze Nation hungere, veranstalteten diese Mitarbeiter große Bankette, äßen und tränken im Überfluß und nutzten ihre Privilegien zum Kauf erlesener Konsumgüter, die auf dem gewöhnlichen Markt nicht angeboten würden. Das werfe ein schlechtes Licht auf alle übrigen Mitglieder der Gruppe Eins.

Ye Zilong, Li Yinqiao, Wang Jingxian, Lin Ke, Privatsekretär Gao Zhi, Oberschwester Wu Xujun und Wang Dongxing nahmen an der Geburtstagsfeier teil. Ich selbst war mit Jiang Qing in Guangzhou, doch Wang Dongxing schilderte mir die Begebenheit später.

Da der Vorsitzende immer noch kein Fleisch aß, wurden nur einfache Speisen gereicht. Während des Essens erzählte Mao eine Geschichte aus der Zeit der Kriegführenden Staaten (403–221 v. Chr.): über Suqins Besuch bei seinem Freund Zhang Yi, dem Ministerpräsidenten des Reiches Qin. Suqin war in großen wirtschaftlichen Schwierigkeiten und hoffte, daß Zhang Yi ihm zu einer Anstellung verhelfen könne. Dieser brachte ihn in einem eleganten Gästehaus unter – ähnlich dem heutigen Beijing-Hotel – und vergewisserte sich, daß sein Gast gut versorgt wurde. Doch er empfing Suqin nie. Nach zwei Monaten trägen Wohllebens, in denen er den Ministerpräsidenten nicht zu Gesicht bekommen hatte, kehrte Suqin nach Hause zurück – in der Überzeugung, die Gunst seines Freundes verloren zu haben.

Bei seiner Ankunft entdeckte er, daß man sein Haus instandgesetzt und völlig neu ausgestattet hatte. Die Vorratskammern waren gut gefüllt. »Ministerpräsident Zhang Yi hat dich nicht empfangen, weil er dachte, du könntest anderswo große Taten vollbringen«, erklärte ein Abgesandter des Regierungschefs. »Er hat eine wichtige Aufgabe für dich. Du sollst sechs andere Königreiche besuchen und sie dazu bringen, unser Königreich Qin nicht anzugreifen.« Dankbar akzeptierte Suqin seinen diplomatischen Auftrag, führte ihn erfolgreich durch und bewahrte das Königreich Qin vor einem Krieg.

Auch Mao hatte einen diplomatischen Auftrag für seine Mitstreiter. »Selbst gute Freunde sollten nicht aufeinander angewiesen sein«, sagte er. »Jeder muß sich auf sich selbst verlassen, damit wir alle zusammenarbeiten und große Taten vollbringen können. Unser Land steckt in großen Schwierigkeiten. Die Menschen verhungern.« Mao wollte, daß seine Vertrauten auf niedrigeren Ebenen arbeiteten. Sie sollten die Sorgen des gemeinen Volkes teilen und es dadurch besser verstehen lernen. Dann könnten sie ihm über ihre Erfahrungen Bericht erstatten.

Nicht alle wurden verbannt. Wang Dongxing würde natürlich bleiben. Doch Mao schickte Ye Zilong, Li Yinqiao, Wang Jingxian und Lin Ke zur Arbeit in die Provinz, außerdem seinen Privatsekretär Gao Zhi und seinen Leibwächter Feng Yaosong. Er schwankte zwischen Shandong und Henan. Wie Anhui hatten sich beide Provinzen energisch am Großen Sprung nach vorn beteiligt und litten jetzt sehr unter den Folgen. Mao war der Ansicht, daß es Henan wirtschaftlich besser gehe als Shandong. In Xinyang würde die Gruppe nicht verhungern.[66] Er hatte soeben einen Bericht aus dem Bezirk Xinyang erhalten, in dem Konterrevolutionäre und feudale Elemente für die dortigen wirtschaftlichen Probleme verantwortlich gemacht wurden. Mao glaubte immer noch, daß Konterrevolutionäre die Produktion sabotierten, denn er war unfähig, sich den Realitäten zu stellen. Er sah sich selbst als einen Zhang Yi unserer Zeit, der seine Mitstreiter auf diplomatische Missionen entsandte, um weitere Angriffe konterrevolutionärer Feinde abzuwehren. »Geht nach Xinyang«, ermunterte er sie. »Wenn es zu schwer für euch wird, kommt wieder zurück. Macht euch keine Sorgen. Keiner wird sterben.«

Mao war ein phantastischer Schauspieler. Er entledigte sich wichtiger Mitarbeiter, setzte sie einem entbehrungsreichen und leidvollen Leben aus und verlangte dennoch ihre Loyalität. Zu diesem Zweck gab er vor, sie seien seine Freunde und er unternehme diesen Schritt gegen seinen Willen, weil er ihre Hilfe brauche.

Seine »Freunde« schenkten ihm fast Glauben. Sie waren dankbar und zeigten sich gerührt, weil er so um sie besorgt zu sein schien. Doch sie wollten nicht fort, versuchten, ihre Abreise zu verschieben, und hofften, das chinesische Neujahr in Beijing verbringen zu können. Aber Mao befahl ihnen, die Stadt bis Ende Dezember zu verlassen. Er wollte sie lossein.

Vor ihrer Abreise gelang es Wang Dongxing noch, einen weiteren seiner Feinde auf die Abschußliste zu setzen: Luo Daorang, den Mann, der mich 1949 durch die »Arbeiteruniversität« geführt hatte. Während Wangs Exil hatte Luo zeitweise kommissarisch als Direktor des Hauptbüros der Sicherheitskräfte fungiert und mit allerlei Schachzügen versucht, Wangs Rückkehr zu verhindern. Wang wartete schon seit langem auf eine Gelegenheit, sich an ihm zu rächen. Eines Tages fiel Luo seinem eigenen Spott zum Opfer. »So viele aus der Gruppe Eins werden zur Umerziehung geschickt«, meinte er zu Wang Dongxing. »Wann bekommen wir anderen unsere Chance?«

Dieser Scherz kam ihn teuer zu stehen. »Ich rede mit dem Vorsitzenden. Vielleicht können Sie schon bald aufbrechen«, gab Wang zurück, als nehme er die Ironie für bare Münze. Mao sandte auch Luo fort.

Da Ye Zilong und Li Yinqiao nun im Exil waren, hatte Wang die Gruppe Eins vollständig unter Kontrolle. Zhang Xianpeng, einer der Stellvertreter Li Yinqiaos, übernahm Lis Posten als stellvertretender Chef der Leibgarde Maos. Mao Weizhong und Tian Chou wurden die neuen stellvertretenden Leiter des Hauptbüros der Sicherheitskräfte. Wangs Vertrauter Wu Jianhua stieg zum Chef der Verwaltung des Politbüros auf, und Xu Taos Frau Wu Xujun sollte sich ganztägig als Krankenschwester um Mao kümmern, Wang Dongxing täglich Bericht erstatten und ihn über Maos Aktivitäten auf dem laufenden halten.

Während Wang Dongxing seine Macht innerhalb der Gruppe Eins festigte, nutzte er gleichzeitig die Kampagne gegen Peng Dehuai, um wieder die Kontrolle über das Hauptbüro der Sicherheitskräfte und dessen wichtigste Abteilung, das Zentrale Garnisonskorps, zu gewinnen. Die mehr als zweitausend gut ausgebildeten und gut ausgerüsteten Soldaten des Garnisonskorps sollten sowohl für die Sicherheit der Parteiführung als auch für den Schutz der Wohnungen und Büros der Partei sorgen. Da die meisten Kader dieser beiden Organisationen unter Peng Dehuai ernannt worden waren, konnte Wang behaupten, daß sie mit Peng sympathisierten und Rechtsabweichler seien. Er tauschte die gesamte Schwadron aus, besetzte die Schlüsselpositionen des Büros der Sicherheitskräfte mit seinen eigenen Anhängern und machte seine engen Verbündeten Zhang Yaoci zum Kommandeur und Yang Dezhong zum politischen Kommissar des Zentralen Garnisonskorps.

Obwohl Wang immer mächtiger wurde, gelang es ihm nicht, die Korruption völlig einzudämmen. Aber er hielt das Problem unter Kontrolle. Im Frühjahr 1961, kurz nach Wangs Säuberungsaktion, hielt sich Mao mehrere Tage lang in Changsha auf und traf sich im Zug mit Liu Shaoqi und Zhou Enlai. Zhang Pinghua, der erste Parteisekretär von Hunan, und der Leiter des Büros für Öffentliche Sicherheit der Provinz waren für den Schutz der drei zuständig. Gewöhnlich legte man die Ausgaben Maos und seines Gefolges dem Hauptbüro vor, und Wang Dongxing quittierte. Diesmal wurden ihm erstaunlicherweise zweitausend Hühner in Rechnung gestellt. Hunan ging es zwar besser als anderen Provinzen, doch die Hungersnot hatte ihren Höhepunkt erreicht, und Hühner, die in China ohnehin als Delikatesse gelten, waren nirgends aufzutreiben. Maos Gefolge konnte während des kurzen Aufenthalts in Hunan unmöglich zweitausend Hühner verzehrt haben. Außerdem verzichteten Mao und sein Mitarbeiterstab damals völlig auf Fleisch. Parteisekretär Zhang Pinghua räumte ein, daß bei der Aufstellung ein Fehler unterlaufen sein müsse. Es handele sich vielleicht um zwanzig Hühner, gewiß nicht um zweitausend.

Doch die Zahl war korrekt. Fünfzehntausend Milizsoldaten waren herbeibeordert worden, um den Zug des Vorsitzenden zu bewachen. Es war kalt, und auch die Soldaten litten unter der Hungersnot. Der Leiter des Büros für Öffentliche Sicherheit der Provinz hatte in einem Anfall von Verschwendungssucht zweitausend Hühner für sie bestellt. Die Soldaten hätten nicht in den Genuß von Privilegien kommen sollen, auf die sogar Mao verzichtete. Die zuständigen Behörden der Provinz hätten die Hühner nie bestellen dürfen, oder sie hätten letzten Endes auch die Rechnung dafür begleichen müssen. In ihren Augen jedoch war dies wohl das wenigste, was Mao für ihre Dienste tun konnte. Wie Ye Zilong und Li Yinqiao nutzte auch die Führungsspitze der Provinz Hunan den Vorsitzenden aus. Wang Dongxing war wütend, aber er unterschrieb.

Wang hatte nun die Gruppe Eins, das Büro der Sicherheitskräfte und das Zentrale Garnisonskorps unter sich – die drei entscheidenden Einheiten in Zhongnanhai. Unter seiner Leitung nahmen der Umfang und die Zuständigkeiten des Zentralen Garnisonskorps laufend zu. Wang Dongxings Einfluß wuchs entsprechend, und er wurde zu einer Schlüsselfigur in den Palastkämpfen von Beijing. Als die Kulturrevolution sechs Jahre später begann und Mao paramilitärische Einheiten brauchte, die in seinem Auftrag Universitäten und wichtige Fabriken besetzten, wandte er sich an Wang Dongxing und verlieh ihm dadurch eine noch mächtigere Stellung.

Vorerst konzentrierte Wang Dongxing seine Aufmerksamkeit auf Mao. Die Bälle, die vorher nur Samstag abends stattfanden, wurden nun zweimal wöchentlich – mittwochs und samstags – veranstaltet. Wang erweiterte die Zahl der Musikkapellen und »Kulturarbeitstruppen«, die auf den Tanzabenden für Unterhaltung sorgten, wodurch auch die Zahl der verfügbaren Partnerinnen für Mao erheblich stieg. Nach Wangs Rückkehr stellten die Luftwaffe, der Militärbezirk von Beijing, die Allgemeine Politische Abteilung der Volksbefreiungsarmee, das Zweite Artilleriekorps und das Eisenbahnpionierkorps zum Vergnügen Maos Musikkapellen, Sängerinnen und Tänzerinnen ab. In der Großen Halle des Volkes, die am Nationalfeiertag 1959 eröffnet worden war, wurde der üppig ausgestattete Raum 118, der ehemalige Beijing-Raum, allein für Mao reserviert. Die jungen weiblichen Bediensteten waren gleichzeitig auch Maos Konkubinen. Er brauchte keinen Mittelsmann mehr, der seine Rendezvous organisierte. Da sich ihm so viele Gelegenheiten boten, traf er seine Verabredungen selbst. Maos sexuelles Verlangen stieg mit zunehmendem Alter, doch die Abwesenheit seiner früheren Helfer Ye Zilong und Li Yinqiao machte sich kaum bemerkbar.

44. KAPITEL

Während Wang Dongxing in Beijing seine Macht konsolidierte, hatte ich in Guangzhou einen persönlichen Kampf auszufechten. Ende Dezember 1960 war ich auf Jiang Qings Befehl hin in den Süden gereist. Die Frau des Vorsitzenden verbrachte dort die Wintermonate. Wie immer klagte sie, sie sei krank und reagiere empfindlich auf Licht, Geräusche und Zugluft. Außerdem beschwerte sie sich ständig über ihre Krankenschwestern, Bediensteten und Leibwächter, die ihr nichts recht machen konnten. Jiang Qing brauchte mich.

Doch ihre Forderungen überschritten jedes Maß. Sogar Mao war mißtrauisch geworden. Geschürt von Ye Zilong und Li Yinqiao, gingen in der Gruppe Eins wieder Gerüchte um, daß Jiang Qing und ich etwas miteinander hätten. »Laßt die beiden doch die Köpfe zusammenstecken«, meinte Mao sarkastisch, als er hörte, daß Jiang Qing mich in Guangzhou zu sehen wünsche.

Aber ich wollte nicht nach Guangzhou reisen. Jiang Qing bildete sich ihre körperlichen Beschwerden nur ein, und für Nervenleiden war ich nicht zuständig. Ihre Bediensteten jammerten, und all meine Vermittlungsversuche blieben erfolglos. In Jiang Qings Nähe fühlte ich mich äußerst unbehaglich. Ich wußte, daß Mao mißtrauisch war, und wollte keinen Anlaß zu weiteren Gerüchten geben.

Doch mir blieb keine Wahl. Der Vorsitzende entsandte mich in einem Flugzeug der Luftwaffe nach Guangzhou.

Jiang Qing war wie üblich in dem Gästehaus untergebracht, das »Inselchen« genannt wurde. Vor der Villa eilten mir die Krankenschwestern und Wächter schon entgegen, um ihre Klagen loszuwerden. Sie beteuerten, daß die Frau des Vorsitzenden nicht krank sei. Man brauche sich nur anzusehen, womit sie sich die Zeit vertreibe. Tao Zhu, der Parteisekretär von Guangdong, veranstaltete häufig Tanzabende, und Jiang Qing war stets die Ballkönigin. Alle hochrangigen Parteimitglieder der Provinz waren vertreten, und Tao sorgte immer dafür, daß genügend junge Männer eingeladen wurden, damit die Frau des Vorsitzenden Tanzpartner zur Verfügung hatte. Alle, von den höchsten Führern der Provinz bis zu Jiang Qings Leibwächtern und Bediensteten, mußten mindestens einmal mit ihr tanzen. Sie konnte sich drei oder vier Stunden lang amüsieren, ohne müde zu werden, und sich danach noch Filme anschauen. Wie konnte sie also krank sein?

Aber Jiang Qing war anderer Meinung. Ihre Krankenschwestern und Bediensteten seien grob und unaufmerksam, zeigten zu wenig Respekt und vernachlässigten ihre Pflichten. Sie war offensichtlich verärgert, als ich erklärte, daß ich sie untersuchen und dann sofort nach Beijing zurückfliegen würde. »Diesen Arzt verstehe ich einfach nicht«, beklagte sie sich später bei einer Krankenschwester. »Er kommt nach Guangzhou, will seine Arbeit schlampig erledigen und sich dann gleich wieder aus dem Staub machen. Wofür hält er sich?«

Da ich sie nicht noch mehr verärgern wollte, beschloß ich, weder auf einer sofortigen Untersuchung zu bestehen noch meinen Abreisewunsch zu wiederholen. Ich würde abwarten, bis Jiang Qing selbst darauf zu sprechen kam.

Die Frau des Vorsitzenden war einsam. Sie brauchte dringend jemanden, der sich um sie kümmerte, und hatte mich zu ihrem Gefährten erkoren. Das Leben in Guangzhou hätte idyllisch sein können. Für Jiang Qing war jeder Tag ein Sonntag, sie hatte keinerlei Verpflichtungen. Schnell entwickelten wir eine gewisse Routine. Nach den abendlichen Tanzparties oder Filmen schlief Jiang Qing lange und stand am nächsten Morgen erst gegen zehn oder elf Uhr auf. Sie frühstückte, zog sich an und begann um zwölf oder dreizehn Uhr, sich mit irgend etwas zu beschäftigen. Um vierzehn oder fünfzehn Uhr hielt sie ein zweistündiges Mittagsschläfchen. Dann machten wir gemeinsam einen Spaziergang oder sahen uns bis zum Abendessen einen Film an. Wir nahmen unser Essen zwar getrennt ein, aber ich teilte Jiang Qings herrschaftlichen Lebensstil. Obgleich die Hungersnot im Land immer schlimmer wurde, bekamen wir im Schutz unserer kleinen Insel in Guangzhou nichts davon zu spüren. Ich speiste vorzüglich.

So vergingen die Tage in träger Untätigkeit. Am 26. Dezember, dem Tag, an dem Mao in Beijing die Verbannung von Ye Zilong und Li Yinqiao verkündete, feierten wir den Geburtstag des Vorsitzenden mit einem Bankett, das Tao Zhun veranstaltete. Der Neujahrstag kam und ging. Die Umgebung war wunderschön, und ich führte ein bequemes Leben, aber ich langweilte mich schrecklich. Es war offenkundig, daß auch die Frau des Vorsitzenden trotz all ihrer Privilegien und ihres luxuriösen Lebens sehr unglücklich war.

Mao hielt seine Affären nicht mehr geheim, und Jiang Qing war sehr unsicher. Doch je länger ich ihr zuhörte, desto klarer wurde mir, daß ihr Leid noch andere Ursachen hatte. Jiang Qing hatte politische Ambitionen. Viele glaubten, daß sie Mao in Yan'an aus diesem Grund so intensiv umworben hatte. Doch ihre Pläne, Macht zu erlangen, waren gescheitert.

Es war bekannt, daß das Politbüro Mao die Heirat mit Jiang Qing nur unter der Voraussetzung erlaubt hatte, daß sie sich nicht politisch betätigte. Indem man ihr innerhalb der Partei nur einen unbedeutenden Rang einräumte, konnte man sie von der Macht fernhalten. Jedem Parteifunktionär wurde eine bestimmte Stufe zugewiesen. Stufe eins war der höchste Rang, der Mao und den fünf obersten Parteisekretären vorbehalten war. Die nächsthöheren Ränge lagen zwischen Stufe zwei und Stufe sechs. Andere hochrangige Kader nahmen die Stufen sieben bis dreizehn ein, Kader mittleren Ranges die Stufen vierzehn bis siebzehn und Kader niedrigen Ranges die Stufen achtzehn bis fünfundzwanzig. Jiang Qing stand auf Stufe neun, während Ye Zilong und Wang Dongxing die Stufe sieben einnahmen. Jiang Qing beschwerte sich eines Tages, daß sie und ich nur gewöhnliche Mitglieder von Maos Personal seien; Yang Shangkun habe ihr willkürlich die Stufe neun zugeordnet.

Mao selbst hatte Jiang Qings Rang zugestimmt, denn ihr Ehrgeiz entsprach nicht ihrem Talent. Sie war stets gereizt, machte allen Vorschriften und kam mit niemandem zurecht. Keiner wollte von einer solchen Frau Befehle entgegennehmen.

Jiang Qings eingebildete Krankheiten standen in direktem Zusammenhang mit ihren vereitelten Ambitionen. Ihre Nervenschwäche war politisch bedingt. Wenn sie gesund gewesen wäre, hätte sie arbeiten müssen; und wenn sie hätte arbeiten müssen, hätte sie als Vertreterin der Stufe neun weder Macht ausüben können, noch hätte man ihr Respekt entgegengebracht. Jetzt verbeugten sich die Leute noch vor ihr – nicht weil man sie respektierte, sie mochte oder ihr dienen wollte, sondern weil sie die Frau des Vorsitzenden war. Sollte sie jemals ein offizielles Amt übernehmen, würde ihr niemand mehr schmeicheln. Die zahlreichen Feinde, die sie sich mit ihrer scharfen Zunge und ihrem jähzornigen Wesen gemacht hatte, würden sie verachten. Krank zu sein bot ihr die einzige Möglichkeit, andere herumzukommandieren.

Nach drei Wochen wurde ich zu Jiang Qing gerufen. Mit einer Handbewegung forderte sie mich auf, Platz zu nehmen. Dann machte sie mich darauf aufmerksam, daß ich mehrere Wochen lang absolut nichts getan hätte. Sie wollte wissen, was ich zu unternehmen gedächte.

»Ich habe darauf gewartet, daß Sie mir sagen, wann Sie untersucht werden wollen«, antwortete ich.

»Zunächst möchte ich etwas anderes mit Ihnen besprechen«, sagte sie.

Ich war auf alles gefaßt.

»Der Vorsitzende ist gesund und hat selbst gesagt, daß er nicht ständig einen Arzt um sich haben muß«, erklärte sie. »Aber ich bin krank. Seit Dr. Xu Tao habe ich keinen Leibarzt mehr gehabt. Ich möchte, daß Sie mein Arzt werden. Wenn der Vorsitzende Sie braucht, können Sie sich immer noch um ihn kümmern.«

Jiang Qings Vorschlag erfüllte meine schlimmsten Befürchtungen. Ich hatte sie behandelt, als sie noch mit dem Vorsitzenden zusammenlebte. Jetzt wollte sie, daß ich bei ihr blieb und Mao nur behandelte, wenn er krank war. Dazu war ich nicht bereit.

Ihr Angebot überraschte mich jedoch nicht, und ich hatte mir eine Antwort zurechtgelegt.

Ich entgegnete, daß ich zum Leibarzt des Vorsitzenden ernannt worden sei. Die Partei und meine Vorgesetzten hätten mich nicht beauftragt, für sie zu arbeiten. Außerdem habe der Vorsitzende mir nicht mitgeteilt, daß eine Veränderung anstehe.

Doch Jiang Qing hatte bereits Maos Erlaubnis eingeholt und wollte auch mit meinen Vorgesetzten reden. Das sei kein Problem.

»Wir sollten trotzdem nochmals darüber nachdenken, Genossin«, fuhr ich fort. »Ich möchte mich beruflich auf keinen Fall verändern.«

Sie wurde gereizt. »Und warum nicht?« fragte sie schrill. »Respektieren Sie etwa nur den Vorsitzenden? Sie sehen auf mich herab ...«

Jiang Qing hatte immer die fixe Idee, daß ich ihren Mann bewunderte und sie selbst verachtete.

Ich meinerseits hatte Angst vor dem Klatsch. Meine offizielle Ernennung zu Jiang Qings Arzt würde die Gerüchte, daß wir eine Affäre miteinander hätten, nur bestätigen. »Es geht nicht darum, wer auf wen herabsieht«, gab ich zurück. »Als Arzt behandle ich natürlich jeden Patienten, der mich braucht. Doch wenn wir Ihrem Vorschlag folgen, werden die Leute über uns reden. Das könnte sowohl auf Sie als auch auf den Vorsitzenden ein schlechtes Licht werfen.«

Jiang Qing stand auf und starrte mich an. »Wovon sprechen Sie? Was wirft ein schlechtes Licht auf uns?«

»Nur Geschwätz«, antwortete ich. »Nicht wert, daß man darüber spricht.«

Plötzlich wurde sie sehr aufgeregt. »Doktor, ich habe Sie immer gut behandelt. Wenn Sie etwas zu sagen haben, dann sagen Sie es. Heraus mit der Sprache!«

»Wenn Sie darauf bestehen, Genossin Jiang Qing. Seit ich gegen Ende 1959 zur Gruppe Eins zurückgekehrt bin, sind Gerüchte im Umlauf. Manche behaupten, daß Sie zu nett zu mir sind, daß es zwischen uns etwas ›Besonderes‹ gibt. Jemand hat dieses Gerücht sogar dem Vorsitzenden mitgeteilt. Er hat geantwortet: ›Laßt die beiden doch die Köpfe zusammenstecken!‹ Das ist der Grund, Genossin Jiang Qing, weshalb mir Ihre Idee nicht gefällt.«

Jiang Qing beruhigte sich. »Wer hat das gesagt?« fragte sie mit unnatürlich klingender Stimme.

»Das spielt keine Rolle.«

»Seien Sie nicht albern, Doktor. Ich war nett zu Ihnen, weil es nicht einfach ist, einen Arzt für den Vorsitzenden zu finden. Er mag Sie, und deshalb war ich nachsichtig. Aber jetzt verbreitet jemand Gerüchte über uns. Wer?«

»Wenn Sie es unbedingt wissen wollen: Ye Zilong und Li Yinqiao.« Ich hatte keine Skrupel, der Frau des Vorsitzenden zu erzählen, wer die Gerüchte in Umlauf gesetzt hatte. Ich war wütend auf Ye und Li, denn sie hatten meine Entlassung provozieren wollen.

Jiang Qing gab ihren Plan auf, rief Mao an und beklagte sich unter Tränen bei ihm. Wenige Tage später, am 12. Januar 1961, flog ich mit einem Flugzeug der Luftwaffe zurück nach Beijing. »Sagen Sie keinem etwas«, warnte sie mich, als ich mich von ihr verabschiedete.

In Beijing hatte sich die Situation merklich verschlechtert. Die Straßen waren wie leergefegt. Die wenigen Menschen, die man traf, sahen schwach und kränklich aus. Die meisten blieben zu Hause, um ihre Kräfte zu schonen. Als meine Familie wenige Wochen später das neue Jahr feierte, gab es nur einen dünnen Brei aus Reis und Gemüse. Gewöhnlich hätten wir uns mit Fleisch, Fisch und Klößen den Bauch vollgeschlagen. Neujahr ist ein Tag im Jahr, an dem chinesische Familien überall auf der Welt schlemmen. Dieses Jahr hatten wir kaum etwas zu essen.

Ich wartete noch, bevor ich mit Mao sprach. Die neunte Plenarsitzung des Achten Zentralkomitees stand zwei Tage nach meiner Rückkehr an, und ich wußte, daß er beschäftigt war. Auf dem Plenum sollte endlich die »dunkle Seite« angesprochen werden, die Mao stets ignoriert hatte. Er war weiterhin deprimiert und verbrachte immer mehr Zeit im Bett. Bis zum heutigen Tag glaube ich, daß er – bei all seiner Skrupellosigkeit– den Großen Sprung nach vorn eingeleitet hatte, um China zu helfen. Das Problem war, daß er keine moderne Ausbildung besaß und auch keine Vorstellung davon, wie die moderne Welt funktionierte und wie China an ihr teilhaben konnte. Das zwanzigste Jahrhundert schritt voran, und Mao – unfähig, sein Land zu führen – lebte noch im neunzehnten. Nun überlegte er, was zu tun sei.

Das Plenum wurde zu einer Niederlage für Mao. Die Teilnehmer sahen die wichtigste Aufgabe der Partei in der Wiederherstellung der landwirtschaftlichen Produktion. Denn wenn so viele Chinesen Hunger litten, war Maos Traum von einer schnellen Industrialisierung ausgeträumt. Die Menschen konnten nicht mit leerem Magen arbeiten.[67]

Am 18. Januar, kurz nach Abschluß der Vollversammlung, berichtete ich dem Vorsitzenden von meinem Gespräch mit Jiang Qing und von den Gerüchten über unsere »besondere Beziehung«. Ich hätte lange Zeit geschwiegen, doch nun sei ich der Ansicht, daß Ye Zilong und Li Yinqiao nicht mich, sondern den Vorsitzenden beleidigen wollten. »Welche Beweise gibt es für die Existenz einer besonderen Beziehung?« fragte ich. »Warum verbreiten sie diese Gerüchte?« Insgeheim ärgerte ich mich auch über Mao, weil er dem Gerede nicht Einhalt geboten hatte.

Mao hörte mir aufmerksam zu, und seine Augen verengten sich, während ich sprach. Jiang Qing hatte ihm die Geschichte schon erzählt. »Machen Sie sich keine Sorgen«, sagte er. »Vergessen Sie die Sache. Wer kann schon von sich behaupten, nie über andere geredet zu haben?« Erst jetzt hörte ich, daß Ye Zilong und Li Yinqiao degradiert worden waren und bald nach Henan abreisen würden. Nicht einmal Wang Dongxing hatte mich darüber informiert.

Das Zentrale Gesundheitsbüro stellte noch mehrere andere Ärzte ab, die Jiang Qing in Guangzhou untersuchen sollten: Ji Suhua, den Leiter des Krankenhauses von Beijing; Xue Bangqi, den Leiter des Ostchinesischen Krankenhauses in Shanghai, und Su Zonghua, den Leiter der Psychiatrischen Klinik von Shanghai. Sie ließ sie wochenlang warten – bis Ende Februar, als Mao, Wang Dongxing und ich in Guangzhou eintrafen.

Die Ärzte fühlten sich sehr geehrt, Jiang Qing behandeln zu dürfen, doch sie hatten ihre Posten schon seit sechs Wochen vernachlässigt und wollten nicht länger warten. »Die nehmen sich viel zu ernst«, stichelte Jiang Qing, als ich erklärte, daß sie die Untersuchungen so bald wie möglich vornehmen wollten.

Schließlich gestattete sie eine Untersuchung pro Tag und legte dazwischen einen Tag Ruhepause ein. Damit nahm die gesamte Prozedur sechs Tage in Anspruch. Dr. Ji Suhua, der Chirurg, und der Internist Xue Bangqi benötigten für ihre Untersuchung kaum mehr als eine Stunde. Nur Su Zonghuas neurologisch-psychiatrische Untersuchung dauerte länger. Doch Jiang Qing wich jeder Frage aus, die dem Arzt Aufschluß über ihre psychischen Probleme hätte geben können.

Kurz nach den Untersuchungen wollte Jiang Qing von mir wissen, zu welchem Ergebnis die Ärzte gekommen seien.

Ich antwortete, sie hätten nichts Wesentliches gefunden. »Sie werden bald wieder gesund sein. Die Ärzte möchten die Befunde mit Ihnen besprechen.«

Aber Jiang Qing wollte nichts davon hören. Sie weigerte sich, mit den Ärzten zu sprechen, und verlangte statt dessen eine schriftliche Diagnose. Außerdem sollte der Vorsitzende nichts von den Untersuchungsergebnissen erfahren. Mao sollte glauben, daß sie immer noch krank sei.

Dann folgte ein regelrechtes Tauziehen. Der neue Bericht der Ärzte enthielt nur wenige Veränderungen gegenüber dem früheren Befund. Sie stellten fest, daß Jiang Qing sich gut von ihrer Krebserkrankung erhole, und empfahlen ihr, sich im Hinblick auf ihre chronische Nervenschwäche weiterhin wie bisher zu verhalten. Sie solle sich Filme ansehen, tanzen gehen, Musik hören und sich der Fotografie widmen. Doch Wang Dongxing widersetzte sich jedem Bericht, der nahelegte, daß Jiang Qing krank sei. Er wollte nicht, daß die Ärzte ihre Faulheit legitimierten und Filme und Tanzparties als Kur für nicht existierende Krankheiten ausgaben.

Auch ich geriet in Konflikt mit den Ärzten. Ich hatte zugestimmt, als das Zentrale Gesundheitsbüro die Ärzte beauftragte, Jiang Qings Beschwerden ernst zu nehmen. Später sah ich mich zu einer Kehrtwendung gezwungen. Es sei ein Fehler, Jiang Qings Launen stets nachzugeben, erklärte ich, und forderte die Ärzte auf, offen zu berichten, daß sie bei bester Gesundheit sei.

Der medizinische Bericht stellte auch Jiang Qing nicht zufrieden. »Was soll das?« fragte sie, sobald sie ihn gelesen hatte. »Diese Leute sind völlig verantwortungslos. Die wissen ja nicht, was sie tun.« Sie lehnte den Bericht ab und entließ die Ärzte.

Zum Abschied und als Dank für ihre Dienste veranstaltete Tao Zhu, der Parteisekretär von Guangdong, ein Bankett. Die Ärzte wußten zwar, daß Jiang Qing den Bericht nicht billigte, aber sie ahnten nicht, wie rachsüchtig und boshaft Jiang Qing reagieren würde. Alle drei Ärzte waren während der Kulturrevolution schrecklichen Verfolgungen ausgesetzt. Ji Suhua saß jahrelang im Gefängnis und wurde dort so grausam mißhandelt, daß er den Verstand verlor. Als er nach der Kulturrevolution endlich freikam, litt er an Gehirnschwund. Er konnte nicht mehr arbeiten und starb kurz nach seiner Entlassung. Auch gegen Xue Bangqi wurden zahlreiche Ermittlungen geführt. Er überlebte die Kulturrevolution, starb aber bald danach an einem Herzinfarkt.

Der Psychiater Su Zonghua hatte am meisten zu leiden. Er wurde zum Parteifeind und Feind Jiang Qings gestempelt, eingesperrt und übel mißhandelt. Er schickte mir mehrere Briefe aus dem Gefängnis, in denen er mich daran erinnerte, wie ernst er seine Aufgabe genommen habe. Ich schrieb an das Psychiatrische Krankenhaus in Shanghai, daß er unschuldig sei, doch ich erhielt keine Antwort. Kurz darauf beging Su im Gefängnis Selbstmord. Er hatte die Qual nicht mehr ertragen können.

Die anderen Ärzte reisten ab, und ich blieb als einziger zurück, an dem Jiang Qing ihre Wut über den Bericht auslassen konnte. Unsere Beziehung verschlechterte sich zusehends. Sie klagte, daß ich mich verändert und von ihr abgewandt hätte.

Jiang Qing sah den Grund für meine Verhaltensänderung darin, daß sich das Kräftegleichgewicht in der Gruppe Eins verlagert habe. Nun sei ich auf ihre Protektion wohl nicht mehr angewiesen. Als Wang Dongxing noch im Exil und Ye Zilong und Li Yinqiao an der Macht waren, hätte ich mich ganz auf sie verlassen. Nun seien Ye und Li fortgeschickt worden, mein Freund Wang Dongxing sei zur Gruppe Eins zurückgekehrt und regiere sie mit eiserner Hand. Unter seiner Protektion, so Jiang Qing, könne ich es mir wohl leisten, sie zu kränken. Sie dachte immer noch, daß ich sie verachte und den Vorsitzenden weiterhin uneingeschränkt bewundere.

Doch Jiang Qing irrte sich. Es stimmte zwar, daß mein Leben in der Gruppe Eins mit der Rückkehr Wang Dongxings leichter geworden war, und es traf auch zu, daß ich Jiang Qing nicht mochte. Denn sie führte ein dekadentes Luxusleben, sie gab vor, krank zu sein, und war so gesund wie ein Fisch im Wasser. Sie schikanierte andere und stellte dauernd die unmöglichsten Forderungen. Mir schien sie so schlimm zu sein wie die berüchtigten Grundeigentümer früherer Zeiten, die von der Partei lautstark kritisiert wurden.

Und ich haßte die Heuchelei in der Gruppe Eins, ihre öffentliche Verdammung der »korrupten, bürgerlichen Lebensweise« ihrer Vorgänger, ihre aufdringliche Zurschaustellung erhabener kommunistischer Prinzipien. Die kommunistischen Führer lebten in Saus und Braus, während die Massen sich quälten und plagten. Meine Hoffnungen und Träume – vor allem mein Traum von Mao und der neuen, perfekten Gesellschaftsordnung – waren für immer zerstört.

Aber auch meine Bewunderung für Mao war dahin. Welchen hohen moralischen Gesetzen folgte er? Er hatte Peng Dehuai, einen der großen revolutionären Führer des Landes, einen Mann, der dem Kommunismus treu ergeben war und sein Leben dem Wohle Chinas widmete, wie einen Dreck behandelt. Er versammelte junge Konkubinen um sich und eiferte darin den entarteten Herrschern früherer Zeiten nach. Und das chinesische Volk? Die Kommunistische Partei hob »das Volk« in den Himmel, doch die Menschen wurden unterdrückt und ausgebeutet. Nur um zu überleben, mußten sie alle denkbaren Entbehrungen und Beleidigungen auf sich nehmen. Das Volk war nur eine Masse gesichtsloser, hilfloser Sklaven. So sah die »neue Gesellschaft«, die »neue Welt« des Kommunismus aus. Sie war häßlicher und grausamer als jede der alten Gesellschaftsformen. Jiang Qing hatte recht: Sie erfüllte mich mit Abscheu. Aber auch Mao widerte mich an, ebenso alle Mitglieder der Gruppe Eins. Das »neue China« war korrupt geworden.

45. KAPITEL

Mao war deprimiert über die landwirtschaftliche Krise und ärgerte sich über die Parteielite, der er nun seinen Willen nicht mehr aufzwingen konnte. Er verbrachte die meiste Zeit im Bett mit seinen Mädchen.

Die Frühlings-Lotos-Kammer in Zhongnanhai wurde renoviert und neu möbliert. Während der Renovierungsarbeiten wurden die zweimal wöchentlich stattfindenden Tanzgesellschaften in der Huairen-Halle abgehalten. Danach schob man ein riesiges Bett in Maos Zimmer neben dem Ballsaal. Niemand machte einen Hehl daraus, daß Mao und seine Mätressen sich dort »ausruhen« würden. Um diese Zeit wurde der Beijing-Raum in der Großen Halle des Volkes in »Raum 118« umbenannt und Mao zu dessen privatem Gebrauch übergeben. Die Suite war von einer Opulenz, wie ich sie noch nie erlebt hatte. Ihre Ausstattung übertraf die des Kremlpalastes bei weitem. Die jungen Bediensteten dort waren gleichzeitig Maos Konkubinen, und die Gemächer wurden zu einem weiteren Schauplatz für Maos sexuelle Ausschweifungen.

Für die Auserwählten war es eine unvergleichliche Ehre, Mao sexuell befriedigen zu dürfen. Man unterzog die jungen Mädchen einer sorgfältigen Sicherheitsprüfung, um zu gewährleisten, daß sie die nötige Bewunderung für den Vorsitzenden hegten. Die meisten stammten aus armen Bauernfamilien, die ihr Überleben der Kommunistischen Partei verdankten. Mao war ihr Retter, ihr Messias.

Liu zum Beispiel war in Armut und Elend aufgewachsen. Als ihr Vater starb, war ihre Mutter mittellos und mußte mit dem Kind betteln gehen. Sie war erst acht oder neun Jahre alt, als die Kommunistische Partei an die Macht kam und ihr eine Ausbildung in der Kulturarbeitstruppe der Luftwaffe anbot. Die Partei bewahrte sie vor einem schweren Schicksal.

Eine andere junge Frau, auch eine Konkubine Maos und Mitglied der Kulturarbeitstruppe des Eisenbahnkorps, hatte während der Revolution ihre Eltern verloren. Sie waren im Kampf für den Kommunismus gefallen. Das Mädchen hatte nicht einmal die Grundschule abgeschlossen, aber die Partei unterstützte auch sie und verschaffte ihr eine Ausbildung als Tänzerin in der Kulturarbeitstruppe.

Diese jungen Frauen konnten schon von Glück sagen, daß die Partei sie unter ihre Fittiche genommen hatte. Doch es war das größte Ereignis ihres

Lebens, in das Bett des Vorsitzenden gerufen zu werden. Die meisten Chinesen freuten sich über jede Gelegenheit, einen Blick auf Mao zu erhaschen, wenn er mit ausdrucksloser Miene auf dem Tiananmen-Tor stand. Dies war das Aufregendste, was sie sich vorstellen konnten. Die wenigen Privilegierten, die ihm die Hand schütteln durften, wuschen sich wochenlang nicht, denn von überallher kamen Freunde und Bekannte, berührten die Hand, die Maos Hand berührt hatte, und nahmen dadurch an dem übernatürlichen Ereignis teil. Während der Kulturrevolution wurden sogar die Mangos, die Mao den Arbeitern schenkte, als geweihte Gegenstände auf Altären verehrt. Ein Schlückchen des Wassers, in dem man ein Stück einer solchen Mango gekocht hatte, wurde als magisches Elixier getrunken. Man kann sich vorstellen, was es für ein junges Mädchen bedeutete, in Maos Gemächer gerufen zu werden, um ihm im Bett zu dienen!

Sie liebten Mao nicht im konventionellen Sinne, sie verehrten ihn vielmehr als ihren großen Führer, Lehrer und Retter. Die meisten wußten, daß die Beziehung nicht von langer Dauer sein würde. Alle waren noch sehr jung, wenn sie in Maos Dienste traten – im Teenageralter oder Anfang Zwanzig –, und gewöhnlich nicht verheiratet. Wenn Mao ihrer müde wurde, heirateten sie junge, ungebildete Bauern.

Doch solange die Beziehung anhielt, erwartete Mao auch von seinen Konkubinen die gleiche Loyalität wie von seinen anderen Mitarbeitern. Wollten sie heiraten, brauchten sie Maos Erlaubnis. Diese erteilte er gewöhnlich erst dann, wenn er ihrer überdrüssig war. Manche durchschauten die Situation nicht und heirateten ohne Maos Erlaubnis während der langen Zeitabschnitte, in denen sie nicht zu ihm gerufen wurden. Hin und wieder erneuerte Mao die Beziehung trotzdem. Er begriff nie so recht, wie die Mädchen ihn einschätzten, weil er seine Rolle als großer politischer Führer und als Mann nicht unterscheiden konnte. »Der Vorsitzende ist so interessant«, teilte mir eine junge Frau eines Tages mit. »Aber er versteht nicht, daß man ihn einerseits als Führer und andererseits als Mann lieben kann. Ist das nicht seltsam?«

Die Mädchen zeigten ebenso großen Respekt vor Maos sexueller Potenz wie vor seinen politischen Fähigkeiten. Mit seinen siebenundsechzig Jahren war Mao über das Alter hinaus, in dem, wie er meinte, normalerweise die sexuelle Aktivität nachzulassen beginnt. Doch seltsamerweise klagte er plötzlich nicht mehr über Impotenz. Er wurde zum Anhänger taoistischer Sexualpraktiken, durch die er eine Verlängerung seines Lebens zu erreichen suchte und die ihm als Vorwand für seine Vergnügungen dienen konnten. So behauptete er zum Beispiel, er brauche *yin shui* (das Wasser des *yin*, nämlich die Vaginalsekrete), um sein eigenes, zur Neige gehendes *yang* (seine männliche Substanz, die Quelle seiner Stärke, Macht und Langlebigkeit) zu ergänzen. Da es so wichtig für seine Gesundheit und Kraft war, *yang* aufzubauen, durfte er es nicht verschwenden. Deshalb ejakulierte er während des Koitus nur selten und gewann statt dessen Kraft und Stärke aus den Sekreten seiner Partnerinnen. Je mehr *yin shui* der Vorsitzende aufnahm, desto kräftiger wurde seine männliche Substanz. Dazu war häufiger Geschlechtsverkehr nötig, und er ging am liebsten mit mehreren Frauen gleichzeitig ins Bett. Auch forderte er seine Partnerinnen dazu auf, ihn mit anderen Frauen bekannt zu machen – angeblich, um durch gemeinsame Orgien seine Lebenskraft zu stärken.

Maos Behauptung, daß taoistische Sexualpraktiken ihn gesund erhielten, war zwar nur eine fadenscheinige Rechtfertigung seines sexuellen Verlangens, doch ich konnte nicht umhin, mich mit diesen Praktiken zu beschäftigen. Seine Mätressen, die wie Konkubinen am kaiserlichen Hof stets auf eine Aufforderung aus den Gemächern des Herrschers warteten, waren so stolz darauf, dem Vorsitzenden zu dienen, daß sie mir gegenüber kein Blatt vor den Mund nahmen. Sie versuchten nie, ihre Beziehung geheimzuhalten. Die jungen, ungebildeten Frauen wandten sich an mich, wenn sie ärztliche Hilfe oder den Rat eines erfahrenen Mitarbeiters brauchten. Oft händigte Mao ihnen das taoistische Aufklärungs-Handbuch *Geheimnisse des einfachen Mädchens* aus, damit sie sich auf die Rendezvous mit ihm vorbereiteten. Da es sich um einen erotischen Klassiker handelte, konnten die Mädchen viele der chinesischen Zeichen nicht lesen und baten mich um Hilfe. Mit der Zeit wurde mir der taoistische Text sehr geläufig. Die Frauen waren Mao dankbar für das, was er ihnen beibrachte. »Er ist in allem gut – einfach berauschend«, vertraute mir eine von ihnen in bezug auf Maos sexuelle Potenz an.

Maos sexuelles Interesse galt nicht nur Frauen. Seine jungen Bediensteten waren ausnahmslos hübsch und kräftig gebaut. Eine ihrer Verpflichtungen war eine abendliche Massage, die dem Vorsitzenden beim Einschlafen helfen sollte. Mao bestand darauf, daß auch seine Leistengegend massiert wurde. Davon erfuhr ich erst im Jahre 1960, als ein Diener Mao den Gehorsam verweigerte. »Das ist keine Aufgabe für einen Mann«, sagte er zu mir. Vier Jahre später wurde ich Zeuge eines ähnlichen Zwischenfalls, der sich in Maos Sonderzug ereignete. Ein Diener bereitete Mao zum Schlafengehen vor, und der Vorsitzende war gerade völlig nackt. Plötzlich ergriff er den Mann, streichelte ihn und wollte ihn zu sich ins Bett ziehen. Zunächst interpretierte ich dieses Verhalten als Beweis für homosexuelle Neigungen, doch dann kam ich zu dem Schluß, daß es eher ein unersättlicher Appetit auf alle Arten von Sex war. In alten Zeiten spielten junge, oft weibische Männer die weiblichen Rollen in chinesischen Opern, und viele leisteten wohlhabenden Kaufleuten und Beamten sexuelle Dienste. Auch *Der Traum der roten Kammer* und *Der Goldene Lotus* – der große erotische Klassiker Chinas, eines der Lieblingsbücher Maos – enthalten Geschichten über solche Beziehungen. Lustknaben sind ein Teil der chinesischen Tradition.

Maos Wächter und Diener jedoch waren weder homosexuell noch Schauspieler, und die Gegenwart so vieler attraktiver junger Frauen stellte oft eine Versuchung für sie dar. In alten Zeiten war die Keuschheit der Konkubinen dadurch gewährleistet worden, daß außer dem Kaiser und dessen Eunuchen kein männliches Wesen die Nacht innerhalb der Mauern der Verbotenen Stadt verbringen durfte. Doch bei Maos Wächtern handelte es sich um junge, gesunde Burschen vom Lande, die oft schrecklich naiv waren, bevor sie in den inneren Zirkel eingeführt wurden. Manche erlagen den zahlreichen Versuchungen.

Ein junger Leibwächter bezahlte einen hohen Preis für seine Grenzüberschreitung. Als eine von Maos Konkubinen eines Abends das Dienstzimmer betrat, um die Schlaftabletten des Vorsitzenden abzuholen, ließ der junge Wächter sich über ihre zarte, weiche Haut aus und wagte es gar, ihr den Hintern zu tätscheln.

»*Liumang!*« kreischte sie, was höflich übersetzt soviel bedeutet wie »Schurke«. Sie rannte sofort zu Mao, und dieser beorderte Wang Dongxing zu sich.

»Was glaubst du, wer du bist? Willst du dem Tiger die Zähne ziehen?« schrie der herbeieilende Wang den jungen Wächter an.

Dieser wartete zitternd vor Panik auf das Ergebnis der Beratung zwischen Mao und Wang Dongxing. »Wie schrecklich, wie schrecklich«, lamentierte er und ging auf und ab, während sein Schicksal besiegelt wurde. Mao befahl Wang, die Schußwaffe des Leibwächters zu konfiszieren und ihn ins Gefängnis zu stecken. Wang nahm die Waffe an sich, bewahrte den Wächter jedoch vor dem Gefängnis, indem er ihn in das Büro für Öffentliche Sicherheit in Qingdao versetzte.

Andere Wachen gerieten ohne eigenes Verschulden in große Schwierigkeiten.

Eines Morgens gegen vier Uhr riß mich ein neunzehnjähriger Leibwächter aus tiefem Schlaf. Etwas Entsetzliches habe sich zugetragen.

Wir befanden uns in dem eleganten alten Jinjiang-Hotel in Shanghai, im Herzen des ehemaligen französischen Viertels, wo Mao stets eines der obersten Stockwerke bewohnte. Man hatte das ganze Hotel für ihn geräumt.

Wie immer war eine Gruppe von Maos Konkubinen mit dabei, und er hatte in jener Nacht seine damalige Favoritin dazu auserwählt, mit ihm das Lager zu teilen.

Der Leibwächter hatte zum Tee des Vorsitzenden etwas heißes Wasser hinzugießen wollen und Mao mit dem Mädchen im Bett überrascht. Er war neu im Gefolge und in das Privatleben des Vorsitzenden noch nicht eingeweiht. Seiner Aussage nach hatte er nicht gewußt, daß die junge Frau bei Mao war. Er habe sie zunächst nicht einmal richtig gesehen, sondern sie nur durch einen Spalt des seidenen Vorhangs erblickt, der stets zwischen dem Eingang zu Maos Gemach und dessen Bett aufgehängt wurde und dem Vorsitzenden selbst bei geöffneter Tür ein gewisses Maß an Zurückgezogenheit verschaffte. »Als ich reinkam, fiel sie aus dem Bett auf den Fußboden. Sie war völlig nackt! Ich bin erschrocken weggerannt. Was soll ich jetzt nur tun?«

Hellwach setzte ich mich auf und versuchte, den jungen Mann zu beruhigen. »Hat der Vorsitzende Sie bemerkt?« fragte ich.

»Ich weiß nicht«, antwortete er. »Ich bin sofort hinausgerannt, als ich sie sah.« Er fing an zu weinen. »Ich bin neu hier!« rief er. »Mir hat keiner gesagt, wann ich das Gemach des Vorsitzenden betreten darf und wann nicht. Ich hatte doch keine Ahnung, was da vor sich geht.« Er bat mich, seine Unschuld zu bezeugen.

Ich versicherte ihm, daß ich dazu bereit sei, ermahnte ihn aber auch, in Zukunft diskreter zu sein und sich vor jedem Betreten des Zimmers zu vergewissern, daß er niemanden störe. »Der Vorsitzende hat nicht nach Ihnen gerufen, und Sie sollten nur hineingehen, wenn er nach Ihnen verlangt. Sonst denkt er womöglich, daß Sie ihn ausspionieren.«

Der Mann wollte sofort die Gruppe Eins verlassen, aber er mußte zum Vorsitzenden zurück, weil er noch Dienst hatte. Laut Vorschrift sollten die Leibwächter ständig für Mao erreichbar sein.

Als er zurückkam, schrien Mao und seine Geliebte einander an. Vorsichtig blieb er an der Tür stehen, überzeugt davon, daß es um ihn ging. Mao sah ihn und rief ihn herein. Die Frau weinte laut, und Mao wollte, daß der Wächter Zeuge des Schauspiels wurde. Dieser fand schnell heraus, was passiert war.

Der Wächter hatte Maos Zimmer gerade in dem Augenblick betreten, als zwischen dem Vorsitzenden und dessen Konkubine ein Streit ausbrach. Die Frau hatte einen jungen Mann kennengelernt und wollte ihn heiraten. Doch Mao stimmte der Heirat nicht zu. Je länger sie beharrte, desto unerbittlicher zeigte sich Mao. Schließlich beschuldigte sie ihn zornig, daß er ein korrupter, bürgerlicher Schürzenjäger sei und sie zu seinem eigenen sexuellen Vergnügen mißbrauche. Wütend stieß Mao sie aus dem Bett. In diesem Moment hatte der Leibwächter den Raum betreten. Die beiden waren so in ihren Streit vertieft, daß sie ihn gar nicht bemerkt hatten.

Man holte Wang Dongxing, und Mao forderte, daß sofort eine Sitzung des Mitarbeiterstabs einberufen wurde, um die junge Frau zu kritisieren. Doch diese erklärte, daß sie in diesem Falle die Wahrheit über ihre Beziehung zu Mao sagen und ihn als bourgeoisen Schürzenjäger anprangern werde. Wang befand sich in einem Dilemma. Er mußte eine Sitzung einberufen, weil Mao es so angeordnet hatte. Doch all seine Bemühungen, den Vorsitzenden vor sich selbst zu schützen, würden fehlschlagen, wenn die junge Frau ihre Geschichte erzählte – es sei denn, jemand besänftigte sie. Wang bat mich um Hilfe.

Ich sprach mit Maos Freundin und versuchte, einen Weg zu finden, der beider Gesicht wahrte. Es sei klüger, sich ruhig zu verhalten und an den Ruf des Vorsitzenden zu denken. Sie war zwar immer noch wütend und traurig, aber nach langer Diskussion erklärte sie sich bereit, vor dem versammelten Mitarbeiterstab Selbstkritik zu üben. Sie gab zu, daß es falsch gewesen sei, den Vorsitzenden zu beleidigen.

Mao akzeptierte ihre Selbstkritik, und sein Gesicht blieb gewahrt. Doch er erlaubte ihr die Heirat immer noch nicht. Erst 1966, nach dem Beginn der Kulturrevolution, gab er seine Einwilligung. Danach verlor die Beziehung an Leidenschaft, und Mao wandte seine Aufmerksamkeit einer anderen Frau zu, die er auf einer Tanzgesellschaft in Zhongnanhai kennengelernt hatte. Sie war die erste Geliebte Maos, welche die ganze Nacht in seinem Schlafzimmer verbrachte, bei ihm wohnte, wenn Jiang Qing auf Reisen war, schlief, wenn er schlief, und ihn bediente, wenn er wach war. Sie servierte ihm Speisen und Tee, rieb seinen Körper mit heißen Waschlappen ab und erfüllte seine taoistischen Bedürfnisse. Die junge Frau freute sich darüber, daß ihre Beziehung zu dem Vorsitzenden allgemein bekannt wurde. »Was ist das für ein Leben, halb im Licht und halb im Schatten?« fragte sie mich.

Sie wurde stolz bis hin zur Arroganz. Als Bettpartnerin Maos fühlte sie sich privilegierter und besser als andere. Sie verlor jegliches Gespür für Maos Bedürfnis nach Ruhe und Zurückgezogenheit und tat, was sie konnte, um mit ihrer besonderen Beziehung zu prahlen.

Doch Wang Dongxings Aufgabe bestand darin, Mao vor seinen eigenen Indiskretionen zu schützen. Über Maos Liebesleben durfte nichts an die

Öffentlichkeit dringen. Alle Mitarbeiter und persönlichen Sekretäre hatten Mao die Treue geschworen – wir waren zum Schweigen verpflichtet. Aber außerhalb der Gruppe Eins konnte man von niemandem Diskretion erwarten. Wang wünschte, daß die Frau ein eigenes Zimmer bewohnte, wenn sie zusammen mit Mao auf Reisen war.

Doch andererseits wollte Wang den Vorsitzenden nicht verärgern. Er machte einen unerfahrenen neunzehnjährigen Leibwächter zum Opferlamm und befahl ihm, Mao den Vorschlag zu unterbreiten. Überraschenderweise ging Mao darauf ein und schickte seine schmollende Gefährtin in ein Nachbarzimmer. Letztlich ärgerte sich Mao aber doch so sehr über den jungen Wächter, daß er ihn bald darauf entließ und aus Zhongnanhai verbannte. Und die junge Frau zog wieder in Maos Schlafzimmer ein.

Sie machte Mao auch mit anderen Frauen bekannt. Die Beziehung wurde zu einer Familienaffäre, da er sich mit all ihren weiblichen Verwandten einließ. Mao war zwar von ihrer ältesten Schwester in Shanghai – einem Mitglied der Operntruppe der Stadt – enttäuscht, weil sie nicht mehr so jung und hübsch war, doch ihre jüngere Schwester gefiel ihm um so besser.

Im Dezember 1961 lud Mao mich zu einem Bankett in Wuxi ein. Die Teilnehmer waren Mao und ich, die junge Frau, ihre jüngere Schwester und deren Mann, ein Heeresoffizier. Das Bankett wurde in unserer Unterkunft, einer Villa am Ufer des herrlichen Tai-Sees, veranstaltet. Während wir die köstlichen Speisen zu uns nahmen, ahnte noch niemand, was nach dem Essen auf uns zukommen würde. Alles wirkte so idyllisch: Winterlich blühende Pflaumenbäume erfüllten die Luft mit ihrem Aroma. Es hatte gerade geschneit, und Nebel lag über dem See, der sich ins Endlose zu erstrecken schien. Der Tai-See ist berühmt für seine kleinen, silbern glänzenden wohlschmeckenden Fische und für die Geschicklichkeit der Fischer. In dem gesamten Gebiet um den See wird Tee angebaut und Seide verarbeitet. Überall wachsen breitblättrige Maulbeerbäume zur Seidenraupenzucht.

Es störte weder Mao, daß die Schwester seiner Freundin verheiratet war, noch fühlte sich der gehörnte Ehemann betrogen. Vielmehr betrachtete er es als eine Ehre, seine Frau dem Vorsitzenden anbieten zu dürfen. Außerdem sah er eine Gelegenheit, in der militärischen Hierarchie aufzusteigen. Kaum war das Abendessen vorbei, schickte Mao ihn nach Hause und verbrachte die nächsten drei Tage mit seiner Freundin und deren Schwester im Bett, nur kurz unterbrochen von Unterredungen mit dem Bürgermeister von Shanghai, Ke Qingshi, und Zeng Xisheng, dem Leiter der Provinz Anhui.

Selbst Wang Dongxing, der es Mao so leicht gemacht hatte, junge Frauen kennenzulernen, war entsetzt. »Wenn ihre Mutter noch lebte, würde er auch sie mit ins Bett zerren«, schnauzte er. Doch sein schärfster Tadel galt dem gehörnten Ehemann. »Er hat seine eigene Frau verkauft«, meinte Wang.

Er war der Ansicht, daß Maos sexuelle Abenteuer einen Kampf gegen den Tod darstellten. »Der Vorsitzende wird alt«, sagte er eines Tages zu mir. Die Angst vor dem Tod treibe Mao dazu, so viele junge Frauen wie nur möglich zu verführen.

Über die Jahre beobachtete ich immer wieder, wie unschuldige junge Frauen von Mao korrumpiert wurden. Dabei machten Maos sexuelle Forderungen und sein Charakter einen Teil der Korruption aus, seine Macht einen anderen. Statt durch die Beziehung zu Mao demütig zu werden, zeigten die meisten Mädchen Arroganz. Viele waren ungebildet und hatten keine große Zukunft vor sich. Nur ihr Verhältnis mit Mao verlieh ihnen ein Recht auf eine gewisse Berühmtheit. Und welch ein Recht! Vor allem zu Beginn der Kulturrevolution benutzten sogar die Frauen, derer Mao überdrüssig geworden war, ihre besondere Beziehung zum Vorsitzenden, um sich eine gewisse Machtposition zu erobern.

Diese Beobachtungen lehrten mich, daß Jiang Qings Leben einen ähnlichen Lauf genommen haben mußte. Vielleicht war sie damals, als sie Mao in Yan'an heiratete, wirklich liebenswert gewesen. Vielleicht hatte Mao auch sie korrumpiert.

Geschlechtskrankheiten waren unter diesen Umständen unvermeidlich. Ein Mädchen gab Trichomonasis an die anderen weiter. Die jungen Tänzerinnen der Eisenbahntruppe tauschten oft die Wäsche, und ich nehme an, daß Maos Gespielin sich auf diese Art die Krankheit zugezogen hatte. Trichomonasis ist genaugenommen keine Geschlechtskrankheit, kann jedoch von einer infizierten Frau auf deren männliche Geschlechtspartner übertragen werden. Diese wiederum können andere Frauen infizieren. Die Krankheit verursacht der Frau gewöhnlich große Beschwerden, tritt beim Mann jedoch nicht in Erscheinung, wodurch er zum Überträger wird, ohne es zu wissen. Sobald eine seiner Partnerinnen sich die Krankheit zugezogen hatte, war auch Mao infiziert und mit ihm alle seine Konkubinen. Er schickte sie mir zur Behandlung.

Die Mädchen waren stolz auf ihre Infektion. Sie waren von Mao angesteckt worden, und das war eine Auszeichnung – Zeugnis ihrer besonderen Beziehung zum Vorsitzenden. Außerdem waren sie stolz darauf, von mir behandelt zu werden. Als Leibarzt Maos hatte ich Zugang zu den besten und neuesten Medikamenten aus dem Westen. Für sie war es ein Privileg, ausländische Medikamente zu erhalten.

Doch mit der Behandlung von Maos Frauen allein war es nicht getan. Da Mao der Überträger war, konnte ich der Epidemie nur dadurch Einhalt gebieten, daß ich auch ihn behandelte. Ich wollte, daß er so lange abstinent blieb, bis die Medikamente Wirkung zeigten.

Der Vorsitzende lachte über meinen Vorschlag. Die Ärzte würden doch immer übertreiben, spottete er. Ich versuchte, ihm zu erklären, daß er Überträger einer Krankheit sei und andere anstecken könne, auch wenn er selbst keine Beschwerden habe. »Wenn mir nichts weh tut, dann ist es auch nicht schlimm«, antwortete er. »Warum regen Sie sich so auf?«

Doch ich blieb beharrlich und fragte ihn, was wohl wäre, wenn Jiang Qing infiziert würde.

Diese Frage fand Mao amüsant. »Das wird nie geschehen.« Er unterhalte schon lange keine sexuellen Beziehungen mehr zu seiner Frau. Mit einer wegwerfenden Handbewegung und einem Lächeln auf den Lippen fügte er hinzu: »Ich habe ihr schon vor langer Zeit gesagt, daß ich zu alt dafür bin.«

Ich schlug vor, daß er sich wenigstens waschen lassen solle. Er wurde zwar immer noch allabendlich mit heißen Handtüchern abfrottiert, aber er badete nie. Seine Genitalien kamen nie mit Wasser in Berührung. Doch Mao wollte nicht baden. »Ich wasche mich in meinen Frauen«, entgegnete er.

In mir stieg Ekel hoch. Ich konnte es kaum ertragen, daß er sexuell so zügellos war, taoistische Wahnideen hatte und junge Mädchen ins Verderben stürzte.

Aber ich mußte einen Weg finden, eine weitere Ausbreitung der Epidemie zu verhindern. Zuerst veranlaßte ich, daß Bettwäsche und Handtücher aller Gästehäuser, in denen Mao verkehrte, sterilisiert wurden. Trichomonasis verbreitet sich auch dadurch, daß infizierte Handtücher und Laken mehrmals benutzt werden. Doch das Personal des Gästehauses meinte, es sei eine Beleidigung für den Vorsitzenden, seine Bettwäsche zu sterilisieren, und ich konnte das Problem nicht weiter erläutern, ohne Maos Geheimnis preiszugeben.

Vertraulich empfahl ich den Mitarbeitern der Gruppe Eins, die schon über die Krankheit Bescheid wußten, ihre eigenen Handtücher zu benutzen. Dann zeigte ich ihnen, wie Maos Bettwäsche und Handtücher sterilisiert werden konnten, ohne daß Mao es merkte.

Doch das Problem wurde nie ganz gelöst. Mao übertrug die Krankheit weiterhin auf seine zahlreichen Konkubinen.

46. KAPITEL

In Maos Augen wurden seine Konkubinen noch wichtiger, als eine von ihnen die geheimen Abhöranlagen entdeckte. Es geschah im Februar 1961, nicht lange nach dem chinesischen Neujahrsfest, als wir mit Maos Sonderzug nach Guangzhou unterwegs waren.

Wang Dongxing schien sich von Anfang an im klaren darüber zu sein, daß diese Reise Schwierigkeiten mit sich bringen werde. Diesmal waren sogar noch mehr Frauen als sonst in Maos Begleitung. »Zwei Frauen machen mehr Lärm als ein Gong«, sagte Wang zu mir, als wir die Reise antraten.

Es fiel mir schwer, den Überblick zu behalten. Da war eine junge Privatsekretärin Maos, die später Nutzen aus der Beziehung zu Mao zog und große politische Prominenz erlangte; außerdem die Frau, mit der er gestritten hatte, weil sie heiraten wollte. Auch einige der weiblichen Zugangestellten dienten Mao als Konkubinen. Ich war erstaunt, eine mir bekannte Lehrerin zu sehen, und ich erschrak, als ich von ihrer langjährigen sexuellen Beziehung zu Mao erfuhr. Die liebenswürdige junge Frau hatte Mao auf einer Tanzparty kennengelernt, und sie hatten ein Verhältnis begonnen. Die junge Frau war über die Gegend um Beijing nie hinausgekommen, und Mao wollte ihr jetzt die Welt zeigen.

Die vierzigjährige, dunkelhäutige Frau eines hohen Militärs war auch dabei, sie hatte in Yan'an eine Affäre mit Mao gehabt, bevor er Jiang Qing heiratete. Als die Beziehung in die Brüche ging, schickte er sie in die Sowjetunion und arrangierte später ihre Heirat. Jiang Qing wußte schon seit langem von der Liebschaft und verlangte aus Rachsucht, daß der Ehemann degradiert wurde. Dieser war allerdings ein enger Mitarbeiter Peng Dehuais und stand unter dem Schutz des Verteidigungsministers. Doch als Peng 1959 seines Amtes enthoben wurde, war es auch mit der Protektion vorbei. Jiang Qing bearbeitete bereits Lin Biao, damit er gegen den ihr Verhaßten vorging. Seine Ehefrau war offensichtlich gekommen, um Mao um Schutz für ihren Mann zu bitten.

Das Verhältnis schien wiederaufzuleben. Mao rief sie mehrmals während der Reise in sein Abteil, und am ersten Abend nach unserer Ankunft in Hangzhou blieb mir nicht verborgen, daß sie mehrere Stunden in seinem Schlafzimmer verbrachte. Kurz darauf verschwand sie jedoch. Eine der Frauen machte sich Sorgen um sie, aber sie kam am frühen Morgen zurück. Sie hatte sich mit Mao gestritten und die Nacht weinend auf einem Felsen am Ufer des Sees verbracht. Mao schickte sie noch am selben Tag wieder nach Beijing.

Nach einigen Tagen in Hangzhou fuhren wir mit dem Zug gen Westen in Richtung Wuhan und unterbrachen unsere Reise nur kurz, damit Mao mit Zhang Pinghua konferieren konnte.

Das Treffen fand im Zug statt, und Mao verspätete sich. Er hielt sich mit der Lehrerin im Schlafwagen auf, während Zhang und dessen Stellvertreter Wang Yanchun im benachbarten Empfangswagen warteten. Wang war so sehr in seiner bäuerlichen Herkunft verwurzelt, daß er nicht auf dem Sofa saß, sondern darauf hockte. Mao und seine Konkubine erschienen schließlich, und ich machte mit ihr und einigen anderen Begleiterinnen Maos einen Spaziergang um den Zug. Liu Jishun, der junge Techniker, der dafür verantwortlich war, heimlich Maos Gespräche aufzuzeichnen, schloß sich uns an.

»Ich habe Sie heute gehört«, sagte der junge Techniker plötzlich zu der Lehrerin.

»Wie meinen Sie das?« gab sie zurück.

»Als der Vorsitzende sich auf das Treffen mit Zhang Pinghua vorbereitete, haben Sie gesagt, er soll sich etwas beeilen und sich anziehen.«

Die junge Frau erbleichte. »Was haben Sie noch gehört?« fragte sie leise.

»Alles«, erwiderte Liu lächelnd.

Sie war wie vor den Kopf geschlagen, drehte sich abrupt um und rannte in Richtung des Zuges. Wir folgten ihr schnell. Auch die anderen Konkubinen Maos waren außer sich. Wenn Liu Jishun das Bettgeflüster der Lehrerin mit Mao belauscht hatte, dann ganz gewiß auch ihres.

Die Beratungen waren gerade beendet, als wir zurückkamen. Die Lehrerin stürzte sofort in Maos Privatabteil und erzählte ihm von dem Gespräch mit Liu.

Mao wurde fuchsteufelswild, denn er hatte nicht geahnt, daß man ihn abhörte.[68] Er rief Wang Dongxing in sein Abteil, und die beiden redeten intensiv eine Stunde lang hinter verschlossenen Türen miteinander. Auch Wang, der erst vor kurzer Zeit aus dem Exil zurückgekehrt war, behauptete, nichts von den Abhöranlagen gewußt zu haben. Sofort befahl er, daß sich unser Zug so schnell wie möglich nach Wuhan in Bewegung setzen solle.

Als der Zug wieder fuhr, ließ Wang den Techniker Liu Jishun und den Privatsekretär Luo Guanglu zu sich kommen. Der Vorsitzende wolle wissen, wer die Abhöraktion angeordnet habe. Unter vier Augen fragte Wang den Techniker aus und eröffnete ihm dann, daß Mao seine Festnahme befohlen habe.

Doch er nahm ihn nicht sofort fest. »Es gibt ja sowieso kein Versteck für dich«, sagte Wang zu Liu.

Der Privatsekretär Luo Guanglu stellte sich dumm. Alles habe angefangen, als Ye Zilong noch an der Macht war. Ihn solle man fragen. Doch Ye war zur sozialistischen Umerziehung aufs Land geschickt worden und stand nicht zur Verfügung.

Auch Liu Jishun wußte von nichts. Er habe nur seine Arbeit getan, und zwar auf Befehl der »Führungsspitze«.

»Und die ›Führungsspitze‹ hat dir befohlen, auch die Privatgespräche des Vorsitzenden aufzunehmen?« fragte Wang Dongxing. »Hast du nichts Besseres zu tun? Warum bist du auf Schwierigkeiten aus? Warum wußte der Vorsitzende nicht, daß seine Gespräche aufgezeichnet werden? Wie soll ich ihm das erklären?«

Liu blieb stumm.

Schließlich erreichten wir Wuhan und zogen in das Gästehaus ein, das »Pflaumengarten« genannt wird. Es war vier Uhr morgens. Wang Dongxing und Liu Jishun rissen einen örtlichen Elektriker aus dem Schlaf und demontierten zusammen mit ihm alle Abhörvorrichtungen, die im Zug installiert waren. Ich ging zu Bett.

Als ich am Nachmittag des nächsten Tages aufwachte, war die Abhöranlage – Aufnahmegeräte und Tonbänder, Lautsprecher und Drähte – im Konferenzraum ausgestellt. Sämtliche Mitarbeiter waren versammelt und betrachteten das ganze Drum und Dran. Unser Gästehaus »Pflaumengarten« war ebenfalls mit Wanzen versehen worden, und man konnte auch diese Ausrüstung inspizieren. Wang Dongxing, Kang Yimin, Luo Guanglu und Liu Jishun mußten sich hinter den Ausstellungstisch postieren, und Mao ließ zum Beweis Fotos anfertigen.

Kang Yimin, der stellvertretende Direktor des Büros der Privatsekretäre, reiste aus dem Generalbüro in Zhongnanhai herbei, um die Angelegenheit mit Wang Dongxing zu besprechen. Kang berichtete, daß Ye Zilong die Anweisung erteilt habe, den Vorsitzenden abzuhören, aber er wisse auch, daß der eigentliche Befehl dazu von »ganz oben« gekommen sei.

Die Entscheidung war einfach zu wichtig, als daß ein Funktionär wie Ye sie hätte treffen können. Weshalb man dachte, die Wanzen würden unbemerkt bleiben, werde ich nie verstehen.

Da die Abhöranlage nun entdeckt worden war und Kang höhere Ränge aus dem Streit heraushalten wollte, versuchte er, Wang Dongxing zu überzeugen, daß dieser die ganze Angelegenheit unter den Teppich kehren müsse. Doch wie Mao wollte Wang der Sache auf den Grund gehen und herausfinden, woher der Befehl gekommen war.

Schließlich ließ sich Wang Dongxing auf einen Kompromiß ein. Er teilte Mao mit, daß die Wanzen installiert worden seien, um Material für eine Geschichte der Partei zu sammeln.

Mao war erbost. »Man stellt also schon einen schwarzen Bericht über mich zusammen?« brüllte er. Eine »Parteigeschichte«, die auf seinen Privatgesprächen basierte, konnte nur gegen ihn verwendet werden. Nichts bereitete ihm größere Sorgen als die Möglichkeit eines Angriffs, wie Chruschtschow ihn gegen Stalin geführt hatte. Chruschtschows Anklage hatte auch viele schädigende persönliche Einzelheiten enthalten, und Mao wollte nicht, daß sein Privatleben auf Band aufgenommen wurde.

Doch was er am meisten fürchtete, waren nicht diese Enthüllungen. Seine sexuellen Ausschweifungen stellten ein offenes Geheimnis innerhalb der Parteielite dar. Seine größte Angst galt der potentiellen Bedrohung seiner Macht. Maos häufige Reisen in andere Teile Chinas, seine inoffiziellen Treffen mit örtlichen Parteiführern waren ein Teil seiner politischen Strategie, welche den schwerfälligen bürokratischen Apparat der Partei und des Staates umging und Mao direkten Kontakt zu lokalen Funktionsträgern erlaubte. Er wollte verhindern, daß die Zentralbehörden erfuhren, worüber er mit den Provinzführern sprach. Mao wünschte sich abhängige und loyale Zentralbehörden, für die sein Kurs unberechenbar blieb.

Er befahl Wang Dongxing, die Tonbänder sofort zu verbrennen. Von Maos Zorn eingeschüchtert, gab Liu Jishun zu, daß auch andere Orte – zum Beispiel das Wangzhuang-Gästehaus in Hangzhou, das wir gerade verlassen hatten – mit Wanzen versehen waren. Mao befahl Wang, einige Mitarbeiter loszuschicken, die auch diese Vorrichtungen entfernen und die Tonbänder vernichten sollten.

Infolge des Zwischenfalls verloren mehrere Mitarbeiter ihre Posten. Kang Yimin, Ye Zilongs Gehilfe, und Maos Privatsekretär Luo Guanglu wurden gefeuert. Kang fand bei der Volksbank Arbeit. Luo wurde in das Zweite Ministerium für Maschinenindustrie versetzt und von Xu Yefu abgelöst. Dieser hatte seine Stelle als Privatsekretär verloren, als er offen über Li Yinqiaos Beschuldigung sprach, daß Jiang Qing sich nach Hangzhou flüchte, um nicht kritisiert zu werden. Liu Jishun, der mit seinen Witzeleien den Stein ins Rollen gebracht hatte, wurde zur sozialistischen Umerziehung nach Shaanxi geschickt.

Mao war davon überzeugt, daß diejenigen, die 1961 ihre Arbeit verloren, nicht die eigentlich Schuldigen waren. »Woher sollten die wissen, worum es geht?« fragte er.

Mao und Kang Yimin wußten, daß der Befehl, seine Gespräche abzuhören, nur von den Parteiführern ganz oben in der Hierarchie, wie zum Beispiel Liu Shaoqi und Deng Xiaoping, gekommen sein konnte. Auch das Ministerium für Öffentliche Sicherheit konnte etwas damit zu tun haben. Mao glaubte, daß sie im Rahmen einer Verschwörung gegen ihn spioniert hatten. Meiner Ansicht nach stammte seine wachsende Überzeugung, daß es in den höchsten Rängen der Partei ein Komplott gegen ihn gebe, aus jener Zeit. Die Meinungsunterschiede zwischen Mao und den anderen Parteiführern traten damals noch nicht offen zutage, doch die Kluft, die mit der Kulturrevolution entstehen würde, deutete sich schon an. Mao wartete ab.

Der Zwischenfall hatte ihn zermürbt. Mißtrauisch war er zwar schon immer gewesen, doch er hätte sich nicht träumen lassen, daß geheime Abhörvorrichtungen jedes seiner Worte aufzeichneten und man Tonbänder mit all seinen Gesprächen nach Beijing schickte. Auch von seinen Mitarbeitern war Mao enttäuscht. Er vermutete, daß der innere Zirkel, dem er vertraut hatte, an der Verschwörung beteiligt war. Zu Recht unterstellte er uns, wir hätten gewußt, daß seine Unterhaltungen aufgezeichnet und an das Hauptbüro geschickt wurden. Mao glaubte immer weniger an unsere Loyalität; er umgab sich mit Frauen und entließ seine männlichen Bediensteten. Schließlich machte er seine jungen Konkubinen zu seinen engsten Vertrauten.

Auch mir gegenüber wurde Mao argwöhnischer. Mit seiner Frage »Was gibt es Neues?«, die er mir bei jeder Begegnung stellte, versuchte er alles aus mir herauszubekommen, was ich wußte. Wenn man ihm nicht alles berichtete, konnte das schon Beweis genug dafür sein, daß man an einer Verschwörung gegen ihn arbeitete. Maos Paranoia vertiefte sich, und er sollte mir nie wieder uneingeschränkt vertrauen.

47. KAPITEL

Wir blieben nur kurz in Wuhan und fuhren dann mit dem Zug in Richtung Süden nach Guangzhou. Die Spannung wuchs. Mao hatte eine politische Arbeitssitzung einberufen, an der die höchsten Parteiführer – Liu Shaoqi, Zhu De und Chen Yun – teilnehmen sollten. Mao mißtraute jetzt allen in seiner Umgebung, und man traf strenge Sicherheitsvorkehrungen. Da die Hungersnot fortdauerte und sich die Parteiführung zerstritten hatte, war die politische Situation sehr instabil.

Guangzhou bot unter dem Gesichtspunkt möglicher Sabotage besondere Sicherheitsprobleme. Das geplante Treffen mußte absolut geheimgehalten werden, denn es war relativ einfach, aus dem nahegelegenen Hongkong Spione in die Stadt einzuschleusen. Mao oder andere Parteiführer könnten womöglich einem Mordanschlag zum Opfer fallen. Ein Jahr zuvor, während der erweiterten Sitzung des Politbüros in Shanghai, fand das Büro für Öffentliche Sicherheit heraus, daß der taiwanesische Geheimdienst schon vorher von der Zusammenkunft erfahren hatte. Bürgermeister Ke Qingshi vermutete eine undichte Stelle in seinem Mitarbeiterstab und ließ Post, Telefonate, Telegramme und alle Kontakte nach außen überwachen. Erst lange nach dem Treffen in Guangzhou wurde dem Büro für Öffentliche Sicherheit und der Ermittlungsabteilung der Zentralbehörde klar, daß Taiwan aus dem verstärkten Flugverkehr nach Shanghai auf eine dort stattfindende Konferenz geschlossen hatte.

Guangdongs erster Parteisekretär Tao Zhu war sichtlich nervös. Unmittelbar nach unserer Ankunft berief er ein Treffen zur Planung der Sicherheitsmaßnahmen ein. Den Vorsitz übernahmen Xie Fuzhi, der Minister für Öffentliche Sicherheit, und Wang Dongxing. Alle leitenden und einfachen Mitarbeiter des Büros für Öffentliche Sicherheit in Guangdong nahmen an dem Treffen teil. Auch ich hatte zu erscheinen, denn ich war für die Organisation der medizinischen Betreuung verantwortlich.

Nach der Diskussion über die Sicherheitsmaßnahmen berief ich eine Versammlung mit örtlichen Gesundheitsbeamten ein, und wir arbeiteten Pläne für die medizinische Versorgung der Konferenzteilnehmer aus. Mitten in der Besprechung mit dem Leiter des Volkskrankenhauses von Guangzhou erreichte mich ein dringender Anruf von Jiang Qings Krankenschwester. Wieder störten mich Jiang Qings Neurosen bei wichtigeren Aufgaben. Ich mußte die Sitzung verlassen, um herauszufinden, was geschehen war.

Als ich Jiang Qings Villa im »Inselchen« betrat, hatte sich das gesamte Personal bereits dort eingefunden. Die Krankenschwestern weinten, die Leibwächter und männlichen Bediensteten machten einen sehr angespannten Eindruck. »Diesmal ist es wirklich schlimm«, bemerkte Sun Yong, der diensthabende Sicherheitsbeamte.

Am Abend zuvor hatte eine Krankenschwester ein heißes Bad für Jiang Qing eingelassen. Diese schrie plötzlich auf und beschuldigte die Krankenschwester, sie verbrühen zu wollen. Außerdem war Jiang Qing überzeugt, daß jemand sie vergiften wollte. Da ich der Vorgesetzte ihres medizinischen Personals war, lag die Schuld letzten Endes bei mir.

Ich versuchte, die Angestellten zu beruhigen, und versprach ihnen, daß die Partei sie vor Jiang Qing schützen werde. Dann suchte ich die Frau des Vorsitzenden auf.

»Was für Schwestern haben Sie mir nur zugeteilt, Doktor?« fragte sie und warf wütend einen Waschlappen auf den Tisch. »Was wollen Sie mir antun?«

Ich setzte mich ihr gegenüber. »Was ist los?«

»Was los ist? Sie wissen also nicht Bescheid?« meinte sie ungläubig.

Ich erklärte ihr, daß ich an einer Konferenz teilgenommen hätte und daher nicht in der Nähe gewesen sei.

Jiang Qing wiederholte die Geschichte, die ich soeben gehört hatte. Die Krankenschwester habe sie absichtlich verbrühen wollen und ihre Schlaftabletten ausgetauscht. »Die hat es auf mich abgesehen!«

Ich sagte, daß das Wasser zwar heiß, aber nicht kochend heiß gewesen sein könne, da es sich um Leitungswasser gehandelt habe. Außerdem setzte ich ihr auseinander, daß ihre Medikamente im Krankenhaus von Beijing gründlich geprüft würden. Nach der Kontrolle habe man die Arznei versiegelt und nach Guangzhou geschickt. Nur Xiao Zeng und Xiao Li dürften das Siegel aufbrechen – zwei Krankenschwestern, die vom Hauptbüro der Sicherheitskräfte und vom Zentralen Gesundheitsbüro für absolut zuverlässig befunden worden seien.

Doch Jiang Qing warf mir vor, nur die Krankenschwestern zu verteidigen, statt der Sache auf den Grund zu gehen. »Sie haben nicht die richtige Einstellung. Mit Ihnen streite ich nicht mehr!«

Sie befahl mir, sofort Wang Dongxing zu holen.

Wang Dongxing verhielt sich sehr diplomatisch und tat sein Bestes, um sie zu besänftigen.

»Sie sind stellvertretender Minister für Öffentliche Sicherheit und Leiter des Hauptbüros der Sicherheitskräfte«, hob Jiang Qing an. »Also sind Sie für alles verantwortlich, was um den Vorsitzenden herum geschieht. Darf ich Ihnen eine Frage stellen?«

»Natürlich, Genossin Jiang Qing.«

»Wenn die Personen unter Ihrer Aufsicht andere Menschen betreuen, welche Gesinnung sollten sie dann haben?«

Wang Dongxing lächelte immer noch. »Genossin Jiang Qing, gibt es ein Problem? Ich glaube, das läßt sich lösen. Wir brauchen nur ein wenig Geduld.«

»Um Gottes willen«, entgegnete Jiang Qing, »wie kann ich geduldig sein, wenn dieser Arzt mir jedesmal widerspricht, sobald ich den Mund aufmache?«

Ich versuchte meine Version darzulegen, doch sie schnitt mir das Wort ab. »Seien Sie still! Ich will nichts mehr hören.« Dann wiederholte sie die Geschichte mit dem kochenden Wasser und den Gifttabletten. »Darf ich meine Krankenschwestern nicht kritisieren, wenn sie Fehler machen? Kann ich von meinem Arzt kein Mitgefühl erwarten, wenn ich krank bin? Nein – ich bekomme nur eine Standpauke. Er hat mich angeschrien und mich nicht wie eine Patientin behandelt. Was ist das für eine Einstellung? Glauben Sie wirklich, daß er dem Volk von ganzem Herzen dient?«

Sie holte Atem, und ich versuchte nochmals, meine Version vorzutragen. Wieder ließ sie mich nicht zu Wort kommen. »Ärzte und Schwestern sollten für ihre Patienten Sorge tragen und nicht lange mit ihnen diskutieren. Dieser Arzt hier ist entsetzlich arrogant. Ist das eine Form psychischer Folter?«

Ich warf ein: »Genossin Jiang Qing …«

Doch sie ließ mich nicht ausreden. »Hören Sie auf, Diskussionen mit mir anzufangen!« schrie sie. »Ich streite mich nicht mit Ihnen!«

Mir reichte es. Ich stand auf. »Wir halten hier eine Besprechung ab«, erklärte ich, »und meiner Ansicht nach hat jeder das Recht, das Wort zu ergreifen. Wenn ich nichts sagen darf, sehe ich nicht ein, was ich hier noch zu suchen habe.«

Ich verließ das Zimmer und schlug die Tür hinter mir zu.

An der Schwelle hörte ich sie noch klagen: »Sehen Sie? Er führt sich sogar vor dem Vizeminister derartig auf!«

Ich machte einen Spaziergang im Garten, um mich abzureagieren. Mir wurde klar, daß ich sofort Mao aufsuchen mußte, denn er würde sich sicher auf die Seite desjenigen stellen, der ihm den Vorfall zuerst schilderte. Falls er glaubte, daß die Krankenschwestern versuchten, Jiang Qing Schaden zuzufügen, so lag die Verantwortung letztlich bei mir, und ich würde damit rechnen müssen, verhaftet oder gar hingerichtet zu werden. Aber ich hatte keine Gelegenheit, mit Mao zu sprechen, denn Jiang Qings Wächter Sun Yong fand mich im Garten und holte mich zu Jiang Qing und Vizeminister Wang Dongxing zurück.

»Sie sind entlassen und stehen unter Hausarrest«, sagte Maos Frau, als ich den Raum betrat.

»Gut!« antwortete ich und drehte mich auf dem Absatz um.

Ich war froh, meine ungeliebte Arbeit los zu sein. Aber einsperren lassen wollte ich mich nicht. Ich ging sofort zu Mao.

Inzwischen war es vierzehn oder fünfzehn Uhr, und Mao war gerade aufgewacht. Er lag noch im Bett, die Augen halb geschlossen, und nippte an dem Tee, den ihm sein Leibwächter Xiao Zhang soeben gebracht hatte. »Vorsitzender ...«, begann ich.

»Was gibt es Neues?« fragte er wie gewöhnlich.

»Jiang Qing hat mich entlassen und mich unter Hausarrest gestellt.«

»Zheme lihai?« Er zog ausgiebig an seiner Zigarette. »Ist es so schlimm? Was ist passiert?«

Ich erzählte ihm von den Schwierigkeiten, die Jiang Qing einige Monate zuvor bei ihrer ärztlichen Untersuchung gemacht hatte, und von ihrer Unzufriedenheit mit den Ergebnissen. Dann schilderte ich ihm die letzte Episode von Anfang bis Ende und versicherte ihm, daß Jiang Qing genau die gleichen Schlaftabletten nahm wie er selbst.

Mao rauchte ruhig weiter, nachdem ich geendet hatte.

»Jiang Qing ist unvernünftig«, antwortete er schließlich. »Die Sache kommt wieder in Ordnung. Behalten Sie alles für sich. Ich rede mit Jiang Qing. Aber Sie sollten sich für ein paar Tage hier nicht blicken lassen. Wir müssen dafür sorgen, daß Jiang Qing ihr Gesicht nicht verliert. Sagen Sie den Krankenschwestern, sie sollen sich nicht von ihr einschüchtern lassen. Sie ist nur ein Papiertiger.«

An der Tür traf ich Jiang Qing, die auf dem Weg zu Mao war.

Ich blieb drei Tage fort. Als Mao und Jiang Qing mit Tao Zhu zur Besichtigung der berühmten Porzellanwerke in den Bezirk Foshan reisten, sah ich mir zusammen mit Zhu De einen Film an, *Zwölf Uhr mittags* mit meinem Lieblingsschauspieler Gary Cooper. Ich war begeistert.

Jiang Qing hätte mich zwar gern bestraft, doch Mao mußte sie aufgefordert haben, Frieden mit mir zu schließen. Am Tag nach ihrer Rückkehr aus Foshan rief sie mich zu sich. »Der Vorsitzende vertraut Ihren medizinischen Fähigkeiten«, sagte sie. »Aber das ist kein Grund zur Arroganz. Ich gebe zu, daß ich ungeduldig war. Der Vorsitzende läßt Ihnen ausrichten, daß Sie sich um Ihre Arbeit keine Sorgen zu machen brauchen. Vergessen wir unseren Streit und blicken wir in die Zukunft.« Sie überreichte mir ein Exemplar der *Nachrichtenblätter*. Mao hatte darin einen Artikel angestrichen, den ich lesen sollte. »Der Vorsitzende will, daß Sie wichtigen nationalen Ereignissen mehr Beachtung schenken.«

48. KAPITEL

Im März 1961 wurde China von einer Hungersnot heimgesucht, die das Leben von Millionen von Bauern forderte. Der Zweck der Arbeitssitzung des erweiterten Politbüros in Guangzhou bestand darin, Maos Landwirtschaftspolitik zu revidieren. Er hatte fast den ganzen Februar damit zugebracht, ein realisierbares Agrarprogramm zu entwerfen.

Der Artikel, den Mao für mich ausgesucht hatte, betraf Modernisierungsmaßnahmen in Anhui, mit deren Hilfe die Krise bewältigt werden sollte. Anhui, schon immer eine der ärmsten Provinzen Chinas, hatte sich zum Notstandsgebiet entwickelt. Zunächst war der dortige Parteisekretär Zeng Xisheng ein radikaler Befürworter des Großen Sprungs nach vorn gewesen. Er hatte Mao mit der Idee der Hinterhof-Stahlöfen bekannt gemacht. Doch nun, zu Beginn des Jahres 1961, hungerten in Anhui rund zehn Millionen Bauern, und mehrere Millionen von ihnen starben in den darauffolgenden Monaten. Hunderttausende, die noch genug Kraft besaßen, begaben sich auf die Flucht. Zeng Xishengs Enthusiasmus für den Großen Sprung war verflogen, und er versuchte verzweifelt, die landwirtschaftliche Produktion wieder anzukurbeln. Dazu verteilte er kleine Parzellen des Kommunenbodens an einzelne bäuerliche Haushalte, die das Land bebauten und einen bestimmten Anteil der Ernte an die Kommune abführten. Da die Bauern keine Grundeigentümer waren, konnte Zeng behaupten, daß immer noch ein »sozialistisches«, für Mao akzeptables System herrsche.

Zeng Xisheng hatte fest auf Maos Unterstützung vertraut, als er mehr als ein Jahr zuvor – im Januar 1960, nach der Konferenz von Shanghai – das neue System vorstellte. Mao hatte sich für das Produktionsverantwortungssystem ausgesprochen, und Zeng Xisheng fühlte sich durch seine Worte ermutigt, das Experiment zu wagen. Anfangs waren die Ergebnisse positiv. Die Bauern bestellten das ihnen zugewiesene Land und waren für die Erträge selbst verantwortlich; dadurch bestand ein eindeutiger Bezug zwischen ihrer Arbeit und ihren Einkünften. Die Agrarproduktion in Anhui erlebte einen Aufschwung.

In seinem in Guangzhou vorgestellten Entwurf erwähnte Mao weder Zengs neues Produktionsverantwortungssystem noch ähnliche Formen der Eigenbewirtschaftung, die in anderen Teilen Chinas eingeführt wurden. Doch nach Zeng Xishengs Vortrag vom 15. März schien Mao den Gedanken von neuem zu begrüßen. »Wenn wir es richtig anpacken«, sagte er, nachdem er Zeng aufmerksam zugehört hatte, »steigern wir die Getreideproduktion des Landes um eine Milliarde *jin*. Das würde uns sehr guttun.« Zeng interpretierte Maos Kommentar wiederum als Billigung.

Tatsächlich jedoch stand die Kommunistische Partei wegen der Kontroverse über das neue System kurz vor der Spaltung.

Ke Qingshi, der Bürgermeister von Shanghai und nun auch Leiter der Ostchina-Abteilung des Politbüros, führte den Kampf gegen Zeng an. Ke war immer noch ein begeisterter Anhänger Maos und überhaupt kein Freund Zeng Xishengs. Er glaubte an den Sozialismus um des Sozialismus willen. Als Chef der Ostchina-Abteilung hätte Ke Qingshi eigentlich die Arbeit in Anhui beaufsichtigen sollen. Er war gekränkt, weil Zeng das Produktionsverantwortungssystem eingeführt hatte, ohne ihn zu konsultieren. Ke wurde bald zum radikalsten Fürsprecher der Kollektivierung um jeden Preis.

Während der Konferenz von Guangzhou war die Haltung der Führungsspitze zwar noch nicht eindeutig, aber eine Tendenz zeichnete sich bereits ab. Im März 1961 prägte Deng Xiaoping den wohl berühmtesten Aphorismus seiner politischen Karriere, als er in einer Rede Zengs Vorschlag unterstützte: »Es macht nichts, ob eine Katze weiß oder schwarz ist, solange sie nur Mäuse fängt!« Ob mit Hilfe des Kapitalismus oder des Sozialismus – Dengs erstes Ziel war die Erhöhung der landwirtschaftlichen Produktion und die Bewältigung der Hungersnot.

Liu Shaoqi, der rhetorisch nicht so überzeugend wirkte wie Deng und eine weniger bilderreiche Sprache verwandte, entwickelte erst allmählich eine eigene Position. Doch in Guangzhou neigte er schon dazu, Experimente in der Eigenbewirtschaftung zu unterstützen.

Auf der Konferenz von Guangzhou wurde das Problem nicht gelöst. Die Parteiführer wollten genauere Informationen über die Vorgänge auf dem Lande, bevor sie einen endgültigen Beschluß faßten. Maos Programm für die Arbeit in den Volkskommunen (die sogenannten »Sechzig Punkte«) wurde ohne Rücksicht auf Zengs Modernisierungsvorschläge gebilligt. Doch da es sich nur um einen Entwurf handelte, war die Möglichkeit späterer Veränderungen gegeben. Die Spitzenpolitiker planten Inspektionsreisen in die Landgebiete und setzten eine weitere Konferenz für den Mai an, um die Ergebnisse dieser Reisen auszuwerten. Liu Shaoqi, Zhou Enlai, Zhu De und Deng Xiaoping fuhren sofort aufs Land. Zumindest nach außen war die Fassade der Einheit der Partei aufrechterhalten worden.

Doch hinter den Kulissen spielten sich immer häufiger persönliche und ideologische Konflikte ab, weil Mao seine Anhänger nicht nach ihren Fähigkeiten oder Qualifikationen, sondern eher nach ihrem speichelleckerischen Verhalten einschätzte und förderte.

Sobald ich den Artikel über die Eigenbewirtschaftung gelesen hatte, war mir bewußt, daß Zeng Xishengs Politik Schwierigkeiten mit sich bringen würde. Auf den ersten Blick erschien das System sehr überzeugend. Wenn sich die Produktion am effektivsten dadurch erhöhen ließ, daß man den Boden direkt an die Bauern verteilte, dann war dieses System für China gewiß das beste. Die Landwirtschaft war die Lebensader des Staates. Millionen von Chinesen verhungerten. Wo sollten wir Lebensmittel hernehmen? Die meisten Politiker hatten den Sozialismus gewählt, weil sie glaubten, daß nur er die Armut besiegen, den Lebensstandard des chinesischen Volkes heben und China wieder zu einem reichen und mächtigen Land machen werde. Auch für mich war der Sozialismus nur ein Mittel zum Zweck. Angesichts der ernsten Krise sahen viele Parteiführer die einzige Lösung nur darin, den Bauern die Verantwortung für ihre Produktion zurückzugeben. Als die Erträge tatsächlich stiegen, erhielt das Experiment immer mehr Unterstützung.

Allerdings roch Zengs Politik nach Privatbewirtschaftung, die ja nicht sozialistisch sein konnte. Innerhalb der Partei gingen die Ansichten darüber auseinander, was das beste für das Land sei und was Sozialismus bedeute. Mao glaubte an den Sozialismus um des Sozialismus willen. Sein höchstes Ideal bildeten nicht Wohlstand oder Produktion, sondern kollektives Besitztum, Zusammenleben, Gleichheit, eine primitive Form des Teilens. Seine größte Sorge galt nicht der Frage, ob der Sozialismus den Lebensstandard des chinesischen Volkes heben werde. Er wußte genau, daß die Bauern eigenes Land wollten. »Aber wir wollen den Sozialismus«, sagte Mao. »Wir müssen den Bauern zwar entgegenkommen, weil wir mit Schwierigkeiten in der Produktion zu kämpfen haben, aber das ist nicht die Richtung, die wir in Zukunft einschlagen werden.«

Auch interessierte es ihn nicht, daß die Eigenbewirtschaftung effektiver zu sein schien als die Volkskommunen. Er zitierte ein altes chinesisches Sprichwort: »Manche geben ihre Überzeugung erst dann auf, wenn sie den Gelben Fluß sehen und keinen anderen Fluchtweg mehr haben. Ich gebe meine Überzeugung auch dann nicht auf, wenn ich den Gelben Fluß sehe.«

Als die Führungsspitze im Mai und Juni 1961 in Beijing wieder zusammentraf, befand sich das Land in großer Not. Die Menschen waren unterernährt, ihre

Gesichter bleich, die Bäuche vom Hunger angeschwollen. Die Straßen waren wie leergefegt, man blieb zu Hause, weil die Kraft fehlte, auszugehen oder zu arbeiten. Die Evakuierungen in ländliche Gebiete hatten begonnen. Da die Städte nicht mit Lebensmitteln versorgt werden konnten, schickte die Partei ungefähr zehn Millionen Städter aufs Land. So reduzierte man die Gefahr politischer Unruhen in den Zentren und brachte die Hungernden gleichzeitig den potentiellen Nahrungsquellen näher.

Aber die Ergebnisse der Inspektionsreisen waren nicht sehr optimistisch. Auch auf dem Land blieb die Lage miserabel. Einige Parteiführer faßten den Mut zur Opposition. Der eisern pragmatische Chen Yun, der sich während der Konferenzen im März still verhalten hatte, gehörte zu den Dissidenten, die sich am eindrücklichsten äußerten. »Die Bauern beklagen sich«, berichtete er. »Sie sagen, daß sie unter Jiang Jieshi zwar ›gelitten‹, aber immerhin genug zu essen bekommen hätten. Unter Mao sei zwar alles ›großartig‹, aber man habe nur noch Brei auf dem Tisch. Wenn wir den Bauern ihr Land zurückgeben, hat bald jeder genug zu essen.« Chen Yun war dafür, alle Kommunen aufzulösen.

Maos »Sechzig Punkte für die Volkskommune« wurden überarbeitet. Die öffentlichen Speisesäle, die man vielerorts schon gar nicht mehr betrieb, sollten jetzt offiziell abgeschafft werden. Die Parteispitze schickte 1962 weitere zehn Millionen Städter aufs Land. In der Industrie, vor allem in der Stahlproduktion, wurden die Planziele drastisch zurückgeschraubt. Doch die Kommunen wurden beibehalten, und die Einheit der Partei blieb nach außen hin gewahrt.

Im Sommer 1961 zog sich Mao wieder ins Lushan-Gebirge zurück, den Schauplatz der katastrophalen Konferenz vom Juli und August 1959, bei der Peng Dehuai Kritik an Mao geübt und dieser die Entlassung des Verteidigungsministers durchgesetzt hatte. Nun wollte Mao dort eine weitere Sitzung einberufen. Diesmal stand die Anpassung der Produktionspläne für die Industrie und Landwirtschaft auf der Tagesordnung, und Mao würde keine Störung dulden.

Mao hatte weiterhin etliche Anhänger, als man im August zusammentrat. Auf Ke Qingshi konnte er sich allemal verlassen, und auch Lin Biao verlieh seiner Bewunderung für Mao immer wieder Ausdruck. Im Mai hatte Lin der *Zeitung der Befreiungsarmee* befohlen, auf der Titelseite jeder Ausgabe einen Aphorismus des Vorsitzenden Mao zu bringen. Innerhalb der Armee leitete Lin eine neue Kampagne zum Studium der Gedanken Maos ein. Er erklärte bei jeder Gelegenheit, daß »das Denken Maos die höchste Manifestation des

Marxismus-Leninismus« sei. Außerdem ermutigte er die gesamte Bevölkerung, »die Bücher des Vorsitzenden Mao zu lesen, seinen Worten zu gehorchen und seine folgsamen Soldaten zu sein«. Doch in Lins Verhalten sah ich weniger echte Überzeugung als vielmehr ein ungezügeltes Streben nach Macht.

Auch Wang Renzhong, der Parteisekretär von Hubei, unterstützte Mao. Er war ein hirnloser Speichellecker. Peng Dehuai schien seine Meinung revidiert zu haben. Jetzt kritisierte er die Eigenbewirtschaftung und vertrat die Ansicht, daß die Kollektivwirtschaft den größten Teil des Volkseinkommens zu liefern habe.

Zhou Enlai und Zhu De äußerten sich nicht zur Frage der ländlichen Kollektive. Beide hatten Mao in dieser Hinsicht schon früher verärgert und wollten dieses Risiko nicht nochmals eingehen. Tao Zhu, der erste Parteisekretär von Guangdong und neue Leiter der Mittel- und Südchina-Abteilung, war unschlüssig. Generell sprach er sich für die Eigenbewirtschaftung aus, schlug jedoch vor, nur dreißig Prozent des kollektivierten Landes an die Bauern zurückzugeben. »Dann verhungert niemand mehr«, sagte er. »Wenn das Kapitalismus ist, dann bin ich für den Kapitalismus. Wollen wir wirklich, daß im Sozialismus alle arm sind?«

Liu Shaoqi setzte sich entschlossener für das Produktionsverantwortungssystem ein. »Wir müssen in der Industrie und in der Landwirtschaft zurückstecken. Alles, was den Unternehmungsgeist der Bauern mobilisiert, kann uns nur recht sein. Die Wahl einer Methode schließt nicht alle anderen aus. Ich verlange die Wiedereinführung der Eigenbewirtschaftung und der privaten Äcker.«

Deng Xiaoping sicherte jedem System, das die landwirtschaftliche Produktion erhöhen könne, seine Unterstützung zu. Es sei sinnlos, das Kollektivsystem weiterzuführen. Als Ke Qingshi die positive Beschreibung der Eigenbewirtschaftung durch Zeng Xisheng kritisierte, wies Deng ihn zurecht. »Die Ostchina-Abteilung sollte ihre Entscheidungen nicht zu hastig treffen«, schnauzte er.

Mao war anderer Ansicht, und ich wußte, daß er nicht nachgeben würde. »Wenn man nicht alle Hindernisse aus dem Weg räumt und rücksichtslos sein Ziel verfolgt, dann erreicht man es nicht«, hatte er Marschall Bernard Montgomery im Mai 1960 erklärt.[69] Ich hatte erwartet, daß er in Lushan dieses Prinzip verfolgen und einer sich sträubenden Parteielite seinen Willen aufzwingen würde, aber das war nicht der Fall. Er nahm nur selten an den Sitzungen teil, ließ sich jedoch jeden Abend einen schriftlichen Bericht aushändigen. Einmal traf er sich privat mit Zeng Xisheng und warnte ihn davor, weiter für die Eigenbewirtschaftung einzutreten. Doch sonst unternahm er nichts.

Mao war immer noch auf dem Rückzug. Einerseits sah er sich durch äußere Ereignisse dazu gezwungen, andererseits war dies ein Teil seiner Strategie, die Schlangen erst einmal aus ihren Löchern zu locken.

Ich wußte, daß Mao wütend auf die Parteispitze war. An einem Abend während der Konferenz sagte er plötzlich in unserer Englischstunde: »Alle guten Parteimitglieder sind tot. Zurückgeblieben sind nur die Roboter.«

Ich war überrascht. Erst mit dem Ausbruch der Kulturrevolution, fünf Jahre später, ging mir auf, wen er mit den »Robotern« meinte und über wessen Tod er glücklich gewesen wäre.

49. KAPITEL

Während die Partei nach Wegen aus der Katastrophe suchte und die Bauern millionenfach hungerten, weigerte sich Mao immer noch, über die katastrophalen Auswirkungen seiner Politik zu sprechen. Sein Rückzug aus dem öffentlichen Leben entsprach jedoch dem Verhalten eines gescheiterten Beamten.

Er sprach nicht mehr davon, sich unter die Massen zu mischen, er drängte sich nicht mehr ins Rampenlicht. Andererseits beruhte sein Leben auf der Bewunderung durch andere, und er sehnte sich nach Aufmerksamkeit und Beifall. Je unbeliebter er in der Partei wurde, desto größer wurde sein Hunger nach Zustimmung. Lin Biaos Aufruf, Maos Gedanken zu studieren, war ein Weg, diese Sehnsucht zu stillen. Und auch die Frauen, die er um sich versammelte, bewunderten und verehrten ihn; sie boten Ersatz für die Schmeicheleien, die er noch vor kurzem von der Öffentlichkeit und der Parteielite zu hören bekommen hatte.

Jiang Qing schloß sich Mao in Lushan an und wohnte mit ihm in dem alten Landhaus Jiang Jieshis. Ihre Anwesenheit behinderte seine Amouren erheblich. Gewiß, es gab immer noch jede Nacht Tanzveranstaltungen, und Mao tanzte mit vielen Partnerinnen, aber Jiang Qing war dabei und ließ ihren Mann nicht aus den Augen. Mao löste das Problem, indem er seine Rendezvous auf den Tag verlegte.

Und er stimmte sich Jiang Qing mit einem Gedicht gewogener. Sie hatte sich schon lange darüber geärgert, daß ihr Mann Gedichte für andere Frauen schrieb, ihr dagegen noch nie Verse gewidmet hatte. Als sie Mao einige großartige Fotos als Geschenk überreichte, die sie in Lushan gemacht hatte – sie verbrachte dort viel Zeit mit ihrem Hobby und hatte sich zu einer sehr fähigen Fotografin entwickelt –, erfüllte er ihren Wunsch und schrieb auf das beste Foto ein Gedicht:

Dämmerschein, blaue Weite; seh stämmige Kiefern,
wirbelnde Wolken, im Fluge dahin, doch gelassen.
Himmelsschöpfung, die eine Geisterhöhle;
unbegrenzter Rundblick auf schroffem Gipfel.[70]

Jiang Qing freute sich sehr. Sie zeigte das Gedicht jedem, den sie traf, und fühlte sich bemüßigt, ein Lobgedicht auf sich selbst zu schreiben. Unter dem Titel »Über mich selbst« entstand ein schrecklich peinliches und prahlerisches Machwerk:

> Ein steiler Berggipfel erhebt sich am Ufer des Flusses,
> gehüllt in einen Schleier aus Nebel und Wolken.
> Die meiste Zeit nicht sichtbar,
> erstrahlt seine Majestät bei seltenen Gelegenheiten.

Der »steile Berggipfel« war ein Spiel mit den Zeichen, aus denen Jiang Qings Name bestand. Sie sah sich also als talentierte Frau, die ein Opfer widriger Umstände geworden war. Während der Kulturrevolution sollten ihre Gedichte dann zu Parolen in eigener Sache werden.

Nachdem er Jiang Qing mit dem Gedicht zufriedengestellt hatte, zog sich Mao wie ein Kaiser in seine eigene Welt zurück. Ich ging jeden Tag zu ihm, kurz nachdem er aufgestanden war, und wir schwammen zusammen in dem Wasserspeicher direkt neben der komfortablen Villa, die das Parteikomitee der Provinz Jiangxi nach der Konferenz von 1959 für ihn hatte errichten lassen, während die Bauern überall hungerten. Mao benutzte das Haus für die vielen Treffen mit seinen Konkubinen, die er vor seiner Frau und der Parteielite geheimhalten wollte. Seine besondere Favoritin war damals eine junge Krankenschwester aus dem Sanatorium von Lushan, deren Bekanntschaft er schon während der Konferenz des Jahres 1959 gemacht hatte.

Manchmal versuchte er, Jiang Qing und anderen, die ihm vielleicht nachspionierten, zu entkommen. Dann stieg er mit seinen Konkubinen und mir den Berg hinunter bis zu der am Yangtze gelegenen Stadt Jiujiang. Dort schwamm er im Fluß und tollte am Gästehaus mit seinen Gefährtinnen herum. Aber bald wurde die sommerliche Hitze so drückend, daß wir uns wieder auf den Rückweg zu dem »steilen Berggipfel« machten.

Während dieses Aufenthaltes in Lushan im Sommer 1961 lud Mao auch seine zweite Frau, He Zizhen, zu einem Besuch ein.[71]

Irgendwann im Frühling oder Frühsommer hatte sie ihm geschrieben und ihn vor kommenden Schwierigkeiten gewarnt. »Du solltest gut auf die Leute um dich herum aufpassen. Einige von ihnen könnten zur Wang-Ming-Gruppe gehören und versuchen, dir etwas anzutun.« Wang Ming war Anfang der dreißiger Jahre, kurz nach Maos und He Zizhens Heirat, der Führer einer bolschewistischen Gruppe von aus der Sowjetunion zurückgekehrten Studenten gewesen. Er hatte Mao herausgefordert, war in Ungnade gefallen und lebte seit den fünfziger Jahren in der Sowjetunion. Jetzt stellte er keine Bedrohung für Mao mehr dar.

He Zizhens Geist hatte sich nach ihrer Trennung von Mao verwirrt. Sie waren offiziell nie geschieden worden. Mao verlor das Interesse an ihr, kurz nachdem sie als eine der wenigen Frauen den Langen Marsch geschafft hatte und 1935 in Yan'an angekommen war. Zusammen mit ihrer Tochter Li Min und Maos Söhnen Mao Anying und Mao Anqing verbrachte sie die schwierigen Kriegsjahre in der Sowjetunion. Dort wurde sie als schizophren diagnostiziert, und nach ihrer Rückkehr brachte Mao sie auf Staatskosten in einem komfortablen Haus in Shanghai unter.

Jetzt wollte Mao sie sehen.

Über den Direktor des Shanghaier Büros für Öffentliche Sicherheit ließ Mao He Zizhen einen Karton ausländischer »555«-Zigaretten und tausend *yuan* schicken und forderte das Sicherheitspersonal auf, sie nach Lushan zu begleiten. Die Shanghaier Behörden schalteten dann He Zizhens jüngeren Bruder, einen Offizier des dortigen Wachkommandos, als Vermittler ein.

Sie kam während der Parteikonferenz an, und ich begleitete Mao, als er sie in der neuerbauten Villa empfing.

He Zizhen wirkte damals schon sehr gebrechlich. Ihr Haar war silbergrau, und sie ging unsicher wie eine sehr alte Frau. Aber ihr bleiches Gesicht strahlte vor Freude, sobald sie Mao erblickte.

Mao erhob sich sofort, streckte die Arme aus, ergriff ihre Hände und führte sie zu einem Stuhl, während sich He Zizhens Augen mit Tränen füllten. Dann umarmte er sie kurz und fragte lächelnd: »Hast du meinen Brief bekommen? Hast du das Geld erhalten?« Ich hatte ihn noch nie so sanft und freundlich erlebt.

»Ja, ich habe den Brief und auch das Geld bekommen«, sagte sie.

Mao erkundigte sich nach ihrem Befinden und nach ihrer medizinischen Behandlung. Ihre Stimme war kaum hörbar, und nach dem kurzen Aufblitzen des Erkennens wurden ihre Worte unzusammenhängend. Ihr Gesicht wirkte jetzt völlig ausdruckslos. Mao lud sie ein, mit ihm zu Abend zu essen, doch sie lehnte ab.

»In Ordnung«, sagte Mao beruhigend. »Wir haben uns ja jetzt gesehen, aber du hast nicht gerade viel von dir erzählt, oder? Wenn du zurück bist, höre auf deinen Doktor und paß gut auf dich auf. Wir werden uns wiedersehen.«

Und dann verschwand sie wieder.

Noch lange, nachdem sie fort war, blieb ich bei Mao, der still dasaß und melancholisch eine Zigarette nach der anderen rauchte. Ich spürte seine große Betroffenheit über He Zizhens Zustand.

Endlich sagte er ganz leise: »Sie ist so alt. Und so krank.«

Er wandte sich zu mir. »Dieser Dr. Su Zonghua, der Jiang Qing letztes Mal in Guangzhou betreut hat, ist das derselbe, der auch He Zizhen behandelt?«

Ich bestätigte es.

»Und wie heißt ihre Krankheit?«

»Schizophrenie.«

»Was ist das?«

»Der Verstand hat keine richtige Verbindung zur Realität mehr. Die Ursachen dafür sind noch nicht bekannt, und die Medikamente, mit denen man die Krankheit zu behandeln versucht, haben sich als nicht sehr wirksam erwiesen.«

»Ist das die gleiche Krankheit, unter der auch Mao Anqing leidet?«

Auch das bestätigte ich und erinnerte ihn daran, daß sich Mao Anqing zur Behandlung in Dalian aufhielt.

Meines Wissens erfuhr Jiang Qing nie etwas von dem Treffen mit He Zizhen.

50. KAPITEL

Das Jahr 1962 brachte eine politische Wende für Mao. Als er im Januar eine weitere Arbeitskonferenz des erweiterten Zentralkomitees einberief, war seine Beliebtheit in der Partei auf dem Tiefpunkt angelangt. Siebentausend Funktionäre waren anwesend – Partei- und Armeekader aus den Regionalbüros, den Provinzen, Städten, Präfekturen und Bezirken, dazu Industrie- und Bergbaudirektoren – und das Treffen ging als Konferenz der 7000 Kader in die Geschichte ein.[72] Die meisten Teilnehmer gehörten nicht zur Parteielite, die mit ihren Entscheidungen die Politik des Landes bestimmte, sondern zu denen, die für die Umsetzung der Befehle in ihren jeweiligen Gebieten zuständig waren. In Beijing wurden sie vorzüglich verpflegt, lebten in schönen Hotels und amüsierten sich abends gut. Man brauchte ihre Unterstützung.

Liu Shaoqi leitete die Sitzungen, und Mao verzichtete darauf, Lius Rede für die Konferenz der 7000 Kader vorher zu lesen. Das Treffen solle »demokratisch« ablaufen, die Teilnehmer sollten ermutigt werden, ihre eigene Meinung zu äußern, und Liu könne seinen Redeentwurf dann auf der Grundlage der Diskussionsbeiträge überarbeiten.

Folglich wurde Mao von Liu Shaoqis Rede überrascht. Liu verwarf Maos offizielle Erklärung, nach der die katastrophale wirtschaftliche Lage des Landes auf das Wetter zurückzuführen sei. »Naturkatastrophen treffen immer nur ein Gebiet des Landes«, sagte er in der Großen Halle des Volkes. »Von den Menschen verursachte Katastrophen hingegen verwüsteten ganz China. Das dürfen wir nie vergessen.« Er forderte, die Kader zurückzuholen, die wegen ihrer Opposition gegen die »linke Abenteurerpolitik« des Großen Sprungs nach vorn entlassen worden waren; die örtlichen Funktionäre also, die damals die ausgewogenere Position Peng Dehuais unterstützt hatten.

Ich wußte, daß Mao wütend war. »Liu weicht vom Klassenstandpunkt ab«, beschwerte er sich direkt nach der Sitzung. »Er kümmert sich nicht um die Frage, ob wir den kapitalistischen oder den sozialistischen Weg gehen. Statt dessen spricht er über Naturkatastrophen im Gegensatz zu dem durch Menschen verursachten Chaos. In meinen Augen ist dieses Geschwätz die eigentliche Katastrophe.«

Aber die meisten Anwesenden teilten Lius Sicht der Dinge. Ein tiefer Riß zog sich durch die Partei. Die Lage in China war damals so düster, die Übereinstimmung auch in politisch wichtigen Fragen so gering, daß die Konferenz länger als einen Monat dauerte. Ein desillusionierter Ortsfunktionär nach dem anderen schimpfte über die Schwierigkeiten, mit denen das Land konfrontiert sei, und über die Politik, die China in diese Lage gebracht habe. Die Konferenz hatte kathartische Wirkung.

Mao nahm wie gewöhnlich nur selten daran teil. Er verbrachte die meiste Zeit in seinem übergroßen Bett im »Raum 118« der Großen Halle des Volkes, »ruhte sich aus« mit seinen jungen Konkubinen und las die täglichen Berichte über die Sitzungen, die im selben Gebäude stattfanden.

Die Kader der unteren Ebenen konnten endlich die überzogenen Ambitionen des Großen Sprungs nach vorn begraben und sich der Realität des wirtschaftlichen Zusammenbruchs widmen, ohne daß Mao einschritt. Diese Funktionäre hatten während des Großen Sprungs unter unglaublichem Druck gestanden. Die Parole »Keine Kräfte schonen, hoch zielen, schnellere und bessere Ergebnisse erbringen« hatte sie gezwungen, ständig absurdere Produktionsziele aufzustellen. Sie riskierten, als Rechte oder noch Schlimmeres diffamiert zu werden und ihren Arbeitsplatz zu verlieren, wenn sie die Ziele niedrig hielten oder die höheren, die sie selbst schließlich gesetzt hatten, nicht erfüllten. Diese Konferenz der 7000 Kader bot ihnen Gelegenheit, einmal alle ihre Klagen gegen die Parteiführung loszuwerden. Eine schwindelerregende Euphorie setzte ein.

Die Beschwerden richteten sich nie direkt gegen Mao, sondern immer nur gegen die politische Grundlinie des Großen Sprungs. Aber natürlich wußten alle, daß Mao für diese Politik verantwortlich war.

Mao war verdrossen bei der Lektüre der täglichen Mitschriften. »Sie beklagen sich den ganzen Tag, und nachts sehen sie sich Theaterstücke an. Sie essen drei Mahlzeiten am Tag und furzen herum. So stellen sie sich den Marxismus-Leninismus vor«, meinte er. Da das Protokoll verlangte, daß ich mich ständig bereithielt, verbrachte ich einen langweiligen Monat in der Großen Halle.

Als die Kritik kein Ende nahm, sah sich Mao gezwungen, zumindest eine gewisse Mitschuld an der Wirtschaftskrise einzuräumen. Soweit ich weiß, hatte niemand Mao zu einer Selbstkritik aufgefordert. Sie war vielmehr ein Teil seiner politischen Strategie.

Mao haßte es, Fehler einzugestehen. 1960 hörte ich ihn in einem Gespräch mit dem englischen Feldmarschall Montgomery sagen, daß er »eine Menge dummer Dinge getan und eine Menge Fehler begangen« habe, aber gegenüber den hochrangigen Parteiführern oder dem chinesischen Volk war er psychisch nicht zu dem Eingeständnis in der Lage gewesen, daß die katastrophale Lage im Land etwas mit ihm zu tun haben könnte. Dies war Maos erste Selbstkritik seit seiner Machtübernahme im Jahre 1949. »Ich bin für alle Irrtümer, die direkt oder indirekt den Zentralbehörden zuzuschreiben sind, verantwortlich«, sagte er in seiner Rede vom 30. Januar 1962, »denn ich bin der Vorsitzende der Zentralbehörden.« Aber Mao erklärte nie konkret, wo seine Fehler lagen, sondern ging schnell zum Gegenangriff über, indem er auch anderen Verantwortung zuwies. Dann attackierte er das System der vertraglich geregelten Eigenbewirtschaftung.

Ich bin ganz sicher, daß Mao nie wirklich glaubte, irgendeinen Fehler gemacht zu haben. Aber in der Rückschau wird seine Angst, die Kontrolle über die Partei und ganz China zu verlieren, deutlich erkennbar. Er wollte der Mittelpunkt bleiben, das Zentrum, um das sich die Nation scharte, auch wenn er sich in die zweite Linie zurückzog. Mao überließ Liu Shaoqi die Position des Vorsitzenden, um dessen Loyalität zu prüfen, und während der Konferenz der 7000 Kader kam er zu dem Schluß, daß Liu sich ihm gegenüber alles andere als loyal verhielt. Also »übernahm er die Verantwortung« für das Desaster, um seine zentrale Position abzusichern, nicht jedoch, weil er meinte, irgendwelche Irrtümer begangen zu haben.

Lin Biao war unter den wenigen verbliebenen Anhängern Maos der wortgewaltigste, und er hielt seine Rede direkt nach Mao. »Die Gedanken des Vorsitzenden sind immer richtig. Wenn wir auf ein Problem oder eine Schwierigkeit stoßen, liegt das daran, daß wir die Anweisungen des Vorsitzenden nicht genau befolgt, daß wir die Ratschläge des Vorsitzenden ignoriert oder umgangen haben.«

Ich saß während Lins Vortrag hinter der Bühne. »Der stellvertretende Vorsitzende Lin hat wirklich eine gute Rede gehalten«, kommentierte Mao. »Lin Biaos Worte sind immer so klar und einleuchtend. Warum können die anderen Parteiführer nicht so überzeugend sprechen?« Spätestens jetzt begriff ich, daß Maos Selbstkritik gespielt war, daß er seine »Fehler« nicht wirklich eingesehen hatte. Aber auch Lin Biao hatte sicherlich unlautere Motive für seine Verteidigung Maos.

Hua Guofeng, der frühere Parteisekretär der Präfektur Xiangtan in Maos Heimatprovinz Hunan, den ich im Jahre 1959 kennengelernt hatte, wirkte ehrlicher als Lin.[73] Doch er hielt sich ebenfalls mit der Kritik an Mao zurück, was auch ihm die Wertschätzung des Vorsitzenden eintrug. Hua legte wie schon im Vorjahr dar, daß »nach unseren großen Unternehmungen von 1958, 1959 und 1960 die Menschen, die Rinder und das ganze Land an Gewicht verloren haben. Wir sind zu weiteren Anläufen nicht mehr fähig.« Aber diesmal verband Hua seine Worte mit einer Verbeugung vor Mao. »Wenn wir die Schwierigkeiten in unseren ländlichen Gebieten überwinden wollen, müssen wir beharrlich dem sozialistischen Weg folgen und dürfen das System der Verträge mit einzelnen Haushalten und die eigenverantwortliche Landwirtschaft nicht übernehmen. Sonst werden wir in einer Sackgasse enden.«

»Hua Guofeng ist ein ehrenhafter Mann«, sagte Mao nach der Konferenz vom Januar 1962. »Er ist um einiges besser als viele unserer Staatslenker.« Nach dem Sturz Zhou Xiaozhous und seiner Anhänger in Hunan und der Beförderung Zhang Pinghuas zum ersten Parteisekretär waren einige Posten auf Provinzebene frei geworden. Hua wurde zum Leiter des Parteisekretariats von Hunan ernannt und war damit für die laufenden Angelegenheiten der Provinz zuständig. Mao schätzte seine dortige Arbeit.

Die Distanzierung vom Großen Sprung nach vorn verstärkte sich nach der Konferenz der 7000 Kader; auch wuchsen die zentrifugalen Kräfte, welche die Partei auseinanderzureißen drohten. Partei und Staat lösten sich aus der Abhängigkeit von Mao. Die Kommunen wurden endlich umstrukturiert und auf kleine überschaubarere Einheiten etwa von der Größe der Kollektive des Jahres 1956 zurückgeführt. Auch die Produktionsziele der Industrie wurden gesenkt. Die gesamte Wirtschaft war im Umbruch, und man kritisierte die linke Haltung des Großen Sprungs nach vorn auch weiterhin ausgiebig.

Im Februar und März führte die staatliche Kommission für Wissenschaft und Technologie eine Tagung in Guangzhou durch. Dort machte man sogar Anstalten, die Intellektuellen trotz Maos bekannter Abneigung ihnen gegenüber zu rehabilitieren. Die Wissenschaftler und Intellektuellen Chinas hatten sich nie völlig von der Anti-Rechts-Kampagne des Jahres 1957 erholt, in der Hunderttausende entlassen, zurückgestuft oder zur Umerziehungsarbeit verschickt wurden. Auch wer nicht direkt unter der politischen Hexenjagd gelitten hatte, lebte in ständiger Angst und wagte nicht, den Mund aufzumachen. Nun schlug Vizepräsident Chen Yi in seiner Rede einen neuen Ton an. »Es gibt da ein paar Dinge, die andere nicht auszusprechen wagen, aber ich werde es tun«, erklärte er den bedrängten Tagungsteilnehmern. »China braucht Intellektuelle, es braucht Wissenschaftler. Alle diese Jahre hindurch sind sie ungerecht behandelt worden. Jetzt sollten sie wieder in die Position eingesetzt werden, die ihnen zusteht.« Seine Worte waren ein Affront gegen Mao, aber sie gaben den Intellektuellen neue Hoffnung, daß man ihre Dienste wieder nutzen und ihre Leistungen anerkennen werde.[74]

Auch Zhou Enlais Programmrede »Zur Frage der Intellektuellen« richtete sich gegen die intellektuellenfeindliche Tendenz. Zhou erklärte seinen Zuhörern, daß im sozialistischen China die meisten von ihnen zur Arbeiterklasse und daher auch zu den Freunden des Sozialismus zu zählen seien. »Den Aberglauben zu vernichten« sei nicht gleichbedeutend damit, »die Wissenschaft zu vernichten«. Im Gegenteil, um den Aberglauben zu vernichten, müsse man sich auf die Wissenschaftler stützen. Er forderte die Intellektuellen auf, aktiv zu werden und mit ganzem Herzen an der Entwicklung des Landes mitzuwirken.

Die Wissenschaftler waren über diese Tagung genauso glücklich wie die Ortsfunktionäre über die Konferenz der 7000 Kader, und sie ließen sich gern durch Zhous Schmeicheleien einwickeln. Sämtliche Reden quollen über vor Dankbarkeit für die Bemühungen der Partei. Besonders die »Rechtsabweichler« waren hochgestimmt, denn sie hofften, ihr Stigma bald zu verlieren und endlich wieder angemessene Posten zu erhalten.

Zhou Enlai wußte genau wie seine Zuhörer, daß Mao 1957 die Attacke gegen die Intellektuellen geleitet und die Bauern und Arbeiter aufgefordert hatte, endlich ihren »abergläubischen« Minderwertigkeitskomplex abzulegen. Zhou hätte diese Rede niemals ohne Maos Zustimmung halten können.

Mao war dennoch unzufrieden über die Tendenz der Tagung, als er später die Protokolle las. »Ich würde doch gern wissen, wer eigentlich die Geschichte gestaltet?« fragte er mich eines Abends sarkastisch. »Die Arbeiter und Bauern, das werktätige Volk – oder wer sonst?« Mao war immer noch davon überzeugt, daß die Arbeiter und Bauern, nicht aber die Intellektuellen, die Geschichte gestalteten. Schließlich waren Bauernaufstände die treibende Kraft der chinesischen Geschichte gewesen.

Kurz nach dieser Konferenz, die von Zhou Enlais liberaler, versöhnlicher Haltung geprägt war, beschloß Mao, eine weitere, diesmal weniger publizitätsträchtige Tagung einzuberufen, um die Rolle der Intellektuellen in der chinesischen Gesellschaft zu bestimmen. Da er seinen Willen nicht mehr auf den normalen bürokratischen Wegen durchsetzen konnte, bemühte er sich, seine Truppen hinter den Kulissen zu sammeln, entwickelte seine Strategie und suchte Unterstützung für zukünftige Gegenangriffe. Ruhig und unauffällig begann er seine Anhänger zu mobilisieren. Einer von ihnen war Chen Boda, Maos leitender Politsekretär und Chefredakteur des Propagandablattes der Partei, der *Roten Fahne*. Nach Maos Einschätzung war Chen Boda der führende marxistische Theoretiker der Partei. »Keine Revolution kann ohne

Theorie erfolgreich sein«, erklärte er. »Chen Boda ist einer der ganz wenigen Theoretiker, die die Partei besitzt.«

Chen Boda hatte ausführliche und übertriebene Loblieder auf den Großen Sprung nach vorn verfaßt. Mit Hilfe des Marx-Zitats, daß ein Tag unter dem Kommunismus soviel zähle wie zwanzig Jahre unter dem Kapitalismus, hatte er die Morgendämmerung des chinesischen Kommunismus heraufbeschworen.

Als er zwei Jahre später mit der großen Hungersnot während des Großen Sprungs nach vorn konfrontiert wurde, tat Chen Boda die Millionen Toten kurzerhand ab. »Das ist ein unvermeidliches Begleitphänomen auf unserem Marsch«, behauptete er. Kein Wunder, daß Mao diesen niederträchtigen, kleinlichen und krankhaft ehrgeizigen Mann schätzte. Mit einem einzigen Satz hatte er Mao von der Verantwortung für eine der größten Katastrophen in der Geschichte des Landes freigesprochen.

Mao wandte sich 1962 um Hilfe an Chen, um in der Politik des Landes wieder nach links gegenzusteuern. Chen Boda organisierte die Tagung, auf der die maoistische Beurteilung der Intellektuellen unterstrichen wurde. Maos Rede hob sich deutlich von den früheren Äußerungen Zhou Enlais ab: »Intellektuelle arbeiten in Büros. Sie leben gut, essen gut, kleiden sich gut. Sie sind nicht sehr oft draußen. Deshalb erkälten sie sich häufig.« Mao wollte, daß College-Studenten, Dozenten und Verwaltungsbeamte fünf Monate lang in Fabriken oder auf dem Lande körperliche Arbeit leisteten – eine Forderung, welche die Intellektuellen gewiß als eine neue Form der Bestrafung ansehen würden. Laut Mao sollten sie so am Klassenkampf teilnehmen und die Revolution kennenlernen.

»Die Lage wird jetzt immer verwickelter«, fuhr Mao fort. »Manche reden auf einmal von einem vertraglich geregelten System der Eigenbewirtschaftung, das aber in Wirklichkeit nichts anderes als ein Wiederaufleben des Kapitalismus ist. Wir regieren das Land jetzt seit so vielen Jahren, aber wir kontrollieren dennoch nur zwei Drittel unserer Gesellschaft. Ein Drittel bleibt in den Händen unserer Feinde oder in denen ihrer Sympathisanten. Der Feind kann unsere Leute kaufen, ganz zu schweigen von all den Genossen, die Töchter von Großgrundbesitzern geheiratet haben.«

Ich hatte keine Ahnung, wovon Mao sprach, aber seine Feindseligkeit sowohl den Intellektuellen als auch den anderen hochrangigen Führern gegenüber war deutlich zu spüren. In der Zeit der Kulturrevolution einige Jahre später bezeichnete Jiang Qing die Tagung unter dem Vorsitz von Zhou Enlai und Chen Yi als eine »schwarze Konferenz« und warf »bestimmten« Parteiführern – also Zhou und Chen – vor, sie hätten einen Kotau vor den Intellektuellen gemacht, indem sie ihnen den bürgerlichen Hut abnahmen und ihn durch »den Hut der Arbeiterklasse« ersetzten.

Liu Shaoqis Arbeit brachte ihn immer wieder in Konflikt mit Mao. Er setzte sich dafür ein, die Opfer der Säuberungsaktionen von 1959 zu rehabilitieren, was innerhalb der Partei durchaus begrüßt wurde. Während der Konferenz der 7000 Kader hatte man – vorsichtig und hinter den Kulissen – Peng Dehuais Fall aufgegriffen. Man begann, Peng Dehuai mit Hai Rui zu vergleichen, dem aufrechten Beamten der Ming-Dynastie, den der Kaiser seiner offenen Ratschläge und seiner klugen Kritik wegen entlassen hatte und den Mao angeblich so bewunderte.

Im April hatte das Zentrale Sekretariat unter Lius Leitung Richtlinien für die Rehabilitierung von Anhängern Peng Dehuais oder Kritikern des Großen Sprungs erarbeitet. Unter dem Titel »Zur Neubewertung der Arbeit von Parteikadern und Parteimitgliedern« sprach man sich für die Entlastung von wenigstens siebzig Prozent der angeklagten Kader aus. Nur die Säuberungsaktion gegen Peng Dehuai wurde nicht neu aufgerollt, denn sogar Liu Shaoqi wollte Mao in dieser Frage nicht übergehen.

Liu holte Maos Zustimmung zu den Rehabilitierungsverfahren nicht ein, ebensowenig wie An Ziwen, der Direktor der Organisationsabteilung in der Partei. Irgendwann bekam Mao dennoch eine Kopie der Richtlinien in die Hände. »Anscheinend macht An Ziwen den Zentralbehörden nie Meldung über seine Arbeit«, sagte Mao. »Deshalb wissen die Genossen in der Zentrale nichts über die Aktivitäten in der Organisationsabteilung. Er schneidet uns von wichtigen Informationen ab und errichtet so ein eigenes Imperium.«

Tian Jiaying erzählte mir, An Ziwen habe äußerst wütend reagiert, als er von Maos Kritik erfuhr. »Die Zentrale? Wer ist die Zentrale?« fragte er. »Es gibt eine Reihe führender Genossen in Beijing – Liu Shaoqi, Deng Xiaoping, Peng Zhen. Sie sind für die laufenden Geschäfte der Parteiverwaltung verantwortlich. Wenn ich ihnen Bericht erstatte, mache ich dann nicht der Zentrale Meldung?«

Auch Chen Yun legte sich mit Mao an. Er war damals stellvertretender Vorsitzender der Partei, ein dem Titel nach sehr einflußreicher Posten, aber seine Beziehung zu Mao war schon seit langem sehr gespannt, und er hatte wenig Einfluß. Nach den katastrophalen Entwicklungen der frühen sechziger Jahre war Chen Yun davon überzeugt, daß nur eine Auflösung der Kommunen und eine Rückgabe des Landes an die Bauern die Situation verbessern könne. Nach der Konferenz der 7000 Kader wurde er mit der Leitung der wirtschaftlichen und finanziellen Arbeit der Partei betraut. Als er einen Bericht mit detaillierten Vorschlägen für den Weg aus der Krise und für die Rückgabe des Landes an die Bauern vorlegte, verweigerte Mao die Billigung. »Dieses ›schwarz in schwarz gemalte Bild‹«, schrieb er an den Rand, »zeigt nicht eine Spur von Licht. Dieser Chen Yun stammt aus einer Familie kleiner Händler und kann seinen bürgerlichen Charakter einfach nicht ablegen. Er neigt ständig nach rechts.«

Die Tatsache, daß der Parteivorsitzende einen der stellvertretenden Vorsitzenden, den Wirtschaftsfachmann der Partei, auf diese Weise angriff, ihm einen bürgerlichen Charakter und Neigungen nach rechts vorwarf, war überaus explosiv. Chen Yun stand in der Hierarchie weit über Peng Dehuai, und eine solche Anklage von seiten Maos konnte leicht zu einer Spaltung der Partei führen. Maos Worte waren so verletzend für Chen Yun und so gefährlich für die Einheit der Partei, daß Tian Jiaying zu ungewöhnlichen Mitteln griff: Er befahl Lin Ke, der kurz zuvor aus der Verbannung zurückgekehrt war, das Dokument mit Maos Kommentaren nicht an das Zentrale Sekretariat weiterzuleiten. Wenn es weitergereicht worden wäre, hätte man es in Zukunft gegen Chen Yun verwenden können.

Tian Jiaying hatte nicht die Befugnis, eine so wichtige Information zurückzuhalten, aber er bewunderte Chen Yun und stimmte seiner Einschätzung zu. Außerdem wollte er es nicht zu einer Spaltung in der Parteispitze kommen lassen. Statt dessen übergab er das Papier Maos Sekretär Lin Ke, der es unter seiner Matratze versteckte. Es wurde der Parteispitze nie vorgelegt.

Irgend jemand mußte Chen Yun jedoch über Maos Kommentar unterrichtet haben, denn Chen zog sich sofort nach Suzhou zurück, um sich von einer »Krankheit« zu erholen, die nur politische Ursachen haben konnte. Er wurde nie seines Amtes enthoben oder direkt angegriffen, aber er spielte zu Maos Lebzeiten keine aktive Rolle mehr in der Politik. Erst 1980, nach der Kulturrevolution und nach Maos Tod, betrat Chen Yun wieder die politische Bühne. Die Ironie des Schicksals wollte es, daß ihm durch seinen Rückzug die Verfolgungen der Kulturrevolution weitgehend erspart blieben.

Das unterschlagene Dokument mit den Vorwürfen gegen Chen Yun wurde 1964 aufgefunden. Xu Yefu, der nach der Entdeckung der Abhöranlagen wieder als Maos persönlicher Sekretär arbeitete und Lin Ke als seinen Rivalen betrachtete, wußte von dem Zwischenfall und ließ Lins Wohnung durchsuchen, während dieser mit Mao auf Reisen war. Man fand die Unterlagen, Xu sandte sie dem Zentralen Sekretariat und machte Mao und Wang Dongxing Meldung. Daraufhin wurde Lin Ke aus der Gruppe Eins entlassen und Xu Yefu auf den Posten seines Rivalen befördert. Tian Jiaying entkam der Bestrafung damals noch, aber zu Beginn der Kulturrevolution war er der erste Mitarbeiter Maos, der angegriffen wurde.

Wenn ich die mißliche Lage meines Freundes Lin Ke betrachtete, war ich doppelt froh darüber, daß ich Maos Angebot, als sein Sekretär zu arbeiten, abgelehnt hatte. Sonst wäre auch ich damals in die Schußlinie geraten.

Wang Dongxing hielt mich für einen Phantasten, als ich ihm von meinem Verdacht erzählte, daß Mao zunehmend von der Führungsspitze der Partei enttäuscht sei. »Wir sind doch nicht die Kommunistische Partei der Sowjetunion«, meinte er. »In der Kommunistischen Partei Chinas herrscht Einigkeit.« Aber ich spitzte bei jedem Wort Maos die Ohren. Die Situation war heikel.

51. KAPITEL

Mao hatte seinen Gelben Fluß erreicht. Er war entschlossen, nicht haltzumachen. Im Sommer 1962 tauchte er aus seiner Abgeschiedenheit auf. Er wollte in den nächsten Monaten zwei größere Parteikonferenzen einberufen, wodurch mir klar wurde, daß seine Gegenoffensive bevorstand. Aber ich wußte nicht, wer sein erstes Opfer sein würde.

Die erste Parteiversammlung, ein relativ kleines Treffen – von den ersten Parteisekretären der Provinzen und den Ministern an aufwärts –, fand am 6. August in Beidaihe statt. Mao hielt eine Rede mit dem Titel »Die Klassen, die Lage und der Widerspruch«.

Er hatte sehr viel Zeit darauf verwendet, seine Angriffe auf die eigene Partei marxistisch zu untermauern. Ihm fehlte die Macht, um die Spitzenpolitiker, die ihm nicht paßten, einfach zu beseitigen. Wie alle chinesischen Führer mußte er die marxistische Moral auf seiner Seite haben, denn dadurch konnte er die Massen gegen die mißliebigen Mitglieder der Parteispitze mobilisieren.

Seine Rechtfertigung für die Angriffe gründete sich auf das Argument, daß die Klassen sich mit der Einführung des Sozialismus nicht einfach auflösten. Sogar nach der Kollektivierung des Besitzes blieben sie existent, und der Klassenkampf dauere an. Die Widersprüche zwischen Bourgeoisie und Proletariat, zwischen kapitalistischem und sozialistischem Weg bestanden seiner Meinung nach weiterhin.

Auf der im folgenden Monat stattfindenden zehnten Plenarversammlung des Achten Zentralkomitees der Partei baute Mao seine theoretische Rechtfertigung weiter aus. Er legte dar, daß nicht nur die Klassen und der Klassenkampf fortbestünden, sondern daß sich auch der erbitterte Kampf zwischen Proletariat und Bourgeoisie in die Länge ziehen werde. »In der historischen Periode von der proletarischen Revolution bis zur Diktatur des Proletariats und in der Übergangszeit vom Kapitalismus zum Kommunismus, die einige Jahrzehnte oder noch länger dauern wird, ist der Kampf zwischen dem Proletariat und der Bourgeoisie, der Kampf zwischen kapitalistischem und sozialistischem Weg noch nicht beendet.« In China bestehe immer noch die Gefahr einer kapitalistischen Restauration, gegen die man in einem unermüdlichen Klassenkampf angehen müsse.

Später erklärte er sogar, daß die Partei selbst zum Zufluchtsort für

Kapitalisten geworden sei und daß sich Mitglieder der Bourgeoisie in die Parteihierarchie eingeschlichen hätten.

Seine beiden Reden waren voller Beleidigungen, seine Attacken weit gestreut. Er führte einen Schlag gegen die Intellektuellen und revidierte hier die bis dahin versöhnliche Haltung Zhou Enlais und Chen Yis. Ein Bündnis von Intellektuellen und Arbeitern sei verfrüht. »Die Partei hat die Intellektuellen immer noch nicht richtig erzogen. Der bürgerliche Geist spukt noch in ihren Köpfen herum. Sie sind wankelmütig.«

Auch Peng Dehuai wurde erneut angegriffen. Peng hatte einen langen Appell für seine politische Rehabilitierung vorgelegt. Er verkündete seine Unterstützung für die Volkskommunen und beteuerte, daß er niemals eine parteifeindliche Gruppierung gegründet oder mit der Sowjetunion gemeinsame Sache gemacht habe. Statt Pengs Appell nachzukommen, verschärfte Mao seine Anschuldigungen noch. Jetzt bezichtigte er Peng nicht nur der Kollaboration mit der Sowjetunion, sondern sogar der Zusammenarbeit mit allen reaktionären Kräften der Welt, einschließlich der Vereinigten Staaten. Laut Maos Darstellung hatte Peng ein weltweites konterrevolutionäres und antikommunistisches Bündnis zu schmieden versucht. Es werde keine Aufhebung der Urteile gegen Peng Dehuai und seine Anhänger geben. Ein Freispruch für den Feind komme nicht in Frage.

Dann wandte er sich gegen den tibetischen Panchen Lama und bezeichnete ihn als »Klassenfeind«. Der Dalai Lama, das geistige und religiöse Oberhaupt Tibets, war 1959 nach dem Scheitern der Verhandlungen zwischen der chinesischen Regierung und der Führung Tibets nach Indien geflohen, während in Tibet ein Aufstand losbrach. Dies hatte zu Strafmaßnahmen geführt, und der Panchen Lama, der normalerweise den Politikern in Beijing nach dem Munde redete, äußerte nun Bedenken, weil Beijings sogenannte »demokratische Reformen« seiner Meinung nach zu weit nach links abdrifteten. Er hoffte, daß die ultralinke Tendenz in Tibet noch korrigiert werden könne.

Dann geriet Li Weihan, der Führer der Einheitsfront der Partei, in Maos Schußfeld.[75] Er hatte die Ansichten des Panchen Lama unterstützt. Mao beschimpfte ihn als »Kapitulanten«, warf ihm vor, einen Kotau vor den tibetischen Herren zu machen, und kritisierte ihn, weil er das Bündnis zwischen Intellektuellen und Arbeitern vorangetrieben habe. Während Li Weihan seines Amtes enthoben wurde, kam der Panchen Lama noch einmal davon. Doch während der Kulturrevolution stand er fast zehn Jahre lang unter Hausarrest.

Wang Jingxian, der Leiter des Parteibüros für die Beziehungen zu anderen kommunistischen Parteien, hatte vorgeschlagen, die Verbindungen zur Sowjetunion und zu Osteuropa wieder enger zu knüpfen und gleichzeitig die finanzielle Unterstützung für die kommunistischen Parteien zu kürzen, die in den Ländern Asiens, Afrikas und Lateinamerikas für die Befreiung kämpften. Mao bezeichnete ihn als Revisionisten und entzog ihm wesentliche Machtbefugnisse. Wang behielt zwar seinen Posten, seine wichtigsten Kompetenzen wurden jedoch Zhao Yiming übertragen.

In Maos Augen war das Eigenbewirtschaftungssystem ein Beispiel für den immer noch starken Kapitalismus in China, und er ordnete an, diese Praxis zu unterbinden. Die Befürworter dieser Politik waren für ihn Kapitalisten und mußten abgelöst werden. Er attackierte Deng Zihui und Liao Luyan, die beiden Verantwortlichen für die nationale Agrarpolitik. Deng Zihui, der Direktor der Parteiabteilung für Landwirtschaft, war seit Beginn meiner Arbeit in der Gruppe Eins Mitte der fünfziger Jahre immer wieder für ein gemäßigtes Vorgehen in der Agrarpolitik eingetreten. Jetzt wurde er als Rechtsabweichler beschimpft, der schon seit zehn Jahren gegen die Parteiinteressen arbeite. Liao Luyan, der Landwirtschaftsminister des Staatsrats, der offen gesagt hatte, daß das Scheitern des Großen Sprungs nach vorn eher dem politischen Kurs als dem angeblich so schlechten Wetter zuzuschreiben sei, wurde als »Revisionist« abgestempelt.

Zeng Xisheng, der Parteisekretär von Anhui, war einer der ersten Funktionäre auf regionaler Ebene, die gleich nach Ende der Konferenz ihren Hut nehmen mußten. Damit wurden auch die erfolgreichen Agrarexperimente der Provinz beendet, und die Produktion dieses sowieso schon bitterarmen Landstrichs sank noch weiter ab.

Ge Man, der Parteisekretär der Präfektur Linxia in der Provinz Gansu, die mit Anhui um die zweifelhafte Ehre der ärmsten chinesischen Provinz wetteiferte, stand als nächster auf Maos Liste. Er hatte das Produktionsverantwortungssystem in seiner Präfektur mit gutem Erfolg eingeführt, und die landwirtschaftlichen Erträge waren gestiegen. Wang Feng, der Parteisekretär der Provinz Gansu, schrieb den Hunger und die Armut in Gansu den Volkskommunen zu und hatte Ge Man bei all dessen Experimenten unterstützt. Mao beschuldigte beide, sich auf dem kapitalistischen Weg zu befinden, aber nur Ge Man wurde 1962 abgelöst. Wang Feng verlor seinen Posten erst im August 1966.[76] Bei Beginn der Kulturrevolution war er unter den ersten Personen, die Mao als »konterrevolutionäre Revisionisten« bezeichnete. Er sah sich erneut massiven Angriffen ausgesetzt und beging schließlich Selbstmord.

Dieser Herbst 1962 brachte eine entscheidende Wende für Mao und die Partei. Maos beharrlich wiederholte Feststellung, daß die Klassen auch im

Sozialismus Bestand hätten, brachte die Stimmen der Vernunft und der Kritik schließlich zum Schweigen. Der Geist der Offenheit und des Wagemuts, der die Konferenz der 7000 Kader ausgezeichnet hatte, war geschwunden. Die Politiker, denen das Wohl des Landes wirklich am Herzen lag und die es für das Beste hielten, den Kollektiven und Kadern die Organisation der Landwirtschaft aus den Händen zu nehmen und sie wieder den Bauern zu überlassen, wagten ihre Ansicht nicht mehr laut zu äußern. Maos Thesen zu den Klassengegensätzen boten die theoretische Begründung für alle folgenden Säuberungskampagnen, die 1966 mit der Kulturrevolution ihren Höhepunkt erreichten. Dem Vorsitzenden zu widersprechen hieß, zum Konterrevolutionär zu werden und »den kapitalistischen Weg einzuschlagen«. In Maos Augen gab es kein größeres Verbrechen.

Die Säuberungen wurden auch nach dem zehnten Parteiplenum im September 1962 fortgesetzt, und Mao beauftragte Kang Sheng mit ihrer Durchführung.

Kang Sheng war schon in Yan'an zu Mao gestoßen. Man munkelte sogar, daß Kang Sheng Jiang Qing in die Partei eingeführt und ihren Aufenthalt in Yan'an arrangiert habe, wo sie dann Mao traf und ihn schließlich heiratete. Kang Sheng und Jiang Qing stammten beide aus der Provinz Shandong und kannten einander schon vor der Revolution von 1949 sehr gut.

Ich lernte Kang Sheng 1958 kennen. Nach 1949 hatte er sich aus der aktiven Politik zurückgezogen. Etwa zur Zeit der kommunistischen Machtergreifung wurde er ins Krankenhaus eingeliefert und erst etliche Jahre später, zu Beginn des Großen Sprungs nach vorn, dessen begeisterter Anhänger er war, wieder entlassen. Mit mir befreundete Ärzte, die für seine Behandlung im Krankenhaus von Beijing zuständig waren, ließen mich wissen, er leide an Schizophrenie.[77]

Kang und Jiang Qing standen sich nach 1966, während der Kulturrevolution, besonders nahe, und gelegentlich luden sie mich ein, gemeinsam mit ihnen Jiang Qings amerikanische Lieblingsfilme anzuschauen. Maos Frau bemühte sich immer sehr um Kang, sie fragte ihn stets um seine Meinung und beherzigte seine Ratschläge. Und sie nannte ihn »Kang Lao«, benutzte also eine der respektvollsten und herzlichsten Anredeformen der chinesischen Sprache. Er war der einzige Mensch, dem sie jemals eine solche Ehre zuteil werden ließ.

Normalerweise versuchte ich, Kang Sheng aus dem Weg zu gehen, weil ich in seiner Nähe ein Gefühl der Bedrohung verspürte, das ich nicht rational erklären konnte. Er wirkte auf mich tückisch und falsch. Selbst wenn man

Fotos von ihm betrachtet, spürt man noch seine böse Ausstrahlung. Für mich war er ein Repräsentant der dunklen Seite der Partei, der all die schmutzigen Dinge tat, die getan werden mußten. Daran wollte ich mich nicht beteiligen, und Mao forderte in dieser Hinsicht auch keinen Einsatz von mir. Deshalb gab es gewiß viele Dinge, von denen ich nie etwas erfuhr.

Nach der zehnten Vollversammlung wurde Kang wieder politisch aktiv. Damals attackierte Mao auch den stellvertretenden Ministerpräsidenten Xi Zhongxun, weil er angeblich die Rehabilitierungsbemühungen Gao Gangs unterstützt hatte und parteifeindlich eingestellt war. Schließlich wurde Kang Sheng beauftragt, die »parteifeindliche Verschwörung des Xi Zhongxun« zu untersuchen. Kang Shengs Ermittlungen erfaßten mehr als dreihundert Kader aus Partei, Regierung und Militär, darunter auch Jia Tuofu, Mitglied des Zentralkomitees, Ma Wenrui, den Arbeitsminister des Staatsrates, und Bai Jian, den Vizeminister des Ersten Ministeriums für Maschinenindustrie des Staatsrates.

Ich kannte Xi Zhongxun gut und wußte, daß die Anklagen gegen ihn und seine Anhänger frei erfunden waren. Es gehörte zu Kang Shengs Aufgabe, seine Parteigenossen abzusetzen und zu vernichten, und seine ständigen »Ermittlungen« gegen führende Funktionäre in den frühen sechziger Jahren bereiteten den Boden für die Kulturrevolution. Schon kurz nach dem zehnten Plenum forderten sie die ersten Opfer. Der stellvertretende Ministerpräsident Xi Zhongxun wurde zuerst nach Henan geschickt und später unter Hausarrest gestellt. Erst 1980 wurde er rehabilitiert. Ähnlich erging es vielen der dreihundert fälschlicherweise angeklagten Politikern.

Nach der zehnten Vollversammlung versuchte Mao auch, seine Kontrolle über die ländlichen Gebiete wiederherzustellen, indem er die bestehende Tendenz zur Privatbewirtschaftung stoppte und das abzuwenden versuchte, was er als eine Auferstehung des Kapitalismus interpretierte. Dieser Vorgang vollzog sich sehr langsam, und die Frage, wieso der Große Sprung nach vorn fehlgeschlagen sei, geriet in Vergessenheit. Erst im Mai 1963 konnte sich Mao auf einem Treffen des Politbüros und der Sekretäre der Regionalbüros in Hangzhou endgültig durchsetzen. Dort wurde seine »Resolution zu bestimmten Problemen der Landwirtschaft in der heutigen Zeit« diskutiert und verabschiedet. Darin hieß es, daß feudalistische und kapitalistische Kräfte versuchten, wieder auf dem Lande Fuß zu fassen, was zu erbitterten Klassenkämpfen führen werde. Mao schlug als Lösung des Problems eine »Kampagne für sozialistische Erziehung« auf dem Lande vor. Klassenfeinde sollten bloßgestellt und zur Verantwortung gezogen, die örtlichen Kader und Bauern in Sozialismus und Klassenkampf ausgebildet werden.

In der Isolation der Gruppe Eins erfuhr ich außer der Tatsache, daß der Große Sprung nach vorn katastrophale Folgen gehabt hatte und daß sich das Volk nur langsam von der Hungersnot erholte, wenig über die Situation auf dem Lande. Und ich verstand den Sinn von Maos Kampagne für sozialistische Erziehung nicht. Als wir nach dem Treffen von Hangzhou im Mai 1963 wieder im Sonderzug saßen, diskutierte ich mit Wang Dongxing und Lin Ke, der kurz darauf die Gruppe Eins für immer verlassen sollte, über diese Maßnahme. Gerade jetzt, nachdem die Kommunen erfolgreich umstrukturiert worden waren und die Bauern anscheinend zu einer sinnvolleren Arbeitseinteilung zurückkehrten, wollte Mao die Dinge wieder durcheinanderbringen. Er rief Gruppen von städtischen Kadern dazu auf, in die Dörfer zu gehen und die ökonomische und finanzielle Lage der Volkskommunen zu überprüfen. Dahinter stand der Gedanke, daß viele örtliche Funktionäre während der Hungersnot bestechlich geworden waren. Die Gruppen aus den Städten sollten einerseits Verständnis für die harten Lebensbedingungen in den Dörfern gewinnen, andererseits aber auch als Ermittler von außen die Manipulationen in der Buchhaltung, der Nahrungsmittelverteilung, der Besitzaufteilung und der Lohnzahlung an die Kommunenmitglieder aufdecken.

Lillian sollte als Mitglied einer der ersten Gruppen aufs Land geschickt werden, weshalb diese Kampagne sofort persönliche Auswirkungen für mich hatte. Nach Lillians Abreise würde ich mit unseren beiden Söhne allein dastehen. John besuchte die Unterstufe der Mittelschule, Erchong ging noch in den Kindergarten. Ich sah keine Möglichkeit, allein für die beiden zu sorgen, weil ich rund um die Uhr für Mao dasein mußte. Und was war, wenn er sich zu einer Reise entschloß?

Welchen Sinn hatte es eigentlich, Lillian, die Tochter eines Großgrundbesitzers, aufs Land zu schicken, um dort »sozialistische Erziehung« zu betreiben? Sie war nicht einmal in der Kommunistischen Partei, und andere Mitglieder ihrer Familie wurden sogar als Klassenfeinde betrachtet. Welchen Nutzen konnte es bringen, wenn sie andere Klassenfeinde kontrollierte und erzog?

Als ich mich jedoch einzuschalten versuchte, erklärte mir der Direktor des Instituts für Westasiatische und Afrikanische Studien an der Chinesischen Akademie für Sozialwissenschaften, wo sie als Forscherin arbeitete, daß Lillian gerade wegen ihres »schlechten« familiären Hintergrundes aufs Land geschickt worden sei. Wenn sie mit eigenen Augen sah, daß Menschen wie sie umerzogen wurden, könne auch sie selbst ihre Einstellung ändern.

Lillian reiste Ende September 1963 ab. Ich beschwerte mich bei Wang Dongxing. »Unsere Vorgesetzten verlangen von uns, daß wir Tag und Nacht hart arbeiten, und dann kümmern sie sich kein bißchen um unsere persönlichen Probleme. Das ist doch keine Art, seine Untergebenen zu behandeln.«

Wang wandte sich mit der Bitte um Hilfe an das Zentrale Gesundheitsbüro und teilte Lillians Chef unter vier Augen mit, daß ich Maos Arzt sei. Lillian durfte sofort zurückkehren.

Auch Liu Shaoqi hatte Schwierigkeiten mit der Kampagne für sozialistische Erziehung. Er hatte Maos Resolution zu den ländlichen Problemen überarbeitet und eigene Thesen aufgestellt, die »Richtlinien für einige besondere Maßnahmen in bezug auf die Bewegung für sozialistische Erziehung in ländlichen Gebieten (Entwurf)«. Auf der Arbeitskonferenz des Zentralkomitees im September 1963 wurden Lius Vorschläge diskutiert. Mao reagierte beleidigt und warf Liu vor, dieser unterminiere seine Versuche, den Klassenkampf zu fördern. Meiner Meinung nach ärgerte Mao jedoch weniger der Inhalt von Lius September-Vorlage, die übrigens später als die »Zweiten Zehn Punkte« bekannt wurde, als vielmehr die Tatsache, daß Liu überhaupt neue Vorschläge unterbreitet hatte. Die Tatsache, daß Liu Shaoqi es gewagt hatte, Maos Papier zu überarbeiten, machte ihn wütend. Mao hatte schließlich immer recht.

Maos Wut auf Liu Shaoqi wuchs noch, als dieser 1964 seine Frau Wang Guangmei an der Spitze einer Arbeitsgruppe in die Taoyuan-(Pfirsichgarten-)Kommune schickte, um die Lage dort zu untersuchen. Eigentlich war es völlig angemessen, Wang Guangmei aufs Land zu senden wie andere Kader aus Beijing auch. Mao war jedoch zornig darüber, daß um ihre Abreise soviel Aufhebens gemacht wurde und daß sie nach ihrer Rückkehr vor einer riesigen Funktionärsversammlung von ihren Erfahrungen und Beobachtungen berichtete, denn damit wurde ihr Team als Modell für alle folgenden Arbeitsgruppen herausgestellt. Mao war dagegen, daß Liu seiner Frau Machtbefugnisse überließ, und er war nicht begeistert davon, daß die beiden ihm die Schau stahlen.[78] Schon damals hatte ich das Gefühl, daß Maos wirkliches Angriffsziel Männer wie Liu Shaoqi und Deng Xiaoping waren. Einstweilen jedoch setzte er die Säuberungen gegen die niedrigeren Funktionäre fort und ließ die Führungsriege ungeschoren.

Während er Liu kritisierte, weil dieser seiner Frau eine aktive Rolle in der Politik zugestand, übertrug Mao ironischerweise nun auch Jiang Qing politische Aufgaben.

52. KAPITEL

Ihren ersten öffentlichen Auftritt hatte Jiang Qing am 29. September 1962, zwei Tage nach Ende des zehnten Plenums. Es handelte sich um ein Treffen mit der Frau des indonesischen Präsidenten Sukarno, und am nächsten Tag erschien ein Foto in der *Volkszeitung* – das erste offizielle Bild von Jiang Qing überhaupt. Mao schüttelte Frau Sukarno die Hand, und Jiang Qing stand mit einem breiten Lächeln zwischen ihnen, während Zhou Enlai und seine Frau Deng Yingchao in den Hintergrund gedrängt wurden. Die *Volkszeitung* hatte bereits mehrere Fotos von Liu Shaoqis Frau Wang Guangmei veröffentlicht. In seiner Funktion als Staatsoberhaupt war Liu zur zeremoniellen Begrüßung von Frau Sukarno auf dem Flughafen angetreten. Dabei hatte Wang ihren Mann begleitet, und die Frauen der beiden Staatsoberhäupter hatten sich freundlich begrüßt.

Jiang Qings öffentlicher Auftritt erregte weithin Aufmerksamkeit und war ein Verstoß gegen das seit langem bestehende Verbot seitens der Partei, sich in die Politik einzumischen, aber wie Wang Guangmei konnte sie das Protokoll als Begründung für ihre Anwesenheit vorschieben. Tatsächlich jedoch kündigte dieser Auftritt ihre zukünftige wichtige Rolle in der Politik des Landes an. Die Welt der chinesischen Kunst und Kultur würde bald ihrer Kontrolle unterstehen, und Kunst und Kultur würden den Ausgangspunkt der Großen Proletarischen Kulturrevolution bilden.

Jiang Qings neue Aktivitäten machten mein Leben zunächst etwas leichter. Je stärker sie sich in der Politik engagierte, desto seltener machten sich ihre Hypochondrie und Neurasthenie bemerkbar. Also wurde ich nicht mehr so oft gerufen, um ihre Beschwerden zu behandeln oder um bei Streitigkeiten mit ihren Krankenschwestern zu vermitteln.

Aber sie hatte immer noch eine Rechnung mit mir zu begleichen, und ihre neuerrungene Position gab ihr wirksame Mittel dazu in die Hand. Anfang 1963 stieß ich zum erstenmal mit der neuen Jiang Qing zusammen.

Ich hatte gehört, daß das berühmte Opernensemble von Beijing eine überarbeitete Fassung meines alten Lieblingsstücks *Die rote Pflaume* aufführte. In meiner Jugend hatte mich diese Oper begeistert, und jetzt wurde sie unter dem Titel *Li Huiniang* erneut auf die Bühne gebracht. Überschwengliche Rezensionen, darunter einige von prominenten Gestalten der Literatur- und Kunstszene, waren erschienen. Tian Han, einer der führenden Dramatiker des Landes, lobte die Oper für ihre Darstellung der Rebellion und Rache einer ausgebeuteten Frau. Liao Mosha, der Direktor der Beijinger Abteilung der Einheitsfront, schrieb unter dem Pseudonym Fan Xing eine positive Kritik der Oper, in der er betonte, daß nichts gegen Schauspiele über Geister einzuwenden sei.

Da ich *Die rote Pflaume* als Kind zum letztenmal gesehen hatte, konnte ich mich nur noch verschwommen an die Handlung erinnern. Am besten hatte mir eine Szene gefallen, in der ein wunderschöner weiblicher Geist auf die Erde zurückkehrt und in einem durchsichtig-weißen Seidengewand anmutig über die Bühne tanzt. Ich war schon seit langem ein Anhänger der Peking-Oper und wollte diese neue Produktion gern sehen, aber meine Arbeit bei Mao ließ mir keine Zeit dazu.[79]

Doch eines Abends redete Mao zufällig mit mir über Opern. Er möge keine Stücke, in denen schöne junge Frauen die Hauptrolle spielten, sondern er ziehe Opern mit männlichen Helden mittleren Alters entschieden vor. Mir fiel ein, daß in *Li Huiniang* sowohl schöne Frauen als auch Männer mittleren Alters vorkommen. Und ich dachte, daß Mao die Szene, in der die schöne junge Schauspielerin über die Bühne zu schweben scheint, gefallen würde. Deshalb schlug ich ihm vor, eine Vorstellung zu besuchen.

Mao war einverstanden.

»Organisieren wir doch einfach eine Aufführung in der Huairen-Halle hier in Zhongnanhai«, meinte er. »Dann können wir alle sie sehen. Sagen Sie Wang Dongxing, er soll das arrangieren.«

Diese Aufführung geriet zu einem wichtigen Ereignis in Zhongnanhai. Da Mao selbst die Oper zu sehen wünschte, kamen auch alle anderen Parteiführer. Und sogar Lillian war da.

Mitten in der Vorstellung, in der ich direkt hinter Mao saß, wurde mir klar, daß ich einen furchtbaren Fehler gemacht hatte. Ich hatte mich nicht mehr an die ganze Handlung erinnert. Der Wendepunkt der Oper ist erreicht, als der bejahrte Ministerpräsident der Song-Dynastie, Jia Shidao, eine Gesangs- und Tanzdarbietung verfolgt. Er befindet sich dabei in einem Boot auf dem Westlichen See in Hangzhou, Maos beliebtestem Rückzugsort, und hat viele junge Konkubinen um sich versammelt. Während sie der Vorstellung folgen, fällt der Blick der schönen Li Huiniang, einer Lieblingskonkubine Jias, auf einen eleganten jungen Gelehrten, und in ihrer Bewunderung platzt sie heraus: »Was für ein hübscher Mann!« Jia ist so wütend über diesen Treuebruch der jungen Frau, daß er seine Lieblingskonkubine hinrichten läßt. In der Szene, die ich noch vor Augen hatte, kehrt die Konkubine aus dem

Totenreich zurück – ein schöner Geist, der sich an dem Mann, der ihr Geliebter und zugleich ihr Mörder war, rächen will.

Genau in dem Moment, als die schöne Konkubine voller Bewunderung für den jüngeren Mann laut aufseufzte, änderte sich Maos Verhalten völlig, und mir war klar, daß ich ihn unbewußt beleidigt hatte. Die Szene hatte zuviel Ähnlichkeit mit der Situation in Zhongnanhai, mit Maos Flirts und seinen jungen Geliebten. Sie erinnerte ihn an den Zwischenfall, als er sich weigerte, einer von ihnen seine Zustimmung zur Heirat mit einem jungen Mann zu geben, und sie ihn einen bürgerlichen Schürzenjäger nannte.

Am Ende der Oper traten die Schauspieler vor den Vorhang. Mao stand düster und niedergeschlagen da, klatschte nur drei- oder viermal müde in die Hände und ging dann sofort, ohne wie gewöhnlich die Schauspieler freundlich zu begrüßen und sich für die Vorstellung zu bedanken. Auf dem Rückweg sagte er kein Wort. Ich hatte ihm eine Freude machen wollen und dabei einen schweren Fehler begangen. Er war wütend auf mich, und ich wußte, daß er eine Gelegenheit finden würde, seinen Zorn an mir auszulassen.

Die Shanghaier Zeitung *Wen Hui Bao* tadelte plötzlich sowohl den Librettisten der Oper als auch Liao Mosha, indem sie das Schauspiel als ideologisch nicht tragbar bezeichnete und andeutete, daß die darin enthaltenen Probleme etwas mit dem Klassenkampf zu tun hätten. Dann untersagte die Regierung jede weitere Aufführung von Opern und Theaterstücken, in denen Geister vorkamen, und Mao kritisierte das Kulturministerium, weil es versäumt habe, den Theatern Richtlinien zu liefern. Er nannte es ein Ministerium »für den Monarchen und die Hofbeamten, für talentierte junge Männer, schöne Frauen und tote Ausländer«. Plötzlich wurde eine Oper, die ich als ein harmloses, aber schönes musikalisches Ereignis angesehen hatte, zu einer wichtigen politischen und ideologischen Angelegenheit, zu einem Beweis für den immer noch andauernden Klassenkampf.

Einige Monate verstrichen, und ich war immer noch nicht in die Kritik einbezogen worden. Dann kam Wang Dongxing zu mir. »Wir sind in großen Schwierigkeiten«, sagte er. »Jiang Qing ist der Meinung, daß *Li Huiniang* eine sehr schlechte Oper sei, eine üble Giftpflanze. Es geht darin um Geister. Also propagiert die Oper den Aberglauben.« Jiang Qing wußte, daß es nicht Maos eigene Idee gewesen war, sich die Oper anzusehen, sondern daß der Vorschlag von irgend jemand anderem ausgegangen sein mußte. Es war sicher weder ein Spitzenfunktionär noch Maos Politsekretär Chen Boda gewesen. Wer immer den Vorschlag gemacht hatte, mußte sehr eng mit dem Vorsitzenden verbunden und zugleich ein großer Anhänger der Peking-Oper sein.

Sie wußte genau, daß ich der einzige Opern-Fan in Maos engerem Kreis war und daß wir uns oft über unser gemeinsames Hobby unterhielten. Nur ich konnte den Vorschlag gemacht haben. Aber sie erwähnte in diesem Zusammenhang nie meinen Namen.

Mao nahm mich in Schutz – nicht aus Freundschaft, sondern weil er mich weiterhin als Arzt benötigte. Als Jiang Qing ihn fragte, wer ihn auf die Oper aufmerksam gemacht habe, behauptete er, sich nicht daran zu erinnern. Und auch Wang Dongxing schützte mich, indem er glaubhaft versicherte, er habe nur seine Befehle ausgeführt, als er die Aufführung der Oper in Zhongnanhai arrangierte. Er selbst verstehe nichts von Opern.

Aber Jiang Qing bestand auf einer Antwort und befahl Wang Dongxing, den Sachverhalt aufzudecken. »Sie hat noch ein Hühnchen mit Ihnen zu rupfen«, warnte er mich. »Sie hat lange nach einem Anlaß gesucht, und jetzt hat sie ihn gefunden.« Jiang Qing wolle mich als Rechtsabweichler abgestempelt sehen.

Wang Dongxing und ich beschlossen, mit Mao zu sprechen und ihm einen Vorschlag zu machen: Wir wollten Jiang Qing erklären, daß Mao sich nach der Lektüre von Tian Hans Rezension zum Besuch der Oper entschlossen habe. Mao war einverstanden, und Wang Dongxing überreichte Jiang Qing den Artikel.

Die Frau des Vorsitzenden zeigte sich hocherfreut, aber unser Plan hatte furchtbare Konsequenzen für Tian Han, da sich ihre Angriffe nun gegen ihn richteten. »Also stecken die Literaten und Künstler dahinter«, sagte sie. »Auch gut. Jetzt locken wir die Bastarde aus ihren Löchern.« Sie stand vor der Abreise nach Shanghai, wo ihr neuer Verbündeter Ke Qingshi und sie zusammen mit Kes Kumpanen eine Angriffsstrategie ausarbeiten wollten.

Aber vorher versuchte sie noch ein letztes Mal, mich aus meiner Deckung zu locken. »Sie haben die Aufführung von *Li Huiniang* hier doch auch gesehen, oder nicht?« fragte sie mich beiläufig, kurz bevor sie abfuhr. »Wie hat sie Ihnen gefallen?«

»Die Oper spielt in einer früheren Zeit«, antwortete ich. »Es ist eine Phantasiegeschichte. Und sie ähnelt der Revolutionsoper *Das weißhaarige Mädchen*. In beiden Stücken geht es um junge Mädchen, die von Großgrundbesitzern ausgebeutet werden.«

Jiang Qing hielt meine Interpretation für Unsinn. »Diese beiden Geschichten sind doch völlig verschieden«, sagte sie. »Durch dieses Gerede von Geistern verbreitet sich der Aberglauben. Das ist nicht gut für das einfache Volk.«

»Aber die Oper ist doch Kunst«, versuchte ich einzuwenden. »Der Geist ist ein Phantasiegebilde. Auch in Shakespeares *Hamlet* kommt ein Geist vor. Das hat nichts mit Aberglauben zu tun.«

In Jiang Qings Augen waren Geister ein deutlicher Beweis für den Klassenkonflikt. Shakespeare sei nicht nur tot, sondern auch noch Engländer, und von den Dramen eines längst verstorbenen Ausländers seien weder eine angemessene Darstellung der Realität noch besonders fortschrittliche Handlungen zu erwarten.

Ich war für Jiang Qing zu konservativ und immer noch unfähig, dem Einfluß meines bürgerlichen Hintergrunds zu entkommen. Wenn ich weiter mit ihr gestritten hätte, wäre ich schließlich von ihr als Rechtsabweichler bezeichnet worden. Ich war dreiundvierzig Jahre alt, doch mein Haar wurde durch die Sorge um die Manipulationen in der Gruppe Eins bereits weiß. Auch hatte ich ziemlich abgenommen. Aber ich mußte überleben, und in meinem eigenen Interesse zwang ich mich, den Mund zu halten.

Jiang Qing reiste nach Shanghai und genoß dort ihre neue Rolle als oberste Zensorin in vollen Zügen. Ke Qingshi war ängstlich darum bemüht, Maos Befehle auszuführen, und tat alles, um Jiang Qing zu helfen.[80] Er machte sie mit Zhang Qunqiao bekannt, dem Leiter der Propaganda-Abteilung von Shanghai. Sie hatte einen vollen Tagesplan, besuchte Theater und Opernhäuser, Tanzensembles und Orchester. »Ich bin nur ein einfacher Soldat, der Wachposten des Vorsitzenden, der an der ideologischen Front patrouilliert«, erklärte sie jedem, der ihr begegnete. »Ich halte Wache und werde dem Vorsitzenden über alles Bericht erstatten, was ich hier vorfinde.«

Natürlich fand sie eine vom Kapitalismus zerfressene Welt vor, die von den bösen Einflüssen der Vergangenheit durchsetzt war.

Am 12. Dezember 1963 forderte Mao mich auf, eines der Ergebnisse von Jiang Qings Untersuchungen der chinesischen Kultur zu lesen – einen von Ke Qingshi veranlaßten Artikel mit dem Titel »Schlußbericht über die revolutionären Veränderungen in den Theaterstücken und Opern in Shanghai«. Mao hatte bereits Kommentare an den Rand geschrieben. »Schauen Sie mal hinein«, sagte er. »Wir haben unserer Wirtschaft eine sozialistische Basis gegeben, aber der Überbau – Literatur und Kunst – hat sich nicht angepaßt. Noch immer ist die Kultur in der Hand von Künstlern, die längst tot sind. Wir sollten unsere Errungenschaften auf dem Gebiet des Films, des Dramas, der Volkslieder, der bildenden Kunst und des Romans nicht zu gering einschätzen, aber es gibt immer noch Probleme, und zwar besonders im Bereich

Theater. Wir müssen diese Probleme genau studieren. Sogar Parteimitglieder propagieren die feudalistische und die kapitalistische Kunst und vergessen dabei die sozialistische Kultur völlig. Das ist widersinnig!«

Einige Monate später wandte sich Mao direkt gegen den Chinesischen Verband für Literatur und Kunst. »In den letzten fünfzehn Jahren haben sich die Organisationen und Zeitschriften, die der Verband kontrolliert, nicht an die Parteipolitik gehalten«, sagte er. »Diese Leute benehmen sich immer noch wie Herrscher, die zu den Arbeitern, Bauern und Soldaten Distanz wahren wollen. Sie haben die sozialistische Revolution nicht verinnerlicht. Damit steuern sie in den Revisionismus hinein. Wenn diese Organisationen sich nicht von Grund auf erneuern, werden sie eines Tages dem ungarischen Petőfi-Kreis ähneln.« Junge ungarische Arbeiter hatten den Petőfi-Kreis als Forum für ihren Ruf nach mehr Freiheit und Demokratie gegründet. Die Regierung hatte zwei Jahre ruhig zugeschaut, bevor sie schließlich 1956 hart gegen sie durchgriff. Mao plante ein ähnlich rigoroses Vorgehen gegen die Dissidenten in China.

53. KAPITEL

Es mag kein Zufall gewesen sein, daß Mao seiner Frau gerade zu der Zeit einen Platz auf der politischen Bühne einräumte, als sich sein Privatleben von Grund auf änderte. Weniger als einen Monat nach dem ersten Auftritt Jiang Qings in der Öffentlichkeit verliebte sich Mao in Zhang Yufeng, die Frau, die später seine Lieblingskonkubine werden sollte. Ihre Freundschaft begann in Changsha in der Provinz Hunan auf einer Tanzparty, die zu Maos Ehren vom neuen Parteichef der Provinz, Zhang Pinghua, veranstaltet wurde. Auch die Serviererinnen aus dem Zug, zu denen Zhang Yufeng gehörte, waren eingeladen, und nach ein paar Tänzen faßte Mao Zhang bei der Hand und führte sie in das für ihn bereitstehende Schlafzimmer im Gästehaus. Mao blieb noch zwei weitere Tage mit Zhang Yufeng in Changsha, und als die Zugreise endlich fortgesetzt wurde, arbeitete sie als Serviererin in seinem Abteil.

Mao hatte sich nie mit nur einer Freundin begnügt. In Jiang Qings Abwesenheit war er ständig von mehreren Frauen umgeben, und er blieb nie länger als ein paar Tage mit einer allein zusammen. Auch auf dieser ersten Reise mit Zhang Yufeng ließ er sie oft im Zug zurück, wenn wir haltmachten. Während der Reise wohnten wir abwechselnd im Zug oder in seinen Villen, und in die Villen nahm er meist andere Frauen aus seinem Troß mit. In diesem Herbst 1962 waren zwei Privatsekretärinnen seine Favoritinnen. In Shanghai begleiteten die beiden Frauen ihn ins Gästehaus in der westlichen Vorstadt, den prächtigen Gebäudekomplex, den Ke Qingshi für Mao und die anderen Spitzenpolitiker Anfang der sechziger Jahre, zur Zeit der schlimmsten Wirtschaftskrise, hatte errichten lassen. Das inmitten von hügeligen Rasenflächen und sich windenden Bächen gelegene Anwesen hatte einst einem Shanghaier Industriellen gehört. Das reizende Haus im japanischen Stil, das der Mann für seine Konkubine hatte erbauen lassen, stand noch immer. Maos Wohnhaus dagegen war ein neues Gebäude, ein anderes sollte seiner Erholung dienen und enthielt ein Schwimmbad und einen Tanzsaal. Mao verbrachte in Shanghai jedoch gewöhnlich den größten Teil seiner Zeit im neu gestalteten Jinjiang-Klub im Zentrum des alten französischen Viertels. Kurz nach dem Aufstehen am Nachmittag ließ er sich in seinem kugelsicheren sowjetischen ZIS dorthin fahren. Er ging zuerst die täglich eintreffenden Papiere sorgfältig durch und schäkerte dann bis weit nach Mitternacht mit seinen Konkubinen, um schließlich gegen zwei oder drei Uhr morgens durch die dunklen und verlassenen Straßen in die westliche Vorstadt zurückzukehren.

Ich begleitete Mao jeden Tag in den Jinjiang-Klub, ebenso wie die beiden Sekretärinnen, die zusammen im letzten der drei zu Maos Autokolonne gehörenden Wagen saßen. Damals hielt sich auch Jiang Qing in Shanghai auf, aber sie blieb in der Villa und schlief schon, wenn der Vorsitzende endlich zurückkehrte. Ihr Tagesablauf war so verschieden, daß sie sich kaum zu Gesicht bekamen. Inzwischen machte Mao auch keine Anstrengungen mehr, seine Bettgeschichten vor Jiang Qing zu verbergen. Er kehrte nur zur Villa zurück, um das Gesicht seiner Frau zu wahren. Mao und sie schienen eine Art Übereinkunft geschlossen zu haben. Als Gegenleistung für ein erneutes Versprechen Maos, sie nie zu verlassen oder sich scheiden zu lassen, hatte Jiang Qing anscheinend zugestimmt, sich nicht um die wachsende Zahl von Konkubinen zu kümmern. Mao hatte allen Grund, seiner Frau in politischen Dingen Vertrauen zu schenken, denn ohne ihren Mann wäre sie ein Nichts gewesen. Und Jiang Qing konnte endlich ihre politischen Ambitionen voll ausleben.

Jahre sollten vergehen, bevor Zhang Yufeng den Rang der wichtigsten Gefährtin einnahm. Zuerst traute Mao ihr nicht ganz. Zhang stammte aus dem Bezirk Mudanjiang in der mandschurischen Provinz Heilongjiang. Dort hatte ihr »Vater« bei der Eisenbahn gearbeitet. Das Gebiet war in den dreißiger Jahren von den Japanern besetzt worden. Zhang Yufeng hatte Mao einmal erzählt, daß sie – Jahrgang 1944 – aus einer Affäre ihrer Mutter mit einem japanischen Zahnarzt hervorgegangen sei. Mao hielt sie also für eine halbe Japanerin und fürchtete deshalb, sie könne eine Spionin sein. Das Geheimnis um Zhang Yufengs Herkunft wurde nie ganz gelüftet, und es dauerte sehr lange, bis Mao Vertrauen zu ihr faßte.

Mein Verhältnis zu Zhang Yufeng war von Anfang an getrübt. Zum erstenmal stießen wir kurz nach dem Treffen von Hangzhou im Mai 1963 zusammen, als Mao gerade die Kampagne für sozialistische Erziehung auf dem Land einleitete. Auf der Rückfahrt nach Beijing rief Mao mich in sein Abteil.

Er lag, nur mit einem Morgenmantel bekleidet, im Bett, und Zhang Yufeng stand neben ihm. Mao klagte über Schmerzen an der linken Brustseite.

Ich sah eine glänzend rote Pustel von der Größe eines Reiskorns auf Maos linker Brust, aber seine Temperatur war normal, und die Lymphknoten ließen keine Anzeichen für eine Infektion erkennen.

»Hat er sich gekratzt?« fragte ich. Mao litt immer wieder unter Juckreiz und kratzte oder kniff sich manchmal so heftig, daß die Haut aufplatzte. Auch seine Konkubinen bat er häufig, ihm die juckenden Stellen zu kratzen. Wahrscheinlich war die Infektion dadurch entstanden.

Den Rücken zu Mao gewandt, blinzelte Zhang mir zu und gab mir zu verstehen, daß jemand an dieser Stelle gekratzt hatte.

Die Sache war überhaupt nicht problematisch. Ich trug eine aseptische Salbe auf und bedeckte sie mit steriler Gaze. »Die Stelle wird bald verheilt sein«, versicherte ich Mao. »Sie brauchen keine Medizin oder Spritze.« Aber ich riet ihm, die Infektion nicht zu berühren.

Abends rief er mich wieder in sein Abteil. Die Gaze war verschwunden, die Pustel war aufgebrochen und auf die Größe einer Sojabohne angewachsen. Ganz offensichtlich hatte jemand versucht, sie auszudrücken. Das umliegende Gewebe war hart und rot, eine rosafarbene Linie zog sich von der kleinen Wunde zur linken Achselhöhle, und die Lymphknoten waren geschwollen. Er hatte Fieber.

Mao lehnte eine Penicillinspritze ab und verlangte von mir, die Pustel auszuschneiden, aber dazu war es noch zu früh. Schließlich brachte ich ihn dazu, einige Tetracyclin-Kapseln aus den USA zu schlucken. Danach wies ich sowohl ihn als auch Zhang Yufeng an, die Wunde nicht mehr zu berühren.

Ich machte mir Sorgen, weil einer von beiden die Pustel ausgedrückt hatte und die Infektion sich ausbreiten konnte. Und ich konnte mich nicht darauf verlassen, daß das Geschwür jetzt wirklich in Ruhe verheilen würde. Also telefonierte ich mit Shi Shuhan, dem Direktor des Zentralen Gesundheitsbüros in Beijing. Auch Shi war besorgt und informierte sofort Zhou Enlai über Maos Gesundheitszustand. Zhou wollte sofort weitere Ärzte entsenden, die mir bei der Behandlung des Vorsitzenden helfen sollten.

Vom medizinischen Standpunkt aus war ein zweiter Arzt kaum vonnöten, aber Wang Dongxing sah hier mehr als ein medizinisches Problem und bezeichnete mich als naiv. »Sie haben dem Vorsitzenden gesagt, er solle das Geschwür nicht ausdrücken, und er hat es doch getan. Vielleicht mißachtet er Ihre Anweisungen auch weiterhin. Lassen Sie die anderen Ärzte kommen, um die Verantwortung aufzuteilen. Wenn dann irgend etwas schiefgeht, können Sie sich gegenseitig schützen.«

Letztlich mußte ich einwilligen. Ich erklärte Mao, daß man einen zusätzlichen Arzt aus Beijing schicken wolle, und er war damit einverstanden, daß Ji Suhua, der Direktor des Krankenhauses von Beijing, ihn untersuchte. Dr. Ji flog sofort nach Nanjing und bestieg dort unseren Zug.

Maos Gesundheitszustand hatte sich verschlechtert. Aus der Pustel war ein walnußgroßer Abszeß mit fünf oder sechs Eiterherden geworden. Darunter befand sich ein Karbunkel von der Größe eines kleinen Pfirsichs. Und die Lymphknoten in den Achselhöhlen waren weiter angeschwollen.

Ji Suhua war bei seinem ersten Zusammentreffen mit Mao sehr nervös, und Mao versuchte, ihn mit seinem üblichen Geplänkel zu beruhigen. Ji ist ein sehr seltener Name, und Mao fragte den Arzt, ob er vielleicht mit dem berühmten Schriftsteller und Historiographen aus der Zeit der Qing-Dynastie, Ji Luqi, verwandt sei. Dr. Ji wußte es nicht.

»Also bemühen Sie sich nur, ein guter Arzt zu sein, und kümmern sich nicht so sehr um die Geschichte Ihrer Familie?« spottete Mao.

Aber damit konnte er Dr. Jis Nervosität nicht beseitigen. Diesem stand der Schweiß auf der Stirn, seine Hände zitterten. Und als er den Vorsitzenden untersuchte, wurde es noch schlimmer.

»Jemand hat versucht, es auszudrücken«, stieß er hervor. Mao und Zhang Yufeng wurden plötzlich still.

»Das sieht ziemlich ernst aus«, flüsterte Ji mir später zu. Es war klar, daß wir den Abszeß aufschneiden mußten, um den Eiter zu entfernen, aber der Karbunkel machte die Operation riskant. Die Infektion konnte sich leicht ausbreiten und eine lebensbedrohende Blutvergiftung auslösen. Plötzlich war die kleine Pustel zu der gefährlichsten Krankheit Maos geworden, die ich bisher zu behandeln gehabt hatte.

Maos Zugabteil war zu eng für die Aufstellung medizinischer Geräte; deshalb hielt ich es für besser, die Operation hinauszuzögern, weiterhin Tetracyclin zu verabreichen und heiße Kompressen auf Maos linke Brust und Achselhöhle zu legen. Wir warteten mit dem ersten Schnitt bis zum nächsten Tag, als das Geschwür etwas weicher geworden war.

Kurz danach erreichten wir Beijing. Der Abszeß wurde immer weicher, und fünf Tage später machten wir einen zweiten, tieferen Schnitt, der eine große Eitermenge freilegte. Die Lymphknoten schwollen dennoch nicht ab, so daß wir nach weiteren drei Tagen auch diese aufschneiden mußten. Erst danach, Ende Juni, begann Mao sich zu erholen. Mitte Juli waren die Schnitte gut abgeheilt, die Wunde selbst aber war immer noch nicht völlig geschlossen. Niemand schien mit meiner Behandlung zufrieden zu sein. Jiang Qing war gereizt, weil ich Mao nicht zusammen mit den anderen Spitzenfunktionären nach Beidaihe reisen lassen wollte. Ich hatte Angst, daß die Wunde sich wieder entzünden könne, wenn Mao schwimmen ging, und ich wußte ganz genau, daß er sich in Beidaihe nie davon abhalten ließ.

Auch Mao war verärgert, weil ich nicht sofort erkannt hatte, wie bedrohlich sein Zustand werden würde. »Jetzt erzählen Sie mir, daß alles in Ordnung ist«, sagte er, als die Schnitte zu heilen begannen. »Aber damals im Zug haben Sie mir auch versichert, es sei kein ernstes Problem, und dann wurde es doch ziemlich ernst. Sie hätten mir ganz am Anfang erklären sollen, daß ich entweder ernsthaft krank werden oder mich schnell erholen würde. Dann hätten Sie sich nach allen Seiten abgesichert.«

Ich versprach, in Zukunft immer beide Möglichkeiten zu berücksichtigen.

Und Zhang Yufeng war unzufrieden mit mir, weil ich mich weigerte, sie von der Schuld an Maos Erkrankung freizusprechen. Ich wußte ganz genau, daß sie die Pustel ausgedrückt hatte, ohne sich vorher die Hände zu waschen. Auch Mao machte sie bis zu seinem Tod für die Infektion verantwortlich. Fortan war mein Verhältnis zu Zhang problematisch.

54. KAPITEL

Im Mai 1964 erschien die erste Auflage der *Worte des Vorsitzenden Mao* – ein kleines, grellrotes Buch voller Aphorismen aus Maos Reden und Schriften. Der Kult um Mao hatte begonnen.

Gleichzeitig rückte das Erfordernis, eine lebensfähige moderne Wirtschaft aufzubauen, wieder in den Hintergrund. Niemand schien aus der Katastrophe des Großen Sprungs nach vorn gelernt zu haben.

Ideologische Reinheit zählte für Lin Biao sehr viel mehr als Sachkenntnis, und er war es, der die Parole der »Vier Erst« erfand: der Mensch zuerst, die politische Arbeit zuerst, die ideologische Arbeit zuerst und die lebendigen Ideen zuerst.

Mao liebte diese Schmeicheleien und antwortete darauf seinerseits mit Komplimenten. »Lins Idee der Vier Erst ist eine großartige Schöpfung«, meinte er. »Wer sagt denn, daß wir Chinesen nicht auch Dinge erfinden und neu schaffen können?« Er befahl der ganzen Nation – den Menschen in Schulen, Fabriken, Kommunen –, von Lin Biao und der Volksbefreiungsarmee zu lernen. »Das besondere Verdienst der Volksbefreiungsarmee besteht darin, daß ihre politische Ideologie korrekt ist«, betonte er. Die Armee gründete überall in China Abteilungen für politische Arbeit, um die Gedanken Maos zu lehren. »Nur so können wir den revolutionären Geist der Millionen Kader und Arbeiter in unserer Industrie, im Handel und in der Landwirtschaft mobilisieren«, verkündete Mao. Plötzlich war ganz China in politische Studien vertieft, man las die Werke Maos und lernte sogar seine trivialsten Gedanken auswendig. Der Mao-Kult verbreitete sich in Schulen, Fabriken und Kommunen – der Parteivorsitzende wurde zum Gott.

Aber nicht jeder teilte Lin Biaos Verehrung für Mao oder wollte seinen Kult propagieren. Die eher pragmatisch und nüchtern eingestellten Mitglieder der Parteispitze äußerten ihre Kritik an Lin sehr offen. Deng Xiaoping, damals Generalsekretär des Zentralkomitees, und Lu Dingyi, der Leiter der Abteilung Propaganda des Zentralkomitees, blieben bei ihrer Meinung, daß Maos kleines rotes Buch sowohl den Marxismus als auch Maos Gedanken viel zu stark vereinfache und damit herabwürdige.

Auch Luo Ruiqing, der damalige Chef des Generalstabs und Generalsekretär der Kommission für Militärische Angelegenheiten, war entsetzt. »Wenn Mao Zedongs Denken wirklich die fortschrittlichste und genialste Entwicklung des Marxismus-Leninismus ist, heißt das dann, daß weder Mao noch der Marxismus sich weiterentwickeln können?« Luo betrachtete die Rezitationen aus dem kleinen roten Buch als eine völlig nutzlose Gedächtnisübung.

Zudem nahm Luo Anstoß an Lins militärischen Überlegungen. Lin Biao glaubte immer noch an die Guerillataktik als den einzigen Weg, einen Krieg zu gewinnen, und er argumentierte, daß Ideologie wichtiger sei als Waffen, revolutionäre Ideale wichtiger als Strategien. 1964 hatten sich die Beziehungen zur Sowjetunion so verschlechtert, daß China am Rande eines Krieges mit seinem ehemaligen großen Bruder stand, und Lin erklärte, daß der Sieg einzig und allein dadurch zu erringen sei, daß man die Soldaten mit dem Gedankengut Mao Zedongs ausstatte. Dagegen dachte Luo Ruiqing sehr viel praktischer. Soldaten brauchten in seinen Augen auch eine angemessene Bewaffnung, und er wollte die chinesische Armee auf eine moderne Kriegführung vorbereiten.

Mao war natürlich unzufrieden mit den Parteiführern, die den Personenkult um ihn kritisierten, aber er war noch nicht mächtig genug, um direkt gegen sie vorzugehen. Statt dessen suchte er sich Sündenböcke, und einer davon war das Zentrale Gesundheitsbüro.

Im Frühling des Jahres 1964, während sich die Parteispitze um das kleine rote Buch zankte, erkrankte Liu Shaoqi an Tuberkulose. Xu Yunbei, der stellvertretende Minister für Öffentliche Gesundheit, unterrichtete mich davon. Ich sollte dem Vorsitzenden Meldung machen und ihm den offiziellen schriftlichen Bericht zu Lius Gesundheitszustand ankündigen, der in Kürze folgen werde.

Mao wirkte weder beunruhigt noch überrascht, als er von Lius Krankheit hörte. Vielmehr glitt ein Lächeln der Genugtuung über sein Gesicht. »Wozu die Aufregung?« fragte er. »Wenn er krank ist, soll er sich ausruhen, und die Ärzte sollen ihn behandeln. Damit haben Sie nichts zu tun. Mischen Sie sich nicht ein.«

Aber Lius Krankheit ließ Mao sofort aktiv werden. Wenn er seinen Rivalen schon nicht direkt angreifen konnte, so wollte er doch versuchen, ihm das Leben schwerzumachen. Er befahl dem Ministerium für Öffentliche Gesundheit, die Sonderdienste für Spitzenfunktionäre einzustellen und ihnen nicht länger Leibärzte zuzuweisen. Das Zentrale Gesundheitsbüro, das für die exzellente medizinische Versorgung der Politiker zuständig gewesen war, wurde abgeschafft. Und schließlich ordnete Mao an, daß das Krankenhaus von Beijing, in dem nur die Elite des Landes behandelt wurde, einen neuen Namen erhielt: »Krankenhaus der Dienenden Herren«.

Mao hatte das Zentrale Gesundheitsbüro und das Krankenhaus von Beijing schon früher kritisiert. »Diese Herren leben in Saus und Braus«, kommentierte er einmal den Lebensstil der Führungsspitze. »Sie haben immer Anspruch auf ärztliche Versorgung. Schon beim kleinsten Wehwehchen werden sie aufs beste betreut.«

Das Zentrale Gesundheitsbüro war auf Maos Angriff völlig unvorbereitet, sein Direktor Shi Shuhan reagierte verblüfft. Das ganze Ministerium geriet in Aufruhr, und die politische Führung mit Liu Shaoqi an der Spitze war verärgert.

Zwar wagte niemand, sich dem Befehl zu widersetzen, aber es war unmöglich, die Führung plötzlich dem Öffentlichen Gesundheitssystem auszuliefern. Man mußte einen Weg finden, um einerseits Maos Befehle auszuführen und andererseits die spezielle Gesundheitsfürsorge für die Führungsspitze sicherzustellen.

Nach langen Diskussionen zwischen Repräsentanten des Zentralen Gesundheitsbüros und Beamten des Staatsratsministeriums für Öffentliche Gesundheit kam endlich ein Kompromiß zustande: Das Zentrale Gesundheitsbüro sollte ebenso abgeschafft werden wie die Gesundheitsabteilung in Zhongnanhai, die vom Zentralen Gesundheitsbüro und dem Hauptbüro der Sicherheitskräfte geleitet wurde. Shi Shuhan und Huang Shuze, die Verantwortlichen für das Zentrale Gesundheitsbüro, wurden zu Vizeministern für Öffentliche Gesundheit ernannt; sie behielten ihren Aufgabenbereich, die Fürsorge für das Wohlergehen der Staatsführung, im wesentlichen bei. Die meisten Leibärzte der Spitzenfunktionäre wurden zu Abteilungsleitern im Krankenhaus von Beijing ernannt und standen auf Abruf für den Einsatz in Zhongnanhai bereit. Und obwohl Mao angeordnet hatte, das Krankenhaus von Beijing für die Allgemeinheit zu öffnen, wurde es weiterhin von der Parteielite benutzt. Das Ministerium für Öffentliche Gesundheit schränkte den öffentlichen Zugang ein, um die Sicherheit der Führer bei einer Behandlung zu gewährleisten.

Mao hatte natürlich weiterhin seinen eigenen Arzt, aber meine vorgesetzte Institution, die Gesundheitsabteilung in Zhongnanhai, existierte nicht mehr. Deshalb wurde eigens ein dem Ministerium für Öffentliche Gesundheit unterstelltes Komitee für Medizinische Wissenschaft gegründet, das vorgeblich die medizinische Forschung auf höchster Ebene koordinieren und leiten sollte. Ich wurde zum stellvertretenden Sekretär dieser Einrichtung ernannt. Morgens arbeitete ich dort, die Nachmittage und Abende verbrachte ich auch weiterhin bei Mao in Zhongnanhai.

Ein Punkt war noch offen: Niemand im Gesundheitsbereich wollte das Krankenhaus von Beijing in »Krankenhaus der Dienenden Herren« umbenannt sehen. Da jedoch Mao persönlich den Befehl dazu gegeben hatte, konnte nur er ihn wieder aufheben, und ich sollte ihn laut Xu Yunbei und Shi Shuhan umstimmen.

Ich berichtete Mao von der geplanten Abschaffung des Zentralen Gesundheitsbüros und der Einrichtung eines Zentralen Komitees für Medizinische Wissenschaft. »Es gibt nur noch ein Problem«, schloß ich, »der Name ›Krankenhaus der Dienenden Herren‹ klingt nicht gut. Das Krankenhaus ist in den zwanziger Jahren von den Deutschen gebaut worden und heißt seitdem Krankenhaus von Beijing. Können wir nicht bei dem alten Namen bleiben?«

Mao hatte keine Einwände. »Dann nennen Sie es eben Krankenhaus von Beijing. Ich freue mich, daß es jetzt der Allgemeinheit zugänglich ist.«

Maos eigenes Leben hatte sich durch die Reform des Krankenversorgungssystems für die Parteielite nicht wesentlich geändert, Jiang Qings ebensowenig. Sie wurde wegen ihrer »schwachen Gesundheit« weiterhin von mehreren Krankenschwestern umsorgt, und ich blieb Maos Leibarzt. Zwar arbeitete ich morgens im Komitee für Medizinische Wissenschaft, aber meine dortige Aufgabe war untrennbar mit Mao verbunden. Da er hauptsächlich an Bronchitis und Erkältungen litt, widmete ich mich den Forschungen zur Behandlung und Vermeidung dieser beiden Krankheiten.

Für mich persönlich hatte die Neuordnung zur Folge, daß meine Familie aus Zhongnanhai ausziehen mußte. Da das Zentrale Gesundheitsbüro nicht mehr existierte, hatten wir nicht länger das Recht, dort zu wohnen.

Aber wir blieben in der Nähe von Maos Residenz. Durch die Auflösung des Zentralen Gesundheitsbüros wurden Räume in einem wunderbar altmodischen Gebäudekomplex mit vielen Innenhöfen in der Gongxian-Straße frei. Dort hatte 1949 mein erstes, schicksalhaftes Zusammentreffen mit Fu Lianzhang nach meiner Rückkehr nach China stattgefunden. Lillian, meine beiden Söhne und ich bekamen eine komfortable Wohnung mit vier Zimmern in diesem Komplex zugewiesen. Die Umgebung gefiel mir ausnehmend gut. Unser Innenhof war voll von Blumen, und die milchig-weißen Nachthyazinthen schienen das ganze Jahr über zu blühen. Bei unserem Einzug pflanzten wir eine Dattelpalme, die schon bald leckere Früchte trug. Außerdem lag unsere neue Unterkunft günstig zu den für uns wichtigsten Punkten der Stadt – dem Lebensmittelmarkt von Longfusi und dem quirligen Einkaufszentrum Wangfujing. Die Mittelschule meines älteren Sohnes war mit dem Fahrrad erreichbar, und ich wurde von einem Auto mit Chauffeur nach Zhongnanhai und wieder zurück gebracht.[81] Zur Zeit unseres Umzugs stattete die polnische Botschaft gerade ihre Residenzen neu aus, und wir konnten die alten Möbel zu einem erschwinglichen Preis kaufen, um unser neues Heim einzurichten.

Ich war nicht traurig darüber, Zhongnanhai zu verlassen. Unsere Wohnung dort konnte man kaum als Heim bezeichnen, da wir so viele Auflagen zu erfüllen hatten und noch nicht einmal unsere Freunde oder Verwandten zu uns einladen durften. Wenn ich jetzt am Fenster saß und auf den blumengeschmückten Innenhof hinaussah, konnte ich fast vergessen, daß wir das Haus unserer Vorfahren hatten aufgeben müssen.

Mao jedoch hatte einen Grund, die Abschaffung des Zentralen Gesundheitsbüros in Zhongnanhai zu bedauern. Eines Nachts wollte er mich um drei Uhr zu sich rufen, doch ich war bereits in die Gongxian-Straße gezogen. »Ich hatte nicht gedacht, daß ich mir selbst mit meiner Anordnung schade«, klagte er am nächsten Tag. Also stellte ich mir ein Bett in mein Büro in Zhongnanhai, um auch nachts abrufbereit zu sein. Ich schlief oft dort, so daß ich leider weiterhin wenig Zeit für meine Familie hatte.

Die dritte Plenarsitzung des Volkskongresses fand vom 21. Dezember 1964 bis zum 4. Januar 1965 statt. In den von Zhou Enlai vorgelegten »Bericht über die Arbeit der Regierung« fügte Mao mehrere Passagen ein, die darauf hindeuteten, daß er noch immer an die Idee des Großen Sprungs nach vorn glaubte, auch wenn er sie jetzt in einen anderen Zusammenhang stellte. »Wir können nicht den konventionellen Weg der wirtschaftlichen Entwicklung gehen und Schritt für Schritt den anderen hinterherkriechen«, erklärte er. »Wir müssen uns über alle Konventionen hinwegsetzen, die fortschrittlichste Technologie übernehmen und China innerhalb kurzer Zeit zu einem starken, modernen, sozialistischen Land machen. Das ist die Idee des Großen Sprungs ... Einer der großen revolutionären Führer Chinas, unser Vorgänger Sun Yatsen, erklärte zu Beginn dieses Jahrhunderts, daß in China ein großer Sprung stattfinden werde.«

Nach dem chinesischen Neujahrsfest 1965 fuhr Mao von Beijing aus nach Wuhan. In seiner Begleitung befanden sich zwei Privatsekretärinnen sowie Wang Hairong, die Enkelin seines Cousins Wang Jifan. Im Zug ließ er sich wie immer von Zhang Yufeng bedienen. Bei seiner Ankunft in Wuhan wurde Mao von Frauen umringt, die voller Eifer um seine Gunst stritten.

Eines Morgens kam Wang Hairong ins Büro gestürzt und beschwerte sich bei mir. »Wie können Sie eine Frau wie Zhang Yufeng hier arbeiten lassen? Sie ist eine schamlose, launische Person, und gegenüber dem Vorsitzenden schlägt sie einen rüden Ton an. Gestern abend sagte der Vorsitzende zu mir, Zhang mache ihn wahnsinnig. Er ist nicht mehr der Jüngste, und wir dürfen nicht zulassen, daß Zhang Yufeng ihn beleidigt. Wenn Sie nichts gegen sie unternehmen, melde ich die Sache dem Generalbüro.«

»Immer mit der Ruhe«, sagte ich. »Erzählen Sie mir, was passiert ist.«

»Ich kann mich nicht beruhigen. Ich kann es nicht ertragen, daß diese Person den Vorsitzenden beleidigt.« Sie verließ das Büro, um Wang Dongxing zu suchen.

In diesem Moment kam der Wächter Xiao Zhang herein und sagte: »Der Vorsitzende ist verärgert. Er sagt, Zhang Yufeng sei zu weit gegangen. Er möchte, daß eine Versammlung einberufen wird, um Zhang zu rügen.«

Als Wang Dongxing von dem Vorfall hörte, meinte er verdrießlich: »Müssen wir immer diese schmutzige Wäsche waschen? Wieso sollen wir deswegen eine Versammlung einberufen? Maos persönliche Beziehungen zu diesen Frauen sind derart kompliziert! Wie kann auf einer Versammlung eine Entscheidung getroffen werden?«

Aber Mao hatte um eine Versammlung gebeten, und deshalb wurde in seinem Eßzimmer im Gästehaus auch eine abgehalten. Wang verließ die Versammlung schon nach kurzer Zeit und überließ mir den Vorsitz.

Wang Hairong wiederholte ihre Anschuldigungen.

»Als Mao und ich in Streit gerieten, beschimpfte er mich und sogar meine Mutter«, erwiderte Zhang Yufeng. »Ich mußte einfach mit Beschimpfungen antworten.«

Als Zhang erzählen wollte, wie der Streit begann, hielt ich es für besser, die Versammlung abzubrechen, ehe sie sich noch weiter über Maos erbärmliches Verhältnis mit ihr ausließ. Hätte ich sie fortfahren lassen, hätte Mao vielleicht den Eindruck gehabt – obwohl er die Versammlung selbst angeordnet hatte –, einige von uns wollten sich in sein Privatleben einmischen.

Aber Wang Hairong ließ nicht locker und verlangte eine Entscheidung. Da ich mich der Situation nicht gewachsen fühlte, schickte ich nach Wang Dongxing, damit er Wang Hairong beschwichtigte. Außerdem bat ich Oberschwester Wu Xujun, Zhang Yufeng zu überreden, zu Mao zu gehen und Selbstkritik zu üben.

Wang Hairong war nicht damit einverstanden, wie wir das Problem handhabten, und sie warf Wang Dongxing und mir mangelnden Gerechtigkeitssinn vor. Wütend trat sie die Heimreise nach Beijing an. Auch Zhang Yufeng war immer noch verärgert. Sie fragte sich, warum sie vor Mao Selbstkritik üben sollte, wo er doch sie und ihre Mutter beschimpft hatte. Sie zog aus dem Gästehaus aus und quartierte sich im Zug ein.

Doch die Lage normalisierte sich bald wieder.

Kurz darauf holte Mao sich eine Erkältung, die sich zu einer akuten Bronchitis mit Fieber und Husten verschlimmerte. Obwohl es mir rasch gelang, das Fieber zu senken und den Husten zu lindern, bekam Mao eine Laryngitis und konnte nicht mehr sprechen. Aus Angst, der Verlust der Stimme könne von Dauer sein, bat er mich immer wieder, ihn zu behandeln. Ich erklärte ihm, daß es eine Weile dauern werde, bis die Entzündung abgeklungen sei, aber er bestand auf einer Behandlung.

Da er die von mir verordnete Physiotherapie bereits nach einer Sitzung abbrach, verabreichte ich ihm eine Arznei aus chinesischen Kräutern, die sich als überaus wirksam erwies. Bereits nach zwei Tagen konnte er ein paar Worte sprechen, und nach drei Tagen war seine Stimme völlig wiederhergestellt.

Als nächstes wollte er schwimmen gehen. Er schlug meine Warnungen in den Wind und meinte: »All Ihre Behandlungsmethoden, dieses und jenes Heilverfahren, die chinesische oder die westliche Medizin – nichts hilft wirklich. Schwimmen ist immer noch das wirksamste Mittel.« Mit diesen Worten begab er sich zum Pool des Gästehauses und schwamm seine Runden.

Nach dem Maifeiertag 1965 beschloß Mao, Jinggangshan, ein Gebiet an der Grenze zwischen den Provinzen Hunan und Jiangxi, einen Besuch abzustatten. Dort hatte er 1927 den Guerillastützpunkt eingerichtet, von dem aus seine Revolution ihren Ausgang nahm. Wir fuhren mit dem Zug nach Changsha in der Provinz Hunan und setzten von dort aus die Reise mit dem Auto fort.

Zhang Yufeng, deren Ärger sich noch immer nicht ganz gelegt hatte, weigerte sich mitzukommen.

Die Reise nach Jinggangshan sollte den Eindruck erwecken, Mao wolle von seinem alten Stützpunkt aus die Partei und die Armee neu organisieren, falls die Zentralregierung sich seinem Willen nicht beugte. Die Reise war Teil seiner fortwährenden Kampagne gegen seinen Rivalen Liu Shaoqi.

Der Sekretär des Parteikomitees der Provinz Hunan begleitete Mao auf seiner Reise. Aus der Provinz Jiangxi kam niemand mit uns, weil Wang Dongxing während seiner »Umerziehungsphase« fast fünf Jahre Vizegouverneur der Provinz gewesen war und sich in der Gegend, die wir besuchen wollten, auskannte.

Die Nacht verbrachten wir im Bezirk Chalin in Hunan. Die Bezirksverwaltung räumte ihre Büros, um Unterkünfte für uns zu schaffen. Überall wimmelte es von Stechmücken, aber das Insektenspray, das wir dabeihatten, durfte nur Mao benutzen. Wir anderen verbrannten Kräuter, um die Insekten abzuhalten, und mußten unter Moskitonetzen aus dickem Leinen schlafen, die eine Menge von dem Qualm einfingen. Am nächsten Morgen fühlte ich mich ganz benommen.

In Jinggangshan wohnten wir in einem zweistöckigen Gästehaus in Maoping, einem kleinen Dorf, das um ein Reisfeld angelegt war. Auf der Südseite des Dorfes befand sich ein Laden, in dem Kunsthandwerk verkauft wurde. In einem Raum war eine Schulterstange ausgestellt, mit der Marschall Zhu De während des Aufstands in den zwanziger Jahren angeblich Wasserfässer transportiert hatte. (Während der Kulturrevolution soll Lin Biao die Stange benutzt haben – noch ein Beispiel für die Verfälschung der Geschichte während dieser Zeit.) In Jinggangshan selbst gab es jede Menge Bambushaine, und in einer kleinen Papierfabrik wurde aus dem Bambus ein weißes, durchsichtiges Papier hergestellt, das ich aus meiner Jugend kannte.

Am 29. Mai verließen wir Jinggangshan, und Mitte Juni waren wir wieder in Beijing.

Mao war immer noch unzufrieden mit Liu Shaoqi und Deng Xiaoping, weshalb er zum Schlag gegen das Ministerium für Öffentliche Gesundheit ausholte. »Ich möchte, daß Sie den Leuten im Gesundheitsministerium etwas mitteilen«, sagte er mir am 26. Juni 1965. »Sie bieten nur etwa fünfzehn Prozent der Bevölkerung eine Gesundheitsfürsorge an. Von diesen fünfzehn Prozent bekommen die Herren in den nationalen und den regionalen Behörden die beste Versorgung. Im Ministerium scheint man zu glauben, daß es genügt, diese Herren zufriedenzustellen. Aber die weitaus größte Zahl der Menschen auf dem Land wird überhaupt nicht versorgt – keine Medizin, keine Ärzte. Ich habe vor, dem Ministerium für Öffentliche Gesundheit ein Gedicht darüber zu widmen, daß die Gesundheitsfürsorge nur den hohen Funktionären zugute kommt, während sich niemand um die Bauern kümmert.«

Mao fuhr fort: »Das Ministerium für Öffentliche Gesundheit dient nicht dem Volk. Es ist kein Ministerium des ganzen Volkes. Es kümmert sich nur um die Stadtbewohner, um die Herren. Geben wir ihm doch einen anderen Namen: Ministerium für Städtische Gesundheit, Ministerium für die Gesundheit der Herren. Unsere Krankenhäuser verfügen über alle möglichen modernen medizinischen Geräte, aber sie setzen sich über die Bedürfnisse der

Landbewohner hinweg. Wir bilden Mediziner aus, um die Stadtgebiete zu versorgen. Aber China hat fünfhundert Millionen Bauern.« Mao forderte umfassende Reformen des Gesundheitssystems, eine Neuorientierung auf die Massen statt auf die Elite und auf das Land statt auf die Städte.

Und er wollte auch die medizinische Ausbildung reformieren. »Medizinstudenten brauchen nicht so viele Bücher zu lesen«, behauptete er. Die berühmtesten Ärzte der chinesischen Geschichte, Hua Tao und Li Shizhen, hätten niemals medizinische Hochschulen besucht, und ein Grundschulabgangszeugnis solle eigentlich genügen, um Medizin zu studieren. Medizinische Fertigkeiten könne man am besten in der Praxis erwerben. »Der Ärztetyp, den wir in den Dörfern brauchen, muß nicht so gut ausgebildet sein«, sagte er. »Hauptsache, er ist besser als die Medizinmänner.«[82]

Mao kritisierte das Ministerium für Öffentliche Gesundheit auch deshalb, weil es Arbeitskräfte und Ressourcen in die Erforschung seltener und exotischer Krankheiten stecke, ohne Vorbeugungsmaßnahmen und der Behandlung häufig auftretender Krankheiten Aufmerksamkeit zu schenken. »Ich will damit nicht sagen, daß wir die medizinische Forschung außer acht lassen sollten«, erklärte Mao, »sondern nur, daß wir einen größeren Teil unserer Mittel auf die Bedürfnisse der Massen verwenden müssen.«

Er wechselte das Thema: »Und dann ist da noch etwas sehr Seltsames. Die Ärzte setzen immer einen Mundschutz auf, wenn sie Patienten behandeln. Fürchten sie, die Patienten könnten Krankheiten von ihnen übertragen bekommen? Nein, ich glaube, sie haben Angst, von den Patienten angesteckt zu werden. Meiner Meinung nach sollten die Ärzte nur dann einen Mundschutz tragen, wenn es wirklich nötig ist. Sonst bauen sie eine Barriere zwischen Arzt und Patient auf.«

Und er hatte noch einen weiteren Vorschlag zu machen: Er wollte die städtischen Kliniken mit frisch graduierten, unerfahrenen Medizinern besetzen. Die erfahreneren älteren Ärzte sollten aufs Land geschickt werden. »Unsere Mediziner sollten in Zukunft das Schwergewicht ihrer Arbeit auf die Dörfer verlegen.«

Ich war erstaunt über Maos Breitseite gegen die Mediziner, doch er wies mich an, seine Ideen an das Gesundheitsministerium weiterzuleiten. Ich verfaßte ein langes Memorandum über unser Gespräch und legte es dem Ministerium umgehend vor. Damals hätte ich mir natürlich nicht träumen lassen, daß diese »Direktive des 26. Juni« während der Kulturrevolution die Grundlage einer landesweiten Kampagne für den Einsatz von Barfußärzten bilden sollte. Die Radikalen benutzten sie, um den Klassenkampf auf dem

Gebiet der Medizin zu schüren und um das chinesische Gesundheitssystem zu ruinieren. Außerdem konnte ich mir damals nicht vorstellen, daß Mao auch mich aufs Dorf schicken würde.

Die Abschaffung und anschließende Reorganisation des Zentralen Gesundheitsbüros brachte Spannungen und ein gewisses Chaos mit sich, in dem dann Maos Ideen völlig untergingen. Mao hatte ein Ende der Vorzugsbehandlung für führende Funktionäre befohlen, sobald er von Lius Tuberkulose erfuhr. Wir alle in Gruppe Eins wußten, daß Maos Angriff auf das Gesundheitssystem auch eine versteckte Attacke auf Liu Shaoqi war. »Es ist noch zu früh, um mit Bestimmtheit zu sagen, daß Liu Shaoqi der Nachfolger des Vorsitzenden sein wird«, schloß Tian Jiaying aus diesen Vorgängen. Wang Dongxing stimmte ihm zu.

55. KAPITEL

Ein paar Tage später rief Mao mich zu sich. »Der Klassenkampf auf dem Land ist sehr ernst geworden«, sagte er, »und die Kampagne der Vier Erst entwickelt sich wie ein Lauffeuer. Nur die Gruppe Eins ist noch hier und tut gar nichts. Das ist untragbar.« Nach Maos Vorstellungen sollte ein Team der Gruppe Eins unter Wang Dongxings Leitung an der Kampagne für sozialistische Erziehung auf dem Land teilnehmen. Wangs Vorgesetzter Xie Fuzhi, der Minister für Öffentliche Sicherheit, sei schon als Leiter einer Gruppe dort. Jetzt seien wir an der Reihe.

Wir faßten Maos Befehl als Bestrafung auf. »Was haben wir getan, um den Vorsitzenden so gegen uns aufzubringen?« fragte Wang Dongxing, als ich ihm die Nachricht überbrachte. Tian Jiaying war ebenso wie ich davon überzeugt, daß wir unsere Posten verlieren würden. Es war schon immer Maos Methode gewesen, die Mitarbeiter, die er loswerden wollte, erst einmal zur »Umerziehung« aufs Land zu schicken und ihnen dann andere Aufgaben zuzuweisen. Auf diese Weise hatten Ye Zilong und Lin Yinqiao im Winter 1960 ihren Arbeitsplatz verloren, und uns drohte wahrscheinlich ein ähnliches Schicksal.

Mao wünschte, daß fast die ganze Gruppe Eins aufs Land ging. Nur ein Sekretär, Xu Yefu, und ein Bediensteter, Zhou Fuming, sollten bei ihm bleiben, und auch Jiang Qing brauchte nicht aufzubrechen. Ihre Krankheiten hatten sich angesichts der möglichen Härten wieder bemerkbar gemacht.

Tian Jiaying sah in dem Umzug aufs Land auch Vorteile für uns, denn die politische Situation in Beijing wurde immer gespannter. Wenn es zum großen Knall käme, würden wir aus der Schußlinie sein. Dennoch war natürlich niemand glücklich über diese Aufgabe, und Wang Dongxing, der für die Organisation verantwortlich war, ließ sich Zeit. Schließlich entschied er sich für den Bezirk Qianshan in seiner Heimatprovinz Jiangxi, und Mao drängte uns zur Abreise.

Ich mußte mir Gedanken über eine Vertretung für mich machen und schlug vor, daß Huang Shuze, einer der stellvertretenden Minister für Öffentliche Gesundheit, als Maos Leibarzt einspringen solle. Aber Maos Wut sowohl auf das städtische Gesundheitssystem als auch auf die hypochondrischen Neigungen seiner Genossen in der Parteispitze war noch nicht verraucht, und er wollte keinen anderen Arzt. »Ich bin gesund«, sagte er. »Also brauche ich keine medizinische Betreuung. Ich bin schließlich nicht einer von diesen Herren, die sich den Blutdruck messen und den Puls fühlen lassen, sobald sie sich etwas unwohl fühlen. Ich komme gut ohne Huang Shuze aus. Eine Krankenschwester genügt mir.« Schwester Wu Xujun würde mit uns ziehen, und Mao forderte einen Ersatz für sie aus dem Krankenhaus 301 an, der führenden Gesundheitseinrichtung der Volksbefreiungsarmee.

Pu Rongqing, der stellvertretende Direktor des Krankenhauses 301, fühlte sich geschmeichelt darüber, daß Mao eine Schwester aus seinem Haus verlangte. »Das Krankenhaus von Beijing hat eigentlich eine sehr viel bessere medizinische Betreuung«, erklärte er, als ich die Arrangements mit ihm traf. Er selbst hatte keine formelle medizinische Ausbildung durchlaufen, sondern sich seine Kenntnisse als Sanitäter bei der Roten Armee angeeignet.

Pu schlug uns vor, mit zwei Schwestern zu sprechen, die bereits Erfahrung im Umgang mit hochrangigen Militärkadern gesammelt hatten. Beide waren akzeptabel – die eine sehr ruhig und zurückhaltend, die andere offen und freundlich. Also zeigten wir Mao Fotos von ihnen und ließen ihn die Wahl treffen. Er entschied sich für die extrovertierte Liu Xiaoyan. »Sie sieht intelligent aus«, meinte er.

Anfang Juli fuhr unsere Gruppe aufs Land.

Als wir im Bezirk Qianshan ankamen, war unsere Arbeitsgruppe für die sozialistische Erziehung bereits hundert Personen stark. Zusätzlich zum Personal des Büros der Sicherheitskräfte, des Ministeriums für Öffentliche Gesundheit, des Zentralen Garnisonskorps und des Zweiten Artillerie-Korps hatte auch noch das Parteikomitee der Provinz Jiangxi seine Vertreter geschickt. Maos Tochter Li Na begleitete uns.

Seit der Konferenz der 7000 Kader im Januar 1962 war meine Beziehung zu Li Na belastet. Damals hatte man mich aus der Großen Halle des Volkes an die Universität von Beijing gerufen, um Li Na zu versorgen, die dort Geschichte studierte. Ich stellte fest, daß Li Na an einer schweren fiebrigen Erkältung litt und von Lu Ping umhegt wurde, der zu dieser Zeit gleichzeitig Präsident und Parteisekretär der Universität war. Auch der Parteisekretär der Geschichtsfakultät war anwesend, und beide schauten sehr besorgt drein. Sie entschuldigten sich mehrmals höflich dafür, daß sie mich nicht schon früher gerufen hätten, aber sie selbst seien gerade erst über Li Nas Erkrankung informiert worden. Dennoch war Li Na wütend und behauptete, ich sei nicht rasch genug gekommen. Man konnte sie nicht beruhigen, sie jammerte und klagte ununterbrochen. Schließlich verlor ich die Geduld.

»Sie sind einundzwanzig Jahre alt«, schnauzte ich sie an. »Sie sind doch kein Kind mehr. Die Leiter der Universität sind gekommen, um nach Ihnen zu sehen. Was wollen Sie mehr? Es gibt an dieser Universität mehr als zehntausend Studenten. Wenn die sich alle so aufführten wie Sie, was glauben Sie, wie es dann hier aussähe?«

Mein Ausbruch machte sie noch wütender, und sie begann zu kreischen und zu toben wie eine Dreijährige. Noch während ich sie in mein Auto schob, um sie ins Krankenhaus von Beijing zu bringen, schrie sie aus Leibeskräften. Und unterwegs führte sie sich so wild auf, daß wir zweimal von der Polizei angehalten wurden.

Als ich Mao von dem Vorfall berichtete, wurde er böse. »Das Krankenhaus von Beijing ist für hohe Kader reserviert«, sagte er. »Was tut Li Na dort?«

Ich erklärte ihm, daß normale Krankenhäuser keine Patienten mit einer einfachen Erkältung aufnähmen, daß ich aber andererseits nicht gewagt hätte, sie nach Zhongnanhai zurückzuschicken, weil sie ihn anstecken könne. Man habe Li Na im Krankenhaus von Beijing aufgenommen, weil sie Maos Tochter sei.

Doch Mao war gegen Privilegien für seine Kinder und befahl mir, Li Na nie wieder ins Krankenhaus von Beijing einzuweisen. Dann wollte er wissen, wo Li Na, Li Min und Mao Yuanxin aßen, wenn sie in Zhongnanhai waren, und ich antwortete, daß sein Koch auch ihre Speisen zubereite und sie diese in der Küche zu sich nähmen.

Das mißfiel Mao ebenfalls. »Sagen Sie Wang Dongxing, daß sie von jetzt an nicht mehr in meiner Küche essen dürfen. Sie müssen wie die anderen in den Speisesaal gehen.«

Und jetzt schickte er Li Na mit uns aufs Land, um zu beweisen, daß seine Kinder keine Privilegien genössen. Aber Wang Dongxing mußte dafür sorgen, daß jemand sie auf der Reise betreute.

Unsere Mission in Jiangxi war von Anfang an zum Scheitern verurteilt. Es schien absurd, die privilegierte Elite aus Beijing aufs Land zu schicken, um dort eine Kampagne gegen Korruption zu leiten und den Klassenkampf voranzutreiben. Wir waren per Zug und Auto Tausende von Kilometern auf Staatskosten gefahren, wohnten jetzt in Gästehäusern des Staates und aßen auf Kosten anderer. Und dies galt nicht nur für uns. Hunderttausende waren aufs Land gereist, um an der Kampagne für sozialistische Erziehung teilzunehmen. Riesige Summen wurden dafür ausgegeben. Und niemand von uns lebte gern auf dem Dorf – wir alle waren gegen unseren Willen entsandt worden.

Im Bezirk Qianshan angekommen, teilte sich unsere Arbeitsgruppe in vier Teams, die verschiedenen Dörfern zugeordnet wurden. Nach dem Fehlschlag des Großen Sprungs nach vorn war jede Kommune in diverse Produktionsbrigaden untergliedert worden, die geographisch den früheren Dörfern entsprachen. Jede Brigade wiederum war in Produktionsgruppen unterteilt. Wang Shengrong, der stellvertretende Leiter des Hauptbüros der Sicherheitskräfte, und ich waren für eine Gruppe verantwortlich, die in der Produktionsbrigade Shixi arbeiten sollte. Wir wurden von zwei örtlichen Funktionären begleitet – Zhang Zhenhe, einem Beamten für Öffentliche Sicherheit im Shangrao-Distrikt von Jiangxi, und dem Parteisekretär des Bezirks Qianshan. Ich fand beide sehr sympathisch. Sie klagten nie über die schwierige Lage, in der wir uns befanden, und sie waren jedem gegenüber freundlich und zuvorkommend.

Die Bauern der Dorfes Shixi waren ärmer, als ich mir hätte träumen lassen. Ich lebte seit sechzehn Jahren wieder in China, davon hatte ich elf mit dem Vorsitzenden verbracht. Durch meine Arbeit hatte ich Zugang zu allen möglichen Geheiminformationen; deshalb kannte ich das volle Ausmaß der Hungersnot, die der Große Sprung nach vorn mit sich gebracht hatte. Ich wußte von der Armut auf dem Lande. Aber diese Bauern waren ärmer als arm. Ihre Kleidung war abgetragen und geflickt, ihre Nahrung karg und fast unverdaulich – ungeschälter Reis mit Sand und kleinen Steinen, gekrönt von ein paar schäbigen Gemüsestücken. Auch die Behausungen sahen elend aus: löchrige Hütten ohne die notwendigsten Möbel. Die einzigen Straßen waren schmale Sandwege, die sich bei Regen in Schlammlöcher verwandelten. Es gab keine Schule in Shixi, und ich bekam nie eine Zeitung, eine Zeitschrift oder gar ein Buch zu Gesicht. Die überwiegende Mehrheit der Erwachsenen waren Analphabeten, die diesen Analphabetismus ihren Kindern vererbten. Die nächste Schule war mehrere *li* entfernt, und nur die wenigsten Kinder erhielten eine Grundschulausbildung. Eines Nachts organisierte unser Team der Vier Erst die Vorführung eines alten Films aus den Fünfzigern. Wir bauten den Projektor auf einem der brachliegenden Felder auf, und aus einem Umkreis von mehreren Kilometern strömten die Bauern zusammen. Einige waren zwanzig Kilometer weit gelaufen, um den Film zu sehen, und für die meisten war es der erste überhaupt.

Unser Leben war auch auf dem Land luxuriöser, als die Bauern es sich vorstellen konnten. Um uns wenigstens äußerlich anzugleichen, hatten wir unsere Stadtkleidung gegen die groben, mit Baumwolle wattierten Jacken und Hosen getauscht, die vom Zentralen Garnisonskorps ausgegeben wurden. Trotzdem beneideten die Bauern uns um unsere Kleidung, weil sie keine Flicken hatte. Als ich mich einmal mit einem älteren Bauern aus dem Dorf unterhielt, strich er über meine Jacke. »Wenn ich eine Jacke wie diese hätte«, sagte er, »dann würde ich wissen, daß der Kommunismus gekommen ist.«

Wir erregten natürlich ständig die Neugier der Dorfbewohner. Besonders Wang Shengrong, der stellvertretende Leiter des Hauptbüros der Sicherheitskräfte, brachte sie immer wieder zum Staunen. Seine Begeisterung für gute Speisen konnte man schon an seinem Leibesumfang ablesen. Die Bauern aus unserer Gruppe hatten noch nie einen so dicken Mann gesehen, und jedesmal, wenn Wang aus seiner Hütte trat, umringten ihn die Dorfbewohner und starrten ihn mit großen Augen an. Die Erwachsenen fragten ihn immer wieder, wovon er denn so dick geworden sei, und die Kinder rannten hinter ihm her, als sei er ein Geschöpf von einem anderen Planeten. Die Dorfbewohner nannten ihn nie bei seinem richtigen Namen. Für sie war er nur *da pangzi* – der große Dicke.

Nach der damals gültigen Ideologie sollte unsere kleine Arbeitsgruppe mit den Bauern »leben, essen, schlafen und arbeiten«. Aber die Dorfbewohner waren viel zu arm, um uns unterbringen und verköstigen zu können. Sie zeigten sich so gastfreundlich wie möglich, indem sie uns einen verfallenen Lagerschuppen als Unterkunft anboten. Wir bauten uns einige Betten aus Holz, benutzten Heu als Unterlage und breiteten unsere Jacken und unser Bettzeug darüber aus. Außerdem organisierten wir uns eine eigene Küche, und da wir hierher gekommen waren, um allen Privilegien zu entsagen und wie die Bauern zu leben, aßen wir das gleiche kärgliche Essen wie sie – also auch den sandigen Reis.

Wir arbeiteten auf den Feldern. Unsere Gastgebergruppe bestand aus zwölf Familien, die zusammen etwa fünfzig *mu* (vier Hektar) bewirtschafteten. Außerdem war jeder Familie ein winziges Stück Land zugewiesen worden, auf dem sie Gemüse für den eigenen Haushalt anbauen durfte. Es gab keine Maschinen, keine Zugtiere und nur sehr wenige Werkzeuge. Also mußten wir für diese harte und primitive Arbeit unsere Hände, Arme und Füße einsetzen. Wir schufteten wie die Tiere. Natürlich waren die Ernten bei so wenig Land und so primitiven Anbautechniken äußerst mager. Und nach der Bezahlung der Steuern blieb den Bauern fast nichts mehr zum Leben.

Anderswo machten Wissenschaft und Technik große Fortschritte, hier jedoch, im Hinterland der Provinz Jiangxi, wurde die Landwirtschaft seit tausend Jahren auf die gleiche Art und Weise betrieben. Das Gerede vom Großen Sprung nach vorn wirkte lächerlich, und ich konnte nicht verstehen, weshalb China nicht mit allen Kräften daranging, arbeitsparende landwirtschaftliche Maschinen zu entwickeln, um den Bauern aus ihrer Erniedrigung, ihrer Rückständigkeit und ihrer Armut herauszuhelfen.

Mitten in dieser Armut war es unsere Aufgabe, den Klassenkampf zu fördern. Die Kampagne der Vier Erst verlangte von uns, daß wir nach bestechlichen Kadern innerhalb der Produktionsgruppen suchten, als wäre die Korruption, nicht die Politik des Großen Sprungs an der Katastrophe der »drei bitteren Jahre« schuld. Man vermutete, daß die Kader in diesen völlig verarmten Gruppen die Finanzen manipuliert, Getreide für ihren eigenen Verbrauch unterschlagen, sich selbst öffentlichen Besitz für eigene Zwecke zugewiesen und die Bauern um die gerechte Bezahlung ihrer Arbeit gebracht hätten.

Es gab unbestreitbar Korruption. Aber hier die Bekämpfung dieses Übels in den Vordergrund zu stellen war völlig absurd. Unsere Arbeitsgruppe für sozialistische Erziehung hatte keine Möglichkeit, Einblick in die Bücher zu nehmen, denn es gab keine Bücher. Der verantwortliche Bauer konnte kaum schreiben und hatte keine Ahnung von Buchhaltung. Und letztlich gab es ja kaum etwas, über das man hätte Buch führen können. Die Gruppe war so arm, und die Mitglieder arbeiteten so eng zusammen, daß jeder alles über den anderen wußte. Es waren die Funktionäre auf den höheren Ebenen der Kommunen, der Bezirks- oder sogar der Provinzverwaltung, die von Schmiergeldern und Bestechungen profitierten. Diese Kader hatten die Möglichkeit, den Bauern Steuern aus der Tasche zu ziehen und sie nach ihrer Pfeife tanzen zu lassen. Sie besaßen die Macht, die nötig ist, um Korruption aufkommen zu lassen.

Auch der Klassenkampf – der Kampf zwischen den Großgrundbesitzern und den armen Bauern, zwischen der Bourgeoisie und der Arbeiterklasse, von dem Mao behauptete, er sei immer noch in vollem Gange – war eine tragische Farce. Irgendwann während der Landreform, kurz nachdem die Kommunisten dieses Dorf erobert hatten, waren alle Bewohner nach Klassen eingestuft worden. Diejenigen, die als Großgrundbesitzer oder reiche Bauern bezeichnet wurden, verloren ihren gesamten Besitz und wurden mit ihren Familien der Aufsicht der übrigen Dorfbewohner unterstellt, damit sie sich durch harte Arbeit bessern konnten. Von Zeit zu Zeit, vor allem an nationalen Feiertagen, wurden die früheren Großgrundbesitzer und reichen Bauern zusammengerufen, um dem Vortrag eines für Öffentliche Sicherheit oder für die Produktionsgruppe zuständigen lokalen Kaders über ihre angeblichen Missetaten zu lauschen. Und wenn im Dorf einmal irgend etwas passierte, das als Sabotage gewertet werden konnte, wenn man zum Beispiel einen Nagel im Rinderfutter fand, wurden die ehemaligen Großgrundbesitzer und reichen Bauern als erste verdächtigt und vor die Untersuchungskommission gezerrt.

Der ärmste Bauer, der von Sonnenaufgang bis Sonnenuntergang schuftete und immer die härtesten und schwersten Aufgaben zugeteilt bekam, war als Sohn eines Großgrundbesitzers eingestuft worden. Und er arbeitete, ohne sich je zu beklagen. In Wirklichkeit jedoch war er gar nicht der Sohn eines Großgrundbesitzers, sondern seine verarmten Eltern hatten ihn von einem Großgrundbesitzer adoptieren lassen, um ihm ein besseres Leben zu ermöglichen. Deshalb mußte er jetzt wie ein Sklave arbeiten, aller Rechte beraubt und den Gemeindeführern völlig ausgeliefert. Unter diesen völlig heruntergekommenen Bauern war er der ärmste und erbärmlichste, er bekam den letzten und gröbsten Reis, und er zog das an, was die anderen weggeworfen hatten.

Der Vater eines anderen angeblichen Grundbesitzersohnes hatte nie Land besessen, aber der Titel Grundbesitzersohn war von Generation zu Generation weitervererbt worden. Dieser Sohn eines Großgrundbesitzers ohne Land hatte furchtbare Qualen zu leiden.

Meiner Meinung nach war dieses System, das die Kinder für die »Verbrechen« ihrer Väter zur Rechenschaft zog, das Stigma von Generation zu Generation tradierte und die Nachkommen selbst wie Verbrecher behandelte, zutiefst ungerecht. Jetzt war doch endlich die Zeit gekommen, den sozialen Status dieser Menschen zu ändern, die schon so viel Schlimmes hatten erdulden müssen. Aber meine Vorschläge wurden ignoriert, und man warnte mich vor politischen Konsequenzen, falls bekannt würde, bei wem meine Sympathien lagen.

Die Bauern hatten von meinen Begleitern erfahren, daß ich Maos Leibarzt war. Doch diese Tatsache bot mir keinen Schutz. »Sie denken wohl, daß Sie, nur weil Sie Maos Arzt sind, gute Worte für den Sohn eines Großgrundbesitzers einlegen können«, tadelte mich ein Dorfbewohner. »Aber lassen Sie es sich gesagt sein – wenn irgend jemand Ihren Vorschlag der Regierung meldet, kommen Sie in Teufels Küche.« Es war gefährlich, für den Sohn eines Großgrundbesitzers einzutreten, auch wenn er zu Unrecht als solcher bezeichnet wurde. Das war also Maos Klassenkampf: Unschuldige waren sechzehn Jahre lang verfolgt worden. Und Mao hatte erklärt, daß sich der Klassenkampf noch während der gesamten Phase des Sozialismus fortsetzen werde, die fünfzig oder auch hundert Jahre dauern mochte. Die grausame Erbschaft der Grundbesitzersöhne würde also nicht bei der ersten Generation enden, sondern von einer Generation auf die andere und von Enkel zu Urenkel übergehen, bis endlich der Kommunismus Wirklichkeit würde. Zu Beginn der Kulturrevolution im Jahre 1966 prägten die Kinder der hohen Kader die Parole: »Drachen zeugen Drachen, Phönixe zeugen Phönixe, Ratten zeugen Ratten.« Die Söhne und Töchter der Parteifunktionäre waren demnach heilig wie die Drachen und Phönixe der chinesischen Mythologie. Die Kinder der früheren Großgrundbesitzer und reichen Bauern dagegen waren nichts als Ratten. Diesen Ungerechtigkeiten auf dem Lande gegenüber war meine Gruppe machtlos.

Nach sechzehn Revolutionsjahren war China keinen Schritt weitergekommen. Der Lebensstandard war niedriger, die Regierung grausamer, das Leben der Entrechteten härter als je zuvor. Wie schlecht das Leben unter der Guomindang auch gewesen sein mochte, man hatte durch harte Arbeit oder Glück aufsteigen können. Armen Menschen mit außergewöhnlichen Fähigkeiten boten sich immer Gelegenheiten zum Aufstieg, der soziale und wirtschaftliche Status eines Individuums oder einer Familie war nicht wie jetzt für Generationen in Stein gemeißelt. Es hatte immer die Hoffnung auf eine bessere Zukunft gegeben.

Ich lernte etwas aus der sozialistischen Erziehungskampagne, aber sicher nicht das, was Mao erwartet hatte. Meine Entfremdung wuchs, meine Unzufriedenheit mit der Kommunistischen Partei wurde immer stärker. Während die hohen Parteikader ein Leben im Überfluß führten, vegetierten die Bauern am Rande des Existenzminimums dahin. Sie lebten elender, als ich es mir ausgemalt hatte. Was hatte die Partei geleistet? Wo waren die großen Umwälzungen, die die Revolution angeblich mit sich gebracht hatte? Unsere Arbeitsgruppe war aufs Land gegangen, um den Klassenkampf anzuheizen. Und wozu? Wir würden die Bauern ärmer und die Kassen der Regierung leerer zurücklassen.

Meine Unzufriedenheit mit der Politik wuchs, aber ich schwieg noch immer.

IV

Die Jahre 1965 bis 1976

56. KAPITEL

Nach drei Monaten in Qianshan wurde Wang Dongxing Anfang November 1965 zu einer dringenden Sitzung nach Beijing zurückbeordert. Es mußte sich um etwas Wichtiges handeln, aber wir waren in unseren Dörfern praktisch von der Außenwelt abgeschnitten und erfuhren kaum etwas von dem, was draußen vor sich ging. Wang rechnete damit, in ein paar Tagen wieder zurückzusein.

Wochen vergingen. Der Winter kam, und mit ihm Kälte und deprimierender Regen. Auf den Feldern ruhte die Arbeit. Ich begann mich zu langweilen, machte mir Sorgen und fühlte mich zunehmend fehl am Platze. Wang Dongxing war immer noch nicht zurück.

Ende Dezember erschien er endlich.

»Sie haben wohl nicht damit gerechnet, daß ich so lange fortbleibe, was?« spottete er. Doch dann wurde er plötzlich ernst. »Es ist etwas passiert.« Wang Dongxing war gar nicht in Beijing gewesen. Er hatte sich in Hangzhou mit Mao getroffen.

Mehrere hochrangige Funktionäre – der Parteichef von Beijing, Peng Zhen, der Generalstabschef Luo Ruiqing, der Chef des Hauptbüros der Partei Yang Shangkun und der Leiter der Propaganda-Abteilung Lu Dingyi – waren in politischen Schwierigkeiten. Die Partei hielt eine Reihe geheimer Sitzungen ab, um die einzelnen Fälle zu behandeln, aber bisher hatte man kaum konkrete Maßnahmen beschlossen.[83]

In einem Fall war jedoch eine Entscheidung gefallen. Yang Shangkun, der zuerst während des Schwarzflaggen-Vorfalls Maos Unwillen erregt hatte und den der Vorsitzende für die Montage von Wanzen im Sonderzug und in den Gästehäusern verantwortlich machte, war entlassen worden. Wang Dongxing war sein Nachfolger. Er blieb weiterhin Leiter des Hauptbüros der Sicherheitskräfte, zog sich aber von seinem Posten als stellvertretender Minister für Öffentliche Sicherheit zurück. Als Chef des Generalbüros hatte er bedeutend mehr Einfluß.

»Ich hielt mich nicht für geeignet«, erzählte Wang, »und empfahl statt dessen Chen Boda, aber der Vorsitzende lehnte ab. Als ich vorschlug, Hu Qiaomu zum Leiter des Generalbüros und mich zu seinem Stellvertreter zu machen, sagte Mao, Hu Qiaomu sei zu pedantisch und tauge nicht für Verwaltungsaufgaben. Er bestand darauf, daß ich den Posten übernehme.«

Natürlich fragte ich mich sofort, welche Folgen die politischen Veränderungen für mich haben könnten. Luo Ruiqing und Yang Shangkun hatten bei meiner Ernennung zum Leibarzt Maos das letzte Wort gehabt. Wenn die Säuberung auf ihre Untergebenen übergriff, würde auch ich unter Beschuß geraten. Mein eigentlicher Fürsprecher, Wang Dongxing, war jedoch die Leiter emporgeklettert. Vielleicht war ich damit außer Gefahr, aber ich behielt ein ungutes Gefühl.

Wang Dongxing sah den Tatsachen ins Auge. Er war nicht nur nach Jiangxi zurückgekehrt, um unter unsere Kampagne für sozialistische Erziehung einen Schlußstrich zu ziehen, sondern auch, um den politischen Machtkämpfen zu entfliehen. Er wollte die Schlacht so lange aussitzen, bis die noch offenen Fragen geklärt waren. Wir sollten ebenfalls in Jiangxi bleiben, denn auch die unteren Ebenen würden von den Säuberungen nicht verschont bleiben. Auf dem Lande seien wir sicherer.

Mein Unbehagen wuchs. Obwohl ich mich immer aus der Politik herausgehalten hatte, war es wichtig, daß ich über politische Umschwünge auf dem laufenden blieb. Noch war ich in Sicherheit, aber ich mußte mehr über das wissen, was in der Machtzentrale vor sich ging, was Mao dachte und welche Pläne er hatte.

Der Angriff auf die vier Parteiführer kam für mich nicht völlig überraschend. Nach dem Abhörskandal hatte Mao das Vertrauen zu Yang Shangkun verloren. Obwohl die Schuld eigentlich bei der obersten Parteiführung – bei Männern wie Deng Xiaoping und Liu Shaoqi – lag, wandte Mao sich wie immer zuerst gegen die mittleren Kader.

Peng Zhen gegenüber war Mao schon seit langem mißtrauisch gewesen. Einige Jahre zuvor hatte er mir erzählt, daß Kang Sheng den Parteichef von Beijing verdächtige, ein Mao-Gegner zu sein. Meines Wissens hatte Peng immer loyal zu Mao gestanden; er hatte sich zum Beispiel stets bei mir nach dem Befinden des Vorsitzenden erkundigt. Kang Sheng behauptete, Peng Zhen habe Maos Politik der »Drei Roten Banner« kritisiert und ihren revolutionären Charakter in Frage gestellt.

Lu Dingyis politische Schwierigkeiten überraschten mich ebenfalls nicht. Als Leiter der Propaganda-Abteilung war Lu für Literatur und Kunst zuständig. Da Jiang Qing und Ke Qingshi die revolutionäre Romantik propagierten und Mao sie dabei unterstützte, waren Lus Probleme beinahe unvermeidlich.

Luo Ruiqing kannte ich gut. Seit ich den Posten als Maos Leibarzt übernommen hatte, arbeitete ich eng mit ihm zusammen. Für Luo stand Maos Sicherheit immer an erster Stelle, und er war im Grunde nie illoyal gewesen. Aber er hatte Meinungsverschiedenheiten mit Lin Biao und folglich auch mit Mao.

Seit dem großen Manöver in der Nähe der Ming-Gräber im Juni 1964 war mir bewußt, daß Luo Ruiqing in der Klemme saß. Das Manöver, an dem Soldaten aus den Militärbezirken Beijing und Jinan teilnahmen, wurde von Luo Ruiqing, Yang Yong und Yang Dezhi gemeinsam geleitet. Lin Biao wurde als Beobachter eingeladen, lehnte aber eine Teilnahme ab. Er halte nichts von militärischen Übungen.

Für Mao, der bei einigen Übungen anwesend war, boten gerade diese Manöver den besten Beweis für Lin Biaos These, daß Menschen und Ideologien wichtiger seien als Waffen. Als eine Gruppe Soldaten ohne jede Ausrüstung ein fünfstöckiges Gebäude erstürmte, zeigte sich Mao begeistert. Das Manöver untermauerte seine Ansicht, daß das rückständige und unterentwickelte China selbst den stärksten, mit modernsten Waffen ausgerüsteten Gegner – und damit auch den mächtigen Feind im Norden – schlagen könne. »Die Sowjetunion ist ein Riese«, sagte Mao zu Luo, »aber sie ist nicht unverwundbar. Solange wir mit dem Riesen umzugehen wissen, brauchen wir vor gar nichts Angst zu haben.«

Aber Mao wußte, daß Luo Ruiqing auf der Modernisierung der chinesischen Armee beharrte und Lins Theorie ablehnte. »Luo ist nicht die Kleider an seinem Leib wert«, witzelte Mao einmal.

Mehr über Luo Ruiqings mißliche Lage erfuhr ich aus Dokumenten der Marine, welche die Militärkommission an Mao weitergeleitet und die Wang Dongxing jetzt aus Hangzhou mitgebracht hatte. Lin Biaos Frau Ye Qun war gegen Luo Ruiqing zu Felde gezogen. Im November 1965, kurz bevor Wang Dongxing zurückbeordert wurde, flog sie nach Hangzhou, um sich bei Mao darüber zu beschweren, daß Luo sich einer Parole ihres Mannes, »Überlaßt der Politik das Ruder«, widersetze.

Mao stellte sich auf Ye Quns Seite. »Wer der Politik nicht das Ruder überlassen will und nur ein Lippenbekenntnis zu einer Idee ablegt, propagiert den ›Eklektizismus‹«, hatte er auf dem Dokument vermerkt, das Wang mir gab. »Vor dieser Haltung müssen wir uns in acht nehmen.«

Der Politkommissar der Luftwaffe, Wu Faxian, hatte sich mit Ye Qun gegen Luo Ruiqing verbündet und behauptet, Luo sei von Anfang an gegen Lin Biaos Ernennung zum Nachfolger Peng Dehuais gewesen und wolle nun Lin Biao zum Rücktritt bewegen. Als Lin Biao erkrankt gewesen sei und sich nicht verabredungsgemäß mit Luo Ruiqing habe treffen können, habe Luo ausgerufen: »Wenn er so oft krank ist, wie kann er dann für irgend etwas Verantwortung tragen? Soll doch ein anderer seinen Posten übernehmen.«

Luo ärgerte sich über Ye Quns politisches Engagement und riet ihr, sich mehr um ihren chronisch kranken Mann zu kümmern. Wenn es Lin besser gehe, so Luo, könne er sich aufmerksamer den Belangen seiner Behörde widmen. Wu Faxian behauptete, in Wirklichkeit arbeite Luo Ruiqing auf Lin Biaos Rücktritt hin. Aus diesem Grund habe er über Liu Yalou, den Oberbefehlshaber der Luftwaffe, auf Ye Qun eingewirkt, damit sie ihren Mann zum Rücktritt überrede. »Jeder muß irgendwann einmal von der politischen Bühne abtreten, auch Lin Biao«, hatte Luo angeblich erklärt. Er selbst wolle Lin Biaos Posten in der Militärkommission übernehmen.

Ye Qun und Wu Faxian gingen nicht auf Luo Ruiqings Vorschläge ein, und Mao stellte sich auf ihre Seite. Mitte Dezember wurde Luo von allen wichtigen militärischen Pflichten entbunden.

Luos Entlassung war ein schlechtes Omen für mich.

Aus einigen Bemerkungen Wang Dongxings schloß ich, daß sich Zhou Enlai, der in diesem Konflikt auf Luo Ruiqings Seite stand und Lin Biao mißtraute, ebenfalls Sorgen machte. Ministerpräsident Zhou Enlai bat Wang eindringlich, so bald wie möglich nach Beijing zurückzukehren. Schon 1964 hatte Zhou sich bei Wang Dongxing über den Mangel an fähigen Verwaltungskräften auf höchster Regierungsebene beklagt. Peng Zhen kümmerte sich um die Parteiverwaltung, Luo Ruiqing um die Armee und Zhou um die Regierung. Nun, da Peng Zhen und Luo Ruiqing unter Beschuß standen, fürchtete Zhou Enlai, daß es noch schwieriger werden würde, in Beijing etwas zustande zu bringen. Deshalb drängte er Wang, möglichst bald seinen neuen Posten anzutreten. Aber Wang hatte die Absicht, noch bis April 1966 mit dem Team der Gruppe Eins in Jiangxi zu bleiben.

Ich war froh darüber, denn wer konnte in dieser Lage schon vorhersehen, was mich bei meiner Rückkehr nach Beijing erwartete?

Ich sollte es bald erfahren. Einige Tage nach Wang Dongxings Rückkehr – ich hatte die Nachricht von den politischen Veränderungen noch nicht ganz verdaut – wurde ich zu Mao gerufen.

Es war Neujahr 1966, und die Mitarbeiter der Gruppe Eins wollten diesen Tag angemessen begehen. Am Morgen kämpften Oberschwester Wu Xujun und ich uns bei strömendem Regen durch den Matsch zu dem Dorf, in dem Wang Dongxing wohnte. Wir Städter waren die einzigen, die den Neujahrstag feierten, denn die Bauern in den Dörfern richteten sich noch nach dem Mondkalender. Der westliche Kalender hatte für sie keine Bedeutung.

Wang Dongxing hatte uns angewiesen, die traditionellen Neujahrsknödel zuzubereiten. Manche von uns hackten Fleisch und mischten die Füllung, andere kneteten Mehl und Wasser zu einem Teig oder formten die Knödel. Als wir fast fertig waren, stürzte plötzlich ein Sicherheitsbeamter der Präfektur Shangrao völlig außer Atem und schweißgebadet ins Zimmer. »Kein Grund zur Eile«, scherzte jemand. »Es sind genügend Knödel da.«

Der Beamte nahm Schwester Wu, Wang Dongxing und mich beiseite. »Ich habe zwei Stunden lang vergeblich versucht, Sie telefonisch zu erreichen«, sagte er. Um drei Uhr morgens habe er vom Parteikomitee der Provinz Jiangxi einen Anruf erhalten. Der Vorsitzende sei krank; er halte sich in der Provinzhauptstadt Nanchang auf. Schwester Wu und ich sollten sofort zu ihm kommen.

Die Fahrt mit dem Jeep werde elf oder zwölf Stunden dauern, und wir müßten unverzüglich aufbrechen.

Ich wollte noch nach Shixi zurückkehren und ein paar Sachen zusammenpacken, aber Wang Dongxing verbot es, denn die Reise solle geheim bleiben. Wang beschloß, uns zu begleiten. Er wollte wissen, wie ernst Maos Krankheit war, und die Gelegenheit nutzen, um Neuigkeiten aus Beijing zu erfahren. Wenn der Vorsitzende nicht ernstlich krank war, würde er sofort in sein Dorf zurückkehren.

Wir fuhren im Regen die ungepflasterte Sandstraße entlang. Der Dreck spritzte gegen die Windschutzscheibe, so daß man oft überhaupt nichts sehen konnte. Im Shangrao-Gästehaus machten wir kurz Rast, und dann ging es im Schneckentempo weiter, bis wir eine geschotterte Straße erreichten. Danach kamen wir schneller voran. Um Mitternacht waren wir in Nanchang.

Wir trafen uns zuerst mit Fang Zhichun, dem Vorsitzenden des Volkskongresses von Jiangxi, und einigen anderen Parteifunktionären der Provinz. »Der Vorsitzende ist seit zwei Wochen hier«, erklärte Fang, »und vor zwei Tagen ist er krank geworden.«

Wir wurden zum Binjiang-Gästehaus geführt, wo Mao und sein Gefolge untergebracht waren. Wang Dongxings Untergebener Zhang Yaoci, der Kommandeur des Zentralen Garnisonskorps, war dort, ebenso wie Xu Yefu, der intrigante Sekretär, der es geschafft hatte, Lin Ke zu verdrängen. Ein neuer Sicherheitschef, Qu Qiyu, war für Maos persönlichen Schutz verantwortlich, und ein neuer Bediensteter, Zhou Fuming, kümmerte sich um Maos persönliche Bedürfnisse. Einige von Maos Begleiterinnen wohnten ebenfalls in dem Gästehaus, unter ihnen eine Krankenschwester, die beiden Privatsekretärinnen sowie die Serviererin aus dem Sonderzug, Zhang Yufeng. Mao hatte drei Köche und über ein Dutzend bewaffnete Leibwächter mitgenommen. Aber da keiner aus dem alten Stab mehr dabei war, herrschte eine ganz andere Atmosphäre, und ich fühlte mich irgendwie unbehaglich.

Der einzige, den ich ganz gut kannte, war Maos neuer persönlicher Bediensteter Zhou Fuming, ein junger Mann aus Hangzhou, der Mao früher ein paarmal die Haare geschnitten hatte, ehe er sich der Gruppe Eins anschloß (Langbart Wang war endlich mit einer großzügigen Pension in den Ruhestand gegangen). Von Zhou erfuhr ich, was passiert war. Am 26. Dezember hatte Mao seinen zweiundsiebzigsten Geburtstag gefeiert. Nachmittags hatte er etwas Wein getrunken, und dann war er in Begleitung einiger Damen zum Fluß Gan hinuntergegangen, um einen Spaziergang zu machen. Da es warm gewesen war, hatte er trotz des Windes sein Hemd aufgeknöpft.

Am Abend hustete der Vorsitzende stark und hatte Fieber. Er lehnte es jedoch ab, sich von Ärzten aus Nanchang untersuchen zu lassen, und wollte sich selbst kurieren. Als sich sein Zustand verschlechterte und er weiterhin jede Hilfe zurückwies, machte sich die Parteiführung in Jiangxi zunehmend Sorgen. Schließlich wurden die Beschwerden so schlimm, daß Mao mich und Schwester Wu rufen ließ.

Als ich sein Zimmer betrat, lag er im Bett, sein Gesicht glühte, sein Atem ging schwer, und er hustete ständig. »So ist es schon seit ein paar Tagen«, sagte er. »Ich dachte, ich könnte es aushalten, aber ich schaffe es nicht. Deshalb mußten Sie kommen.« Nach wie vor war ich der einzige Arzt, dem Mao vertraute.

Er hatte vierzig Grad Fieber, und die Erkältung hatte sich zu einer Bronchitis ausgeweitet. Ich verordnete ihm Antibiotika, um das Fieber zu senken, und Mao nahm sie bereitwillig.

Um fünf Uhr morgens kehrten Oberschwester Wu und ich zum Nanchang-Gästehaus zurück, wo Wang Dongxing mit einigen Funktionären aus Jiangxi auf uns wartete. Wenn Maos Zustand sich bis zum nächsten Tag gebessert hatte, wollten wir drei aufs Land zurückkehren.

Am nächsten Tag gingen Wang Dongxing und ich gemeinsam zu Mao. Die Antibiotika hatten gewirkt, das Fieber war gesunken. Aber Mao hustete weiterhin, und er wünschte, daß wir die Behandlung noch ein paar Tage fortsetzten. Wang Dongxing sollte in sein Dorf zurückkehren, aber Schwester Wu und ich sollten dableiben.

Wang war irritiert. Mao hatte uns aufs Land geschickt, damit wir die Not kennenlernten, an der Kampagne für sozialistische Erziehung teilnahmen und ihm über unsere Arbeit berichteten. Aber jetzt erkundigte er sich mit keiner Silbe nach unseren Erfahrungen. Wang fragte sich, was wohl in Maos Kopf vorging.

Am selben Abend kehrte er in sein Dorf zurück, ohne eine Antwort erhalten zu haben.

Der Zugang zu Mao war schwerer denn je, denn der Vorsitzende war von seinen Konkubinen umgeben. Die jungen Frauen kümmerten sich abwechselnd um ihn, und eine von ihnen war immer an seiner Seite. Zhou Fuming betrat Maos Zimmer nur selten. Er holte lediglich Maos Essen oder den Tee aus der Küche, das Servieren übernahm eine der Gefährtinnen. Da ich wußte, daß die Frauen eine intime Beziehung zum Vorsitzenden hatten, und da ich mich nicht in seine persönlichen Angelegenheiten einmischen wollte, hielt ich mich im Hintergrund und versuchte, mich unauffällig um seine Gesundheit zu kümmern.

Sein Zustand gab jedoch Anlaß zur Sorge. Zwar klangen die Bronchitis und der Husten dank der Antibiotika nach ein paar Tagen ab, aber im Laufe der Behandlung war mir aufgefallen, daß Mao ungewöhnlich viele Schlaftabletten schluckte – das Zehnfache der normalen Dosis, eigentlich genug, um einen Menschen umzubringen. Obwohl Mao mit den Jahren eine erstaunliche Widerstandsfähigkeit gegen Barbiturate entwickelt hatte, wußte ich nicht, wo die Grenze zwischen seiner Widerstandsfähigkeit und einer möglicherweise tödlichen Dosis lag. Solange ich auf dem Lande war, konnte man mir nicht die Schuld geben, falls Mao eine Überdosis Schlaftabletten nahm. Aber in Nanchang, wo ich seinen Zustand direkt überwachte, war ich für alles, was passierte, verantwortlich.

Maos verstärkter Tablettenkonsum hing mit der gespannten politischen Lage zusammen. Seit Lin Biaos Frau Ye Qun im November 1965 bei Mao gewesen war und ihm von Luo Ruiqings ablehnender Haltung ihrem Mann gegenüber berichtet hatte, war die Tablettendosis ständig angewachsen, wie ich von einigen Mitarbeitern erfuhr. Am 8. Dezember hatte Mao in Shanghai auf einer erweiterten Tagung des ständigen Ausschusses des Politbüros Luo Ruiqing als Generalstabschef abgesetzt und dessen Stellvertreter General Yang Chengwu zu seinem Nachfolger ernannt. Die Sitzungen hatten eine Woche gedauert, und Mao war so nervös, daß er kaum Ruhe fand. Er schluckte immer öfter Pillen, auch wenn er gar nicht schlafen wollte.

Ich mußte ihn von dieser Abhängigkeit befreien.

Eine Woche nach meiner Rückkehr suchte ich ihn um Mitternacht auf. Mao lag im Bett und las einen geschichtlichen Abriß über die Spätere Han-

Dynastie (25–220 n. Chr.). Wenn er sich auf eine politische Schlacht vorbereitete, las er lieber historische Werke als Marx.

»Diesmal sieht es so aus, als hätten Sie in Ihrer Arzttasche tatsächlich eine Wundermedizin«, sagte er. »Mir scheint, ich bin wieder gesund.«

»Es war ganz gewöhnliche Medizin«, erwiderte ich. »Aber sie hat geholfen.«

Er zeigte mir einen Artikel und wollte wissen, ob ich ihn gelesen hätte. Eigentlich war ich gekommen, um mit ihm über die Schlaftabletten zu sprechen, und nicht, um über Politik zu diskutieren. Mein Blick fiel auf den Titel des Aufsatzes: »Anmerkungen zum historischen Drama ›Die Entlassung Hai Ruis aus dem Amt‹«. Der Artikel gehörte zu den wenigen Schriften, die ich in meiner Abgeschiedenheit in Shixi gelesen hatte. Er stammte von dem »Theoretiker« Yao Wenyuan aus Shanghai und war am 10. November 1965 in dem Shanghaier Blatt *Wen Hui Bao* erschienen. In ihm wurde ein Stück des stellvertretenden Bürgermeisters von Beijing, Wu Han, kritisiert. Das Drama war ein Lobgesang auf Hai Rui, den aufrechten Beamten der Ming-Dynastie, den Mao seinen Parteifunktionären so oft als leuchtendes Beispiel vor Augen geführt hatte.

Die Kritik hatte mir zu denken gegeben. Mao selbst hatte für die traditionellen Opern über Hai Rui geworben. Wu Han, der Autor des Dramas, war nicht nur stellvertretender Bürgermeister von Beijing, sondern auch Professor an der dortigen Universität und einer der führenden Experten für die Geschichte der Ming-Dynastie. Maos Interesse an dieser Zeit hatte ihn schon vor langen Jahren mit Wu Han zusammengeführt. Nachdem Mao mir geraten hatte, mich intensiver mit chinesischer Geschichte zu befassen, wohnte ich seinen Gesprächen mit Wu Han manchmal bei.

Nun wollte Mao über Wu Hans Stück mit mir sprechen. Er unterstützte Yao Wenyuans Kritik, die auf einer Idee Jiang Qings und Zhang Qunqiaos basiere.

Die »Idee« ging zurück auf die Konferenz der 7000 Kader im Januar 1962, auf der Mao »Selbstkritik« hatte üben müssen. Damals war die Entlassung Peng Dehuais ein häufiges Gesprächsthema gewesen, denn viele hatten sie als ungerecht empfunden. Man begann, Vergleiche zwischen Hai Ruis Entlassung und Inhaftierung durch den Jiajing-Kaiser und Peng Dehuais Entlassung durch Mao zu ziehen. Peng Dehuai und Hai Rui waren beide aufrichtige und prinzipientreue Beamte, die ihrem Land und ihrem Staatsoberhaupt loyal dienten. Sie wiesen ihn auf Fehler hin, aber nicht, um ihn zu tadeln, sondern um seinen Ruhm durch eine bessere Regierung zu mehren. Peng Dehuai war, so gesehen, ein moderner Hai Rui.

Auch Mao und der Kaiser hatten etwas gemeinsam: Keiner von beiden konnte Kritik vertragen.

Jiang Qings Argwohn, ihre neue politische Rolle und ihr Interesse für Literatur und Kunst brachten es mit sich, daß sie immer wieder auf Dramatiker stieß, die ihrem Mann gegenüber illoyal zu sein schienen. Vielleicht war es nur natürlich, daß sie Wu Han der Untreue verdächtigte, nachdem sie sein Stück *Die Entlassung Hai Ruis aus dem Amt* gesehen hatte.

Der Bürgermeister von Beijing, Peng Zhen, Propagandachef Lu Dingyi und der stellvertretende Propagandachef Zhou Yang lehnten jedoch Jiang Qings Forderung ab, eine Kampagne zur Kritik an dem Stück zu starten. Wu Han war ihr Genosse und Freund, ein hochangesehener Intellektueller und ein Mann, der für seine Treue zu Mao bekannt war. Die Führung Beijings sah keinen Grund, auf Jiang Qing zu hören. Gewiß, sie war Maos Frau, aber sie hatte kein offizielles Amt inne. Die politische Elite blickte auf sie herab. Schauspielerinnen werden in China von jeher verachtet, und eine Schauspielerin, die ihren politischen Ehrgeiz durch eine Heirat mit dem Führer des Landes befriedigen wollte, erregte besonderes Mißfallen.

Mao brauchte Jiang Qing an diesem Wendepunkt seiner Karriere. Sogar ihr politischer Ehrgeiz war für ihn von Nutzen. Als der Parteichef von Shanghai, Ke Qingshi, im April 1965 plötzlich starb, wurde sein Amt dem Propagandachef der Stadt, Zhang Qunqiao, übertragen, der wie sein Vorgänger darauf bedacht war, Maos Anordnungen genau zu befolgen. Zhang Qunqiao sorgte dafür, daß sein enger Genosse Yao Wenyuan, der Herausgeber der Zeitung *Jiefang Ribao (Befreiung)*, direkt mit Jiang Qing zusammenarbeitete. Mao wurde erst kurz vor Veröffentlichung des Artikels in der Zeitschrift *Wen Hui Bao* über dessen Inhalt unterrichtet. Die Kritik sollte eine Kampagne gegen Wu Han und sonstige Anhänger Peng Dehuais auslösen. Andere Zeitungen und Zeitschriften sollten sich der Kritik anschließen.

Aber die Medien in Beijing ignorierten Yao Wenyuans Artikel. »Erst neunzehn Tage nach der Veröffentlichung in *Wen Hui Bao* und erst nachdem ich mich eingeschaltet hatte, wurde der Beitrag auch in den Zeitungen von Beijing abgedruckt«, sagte Mao. »Finden Sie nicht, daß die furchtbar stur sind?«

Ich war verwirrt, denn ich begriff noch immer nicht, weshalb Hai Rui und Wu Han kritisiert wurden. Natürlich hatte ich keine Ahnung, daß mit Yao Wenyuans Artikel die erste Salve von Maos Großer Proletarischer Kulturrevolution abgefeuert werden sollte. Ich verstand auch nicht ganz, wer nach Maos Meinung furchtbar stur sei. Erst nach Beginn der Kulturrevolution begriff ich, daß er an Staatschef Liu Shaoqi und seine engsten Genossen an der Spitze gedacht hatte.

Ich versprach Mao, Yao Wenyuans Artikel noch einmal zu lesen.

»Ja, werfen Sie noch einmal einen Blick hinein«, erwiderte Mao und gab mir den Artikel. »Anschließend sagen Sie mir, was Sie davon halten.«

Ich versuchte, das Gespräch wieder auf seine Gesundheit zu lenken.

»Da ist noch etwas«, begann ich. »Ihre Schlaftabletten. Sie schlucken mittlerweile mehr als das Zehnfache der normalen Dosis.«

»So viel?« fragte Mao.

»Ja. Ich habe die Krankenblätter des Vorsitzenden durchgesehen. Eine so hohe Dosis könnte der Gesundheit des Vorsitzenden schaden.«

»Was sollen wir Ihrer Meinung nach tun?«

»Ich denke, wir sollten die Dosis so bald wie möglich reduzieren.« Ich schlug vor, ein paar Gelatine-Kapseln mit harmlosem Traubenzucker und ein paar mit einer Mischung aus Traubenzucker und Barbiturat zu füllen und dann die Placebos unter die regulären Schlaftabletten zu mischen. Mao war einverstanden.

Doch ihn bedrückte noch etwas. »Mit diesem Gästehaus stimmt etwas nicht. Es ist vergiftet. Ich kann hier nicht länger bleiben. Sagen Sie Zhang Yaoci, er soll alles vorbereiten. Wir fahren nach Wuhan.«[84]

Die Paranoia, die ich bei Mao zum erstenmal 1958 in Chengdu festgestellt hatte, als er glaubte, das Wasser in seinem Schwimmbad sei vergiftet, hatte sich verstärkt. Aber das wirkliche Gift waren die politischen Intrigen innerhalb der kommunistischen Führung.

Ich mußte vorsichtig zu Werke gehen. Zunächst gab ich Maos Befehl an Zhang Yaoci weiter. Danach benutzte ich die abhörsichere Leitung und rief Shi Shuhan im Gesundheitsministerium an, um ihn über Maos jüngste Erkrankung zu informieren und ihm zu erklären, wie wir das Problem mit den Schlaftabletten lösen wollten. Die mit Traubenzucker gefüllten Gelatine-Kapseln sollten in der Apotheke des Krankenhauses von Beijing hergestellt werden.

Shi Shuhan war besorgt. Er hatte Angst, das Fieber könne auf etwas Ernsteres als eine Bronchitis hindeuten – vielleicht auf eine Lungenentzündung. Er wollte mit Zhou Enlai sprechen und ein Team von Spezialisten losschicken, die den Vorsitzenden untersuchen sollten. Aber ich war sicher, daß Mao körperlich wieder gesund war. Was mich beunruhigte, waren seine Tablettenabhängigkeit und seine unsinnige Furcht vor einer Vergiftung. Er sah überall Verschwörer am Werk. Wenn Spezialisten kamen, um ihn zu untersuchen, würde er womöglich glauben, ich hätte ihn in bezug auf seine Krankheit belogen oder ich wolle mich der Verantwortung entziehen oder Spione bei ihm einschleusen. Ich überzeugte Shi Shuhan davon, daß es besser sei, nichts zu unternehmen.

57. KAPITEL

In jener Nacht verließen wir in Maos Privatzug die Stadt in Richtung Wuhan, wo wir um die Mittagszeit des nächsten Tages ankamen. Die neuen Kapseln mit der Glukosefüllung waren schon mit dem Flugzeug aus Beijing geliefert und zusammen mit dem täglichen Stapel an Parteiunterlagen für Mao an das Büro der Privatsekretäre geschickt worden. Schwester Wu Xujun und ich bezogen zusammen mit den übrigen Mitarbeitern – Bediensteten, Sekretären und Konkubinen – das Gästehaus.

Die Atmosphäre im inneren Zirkel um Mao hatte sich geändert. Wang Dongxing hatte immer so viel wie möglich über Maos Denken und Handeln in Erfahrung bringen wollen, Zhang Yaoci dagegen versuchte, sich nicht einzumischen. Angesichts der gewaltigen politischen Spannungen setzte er alles daran, Distanz zu Mao zu wahren, um sich selbst zu schützen. Er gestattete mir nicht, ihn über Maos Gesundheit auf dem laufenden zu halten, da er nur für die Sicherheit des Vorsitzenden zuständig sei. Denn falls er über Maos Gesundheit unterrichtet wäre, hätte man ihn vielleicht zur Rechenschaft gezogen, wenn etwas schiefging.

Qu Qiyu dagegen, der Abteilungsleiter der Sicherheitskräfte, strengte sich an, alles mögliche über den Vorsitzenden in Erfahrung zu bringen, um näher an Mao heranzukommen. Er entlockte Maos Gefährtinnen Auskünfte, und er manipulierte den Zugang zum Vorsitzenden, um sicherzustellen, daß Schwester Wu und ich Mao nicht ohne Qus Wissen aufsuchen konnten. Ich fand sein arrogantes und aufdringliches Verhalten abstoßend.

Ich überwachte das Experiment mit Maos Schlaftabletten, und die Methode schien zu funktionieren. Innerhalb von fünf Tagen war er von seiner überaus hohen Dosis wieder auf seine frühere umgestiegen. Meine Anwesenheit war nicht länger vonnöten. Es wurde Zeit für mich und Schwester Wu, nach Shixi zurückzukehren. Die Atmosphäre in der Gruppe Eins war allzu gespannt, und wir hatten unsere Arbeit in den Vier Erst noch nicht beendet.

Zhang Yaoci wollte jedoch, daß wir blieben. Er war immer noch beunruhigt über den Gesundheitszustand des Vorsitzenden und fürchtete die Verantwortung, falls es zu Komplikationen kam. Auch er konnte Qu Qiyu nicht leiden. Solange Schwester Wu und ich da waren, erhielt er Informationen über das Befinden des Vorsitzenden, ohne Verantwortung dafür übernehmen zu müssen. Außerdem dienten wir als eine Art Puffer gegen die Arroganz Qu Qiyus.

Doch wir mußten zurück. Ich ging zu Mao und erklärte ihm, daß sein Schlaftablettenkonsum und damit auch seine Gesundheit sich stabilisiert hätten und Wu Xujun und ich noch mit der Kampagne der Vier Erst beschäftigt seien. »Wenn Sie uns brauchen, sind wir sofort zur Stelle«, sagte ich.

Aber auch Mao wollte mich nicht gehen lassen. »Die Vier Säuberungen sind nicht mehr ganz so wichtig«, meinte er. »Jetzt ist etwas anderes im Gange. Sie sollten hierbleiben. Ich werde Sie vielleicht bald brauchen.«

Ich war schockiert. Die Kampagne der Vier Erst war ein gigantisches Unternehmen gewesen, eines der größten seit der Landreform; man hatte Hunderttausende von Kadern aus den Städten in die Dörfer geschickt. Aber nun war die Bewegung zur sozialistischen Erziehung nicht mehr wichtig. Deshalb also wollte Mao nicht mit Wang Dongxing darüber reden. Aber ich tappte immer noch im dunkeln über seine neuen, wichtigeren Pläne.

Ich zögerte. Mao wünschte, daß ich blieb, und er hatte Vertrauen in meine medizinischen Fähigkeiten. Er würde mich schützen und absichern, wenn ich meine Arbeit auf seine ärztliche Betreuung beschränkte. Aber um ihn herum herrschte eine gereizte Atmosphäre, und Qu Qiyu war ein machthungriger Typ, dem es gefiel, Ärger heraufzubeschwören. Ich war hin- und hergerissen und wägte die Gefahren ab. Schließlich entschied ich, daß es politisch sicherer wäre, aufs Land zurückzukehren, obwohl das Leben dort härter war. Ich wollte zurück nach Shixi.

»Wu Xujun und ich haben nichts bei uns außer den Kleidern, die wir am Leibe tragen«, sagte ich. »Das ist nicht sehr angenehm für uns. Schon deshalb müssen wir zurück.«

»Kein Problem«, antwortete Mao. Ich solle Zhang Yaoci bitten, unsere Stadtkleidung aus Beijing schicken zu lassen. Mao werde uns später wissen lassen, ob er es für notwendig halte, daß wir noch einmal aufs Land zurückkehrten. Wie so oft in meinem Leben hatte ich keine Wahl. Ich mußte bleiben.

In Zhongnanhai lag etwas Bedeutsames in der Luft. Mao zog sich in sein Zimmer zurück, wurde von seinen Konkubinen umsorgt, und außerhalb errichtete Qu Qiyu einen neuen, undurchdringlichen Schild um den Vorsitzenden. Ich blieb dem Dienstzimmer fern und suchte Mao nur auf, wenn er nach mir schickte. An der Peripherie wartete ich ab, was als nächstes geschehen würde.

58. KAPITEL

Ich wartete über einen Monat lang. Dann, am 8. Februar 1966, lud mich Mao zu einem Treffen ein, das im Empfangszimmer des Meiyuan-Gästehauses, unserer Unterkunft in Wuhan, stattfinden sollte. Er ermunterte sein Personal immer wieder, offiziellen Gesprächen zuzuhören, damit wir auf dem laufenden blieben. Drei Mitglieder eines neugegründeten Komitees, der »Fünfergruppe zur Planung der Kulturrevolution«, waren gerade aus Beijing angekommen. Das Komitee war 1964 ins Leben gerufen und beauftragt worden, die Kritik an Wu Hans Theaterstück *Hai Ruis Entlassung aus dem Amt* zu koordinieren. Zu seinen Mitgliedern gehörten der Propagandadirektor Lu Dingyi, das Politbüromitglied Kang Sheng, der Angehörige des Zentralen Sekretariats und Bürgermeister von Shanghai, Peng Zhen, der stellvertretende Propagandadirektor Zhou Yang und der Chefredakteur der *Volkszeitung*, Wu Lengxi. Sie wurden begleitet von Xu Liqun, einem weiteren Mitglied der Propaganda-Abteilung, und von Hu Sheng, dem stellvertretenden Chefredakteur der *Roten Fahne*, der monatlich erscheinenden Parteizeitung.

Mao führte den Vorsitz und sagte, er habe Chen Boda und Kang Sheng am 21. Dezember vergangenen Jahres mitgeteilt, daß er Yao Wenyuans Artikel, in dem *Hai Ruis Entlassung aus dem Amt* angegriffen wurde, für sehr gut halte. Aber dennoch habe Yao Wenyuan nicht ins Schwarze getroffen. Jiajing, ein Kaiser der Ming-Dynastie, habe Hai Rui entlassen, und 1959 habe Mao Peng Dehuai seiner Ämter enthoben. Peng Dehuai sei also der moderne Hai Rui.

Mao wandte sich an Peng Zhen, den Leiter des Fünfer-Komitees, und fragte: »Ist Wu Han wirklich ein Feind der Partei und des Sozialismus?«

Bevor Peng Zhen antworten konnte, warf Kang Sheng ein, daß Wu Hans Theaterstück »ein für die Partei und den Sozialismus giftiges Unkraut« sei. Niemand wagte, ihm zu widersprechen.

»Wenn es andere Meinungen gibt, sollten sie natürlich jetzt zur Sprache kommen«, meinte Mao, als die Stille anhielt. »Reden Sie alle frei heraus.«

Endlich meldete sich Peng Zhen zu Wort. Er wollte den Inhalt eines Dokumentes verteidigen, das er mitgebracht hatte. Unter der Überschrift »Vorläufiger Bericht der Fünfergruppe an die Zentrale« hieß es in diesem Papier, daß die in Wu Hans Stück angesprochenen Themen eher akademischer denn politischer Natur seien. »Ich denke, wir sollten den Worten des Vorsitzenden folgen, hundert Schulen miteinander wetteifern und hundert Blumen blühen lassen, wenn wir die akademischen Fragen diskutieren, die das Stück aufgeworfen hat«, sagte Peng. »Wir brauchen eine lebhafte Diskussion.« Der Entwurf, der schon vom ständigen Komitee des Politbüros gebilligt worden war, brauchte nur noch Maos Zustimmung.

Lu Dingyi unterstützte Peng Zhen und betonte den akademischen Tenor der Debatte. Seiner Meinung nach sollten hier Etiketten wie »Parteifeind« oder »Feind des Sozialismus« vermieden werden, sonst werde völliges Schweigen herrschen.

Die Fronten waren klar. Kang Sheng interpretierte die Affäre um Wu Han als Klassenkampf und forderte offizielle Maßnahmen gegen Wu Han und dessen Anhänger. Peng Zhen und Lu Dingyi versuchten, den Konflikt mit dem Argument einzudämmen, die Kontroverse um das Stück sei eine rein intellektuelle, im Grunde unpolitische Debatte.

Minuten vergingen, ohne daß jemand das Wort ergriff. Mao vertagte das Treffen.

Die Teilnehmer waren noch immer im unklaren über Maos Standpunkt. Peng Zhen wollte wissen, ob er mit Billigung des Vorsitzenden einen für die Partei bestimmten Kommentar zu dem Stück schreiben könne.

»Kümmern Sie sich darum«, war Maos Antwort. »Ich brauche das Papier nicht zu sehen.«

Ich ahnte sofort, daß Gefahr drohte. Mao hatte den anderen eine Falle gestellt. Seine Weigerung, den Kommentar zu lesen, konnte eigentlich nur bedeuten, daß er nicht damit einverstanden war. Aber Peng Zhen kannte Mao nicht so gut wie ich. Lu Dingyi und er spielten mit dem Feuer. Wenn sie ihren Entwurf verteilten, konnte das gefährlich für sie werden.[85]

Vier Tage später, am 12. Februar 1966, wurde der »Vorläufige Bericht« zusammen mit einem Kommentar der »Zentralbehörde« in der Partei verbreitet. Aber Mao hatte den Text nicht gelesen, und auch in der Zentralbehörde war man geteilter Ansicht darüber. In der Schrift wurde letztlich die Position Peng Zhens und Lu Dingyis wiedergegeben. Diskussionen über *Hai Ruis Entlassung aus dem Amt* sollten sich, so der Tenor, auf rein akademischer Ebene bewegen.

Mao verstand das Dokument als einen Tadel an seinem eigenen Standpunkt. Er war mit Kang Sheng der Meinung, daß Wu Hans Stück ein »giftiges Unkraut« und Wu Han selbst ein Feind der Partei und des Sozialismus sei. Dadurch, daß Lu Dingyi und Peng Zhen sich weigerten, Wu Han zu verurteilen, gingen sie das Risiko ein, selbst als partei- und sozialismusfeindlich gebrandmarkt zu werden.

»Ich scheine recht gehabt zu haben«, sagte mir Mao an dem Abend, an dem der Entwurf verteilt wurde. »Reaktionäre stürzen erst, wenn man kräftig zuschlägt.« Mao bereitete den entscheidenden Schlag vor. Peng Zhens Schrift wurde später als der infame, sozialismusfeindliche »Februar-Bericht« berüchtigt. Peng Zhens Sturz war nur noch eine Frage der Zeit.

59. KAPITEL

Nach der Zusammenkunft mit Peng Zhen und Lu Dingyi war Mao angespannt und verärgert. Die Schlaftabletten wirkten kaum noch, und er war oft vierundzwanzig Stunden wach, bevor er schließlich vor Erschöpfung einschlief. Auch sein Appetit war beeinträchtigt. Er nahm meist nur eine kleine Mahlzeit pro Tag zu sich. Ich erhöhte die Dosierung seiner Schlaftabletten ein wenig, gab sie ihm aber immer erst, wenn er schon erste Anzeichen von Erschöpfung zeigte. Einerseits beunruhigte mich die höhere Dosis natürlich, andererseits konnte der Schlafmangel für einen Mann seines Alters noch weitaus bedrohlicher sein. Nach einer Woche aß und schlief er wieder normal, und ich wurde wieder etwas gelöster.

Nachdem diese Krise überstanden war, kam Zhang Yufeng mit einem Problem zu mir. »Der Vorsitzende glaubt, daß sich gestern jemand auf dem Dachboden seines Gästehauses herumgetrieben hat«, sagte sie. »Er hat von dort jede Nacht seit unserer Ankunft Stimmen gehört.«

Fast hätte ich aufgelacht. Die Vorstellung war geradezu absurd. Wie hätte sich jemand auf Maos Dachboden schleichen können? Es gab keine Möglichkeit, den Sicherheitskordon zu durchbrechen, der den Vorsitzenden umgab. Aber Zhang Yufeng nahm die Sache ernst. Und Mao ebenfalls.

Mir war klar, daß sich kein menschliches Wesen auf dem Dach versteckt halten konnte. Aber vielleicht hatte ein Tier es geschafft, sich dort einzunisten. Einer der Leibwächter meinte, er habe Spuren bemerkt, die von einer Wildkatze stammen könnten.

Die Leibwächter stellten Fallen mit Fisch als Köder auf, und nach zwei Tagen war schon ein Erfolg zu verzeichnen. Zwei Wildkatzen wurden gefangen – eine sah aus wie ein kleiner Leopard, die andere war nicht größer als eine ausgewachsene Hauskatze. Maos Villa in Wuhan lag mitten im Wald und stand normalerweise leer, wenn er nicht dort wohnte. Die Katzen hatten es sich unbemerkt unter dem Dach bequem gemacht.

Aber Maos Paranoia war nicht gewichen. Er glaubte immer noch, jemand halte sich unter dem Dach auf, und er wollte Wuhan sofort verlassen.

Innerhalb von Stunden, nachdem die Wildkatzen gefangen worden waren, reisten wir nach Hangzhou.

Auch in Hangzhou blieb Mao unruhig, und ich hatte das Gefühl, daß die politische Situation gespannt sein müsse. Kurz nach unserer Ankunft hörte ich, daß Lin Biaos Frau Ye Qun aus Suzhou, wo sie und ihr Ehemann sich häufig aufhielten, angerufen habe und Mao unbedingt zu sehen wünsche. Sie traf am nächsten Tag ein, sprach drei Stunden lang hinter verschlossenen Türen mit dem Vorsitzenden und flog dann zurück nach Suzhou. Niemand sonst nahm an dem Treffen teil, und weder Mao noch Ye Qun verrieten irgend jemandem aus der Gruppe Eins, worum es in dem Gespräch gegangen war.[86]

An jenem Tag aß ich mit dem Vorsitzenden zu Abend. »Ich weiß nicht, ob Deng Xiaoping sich im klaren darüber ist, was für ein Zentrales Sekretariat er da leitet«, sagte Mao. »Er hat dort früher einige seltsame Typen beschäftigt, und jetzt schart er wieder solch fragwürdige Gestalten um sich. Peng Zhen vor allem. Er hat das städtische Parteikomitee von Beijing so im Griff, daß es praktisch wasserdicht ist. Lu Dingyi wacht wie ein Zerberus über die Propaganda-Abteilung und sorgt dafür, daß bloß keine linken Schriften veröffentlicht werden. Und dann sind da Luo Ruiqing, der immer noch den Eklektizismus propagiert, und Yang Shangkun, der dauernd so eifrig herumwieselt, um an Informationen heranzukommen und sie weiterzugeben.« Seit dem Abhörskandal war Mao fest davon überzeugt, daß sich Yang Shangkun als Spion betätigte. »Aus solchen Leuten besteht Deng Xiaopings Zentrales Sekretariat«, erklärte er aufgebracht.

Ein oder zwei Tage später erhielt Mao Besuch von Jiang Qing. Als sie den Raum betrat, bemerkte ich sofort, daß die Veränderung, die schon im Jahr 1962 eingesetzt hatte, jetzt fast vollendet war. Ihr Gang war schwungvoll, ihre Haltung gerade, und man sah nicht die geringsten Anzeichen ihrer alten Beschwerden. Sie nahm mich kaum wahr und nickte nur arrogant in meine Richtung. Ihr Personal war kurz zuvor auf eine Krankenschwester, einen Bediensteten und einen einzigen Leibwächter verringert worden. Ihre Krankenschwester erzählte mir, während wir warteten, daß Jiang Qings frühere Leiden völlig verschwunden seien. Helles Licht, Lärm oder Zugluft störten sie nicht mehr, ihre Kopfschmerzen und das Klingeln in den Ohren hatten aufgehört. Sie brauchte keinen Arzt mehr.

Der Besuch Jiang Qings bei ihrem Ehemann war nur kurz, und anschließend kehrte sie sofort nach Shanghai zurück. Erst nach ihrem zweiten Besuch bei Mao, einige Tage später, hörte ich, worüber die beiden gesprochen hatten.

Lin Biao und Jiang Qing schmiedeten ein Bündnis. Sie hatten vom 2. bis zum 20. Februar 1966 eine Tagung in Shanghai einberufen, um über Literatur und Kunst in der Armee diskutieren zu lassen. Jiang Qing hatte Mao um

Hilfe bei der Niederschrift des Berichts über diese Tagung gebeten, und er zeigte mir die Schlußfassung.

Der Bericht trug ganz deutlich Maos Handschrift. Es war ein Pamphlet gegen Lu Dingyi, in dem es hieß, daß seit der Gründung der Volksrepublik »die Literaten und die meisten Professoren einen schwarzen Block bilden, der versucht, die Politik zu kontrollieren«. Was mich überraschte war weniger der Inhalt des Dokuments als die neue Verbindung zwischen Jiang Qing und Lin Biao. Dessen Weg zur Macht führte also über Maos Frau. Diese Methode war schon oft in der chinesischen Geschichte erfolgreich gewesen, aber sie war hinterhältig und weckte mein Mißtrauen. Außerdem konnte Jiang Qing auf diese Weise in eine Machtposition gelangen. Deshalb hatte ich sofort Bedenken.

Ich war Lin Biao noch nie begegnet. Nach der »Befreiung« hatte er mehrere wichtige Posten bekleidet, aber nun lebte er so zurückgezogen, daß er nicht einmal am 1. Mai und am Nationalfeiertag auf dem Tiananmen-Tor erschien. Aber er war einer der zehn Marschälle des Landes und galt als brillanter militärischer Kopf – stark, entschlossen und zäh. Ich teilte die allgemeine Bewunderung für sein militärisches Genie. Lins neues Bündnis mit Jiang Qing bot mir bald darauf die Möglichkeit, ihn persönlich kennenzulernen.

Im März 1966, kurz nach ihrem Besuch bei Mao, erkältete sich Jiang Qing und bat mich, nach Shanghai zu kommen und sie zu behandeln. Mao unterstützte die Bitte. »Ich werde auch sehr bald in Shanghai sein. Es tut mir nicht gut, mich lange am selben Ort aufzuhalten.« Er litt weiterhin an einer hartnäckigen Paranoia. Nach ein paar Tagen Aufenthalt in einer Stadt wurde er unruhig und drängte darauf abzureisen. Auch in Hangzhou fühlte er sich nicht sicher.

Jiang Qing hatte sich durch ihr Engagement in der Politik und das Verschwinden der Neurasthenie sehr gewandelt. Sie gab sogar zu, daß ihre Erkältung nicht ernst sei. Einige Tage nachdem ich in Shanghai eingetroffen war, tauchte auch Lin Biao dort auf. Er hatte von Jiang Qings Erkrankung erfahren und wollte seine Aufwartung machen.

Damals sah ich ihn zum erstenmal. Seine Uniform saß so knapp, daß sie wie aufgeklebt wirkte. Nur in Begleitung eines Sekretärs betrat er den Vorraum und legte seinen schweren Wollmantel ab. Zum Vorschein kam ein schmächtiger kleiner Mann mit blaßgrauem Gesicht und einer Militärmütze, die er auch im Hause trug, um seinen von kahlen Stellen übersäten Kopf zu verbergen.[87] Er trug dicke Lederstiefel. Lin Biao nickte mir zu und sagte kein Wort. Seine Augen waren so dunkel, daß man Iris und Pupille nicht unterscheiden konnte, und sie glänzten nahezu vergeistigt.

Jiang Qing ordnete an, sie nicht zu stören, und die beiden sprachen mehr als zwei Stunden unter vier Augen miteinander, während ich mich mit Lins Sekretär Li Wenpu unterhielt. Lin Biao und Jiang Qing hatten vieles gemeinsam. Auch Lin hatte unter eingebildeten Krankheiten gelitten. Genau wie sie hatte er eine Nervenschwäche gehabt und Licht und Zugluft so verabscheut, daß er nie das Haus verließ. Und auch ihn hatte sein neues Engagement in der Politik wieder aufblühen lassen. Ich nahm an, daß seine Gebrechen ebenfalls politische Gründe gehabt hatten.

Aber er wurde immer noch häufig krank. Das entdeckte ich einige Monate später, im August 1966, gerade als das hektische Treiben der Kulturrevolution seinen ersten Höhepunkt erreichte. Lin Biao wurde immer mächtiger, und Wang Dongxing bemühte sich, ein gutes Verhältnis zu dem Mann aufzubauen, den Mao als seinen Nachfolger ausersehen würde. Wang Dongxing bat mich, ihn zu einem Besuch Lins in dessen Haus in Maojiawan zu begleiten.

Lin Biao lag im Bett, als wir in sein Zimmer geführt wurden, und schmiegte den Kopf an die Brust seiner Frau Ye Qun. Er weinte, und Ye Qun streichelte und liebkoste ihn wie ein Baby. In diesem Moment wurde Lin Biao für mich zu einer gequälten Seele, völlig untauglich, andere Menschen zu führen. Zwei Ärzte, Xu Dianyi und Wu Jieping, trafen kurz nach uns ein, und ich begleitete Wang Dongxing und Ye Qun in den Vorraum, während die Ärzte Lin untersuchten. Sie fanden einen Nierenstein und begannen sofort mit der Behandlung. Lin Biao beruhigte sich rasch, aber meine Meinung über ihn änderte sich nicht. Ein durch den Harntrakt wandernder Nierenstein verursacht furchtbare Qualen, aber ich hätte gedacht, daß ein Marschall wie Lin Biao sich diesen Schmerzen tapfer stellen würde.

Während wir warteten, erzählte mir Ye Qun von ihrem Mann. Lin Biao war in den vierziger Jahren opiumabhängig geworden und hatte später Morphiuminjektionen erhalten. Ende 1949 wurde er in die Sowjetunion geschickt, um dort von der Sucht loszukommen. Er schaffte den Entzug, aber sein Benehmen blieb seltsam. Sein Abscheu vor Wasser war so extrem, daß er schon beim bloßen Geräusch von fließendem Wasser Durchfall bekam. Er nahm keine Getränke zu sich. Ye Qun sorgte dafür, daß er genügend Flüssigkeit bekam, indem sie Fladenbrot in Wasser tauchte und ihn damit fütterte.

Lin Biao benutzte nie eine Toilette. Statt dessen legte er sich eine Decke um und hockte sich dann auf einen Nachttopf, den seine Frau ihm ins Bett stellte.

Ich war verblüfft. Lin Biao war offensichtlich geisteskrank, und dennoch überließ Mao ihm allergrößte Machtbefugnisse. Bald würde er als Maos »engster Kampfgefährte« bejubelt werden. Eines Tages sollte Lin Biao den Staat regieren.

In Zhongnanhai erzählte ich Mao von Lin Biaos Problemen. Er äußerte sich nicht dazu. Mit anderen Politikern oder Ärztekollegen sprach ich nie über Lins Beschwerden, denn das wäre ein Staatsverbrechen gewesen.

Ich blieb im März in Shanghai, nachdem sich Jiang Qing von ihrer Erkältung erholt hatte, und wurde so Zeuge ihrer neuen politischen Aktivitäten. Ein linker Parteigenosse nach dem anderen besuchte sie, und immer fanden die Treffen – gehüllt in eine Aura von Geheimnis, Intrige und Verschwörung – hinter verschlossenen Türen statt. Yao Wenyuan, der Propagandafachmann aus Shanghai, der als erster in einem Artikel Wu Hans Stück über Hai Rui angegriffen hatte, kam kurz nach Lin Biao und schloß sich ebenfalls mit der Frau des Vorsitzenden ein. Qi Benyu, der Direktor des Büros der Sekretäre, folgte ihm auf dem Fuße, und schließlich erschien auch Guan Feng, einer der ultralinken Herausgeber der *Roten Fahne*.*

Mao kam am 15. März nach Shanghai und berief für den 17. März eine erweiterte Sitzung des ständigen Politbürokomitees ein. Dort knüpfte er an Jiang Qings Argumentation an, daß die akademischen Zirkel von bürgerlichen Intellektuellen beherrscht würden, die sich schon seit Jahren bemühten, alle linken Meinungen und Gedanken auszurotten. Er hob vier Beispiele hervor: den Dramatiker Wu Han, Autor des immer heftiger kritisierten Stückes *Hai Ruis Entlassung aus dem Amt*, den Geschichtsprofessor Jian Bozan aus Beijing, den stellvertretenden Bürgermeister von Beijing, Deng Tuo, und den Direktor der Arbeitereinheitsfront der Stadtverwaltung Beijing, Liao Mosha. Diese führenden Intellektuellen seien zwar offiziell Mitglieder der Kommunistischen Partei, ihrer Einstellung und ihrem Verhalten nach gehörten sie jedoch zur Guomindang. Mao schlug vor, eine »Kulturrevolution« auf dem Gebiet der Literatur, der Geschichte, des Rechts und der Wirtschaft in Gang zu setzen. Ich war damals noch naiv genug zu

* Nach Wang Dongxings Ernennung zum Leiter des Hauptbüros wurden das Büro der Privatsekretäre und das Büro der politischen Sekretäre unter der Bezeichnung Büro der Sekretäre zusammengefaßt.

hoffen, daß diese Revolution sich wirklich auf die Kultur beschränken und mich verschonen werde.

Ende März 1966, einige Tage nach der erweiterten Sitzung des Politbüros, traf sich Mao in Shanghai ein paarmal mit Jiang Qing, Kang Sheng und Zhang Qunqiao. Er wollte Peng Zhens Februar-Entwurf zurückziehen, da in diesem Bericht die Klassenunterschiede verwischt würden. Außerdem wollte er das städtische Parteikomitee von Beijing unter dem Vorsitz von Peng Zhen, die Propaganda-Abteilung unter Leitung von Lu Dingyi und das aus Peng Zhen, Lu Dingyi, Kang Sheng, Zhou Yang und Wu Lengxi bestehende Fünferkomitee der Kulturrevolution auflösen, denn es gebe zu viele zweifelhafte Gestalten in diesen drei Organisationen. Auch wünschte er die Streuung der Kulturrevolution auszudehnen.

Mao führte den Krieg an zwei Fronten. Er rief das ständige Komitee des Politbüros auf, die führenden bürgerlichen Intellektuellen zu kritisieren. Gleichzeitig zog er sich außerhalb des ständigen Komitees und der Parteihierarchie eine Konkurrenzgruppe heran, die sich um seine engsten Verbündeten, besonders um Jiang Qing und Kang Sheng, scharte. Deren Aufgabe bestand darin, Maos Feinde im ständigen Komitee und dem Zentralen Parteisekretariat anzugreifen. Es war ein beispielloser Schritt. Nie zuvor hatte Mao eine so kompromißlose Attacke auf die höchsten Parteifunktionäre geführt.

Anfang April verließen wir Shanghai, um nach Hangzhou zurückzukehren. Zwischen dem 16. und dem 20. April tagte erneut das erweiterte Politbüro. Bei diesem Treffen weitete Mao seine Angriffe offiziell auf Peng Zhen aus, den Parteichef von Beijing. Mao hatte Peng Zhens Februar-Bericht, der den Versuch darstellte, die Kulturdebatte auf das akademische Problem zu begrenzen, vor der Veröffentlichung nicht gelesen, geschweige denn kommentiert. So hatte er zugelassen, daß sich Peng Zhen sein eigenes Grab schaufelte. Nun beschuldigte er Peng einer parteifeindlichen Haltung und forderte die Auflösung der Fünfergruppe und die Gründung eines neuen Komitees. Es ist unmöglich, die Spannung zu beschreiben, die während dieser April-Tagung herrschte.

Ich fühlte mich nicht mehr sicher. Die Gruppe Eins hatte sich sehr verändert, ich kannte die neuen Mitglieder nicht und konnte ihnen kein Vertrauen entgegenbringen. Mao war unzugänglich, denn sein neuer Sicherheitsbeauftragter Qu Qiyu hatte eine undurchdringliche Mauer um ihn herum aufgebaut. Wang Dongxing war immer noch nicht zur Gruppe Eins zurückgekehrt, und ohne ihn war ich völlig schutzlos den Intrigen um mich herum ausgeliefert.

Deshalb wollte ich Wang unbedingt auf der Tagung in Hangzhou treffen, um zu hören, wie er die politische Situation einschätzte, und um mir ein paar Ratschläge geben zu lassen. Und ich wollte ihn ermutigen, zur Gruppe Eins zurückzukehren.

Wang war gerade in einer Besprechung mit Zhou Enlai, als ich spätabends im Xiling-Hotel eintraf. Zhou schien sehr nervös und keineswegs erfreut über meine Ankunft zu sein.

»Wissen Sie, wie spät es ist?« fragte der Ministerpräsident. »Was wollen Sie?«

»Ich möchte dem Genossen Wang Dongxing Bericht über den Gesundheitszustand des Vorsitzenden während der letzten Monate erstatten«, antwortete ich.

»Warum müssen Sie das so spät am Abend tun?« wollte Zhou wissen.

Wang Dongxing griff ein, um Zhou zu besänftigen. »Ich habe ihn darum gebeten.«

»Dann beeilen Sie sich«, sagte Zhou zu Wang Dongxing. »Die Genossen Kang Sheng und Chen Boda sind schon da. Wir können sie nicht warten lassen.« Er wandte sich an mich. »Wenn Sie hier fertig sind, kehren Sie bitte sofort ins Wangzhuang-Gästehaus zurück.«

Ich hatte Zhou Enlai noch nie so gereizt gesehen und interpretierte seine Stimmung als ein Anzeichen für ernste politische Schwierigkeiten. Aber Wang wollte nicht mit der Sprache heraus. »Sie wissen schon genug«, meinte er. »Es geht um die Zentralbehörden. Es ist besser für Sie, wenn Sie keine weiteren Fragen stellen. Berichten Sie mir über das Befinden des Vorsitzenden.«

Also konnte ich nur Vermutungen über den Machtkampf innerhalb der Partei anstellen, und dies beunruhigte mich sehr. Ich unterrichtete Wang Dongxing über Maos Gesundheit und bat ihn eindringlich, zur Gruppe Eins zurückzukehren. Zhang Yaoci sei ein ängstlicher Mensch, der sich ausschließlich um die Sicherheitsbelange kümmere. Er werde der Aufgabe in keiner Weise gerecht. Ich würde mich erst wieder sicher fühlen, wenn Wang Dongxing zurückkomme.

Aber Wang Dongxing sah seinen Weg in die Gruppe Eins versperrt, denn er konnte nur zurückkehren, wenn Mao ihn dazu aufforderte. Er versprach, mich nach dem Ende der Tagung im Wangzhuang-Gästehaus zu besuchen.

Ich hatte Bedenken wegen meines Besuchs im Xiling-Hotel. Zhou war allzu nervös gewesen, und ich wußte, daß er ein sehr wichtiges Treffen mit Kang Sheng und Chen Boda gehabt hatte – zwei Linken, die es liebten, Unruhe zu stiften. Ich beschloß, das Ganze vorsichtshalber Mao zu erzählen. Wenn er von jemand anderem etwas über das Treffen erfuhr, könnte er glauben, daß ich ihn hintergehen wolle.

»Was treiben die bloß?« fragte Mao mit einem schwachen Lächeln auf den Lippen, als ich von meinem Besuch bei Wang Dongxing berichtete.

Ich erklärte ihm, Zhou Enlai habe mir befohlen, das Hotel sofort zu verlassen; er habe anscheinend befürchtet, ich sei aus anderen, geheimen Gründen dort erschienen.

»Es war nur ein Besuch, Sie brauchen sich darüber keine Gedanken zu machen«, versicherte Mao.

Dieser Bericht an Mao hat mir später das Leben gerettet. Ende 1966, als die neugegründete »Zentrale Gruppe für die Kulturrevolution« ihre Ziele so sehr ausweitete, daß auch Wang Dongxing in den Strudel hineingeriet, versuchte man, mich ebenfalls in die Sache zu verwickeln. Damals wurde jedes Treffen als konspirativ angesehen, und für jeden Freund, Bekannten oder Kollegen bestand die Gefahr, mit in den Untergang hineingezogen zu werden. Ein Leibwächter erinnerte sich daran, mich im Xiling-Hotel gesehen zu haben, und schrieb einen Brief an Kang Sheng, der die Angriffe steuerte. Er beschuldigte mich, mit Wang Dongxing und Zhou Enlai gemeinsame Sache gemacht und ihnen geheime Informationen übergeben zu haben. Kang Sheng leitete den Brief an Mao weiter.

Mao gab mir das Schreiben und bat mich, es zur Aufbewahrung an Wang Dongxing weiterzureichen. »Sie haben mir über den Besuch berichtet«, sagte er. Mao schützte sowohl mich als auch Wang. Die Angelegenheit wurde fallengelassen.

Das erweiterte ständige Komitee des Politbüros trat am 24. April 1966 erneut zusammen. Mao wollte dort einen neuen Text diskutieren lassen, den Chen Boda verfaßt und den er selbst überarbeitet hatte: »Ein Rundschreiben des Zentralkomitees der Kommunistischen Partei Chinas.« Hauptziel des Rundschreibens war es, Peng Zhens Februar-Bericht zu widerrufen und die ursprüngliche Fünfergruppe der Kulturrevolution unter Leitung von Peng Zhen aufzulösen. Damals wurde die neue »Zentrale Gruppe für die Kulturrevolution« unter direkter Aufsicht des ständigen Komitees gegründet. Die Zielsetzung der Kulturrevolution änderte sich, die Bewegung kümmerte sich nicht mehr um akademische oder kulturelle Themen. Mao hatte mit dem begonnen, was er einen »energischen Angriff« auf die bürgerlichen Elemente in Partei, Regierung und Militär nannte.

Das »Rundschreiben des Zentralkomitees der Kommunistischen Partei Chinas« wurde auf der Tagung des erweiterten Politbüros im folgenden Monat, vom 4. bis zum 26. Mai, vorgelegt. Da man es am 16. Mai als Leitlinie der Kulturrevolution genehmigte, wurde es überall in China als das Rundschreiben des 16. Mai bekannt.

Mao nahm nicht an der Tagung teil, denn wir hielten uns immer noch in Hangzhou auf. Er stiftete gern Unruhe und zog sich dann zurück, um zu sehen, wie die Parteiführung reagierte.

Ich bekam es mit der Angst zu tun, als Mao mir die Mitgliederliste der neuformierten Gruppe für die Kulturrevolution zeigte. Der Linke Chen Boda hatte den Vorsitz, und Kang Sheng wurde als Berater hinzugezogen. Jiang Qing war »erster beigeordneter Direktor«, der speichelleckerische Wang Renzhong und der Parteiführer von Shanghai, Zhang Qunqiao, fungierten als »beigeordnete Direktoren«. Die Mitglieder waren Wang Li, Guan Feng, Qi Benyu und Yao Wenyuan, also nur radikale Linke. Die ersten Ernennungen hatte – laut Mao – Lin Biao vorgenommen. Mao selbst hatte noch Wang Renzhong hinzugefügt.

Besonders die Ernennung von Jiang Qing beunruhigte mich. Ihr würde es großen Spaß machen, »bürgerliche Elemente« in der Partei aufzuspüren. Diese Kampagne konnte ihr als Vorwand dienen, ihre vielen persönlichen Feinde zu vernichten. Meine Beziehung zu Jiang Qing hatte sich seit 1960 ständig verschlechtert, und jetzt war sie in der Lage, mir und meiner Familie Schwierigkeiten zu machen.

Mao wußte, daß Jiang Qings Rachsucht mich treffen konnte. Deshalb riet er mir, meinen Frieden mit ihr zu machen, wie es auch sein Neffe Mao Yuanxin getan habe. Mao Yuanxin lag seit seiner Kindheit ständig im Streit mit Jiang Qing und würdigte sie keines Wortes, wenn er in den Sommerferien nach Zhongnanhai kam. Aber bei Beginn der Kulturrevolution hatte er sich mit einem Brief bei Mao entschuldigt. Yuanxin schrieb, er habe endlich erkannt, daß Jiang Qing die treueste Schülerin Maos sei, und er betrachte sie jetzt mit großem Respekt.

Mao war sehr erfreut über den Brief und zeigte ihn Jiang Qing.

Damals studierte Yuanxin am Harbin-Institut der Pioniere im äußersten Nordosten Chinas. Er war ein schlauer Taktiker. Jiang Qing reagierte positiv auf die Entschuldigung ihres Neffen, sie nahm ihn unter ihre Fittiche und machte ihn zu ihrem wichtigsten Helfer. Mao Yuanxin bahnte ihr oft den

Weg, wenn sie einen neuen Kampf gegen ihre Feinde einleitete, und er stieg schnell innerhalb der Militärhierarchie auf. Einige Jahre später wurde er zum politischen Kommissar der Militärregion Shenyang in der Mandschurei ernannt.

Aber meine Probleme mit Jiang Qing ließen sich nicht so leicht lösen. Mao Yuanxin war der Neffe ihres Mannes, und Jiang Qings eigene politische Karriere wurde gefördert, wenn sie ihm vergab und ihn in ihr Gefolge aufnahm. Ich dagegen hatte keinerlei Wert für sie; ich hätte nie einen Kotau vor ihr machen können und wollte die neue Macht, die Mao und Lin Biao ihr einräumten, nicht noch stärken. Es war nur eine Frage der Zeit, wann sie gegen mich vorgehen würde. Ich mußte jemanden finden, der mich schützen konnte.

60. KAPITEL

Nachdem Mao den Stein ins Rollen gebracht hatte, zog er sich im Mai 1966 zurück.

»Die anderen sollen sich jetzt um die Politik kümmern«, sagte er, ein paar Wochen nachdem das Rundschreiben vom 16. Mai verabschiedet worden war. »Wir gönnen uns eine Pause.«

Es war eine vertraute Strategie. Mao verschwand von der Bildfläche und ermöglichte der politischen Bewegung, sich unabhängig von ihm zu entwikkeln. Außerdem versuchte er damit, seine Feinde aus der Deckung zu locken. Wir würden eine Weile in Hangzhou bleiben, weit weg von den politischen Auseinandersetzungen.

Maos Rückzug war eigentlich nicht mit seiner Führungsposition zu vereinbaren. Die Kulturrevolution war seine Idee gewesen, und die Bewegung brauchte ihn. Maos wirkliche Ziele waren damals wohl immer noch ein Rätsel für den größten Teil der Parteielite. Liu Shaoqi und Deng Xiaoping kamen Anfang Juni nach Hangzhou, um Mao über die Fortschritte der Bewegung Bericht zu erstatten und um seinen Rat zu erbitten. »Sie sollen die Probleme selbst lösen«, sagte Mao später, nachdem die beiden gegangen waren. »Ich brauche eine Ruhepause.«

Die Folgen dieses Rückzugs konnten verhängnisvoll sein. Ohne seine Leitung würde die Partei ins Chaos stürzen.

Mao war bester Laune und genoß seinen Aufenthalt in Hangzhou. Die Behörden der Provinz Zhejiang organisierten beinahe täglich Tanzgesellschaften für ihn, und oft bestieg er den Berg Dingjia in der Nähe seiner Villa. Häufig war er jedoch auch geistesabwesend und schweigsam, in Gedanken versunken. Mitte Juni brach er wieder auf. Er wollte nach Hause, in sein Geburtsdorf Shaoshan. Dort trafen wir am 18. Juni ein.

Der letzte Besuch Maos in Shaoshan lag sieben Jahre zurück, er hatte im Juni 1959 stattgefunden. Inzwischen hatte Tao Zhu an einem Ort namens Dishui eine neue Villa für den Vorsitzenden bauen lassen, denn damals hatte Mao gesagt, daß er sich später in Shaoshan in einem kleinen strohgedeckten Landhaus zur Ruhe setzen wolle.

Dishui war in die Gebirgsausläufer geschmiegt, von Büschen und Wald umgeben und völlig von der Welt abgeschnitten. Mao kannte die Gegend gut. Als Kind hatte er hier im Wald Brennholz gesammelt. Er erinnerte sich an die Verbeugungen vor einem riesigen Fels – Großmutter-Fels nannte er ihn – auf dem Gipfel des Berges der Großen Trommel. Und er hatte sich oft auf einem anderen Berg in einem Pavillon ausgeruht, der Rastplatz des Tigers genannt wurde.

Die Querelen in Beijing schienen an diesem friedlichen und abgeschiedenen Ort sehr fern zu sein, und es war schwierig, an Nachrichten heranzukommen. Die Sonderkuriere lieferten nur alle zwei oder drei Tage ihre Unterlagen ab. Ich wollte unbedingt erfahren, was in Beijing vor sich ging, und fragte die Kuriere aus. Die Hauptstadt versank langsam im Chaos. Die Schulen waren geschlossen worden, die Schüler trieben sich auf den Straßen herum und randalierten. Niemand schien fähig, die Situation unter Kontrolle zu bringen. Ich versuchte, noch mehr aus den Kurieren herauszubekommen, aber die Lage war so gespannt, daß sie vor weiteren Auskünften zurückschreckten.

Ich erfuhr, daß mein alter Chef Fu Lianzhang, der mich zur Rückkehr nach China gedrängt und an die »Arbeiteruniversität« geschickt hatte, bereits der Kulturrevolution zum Opfer gefallen sei. Fu war 1958 zum Rücktritt gezwungen worden. Seine Angewohnheit, die politischen Tätigkeiten der führenden Funktionäre zu überwachen, indem er sich allzu besorgt für ihre Gesundheit interessierte, war schließlich als so lästig empfunden worden, daß alle Parteiführer ihn loswerden wollten. Seitdem hatte ich kaum etwas von ihm gehört, aber jetzt hatten die Kuriere Mao einen Brief von seinem früheren Arzt überbracht.

Fu war aus dem Ruhestand zurückgerufen worden, damit er sich verantworte, und er hatte schon einen Selbstmordversuch hinter sich. Nun appellierte er an Mao, ihm zu helfen. »Fu Lianzhang ist ein guter Mann«, sagte Mao. »Er ist im Ruhestand und hat nichts mehr mit der Politik zu tun. Es gibt keinen Grund, gegen ihn vorzugehen. Ich werde ihn schützen.«

Aber Maos Bemühungen kamen zu spät. Gegen Ende 1966 wurde Fu von einer Gruppe aufständischer Soldaten der Generalabteilung für Logistik aus seinem Haus entführt. Er starb, doch seine Leiche wurde nie gefunden.[88]

Nach zehn Tagen in Shaoshan wurde die Hitze unerträglich. Wir schwammen täglich im Wasserspeicher des Dorfes, aber die Villa in Dishui hatte keine Klimaanlage, und der elektrische Ventilator reichte bei weitem nicht aus. Mao beschloß abzureisen. Am 28. Juni fuhren wir nach Wuhan.

Dort hatten wir sehr viel besseren Zugang zu den Nachrichten aus Beijing. Täglich trafen Kuriere mit Dokumenten, Zeitschriften und Briefen ein. Ich erhielt den ersten Brief von Lillian seit Monaten, und mir wurde erschrekkend bewußt, daß ich seit über einem Jahr nicht in Beijing gewesen war und meine Familie ebenso lange nicht mehr gesehen hatte – seit ich im Juli 1965 Wang Dongxing und die Arbeitsgruppe der Vier Erst in das Dorf Shixi in der Provinz Jiangxi begleitete.

Mao verfolgte die Kulturrevolution von Wuhan aus und genoß den Aufruhr, den seine Bewegung in Beijing ausgelöst hatte, in vollen Zügen. Während Mao sich zurückhielt, gaben sich seine Feinde zu erkennen und machten es ihm leicht, sie zu vernichten. Mir wurde dies nicht nur durch unsere Gespräche bewußt, sondern auch durch einen Brief, den er am 8. Juli 1966 an Jiang Qing nach Shanghai sandte.

Im Grunde hatte Mao nie einen Plan für die Kulturrevolution entwickelt. Aber der Brief an seine Frau enthüllte, was er damals über die Bewegung dachte, denn während Maos Mißtrauen seiner Umgebung gegenüber ständig wuchs, blieb sein politisches Vertrauensverhältnis zu Jiang Qing ungestört.

»Jeden Tag lese ich sehr interessante Berichte und andere Materialien«, schrieb Mao ihr aus unserem stillen Winkel in Wuhan. »Ein großes Chaos wird zu einer großen Ordnung führen. Der Kreis schließt sich alle sieben oder acht Jahre. Die Dämonen und Ungeheuer werden sich selbst verraten. Der Charakter ihrer Klasse verlangt es.«

Mao äußerte auch sein Unbehagen gegenüber der von Lin Biao ins Leben gerufenen Kampagne, die Lobeshymnen über ihn verbreitete. »Ich glaube nicht, daß die wenigen Flugschriften, die ich verfaßt habe, so wunderbar und kraftvoll sind, wie er sagt«, meinte Mao. »Das ist so, als preise der alte Wang die Süße seiner Honigmelone, weil er sie verkaufen will. Aber nachdem er mit der Übertreibung begonnen hat, sind die Partei und das ganze Volk seinem Beispiel gefolgt.« Der Vorsitzende behauptete, Lin Biaos Einführung des Mao-Kultes sei die erste Sache von großer Wichtigkeit gewesen, in der er sich einer anderen Meinung unterworfen habe. »Jemand, der ein großes Ansehen genießt, wird Mühe haben, diesem in der Realität gerecht zu werden«, schrieb Mao, wobei er Li Gu aus der Zeit der Han-Dynastie zitierte. »Diese Worte treffen genau auf mich zu.« Mao habe gegen diese Lobhudelei auf dem Treffen des ständigen Komitees im April in Hangzhou protestiert, aber Lin Biao habe sich darüber hinweggesetzt und sein Lob im Mai wiederholt. »Deshalb haben die Zeitungen und Zeitschriften die Bedeutung meiner Schriften so dargestellt, als wären sie von einem Übermenschen verfaßt worden. Ich denke, er will das Böse [Maos Feinde in der Partei] vernichten, indem er meine magischen Kräfte beschwört.«

Mao war weder sicher, daß seine Kulturrevolution ihr Ziel erreichen werde, noch war er davon überzeugt, daß der Sozialismus in China ewig Bestand haben werde. Vielleicht würden die »Rechten« wieder an die Macht kommen und ihn selbst vernichten. Doch ein Sieg der Reaktionäre werde niemals von Dauer sein.

Zudem warnte er Jiang Qing: »Laß Dich nicht vom Sieg vergiften. Denk auch an Deine Schwächen, Mängel und Fehler. Das mußt Du immer in Erinnerung behalten.«

Jiang Qing war trotz der verhaltenen Kritik so begeistert von dem Brief, daß sie ihn drucken und verteilen lassen wollte. Mao hatte seine geheimsten politischen Gedanken mit ihr geteilt, und sie verstand den Brief als eine Demonstration seines Vertrauens. Dies stärkte ihre eigene Legitimation. Sie hatte schon begonnen, den Brief an die Mitglieder des inneren Zirkels zu verteilen, als Mao davon hörte und die Kopien zurückforderte. Ich kopierte den Brief in ein Notizbuch, bevor ich ihn zurückgab, und besitze die Abschrift noch heute.[89]

Im letzten Vierteljahrhundert habe ich oft an diesen Brief gedacht. Bis heute sehe ich ihn trotz allem, was geschehen ist, als einen Beweis dafür, daß Mao politisch weiter vorausschaute, als es ihm selbst bewußt war. Lin Biao, dem Mao nie voll vertraute und den er nur zeitweise im Kampf gegen andere Feinde innerhalb der Partei einsetzte, wandte sich später gegen ihn, und nach Maos Tod kamen die Rechten wieder an die Macht.

Solange Mao die Kulturrevolution nur aus der Ferne betrachtete, konnte ich mich aus dem politischen Kampf heraushalten, und deshalb war ich froh, nicht in Beijing zu sein. Ich hatte immer versucht, nicht an den politischen Kampagnen teilzunehmen, und mir fest vorgenommen, auch die Kulturrevolution auszusitzen. Mao jedoch beschloß, mich an ihr teilhaben zu lassen.

Anfang Juli steckte Beijing tief im Chaos. Nun war Mao bereit zurückzukehren. »Die Situation in Beijing ist unübersichtlich geworden«, sagte er eines Abends zu mir. »Wir können uns nicht nur auf schriftliche Nachrichten verlassen, um zu erfahren, was dort abläuft. Wir müssen die Lage persönlich in Augenschein nehmen. Nur dann können wir die guten Leute von den schlechten unterscheiden. Ich muß noch hierbleiben, aber Sie werden als erster nach Beijing zurückreisen und sich dort umschauen. Machen Sie sich fertig und fliegen Sie morgen ab.«

Er wollte, daß ich die Kulturrevolution in Beijing untersuchte und ihm von meinen Eindrücken berichtete. Deshalb hatte er meine Rückkehr nach Shixi verwehrt.

Aber die politische Lage in Beijing war viel zu kompliziert. Weder das

Politbüro noch das Zentrale Sekretariat hatten die Dinge im Griff. Sogar Maos engste Mitarbeiter waren Angriffen ausgesetzt. Wie konnte ich, ein einfacher Arzt, Freund und Feind unterscheiden? »Ich werde nicht fähig sein, Gut und Böse zu trennen«, protestierte ich. »Mit wem sollte ich dort sprechen?«

Mao befahl mir, Tao Zhu aufzusuchen, den ich kennengelernt hatte, als er noch erster Parteisekretär der Provinz Guangdong war. Er war gerade von Mao zu einem Berater der Gruppe für die Kulturrevolution ernannt worden. Außerdem hatte er Lu Dingyi an der Spitze der Propaganda-Abteilung abgelöst. Es war sinnvoll, Tao Zhu aufzusuchen. Als Leiter der Propaganda-Abteilung war er auch für die Verwaltung des Staatsratsministeriums für Öffentliche Gesundheit zuständig. »Sagen Sie ihm nur, daß ich Sie geschickt habe«, meinte Mao. »Lassen Sie ihn Verabredungen für Sie treffen, damit Sie sehen, was die revolutionäre Bewegung leistet, und werfen Sie einen Blick auf die Wandzeitungen *(dazibaos),* die die Massen hergestellt haben. Berichten Sie mir von Ihren Eindrücken, wenn ich wieder in Beijing bin.«

Ich war skeptisch. In Wuhan, unter Maos unmittelbarem Schutz, fühlte ich mich sicher. Doch auf mich allein gestellt und damit beauftragt, eine Bewegung zu untersuchen, die ich nicht verstand, würde ich von Gefahren umgeben sein. »Tausend Menschen werden diesmal sterben müssen, glaube ich«, hatte Mao ein paar Wochen zuvor zu mir gesagt. »Alles ist auf den Kopf gestellt. *Wo xihuan tianxia da luan* – ich liebe große Umwälzungen.« Ich liebte große Umwälzungen überhaupt nicht, und diese jagte mir höllische Angst ein. Aber ich flog am nächsten Tag nach Beijing, wie Mao es befohlen hatte.

Infolgedessen hielt ich mich am 16. Juli in Beijing auf, als Mao sein berühmtes Bad im Yangtze nahm. Nachdem ich schon früher so oft mit Mao geschwommen war, nahm ich dieses hochgefeierte Ereignis kaum zur Kenntnis. Auch kam es mir nicht in den Sinn, daß es Zweifler im Ausland gab, die nicht glauben wollten, daß ein dreiundsiebzigjähriger Mann schneller und weiter schwimmen könne als ein Olympiasieger. Ich kannte die reißende Strömung des Yangtze bei Wuhan. Mao brauchte nur auf dem Rücken dahinzugleiten, während sein riesiger Bauch ihn wie ein Rettungsring über Wasser hielt. Inzwischen wußte ich auch, daß Maos Schwimmausflüge eine Herausforderung an die Parteispitze darstellten und signalisierten, daß die Schlacht bald beginnen werde.

Mir selbst zeigte die Unternehmung, daß Mao sein selbstgewähltes Exil verlassen und sich auf der politischen Bühne zurückmelden würde. Zwei Tage später, am 18. Juli, flog er nach Beijing. Von jetzt an würde die Kulturrevolution in seinen Händen liegen.

61. KAPITEL

Meine Familie hatte mich sehr vermißt – zumal in so schwierigen politischen Zeiten. Wir feierten ein freudiges Wiedersehen, und am ersten Abend nach meiner Rückkehr veranstalteten meine Frau, die beiden Kinder und ich ein Festessen. Aber Lillian war nervös. Ich wußte, daß sie sich über Jiang Qings neue politische Rolle Sorgen machte, denn sie war sicher, daß sich Jiang Qings Rachsucht bei der ersten Gelegenheit gegen uns wenden würde. Aber noch etwas anderes schien sie zu beunruhigen.

»Ich habe schlimme Neuigkeiten«, flüsterte sie am späten Abend, nachdem die Kinder ins Bett gegangen waren. Seit Beginn der Kulturrevolution konnten wir sogar in unserem eigenen Haus nicht mehr offen reden. »Tian Jiaying hat Selbstmord begangen.«

Ich war wie vom Donner gerührt. Tian Jiaying war einer meiner besten Freunde gewesen. Da er als politischer Sekretär für Mao arbeitete, konnte er mich über die Entwicklung auf dem laufenden halten, und wir waren in vielen Dinge einer Meinung. In den letzten Monaten hatte ich oft an Tian gedacht, besonders seit ich erfahren hatte, daß Chen Boda und Jiang Qing der neuen Gruppe für die Durchführung der Kulturrevolution angehörten. Tian und Jiang Qing waren nie miteinander ausgekommen, und Chen Bodas opportunistische Unterstützung des Großen Sprungs nach vorn hatte üble Konflikte zwischen den beiden Männern ausgelöst. Tian Jiaying hatte den Großen Sprung nach vorn nie befürwortet und seine Unzufriedenheit, die nach der Säuberungsaktion gegen Peng Dehuai im Jahr 1959 noch gewachsen war, deutlich gezeigt. Mir war klar, daß mein Freund Ärger bekommen würde, aber ich hätte nie geglaubt, daß er sich das Leben nehmen würde – und dazu noch so rasch, bevor sich die volle Bedeutung der Kulturrevolution abschätzen ließ. Viele enge Freunde von mir sollten während der Kulturrevolution Selbstmord begehen. Tian Jiaying war der erste.

Ich war auch schockiert, weil mich niemand davon unterrichtet hatte. Gewiß hatten andere Mitarbeiter aus Maos Stab in Hangzhou und Wuhan davon gewußt. Warum hatte es mir niemand gesagt?

Lillian wußte nur, daß Wang Dongxing, der neuernannte Direktor des Generalbüros, einige Tage nach dem 16. Mai – dem Tag, an dem die offizielle Entscheidung getroffen worden war, die Große Proletarische Kulturrevolution einzuleiten – mit Tian Jiaying gesprochen und dann einige Mitarbeiter geschickt hatte, um dessen Unterlagen sicherzustellen – ein deutliches Zeichen für eine bevorstehende Säuberungsaktion gegen Tian. Der Befehl, die Unterlagen eines so hochrangigen Mannes einzuziehen, mußte von sehr weit oben gekommen sein: entweder von Zhou Enlai oder von Mao persönlich. An diesem Abend, kurz nach der Beschlagnahme seiner Dokumente, hatte sich Tian Jiaying erhängt.[90]

Lillian machte sich Sorgen um mich. Warum hatte Mao mich nach Beijing vorgeschickt? Sie war davon überzeugt, Mao wolle mich auf die Probe stellen. Deshalb bat sie mich inständig, mich ruhig zu verhalten und so wenig wie möglich zu sagen. Sie fürchtete, auch ich könne bald unter Beschuß geraten und den Anwürfen nicht gewachsen sein. Dann bestünde die Gefahr, daß auch ich unter dem Druck zusammenbrechen und Selbstmord begehen würde.

Mitgliedern der Kommunistischen Partei ist es nicht erlaubt, sich das Leben zu nehmen. Selbstmord wird als Verrat an der Partei angesehen. Die Familienmitglieder solcher Verräter tragen für immer an dem Stigma des Selbstmörders. Sie werden für den Rest ihres Lebens nur noch als »Sohn eines Verräters« oder »Frau eines Verräters« bezeichnet und fristen ein jämmerliches Dasein. Lillian würde ihren Arbeitsplatz verlieren, und man würde die ganze Familie zur Sklavenarbeit ins Exil schicken. Sie flehte mich in dieser Nacht an, niemals Selbstmord zu begehen. »Wenn du dir das Leben nimmst, wäre es das Ende für uns alle.«

Ich versprach, mich durch nichts in den Selbstmord treiben zu lassen, aber ich wußte, daß ich angegriffen werden könnte und daß unter einer solchen Attacke auch meine Familie zu leiden hätte. Ein Angriff auf ein Familienmitglied war ein Angriff auf alle. Es gab kein Entrinnen.

Meine Gedanken jagten sich. Ein Ausweg stand noch offen. »An dem Tag, an dem sie mich verhaften oder ins Gefängnis werfen«, riet ich Lillian, »mußt du die Scheidung einreichen.«

Erst viel später wurde mir bewußt, wie dumm und naiv ich damals war. Eine Scheidung hätte meine Familie nicht retten können. Während der Kulturrevolution erlebte ich häufig, daß ganze Familien untergingen, weil eines ihrer Mitglieder unter Beschuß geriet. Tod, Scheidung oder Trennung waren kein Ausweg.

Ich bereitete mich auf den ersten Test vor. Lillian hatte recht: Mao hatte mich nach Beijing zurückbeordert, um meine Treue zu ihm auf die Probe zu stellen. Am Tag nach meiner Rückkehr besuchte ich Wang Dongxing. Ich erzählte ihm, daß Mao mich aufgefordert habe, von Tao Zhu in Erfahrung zu bringen, wie sich die Kulturrevolution entwickele. Tao würde am nächsten Tag in Beijing eintreffen. Wang Dongxing bat mich, beim Organisieren einer Unterkunft in Zhongnanhai zu helfen und ihn zum Flughafen zu begleiten, um Tao in der Hauptstadt willkommen zu heißen.[91]

Auf der Rückfahrt vom Flughafen nach Zhongnanhai berichtete ich Tao Zhu von der Anweisung des Vorsitzenden. »Kein Problem«, meinte Tao. Er schlug mir vor, am nächsten Tag die Chinesische Medizinische Universität zu besuchen. »Ich werde jemanden aus der Zentralen Kulturrevolutionsgruppe bitten, Sie zu begleiten.«

Ich zögerte, denn die Linken aus der Gruppe für die Kulturrevolution bereiteten mir Unbehagen. Außerdem würde ein Treffen mit ihnen mich stärker in die Politik hineinziehen, als mir lieb war. Man könnte daraus schließen, daß ich »auf der Seite der Linken stand«. Wenn irgend jemand aus der Gruppe später in Schwierigkeiten geriet, wäre ich einer Verfolgung schutzlos ausgeliefert. Mao könnte sich dann darauf zurückziehen, daß er mir nur befohlen habe, Tao Zhu zu treffen, niemanden sonst.

Wang Dongxing verstand mein Dilemma sofort und kam mir zu Hilfe. »Der Vorsitzende hat Dr. Li nur aufgefordert, mit Ihnen zu sprechen, nicht mit den anderen Mitgliedern der Gruppe. Ich glaube nicht, daß er vorläufig mit den anderen in Kontakt treten sollte.«

Tao Zhu stimmte zu. Er schlug mir vor, den Minister für Öffentliche Gesundheit, Qian Xinzhong, zu begleiten, der die Chinesische Medizinische Universität am nächsten Tag besuchen wolle. Ein Mitglied aus Tao Zhus Propaganda-Abteilung werde mit uns kommen.

Die Chinesische Medizinische Universität war in Aufruhr, und unsere Ankunft auf dem Campus galt als das Ereignis des Tages. Qian Xinzhong war direkt verantwortlich für die Funktionsfähigkeit der Universität. Doch die Studenten befanden sich im Streik, und überall hingen Wandzeitungen, welche die Leitung der Universität angriffen. Eine klagte zu meinem Erstaunen sogar den Minister für Öffentliche Gesundheit an. Qian Xinzhong wurde beschuldigt, ein »Relikt der Guomindang« zu sein. Er war vor langer Zeit Chirurg im Dienste der Guomindang gewesen, hatte aber nach der Schlacht von Anhui im Jahre 1934 die Seiten gewechselt. Früher hatte die Partei solche »Überläufer« der Guomindang stets mit offenen Armen aufgenommen, und Qian war meiner Erinnerung nach bereits während des Krieges mit Japan und vor dem Bürgerkrieg zwischen Nationalisten und Kommunisten in die Partei eingetreten. In meinen Augen waren seine Referenzen untadelig. Aber auf dem Campus wurde eine Hexenjagd veranstaltet.

Ich dachte an mich selbst. Jeder außerhalb meines schützenden inneren Zirkels konnte meine Vergangenheit erforschen, ähnlich unverantwortliche Angriffe führen und schreckliche Gefahren für mich heraufbeschwören. Meine Vergangenheit würde mich vernichten. Ich hatte mich der Partei erst lange nach der »Befreiung« angeschlossen. Mein Vater war ein hochrangiger Beamter der Guomindang gewesen, und meine Frau war die Tochter eines Großgrundbesitzers. Die Tatsache, daß man meine Herkunft 1953 gründlich durchleuchtet und für unbedenklich gehalten hatte, wäre dann bedeutungslos.

Die Studenten saßen im Auditorium und warteten auf unsere Ankunft. Ihre Parolen waren zu hören, noch ehe wir den Raum betraten. Ich saß unauffällig und anonym im Hintergrund, während Qian Xinzhong die Bühne betrat. Genosse Xu, der Abgesandte der Propaganda-Abteilung, den Tao Zhu uns zur Begleitung mitgegeben hatte, verschmolz mit der Menge. Die Studenten bombardierten die Tribüne mit Fragen, und ich hörte Beschuldigungen wie die, daß Qian Xinzhong und das Ministerium für Öffentliche Gesundheit immer nur den »Herren« gedient und die Gesundheitsfürsorge der Massen vergessen hätten. Zu ihrer Rechtfertigung zitierten die Studenten Maos wichtige »Direktive vom 26. Juni 1965«. Plötzlich wurde mir klar, daß es sich bei dieser Direktive um das Memorandum handelte, das Mao nach unserem Gespräch über die Tuberkuloseerkrankung von Liu Shaoqi von mir erbeten hatte. Damals hatte er beschlossen, das Gesundheitsbüro aufzulösen und die besten Ärzte aufs Land zu schicken. Diese Notiz hatte ich an Peng Zhen und an Qian Xinzhong gesandt. Der Inhalt des Gesprächs war zu Maos Direktive umgeformt worden und diente jetzt dazu, meinen Freund Qian Xinzhong anzugreifen.

Ich fühlte mich elend, denn ich mochte und bewunderte Qian. Hätte ich Maos Kritik nicht an das Ministerium für Öffentliche Gesundheit geschickt, wäre Qian vielleicht verschont worden.

Ich verließ das Treffen tief erschüttert und schwor mir, niemals wieder an einer ähnlichen Veranstaltung teilzunehmen. Um jeden Preis mußte ich vermeiden, selbst an den Pranger gestellt zu werden und meine eigene Vergangenheit offenzulegen. Wenn man mich zwang, Fragen nach meiner Herkunft, nach den Guomindang-Beamten und den Großgrundbesitzern in meiner Familie zu beantworten, wäre ich vernichtet. Wang Dongxing bemerkte, wie aufgewühlt ich war, und stimmte mir zu.

Tao Zhus politische Karriere nahm ein rasches Ende. Im Dezember fiel er einer Säuberungsaktion zum Opfer, weil er zu unabhängig von Jiang Qing agiert hatte und immer noch viele Funktionäre wie Qian Xinzhong oder Wang Renzhong, den Parteichef der Provinz Hubei, unterstützte, die ebenfalls das Ziel von Säuberungskampagnen waren. Nachdem man Tao Zhu und Qian Xinzhong beseitigt hatte, tauchte plötzlich Genosse Xu von der Propaganda-Abteilung, der uns zu dem Treffen in der Chinesischen Medizinischen Universität begleitet hatte, wieder auf und klagte mich an. Er schrieb einen Brief an Chen Boda, den leitenden Berater der Gruppe für die Kulturrevolution, in dem er behauptete, ich hätte mit Tao Zhu ein enges Bündnis geschlossen und Qian Xinzhong an die Medizinische Universität begleitet, um das Ministerium für Öffentliche Gesundheit zu verteidigen. Chen Boda leitete den Brief an Mao weiter, und dieser legte ihn mir vor.

»Aber Sie hatten mir doch befohlen, nach Beijing zurückzukehren und Tao Zhu aufzusuchen«, sagte ich.

Mao lächelte. »Wenn man Sie anklagt, weil Sie Beziehungen zu irgendwelchen Leuten aufgenommen hätten, dann müssen wir wohl entgegnen, daß Sie ein enger Vertrauter von mir sind.« Er wollte, daß ich selbst eine Wandzeitung mit einem Angriff auf Qian Xinzhong verfaßte. Das tat ich nicht, aber ich erzählte Mao nie davon. Gleichwohl rettete mich der Vorsitzende vor dem Rundumschlag gegen alle vermeintlichen Anhänger Tao Zhus. Andere, die ebenso unschuldig waren wie ich, standen ohne Schutz da.

Mao wollte immer noch, daß ich mich aktiv an der Kulturrevolution betätigte. Sein Loyalitätstest war gnadenlos. Zwei Tage nachdem er in Beijing angekommen war, rief er mich in sein Schlafzimmer im Chrysanthemenduft-Studio. Er hatte sich in den Kopf gesetzt, daß Oberschwester Wu Xujun und ich seine Tochter Li Na am nächsten Tag an die Universität von Beijing begleiten sollten. »Werfen Sie einen Blick auf die Wandzeitungen, unterhalten Sie sich mit den Studenten und finden Sie heraus, ob sie wirklich Konterrevolutionäre sind«, verlangte er.

Während sich Mao in Hangzhou und Wuhan aufhielt, hatte Liu Shaoqi die Verantwortung für die Kulturrevolution übernommen. Er hatte Arbeitsgruppen in die Hochschulen der Stadt geschickt, um die politische Bewegung zu steuern. Mao argwöhnte jedoch, daß die Arbeitsgruppen die Studenten unterdrückten und sie als Konterrevolutionäre verurteilten, statt die Studentenrebellion zu unterstützen.

Ich war nicht begeistert von der Vorstellung, Li Na zu begleiten. Viele kannten sie aus ihrer Zeit als Geschichtsstudentin an der Universität. Wenn wir drei dort auftauchten, würde man Mao sofort für den Drahtzieher unserer Aktion halten.

Aber das war Mao gleichgültig. »Was soll's? Es ist gut, wenn man merkt, daß ich mich um die Angelegenheit kümmere. Aber Sie müssen sich dann für die Studenten einsetzen.«

Li Na lud einige ihrer früheren Kommilitonen und Professoren zu einem Treffen in einem der Schlafsäle ein. Ich sagte kaum ein Wort, während sich die Studenten über die Leitung der Universität beschwerten. Lu Ping, der Präsident der Universität, war das Hauptobjekt ihrer Schmähungen. Nachdem wir uns die Klagen angehört hatten, schlenderten wir auf dem Campus umher und lasen die Wandzeitungen. Alle Mitglieder der Universität schienen draußen zu sein; sie standen in kleinen Grüppchen beisammen und diskutierten über Politik.

Was sich hier abspielte, war jedoch kaum von Interesse für mich. Das wirkliche politische Problem stellten meiner Meinung nach nicht die Universitäten, sondern die Parteiführer dar. Letztere mußten selbst einen Weg finden, ihre Differenzen beizulegen. Es gab keinen Grund, die Studenten hineinzuziehen.

Mao dachte natürlich anders. Er stand mit den anderen Parteiführern auf Kriegsfuß, und jetzt konnte er noch weniger als 1957 darauf vertrauen, daß die Partei sich selbst säubern werde. Ebensowenig konnte er sich darauf verlassen, daß die Intellektuellen die Partei kritisieren würden. Als er sie aufgerufen hatte, »Hundert Blumen blühen und hundert Schulen miteinander wetteifern zu lassen«, hatten sie nicht nur seine Feinde, sondern auch den Sozialismus und sogar den Vorsitzenden angegriffen. Während dieser Kulturrevolution würde er sich über die schwerfällige Bürokratie von Partei und Staat hinwegsetzen und direkt auf jene zugehen, die ihn verehrten: die jungen Leute. Schon im Juli, noch in Wuhan, hatte er erklärt, nur die Jugend werde den Mut aufbringen, gegen die alten politischen Kräfte zu Felde zu ziehen. »Wir müssen uns darauf verlassen, daß sie eine Rebellion, eine Revolution beginnt. Sonst sind wir vielleicht nicht stark genug, diese Dämonen und Ungeheuer niederzuwerfen.«

Mao brauchte meinen Bericht über die Situation an der Beijing-Universität nicht. Er hatte mich nur dorthin geschickt, um meine Haltung zur Kulturrevolution zu prüfen.

Nun wollte er wissen, ob es meiner Meinung nach richtig sei, die Studenten als Konterrevolutionäre zu verdammen.

»Nein, natürlich nicht«, antwortete ich sofort. »Wie könnten denn so viele Studenten Konterrevolutionäre sein?«

»Eben«, sagte Mao, »genau das ist die Frage.« Ich hatte meinen ersten Test bestanden. Kurz darauf löste er die von Liu Shaoqi eingerichteten Arbeitsgruppen auf, da sie den Versuch gemacht hätten, die Studenten und deren Rebellion zu unterdrücken.

Nach seiner Rückkehr spielte Mao in Beijing eine zunehmend öffentliche Rolle. Am 29. Juli 1966 berief er eine Versammlung in der Großen Halle des Volkes ein, an der rund zehntausend Schüler und Studenten aus den Hoch- und Mittelschulen Beijings teilnahmen, um zu hören, daß die Arbeitsgruppen aufgelöst worden seien. Die Studenten waren begeistert. Liu Shaoqi und Deng Xiaoping waren gezwungen, öffentlich Selbstkritik zu üben.

Mao beabsichtigte nicht, an der Versammlung teilzunehmen. Er weigerte sich, öffentlich zusammen mit Männern wie Liu Shaoqi und Deng Xiaoping aufzutreten. Aber er hielt sich heimlich hinter dem Auditorium auf. Kurz vor Beginn der Versammlung setzte ich mich neben ihn; wir waren hinter einem Vorhang verborgen. Mao lauschte aufmerksam und sagte nichts, bis Liu Shaoqi mit seiner »Selbstkritik« fertig war.

Lius Selbstkritik ähnelte derjenigen Maos im Jahre 1962. Ohne einen Fehler einzuräumen, erklärte Liu, seine Verbündeten und er seien »alte Revolutionäre, die sich neuen Problemen gegenübergestellt sehen«. Ihre Unerfahrenheit habe sie bei der Durchführung der Großen Proletarischen Kulturrevolution behindert.

Mao schnaubte verächtlich. »Von wegen ›alte Revolutionäre‹. ›Alte Konterrevolutionäre‹ wäre passender!«

Mir fuhr der Schreck in die Glieder. Ich hatte mich über den Zweck der Kulturrevolution getäuscht. Jetzt begriff ich, daß Liu Shaoqi und Deng Xiaoping die eigentlichen Angriffsziele der Bewegung waren: die »Konterrevolutionäre«, die sich laut Mao in der Partei versteckten und »den kapitalistischen Weg einschlugen«. Die Kulturrevolution war als Vernichtungskampagne gegen sie geplant.

Zhou Enlai trat nach Liu Shaoqi ans Rednerpult. Er versuchte, den Studenten die Bedeutung und den Zweck der Kulturrevolution zu erklären. Hinter dem Vorhang, immer noch unsichtbar für die Zuhörer, stand Mao auf, um in den Raum 118 zurückzukehren, seine üppig ausgestattete Suite in der Großen Halle des Volkes, die nicht weit vom Auditorium entfernt war.[92]

Dann überlegte er es sich plötzlich anders. »Wir müssen die revolutionären Massen unterstützen.«

Als Zhou Enlai seine Rede beendet hatte, wurde der Vorhang hinter der

Bühne von einigen Bediensteten rasch aufgezogen, und Mao schritt ganz unerwartet auf die Bühne. Es wirkte wie Zauberei. Die Menge raste vor Begeisterung. Mao winkte der jubelnden Menge zu, die jetzt mit dem rhythmischen Ruf »Lang lebe der Vorsitzende Mao! Lang lebe der Vorsitzende Mao!« ihrer Freude Ausdruck gab. Mao ging mit ausdruckslosem Gesicht auf der Bühne hin und her, winkte gemessen und sagte nichts. Während die Rufe in unseren Ohren hallten, verließ Mao die Bühne und zog triumphierend zum Raum 118. Zhou Enlai folgte ihm wie ein treuer Hund auf den Fersen. Mao hatte Liu Shaoqi und Deng Xiaoping keines Blickes gewürdigt, und die beiden blieben wie benommen auf der Bühne zurück. Fast alle Zuhörer hatten Maos Botschaft verstanden: Er distanzierte sich von Liu und Deng.

Drei Tage später, am 1. August, schrieb Mao einen Brief an einen Schüler der zur Qinghua-Universität gehörenden Mittelschule. Dort hatten einige Jugendliche eine Rebellenorganisation gegründet, welche sie die Roten Garden nannten. Mao lobte die Organisation und schrieb, es sei »völlig richtig, sich aufzulehnen«. Man druckte diese Worte in studentischen Veröffentlichungen ab, und sie wurden sofort zur Parole für junge Menschen überall in China. An den Mittelschulen und Universitäten des ganzen Landes gründete man Rote Garden.

Dann verfaßte Mao persönlich eine Wandzeitung mit dem Titel »Bombardiert die Hauptquartiere«. Ihr Inhalt wurde von der Zentrale rasch publik gemacht. Mao legte dar, daß in den letzten fünfzig Tagen bestimmte »Genossen« auf nationaler wie auch auf lokaler Ebene einen reaktionären, bürgerlichen Standpunkt bezogen und geplant hätten, die Diktatur der Bourgeoisie durchzusetzen und die Große Proletarische Kulturrevolution niederzuwerfen. Mit Maos Segen breitete sich die Kulturrevolution immer weiter aus. Die jungen Leute gingen auf die Straße und stürmten ihre eigenen Parteizentralen in dem Bewußtsein, daß Mao ihre Rebellion billige, denn es sei »völlig richtig, sich aufzulehnen«.

Mao ignorierte die Parteibürokratie weiterhin. Am 10. August 1966 empfing er »die Massen« am Westtor von Zhongnanhai. Später stand er auf dem Tiananmen-Tor, um Millionen von Rotgardisten zu begrüßen, die aus dem ganzen Land nach Beijing geströmt waren. Achtmal stand ich in diesem Herbst mit Mao auf dem Tiananmen-Tor – oder fuhr mit ihm im offenen Jeep durch die Stadt –, während er den Rotgardisten, die aus den entferntesten Winkeln des Landes kamen, zuwinkte. Auch Lin Biao war dabei; er hatte anscheinend keine Angst mehr vor Sonne oder Zugluft.

Inzwischen wußte ich, daß sich Maos Feindschaft gegenüber Liu Shaoqi und Deng Xiaoping, die ich zum erstenmal während des Achten Parteikongresses im Jahr 1956 gespürt hatte, langsam zuspitzte und daß beide ins Wanken gerieten. Doch für die Mehrheit der Bevölkerung lag das wahre Ziel der Kulturrevolution noch im dunkeln. In Privatgesprächen hatte Mao Liu Shaoqi als Konterrevolutionär bezeichnet; doch in der Öffentlichkeit gab er sich umgänglicher. Auf dem elften Plenum des Achten Parteikongresses vom 1. bis zum 12. August 1966 klangen die Bemerkungen des Vorsitzenden relativ freundlich. Es würde in eine Alleinherrschaft ausarten, wenn nur unsere Partei zugelassen wäre, verkündete er. Es wäre seltsam, wenn es nicht verschiedene Strömungen innerhalb der Partei gäbe. Er schien sogar bereit, denen zu verzeihen, die Meinungsverschiedenheiten mit ihm ausgetragen hatten. »Wir können die Menschen nicht hindern, Fehler zu machen«, sagte er, »aber wir müssen ihnen erlauben, ihre Fehler zu korrigieren.« Seine Worte waren jedoch trügerisch: In Wirklichkeit wollte Mao keine innerparteilichen Gruppierungen zulassen, die ihm widersprechen könnten. Ebensowenig war er bereit, seinen Kritikern zu verzeihen. Alle, die sich früher einmal gegen ihn gestellt hatten, würden in Kürze der gnadenlosen Säuberung zum Opfer fallen. Ein chinesisches Sprichwort besagt, daß es viele Jahre dauert, bis ein Fluß von einer meterdicken Eisschicht bedeckt ist. Ebenso hatte es viele Jahre gedauert, bis Mao fähig war, alle seine Feinde zu beseitigen. Und der Groll, den er hegte, reichte oftmals noch bis in die Zeit vor der »Befreiung« zurück. Für seinen Sieg war er bereit, das ganze Land ins Chaos zu stürzen.

62. KAPITEL

Legitimiert durch Mao, verließen die Rebellen die Schulen, gingen auf die Straße und begannen mit Hausdurchsuchungen bei denen, die »bürgerlicher« Tendenzen verdächtig waren. Die Roten Garden brachen in Privathäuser ein, um die Bewohner zu verhören und um nach Beweisen für ihre feindliche Einstellung zum Sozialismus zu suchen. Auch mein ruhiges Leben in der Gongxian-Straße wurde plötzlich erschüttert.

Von Anfang an gehörte das Gesundheitswesen zu den Hauptzielscheiben der Kulturrevolution, und die Leitung des Ministeriums war ständigen Angriffen ausgesetzt. Drei der stellvertretenden Minister wohnten in meiner Nachbarschaft. Rote Garden und als Rotgardisten verkleidete Mitglieder von Jiang Qings Gruppe zur Durchführung der Kulturrevolution zerrten die stellvertretenden Minister auf die Straße und durchwühlten die Häuser. In diesem Durcheinander lebte auch ich in ständiger Furcht, plötzlich zu einem Verhör auf die Straße geschleppt zu werden. Lillian drängte mich, nicht nach Hause zu kommen, sondern in Zhongnanhai Zuflucht zu suchen. Solange ich bei Mao blieb, konnten die Studenten nicht an mich heran.

Mao war einverstanden und gab mir einen Sonderauftrag: Oberschwester Wu Xujun und ich sollten die Berichte aus allen Winkeln des Landes sichten und ihm die interessantesten und wichtigsten Artikel vorlegen. Mit dem Beginn der politischen Aktionen überall im Land ging auch ein Strom von Informationsschreiben in der Zentrale ein, den Maos Stab nicht allein bewältigen konnte.

Mir gefiel der Auftrag. Alle möglichen Informationen traten jetzt zutage, vieles davon war früher als geheim eingestuft worden. Sogar Dokumente und Protokolle der Zentralbehörden wurden plötzlich von den studentischen Roten Garden veröffentlicht.

Durch die Berichte hielt ich mich auf dem laufenden, ohne selbst in die Revolution verstrickt zu werden. Ich war traurig darüber, daß die Ruhe und Gelassenheit des Lebens in der Gongxian-Straße so brutal erschüttert worden war, aber auch dankbar für den Schutz in Zhongnanhai.

Aber dann bot auch Maos Residenz nicht länger Sicherheit. Jeder, der dort arbeitete, geriet in Verdacht – sogar Zhou Enlai. Er wurde von Jiang Qing und ihren Freunden angeklagt, sein Mäntelchen nach dem Wind zu hängen. Der Beweis dafür wurde in Form eines Artikels in einer unabhängigen Zeitung, *Shen Bao*, geliefert, die in den dreißiger Jahren in Shanghai erschienen war. Dieser Artikel war mit dem Namen Wu Hao unterzeichnet, dem damaligen Untergrund-Pseudonym Zhou Enlais, und der Autor verkündete, daß er die Kommunistische Partei verlassen habe. Ich war zufällig im Hallenbad, als Zhou nach unserer Rückkehr aus Wuhan mit einer Archivkopie der Zeitung unter dem Arm erschien, um mit Mao über dieses Problem zu reden. Der Artikel sei eine Fälschung der feindlichen Guomindang gewesen, sagte Zhou. Er sei zum Zeitpunkt der angeblichen Erklärung gar nicht mehr in Shanghai gewesen und könne sie demzufolge auch nicht selbst geschrieben haben. Mao sprach niemals mit mir über den Zwischenfall, aber ich weiß, daß ihn die Sache Zhou bis zu seinem Tode beunruhigte. Mao war wütend über das unverantwortliche Benehmen Wang Lis und Guan Fengs, und er ließ sie sofort bei seiner Rückkehr nach Beijing im August von der Bildfläche verschwinden.

Im Januar des folgenden Jahres wurde auch ihr Verbündeter Qi Benyu inhaftiert.

Auch der Fall Tian Jiaying war noch nicht abgeschlossen. Tian Jiaying hatte in Zhongnanhai viele Freunde und Bekannte, und alle reagierten betroffen auf die Nachricht von seinem Selbstmord. Aber Tian war als Verräter gebrandmarkt worden, und deshalb wurden alle, die mit ihm in Verbindung gestanden hatten, automatisch zu Verdächtigen. Zhou Enlai, der treu zu Mao stand und fürchtete, daß sich noch andere Verräter in Zhongnanhai eingeschlichen haben könnten oder daß Mitglieder des Personals den Vorsitzenden beseitigen wollten, befahl Wang Dongxing, die Sicherheitsmaßnahmen zu verstärken und unsere Zuverlässigkeit von neuem zu überprüfen. Wang beauftragte damit einen seiner Untergebenen im Generalbüro, einen sehr vernünftigen Mann namens Yu Gang. Das Personal wurde aufgerufen, das eigene politische Verhalten kritisch zu bewerten und über alle Meldung zu machen, die sich jemals dem Vorsitzenden Mao, der Partei oder dem Sozialismus entgegengestellt hätten. Natürlich waren die Freunde und Kollegen von Tian Jiaying besonders verdächtig.

Nach einigen Wochen wurde ich von Tians Witwe, Dong Bian, angeklagt. Sie wollte »eine klare Trennungslinie« zwischen sich und ihrem verräterischen Mann ziehen, um ihre Treue zur Partei ohne den Schatten eines Zweifels unter Beweis zu stellen. Wenn sie ihre Loyalität nicht beweisen konnte, würde sie für immer als Witwe eines Verräters abgestempelt sein. Sie klagte mich an, um sich selbst reinzuwaschen und um ihre Liebe zur Partei deutlich zu machen.

Dong Bian legte dar, Tian und ich seien gute Freunde gewesen und hätten oft vertrauliche Gespräche miteinander geführt. Sie habe zwar keine konkreten Anhaltspunkte für ein parteifeindliches Verhalten meinerseits, doch wenn Tian ein Verräter gewesen sei, dann müsse ich als sein Freund ebenfalls einer sein.

Auch der unter Verdacht geratene Pang Xianzhi, Tian Jiayings Sekretär, klagte mich an, und er verfügte über handfeste Indizien. Er meldete ein Gespräch zwischen Wang Dongxing, Maos früherem Sekretär Lin Ke und mir irgendwann 1963 in Maos Sonderzug. Dabei hätte ich Maos Politik des Klassenkampfes kritisiert. Pang Xianzhi zitierte mich mit den Worten: »Der Vorsitzende gönnt dem Volk nicht einen Moment Frieden. Nun produzieren wir endlich genügend Nahrungsmittel, und er bringt wieder Unruhe ins Land.« Außerdem hätte ich Maos Charakterfestigkeit in Zweifel gezogen und ihn als Schürzenjäger bezeichnet.

Pang Xianzhi hatte solche Äußerungen niemals von mir gehört, aber sein Bericht war im wesentlichen korrekt. Lin Ke hatte Tian Jiaying und seinem Sekretär von dem Gespräch erzählt. In dieser Atmosphäre der Hexenjagd konnten meine Worte geradezu als konterrevolutionär gewertet werden. Wenn Jiang Qing und ihre Kumpane aus der Gruppe für die Kulturrevolution etwas davon erfuhren, war mir ein Leben hinter Gittern sicher.

Aber Wang Dongxing nahm mich in Schutz. Ihm blieb nichts anderes übrig, denn er wurde von den Rebellen innerhalb des Hauptbüros der Sicherheitskräfte überwacht, und ich war das erste Glied einer Kette, die direkt zu ihm führen konnte. Er hatte mich als Maos Leibarzt empfohlen, und wenn man mich als Konterrevolutionär entlarvte, stände auch Wang Dongxing plötzlich als Konterrevolutionär da. Mehr noch, Wang hatte meine konterrevolutionären Äußerungen selbst mit angehört und sie nicht gemeldet – ein Zeichen dafür, daß er meine Meinung teilte, und ein weiterer Grund dafür, ihn als Verräter zu verurteilen. Und falls ich verhaftet und gezwungen wurde, meine Verfehlungen zu gestehen und über meine Gespräche mit dem Personal des Vorsitzenden zu berichten, würde ich automatisch andere belasten. Und auch Wang Dongxing hatte ständig verräterische Bemerkungen gemacht, besonders zum Privatleben des Vorsitzenden.

Wang gab sich unbekümmert. »Im schlimmsten Fall wandern wir zusammen hinter Gitter. Im Gefängnis kriegen wir umsonst Essen und alles, was wir sonst so brauchen, und wir müssen auch nicht arbeiten. Wovor sollen wir also Angst haben?«

Aber Wang hatte mich jetzt völlig in der Hand. Er besaß die beiden mich belastenden Schreiben, und wenn er sich jemals gegen mich stellte und Jiang Qing die Briefe zuspielte, würde ich ins Gefängnis wandern.

Wang konnte die Briefe nicht verbrennen, denn er wurde zu aufmerksam bewacht. Deshalb versteckte er sie in seiner Wohnung und befahl Lin Ke, der damals bei der Nachrichtenagentur Neues China arbeitete, mein Vergehen geheimzuhalten. Dann wies er Yu Gang an, der die Untersuchungen in Zhongnanhai leitete, Pang Xianzhi das Maul zu stopfen. Als die Kaderschulen des 7. Mai im Jahr 1967 eingerichtet und Millionen von Parteikadern zur Arbeit aufs Land geschickt wurden, sorgte Wang Dongxing dafür, daß man Pang Xianzhi als einen der ersten in die Provinz Jiangxi entsandte. Pang verbrachte dort mehr als zehn Jahre.

Aber nur ein paar Monate nach den Anschuldigungen gegen mich begannen die Rebellen in Wang Dongxings Hauptbüro der Sicherheitskräfte, mit gemeinen Tricks gegen ihn zu arbeiten. Überall in Zhongnanhai erschienen Wandzeitungen mit der Forderung, Wang Dongxing bei lebendigem Leibe zu verbrennen. Maos Fahrer Zhang Zhengji gehörte zu den Rebellen. Wangs Haus war nicht mehr sicher, jederzeit konnten die Rebellen es durchsuchen. Er mußte die Papiere loswerden.

Wang Dongxing brachte die Briefe zu Zhou Enlai, dem nächsten Glied der Kette, und bat ihn, sie sicher aufzubewahren. Zhou wurde nervös, aber er brauchte Wang Dongxings Schutz und Unterstützung. Deshalb nahm er die Briefe und schloß sie in seinen Safe. Dort blieben sie bis zu Zhous Tod im Januar 1976. Dann erhielt Wang sie zurück und verbrannte sie.

Die Angriffe gegen Wang dauerten nicht lange. Mao unterband sie mit der Erklärung: »Das System der öffentlichen Sicherheit darf nicht zerrüttet werden.« Er gab Zhou Enlai die entsprechenden Anweisungen, und Zhou seinerseits ordnete dann an, daß sich niemand in Maos engerer Umgebung an den revolutionären Vorgängen beteiligen dürfe. Mao selbst erinnerte seinen Fahrer Zhang Zhengji daran, daß Wang Dongxings Position sakrosankt sei. Immerhin stand Maos eigene Sicherheit auf dem Spiel.

Wang ergriff die Gelegenheit beim Schopf und festigte seine Macht, indem er einen Gegenangriff gegen die Rebellen im Hauptbüro der Sicherheitskräfte unternahm und sie ebenfalls auf die Kaderschulen des 7. Mai in Jiangxi schickte. Seine Organisation war vermutlich die einzige in China, welche die Kulturrevolution im funktionsfähigen Zustand überlebte und sogar an Einfluß gewann. Die Parteiorganisation war ein einziger Trümmerhaufen, und sogar das Politbüro arbeitete nicht mehr. Parteiführer auf allen Ebenen standen unter Beschuß. Die Bürokratie des Staatsrates unter Leitung von Zhou Enlai versank ebenfalls im Chaos. Da das Politbüro nicht mehr beschlußfähig war, wurde ein Ad-hoc-Ausschuß eingesetzt. Er bestand aus den Mitgliedern der Gruppe für die Kulturrevolution, dazu kamen Zhou Enlai, der Minister für Öffentliche Sicherheit Xie Fuzhi, Lin Biaos Frau Ye Qun – und Wang Dongxing.

63. KAPITEL

Mao brauchte Wang Dongxing, denn dieser war für seine Sicherheit verantwortlich. Als Mao begann, gegen seine Feinde vorzugehen, nahm seine Besorgnis noch zu. Und nachdem er entdeckt hatte, daß das Chrysanthemenduft-Studio, seine Wohnung in Zhongnanhai, per Wanzen abgehört worden war, hegte er fortan Mißtrauen gegen diesen Ort. Er wollte umziehen.

Kurz nach seiner Rückkehr im Juli 1966 zogen wir in das Gebäude Nummer 1, seine Villa in den Jadebrunnen-Hügeln außerhalb Beijings. Nach einigen Tagen jedoch beschwerte er sich, der Ort sei verseucht – vergiftet, wie er glaubte.

Also begaben wir uns nach Diaoyutai, einem riesigen Landsitz westlich von Zhongnanhai, der früher der kaiserlichen Familie als Fischgrund gedient hatte. Dort war ein weiterer Villenkomplex zwischen Bäumen und Fischteichen gebaut worden. Die Gruppe zur Planung der Kulturrevolution hatte ihr Hauptquartier in Gebäude Nummer 16, und Jiang Qing, Chen Boda und einige andere Mitglieder der Gruppe waren bereits in nahegelegene Villen eingezogen. Mao wählte Gebäude Nummer 10, und Jiang Qing wohnte in Nummer 11.[93]

Aber bald begann er, sich auch in Diaoyutai unwohl zu fühlen. Also zog er in den Raum 118 in der Großen Halle des Volkes, in dem er sich früher oft mit den jungen weiblichen Bediensteten vergnügt hatte. Er lebte einige Monate dort und suchte später immer häufiger Zuflucht in dieser komfortabel ausgestatteten Suite. Ende 1966 zog er jedoch erst einmal wieder zurück nach Zhongnanhai, allerdings nicht in das Chrysanthemenduft-Studio, sondern in das Gebäude, in dem auch das Hallenbad untergebracht war. Hier lebte er bis einige Wochen vor seinem Tod.

Nach Beijing zurückgekehrt, verzichtete Mao, vielleicht von den asketischen Elementen der Kulturrevolution beeinflußt, für kurze Zeit auf seine Konkubinen. Im Juli wurden die Tanzgesellschaften in Zhongnanhai wieder aufgenommen, und auch Jiang Qing besuchte sie, als sie einen Monat später aus Shanghai zurückkam. Mao gefielen diese Abende sowie die Musik der entschieden konterrevolutionären und deshalb verbotenen Oper *Der Kaiser und die Kellnerin* weiterhin. Aber Jiang Qing hatte jetzt über kulturelle Fragen zu entscheiden, und ihre persönliche Umwandlung war vollzogen. Als ich sie zum erstenmal nach längerer Zeit in Beijing wiedersah, war ich erstaunt über den völlig neuen Stil ihrer Kleidung. Sie trug große Jacken und sackartige Hosen, die eher für Mao geschneidert zu sein schienen, dazu feste flache Männerschuhe. Und sie führte sich arrogant und diktatorisch auf. In ihren Händen lag das Schicksal von Millionen von Menschen. Zudem war sie besessen von einer neuen, intoleranten Prüderie, nach deren Maßstäben Tanzgesellschaften natürlich als unakzeptabel galten. Ende August hatte sie Mao dazu überredet, die Veranstaltungen aufzugeben.

»Ich lebe jetzt wie ein Mönch«, bemerkte er kurz darauf mir gegenüber.

Aber innerhalb weniger Wochen waren die jungen Mädchen wieder da. Raum 118 war Maos bevorzugter Ort für sexuelle Vergnügungen, und die jungen weiblichen Angestellten im Fujian- und Jiangxi-Raum (jede Provinz hatte ihren »Raum« in der Großen Halle des Volkes, in dem typische Kunstwerke der Region ausgestellt wurden) waren eine Zeitlang seine Favoritinnen. Auch als die Kulturrevolution ihren Höhepunkt erreichte und der Tiananmen-Platz ebenso wie die Straßen der Stadt in Aufruhr waren, ging Mao weiter seinen Vergnügungen nach und empfing seine Konkubinen in der Großen Halle des Volkes oder innerhalb der Mauern von Zhongnanhai.

Viele der früheren Freundinnen des Vorsitzenden gerieten während der Kulturrevolution in Schwierigkeiten und wandten sich mit der Bitte um Hilfe an Mao.

Die erste war Zhang Yufeng – Anfang November 1966. Sie erschien eines Nachmittags am bewachten Tor von Zhongnanhai, beladen mit *Maotai*-Branntwein und Pralinen für Mao. Da sie keinen direkten Zugang zum Vorsitzenden hatte, wollte sie mit seiner Krankenschwester sprechen. Zhang arbeitete immer noch in Maos Sonderzug, aber da er sich in Beijing aufhielt, hatten sich die beiden seit mehreren Monaten nicht mehr gesehen. Zhang Yufeng war damals Anfang Zwanzig und bereits verheiratet.

Die »revolutionären Rebellen« der Abteilung für Besondere Transportleistungen, bei der Zhang Yufeng angestellt war, hatten den Parteisekretär gestürzt und die Abteilung in ihre Hand gebracht. Aber Zhang Yufeng zeigte sich als loyales Parteimitglied und setzte sich für ihren Chef ein. Dadurch geriet sie selbst in die Schußlinie. Mit den Geschenken wollte sie Mao veranlassen, sie vor den Angriffen zu schützen.

Mao, von Wu Xujun unterrichtet, redete nicht nur mit Zhang Yufeng, sondern er versprach ihr sogar Hilfe. Ihre Beziehung zu Mao war in der Abteilung für Besondere Transportleistungen ein offenes Geheimnis, und alle glaubten ihr, als sie von ihrem Besuch bei ihm berichtete. Sie erklärte ihren Kollegen, daß der Parteisekretär nach Meinung des Vorsitzenden nicht hätte gestürzt werden dürfen, und er wurde wieder in sein Amt eingesetzt. Auch Zhang Yufeng war gerettet.

Liu, eine Freundin Maos aus der Kulturarbeitstruppe der Luftwaffe, war die nächste, die sich an ihn wandte, und wieder sprach Wu als erste mit ihr. Liu wurde von zwei Freundinnen begleitet, und alle drei jungen Frauen brachen in Tränen aus, sobald sie Wu sahen. Liu erzählte ihre Geschichte: Ihre Arbeitseinheit hatte sich in zwei Gruppen gespalten: die Rebellen, welche die jetzige Parteiführung stürzen wollten, und die Gruppe »Schützt den Kaiser«, die sich für die Erhaltung des Status quo einsetzte. Loyale Parteimitglieder wie Liu und ihre Freundinnen unterstützten natürlich die Parteiführung. Als die Rebellen in Lius Arbeitseinheit die Oberhand gewannen, wurden sie und ihre beiden Freundinnen aus den Schlafräumen vertrieben. Zur Zeit von Wus Unterredung mit ihnen hatten sie schon zwei Tage auf der Straße gelebt und waren der Verzweiflung nahe.

Mao freute sich darüber, die drei jungen Frauen zu treffen. »Ihr könnt bei mir bleiben«, sagte er. »Ihr schützt also den Kaiser? Gut, ich bin der Kaiser.«

Liu zog großen Gewinn aus ihrer Liaison mit dem Vorsitzenden. Lin Biaos Frau Ye Qun, die Direktorin für die Kulturrevolution innerhalb der Militärkommission, untersagte die Angriffe auf Liu und ihre Freundinnen und bat den Oberbefehlshaber der Luftwaffe, Wu Faxian, Liu zur Direktorin des neuen revolutionären Komitees der Kulturarbeitstruppe zu machen. So wurde Liu, eben noch eine Ausgestoßene, plötzlich zu einer Berühmtheit der Kulturrevolution.

Danach kamen Liu und ihre Freundinnen häufig nach Zhongnanhai. Während draußen das Chaos tobte, zog sich Mao oft für ein paar Tage mit Liu und ihren Freundinnen zurück, um sich zu entspannen. Einmal kehrte plötzlich Jiang Qing unangemeldet aus Diaoyutai zurück und versetzte die jungen Frauen in Panik. Von der Oberschwester alarmiert, hatten sie gerade noch Zeit, ihre Sachen zu schnappen und sich zu verstecken, bevor Jiang Qing ins Zimmer stürmte.

Kurz darauf ließ Mao Wu Xujun zu sich rufen. »Wenn die anderen Parteiführer mit mir sprechen wollen, müssen sie alle zuerst um Erlaubnis fragen. Warum bildet Jiang Qing eine Ausnahme? Sagen Sie Wang Dongxing, er soll sicherstellen, daß die Wachen sie nicht hereinlassen, bevor ich es gestatte.« Seitdem mußte Jiang Qing stets eine Erlaubnis einholen, wenn sie ihren Mann sehen wollte.

Die Freundschaft zwischen Liu und Ye Qun hatte Bestand. Als Liu 1969 schwanger wurde, glaubte Ye Qun, das Baby sei von Mao, und vermittelte seiner Konkubine einen für Spitzenfunktionäre reservierten Raum im Zentralkrankenhaus der Luftwaffe. Sie schickte jeden Tag Leckereien, während Liu auf die Geburt ihres Kindes wartete, und sie war begeistert, als Liu einen Jungen zur Welt brachte. »Was für eine wunderbare Nachricht«, rief Lin Biaos Frau. »Der Vorsitzende hatte mehrere Söhne, aber einige sind gestorben und einer ist schwerkrank. Mit diesem kleinen Jungen kann er seine Ahnenreihe fortsetzen.« Manche meinten, das Kind ähnele stark Mao.

Wu Xujun und ich besuchten Liu im Krankenhaus. Meine Arbeit für Mao erforderte manchmal auch gute Kontakte zu seinen Geliebten. »Direktorin Ye Qun ist ein so liebenswerter Mensch«, sagte Liu. Sie ging davon aus, daß auch ich glaubte, Mao sei der Vater ihres Kindes. Ich behielt die Tatsache, daß Mao keine Kinder mehr zeugen konnte, für mich.

64. KAPITEL

Im Januar 1967 versank das ganze Land im Chaos. Offene Kämpfe brachen aus, sogar Schüsse fielen. Partei- und Regierungsbehörden waren gelähmt. Die Industrieproduktion sackte plötzlich ab, in einigen Gegenden lag sie völlig am Boden. Die Infrastruktur brach zusammen. Lin Biao und Jiang Qing führten die Rebellen mit Parolen an wie »Stürzt alles« oder »Beginnt den Bürgerkrieg«.

In Betrieben und Schulen kam es zu Spaltungen. Gruppen militanter Rebellen attackierten die Parteikomitees, während auf der anderen Seite die Anhänger der Partei – die »Schützt-den-Kaiser«-Gruppen – erbittert Widerstand leisteten. Und auch die Parteikomitees waren oft in sich gespalten. Überall rangen Parteiführer miteinander um die Macht.

Noch waren die Konservativen obenauf. Die Parteikomitees hatten sich über Jahre hinweg so viel Macht angeeignet, daß es nicht leicht war, sie zu stürzen. Ideologien und Prinzipien spielten bei diesem Kampf nur eine untergeordnete Rolle.

Mao schlug sich auf die Seite der Rebellen, denn auch er wollte die konservativen Parteikomitees säubern. Ende Januar rief er die Armee auf, den linksgerichteten Rebellen zu helfen, weil die Kulturrevolution ohne Unterstützung der Linken nicht gelingen könne. Aufgabe der Armee sei es jetzt, die linksgerichteten Massen, die Industrie und die Landwirtschaft zu stärken, die Militarisierung aller Regierungsbehörden durchzuführen und allen Schülern und Hochschulstudenten eine militärische Grundausbildung zukommen zu lassen. Innerhalb weniger Monate wurden rund zwei Millionen Soldaten einberufen, »um die Linken zu unterstützen«[94].

In Beijing wandte sich Mao mit der Bitte um Hilfe an Wang Dongxing und die Truppen des Zentralen Garnisonskorps, das jetzt als Korps 8341 bezeichnet wurde. Da es außerhalb der militärischen Kommandohierarchie stand, konnte Mao direkt mit Wang Dongxing Kontakt aufnehmen und Befehle erteilen, ohne die schwerfällige, von Lin Biao und den regionalen Kommandeuren kontrollierte Militärbürokratie einschalten zu müssen. Aber er sah im Gegensatz zu mir Wang nicht jeden Tag. Deshalb ignorierte Mao häufig das offizielle Protokoll und forderte mich auf, Wang seine Anweisungen zu übermitteln.[95]

Im Frühjahr 1967 teilte ich Wang Dongxing mit, er solle auf Maos Befehl hin Truppen des Zentralen Garnisonskorps in verschiedene Betriebe Beijings schicken, zuerst in die Textilfabrik. Wang seinerseits befahl seinem Vertreter beim Zentralen Garnisonskorps, Yang Dezhong, ein Büro einzurichten, »um die Linken zu unterstützen«. Dieses Büro wiederum gründete eine »militärische Kontrollkommission«, die sich aus etwa achtzig Mitgliedern des Garnisonskorps zusammensetzte. Die Verantwortung für die Einnahme der Textilfabrik von Beijing wurde zwei Angehörigen der militärischen Kontrollkommission übertragen, dem Veteranen des Langen Marsches, Gu Yuanxin, und dem stellvertretenden Direktor der politischen Abteilung des Zentralen Garnisonskorps, Sun Yi. Gu und Sun setzten sich sofort mit einigen Männern in der Fabrik fest.[96]

Mao ließ mich nicht am Spielfeldrand zuschauen. Ich sollte zu der Gruppe des Zentralen Garnisonskorps stoßen, die in die Textilfabrik beordert worden war. Dort sollte ich als Beobachter und Verbindungsmann – Maos Augen und Ohren, wie er sich ausdrückte – arbeiten und ihm ständig über die Situation in der Fabrik Bericht erstatten. Auch andere Mitglieder der Gruppe Eins wurden zu diesem Zweck in die Industrie entsandt.

Ich haßte diesen Auftrag – wieder einmal eine Falle. Die politische Lage war zu komplex, als daß ich sie ohne Probleme hätte meistern können. Meiner Meinung nach war Jiang Qing für den Auftrag verantwortlich. Es war ihr schon lange ein Dorn im Auge, daß ich mich in Zhongnanhai »versteckte« und mich so gut wie möglich aus allem heraushielt. Auch Mao beharrte darauf, daß ich an der Großen Proletarischen Kulturrevolution teilnahm. Erst dann würde er mit Sicherheit wissen, auf welcher Seite ich stand.

Ich versuchte, einen Kompromiß auszuhandeln, denn eigentlich wollte ich meine Tätigkeit auf medizinische Dinge beschränken. Also schlug ich vor, eine Gruppe von Medizinern zusammenzustellen und an ihrer Spitze in die Fabriken zu gehen. »So können wir uns den Arbeitern auf natürliche Weise nähern und die nötigen Informationen erhalten«, erklärte ich Mao. Er war einverstanden.

Ich traf einen Monat nach der Militärkommission in der Fabrik ein.

Die Textilfabrik von Beijing lag in einem östlichen Vorort der Stadt, etwa eine halbe Stunde mit dem Fahrrad von Zhongnanhai entfernt. Sie produzierte sowohl Baumwoll- als auch Polyesterstoffe und hatte sich auf die Herstellung von Unterwäsche spezialisiert. Den größten Ruhm erntete sie für die Lieferung von Damenunterwäsche nach Rumänien. Beinahe tausend Arbeiter waren hier beschäftigt, und auch sie hatten sich in zwei Gruppierungen gespalten. Man hatte das Parteikomitee bereits gestürzt und den früheren Parteichef sowie seinen Stellvertreter zu Vorarbeitern degradiert. Aber das Ringen um die

Macht ging weiter. Die meisten Arbeiter beobachteten den Kampf als Zuschauer und versuchten, nicht darin verwickelt zu werden. Doch zweihundert Aktivisten hatten den Betrieb in ein Chaos verwandelt. Die Verwaltung war zusammengebrochen, niemand arbeitete mehr, es kam zu Schlägereien. Gu Yuanxin und Sun Yi, Wang Dongxings Vertreter aus dem Zentralen Garnisonskorps, waren weit davon entfernt, die Streitereien beizulegen. Aber sie sahen meine Ankunft als eine Möglichkeit, die beiden Gruppen zu versöhnen, denn sie konnten sich, indem sie mich vorschoben, auf Maos Autorität berufen.

»Wir sind vom Vorsitzenden Mao persönlich hierher geschickt worden«, drohten die Offiziere des Garnisonskorps den Anführern beider Gruppen. »Der Vorsitzende Mao wünscht, daß sich beide Seiten versöhnen. Wenn ihr uns nicht glaubt, seht her: Der Leibarzt des Vorsitzenden Mao begleitet uns.«

Zum Beweis zeigte die Militärgruppe den Anführern Fotos, auf denen ich bei einer Parade der Roten Garden neben dem Vorsitzenden stand. Sie begannen unsicher zu werden. Plötzlich boten sowohl die Rebellen als auch die »Schützt-den-Kaiser«-Gruppe einen Kompromiß an und akzeptierten die Vermittlung der Militärgruppe. Ihre Differenzen waren schnell beigelegt. Man gründete im September 1967 ein neues »revolutionäres Komitee«, das die Fabrik leiten sollte, und die Produktion lief bald wieder auf Hochtouren.

Ich hatte Mao laufend Bericht erstattet, und er freute sich über die Nachrichten, denn er glaubte nicht, daß die Arbeiterklasse wirklich grundlegende interne Probleme habe. Seiner Vorstellung nach sollten die Arbeiter eine Einheit bilden. Also schrieb er eine kleine Notiz an die Arbeiter, um sie zu unterstützen und deutlich zu zeigen, daß die Militärkommission wirklich seiner direkten Kontrolle unterstand. *»Tongzhimen, nimen hao?«* schrieb Mao und überreichte mir den Zettel. »Genossen, wie geht es euch?«

Ich brachte die Notiz zu Wang Dongxing, der sie an das neugegründete revolutionäre Komitee der Fabrik weitergab. Die Mitglieder des Komitees waren so begeistert, daß sie sofort eine Betriebsversammlung einberiefen, um den Arbeitern die Botschaft des Vorsitzenden Mao zu »präsentieren«. Ich wies ihre Einladung, mit auf der Bühne zu sitzen, zurück, denn ich zog es vor, nicht gesehen zu werden. Als die Arbeiter hörten, daß Mao persönlich ihnen eine Botschaft – »Genossen, wie geht es euch?« – geschickt hatte, gerieten sie außer Rand und Band. Maos Notiz wurde an das Schwarze Brett im Hof der Fabrik gehängt, und alle eilten herbei, um sie sich anzuschauen. Dann ließ die Firmenleitung die Notiz fotokopieren und hundertfach vergrößern. Dieses vergrößerte Foto wurde an den Fabrikeingang gehängt, und jeder, der zur Arbeit kam, hatte es vor Augen.[97]

Das revolutionäre Komitee wurde zum Musterkomitee erklärt, das unter der persönlichen Leitung des Vorsitzenden Mao arbeite. Aber der größte Teil des Erfolgs ging auf Wang Dongxings Konto. Im Frühjahr 1968 waren fünf andere bedeutende Betriebe unter Wang Dongxings Kontrolle: die Druckerei des Neuen China, das Nördliche Sägewerk, die Zweite Chemische Fabrik, die Nankou-Fabrik für Motorfahrzeuge und die Fabrik des 7. Februar für Motorfahrzeuge. Diese sechs Betriebe wurden schnell überall im Land als die vom Vorsitzenden Mao persönlich geleiteten Musterfabriken bekannt.

Plötzlich wollten alle auf den Zug aufspringen und sich dem direkten Befehl Maos unterstellen. Die erste Gruppe, die sich uns anschloß, wurde von Maos Konkubinen angeführt – weiblichen Angestellten der Großen Halle des Volkes und weiblichem Personal aus dem Generalbüro von Zhongnanhai. Xiao Zhang, eine Konkubine aus Raum 118, organisierte die jungen Frauen, und sowohl Wang Dongxing als auch Mao begrüßten ihre Mitarbeit. Die Frauen, für diese Gelegenheit in Militäruniformen gekleidet, trafen unter großem Jubel in der Fabrik ein und wurden von ihren männlichen Genossen, die sich in riesiger Menge versammelt hatten, enthusiastisch begrüßt. Reporter hielten den Moment für die Ewigkeit fest, und sowohl die *Volksillustrierte* als auch die *Illustrierte der Befreiungsarmee* brachten Fotos vom triumphalen Empfang der »weiblichen Soldaten« in der Textilfabrik.

Jiang Qing war entrüstet, als sie die Fotos sah. Sie beschuldigte die Angestellten der Großen Halle des Volkes, sich als Soldatinnen »verkleidet« zu haben. Damals zog sich jeder wie ein Soldat an, auch Jiang Qing. Aber Jiang Qing hatte etwas gegen einfache Angestellte, welche die angesehene Stellung eines Soldaten für sich in Anspruch nahmen. Wang Dongxing brachte sie jedoch zum Schweigen, indem er ihr versicherte, daß Mao selbst der Gruppe gestattet habe, Militäruniformen zu tragen.

Lin Biaos Frau Ye Qun und Generalstabschef Huang Yongsheng besuchten die Musterfabrik als nächste und gaben ihren Segen zu der Großtat unter Maos persönlicher Leitung. Ihr besonderes Lob galt Sun Yi, dem stellvertretenden Direktor des kontrollierenden Militärkomitees. Sie versprachen ihm eine Beförderung und luden ihn ein, über den Verlauf der erfolgreich von ihm geführten Verhandlungen auf einem Treffen der Zentralen Kommission für Militärische Angelegenheiten und der Leitung der Luftwaffe zu berichten. So bauten sie eine feste Freundschaft zu Sun Yi auf, die sie dann nutzten, um sich in die Leitung der Firma hineinzudrängen, indem sie eigene Repräsentanten als ständige Beobachter dorthin abordneten.

Durch diese Einmischung Ye Quns und Huang Yongshengs wurde die direkte Verbindung zwischen Mao und der Fabrik unterbrochen. Ich war der Meinung, die vorrangige Loyalität sowohl Wang Dongxings als auch Sun Yis müsse Mao gelten, und ich traute der »Führung« Ye Quns nicht. Ihre Intervention konnte für Wang und Sun Ärger bedeuten. Was wäre, wenn sich Sun Yi seiner engen Beziehung zu Ye Qun und Huang Yongsheng rühmte? Würde der Vorsitzende nicht mißtrauisch werden?

Ich besprach meine Überlegungen mit Wang Dongxing. »Sun Yi ist Ihr Untergebener, und Mao könnte denken, daß Sie die Seiten wechseln«, erklärte ich.

Aber Wang Dongxing teilte meine Besorgnis nicht. Seine Macht wuchs im Laufe der Kulturrevolution, und er schloß Bündnisse mit jedem, der ihm helfen konnte, seine Ziele zu erreichen. Sein Haß auf Jiang Qing dauerte fort, und sein längerfristiger Plan bestand darin, sie zu stürzen. Daher war Lin Biao sehr wichtig für ihn, und er nahm jede Gelegenheit wahr, um den politischen Schulterschluß mit dem Mann zu üben, der zu Maos Nachfolger ausersehen war.

Während Lin Biaos Krankheit im August 1966 hatte Wang ihn, nachdem er mit mir zusammen bei Lin gewesen war, noch einmal privat besucht. Er nutzte die Gelegenheit, Lin genau zu erklären, welche Funktion er in Maos Stab ausübte. Überzeugt davon, daß Lin Biaos Allianz mit Jiang Qing ein reines Zweckbündnis war, erzählte Wang ihm auch von seinem schwelenden Konflikt mit der Frau des Vorsitzenden. Wang schien fest daran zu glauben, daß Lin Biao sie fallenlassen würde, sobald seine Position gesichert war.

Im August wurde das Bündnis enger. Lin Biao versprach, Wang Dongxing zu schützen, falls dieser jemals in Gefahr geriet. Wang seinerseits erklärte sich bereit, Lin Biao über alle wichtigen Vorgänge in Maos Umgebung zu unterrichten.

Wangs Strategie war äußerst riskant. »Wenn irgend jemand etwas über diese Übereinkunft durchsickern läßt, gibt es eine Katastrophe«, hielt ich ihm vor.

Aber Wang war anderer Meinung. »Ich schwöre, daß ich Jiang Qing stürzen werde«, beharrte er. »Durchsickern? Wer soll etwas durchsickern lassen? Sie nicht, und ich noch viel weniger.« Ich war, soviel ich wußte, der einzige, dem Wang von seinem Pakt mit Lin Biao erzählt hatte. Aber jedesmal, wenn ich die überschwenglichen Begrüßungsszenen zwischen Wang, Lin Biao und dessen Frau sah, fühlte ich mich unwohl. Ich hielt nicht viel von Lin Biaos Führungsqualitäten, und ich wußte, daß Mao bedingungslose Loyalität forderte. Wang Dongxing hatte sich auf ein Spiel mit dem Feuer eingelassen.

65. KAPITEL

Auch meine Beziehung zu Mao hatte sich verschlechtert. Er war krankhaft mißtrauisch und interpretierte meine Weigerung, mich politisch zu engagieren, als Zeichen eines nachlassenden Einsatzes für ihn. Man mußte nicht gemeinsame Sache mit der Opposition machen, um sich in Maos Augen zu diskreditieren. Es genügte schon, sich in politischer Hinsicht passiv zu verhalten.

Den ersten konkreten Anhaltspunkt dafür, daß ich Maos Mißfallen erregt hatte, bekam ich am 13. Juli 1967. Mao reiste an diesem Tag nach Wuhan, und zum erstenmal seit Beginn meiner Arbeit bei ihm forderte er mich nicht auf, ihn zu begleiten. Lin Biao hatte vorgeschlagen, daß ein Armeearzt und ein Arzt der Luftwaffe mit Mao reisen sollten.

Ich war beunruhigt, ebenso wie Wang Dongxing. Mein Ausschluß von dieser Reise war nach Wangs Ansicht das Werk Jiang Qings. Lin Biao wußte nicht genug, um aus eigenem Antrieb vorzuschlagen, daß ich zu Hause bleiben sollte. Jiang Qing mußte ihn dazu bewogen haben, und Wang fürchtete, daß sie Maos Abwesenheit nutzen werde, um mich zu vernichten.

Unterdessen breitete sich die brutale Gewalt der Kulturrevolution weiter aus. Organisationen spalteten sich. Es kam weiterhin zu Prügeleien und Kämpfen, und es wurde immer noch geschossen. Die Situation in Wuhan, wo Mao sich früher so lange aufgehalten hatte, war besonders kritisch. Nun reiste er dorthin, um zu vermitteln.

Beijing stand am Rande des Abgrunds. Nach Maos Abreise würde Jiang Qing alle Fäden in der Hand haben, und Wang Dongxing hatte Angst, daß ich von einem ihrer Helfershelfer entführt werden könne. Er drängte mich, nicht in die Textilfabrik zurückzukehren, denn dort sei es für ihre Agenten leicht, mich zu fassen. »Bleiben Sie in Zhongnanhai«, sagte er. »Wenn Sie Schwierigkeiten bekommen, fahren Sie sofort zu uns nach Wuhan.« Von Zhongnanhai aus konnte ich wenigstens Wuhan benachrichtigen, falls es Ärger geben sollte.

Also blieb ich dort, doch ich mußte erleben, wie Wang Dongxings schlimmste Befürchtungen Realität wurden. Ohne Mao verwandelte sich auch dieser letzte Hafen des Friedens unter Jiang Qings Kontrolle in einen Kampfplatz.

Staatschef Liu Shaoqi war das Hauptziel der Angriffe. Hunderte von protestierenden Studenten versammelten sich kurz nach Maos Abreise vor dem Westtor; sie sperrten die Fuyou-Straße, die in den Westen von Zhongnanhai führt, und forderten in Sprechchören immer wieder den Sturz Lius. Die zinnoberroten Mauern waren gepflastert mit Wandzeitungen, die den Mann kritisierten, den Mao einst zu seinem Nachfolger machen wollte. Im Laufe des Nachmittags wurde die Menschenmenge immer größer, und der Verkehr brach völlig zusammen. In der Nacht errichteten die Studenten ein Zeltlager vor dem Tor. Der Platz verwandelte sich bald in einen Müllhaufen; Tausende verschwitzter Körper, das verdorbene Essen und die offenen, provisorisch angelegten Toiletten verbreiteten einen ekelerregenden Gestank. Ich blieb in Zhongnanhai und fiel in meinem Büro in einen unruhigen Schlaf – besorgt darüber, was der nächste Tag bringen würde. Niemals in der Geschichte der Volksrepublik war Zhongnanhai belagert worden. Mitglieder von Wang Dongxings Zentralem Garnisonskorps standen untätig herum, während die Zahl der Demonstranten weiter wuchs. Es war nutzlos, sich zu überlegen, was Wang Dongxing in dieser Situation getan hätte. Er war mit Mao in Wuhan.

Am 18. Juli wurde die Situation brenzlig. Ich saß in meinem Büro und las die Morgenzeitung, als ein Wächter hereinstürmte. Liu Shaoqi wurde vor dem Versammlungshaus des Staatsrates »bekämpft«, so die offizielle Bezeichnung für Demütigung und Mißhandlung. Ich lief sofort dorthin.

Eine Menge hatte sich versammelt, die sich größtenteils aus den Kadern des Sekretariats des Generalbüros zusammensetzte. Soldaten und Offiziere des Zentralen Garnisonskorps schauten zu. Niemand hob auch nur den kleinen Finger, um Liu Shaoqi zu helfen. Er stand mit seiner Frau Wang Guangmei in der Menschenmenge, und sie wurden von Mitarbeitern des Sekretariats hin und her geschubst und geschlagen. Lius Hemd war vorn zerrissen, die meisten Knöpfe fehlten, und er wurde an den Haaren gezogen. Jemand hielt ihm die Hände auf dem Rücken fest, während andere versuchten, ihn aus der Hüfte heraus nach vorn zu zwingen – eine Stellung, die als »Flugzeug« bezeichnet wird. Schließlich drückten sie sein Gesicht so weit nach unten, daß es beinahe die Erde berührte. Dabei traten sie auf ihn ein und schlugen ihm ins Gesicht. Die Soldaten des Zentralen Garnisonskorps griffen immer noch nicht ein. Ich konnte es nicht ertragen, länger zuzusehen. Liu Shaoqi war damals schon hoch in den Sechzigern, und er war unser Staatsoberhaupt.

Ich verließ die »Bekämpfung« Liu Shaoqis und suchte zuerst Deng Xiaoping und seine Frau Zhuo Lin, dann Tao Zhu und seine Frau Zheng Zhi in ihren Wohnungen auf. Auch sie wurden »bekämpft«, wenn auch nicht so brutal. Die beiden Männer und ihre Frauen waren von einer Menge eingekesselt, wurden geschubst und verhöhnt, aber immerhin nicht geschlagen oder getreten.

Auch Yang Dezhong beobachtete die Übergriffe, und ich fragte ihn, was passiert sei. Die Gruppe für die Kulturrevolution hatte am Vorabend bekanntgegeben, daß man heute gegen die Parteiführer vorgehen werde. Yang hatte sofort Wang Dongxing angerufen, aber seitdem kein Wort mehr von ihm gehört.

Wang war in einer schwierigen Lage. Er konnte Mao nicht direkt über die gewaltsamen Übergriffe in Zhongnanhai informieren, denn das hätte geheißen, sich einer Entscheidung der immer mächtiger werdenden Gruppe für die Kulturrevolution entgegenzustellen, und niemand würde es wagen, die Linken zu kritisieren. Außerdem war Wangs Beziehung zu Mao wegen Liu Shaoqi seit langem äußerst gespannt. Wang hatte Liu und dessen Frau 1963 auf ihrer Reise nach Indonesien begleitet. Mao hatte zwar seine offizielle Zustimmung erteilt, und nach der Reise war Wang beim Vorsitzenden erschienen, um Bericht zu erstatten. Aber Maos Verdacht, daß Wang Dongxing zu eng mit Liu Shaoqi befreundet sei, blieb bestehen, und Wang konnte jetzt kaum als Helfer des Mannes auftreten, den Mao anscheinend stürzen wollte.

Am 21. Juli, drei Tage nach den Übergriffen gegen Liu, Deng und Tao, rief Wang Dongxing mich an. Er war jetzt in Shanghai, wo sich auch Mao aufhielt. Ein Flugzeug der Luftwaffe wartete auf dem Flughafen von Beijing auf mich. Ich sollte sofort nach Shanghai aufbrechen.

Innerhalb weniger Stunden traf ich dort ein und wurde zu dem Gästehaus eskortiert, in dem Mao und seine Begleiter untergebracht waren. Die Sicherheitsmaßnahmen für den Vorsitzenden waren so aufwendig wie seit Jahren nicht mehr. Mehr als hundert bewaffnete Soldaten des Zentralen Garnisonskorps bewachten ihn, dazu kamen die Kräfte der örtlichen Sicherheitsbehörden von Shanghai. Maos Stab von Sekretären, Schreibern und Kurieren war ebenfalls gewachsen, und jeder Raum in dem ausgedehnten Komplex war belegt.

Mao litt an einer seiner häufigen Bronchitis-Attacken und hatte sich zudem eine Geschlechtskrankheit zugezogen – Herpes genitalis. Seine sexuellen Kontakte waren zu weit gestreut, als daß ich die Herkunft des Herpes hätte feststellen können. Ich behandelte ihn mit chinesischen Kräuterheilmitteln und verordnete ein Medikament (Seporan) gegen die Bronchitis.

Der Vorsitzende war zu einem Plausch aufgelegt und erkundigte sich nach der Situation in Beijing. Ich erklärte ihm, daß die Rebellen Zhongnanhai eingenommen hätten, und beschrieb die brutalen »Bekämpfungen« Liu Shaoqis, Deng Xiaopings und Tao Zhus. Mao schwieg. Da er immer noch nicht genau wußte, wo ich politisch stand, verhielt er sich mir gegenüber nun reservierter denn je. Aber sein Schweigen war auch ein Zeichen dafür, daß ihm die Vorgänge in Beijing nicht gefielen.

Er ließ mich in der Nacht noch einmal kommen und bat mich, meine Beschreibung der Zustände in Zhongnanhai zu wiederholen. »Sie hören einfach nicht auf mich«, seufzte er, womit er die Gruppe für die Durchführung der Kulturrevolution meinte, der auch seine Frau angehörte. Er habe der Gruppe befohlen, die drei Parteiführer in Ruhe zu lassen. »Sie haben sich über meine Befehle hinweggesetzt«, beteuerte er. Daraus schloß ich, daß er trotz allem nichts mit den Angriffen zu tun hatte.

Ich blieb fast einen Monat bei Mao in Shanghai. Er wartete darauf, nach Wuhan zurückkehren zu können. Am 14. Juli war er dort eingetroffen, aber die Situation war so kritisch, daß Zhou Enlai, der sich ebenfalls dort aufhielt, die Sicherheit des Vorsitzenden gefährdet sah und ihn überredete, die Stadt zu verlassen. Die Kämpfe in Wuhan wurden jetzt mit Fäusten und Waffen geführt.

Chen Zaidao, der Militärkommandeur von Wuhan, der beinahe ertrunken wäre, als er während Maos erstem Bad im Yangtze gegen den Strom zu schwimmen versuchte, wurde von der Rebellenfraktion heftig angegriffen. Bevor Mao nach Wuhan gekommen war, um den Streit zu schlichten, hatte die Gruppe für die Kulturrevolution den Ultralinken Wang Li geschickt, um eine Versöhnung zwischen beiden Seiten auszuhandeln, aber Wang Li hatte natürlich die Rebellen unterstützt. Chens Fraktion zeigte sich so erbittert, daß sie Wang Li festnahm und ins Gefängnis steckte.

Zu diesem Zeitpunkt reiste Zhou Enlai nach Wuhan, um die Situation zu analysieren und über die Freilassung Wang Lis zu verhandeln. Und schließlich traf Mao ein und zog wie immer in das Meiyuan-Gästehaus am Ost-See. Einige Anhänger Chen Zaidaos, die zwar Wang Li immer noch gefangenhielten, aber fest entschlossen waren, ihre Loyalität gegenüber Mao zu beweisen, schwammen zu der Insel, auf der sich Mao aufhielt, um dem Vorsitzenden ihre Version der Geschichte vorzutragen. Aber Maos Leibwachen fingen die Schwimmer ab und nahmen sie in Gewahrsam.

Als Mao davon hörte, ordnete er an, die Schwimmer freizulassen, und auch als die Rebellenfraktion sie beschuldigte, einen Anschlag auf den Vorsitzenden geplant zu haben, blieb Mao bei der Meinung, daß die Schwimmer nur mit ihm hätten sprechen wollen. Er vertraute seiner Beliebtheit bei den Massen, und er wußte, daß Chen Zaidao immer noch einer seiner treuen Anhänger war. Mao wollte sich mit beiden Gruppen treffen und eine Versöhnung arrangieren. Das versetzte Zhou Enlai in helle Aufregung. Er fürchtete um Maos Sicherheit und drängte den Vorsitzenden, Wuhan sofort zu verlassen. Zhou selbst würde bleiben, um die Verhandlungen fortzusetzen.

Mao reiste nach Shanghai. Durch Zhous Vermittlung wurde Wang Li schließlich freigelassen und ebenso wie Chen Zaidao nach Beijing eskortiert.

Einen Monat später flog ich mit Mao nach Wuhan zurück. Er glaubte nicht daran, daß es irgendwelche Konterrevolutionäre in den beiden Gruppierungen in Wuhan gab. »Der Ärger entstand nur dadurch, daß Wang Li sie provozierte.« Mao war der Meinung, daß Wang Li, Guan Feng und Qi Benyu, drei der provokantesten Mitglieder der Gruppe für die Kulturrevolution, den Aufruhr angeheizt und zugelassen hätten, daß der Streit außer Kontrolle geriet.

Mao feierte eine triumphale Rückkehr nach Wuhan. Um zu beweisen, daß es keine Konterrevolutionäre in der Stadt gab und niemand ihm etwas Böses wollte, fuhr er in einem offenen Jeep langsam durch die Straßen. Ich saß direkt hinter ihm, und hundert bewaffnete Wachen in Zivil schirmten uns ab. Eine begeisterte Menschenmenge, die sowohl aus Anhängern wie aus Gegnern Chen Zaidaos bestand, säumte die Straßen und schrie: »Lang lebe der Vorsitzende Mao! Lang lebe der Vorsitzende Mao!«

Während Maos Abwesenheit blieb Beijing in den Händen der Linken, und Wang Li und Guan Feng richteten ihre Attacken jetzt gegen Maos alten Kollegen, den Außenminister Marschall Chen Yi. Dieser hatte bei seiner Kritik an der Kulturrevolution kein Blatt vor den Mund genommen und zusammen mit anderen hochrangigen Militärs im Februar 1967 gegen die Einbeziehung der Armee wie auch gegen die Exzesse der jungen Roten Garden protestiert. Im August organisierten Wang Li und Guan Feng mit Jiang Qings Unterstützung eine Gruppe, die sich nach dem Rundschreiben, das den Beginn der Kulturrevolution angekündigt hatte, die »Rebellen des 16. Mai« nannte.[98] Sie sollten die Kontrolle über Chen Yis Außenministerium gewinnen. Später brannte dieselbe Gruppe die Büros des britischen Geschäftsträgers nieder.

Wang Li, Guan Feng und Qi Benyu waren gewiß Radikale und Provokateure, aber die wahre Macht innerhalb der Gruppe für die Kulturrevolution lag bei Kang Sheng, Chen Boda und Jiang Qing. Sie bestimmten die Richtung.

Offensichtlich war Mao auch mit Jiang Qing unzufrieden. Eines Tages – wir waren noch im Meiyuan-Gästehaus in Wuhan – blickte Mao von seiner Lektüre auf, einer Kurzgeschichtensammlung von Lu Xun, und begann über eine der unsympathischsten Frauengestalten in Lu Xuns Werk zu sprechen, ein junges Mädchen namens A Jin, das mit jedem ins Bett ging und dessen viele Freunde ständig Radau machten und Schlägereien provozierten. A Jin war eine Frau, die es liebte, anderen Ärger zu bereiten. »Ye Qun hat Ähnlichkeit mit A Jin«, sagte Mao über Lin Biaos Frau. »Und Jiang Qing ebenso.«

Trotzdem unternahm Mao noch immer nichts, um seine Frau aufzuhalten.

66. KAPITEL

Mao schritt auch nicht ein, als Jiang Qing mich im Frühjahr 1968 mit einem hinterhältigen Trick angriff.

Zuerst machte man meiner Frau Schwierigkeiten. Kang Sheng hatte beschlossen, Lillians Namen in seine lange Liste mutmaßlicher Konterrevolutionäre aufzunehmen. Lillians Vergangenheit war nie ein Geheimnis gewesen, und so fand Kang Sheng schnell heraus, daß sie sowohl für die Briten als auch für die Amerikaner gearbeitet hatte und daß Verwandte von ihr in Taiwan lebten. Sie war also gleich aus drei Gründen verdächtig. Hatte sie für die Briten, für die Amerikaner oder für die Guomindang spioniert? Oder gar für alle drei? Kang Sheng verlangte eine eingehende Untersuchung des Falles.

Dann forderte Jiang Qing, daß auch ich überprüft wurde. Ich sei ebenfalls ein Konterrevolutionär und nicht minder verdächtig als meine Frau. Die Sache wurde Wang Dongxing übertragen.

Wang verteidigte mich und versicherte Kang Sheng und Jiang Qing, daß ich bereits gründlich überprüft worden sei. Natürlich werde er die Angelegenheit nochmals prüfen, aber er sei sicher, daß ich, wenn überhaupt, nur geringe Probleme zu erwarten hätte.

Jiang Qing blieb hartnäckig und versuchte es auf andere Weise. Am 1. Juli 1968, dem Jahrestag der Gründung der Kommunistischen Partei Chinas, bekam die Frau des Vorsitzenden nach der Feier in der Großen Halle des Volkes plötzlich Zahnschmerzen und verlangte einen Arzt. Wang Dongxing schickte nach mir.

Ich protestierte. Jiang Qing brauchte einen Zahnarzt, keinen Allgemeinpraktiker wie mich. Außerdem, würde sie mir überhaupt trauen? Immerhin hatte sie mich bereits als Konterrevolutionär angeklagt. Vermutlich handelte es sich um eine Falle. Jiang Qings wahre Gegner in Zhongnanhai hießen Wang Dongxing und Zhou Enlai; sie waren ihr eigentliches Ziel. Mich als Konterrevolutionär hinzustellen war nur der erste Schritt. Jiang Qings fast psychotisches Verhalten hielt ich ebenfalls für einen Teil ihrer politischen Intrige.

Wang Dongxing wiederum hatte es auf Jiang Qing abgesehen, und er war entschlossen, sie aus dem Weg zu räumen. Vorläufig aber mahnte er zur Versöhnung. Ich solle Jiang Qing einen Zahnarzt besorgen und die Gelegenheit nutzen, der Frau des Vorsitzenden meinen Respekt zu beweisen und unser gestörtes Verhältnis wieder in Ordnung zu bringen. Zögernd willigte ich ein.

Ich rief zwei führende Zahnärzte des Krankenhauses 301 der Volksbefreiungsarmee in das Diaoyutai-Gästehaus, in dem Jiang Qing immer noch wohnte, und bat sie, die Frau des Vorsitzenden zu behandeln. Jiang Qing ließ die beiden sechs Tage lang warten, ehe sie endlich einer Behandlung zustimmte. Die Zahnärzte stellten fest, daß ein Zahn locker und möglicherweise entzündet war. Sie hielten es für das beste, den Zahn zu ziehen, und Jiang Qing erklärte sich einverstanden.

Da die Zahnärzte Jiang Qing vor der Extraktion ein Antibiotikum verabreichen wollten, baten sie deren Krankenschwester, zuvor einen Allergietest durchzuführen. Der Hauttest war negativ, und die Schwester gab ihr das Antibiotikum.

Ungefähr eine halbe Stunde später bekam Jiang Qing einen hysterischen Anfall. Es juckte sie am ganzen Körper. In der Spritze sei Gift gewesen, schrie sie. Ihre junge Krankenschwester kam völlig verstört zu mir und bat mich um Hilfe. Ich untersuchte Jiang Qing, konnte aber nichts feststellen. Puls und Herzschlag waren normal, und es gab keinerlei Anzeichen für einen Hautausschlag oder eine Hautreizung. Ich wollte ihr ein Beruhigungsmittel geben, aber sie lehnte ab und ließ statt dessen Wang Dongxing kommen.

»Li Zhisui will mich mit Medikamenten vergiften«, platzte sie heraus, als Wang ihr Zimmer betrat. Wang bat mich, ihn mit Jiang Qing allein zu lassen.

Danach sprach er mit mir. Obwohl ich ihm von dem Hauttest erzählte, schloß er eine allergische Reaktion nicht aus. Ich war anderer Ansicht. Ich hatte ihre Haut untersucht, den Blutdruck gemessen und die Herztöne abgehorcht. Alles war normal.

Mit einemmal wurde ich mir der Schwere ihrer Anschuldigungen vollauf bewußt. Jiang Qing warf mir vor, sie vergiften zu wollen. »Ich muß sofort mit dem Vorsitzenden sprechen«, sagte ich zu Wang Dongxing.

»Das geht nicht«, erwiderte Wang. »Jiang Qing will, daß ich mit dem Vorsitzenden rede. Wenn Sie zuerst zu ihm gehen, regt sie sich nur noch mehr auf. Wir haben den Vorsitzenden hierher nach Diaoyutai gebeten.« Ich sollte warten, bis Mao kam, und ihm dann meine Version erzählen.

Ich wartete allein in dem Empfangszimmer von Jiang Qings Unterkunft. Ihre Leibwächter und Mitarbeiter machten einen weiten Bogen um mich. Jiang Qings Ausbruch hatte sie so sehr erschreckt, daß sie nichts mehr mit mir zu tun haben wollten.

Eine Stunde später war Mao immer noch nicht da. Ich kam mir vor wie ein Häftling, der auf sein Urteil wartet.

Schließlich betrat Mao in Begleitung von Oberschwester Wu Xujun das Empfangszimmer. Ich erhob mich, um ihn zu begrüßen, aber er starrte nur ins Leere, als nehme er meine Gegenwart überhaupt nicht wahr, und ging geradewegs in Jiang Qings Schlafzimmer. Als Wang Dongxing nach einer Weile herauskam, fragte ich ihn, was er dem Vorsitzenden berichtet habe.

»Ich sagte ihm, Jiang Qing habe ihn hierher bestellt, weil sie auf eine Spritze allergisch reagiert habe.«

Ich war wütend. »Aber Sie wissen doch, daß ich sie untersucht habe und daß alles normal ist. Jiang Qing will mich mit ihren falschen Anschuldigungen ins Verderben stürzen.«

In diesem Moment ging die Tür zu Jiang Qings Schlafzimmer auf, und Mao kam heraus. Wieder schaute er an mir vorbei, als existierte ich überhaupt nicht, und verließ schweigend den Raum.

Daraufhin war selbst Wang Dongxing beunruhigt. »Jiang Qing hat etwas vor. Vielleicht soll einer ihrer Leute Sie entführen. Sie gehen am besten wieder in die Textilfabrik und bleiben dort. Meine Männer vom Zentralen Garnisonskorps sind dort. Vielleicht sind Sie dort sicher.«

Ich wollte unbedingt mit Lillian sprechen und sie warnen, daß ich vielleicht verhaftet oder verschleppt werden würde. Aber als ich nach Hause kam, war sie noch an ihrem Arbeitsplatz. Ich konnte ihr nur die Nachricht hinterlassen, daß ich für einige Zeit fort müsse.

Zwei Wochen lang war ich in meinem Versteck in der Textilfabrik völlig von der Außenwelt abgeschnitten. Schließlich hielt ich die Ungewißheit nicht länger aus und traf mich mit Wang Dongxing. Erst jetzt erfuhr ich, was passiert war.

Kurz nachdem ich Diaoyutai verlassen hatte, versammelte Jiang Qing all ihre Sekretäre, Leibwächter, Krankenschwestern und Köche um sich und befahl ihnen, eine Erklärung zu unterzeichnen, daß ich sie hätte vergiften wollen. Natürlich leisteten sie dem Befehl Folge. Am selben Abend erhielt Jiang Qing Besuch von Lin Biao und seiner Frau Ye Qun. Sie teilte ihnen mit, daß ich ein Konterrevolutionär sei – ich sei vor 1949 ein Konterrevolutionär gewesen, und daran habe sich anscheinend nichts geändert. Sie gab Ye Qun das Medikament, das ich ihr verschrieben hatte, und bat sie, es untersuchen zu lassen. Dabei betonte sie immer wieder, daß das Medikament vergiftet sei und daß die Analyse zweifellos zu demselben Ergebnis gelangen werde.

Ye Qun wiederum hatte sich an Wang Dongxing gewandt. Jiang Qing, dessen war sich Lin Biaos Frau sicher, würde erst dann zufrieden sein, wenn sich die Medizin tatsächlich als vergiftet erwies.

Wang riet Ye Qun, die Analyse von qualifizierten Chemielaboranten durchführen zu lassen und die Ergebnisse Jiang Qing kommentarlos zu unterbreiten. Die Angelegenheit sei nicht so einfach, wie Jiang Qing behauptete. Das Medikament stamme nämlich nicht direkt von mir, sondern aus einer Apotheke, die vom Zentralen Garnisonskorps kontrolliert werde. Die eigentliche Verantwortung liege demnach bei Wang Dongxing. Gemäß den Vorschriften könne ein Arzt Mao, Jiang Qing und anderen hohen Parteiführern zwar Medikamente verordnen, bekomme sie aber nicht ausgehändigt. Wenn es sich wirklich um eine Vergiftung handele, dann sei die Apotheke verantwortlich und nicht ich.

Ye Qun ließ das Medikament durch die Medizinische Akademie des Militärs prüfen. Die Untersuchung ergab, daß der Inhalt der Flasche mit dem Etikett übereinstimmte. Gift wurde nicht gefunden.

Jiang Qing war wütend. Als Ye Qun ihr das Ergebnis vorlegte, packte die Frau des Vorsitzenden die Arznei und den Bericht, warf beides zu Boden und behauptete, der Bericht sei von irgendeinem »zweifelhaften Element« an der Medizinischen Akademie verfaßt worden.

Ye Qun verteidigte sich und ihren Mann. Lin Biao persönlich habe die Arznei dem Leiter der Akademie übergeben, und die Untersuchung sei mit äußerster Sorgfalt durchgeführt worden.

Aber Jiang Qing ließ sich nicht besänftigen, und die beiden Frauen gingen im Streit auseinander. Allerdings hatte Ye Qun die Arznei und den Bericht in weiser Voraussicht mitgenommen und beides Wang Dongxing zur Aufbewahrung übergeben. Das Bündnis zwischen Jiang Qing und Lin Biao begann allmählich zu bröckeln. Wang Dongxing stand auf der Seite Lin Biaos, und ich war in diesem politischen Ränkespiel nur ein Bauer auf dem Schachbrett.

Jiang Qings Zahnproblem war noch nicht gelöst – dabei hätte schon ein sanfter Ruck genügt, um den Zahn zu ziehen. Lin Biao und Zhou Enlai beauftragten Wu Jieping und Bian Zhiqiang, Jiang Qing zu behandeln. Den beiden gegenüber behauptete sie erneut, ich hätte sie vergiften wollen; die Zahnärzte sollten eine entsprechende Erklärung unterzeichnen. Wu und Bian waren völlig verblüfft und wandten sich an Wang Dongxing. Er riet ihnen, die Wahrheit zu sagen. Sie befolgten den Rat, und Jiang Qing schickte sie fort.

Jiang Qing besaß jedoch die unterzeichnete Erklärung ihrer Angestellten.

Sie zeigte Zhou Enlai das Dokument und verlangte die Ausstellung eines Haftbefehls gegen mich.

Zhou erklärte, nur Mao könne die Verhaftung seines Leibarztes veranlassen. Daraufhin drängte Jiang Qing ihn, mit dem Vorsitzenden zu sprechen.

Auch Zhou wandte sich zuerst an Wang Dongxing. Dieser schlug Zhou Enlai vor, Mao die Situation zu erklären und ihn um Rat zu bitten. Wang wollte nicht selbst mit Mao sprechen, denn wenn Medikamente, die seiner Kontrolle unterstanden, Gift enthielten, hätte das auch für ihn Folgen gehabt.

Zhou Enlai verteidigte mich Mao gegenüber. Aufgrund meiner langjährigen Zugehörigkeit zur Gruppe Eins sei ich überall in Zhongnanhai bekannt. Meine Arbeit möge ihre Mängel haben, aber er sei davon überzeugt, daß ich nie jemandem absichtlich Schaden zufügen würde.

Ungefähr zwei Wochen nach dem Vorfall ergriff Mao Partei für mich. »Li Zhisui ist Tag und Nacht an meiner Seite«, sagte er zu Zhou Enlai. »Wenn er ein Konterrevolutionär wäre, würde er dann nicht eher mir nach dem Leben trachten als Jiang Qing? Wäre es nicht viel einfacher für ihn, mir Schaden zuzufügen?«

Aber noch hatte ich Maos Gunst anscheinend nicht ganz zurückgewonnen, denn er trat nicht aktiv für mich ein, und Wang Dongxing war der festen Ansicht, daß Jiang Qing weiterhin versuchen werde, mich loszuwerden. »Sie können vorläufig nicht nach Hause zurückkehren«, sagte er. »Bleiben Sie in der Textilfabrik. Der Sanitäter Li ist dort. Wenn es Ärger gibt, schicken Sie ihn zu mir.«

Ich blieb über zwei Monate in der Fabrik und lebte in ständiger Angst vor einer Entführung. Jiang Qing und ihre Gruppe für die Kulturrevolution verfügten bereits über enormen Einfluß. Nichts würde sie aufhalten, nicht einmal Mao. Auch er wußte nicht über jeden ihrer Schritte Bescheid, und sie konnte mühelos andere mit meiner Entführung beauftragen und später jede Verantwortung leugnen.

67. KAPITEL

Am 27. Juli 1968 – ich saß noch immer in meinem Versteck – traf die Nachricht ein, daß Mao den Arbeitern in seinen sechs »persönlich geführten« Fabriken befohlen habe, »Arbeiter-Propaganda-Gruppen« zu bilden und die Leitung der Qinghua- und der Beida-Universität zu übernehmen.

Qinghua zählte zu den besten und bekanntesten Universitäten des Landes; in erster Linie wurden dort naturwissenschaftlich-technische Fächer gelehrt. Der Studentenaufstand von Qinghua hatte eine fast ebenso umwälzende Wirkung gehabt wie der an der Beida-Universität. Im Frühjahr 1966 hatte Liu Shaoqis Frau Wang Guangmei die Arbeitsgruppe geleitet, welche die Kulturrevolution dort gestalten sollte. Sie propagierte die Position der verhaßten Parteiführung, so daß sich die radikalsten Studenten bald gegen sie stellten und nur noch auf den günstigsten Moment warteten, um sich zu rächen. Im April 1967 hielt ein Führer der studentischen Rebellen, Kuai Dafu, eine große Sitzung ab, in der Wang Guangmei »bekämpft« wurde. 1963, bei einer Begegnung mit dem indonesischen Präsidenten Sukarno, hatte Wang als Ehefrau des chinesischen Staatsoberhaupts den traditionellen chinesischen *qipao* und eine Perlenkette getragen. Dies werteten die Studenten als Beweis für ihren dekadenten, bourgeoisen Lebensstil. Während der Versammlung in Qinghua mußte Wang einen enganliegenden *qipao* und eine Kette aus Pingpongbällen um den Hals tragen, und die Studenten riefen mit lautstarken Parolen zu ihrer Absetzung auf. Seitdem herrschte an der Universität das Chaos. Jetzt wollte Mao die Ordnung wiederherstellen, wenn nötig mit Gewalt.

Gegen sechzehn Uhr machten sich Arbeiter der Textilfabrik und Soldaten der Einheit 8341 auf den Weg nach Qinghua. Ich schloß mich ihnen an, denn ich wollte bei der Übernahme der Universität unbedingt dabeisein.

Sun Yi, der stellvertretende Vorsitzende des militärischen Kontrollkomitees der Textilfabrik in Beijing, führte die Gruppe aus unserem Betrieb. Die hundertfünfzig Personen wurden jeweils etwa zu zehnt auf die Lastwagen verteilt. Alles in allem rollten einige hundert Lastwagen in Richtung Qinghua, wo sich vor den Toren der Universität nach und nach eine mehrere tausend Menschen starke Belagerungstruppe versammelte. In späteren Berichten war von dreißigtausend Arbeitern die Rede. Am Eingang zum Campus übernahm Yang Dezhong, der Politkommissar des Zentralen Garnisonskorps und Leiter der gesamten Operation, das Kommando, und wir marschierten auf den Campus. Ich blieb ziemlich weit hinten und ging neben dem Sanitäter Li her.

Zunächst marschierten wir in Reih und Glied, doch als wir das Gebäude erreichten, in dem der Fachbereich Physik untergebracht war, gab es plötzlich ein heilloses Durcheinander. Die Studenten hatten Barrikaden errichtet. Yang Dezhong befahl, die Hindernisse aus dem Weg zu räumen und weiter vorzurücken.

Mittlerweile war die Dämmerung hereingebrochen, und man konnte kaum noch etwas erkennen. Blind folgte ich den Männern vor mir.

Plötzlich hörte ich eine Detonation, und überall herrschte große Aufregung. Jemand rief, eine Bombe sei explodiert und habe einige Menschen getötet. Wir machten halt und sahen kurz darauf, wie drei blutüberströmte Körper weggetragen wurden.

Inzwischen war es völlig dunkel. Die Formation hatte sich aufgelöst, aber wir rückten dennoch weiter vor. Plötzlich flogen Steine. Die Männer vor mir machten kehrt und rannten, die Hände schützend vors Gesicht gepreßt, nach allen Seiten davon. Als ich verdutzt stehenblieb, zog Li seine Jacke aus und warf sie mir über den Kopf. Er packte mich und zerrte mich dorthin, wo er den Ausgang vermutete. Wir irrten lange durch die Dunkelheit, und als wir das Tor endlich erreichten, war von unseren Leuten nichts mehr zu sehen. Heftiger Regen setzte ein und durchnäßte uns bis auf die Knochen. Mittlerweile war es vier Uhr früh, und nach und nach gesellten sich Arbeiter aus anderen Fabriken zu uns.

Plötzlich hielt ein Wagen neben uns, und eine Stimme rief meinen Namen. Ich erkannte Maos Chauffeur Zhang Zhengji. »Schnell, Dr. Li, er wartet schon auf Sie«, sagte Zhang.

»Wer wartet auf mich?« fragte ich verwirrt.

»Wer schon, der Vorsitzende natürlich. Er ist in der Großen Halle des Volkes. Er hat auch die Studenten dorthin bestellt.« Ich ließ den Sanitäter Li zurück, und Zhang Zhengji fuhr mich zur Großen Halle des Volkes.

In der Halle wurde ich sofort von Maos Helfern umringt und mit Fragen überschüttet. »Sie haben Schlimmes durchgemacht, Dr. Li«, sagten sie. »Sind Sie von vielen Steinen getroffen worden?« Ich sah so schmutzig und erschöpft aus, daß man annahm, ich sei in dem Gewühl verletzt worden.

Mir schmerzte der Kopf, ich hatte Hunger, und mir war kalt, aber die Steine hatten mich nicht getroffen. Wu Xujun gab mir gegen die Kopfschmerzen etwas Tigerbalsam zum Einreiben der Schläfen. Nach einer Schüssel Nudeln und einer Schmerztablette fühlte ich mich schon viel besser.

Mao wartete im Raum 118 auf mich. Kaum hatte er mich bemerkt, erhob er sich von seinem Sofa und kam zur Begrüßung auf mich zu. Er ergriff meine Hände und sah mich an. Ich spürte, daß er mich wirklich gern mochte, trotz unseres gespannten Verhältnisses und Jiang Qings Anschuldigungen.

»Es ist Ihnen übel ergangen, nicht wahr?« fragte er. Er wußte von meinem Abenteuer. »Sind Sie verletzt? Weinen Sie nicht.« Er hielt den Tigerbalsam auf meinem Gesicht für Tränen.

»Mit mir ist alles in Ordnung«, antwortete ich. »Aber drei Leute sind von Bomben verletzt worden. Ich weiß nicht, ob sie überlebt haben.«

Wang Dongxing, der ebenfalls vor Ort gewesen war, berichtete von einem Toten; die beiden anderen seien außer Lebensgefahr.

»Warum ziehen Sie sich nicht erst mal um und ruhen sich etwas aus«, schlug Mao vor. Er hatte mehrere radikale Studentenführer – Kuai Dafu von der Qinghua-Universität, Nie Yuanzi von der Beida-Universität, Tan Houlan vom Beijing-Lehrerausbildungsinstitut, Han Aijing vom Institut für Luftfahrt und Wang Dabin vom Institut für Geologie – zu einem Treffen mit ihm und Mitgliedern der Gruppe für die Kulturrevolution eingeladen. Ich sollte daran teilnehmen.[99]

Mao hatte sich also dazu durchgerungen, mich vorläufig zu beschützen.

Lin Biao, Zhou Enlai, Kang Sheng und Jiang Qing würden ebenfalls bei dem Treffen anwesend sein. Wenn sie mich mit Mao sahen, würden sie wissen, daß ich immer noch zu seinen Mitarbeitern zählte und in Ruhe gelassen werden sollte. Vielleicht war ich dann vor einer Entführung sicher.

Bei dem Treffen begrüßte Jiang Qing alle Anwesenden freundlich, nur mir zeigte sie die kalte Schulter. Mochte Mao mich auch von aller Schuld freigesprochen haben, sie tat es nicht – im Gegenteil, sie hielt ihre Behauptung, ich hätte sie vergiften wollen, weiterhin aufrecht. Aber ihr Verhalten störte mich wenig, denn unter Maos Schutz fühlte ich mich wieder sicher, und ausnahmsweise wußte ich es einmal zu schätzen, der Gruppe Eins anzugehören.

Ich stand jedoch nur vorübergehend unter Maos Schutz. Obwohl ich bisher alle Tests bestanden hatte, erschien ihm meine Loyalität immer noch zweifelhaft, und die Prüfungen gingen weiter.

Maos Treffen mit den Studenten war ein Meilenstein für die Kulturrevolution. Der Vorsitzende wollte, daß die studentischen Gruppen ihre internen Kämpfe einstellten und sich zusammenschlossen, und er warnte ausdrücklich vor einer Spaltung, da es sonst an jeder Universität bald zwei rivalisierende Gruppen geben werde.

Die Studenten reagierten ziemlich gereizt, vor allem Han Aijing. »Beide Seiten haben die Worte des Vorsitzenden dazu benutzt, ihre Handlungsweise zu rechtfertigen«, sagte er. »Aber die Worte des Vorsitzenden können unterschiedlich, ja sogar widersprüchlich interpretiert werden. Solange der Vorsitzende lebt und den Streit schlichten kann, lassen sich solche Probleme lösen. Aber was tun wir, wenn der Vorsitzende nicht mehr unter uns weilt?«

Kang Sheng und Jiang Qing waren wütend. »Wie können Sie es wagen, solchen Unsinn zu reden?« riefen sie empört.

Aber Mao gefiel die Frage. In seinem Brief an Jiang Qing hatte er eben dieses Problem angedeutet. »Gewiß können meine Worte unterschiedlich interpretiert werden. Das ist unvermeidlich. Nehmt nur den Konfuzianismus, den Buddhismus oder das Christentum – all diese berühmten Lehren haben sich gespalten und wurden unterschiedlich interpretiert. Ohne unterschiedliche Deutungen gibt es kein Wachstum und keinen Wandel, sondern Stagnation setzt ein, und die ursprüngliche Lehre stirbt.«

Die Begegnung führte jedoch nicht zu dem gewünschten Ergebnis. Die Studenten konnten sich nicht einigen, und Mao kam offenbar zu dem Schluß, daß sein Vertrauen in die Jugend unbegründet war. Ein paar Tage später, am 5. August, erklärte Mao, er wolle den Arbeitern einige Mangofrüchte schenken, die er von dem pakistanischen Außenminister Mian Arshad Hussain bekommen habe. Das Treffen und das Geschenk waren ein Zeichen dafür, daß Mao den Glauben an die in ihre internen Machtkämpfe verstrickten Studentengruppen verloren hatte und seine ganze Hoffnung jetzt auf die Arbeiter setzte. Kurz darauf wurden die Studentenführer aufs Land geschickt, und Millionen von Mittelschülern und Universitätsstudenten folgten im Laufe der Zeit. Sie alle sollten auf dem Land umerzogen werden. Die Studenten könnten »von den armen und unteren Mittelbauern lernen«, wie der Vorsitzende erläuterte.

Mao gab die Mangofrüchte Wang Dongxing, der sie an eine Reihe großer Fabriken in Beijing verteilte, darunter auch an die Textilfabrik, in der ich damals lebte. Aus Freude über die Frucht hielten die Arbeiter der Fabrik eine große Feier ab und rezitierten immer wieder Maos Worte. Man versiegelte die Frucht mit Wachs, um sie für die Nachwelt zu erhalten. Sie wurde im Versammlungssaal der Fabrik auf einen Altar gelegt, und die Arbeiter zogen an ihr vorüber und verneigten sich. Niemand hatte jedoch daran gedacht, die Mangofrucht vor dem Versiegeln zu sterilisieren, und nach ein paar Tagen begann sie zu faulen. Das Revolutionskomitee der Fabrik ließ die Mango vom Altar holen, schälen und das Fruchtfleisch in einem großen

Topf mit Wasser kochen. Bei einer erneuten Feier wurde das Geschenk als Beweis für das große Interesse Maos an den Arbeitern gepriesen. Am Schluß tranken alle Arbeiter einen Löffel von dem Wasser, in dem die heilige Mangofrucht gekocht worden war.

Danach ließ das Revolutionskomitee ein Wachsmodell der Mangofrucht anfertigen. Die gelungene Nachbildung wurde an Stelle der echten Frucht auf den Altar gelegt, und die Arbeiter zogen auch weiterhin voller Verehrung an dem heiligen Objekt vorbei.

Als ich Mao von dem »Mango-Kult« erzählte, lachte er belustigt.

68. KAPITEL

Ich stand zwar wieder unter Maos Schutz, sah ihn aber nicht mehr täglich. Er brauchte keine ärztliche Betreuung. Statt dessen behandelte ich die Arbeiter der Textilfabrik von Beijing und deren Angehörige und erstattete Mao nur alle paar Tage Bericht. Die Arbeiter waren mit der Situation ebenso zufrieden wie ich. Im Betrieb herrschte Frieden, und die Produktion lief wie früher. Da die Fabrik unmittelbar Maos Kontrolle unterstand, hatten sich die streitenden Parteien frühzeitig geeinigt. »Was soll das ganze Gerede von der Kulturrevolution?« fragte Mao nach einer meiner Meldungen. »Heiraten die Leute denn nicht nach wie vor und bekommen Kinder? Für die meisten ist die Kulturrevolution doch weit weg.«

Auch für mich war die Kulturrevolution jetzt weit weg, und Mao behauptete zu Recht, daß viele sie in der Hoffnung, sie werde bald vorübergehen, zu ignorieren versuchten. Aber in anderen Fabriken und in anderen Teilen des Landes sorgte die Kulturrevolution weiterhin für Unruhe, und es kam immer wieder zu gewaltsamen Ausschreitungen. Ohne direkte Intervention von oben war ein Ende der Auseinandersetzungen nicht abzusehen.

Im Oktober 1968 rief Mao mich nach Zhongnanhai zurück. Seit einigen Tagen wurde er von Zahnschmerzen geplagt.

Die Gruppe Eins hatte sich völlig verändert. Wang Dongxing hatte im zweiten Stock seines Hauses eine neue Praxis für mich eingerichtet, weil Mao Yuanxin und Li Na mittlerweile in meinem alten Büro untergebracht worden waren. Von Maos früheren Mitarbeitern war niemand mehr da. Alle waren, wie ich, als Mitglieder der militärischen Kontrollkommissionen in die Fabriken geschickt worden, die Maos »direkter Kontrolle« unterstanden, um dort für ihn Augen und Ohren offenzuhalten. Sein Leibwächter Zhou Fuming diente in der Lokomotivfabrik 7. Februar, und seine Konkubine und Privatsekretärin Xie Jingyi war jetzt an der Qinghua-Universität, wo die ungebildete junge Frau schon nach kurzer Zeit zur stellvertretenden Leiterin des dortigen Revolutionskomitees und damit zur Vizepräsidentin einer der führenden Universitäten Chinas aufstieg.

Mao wurde immer noch von uniformierten Soldaten der Einheit 8341 bewacht, doch nun befanden sich auffallend viele junge Frauen in seiner engsten Umgebung. Es war offensichtlich, daß die neuen Mitarbeiter ihn genauso verehrten, wie ich es zu Beginn meiner Arbeit getan hatte. Vermutlich war es den älteren Mitarbeitern ähnlich ergangen wie mir: Je besser man Mao kannte, desto weniger Respekt und Bewunderung konnte man ihm entgegenbringen. Deshalb scharte er immer neue Verehrer um sich, um sicherzustellen, daß die Schmeicheleien nicht aufhörten.

Ich untersuchte den Vorsitzenden. Seine Zähne waren immer noch mit einem grünen Belag überzogen, aber ich konnte nicht feststellen, was ihm fehlte, und ich hatte nicht die geeigneten Untersuchungsinstrumente. Deshalb empfahl ich, einen Zahnarzt hinzuzuziehen.

»Sie können das genausogut«, beharrte Mao. »Wir brauchen keinen Zahnarzt.«

»Zahnheilkunde ist ein Spezialgebiet«, wiederholte ich. »Ein Laie wie ich könnte Ihren Zähnen mehr schaden als nutzen.«

Mao schwieg, was ausdrückte, daß er anderer Meinung war. Aber für mich stand fest, daß es völlig falsch wäre, wenn ich ihn behandelte.

Wang Dongxing bestand jedoch darauf, daß ich es zumindest versuchte. »Dies ist das erste Mal, daß der Vorsitzende Sie seit Jiang Qings Anschuldigung um Hilfe gebeten hat. Alle Mitarbeiter seines Stabes sind ersetzt worden, nur Sie nicht. Es ist wichtig, daß Sie Ihr möglichstes tun, denn Jiang Qing lauert immer noch auf Sie.«

Er hatte recht. Nachdem Ye Qun und Zhou Enlai sich geweigert hatten, ihre Anschuldigungen zu bestätigen, hatte Jiang Qing sich an Maos Krankenschwester Wu Xujun gewandt. Da Jiang Qing wußte, daß Wu Xujun und ich jahrelang eng zusammengearbeitet hatten, befahl sie Wu, nach Diaoyutai zu kommen und in ihren Dienst zu treten. Dort redete sie der Schwester ständig zu, eine Erklärung zu unterschreiben, in der mir offiziell vorgeworfen wurde, ich hätte der Frau des Vorsitzenden bewußt Schaden zufügen wollen.

Als Wu Xujun Jiang Qings Drängen nicht nachgab und ihre Unterschrift verweigerte, warf ihr die Frau des Vorsitzenden vor, mich decken zu wollen. Jiang Qing ordnete eine Überprüfung Wu Xujuns an, und die Krankenschwester flüchtete sich zu Wang Dongxing nach Zhongnanhai.

Ich wußte Wu Xujuns Unterstützung sehr zu schätzen und wollte alles tun, um ihr zu helfen. Als ich das nächste Mal zu Mao ging, nahm ich sie mit. Er hörte sich an, wie Jiang Qing Wu hatte zwingen wollen, gegen mich auszusagen. »Jetzt werde ich sicher zur Konterrevolutionärin gestempelt«, schloß Wu Xujun.

Mao lachte. »Sehr gut. Mein Haus wird allmählich zur Zufluchtsstätte für Konterrevolutionäre. Ihr beiden Konterrevolutionäre könnt hier bleiben.«

Keiner von uns brauche mehr für Jiang Qing zu arbeiten. Sie solle sich einen eigenen Arzt und eine eigene Krankenschwester suchen. »Gehen Sie ihr aus dem Weg«, riet er uns.

Ich konnte Jiang Qing allerdings kaum aus dem Weg gehen, da sich unsere Pfade in Zhongnanhai häufig kreuzten. Wenn wir uns begegneten, schaute sie an mir vorbei, als sei ich gar nicht vorhanden.

Ich versuchte, einen Zahnarzt für Mao zu finden. Normalerweise hätte ich einen aus dem Krankenhaus von Beijing gerufen, aber es war in Aufruhr. Das Personal hatte sich in zwei Gruppen gespalten, und man hatte den Chef des Krankenhauses und den Parteisekretär abgesetzt. Ich wollte keine der beiden Gruppen unterstützen, denn ich konnte mir keinen politischen Fehler leisten. Schließlich ließ ich einen Zahnarzt vom Ostchina-Krankenhaus in Shanghai einfliegen. Mao ließ den Mann tagelang warten, obwohl ich den Vorsitzenden immer wieder freundlich daran erinnerte, daß der Zahnarzt alles für die Untersuchung vorbereitet habe.

Schließlich riß Mao die Geduld. »Ich habe Ihnen doch gesagt, daß ich diesen Zahnarzt nicht will«, fuhr er mich an. »Kein Wunder, daß Jiang Qing gegen Sie ist.«

Seine Worte klangen bedrohlich, ich mußte mich seinem Willen beugen. Doch bei der Behandlung fragte ich den Zahnarzt täglich um Rat. Außerdem studierte ich Bücher über Zahnheilkunde. Mao litt unter Parodontose, aber niemand durfte ihm einmal richtig die Zähne putzen. Ich ließ ihn den Mund mit einem Antiseptikum ausspülen, entfernte die Essensreste zwischen den Zähnen und behandelte die entzündeten Stellen. Nach einem Monat ging es ihm besser.

Maos Beschwerden hatten jedoch nicht nur körperliche, sondern auch politische Ursachen. Unter den Parteiführern, die nicht ihrer Ämter enthoben worden waren und jetzt den Neunten Parteitag im April 1969 vorbereiteten, herrschte Streit. Die Leitlinien des Achten Parteitags, der dreizehn Jahre zuvor, im September 1956, stattgefunden hatte, waren nie offiziell revidiert worden. Diese Prinzipien – die Befürwortung einer kollektiven Führung, die Abschaffung des Personenkults in China, die Ablehnung von Maos Denken als führender Ideologe des Landes und die Kritik an seinem »Abenteurertum« – waren Mao schon lange ein Dorn im Auge, ebenso wie die Männer, die für ihre Durchsetzung verantwortlich gewesen waren: Liu Shaoqi und Deng Xiaoping.

In den vergangenen Jahren hatte Mao immer wieder mit viel Geschick versucht, die Leitlinien umzustoßen, und seine Bemühungen gipfelten schließlich in der Großen Proletarischen Kulturrevolution. Während der Vorbereitungen zum Neunten Parteitag wäre es als Verbrechen angesehen worden, das Wort »kollektive Führung« auch nur in den Mund zu nehmen, und der Kult um Mao erreichte seinen Höhepunkt. In ganz China trug man Mao-Abzeichen, las sein kleines Rotes Buch und zitierte ihn, und selbst in den Läden wurde jeglicher Kauf mit einem Mao-Zitat besiegelt. Überall hing sein Porträt. Jeden Morgen verneigten sich Millionen Chinesen vor einem Bild Maos und baten um seine Anweisungen für den Tag, und am Abend verneigten sie sich wieder, erstatteten Bericht und beichteten ihre Fehler. Jeder Werktag begann und endete mit der gemeinsamen Rezitation von Maos Gedanken. Die Worte des Vorsitzenden waren nicht nur die ideologische Leitlinie des Landes, sie waren sein kollektives Mantra.

Und sein Abenteurertum? Maos Großer Sprung nach vorn hatte die schlimmste Hungersnot in der Geschichte der Menschheit zur Folge. Heute wissen wir, daß damals mindestens fünfundzwanzig bis dreißig Millionen Menschen starben (in einigen Untersuchungen ist sogar von dreiundvierzig Millionen die Rede). Maos Kulturrevolution stürzte das Land in ein Chaos, zerstörte Menschenleben, Familien, Freundschaften und die gesamte Sozialstruktur Chinas.

Liu Shaoqi, Chinas Staatspräsident, den Mao für sämtliche Fehler des Achten Parteitags verantwortlich machte, wurde im Zuge der Säuberungskampagne nicht nur seiner Ämter enthoben, sondern obendrein im Oktober 1968 aus der Partei ausgeschlossen und grob mißhandelt. Im April 1969 ahnte ich nicht, wo Liu war, und hätte auch nicht zu fragen gewagt. Heute weiß ich, daß der damals schon schwerkranke Mann im Oktober 1969 mit dem Schiff nach Kaifeng gebracht wurde, wo er im November desselben Jahres in der Haft starb.

Auch Deng Xiaoping war aus dem Politbüro verbannt worden, und die Zahl der Politbüromitglieder hatte sich stark verringert. Ebenso hatten die meisten Parteiführer in den Provinzen ihre Posten verloren, die Verwaltung lag jetzt in den Händen der vom Militär beherrschten »Revolutionskomitees«. Die Mehrheit der auf dem Achten Parteikongreß gewählten Mitglieder des Zentralkomitees war ihrer Ämter enthoben worden.

Der Neunte Parteitag würde Maos Arbeit der vergangenen dreizehn Jahre krönen. Die Richtlinien des Achten Parteikongresses sollten offiziell revidiert werden; Mao würde wieder zum obersten Führer und sein Denken zur ideologischen Richtschnur des Landes erhoben werden. Man würde ein neues

Zentralkomitee wählen, das wiederum die Mitglieder des Politbüros berufen sollte. Wenn Maos Wille per Parteigesetz amtlich bestätigt war, konnte auch seine Große Proletarische Kulturrevolution offiziell abgeschlossen und als Erfolg gewertet werden.

Je näher der Parteitag rückte, desto größer wurden die Spannungen innerhalb der Gruppe, welche die Säuberungskampagne unbeschadet überstanden hatte. Plötzlich stritten sich diejenigen, die vorher gemeinsame Sache gemacht hatten, um die alte Garde zu stürzen. Mao wirkte zwar gelassen und hielt sich weitgehend aus den Konflikten heraus, aber das Bündnis zwischen Lin Biao und Jiang Qing lockerte sich allmählich. Zhou Enlai, der Mao gegenüber stets loyal gewesen war, saß zwischen den Stühlen. Die beiden führenden Gruppen um Lin Biao und Jiang Qing wollten das Zentralkomitee und das Politbüro mit ihren Anhängern besetzen.

Zhou Enlai war sichtlich besorgt. Obwohl er mit mir selten politische Fragen erörterte, nahm er mich eines Abends in Wang Dongxings Haus beiseite. Er wollte wissen, wie Mao sich die künftige Zusammensetzung der Parteiführung vorstellte.

»Er spricht nicht viel darüber«, berichtete ich wahrheitsgemäß. »Er will nur, daß sich die Zentrale Gruppe für die Kulturrevolution und der Ad-hoc-Ausschuß mit der Frage befassen.« Die Gruppe für die Kulturrevolution wurde von Jiang Qing geleitet, und da sämtliche Mitglieder der Gruppe zudem dem Ad-hoc-Ausschuß angehörten, verfügte sie auch in diesem Gremium über beträchtlichen Einfluß. Die Vorwürfe gegen Zhou kamen direkt von Jiang Qing, und ich hielt es für meine Pflicht, Zhou vor ihr zu warnen.

»Seit Beginn der Kulturrevolution hat Jiang Qing es auf Sie abgesehen«, sagte ich. »Wenn sie behauptet, die Kulturrevolution sei ein Konflikt zwischen der neuen Revolution und der alten Regierung, dann kann mit der ›alten Regierung‹ eigentlich nur der Ministerpräsident gemeint sein.« Der Vorsitzende, fuhr ich fort, sei mit Jiang Qing überaus unzufrieden gewesen, als sie mit ihren Genossen im Außenministerium die ›Rebellen des 16. Mai‹ gegen Zhou und Außenminister Chen Yi organisiert habe. »Der Vorsitzende hält diese Rebellen für konterrevolutionär und hat der Gruppe für die Kulturrevolution befohlen, sich auf einer Versammlung von zehntausend Menschen eindeutig hinter Sie zu stellen. Jiang Qing ist damit nicht einverstanden, und ich habe gehört, wie sie mit ihren Genossen Kang Sheng und Chen Boda darüber sprach. Keiner von ihnen will eine Massenversammlung abhalten, um Sie zu unterstützen. Sie sind der Ansicht, eine Versammlung von ein paar Dutzend Leuten würde genügen. Und sie intrigieren nach wie vor gegen Sie.«

Zhou war verzweifelt. »Jahrzehntelang habe ich mein möglichstes getan, um Jiang Qing zu helfen.« Als er sich während des Zweiten Weltkrieges in Chongqing aufhielt und Jiang Qing sich dort wegen Zahnschmerzen behandeln lassen wollte, sei er persönlich nach Yan'an geflogen, um sie nach Chongqing zu bringen. Und als sie 1949 und 1956 in die Sowjetunion reisen mußte, habe Zhou sämtliche Vorbereitungen getroffen.

Plötzlich fragte Zhou: »Haben Sie noch jemandem davon erzählt?« Ich erwiderte, daß Wang Dongxing informiert sei, daß ich aber mit keinem anderen über die gegenwärtige politische Lage gesprochen hätte. Zhou beruhigte sich etwas und bat mich, unsere Unterredung für mich zu behalten.

Im Gegensatz zu anderen hohen Parteifunktionären war Zhou Enlai Mao gegenüber immer loyal geblieben. Er war ihm so ergeben, daß Lin Biao ihn einmal Wang Dongxing gegenüber als einen »gehorsamen Diener« bezeichnet hatte. Aber Zhou war mehr als loyal. Er verhielt sich derart unterwürfig, daß es manchmal peinlich war. Ich war dabei, als Mao und Zhou am 10. November 1966 die siebte Versammlung der Roten Garden auf dem Tiananmen-Platz planten. Mit jedem Auftritt Maos wuchs die Menge, die ihm zujubelte, und diesmal rechneten die Sicherheitskräfte mit zweieinhalb Millionen Studenten. Der Platz faßte jedoch nur eine halbe Million Menschen, was weitreichende Ordnungsmaßnahmen nötig machte. Zhou Enlai schlug vor, die Studenten sollten nicht nur den Platz füllen, sondern auch die Seitenstraßen nördlich des Platzes säumen und sich entlang der Changan-Straße aufstellen, dem breiten Boulevard vor dem Tiananmen-Platz, der in östlicher und westlicher Richtung quer durch Beijing führt. Mao könne dann in einem offenen Jeep durch die Straßen fahren und die Garden an verschiedenen Punkten inspizieren.

Zur Veranschaulichung seines Plans breitete Zhou einen Stadtplan auf dem Boden aus, kniete sich auf den Teppich und zeigte Mao den Weg, den die Wagenkolonne nehmen sollte. Mao stand daneben, rauchte eine Zigarette und sah zu, wie Zhou auf dem Boden herumkroch.

Ich fand es erniedrigend, wie Zhou vor Mao kniete. Mao hingegen schien es ein hämisches Vergnügen zu bereiten, Zhou vor sich auf dem Boden kriechen zu sehen. Nirgendwo traten die Widersprüche von Maos Diktatur deutlicher zutage als in seiner Beziehung zu Zhou. Mao verlangte von Zhou absolute Loyalität, und hätte Zhou sie ihm verweigert, wäre er zweifellos gestürzt worden. Aber andererseits hatte Mao, gerade weil Zhou so unterwürfig und loyal war, nur Verachtung für den Ministerpräsidenten übrig.

Jiang Qing gegenüber war Zhou fast ebenso unterwürfig. Als die Frau des Vorsitzenden im Dezember 1966 einmal den Saal in der Großen Halle des Volkes betreten wollte, in dem Zhou Enlai gerade eine wichtige Sitzung leitete, empfahl ihr Zhous langjähriger Chef-Leibwächter Cheng Yuangong, erst essen zu gehen und danach wiederzukommen.

Jiang Qing geriet außer sich. »Cheng Yuangong, dem Ministerpräsidenten gegenüber verhalten Sie sich wie ein gehorsamer Hund, aber mir gegenüber benehmen Sie sich wie ein Wolf. Ich werde Sie verhaften lassen.« Sie befahl Wang Dongxing, den Leibwächter des Ministerpräsidenten festzunehmen.

Wang Dongxing weigerte sich, erklärte sich jedoch bereit, Cheng auf einen anderen Posten zu versetzen.

Schließlich griff auch noch Deng Yingchao, Zhous Frau und engste Vertraute, ein. »Sie müssen Cheng Yuangong verhaften«, forderte sie Wang auf. »Wir wollen ihn nicht bevorzugen.«

Aber Wang weigerte sich erneut. »Cheng Yuangong hat sein Leben lang für den Ministerpräsidenten und dessen Frau gearbeitet«, erklärte Wang mir, »und jetzt wollen sie ihn hinauswerfen, nur um sich selbst zu schützen.« Schließlich schickte er Cheng auf eine Kaderschule des 7. Mai, wo er Feldarbeit verrichten mußte.

Nach alldem war es kein Wunder, daß sich Zhou Enlai, als der Machtkampf zwischen Lin Biao und Jiang Qing entbrannte, mit Jiang Qing und ihrer Gruppe zusammentat – trotz aller Attacken, die sie gegen ihn geführt hatte. Aber Zhou war ein kluger Politiker, und er wußte, daß Jiang Qing trotz Maos Kritik an seiner Frau und trotz der zunehmenden persönlichen Entfremdung der Eheleute die engste Mitarbeiterin des Vorsitzenden war. Wer Mao gegenüber loyal sein wollte, der mußte sich im Zweifelsfall auch auf ihre Seite stellen.

Zhous Unterstützung für Jiang Qing führte letztlich auch zu seinem Verrat an Wang Dongxing.

Wang Dongxing spielte in dem sich entwickelnden politischen Machtkampf eine Schlüsselrolle. Als Leiter der Sicherheitseinheit 8341, welche die sechs Fabriken und zwei Universitäten (Qinghua und Beida) übernommen hatte, die in Maos Namen verwaltet wurden, hatte er sich großen Einfluß verschafft und galt als einer der treuesten Anhänger Maos. In dem Konflikt zwischen Jiang Qing und Lin Biao stand er jedoch auf der Seite Lin Biaos, nicht nur, weil er Jiang Qing haßte, sondern auch, weil sein Verhältnis zu Mao wegen seiner Indonesien-Reise mit Liu Shaoqi immer noch gespannt war. Als der Neunte Parteitag näherrückte, wurde Wang Dongxing als Kandidat für das

Politbüro in Erwägung gezogen. Da sich Zhou Enlai und Wang Dongxing ebenfalls nahestanden, befürwortete Zhou anfangs Wangs Kandidatur und versicherte ihm, daß alle Mitglieder des Ad-hoc-Ausschusses – also auch Wang Dongxing – in die führende Gruppe aufgenommen werden würden.

Im Laufe der Beratungen mußte Wang Dongxing jedoch mit einem blutenden Magengeschwür ins Krankenhaus eingeliefert werden. Zhou Enlai forderte mich und Schwester Wu Xujun auf, Mao die Nachricht zu überbringen, und er bat mich, dem Vorsitzenden Wangs Zustand zu schildern. Als ich Mao über die Gefahren eines starken Blutverlusts aufklärte, begann Zhou zu weinen. »Wang Dongxing ist so ein guter Genosse«, schluchzte er. Plötzlich kamen auch Schwester Wu und mir die Tränen, und wir alle drei saßen Mao weinend gegenüber.

Mao blieb ungerührt. Nachdem unsere Tränen versiegt waren, blickten wir verlegen zu Boden. Schließlich brach Mao das Schweigen. »Wenn Wang krank ist, soll er die Behandlung bekommen, die die Ärzte empfehlen. Sonst können wir nichts für ihn tun.«

Später bemerkte Mao gegenüber der Krankenschwester, wir hätten um Wang geweint, als ob in unserer Familie jemand gestorben wäre. Unsere Tränen hatten in Mao den Verdacht geweckt, daß Zhou Enlai, Wang Dongxing, Wu Xujun und ich einander nicht nur nahestanden, sondern auch eine Art Splittergruppe bildeten.

Wang Dongxing machte sich wegen Maos Verdacht keine Sorgen. »Wir arbeiten alle für ihn, für keinen anderen«, meinte er, als ich ihn im Krankenhaus besuchte.

Aber Zhou Enlai war beunruhigt. Er wollte auf keinen Fall Maos Mißtrauen wecken. Jiang Qing und ihr enger Freund Kang Sheng waren gegen Wangs Berufung ins Politbüro, und sie trafen sich mit Zhou, um ihn auf ihre Seite zu ziehen. Zhou ließ sich überreden. Während Wang noch immer schwer krank war und sich von seinem Magengeschwür erholen mußte, riet Zhou ihm, seine Kandidatur zurückzuziehen.

»Er hat genau das getan, was Jiang Qing und Kang Sheng wollten«, sagte Wang Dongxing wütend. »Der Mann weiß nicht, was persönliche Loyalität bedeutet.«

Beide Seiten mußten einen Kompromiß schließen. Auf dem Neunten Parteitag im April 1969 wurde Wang Dongxing, ungeachtet aller Einwände von seiten Jiang Qings, ins Zentralkomitee und ins Politbüro gewählt. Lin Biao hatte Wang Dongxing unterstützt, und auf dem Parteitag waren er und seine

Gruppe eindeutig überlegen. Lin legte den politischen Rechenschaftsbericht vor, wurde offiziell als Mao Zedongs »engster Kampfgefährte« bezeichnet und zu seinem Nachfolger bestimmt. Und Maos Gedankengut wurde wieder zur ideologischen Leitlinie Chinas erklärt.

Lin Biaos Sohn, Lin Liguo, gewann ebenfalls an Einfluß. Kurz nach dem Parteitag wurde er zum stellvertretenden Oberbefehlshaber der Luftwaffe ernannt und als Führer der »dritten Generation« bejubelt. Die Luftwaffe stellte eine Auswahl seiner Reden zusammen und schickte sie Mao. Bei der Luftwaffe wurde Lin Liguos Name inzwischen oft im gleichen Atemzug mit dem seines Vaters genannt.

Nach dem Neunten Parteitag sank mir der Mut: Mao hatte sein Ziel erreicht, die auf dem Achten Parteitag verkündeten Prinzipien umkehren zu lassen. Sämtliche Vertreter der Partei, die ich am meisten respektiert hatte, waren verschwunden – über achtzig Prozent der Mitglieder des Zentralkomitees hatten ihre Ämter verloren – und die neuen, allesamt Mitglieder der Splittergruppen Jiang Qings oder Lin Biaos, kannte ich nicht. Nun, da die Anhänger Jiang Qings und Lin Biaos die Führung Chinas übernahmen, gab ich die Hoffnung für mein Land auf.

69. KAPITEL

Lin Biaos Einfluß wuchs, und allmählich wurden alle Bereiche der Gesellschaft militarisiert. Die Armee, welche die Ordnung im Land wiederherstellen sollte, hatte auf allen Ebenen die Kontrolle über Regierungsstellen und Fabriken übernommen. Die Parteisekretäre, die einmal Chinas Provinzen verwaltet hatten, wurden entlassen und durch Militärkommandeure ersetzt, und selbst in den Villen, die Mao häufig bewohnte, kontrollierten Militärs die bürokratische Hierarchie. Dem Beispiel Lin Biaos folgend, widmete sich das ganze Land Maos Ideen, und da sich die Volksbefreiungsarmee beim Studium Maos besonders hervortat, lernte jedermann auch von der Armee. Alle wollten sich im Ruhm des Militärs sonnen und trugen Armeeuniformen – auch ich. Nur Mao bestand auf seiner alten bequemen, sackartigen Kleidung. Bei seinen seltenen öffentlichen Auftritten trug er jedoch Uniform, um seine Unterstützung der Armee zu bekunden.

Unser Land hatte damals zwei Hauptfeinde: die Sowjetunion und die Vereinigten Staaten. Im März 1969 war es zwischen China und der Sowjetunion entlang der Grenze von Heilongjiang wegen der Insel Zhenbao wiederholt zu Gefechten gekommen. In den darauffolgenden Monaten rüstete das ganze Land zum Krieg. Abermillionen Menschen wurden aus den Städten evakuiert und unter allerlei Vorwänden in ländliche Regionen gebracht. Regierungs- und Parteikader sowie Intellektuelle und Lehrer, gegen die noch Untersuchungen liefen, wurden auf die sogenannten Kaderschulen des 7. Mai geschickt, um dort körperliche Arbeit zu leisten. Die Schulen sollten den Intellektuellen Gelegenheit geben, die rauhe Realität des Landlebens kennenzulernen und von den armen Bauern zu lernen. Aber die Intellektuellen wohnten nur selten bei den Bauern. Meist lebten sie in erbärmlichen Verhältnissen in ländlichen Konzentrationslagern und mußten von früh bis spät bis zur Erschöpfung arbeiten. Es war allgemein bekannt, daß der eigentliche Sinn der Kaderschulen des 7. Mai nicht darin bestand, den Leuten etwas beizubringen, sondern sie zu bestrafen. Mittelschüler und Studenten, die Mao einst zur Rebellion gegen die Obrigkeit aufgerufen hatte, wurden »hinauf in die Berge und hinunter aufs Land« geschickt, um »von den armen und unteren Mittelbauern umerzogen« zu werden. Als die Angst vor einem Krieg wuchs, evakuierte man auch die Bewohner der Grenzgebiete. Im August 1969 mobilisierte man die Restbevölkerung in den Städten, damit sie zum Schutze vor Luftangriffen, bei denen möglicherweise auch Kernwaffen eingesetzt werden würden, Tunnel grub. In Beijing zogen sich diese Tunnel kreuz und quer durch die ganze Stadt. Im Falle von Luftangriffen sollten sie die Bevölkerung mehrere Wochen lang schützen.

Auf dem Höhepunkt der Militarisierung und des Kriegsfiebers gab Mao mir ein Rätsel auf. »Wir haben die Sowjetunion im Norden und im Westen, Indien im Süden und Japan im Osten. Wenn sich unsere Feinde nun zusammenschließen und uns im Norden, Süden, Osten und Westen angreifen, was sollten wir dann Ihrer Meinung nach tun?«

Obwohl ich Maos Annahme teilte, daß wir von Feinden umgeben seien, wußte ich nicht, was ich ihm antworten sollte. Nachdem ich einen Tag lang über die Frage nachgedacht hatte, erklärte ich dem Vorsitzenden, daß mir immer noch keine Lösung eingefallen sei.

»Überlegen Sie noch einmal«, sagte er. »Jenseits von Japan liegen die Vereinigten Staaten. Haben unsere Vorfahren nicht immer dazu geraten, mit entfernten Ländern zu verhandeln und mit denen in der Nähe Krieg zu führen?«

Ich war entsetzt. Unsere Zeitungen waren voll von bösartigen Angriffen auf die Vereinigten Staaten. China hatte Vietnam Hilfe angeboten und kämpfte jetzt auf dessen Seite gegen die Amerikaner. »Wie könnten wir mit den Vereinigten Staaten verhandeln?« fragte ich ungläubig.

»Zwischen den Vereinigten Staaten und der Sowjetunion gibt es Unterschiede«, erklärte Mao. »Die Vereinigten Staaten haben nie chinesisches Territorium besetzt. Amerikas neuer Präsident Richard Nixon zählt seit jeher zu den Rechten und ist ein Führer der Antikommunisten. Ich verhandle gern mit Rechten. Sie sagen, was sie denken – nicht wie die Linken, die das eine sagen und das andere meinen.«

Weder Wang Dongxing noch ich trauten unseren Ohren. Die Feindschaft zwischen China und den Vereinigten Staaten ging zurück auf den Ausbruch des Koreakrieges im Juni 1950, und seither hatten die Schmähungen gegen die USA nicht nachgelassen. Die amerikanischen Imperialisten wurden beschuldigt, in ganz Asien gewaltsam nach Hegemonie zu streben. Der Kapitalismus, soviel stand für uns fest, war schwach und im Untergang begriffen, das Opfer seiner eigenen inneren Widersprüche.

Aber Mao meinte es ernst, und China war dabei, in der Außenpolitik einen neuen Kurs einzuschlagen.

Auch Nixon führte die Vereinigten Staaten auf einen neuen Weg. Der amerikanische Präsident hatte mit Hilfe des pakistanischen Präsidenten Yahya Khan und des rumänischen Staatschefs Nicolae Ceauşescu bereits seine

Fühler nach China ausgestreckt und erklärt, er lehne den sowjetischen Vorschlag zur Schaffung eines gemeinsamen Sicherheitssystems in Asien ab. Außerdem ließ er Mao wissen, daß er das sowjetische Gerede von einem Präzisionsschlag gegen Chinas Atomanlagen mißbillige. Maos Interessen für China deckten sich mit Nixons Strategie für die Vereinigten Staaten. »Was für ein gemeinsames Sicherheitssystem in Asien?« hatte Mao erstaunt ausgerufen, als er von Nixons Beteuerungen erfuhr. »Es ist ein asiatisches Kriegssystem, das dazu dienen soll, China anzugreifen.« Mao beantwortete die sowjetische Drohung mit einer Gegendrohung. »Chinas Atombomben und Raketen erreichen die Vereinigten Staaten vielleicht nicht, aber die Sowjetunion erreichen sie leicht.«

Im Dezember 1969 übermittelte Ministerpräsident Zhou Enlai Mao ein Telegramm von unserer Botschaft in Polen, wo China und die Vereinigten Staaten jahrelang ergebnislose und manchmal äußerst konfliktreiche Verhandlungen geführt hatten. Auf einer Cocktailparty anläßlich einer Modenschau in Warschau hatte der amerikanische Botschafter in Polen erneut ein Treffen mit unserem Botschafter vorgeschlagen.

Mao zeigte mir das Telegramm. »Elf Jahre lang haben wir nur geredet, ohne zu einem konkreten Ergebnis zu gelangen. Jetzt können wir noch mal von vorn anfangen und uns ernsthaft zusammensetzen«, meinte er erfreut. »Nixon ist offenbar tatsächlich an einem Gespräch mit uns interessiert.«

Ich nahm Maos Wunsch nach einer Annäherung zum Anlaß, die Frage nach der Erneuerung meiner Abonnements medizinischer Fachzeitschriften aus den USA anzuschneiden. Nachdem Subskriptionen amerikanischer Zeitschriften im Zuge der Kulturrevolution verboten worden waren, fühlte ich mich immer stärker von den Fortschritten der Medizin isoliert, und da Mao älter wurde, konnte meine Verantwortung für seine Gesundheit nur belastender werden. Deshalb wollte ich soviel wie möglich über die neuen Entwicklungen in der Medizin erfahren.

»Die Vereinigten Staaten tun alles, um Informationen über uns zu bekommen«, entgegnete Mao. »Warum sind wir so dumm und verschließen unsere Augen vor dem, was draußen in der Welt vor sich geht? Machen Sie eine Liste der Fachzeitschriften, die Sie haben wollen.«

Mao schickte die Liste an Zhou Enlai und Kang Sheng. »Ich möchte, daß Sie eingehend über unsere Beziehungen zu anderen Ländern nachdenken«, erklärte Mao, »insbesondere zu den Vereinigten Staaten.«

Die öffentlichen Attacken gegen die USA und unsere Unterstützung Nordvietnams in dem immer noch andauernden Krieg gingen zwar unvermindert weiter, aber hinter den Kulissen wurden heimlich Vorbereitungen für ein Rapprochement getroffen. Während China sich zum Krieg gegen seinen einstigen großen Bruder in der Nachbarschaft rüstete, begann Mao, mit seinem Erzfeind in der Ferne zu verhandeln.

70. KAPITEL

Im ganzen Land wurde mobil gemacht, und Mao sprach offen von einer Entspannung zwischen China und den Vereinigten Staaten. Gleichzeitig wuchs die Unzufriedenheit des Vorsitzenden mit dem Mann, der eben erst zu seinem Nachfolger gekürt und als sein engster Kampfgefährte bezeichnet worden war. Ich bemerkte Maos feindseliges Verhalten gegenüber Lin Biao zum erstenmal im Mai 1969, unmittelbar nach dem Neunten Parteitag, während einer Reise in den Süden des Landes.

In Zhongnanhai fiel die wachsende Zahl von Soldaten in Maos Umgebung nicht allzusehr auf, da der Vorsitzende schon immer von Soldaten der Einheit 8341 bewacht worden war. Was mich nach meiner Rückkehr weiterhin überraschte, waren die vielen jungen Frauen in seiner Nähe. Einige von ihnen begleiteten ihn auf seinen Reisen, und stets tauchten neue Gesichter auf. Als wir im Mai 1969 Wuhan, Hangzhou und Nanchang besuchten, wurde Mao in seinen Villen ausschließlich von jungen Frauen bedient, und ständig leisteten ihm die weiblichen Mitglieder der verschiedenen Gesangs- und Tanzgruppen der Provinzen Gesellschaft. Zwei Sängerinnen der Musik- und Tanztruppe der Provinz Zhejiang waren seine besonderen Lieblinge, und beide brachten ihre Schwestern mit, wenn sie Maos Schlafzimmer aufsuchten. Askese lautete das Schlagwort der Kulturrevolution, aber je intensiver die Partei Askese und Moral predigte, desto mehr verfiel der Vorsitzende dem Hedonismus. Er wurde ständig von einem Harem junger Mädchen bedient, und damals, auf dem Höhepunkt der Kulturrevolution, war Mao manchmal mit drei, vier oder sogar fünf Frauen gleichzeitig im Bett.

Außerhalb seines Schlafzimmers jedoch patrouillierten Soldaten in Uniform, die für die Sicherheit des Vorsitzenden verantwortlich waren. Erst auf dieser Reise wurde mir vollauf bewußt, wie drastisch ihre Zahl gewachsen war, nachdem Mao das Militär aufgefordert hatte, wieder Ordnung in das Chaos der Kulturrevolution zu bringen. Sowohl durch die Sorge um Maos Sicherheit als auch durch die Tatsache, daß der gesamte Verwaltungsapparat unter militärischer Kontrolle stand, hatte sich die Zahl der Soldaten erhöht.

Mao haßte es jedoch, von Soldaten umgeben zu sein, und er schimpfte über all die Uniformen um sich herum. »Warum sind so viele Soldaten hier?« fragte er immer wieder. Durch das Militär fühlte er sich in seiner Freiheit eingeschränkt. Er wußte, daß die Männer in Uniform ihren Vorgesetzten alles meldeten, was sie sahen, und es mißfiel ihm, daß jeder seiner Schritte beobachtet wurde. Die Soldaten sollten verschwinden.

Ich hielt Maos feindselige Einstellung zum Militär auch für ein Zeichen seiner zunehmenden Unzufriedenheit mit Lin Biao. Wang Dongxing war jedoch anderer Meinung. »Warum sollten ihn die Soldaten beunruhigen?« fragte er, als ich ihm von Maos Bedenken erzählte. »Die militärischen Kontrollkomitees sind überall, und die Streitkräfte unterstützen die Linke. Da die Militärs Führungspositionen innehaben, besteht natürlich auch das Personal aus Soldaten. Das Hauptbüro der Sicherheitskräfte ist vielleicht die einzige Institution im Land, die nicht vom Militär kontrolliert wird, aber trotzdem tragen auch wir Militäruniformen.« Diesmal ließ Wang Dongxings politischer Scharfsinn ihn im Stich. Er weigerte sich, Maos wachsende Abneigung gegenüber Uniformen mit seiner allmählichen Entfremdung von Lin Biao in Verbindung zu bringen.

Ein unbedeutender Zwischenfall im November 1969 überzeugte mich, daß Maos Feindseligkeit gegenüber Lin Biao ernst zu nehmen war. Nachdem wir Ende September von unserer Reise in den Süden zurückgekehrt waren, brachen wir Mitte Oktober schon wieder nach Wuhan auf. Ende des Monats gab es einen Kälteeinbruch, und in Wuhan sanken die Temperaturen drastisch. Wenn wir nicht heizten, würde Mao sich erkälten. Doch wie üblich sträubte sich der Vorsitzende. Er wolle sich abhärten, erklärte er. Aber auch Zhang Yaoci, der damals für Maos Sicherheit zuständig war, fürchtete, man werde ihm die Schuld geben, wenn Mao erkrankte. Zhang wandte sich an Ye Qun in der Hoffnung, sie werde mit ihrem Mann sprechen. Lin Biao solle Mao vorschlagen, die Heizung in Gang zu setzen.

Ich war gerade bei Mao, als Zhang Yaoci meldete, daß Lin Biao den Vorsitzenden dringend bitte, die Heizung anschalten zu lassen. Mao schwieg scheinbar gleichgültig, und Zhang verschwand. Obwohl Maos Mißmut offensichtlich war, überraschte mich der nun folgende Ausbruch. »Warum muß Zhang eigentlich alles melden, was hier vor sich geht? Wenn andere Leute [Lin Biao und Ye Qun] furzen, tut Zhang gerade so, als würden sie ein kaiserliches Edikt erlassen!« Mao hatte jedoch nicht die Absicht, Lin Biaos kaiserliches Dekret zu befolgen.

Die Heizung in Wuhan wurde nicht angestellt. Ende November bekam Mao eine Erkältung, und da er anfangs eine medizinische Behandlung ablehnte, wurde aus der Erkältung eine akute Bronchitis. Erst jetzt ließ er sich behandeln und die Heizung anstellen.

Mao wußte, daß ich ihm dringend geraten hatte, schon früher zu heizen, und daß ich die Bronchitis seiner Weigerung zuschrieb. Er wußte auch von Jiang Qings ständigen Attacken gegen mich und von ihren wiederholten Anschuldigungen, ich hätte sie vergiften wollen. Damals, als jeder gegen jeden kämpfte und ein leichtfertiger Vorwurf furchtbare Folgen haben konnte, wäre es einfach für sie gewesen, mich auch für Maos Krankheit verantwortlich zu machen.

Wieder einmal beschützte mich Mao. Er forderte mich auf, einen medizinischen Bericht über seine Erkältung und seine Bronchitis zu schreiben. »Ich möchte Sie von jeglicher Verantwortung für meine Krankheit freisprechen«, erklärte er. »Schließlich war ich es, der sich geweigert hat, die Heizung anstellen zu lassen.«

Was Maos Beziehung zu Lin Biao betraf, hatte ich nach wie vor ein ungutes Gefühl, und ich gelangte zunehmend zu der Überzeugung, daß das Bündnis mit Lin Biao für Wang Dongxing gefährlich werden konnte. Ich äußerte Wang gegenüber noch einmal meine Bedenken, aber er wollte nicht auf mich hören. Wang stand zwar treu zu Mao, aber er wollte unbedingt seine eigene Macht ausweiten und verbündete sich mit jedem, der seine politische Karriere fördern konnte. Zu Beginn der Kulturrevolution war es sinnvoll gewesen, die Beziehung zu Lin Biao zu festigen. Niemand war Mao treuer ergeben als Lin, Maos engster Kampfgefährte, der Mann, der zum Studium der Ideen Maos aufgerufen und verkündet hatte, ein Wort Maos sei soviel wert wie tausend Worte jedes anderen. Mit Lin Biao zu arbeiten hieß, für Mao zu arbeiten. Aber die Situation änderte sich allmählich, und Wang Dongxing brauchte ungewöhnlich lange, das zu begreifen.

71. KAPITEL

Anfang 1970 ging in der Gruppe Eins das Gerücht um, eine von Maos Privatsekretärinnen und Konkubinen habe eine Affäre mit einem Koch Maos. Wang wollte dem Verhältnis ein Ende bereiten. Er selbst war seiner Frau so treu, daß er nie auf die Idee gekommen wäre, sie zu betrügen, und für Maos Begierden hatte er überhaupt kein Verständnis. Aber Mao war ein ungewöhnlicher Mann, und deshalb gestand Wang ihm das Recht zu, sich ungewöhnlich zu benehmen. Doch wenn es um die Mitarbeiter ging, war er weniger nachsichtig. In Wuhan wollte Wang eine Personalversammlung einberufen lassen, um die beiden zu maßregeln. Er bat mich, den Vorsitz zu führen.

Ich weigerte mich zuerst, denn ich mochte die junge Frau. Im Gegensatz zu vielen anderen Konkubinen Maos war sie noch naiv und gewillt, Mao einzig und allein aus Ehrfurcht und Respekt zu dienen. Sie würde es bestimmt nicht gern sehen, wenn ihre Affäre an die Öffentlichkeit gezerrt wurde, und Mao würde der Gedanke ebensowenig behagen. Aber Wang Dongxing hielt mich für zu ängstlich. »Sie könnten höchstens Ihren Posten in der Gruppe Eins verlieren«, meinte er. »Aber Sie finden immer wieder Arbeit.«

Wang Dongxing war noch mein Vorgesetzter, und ich mußte ihm gehorchen. Deshalb rief ich, wie befohlen, die Versammlung ein.

Die junge Frau war über die Maßregelung derart verstört, daß sie Zhang Yufeng und Liu Xiaoyan, zwei andere Geliebte Maos, bat, sich mit ihr beim Vorsitzenden zu beschweren. Ich habe nie erfahren, was sie Mao erzählte, aber kurz darauf gab er mir äußerst deutlich zu verstehen, daß ich einen ungeheuren Fehler gemacht hatte.

»Sie sind wohl doch nicht so gescheit, was?« fragte er ein paar Tage später sarkastisch, als wir mit dem Zug von Wuhan nach Hangzhou fuhren. »Sie haben sich in Dinge eingemischt, die Sie nichts angehen. Sie müssen noch viel lernen. Wenn wir wieder in Beijing sind, werden Sie ein Ärzteteam zusammenstellen und aufs Land gehen. Dort können Sie dem Volk wirklich dienen, mit den Menschen Kontakt knüpfen und von den armen Bauern lernen. Das wird Ihnen guttun.«

Ich beschloß, nach Heilongjiang zu reisen, die Provinz im äußersten Nordosten Chinas an der Grenze zur Sowjetunion. Dort war es zwischen den beiden Seiten wegen der Insel Zhenbao zu Zusammenstößen gekommen, und die Bevölkerung war nun damit beschäftigt, unterirdische Bunker anzulegen. Ich wollte mich mit eigenen Augen davon überzeugen, wie die Massen bei der Vorbereitung auf einen Krieg ihre große Kreativität bewiesen. Mao war einverstanden.

Ich war beinahe erleichtert über den Auftrag. Trotz Maos Protektion hatten sich meine Lebensumstände in Beijing weiter verschlechtert. Die Rebellion im Gesundheitsministerium flammte 1969 von neuem auf, und meine Unterkunft in der Gongxian-Straße war wiederholt das Ziel von Attacken gewesen. Eine der streitenden Fraktionen hatte im Haus Wasser und Heizung abgestellt, während Rebellen der anderen Seite die Lohnlisten des Ministeriums kontrollierten und niemanden bezahlten, der nicht Mitglied ihrer Gruppe war. Aber ich weigerte mich, Partei zu ergreifen.

Als die Situation unerträglich wurde, ließ Mao meine Personalakte vom Gesundheitsministerium ins Hauptbüro der Sicherheitskräfte transferieren, und ich zog von der Gongxian-Straße in einen Wohnkomplex ein paar Blocks von Zhongnanhai entfernt, in dem die Mitarbeiter des Generalbüros untergebracht waren.

Kurz nach der Ankündigung, daß Kader und Intellektuelle in die Kaderschulen des 7. Mai geschickt werden sollten, wurde Lillians gesamtes Büro in eine entlegene Gegend von Heilongjiang verlegt, und ich blieb mit unseren beiden Söhnen allein zurück.

Lillian ging es nicht nur materiell schlecht, sondern sie lebte auch in ständiger Angst. Ihre bürgerliche Herkunft stellte sie immer wieder vor Probleme, und wenn sich ihre Gruppe allabendlich versammelte, um die politische Vergangenheit ihrer Mitglieder zu erforschen, wurde sie ständig mit Kritik überschüttet. Nur die Tatsache, daß ich Maos Arzt war, schützte sie vor noch gröberen Übergriffen. Wenn ich meine Arbeit verlor, würde ihr Leben völlig aus den Fugen geraten.

In Heilongjiang würde ich Gelegenheit haben, Lillian zu sehen und sie zu trösten. Selbst wenn ich mit meinem Team in einem ganz anderen Teil der Provinz arbeitete, wären wir uns näher als bisher. Weit weg von den politischen Spannungen der Hauptstadt würden wir gewiß eine Möglichkeit finden, uns zu treffen.

Heilongjiang war jedoch noch aus einem anderen Grund ein passendes Exil für mich. Während der Qing-Dynastie hatte man in Ungnade gefallene hochrangige Beamte oft dorthin verbannt. Die meisten waren in den Bezirk Ningan geschickt worden, der zur Zeit der Mandschu-Kaiser Ningguta hieß. Da auch ich mich wie jemand fühlte, der in Ungnade gefallen war und nun gegen seinen Willen ins Exil geschickt wurde, suchte ich mir für meine medizinische Tätigkeit den Bezirk Ningan aus.

Wang Dongxing wollte mich nicht ziehen lassen. Er hatte andere Pläne mit mir. Da im Krankenhaus von Beijing immer noch Aufruhr herrschte, machte er sich Sorgen, wie er Mao und den anderen Parteiführern eine angemessene medizinische Versorgung gewährleisten sollte. Daher beschloß er, den Klub für Führungskader in der Yangfengjiadao (Bienenzüchter-Gasse) nahe des Nördlichen Sees außerhalb Zhongnanhais in ein exklusives Krankenhaus für Mao und die höchsten Funktionäre des Landes zu verwandeln. Dieses Krankenhaus 305 der Volksbefreiungsarmee sollte unmittelbar dem Militär unterstellt werden, und ich sollte es leiten.

Aber ich gab Wang die Schuld an meiner Verbannung. Er hatte sich über meine Einwände hinweggesetzt und mir befohlen, die Kritik an Maos Konkubine zu organisieren. Obwohl Maos Vertrauen zu mir bereits vorher gelitten hatte, fühlte ich mich jetzt als Sündenbock. Von seiner eigenen Feindschaft zu Jiang Qing geblendet, baute Wang Dongxing viel zu sehr auf Lin Biao, ohne zu bemerken, daß Mao mittlerweile weder Lin Biao noch ihm völlig vertraute.

Ich hatte Wang Dongxing wiederholt gewarnt, daß Loyalität gegenüber Lin nicht mit Loyalität gegenüber Mao gleichzusetzen sei. Aber Wang hatte nur Spott für mich übrig. Trotz seines normalerweise ausgezeichneten politischen Riechers wollte er mir dieses Mal nicht glauben. Aber ich war sicher, daß Mao mich an Stelle von Wang bestrafte.

Ich stellte ein siebenköpfiges Team zusammen; es bestand aus zwei Ärzten des Krankenhauses von Beijing, Dr. Niu, einem Chirurgen, einer Krankenschwester des neugegründeten Krankenhauses 305, einem politischen Offizier namens Zhang vom Zentralen Garnisonskorps, dem Sanitäter Li, der mich bei dem Vorfall in der Qinghua-Universität beschützt hatte, und mir. Am 29. Juni 1970 fuhren wir mit dem Zug nach Harbin, der Hauptstadt der Provinz Heilongjiang.

72. KAPITEL

Wang Dongxing sorgte dafür, daß unser Exil stilvoll begann. In Harbin begrüßten uns Vertreter des Revolutionskomitees von Heilongjiang und luden uns zu einer großen Stadtbesichtigung ein, die eine ganze Woche dauerte. Wir inspizierten die gutausgerüstete örtliche Miliz und beobachteten sie bei militärischen Übungen zur Vorbereitung auf den Krieg mit der Sowjetunion. Wir besichtigten die damals noch im Bau befindlichen Tunnel zum Schutz vor Luftangriffen, und wir besuchten eine Reihe von Feldlazaretten in der Umgebung der Stadt, die zwar einfach eingerichtet waren, aber für den Notfall durchaus ausreichten. Meine Bitte, mir die Insel Zhenbao anschauen zu dürfen, wurde abgelehnt, da es dort aufgrund der immer wieder aufflammenden Gefechte zu gefährlich sei.

Von Harbin aus fuhren wir mit dem Zug in die Kleinstadt Mudanjiang, wo wir ebenfalls zu einer Besichtigungstour eingeladen wurden. Die Nacht verbrachten wir an den Jingbo-Seen, die in den Kratern einer Reihe erloschener Vulkane entstanden sind und wie Perlen an einer Schnur schimmern. An diesem wildromantischen Ort gab es noch Tiger und Bären. Viele russische Antibolschewiken waren nach der Oktoberrevolution dorthin geflohen und hatten sich ihren Lebensunterhalt durch Pelzhandel verdient. Erst mit Beginn der Kulturrevolution hatten sie sich in alle Winde zerstreut.

Nach etlichen Besichtigungstouren und Banketten, die jeweils von hochrangigen Provinzbeamten veranstaltet wurden, fuhren wir zehn Tage später in Begleitung zweier Ärzte aus Heilongjiang mit dem Auto nach Ningan. Mein Leben als »Barfußarzt« hatte begonnen.

Ich wohnte im Dienstgebäude einer Volkskommune und teilte mir mit dem Sanitäter Li ein Zimmer. Li sah in mir so etwas wie einen Vater und kümmerte sich aufmerksam um mich. Die riesigen Felder ringsherum erstreckten sich weit über den Horizont hinaus – ganz anders als die schmalen Felder und die eng zusammenliegenden Dörfer im Süden. Auf dem fruchtbaren Schwarzerdeboden von Heilongjiang wurden Sojabohnen und Getreide angebaut.

Die Bauern lebten in strohgedeckten Lehmhütten. Der Innenraum wurde von dem *kang* beherrscht, einem breiten, aus Backsteinen bestehenden Gestell, das von unten beheizt wird. Im Winter aß und schlief die ganze Familie ohne Rücksicht auf Alter oder Geschlecht gemeinsam auf diesem Ofenbett.

Anders als in den meisten Teilen des Landes, in denen die Wälder rigoros abgeholzt worden waren, gab es in Heilongjiang noch genügend Holz; es diente als Brennmaterial für den Kochherd, dessen Abzugsrohr unter dem *kang* verlief und ihn auf diese Weise beheizte.

Im Bezirk Ningan waren sowohl Han-Chinesen als auch Koreaner ansässig, die ihre eigenen Sitten und Gebräuche hatten. Während die Koreaner ihre *kangs* mit einer Art bemaltem Papier bespannten, damit das Gestell ordentlich aussah, verteilten die Chinesen Stroh auf dem Bett, was ihrem Zuhause den Eindruck von Primitivität und Unsauberkeit verlieh. Zwar ging es den Bauern von Ningan nicht so schlecht wie denen in Jiangxi, aber sie waren dennoch sehr arm. In den ländlichen Gegenden gab es keine Ärzte, und wenn ein Bauer wirklich einmal medizinische Hilfe brauchte, mußte er in die Stadt fahren. Bislang hatte jedoch noch keiner einen Arzt aufgesucht. Ärzte waren zu teuer und zu weit weg. Ein Gesundheitswesen im modernen Sinne existierte nicht. Einmal stach sich eine alte Frau zur Erntezeit mit einer Ahle ins Auge. Da ich weder über die Medikamente noch über die Instrumente verfügte, um sie angemessen zu behandeln, wollte ich sie ins städtische Krankenhaus bringen lassen. Aber diese Möglichkeit kam für sie nicht in Betracht, und meine Überredungsversuche schlugen fehl. Sie hatte einfach nicht das Geld dafür.

Ich war der einzige Arzt, den die meisten je zu Gesicht bekommen hatten, und täglich zog ich von Dorf zu Dorf, um sie zu behandeln, wobei ich nur die nötigsten Medikamente verabreichen und nur die einfachsten Methoden anwenden konnte. Vielleicht hatte Mao mich in der Annahme dorthin geschickt, die Bauern würden mich als »bourgeoises Überbleibsel« betrachten und sich gegen mich wenden; aber sie waren immer froh, uns zu sehen. Die Hilfe, die wir ihnen bieten konnten, war in jedem Fall besser als das, womit sie sich vorher hatten begnügen müssen. Zwei Krankheiten waren besonders verbreitet: Tuberkulose und Bandwürmer. Die Schweine, die in den Dörfern frei herumliefen, hatten ausnahmslos Bandwürmer, und obwohl es genügend Brennmaterial gab, kochten die Bauern das Schweinefleisch nicht lange genug, um die Krankheitserreger abzutöten. Es bereitete mir Genugtuung, die Leiden einfacher Leute zu behandeln.

Aber Lillian sah ich nicht, denn sie war kurz vor meiner Ankunft auf eine Kaderschule des 7. Mai in das Tausende von Kilometern entfernte Henan geschickt worden. Meine Söhne waren in Beijing geblieben, in der Obhut eines Kindermädchens. Ich vermißte meine Familie sehr. Es war, als hätte sich das Schicksal gegen uns verschworen. Aus den wenigen Briefen, die ich von Lillian erhielt, erfuhr ich, daß das Leben für sie und meine Kinder immer noch mühselig war. Mein Leben hingegen verlief friedlich; Nachrichten von außerhalb erreichten uns nur selten. In anderen Teilen des Landes mochte die Kulturrevolution weitergehen, aber wir in Ningan merkten nichts davon.

Am 6. November 1970, vier Monate nach meiner Ankunft in Heilongjiang, kam Kommandeur Zhong, der örtliche Militärchef, bei einem meiner Hausbesuche in einem Dorf plötzlich mit einem Jeep angebraust. Er hatte mich stundenlang gesucht und war ein Dorf nach dem anderen abgefahren. Das Generalbüro in Beijing habe angerufen. Ich solle unverzüglich in die Hauptstadt zurückkehren. Die Sache sei dringend.

Ohne mich umzuziehen, sprang ich in Zhongs Jeep und überließ Zhang und Dr. Niu die Leitung des medizinischen Teams. Gegen einundzwanzig Uhr erreichten wir Mudanjiang, wo sich der einzige Flugplatz der Gegend befand. Kommandeur Zhong veranstaltete mir zu Ehren ein Abschiedsbankett, obwohl ich mich so bald wie möglich auf den Weg machen wollte.

Gegen dreiundzwanzig Uhr war ich endlich auf dem Flugplatz von Mudanjiang. Auf der Rollbahn wartete eine sowjetische IL-62 – ein mittelgroßes Propellerflugzeug mit etwa hundert Sitzplätzen. Ich war der einzige Passagier. Sobald ich an Bord war, startete die Maschine.

Kurz nach zwei Uhr morgens landeten wir auf dem Xiyuan-Flughafen in Beijing, wo Maos Fahrer Zhang mich bereits erwartete. Im Eiltempo fuhren wir durch die leeren, dunklen Straßen nach Zhongnanhai. Ich trug noch meine warme Bauernkluft – wattierte Baumwollhosen und eine schwere, wattierte Jacke –, und als wir Maos Residenz erreichten, war ich völlig durchgeschwitzt. Maos Krankenschwester Wu Xujun begrüßte mich.

»Er wartet schon auf Sie. Gehen Sie gleich zu ihm. Danach erzähle ich Ihnen, was passiert ist.«

73. KAPITEL

Mao saß mit gerötetem Gesicht auf dem Sofa und rang nach Luft. »Ich bin ernstlich krank, glaube ich. Deshalb mußte ich Sie zurückrufen. Schauen Sie sich die Röntgenaufnahmen von meiner Lunge an, die Oberschwester soll sie Ihnen geben. Morgen können Sie mich dann untersuchen und mir sagen, was Sie davon halten.« Wir plauderten noch eine Weile über meine Arbeit in Ningan. Ich versicherte ihm, daß ich gern »Barfußarzt« gewesen sei und daß das Leben auf dem Land seine Vorzüge habe. Dann verließ ich ihn rasch, denn ich wollte mir unbedingt die Röntgenaufnahmen ansehen.

»Etwas wirklich Wichtiges ist passiert, Direktor Li«, sagte Wu Xujun, als sie mir die Röntgenaufnahmen gab.

Ich war verwirrt. Direktor Li? Warum nannte sie mich »Direktor«?

»Ihre Ernennung zum Direktor des Krankenhauses 305 ist bestätigt worden«, erklärte sie. »Stabschef Huang Yongsheng hat sie bereits bekanntgegeben.« Während ich im Exil war, hatten der Chef des Generalstabs, die Politische Abteilung und die Abteilung für Logistik der Volksbefreiungsarmee meiner Ernennung zum Direktor des Krankenhauses 305 zugestimmt. Mein Rang entsprach nun dem eines Generalmajors.

»Und was ist so Wichtiges passiert?« fragte ich Wu Xujun.

Es ging um Lin Biao. Die Kluft zwischen ihm und Mao hatte sich weiter vertieft.

Im August und September 1970, kurz nach meiner Abreise nach Heilongjiang, war man auf dem zweiten ZK-Plenum des Neunten Parteitags in Lushan an einem kritischen Punkt angelangt. Lin Biao hatte das Amt des Staatspräsidenten, das Liu Shaoqi nach Maos Rücktritt 1959 übernommen hatte, wieder einführen wollen. Nach Lius Entlassung war der Posten abgeschafft worden. Nun hatte Lin es auf das Amt abgesehen, aber da er nicht den Eindruck von Machtgier erwecken wollte, sollten andere für ihn sprechen.

Wie ich von Wang Dongxing erfuhr, hatte Lins Frau Ye Qun vor der Konferenz in Lushan Kontakt mit ihm aufgenommen und ihn um Unterstützung gebeten. Sie fürchtete, Lins Stellung als designierter Nachfolger Maos könne bedeutungslos werden, wenn er nicht ein offizielles Amt, etwa das des Vorsitzenden der Republik, erhalte. Sie wußte, daß die Idee Mao nicht gefallen würde, aber wenn es ihr gelang, andere Spitzenfunktionäre auf Lins Seite zu ziehen, würde der Vorsitzende vielleicht seine Meinung ändern.

Lins engste Mitarbeiter – der Oberbefehlshaber der Luftwaffe, Wu Faxian, der Oberbefehlshaber der Marine, Li Zuopeng, und der Leiter der Abteilung für Logistik, Qiu Huizuo – machten sich in Lushan für ihn stark, vor allem in den kleinen Gruppen, die außerhalb des Plenums zusammenkamen. Chen Boda, der frühere Leiter der Gruppe für die Kulturrevolution und Mitglied des ständigen Ausschusses des Politbüros, hatte sich ebenfalls bereit erklärt, Lins Sache zu unterstützen. Er ging weiter als die meisten und verfaßte ein Flugblatt mit dem Titel »Über das Genie«, worin Lin Biaos politische und militärische Begabung hervorgehoben wurde.

Chen Bodas Lobgesang auf Lin Biao und die Reden, in denen man Lins Ernennung zum Vorsitzenden der Republik befürwortete, wurden in das Protokoll der Lushan-Konferenz aufgenommen und im Bulletin Nummer Zwei veröffentlicht. Viele Konferenzteilnehmer glaubten, das Bulletin spiegele Maos eigene Ansichten über Lin Biao und dessen Zukunft wider, aber dies war durchaus nicht der Fall. Lin Biao hatte den gleichen Fehler gemacht wie Liu Shaoqi, und in Maos Augen war das ein ungeheuerliches Verbrechen. Lin Biao wünschte sich wieder zwei Vorsitzende in China, doch Mao wollte der einzige bleiben. Dies machte er der Führung am 25. August 1970 auf einer erweiterten Arbeitssitzung des ständigen Ausschusses des Politbüros unmißverständlich klar. Das Bulletin Nummer Zwei wurde zurückgezogen, Chen Boda verlor seinen Posten, und man leitete ein Verfahren gegen ihn ein.[100]

Wang Dongxing war ebenfalls in die Sache verstrickt. Er hatte Ye Quns Drängen nachgegeben und sich in Lushan für Lin Biao ausgesprochen. Mao war wütend auf ihn und beschuldigte ihn des Verrats. Zur Strafe entband er Wang Dongxing vorläufig von seinen Pflichten, damit dieser »über sein Verhalten nachdenken« könne. Zhou Enlai, der eine permanente Entlassung Wangs befürwortete, hatte mittlerweile Yang Dezhong die Leitung des Hauptbüros der Sicherheitskräfte übertragen, und Kang Sheng hatte auf Zhous Geheiß Wang Liangen, den Leiter der Politischen Abteilung des Generalbüros, zum Nachfolger Wang Dongxings als Chef des Generalbüros gemacht. Zhou hatte die Ernennungen heimlich vorgenommen, ohne Wang Dongxing davon zu unterrichten.

Wang blieb gelassen. »Ich habe einen großen Fehler gemacht«, erklärte er mir. »Ich bin gerade dabei, mein Verhalten in einem Bericht darzulegen und meine Fehler sozusagen hinter verschlossenen Türen zu überdenken. Sich jetzt hinzusetzen und zu jammern führt zu nichts.« Trotzdem war er erbost über die Intrigen Zhou Enlais, Kang Shengs, Yang Dezhongs und Wang Liangens. »Die werden noch von mir hören«, meinte er.

Wangs »Fehler« wirkte sich auf die gesamte Gruppe Eins nachteilig aus. Mao verdächtigte jetzt auch die Oberschwester Wu Xujun, mit Wang Dongxing gemeinsame Sache zu machen, und beschränkte ihren Aufgabenbereich auf die einfachsten Arbeiten.

Die jungen Frauen der Kulturarbeitstruppe der Luftwaffe – darunter Liu, die angeblich ein Kind von Mao hatte, und ihre beiden Freundinnen, die früher ständig in Maos Nähe gewesen waren und ihm jeden Wunsch von den Augen abgelesen hatten – wurden entlassen. »Sie alle waren unzuverlässig«, erklärte mir Mao später.

Zhang Yufeng, Maos Geliebte aus dem Zug, bediente ihn mittlerweile auch in Zhongnanhai. Außerdem umsorgten ihn noch zwei Frauen aus dem Außenministerium – Wang Hairong, die Protokollchefin im Außenministerium und spätere stellvertretende Ministerin, und Tang Wensheng (Nancy Tang), Leiterin der Abteilung Amerika und Übersee und häufig Maos Englisch-Dolmetscherin –, und oft blieben alle drei über Nacht bei Mao. Mit der Zeit verschafften sich die beiden Frauen aus dem Außenministerium in Maos innerem Kreis großen Einfluß. Sie führten eine derart strenge Kontrolle ein, daß sogar Zhou Enlai sich schließlich zuerst an sie wenden mußte, wenn er Mao sprechen wollte.

Auf der Lushan-Konferenz im August und September war keine endgültige Entscheidung getroffen worden. Der Machtkampf innerhalb der Partei ging weiter, und jetzt, im November, wurde Mao krank, wie so oft in Zeiten politischer Auseinandersetzungen.

Mao hatte sich schon während der Konferenz nicht wohl gefühlt. Zuerst bekam er seine übliche Erkältung, die sich dann zu einer Bronchitis ausweitete. Da er sich weigerte, einen Arzt zu konsultieren, verschlechterte sich sein Zustand. Ende Oktober war Mao so krank, daß Zhou Enlai den Vorsitzenden von drei Ärzten untersuchen ließ. Sie machten Brustaufnahmen, verordneten Antibiotika und erklärten, er habe eine Lungenentzündung.

Mao witterte sofort ein Komplott, denn er war überzeugt, daß Lin Biao seinen Tod wollte. Der Vorsitzende war nach wie vor der Meinung, Lungenentzündung sei eine tödliche Krankheit – das Resultat einer hoffnungslos zerstörten Lunge. Aber weil er annahm, Lin Biao habe die drei Ärzte zu ihrer Diagnose veranlaßt, glaubte er ihnen nicht.

Als sich sein Zustand jedoch nicht besserte, schlug Zhang Yufeng vor, mich aus Heilongjiang zurückzubeordern. Wang Dongxing hatte mich schon früher zurückrufen wollen, aber er wußte, daß man jeden, den er empfahl, verdächtigen werde, seiner Clique anzugehören.

Mao hatte tatsächlich Lungenentzündung. Die Röntgenaufnahmen ließen keinen Zweifel daran. Aber ich konnte es ihm nicht sagen, denn dann würde er mich bezichtigen, an dem Komplott beteiligt zu sein. Deshalb behauptete ich, es sei wieder einmal das alte Problem – akute Bronchitis, nichts Ernstes. Ein paar Spritzen Antibiotika, und er werde sich besser fühlen.

Als Mao meine Diagnose hörte, schlug er sich mit beiden Fäusten gegen die Brust. »Lin Biao will, daß meine Lunge verfault. Zeigen Sie den drei Ärzten nur noch einmal die Röntgenaufnahmen. Die drei waren wirklich seltsam. Der eine untersuchte mich, ohne ein Wort zu sagen. Der andere redete ununterbrochen, untersuchte mich aber nicht. Und der dritte band sich einen Mundschutz um, sprach kein Wort und untersuchte mich auch nicht. Wenn sie immer noch der Meinung sind, es sei Lungenentzündung, will ich keine Injektionen mehr haben. Mal sehen, ob ich sterbe.«

Ich versuchte, den drei Ärzten klarzumachen, weshalb Mao nicht wissen dürfe, daß er eine Lungenentzündung hatte. Das Wichtigste sei, daß der Vorsitzende angemessen behandelt werde. Sie stimmten mir zu, aber der Leiter der Klinik von Zhongnanhai war nicht gerade glücklich. »Wir hatten keine Ahnung, was in Lushan vorgeht«, sagte er. »Woher hätten wir wissen sollen, daß die Politik und die Gesundheit des Vorsitzenden so eng miteinander verknüpft sind? Wir haben uns genau an Präsident Zhous Anweisungen gehalten.«

Mao jedoch war froh, als ich ihm mitteilte, daß die Ärzte nun mit mir der Meinung seien, er leide an Bronchitis und nicht an einer Lungenentzündung. Der Vorsitzende glaubte, ich hätte ihm das Leben gerettet, und lud mich zum Essen ein. Meine Zeit als »Barfußarzt« war vorbei, ich sollte nicht nach Heilongjiang zurückkehren. »Vielleicht können Sie hier etwas für mich tun«, erklärte er. Ungefähr eine Woche später sorgte Wang Dongxing dafür, daß auch Lillian nach Beijing zurückkehren konnte. Endlich war meine Familie wieder vereint.

Am 18. Dezember 1970 war Mao so weit wiederhergestellt, daß er den amerikanischen Journalisten Edgar Snow, den Autor des Bestsellers *Roter Stern über China*, empfangen konnte. Snow hatte den Vorsitzenden zum erstenmal 1936 in Baoan interviewt und war China in all den Jahren freundschaftlich verbunden geblieben. »Ich glaube, Snow arbeitet für die CIA«, sagte Mao damals zu mir. »Wir müssen ihn mit ein paar internen Informationen füttern.«[101]

In der Annahme, Snow werde die Informationen an seine CIA-Vorgesetzten weiterleiten, nutzte Mao das Treffen, um die amerikanisch-chinesischen Beziehungen zu fördern. Er ließ seine Bereitschaft erkennen, Nixon oder einen anderen hochrangigen Vertreter der USA in Beijing zu empfangen. Außerdem ergriff er die Gelegenheit, die CIA auf den tiefen Konflikt in der chinesischen Politik aufmerksam zu machen. »Es gibt drei Sorten von Menschen, die ›Lang lebe der Vorsitzende‹ rufen«, sagte Mao zu Snow. »Die erste meint es ehrlich. Von dieser Sorte gibt es nicht viele. Die zweite richtet sich nach der Mehrheit. In diese Kategorie fallen die meisten. Und die dritte Sorte ruft die Parole, obwohl sie in Wirklichkeit möchte, daß ich früh sterbe. In diese Kategorie gehören zwar nicht allzu viele, aber immerhin einige.«

Nachdem ich einige Jahre in den Vereinigten Staaten gelebt hatte, begriff ich, daß Edgar Snow zur Zeit seines China-Besuchs in seinem eigenen Land ein Ausgestoßener gewesen war und daß seine Nachricht die amerikanische Regierung erst erreichte, als zwischen China und den Vereinigten Staaten bereits direkte Kontakte bestanden. Und vermutlich hat Snow nie verstanden, wen Mao meinte, als er behauptete, einige Menschen wollten seinen Tod, obwohl sie »Lang lebe der Vorsitzende« riefen. Natürlich war damit Lin Biao gemeint.

74. KAPITEL

Im August 1971 war Maos Mißtrauen Lin Biao gegenüber so groß wie nie. Xie Jingyi, die stellvertretende Leiterin des revolutionären Komitees, welches die Qinghua-Universität kontrollierte, hatte ihm von einer geheimen Spionageorganisation berichtet, die Lins Sohn, Lin Liguo, innerhalb der Luftwaffe aufgebaut habe. Die Organisation bestehe aus mehreren Gruppen, welche die Decknamen »Vereinigte Flotte«, »Shanghaier Gruppe« und »Führungsbrigade« trügen, und ihr Ziel sei der Sturz Maos. Xie Jingyis Mann Xiao Su, der dem Stab der Luftwaffe angehörte, riet Mao zur Vorsicht. Der Vorsitzende müsse seine eigene Position innerhalb des Militärs untermauern.

Lin Biao hatte seine personellen Veränderungen weitgehend im Zentrum vorgenommen; die meisten seiner Anhänger saßen in Beijing. Mao setzte dagegen auf die Loyalität der Militärkommandeure in den Bezirken und Provinzen. »Ich glaube nicht, daß sich die Kommandeure in den Bezirken auf Lin Biaos Seite stellen werden«, sagte er. »Und die Volksbefreiungsarmee wird sich auch nicht gegen mich erheben, oder? Wenn man mich jedoch nicht mehr als Führer will, werde ich wieder in die Jinggang-Berge gehen und einen neuen Guerillakrieg beginnen.«

Am 14. August beschloß er, sich der Unterstützung der Bezirkskommandeure zu versichern.

Noch am selben Tag fuhren wir mit dem Sonderzug in Richtung Süden, damit sich Mao in Wuhan, Changsha, Nanchang, Hangzhou und Shanghai mit den dortigen Vertretern von Partei, Regierung und Militär treffen konnte. Die Begegnungen fanden unter strengster Geheimhaltung statt, und Maos Botschaft war überall dieselbe: Während der Lushan-Konferenz habe jemand versucht, im Handstreich das Amt des Vorsitzenden der Republik zu übernehmen. Diese Person wolle die Partei spalten und die Macht an sich reißen, und das Problem sei noch nicht gelöst.

Obwohl Lin Biaos Name nie genannt wurde, war allen klar, wem die Anschuldigungen galten. Es war allgemein bekannt, daß Mao Lins Machtstreben mißbilligte und daß er dem Personenkult mißtraute, den Lin mit so offensichtlichem Enthusiasmus propagierte. »Da ist jemand, der behauptet, auf der Welt gebe es nur alle paar hundert Jahre einmal ein Genie, und in China habe es sogar seit ein paar tausend Jahren kein solches Genie mehr gegeben«, spöttelte Mao. »Das ist völliger Unsinn. Da ist jemand, der erklärt zwar immer wieder, er wolle mich unterstützen, aber in Wirklichkeit will er selbst an die Macht.« Der Angesprochene war offenkundig Lin Biao.

Mao mißtraute auch dem Einfluß, den Ye Qun auf ihren Mann ausübte. »Ich war immer dagegen, daß Ehefrauen als Sekretärinnen ihres Mannes fungieren. Ye Qun leitet Lin Biaos Büro, und Huang Yongsheng, Wu Faxian, Li Zuopeng und Qiu Huizuo müssen sich zuerst bei ihr melden, wenn sie mit Lin Biao sprechen wollen. Man sollte seine Arbeit selbst tun – Dokumente lesen und sich dazu äußern – und sich nicht auf Sekretärinnen verlassen. Sekretärinnen dürfen nicht zuviel Macht besitzen.«

Seine Worte klangen nachdrücklich. Hier handelte es sich nicht bloß um einen Machtkampf, sondern um den Versuch, Mao zu stürzen und die Partei zu spalten. Aber Mao war bereit, einen Kompromiß einzugehen und »erzieherische« Maßnahmen zu ergreifen, anstatt die Partei mit Gewalt wieder zu vereinigen – er nannte das: »Die Krankheit heilen, um den Patienten zu retten. Wir sollten versuchen, Lin Biao zu retten. Ganz gleich, wer Fehler macht, wir dürfen die Einheit nicht außer acht lassen. Nach meiner Rückkehr nach Beijing werde ich Lin Biao und seine Anhänger aufsuchen und sie um eine Unterredung bitten. Wenn sie nicht zu mir kommen, muß ich zu ihnen gehen. Vielleicht können wir wenigstens ein paar von ihnen retten ...«

Nach fast einem Monat kehrten wir am Abend des 12. September 1971 nach Beijing zurück. Ehe Mao sich auf den Weg nach Zhongnanhai machte, kam er noch mit Vertretern der Stadtverwaltung und des Militärbezirks von Beijing zusammen und wiederholte seine Bedenken in bezug auf Lin Biao. Gegen zwanzig Uhr trafen wir in Maos Residenz in Zhongnanhai ein.

Ich war noch in Maos Haus und half beim Auspacken, als Wang Dongxing einen Anruf aus Beidaihe erhielt. Es war kurz nach zweiundzwanzig Uhr.

Der Anruf kam von Zhang Hong, einem stellvertretenden Kommandanten des Zentralen Garnisonskorps. Zhang hatte gerade von Lin Biaos Tochter Lin Doudou eine wichtige Nachricht erhalten: Ye Qun und Lin Liguo hätten Lin Biao entführt und zwängen ihn zur Flucht.

75. KAPITEL

Wang Dongxing unterrichtete Zhou Enlai sofort über den Vorfall. Zhou verließ eine Sitzung in der Großen Halle des Volkes und fuhr nach Zhongnanhai, wo er gegen dreiundzwanzig Uhr eintraf. Ich war beim Vorsitzenden, als Zhou ihm die Neuigkeit überbrachte.

Zhou Enlai berichtete, Lin Doudou habe Zhang Hong in Beidaihe angerufen und ihm mitgeteilt, ihre Mutter Ye Qun und ihr Bruder Lin Liguo hätten Lin Biao in einer Limousine entführt. Mittlerweile hatte Ye Qun Zhou direkt angerufen und erklärt, Lin Biao benötige ein Flugzeug, aber es sei keines verfügbar. Zhou wußte, daß auf dem Flugplatz Shanhaiguan außerhalb Beidaihes, am östlichen Ende der Großen Mauer, eine Trident der Luftwaffe stand, und vermutete hinter Ye Quns Anruf eine List, die ihre bevorstehende Flucht verschleiern sollte. Die Situation war kritisch.

Mao war wie vom Donner gerührt, als Zhou Enlai ihm von Lin Biaos Flucht erzählte. Aber er faßte sich sehr schnell und hörte mit starrer Miene zu, während Zhou fortfuhr. Wenn Mao um seine eigene Sicherheit fürchtete, ließ er sich nichts anmerken.

Zhou schlug Mao vor, er solle sich umgehend in die Große Halle des Volkes begeben. Lin Biaos Absichten seien zwar noch unklar, aber er habe unter den Militärs in Beijing viele Anhänger. Wenn sie einen Putsch planten, müsse jederzeit mit einem bewaffneten Angriff gerechnet werden. Die Große Halle des Volkes sei sicherer und leichter zu bewachen.

Wang Dongxing besorgte einen Wagen, der Mao und Zhou zur Großen Halle des Volkes brachte, und forderte ein zusätzliches Bataillon Soldaten des Zentralen Garnisonskorps an, die das gewaltige Gebäude bewachen sollten. Die gesamte Einheit 8341 wurde mobilisiert und jede Verbindung nach draußen abgebrochen.

Kurz vor Mitternacht kamen Mao und sein persönliches Gefolge – Zhang Yufeng, Oberschwester Wu Xujun, sein persönlicher Adjutant Zhou Fuming, sein Privatsekretär Xu Yefu und ich – in Raum 118 der Großen Halle an. Im Nebenzimmer richteten Wang Dongxing und Zhang Yaoci eine Kommandozentrale ein. Während Wang Dongxing auf Meldungen aus Beidaihe wartete, lief ich unruhig zwischen beiden Räumen hin und her. Zhou Enlai und die weiblichen Bediensteten von Raum 118 blieben bei Mao, der sich die Zeit mit der Lektüre eines chinesischen Geschichtsbuchs vertrieb.

Am Morgen des 13. September 1971, gegen 0.50 Uhr, knapp eine Stunde nach unserer Ankunft in der Großen Halle des Volkes, rief der stellvertretende Kommandant Zhang Hong an. Zhang und seine Mitarbeiter hatten Lin Biaos Limousine bis zum Flugplatz Shanhaiguan verfolgt, aber die Limousine war schneller gewesen als der Militärjeep. Die Schüsse der Verfolger auf Lin Biaos gepanzerten Wagen blieben wirkungslos. Einmal hielt die Limousine kurz an, Lin Biaos Sekretär Li Wenpu wurde hinausgestoßen und aus dem Inneren des Wagens beschossen. (Man brachte Li Wenpu mit einer Kugel im rechten Arm ins Krankenhaus 305, doch Wang Dongxing ließ ihn isolieren und schickte ihn später an einen unbekannten Ort.) Als Zhangs Leute auf dem Flugplatz eintrafen, rollte die Maschine gerade die Startbahn entlang.

Zhou Enlai schlug vor, das Flugzeug mit Raketen abzuschießen.

Mao lehnte ab. »Regen fällt vom Himmel, Witwen heiraten wieder. Was können wir dagegen tun? Wenn Lin Biao fliehen will, dann nur zu. Also nicht schießen.«

Wir warteten.

Und tatsächlich wäre es nicht nötig gewesen zu schießen, denn kurz darauf erfuhren wir, daß die Maschine vor dem übereilten Abflug nicht ausreichend aufgetankt worden war. Mit maximal einer Tonne Treibstoff im Tank würde sie nicht weit kommen. Auch hatte die Maschine beim Start einen Tanklastwagen gestreift, wobei das rechte Fahrgestell schwer beschädigt worden war. Zudem waren weder ein Co-Pilot noch ein Navigator, noch ein Funker an Bord.

Mit Radar wurde die Route überwacht; das Flugzeug befand sich auf Kurs Nordwest, Richtung Sowjetunion. In dem offiziellen Bericht hieß es später, Lin habe ursprünglich in Richtung Süden nach Guangzhou fliegen wollen, um dort eine separate Regierung zu bilden. Am Morgen des 13. September war davon keine Rede.

Gegen zwei Uhr verlautete, Lin Biaos Flugzeug habe den chinesischen Luftraum verlassen und sei jetzt über der Äußeren Mongolei. Die Maschine war von den chinesischen Radarschirmen verschwunden. Zhou Enlai erstattete Mao Bericht.

»Damit hätten wir also noch einen Verräter vom Schlage Zhang Guotaos und Wang Mings«, meinte Mao.

Am Nachmittag erhielt Zhou Enlai die nächste wichtige Nachricht; sie kam von Xu Wenyi, dem chinesischen Botschafter in der Äußeren Mongolei. Ein chinesisches Flugzeug mit neun Passagieren an Bord – einer Frau und acht Männern – sei im Gebiet von Undur Khan in der Äußeren Mongolei abgestürzt. Niemand habe überlebt.

Drei Tage später, am 16. September, teilte der Botschafter Zhou Enlai mit, daß Lin Biao aufgrund seiner zahnärztlichen Unterlagen eindeutig identifiziert worden sei. »Das hast du nun davon, daß du geflohen bist«, sagte Mao, als man ihm die Nachricht überbrachte.

Wang Dongxing freute sich über Lin Biaos Tod. *»Si de hao, si de hao«*, verkündete er immer wieder. »Ich bin froh, daß alle tot sind. Andernfalls hätte es nur Probleme gegeben.«

Auch Zhou Enlai war zufrieden. »Es ist gut, daß es so ausgegangen ist«, sagte er zu mir.

Zhou Enlai leitete die anschließende Untersuchung. Nachdem Lins Verschwörung aufgedeckt war, versuchten alle, die ihm einmal nahegestanden hatten, sich von ihm zu distanzieren. Keiner wollte der Beteiligung an dem Komplott bezichtigt werden.

Vor allem Zhou Enlai hatte Lin nähergestanden, als er jetzt zugeben wollte. Zhou, ganz von hierarchischem Denken erfüllt, hatte Lin Biao selbst dann noch persönlich Bericht erstattet, als die Spannungen zwischen Mao und Lin bereits offensichtlich waren, und er hatte ihm Dinge anvertraut, die Mao unbedingt geheimhalten wollte. Dies wußte ich aus eigener Erfahrung. 1970 hatte Mao mich gebeten, medizinische Recherchen über die Behandlungsmöglichkeiten der Bronchitis anzustellen, die immer noch sein größtes Gesundheitsproblem darstellte. Um diese Aufgabe erfüllen zu können, brauchte ich Zhous Hilfe, aber Mao wollte nicht, daß Lin etwas über seinen Gesundheitszustand erfuhr. Nun fürchtete er, Lin Biao könnte versuchen, ihn zu vergiften. Deshalb sollte ich Zhou einschärfen, Lin nichts von dem Projekt zu erzählen.

Knapp eine Woche später rief mich Ye Qun an und erkundigte sich nach Maos Befinden. Gleichzeitig versicherte sie mir, daß ihr Mann ein landesweites Forschungsprojekt über die Behandlung von Bronchitis begrüßen würde. Da Zhou Enlai der einzige war, mit dem ich über das Projekt gesprochen hatte, mußte die Information von ihm stammen.

Ich ging sofort zu Zhou. Immerhin stand meine eigene Loyalität Mao gegenüber auf dem Spiel. Wenn der Vorsitzende herausfand, daß Ye Qun von dem Projekt wußte, würde er sicher zuerst mich beschuldigen.

»Ja, ich habe mit dem stellvertretenden Vorsitzenden Lin gesprochen«, sagte Zhou. »Wie Sie wissen, gehört hier jeder einer Institution an, und jeder untersteht der Aufsicht eines Vorgesetzten. Der stellvertretende Vorsitzende Lin ist mein Vorgesetzter. Wie hätte ich ihm diese Sache verschweigen können?«

Als wir am Abend des 12. September in der Großen Halle des Volkes auf weitere Nachrichten warteten, kam Zhou zu mir und behauptete, Lin Biao nie über Maos Gesundheitszustand aufgeklärt zu haben. Es war eine Warnung an mich, Mao nichts von dem Vorfall zu erzählen. Tat ich es dennoch, dann würde Zhous Wort gegen meines stehen, wobei ich nur den kürzeren ziehen konnte.

Aber wenn Zhou Enlai sogar derart belanglose Dinge ausgeplaudert hatte, welche Geheimnisse hatte er Lin Biao dann noch offenbart?

Wang Dongxing sorgte dafür, daß Mao nichts von alledem erfuhr. Die Einheit 8341 durchsuchte nach Lin Biaos Tod dessen Residenz in Maojiawan. Sie fand viele Fotos von Zhou Enlai und seiner Frau Deng Yingchao, die sie zusammen mit Lin Biao und Ye Qun zeigten. Zhous Gegner hätten ihm aus diesen Beweismitteln einen Strick drehen können. Wang übergab die Fotos und andere möglicherweise belastende Dokumente an Zhous Frau, die sich ihm deshalb auf ewig verpflichtet fühlte.

Wang entdeckte auch zahlreiche Fotos von Jiang Qing, auf denen sie mit Lin Biao und seiner Frau zu sehen war. Er schickte die Bilder an Jiang Qing, die sie sofort verbrennen ließ. Niemand wollte zugeben, mit einem Verräter umgegangen zu sein.

Mao blieb über eine Woche in seinem Versteck in der Großen Halle des Volkes, ständig bewacht von Wang Dongxings Männern. Zhou und Wang wollten sicherstellen, daß die Gefahr eines Putsches tatsächlich gebannt und Lin Biaos engste Mitarbeiter verhaftet waren, bevor Mao nach Zhongnanhai zurückkehrte. Daß Lin Biao eine Verschwörung gegen Mao geplant hatte, stand fest. Aber über die genauen Ziele und das Ausmaß des Komplotts war noch nichts bekannt.

Die Lin-Biao-Affäre wurde als »Vorfall 9-13« bekannt – nach dem Tag im September, an dem Lin starb. Monate vergingen, ehe Zhou die Untersuchung abschließen konnte. Dem Bericht zufolge hatten Lin Biao, Ye Qun und ihr Sohn Lin Liguo den Putsch bereits im März 1971 geplant und ihr Vorhaben »Projekt 5-7-1« genannt. Im Chinesischen wird »5-7-1« so ausgesprochen wie die Worte »bewaffneter Aufstand«. Ihr Ziel war es, Mao festzusetzen, ihn möglicherweise sogar umzubringen und die Macht an sich zu reißen.

Dem offiziellen Bericht zufolge waren Maos Gespräche mit den Militärkommandeuren in den Provinzen ein Signal für Lin, daß die Zeit knapp wurde und er seine Pläne vorantreiben mußte. Obwohl die Gespräche geheim bleiben sollten, hatte der Politkommissar des Militärbezirks Wuhan, Liu Feng, ihren Inhalt an den politischen Kommissar der Marine, Li Zuopeng, einen führenden Anhänger Lins, weitergegeben. Li Zuopeng wiederum hatte Generalstabschef Huang Yongsheng, einen anderen engen Mitarbeiter Lins, informiert. Nachdem Huang Yongsheng Lin Biao und Ye Qun in Beidaihe von Maos Gesprächen unterrichtet hatte, machten sich die Verschwörer sofort daran, eine Strategie zur Ermordung Maos auszuarbeiten.

Sie hatten mehrere Pläne. Das Fünfte Luftwaffenkorps konnte Maos Sonderzug bombardieren; Kommandeur Wang Weiguo vom Vierten Luftwaffenkorps konnte Mao erschießen. Oder man konnte die Öltanks in der Nähe des Hongqiao-Flugplatzes in Shanghai explodieren lassen, wo Maos Sonderzug anhalten sollte. Schließlich gab es noch den Plan, unter einer Eisenbahnbrücke in Shuofang bei Suzhou eine Bombe zu deponieren und sie in dem Moment zu zünden, in dem Maos Zug über die Brücke fuhr.

Ich weiß nicht, ob der Bericht hinsichtlich der Details von Lin Biaos Verschwörung zutraf. Immerhin hatte Zhou Enlai ein persönliches Interesse an dem Ergebnis der Untersuchung. Ich kann nur schildern, was geschah, als die ersten Meldungen in der Großen Halle des Volkes eintrafen.

Jedenfalls war es nicht leicht, Mao zu ermorden. Dafür hatten nicht nur Wang Dongxing und seine Sicherheitskräfte gesorgt, sondern auch Mao selbst. Seine Pläne waren stets geheim, und er änderte sie so oft und so rasch, daß selbst seine Leibwächter von ihnen überrumpelt wurden. Lin Biao hatte nicht die geringste Chance. Als Mao sicher nach Beijing zurückkehrte, wußte Lin Biao, daß er den Kampf verloren hatte. Ihm blieb nur noch die Flucht, denn er kannte das Schicksal derer, die Mao herausforderten. Im Gegensatz zu mir wußte Lin Biao damals gewiß, daß Liu Shaoqi im Gefängnis gestorben war – krank an Körper und Seele, ohne medizinische Versorgung. Und anderen hohen Parteiführern war es ähnlich ergangen. Nach dem mißlungenen Komplott gegen Mao war Lin Biaos Schicksal besiegelt.

Lin Doudous Behauptung, Lin Biao sei entführt worden, war falsch. Sie verehrte ihren Vater sehr und konnte sich nicht vorstellen, daß er etwas Unrechtes tat. Das Verhältnis zu ihrer Mutter Ye Qun hingegen war derart gespannt, daß sie Ye nicht als ihre leibliche Mutter akzeptierte. Lin Doudou redete sich ein, ihr Vater sei entführt worden, weil sie nicht zugeben wollte, daß er einen Umsturz geplant hatte und sich nun auf der Flucht befand.

Als der Fall Lin Biao Ende 1971 öffentlich bekannt wurde, war das ganze Land schockiert. Die Parteiführer der höchsten Ränge waren ebenso fassungslos wie ich. Zwar hatte ich von Maos Vorbehalten gegenüber dem Mann gewußt, den alle als den engsten Kampfgefährten des Vorsitzenden bezeichneten, aber auf ein derart heimtückisches Komplott Lin Biaos, das letztlich mit einer dramatischen Flucht endete, war ich nicht vorbereitet gewesen. Freunde wollten später von mir wissen, ob ich im August und September 1971, als ich mit Mao unterwegs war, während Lin Biao dessen Ermordung plante, um mein Leben gebangt hätte. Sie fragten, was für ein Gefühl es wohl gewesen sein mochte, sich mit Mao in der Großen Halle des Volkes zu verstecken und zu warten, bis Lin Biao tot und die Mitverschwörer verhaftet waren. Ich hatte damals keine Angst, denn dazu wußte ich nicht genug. Ich wußte nur von internen Machtkämpfen, von einem geplanten Attentat auf Mao ahnte ich nichts.

76. KAPITEL

Nach Lin Biaos Tod verschlechterte sich Maos Gesundheitszustand. Er hatte sich zwar nie ganz von der Lungenentzündung erholt, die er sich im November 1970 zugezogen hatte, aber sein körperlicher Verfall nach der Lin-Biao-Affäre war dramatisch. Nachdem die unmittelbare Krise vorbei war, wurde er depressiv. Er blieb den ganzen Tag im Bett, sprach kaum ein Wort und döste fast nur vor sich hin. Und wenn er aufstand, schien er um Jahre gealtert. Er ließ die Schultern hängen, bewegte sich wie in Zeitlupe, schlurfte beim Gehen und konnte nicht schlafen.

Sein Blutdruck, der normalerweise bei 130 zu 80 lag, stieg auf 180 zu 100. Unterschenkel und Füße schwollen an, vor allem um die Knöchel herum. Er bekam eine chronische Erkältung mit starkem Husten und begann, Schleim zu spucken. In seiner Lunge hatte sich Blut angestaut. Kein einziger Test, den ich durchführte, deutete auf irgendwelche Krankheitserreger hin; die Infektion seiner Lunge war einfach ein Zeichen nachlassender Widerstandskraft. Sein Herz war leicht vergrößert und der Puls unregelmäßig.

Ich riet ihm zu einer gründlichen Untersuchung mit Röntgenaufnahmen und Elektrokardiogramm, aber Mao weigerte sich. Ich empfahl ihm Ginseng, das alte chinesische Stärkungsmittel, das er früher oft genommen hatte. Aber Mao erklärte, er glaube nicht an chinesische Heilmittel. Ich warnte ihn, daß seine häufigen Lungeninfektionen bei nicht sachgemäßer Behandlung zu Herzversagen führen könnten. Er lehnte die Injektion von Antibiotika ab und schluckte lieber Tabletten. Als es ihm nach ein paar Tabletten wieder besser ging, nahm er sie nicht weiter ein, und alle Beschwörungen meinerseits blieben zwecklos. Dieses Spiel wiederholte sich immer wieder.

Am 20. November 1971, gut zwei Monate nach Lin Biaos Tod – man hielt die Affäre offiziell noch immer geheim –, wurden die Menschen in China durch einen Fernsehbericht über Maos Begegnung mit dem nordvietnamesischen Premier Pham Van Dong in der Großen Halle des Volkes schockiert. Als Mao seinen Gast zur Tür begleitete, fingen die Kameras seinen schlurfenden Gang ein. Seine Beine, so hieß es später, hätten ausgesehen wie wacklige hölzerne Stecken.

Wie immer, wenn widrige Umstände ihn ans Bett fesselten, dachte Mao über eine neue politische Strategie nach. Seit Beginn der Kulturrevolution, mehr als fünf Jahre zuvor im Frühjahr 1966, war die Zahl der Parteimitglieder zurückgegangen. Viele hohe Funktionäre waren tot, andere lebten im Exil. Etliche, die den Säuberungskampagnen zum Opfer fielen, waren der Illoyalität gegenüber Mao bezichtigt worden. Aber keiner war so illoyal gewesen wie Maos engster Kampfgefährte, und viele verbannte Parteiführer hatten ihn vor Lin Biao gewarnt. Nachdem Mao fast zwei Monate im Bett verbracht hatte, war er zur Versöhnung bereit. Er wünschte die Rückkehr derjenigen, die er verbannt hatte.

77. KAPITEL

Auf Chen Yis Beisetzung deutete sich zum erstenmal an, daß Mao plante, die von ihm gestürzten Politiker zu rehabilitieren.

Chen Yi, der frühere Außenminister, starb am 6. Januar 1972 an Dickdarmkrebs. Er war ein lebhafter, offenherziger Mensch gewesen, der sich nicht gescheut hatte, die Ausschreitungen der Kulturrevolution, den Fanatismus der Roten Garden und den miserablen Führungsstil Lin Biaos anzuprangern. Auf einer Sitzung des Politbüros im Februar 1967 kritisierten die stellvertretenden Ministerpräsidenten Tan Zhenlin und Li Fuchun im Verein mit ihm Lin Biao, Jiang Qing und mehrere ihrer Genossen wegen der Art, wie sie die Kulturrevolution durchführten. Gleichzeitig übten die Marschälle Chen Yi, Ye Yianying, Xu Xiangqian und Nie Rongzhen während einer Sitzung der Militärkommission in ähnlicher Form Kritik. Am 17. Februar 1967 hatte Tan Zhenlin in einem Schreiben an die Zentralbehörden erklärt, er bereue es, sich dem Kampf für die Revolution, der Roten Armee und Anfang der dreißiger Jahre Maos Streitkräften in Jinggangshan angeschlossen zu haben.

Tan Zhenlins Brief wurde an Mao weitergeleitet. »Wie seltsam, daß Tan Zhenlins Gedanken auf einmal so verworren sind«, schrieb Mao an den Rand. »Das kommt völlig unerwartet.«

Danach rief Mao mehrere Mitglieder des Politbüros zusammen. Er und Lin Biao beschuldigten Tan Zhenlin, Chen Yi und ihre Genossen, die Monarchie wiedereinführen und die Kulturrevolution in ihr Gegenteil verkehren zu wollen. Ihr Versuch, die Kulturrevolution aufzuhalten, wurde unter der Bezeichnung »Februar-Gegenströmung« bekannt.

Lin Biao und Jiang Qing nutzten Maos Worte als Vorwand, um eine landesweite Kampagne gegen ihre Kritiker zu starten. Eine neue Säuberungswelle begann. Chen Yi wurde seines Postens enthoben. Nach der Entlassung so vieler hochrangiger Mitglieder des Politbüros und der Militärkommission brachen beide Organe zusammen, und die Befugnisse des Politbüros wurden de facto der Zentralen Gruppe für die Kulturrevolution übertragen. Als Chen Yi Anfang 1972 starb, war er noch nicht rehabilitiert.

Die Beisetzung sollte am 10. Januar um fünfzehn Uhr auf dem Babaoshan-Friedhof am westlichen Stadtrand von Beijing stattfinden, wo die meisten Revolutionsführer des Landes bestattet waren. Mao wurde nicht zum Begräbnis erwartet, da er sich nicht mit seinem alten Genossen ausgesöhnt hatte. Statt dessen sollte Zhou Enlai die Begräbniszeremonie leiten und Ye Yianying die Trauerrede halten. Ye schickte den Entwurf seiner Rede zur Absegnung an Mao. Dieser las, daß Chen Yi als Mensch mit »Stärken und Schwächen« bezeichnet wurde, und strich das Wort »Schwächen« durch. Damit hatte er seinen alten Freund rehabilitiert.

Als Mao am Tag von Chen Yis Beisetzung um dreizehn Uhr aufwachte, beschloß er plötzlich, doch an der Begräbniszeremonie teilzunehmen. Hastig schlüpfte er in einen Pyjama und bestand ungeachtet unserer Warnungen vor der Kälte und dem böigen Wind darauf, sofort loszufahren. Es gelang uns gerade noch, ihm einen Mantel umzuhängen und einen Hut aufzusetzen, und ich begleitete ihn, als er in stoischer Haltung zu seinem Wagen ging. Wang Dongxing benachrichtigte Zhou Enlai und setzte auch Yang Dezhong in Babaoshan von Maos Kommen in Kenntnis, damit in der Zwischenzeit der Raum, in dem die Feier stattfinden sollte, geheizt wurde.

Wir waren vor den meisten Trauergästen in der Leichenhalle. Aber Chen Yis Witwe Zhang Qian und ihre vier Kinder waren schon da, und Mao bat sie, zu ihm in den Empfangssaal zu kommen. Als Zhang Qian den Saal betrat, erhob sich Mao, ging ihr mit ausgestreckten Armen entgegen und ergriff ihre Hand. Chen Yis Witwe weinte, und auch Mao blinzelte mit den Augen. »Chen Yi war ein guter Genosse«, sagte er.

Mittlerweile waren auch Zhou Enlai, Ye Yianying und Zhu De auf dem Friedhof eingetroffen. Hinter mir hörte ich jemanden rufen, daß der Vorsitzende weine. Chen Yis Genossen begannen vor Rührung zu schluchzen, und der Saal war von Trauer erfüllt.

Aber Mao weinte nicht. Er tat nur so, indem er ein wenig mit den Augen blinzelte und ein trauriges Gesicht machte. Er war immer noch ein exzellenter Schauspieler.

Der erst vor kurzem gestürzte Prinz Norodom Sihanouk von Kambodscha war ebenfalls zur Trauerfeier angereist. In einem Gespräch mit dem Prinzen ließ Mao seine Absicht erkennen, sich mit den entlassenen Führern auszusöhnen, und zum erstenmal erwähnte er gegenüber einem Außenstehenden Lin Biaos Tod. Sein engster Kampfgefährte, so Mao, habe sich in die Sowjetunion absetzen wollen, sei aber bei einem Flugzeugabsturz in der Äußeren Mongolei ums Leben gekommen. »Lin Biao hat sich gegen mich gestellt«, erklärte Mao. »Chen Yi hat mich unterstützt.«

Dann kam Mao auf die Februar-Gegenströmung zu sprechen. Er sei zu der Erkenntnis gelangt, sagte Mao, daß die Gegenströmung ein Versuch Chen Yis und anderer altgedienter Parteiführer gewesen sei, sich Lin Biao, Chen

Boda, Wang Li, Guan Feng und Qi Benyu – den abtrünnigen Radikalen der Kulturrevolution – zu widersetzen. Die »Gegenströmung« sei in Wirklichkeit positiv zu werten gewesen.

Nach Chen Yis Begräbnis begannen die Rehabilitierungen. Yang Chengwu, der ehemalige Chef des Generalstabs, der die Gruppe Eins während der harten Arbeit am Wasserspeicher bei den Ming-Gräbern so freundlich behandelt hatte, wurde als erster wieder in sein Amt eingesetzt. Gleichzeitig wurden auch Yu Lijin, der frühere Politkommissar der Luftwaffe, und Fu Chongbi, der ehemalige Standortkommandant von Beijing, rehabilitiert. Sie waren am 24. März 1968 auf einer Versammlung von 10000 Offizieren in der Großen Halle des Volkes von Lin Biao entlassen worden. »Lin Biaos Anschuldigungen gegen sie waren falsch«, erklärte Mao. In einem kurzen Brief an Yang Chengwu, den Wang Dongxing übermittelte, schrieb Mao: »Yang Chengwu, ich verstehe Sie. Der Fall, in den Sie, Fu und Yu verwickelt wurden, war ein Irrtum.« Ihre Namen waren reingewaschen.

Luo Ruiqing war der nächste, der zurückkam. »Lin Biao hat auch Luo Ruiqing zu Unrecht beschuldigt«, sagte Mao. »Und ich habe auf Lin gehört und Luo entlassen. Es war unklug von mir, so oft auf seine einseitigen Vorschläge zu hören. Ich muß mich selbst dafür rügen.«

Mao gab nie zu, daß die Kulturrevolution an sich ein Fehler war. Aber Lin Biaos Treuebruch überzeugte ihn davon, daß er seine Strategie ändern mußte. Er beauftragte Zhou Enlai, sich persönlich um die Rehabilitierung vieler seiner alten Genossen zu kümmern.

78. KAPITEL

Schon auf dem Rückweg von Chen Yis Beisetzung nach Zhongnanhai fühlte Mao sich krank. In der Leichenhalle von Babaoshan war es kalt gewesen, und er hatte während der ganzen Trauerfeier stehen müssen. Beim Verlassen des Friedhofs zitterten ihm die Knie, und er hustete stark. Er war so wackelig auf den Beinen, daß ich ihm beim Einsteigen in den Wagen behilflich sein mußte. Ich hatte ihn noch nie so schwach gesehen. Sein Zustand hatte sich drastisch verschlechtert.

Er bekam leichtes Fieber, und seine Lungeninfektion machte sich wieder bemerkbar. Ich schlug vor, sofort Antibiotika zu spritzen, aber er lehnte ab. Er wollte keine Spritzen mehr, nur noch Tabletten.

Doch die Tabletten halfen nicht, und es ging ihm immer schlechter. Die Beine schwollen an, in der Lunge staute sich Blut. Er hatte Krampfhusten, und sein Herzschlag war unregelmäßig. Ich riet ihm, sich gründlich untersuchen zu lassen und Spezialisten zu Rate zu ziehen.

»Sie wollen ja nur Ihre Verantwortung auf andere abwälzen«, sagte Mao gereizt. Ich wußte nicht mehr weiter.

Fünf Tage später nahm er keine Antibiotika mehr. »Sie helfen ja doch nicht.« Er blieb dauernd im Bett, schlief schlecht und schien verwirrt zu sein.

Am 18. Januar 1972 eilte Wu Xujun gegen Mittag zu mir. Sie konnte Maos Puls nicht finden.

Ich lief in sein Zimmer. Jetzt raste sein Puls mit hundertvierzig Schlägen pro Minute. Ich benachrichtigte Wang Dongxing und Zhou Enlai und verlangte eine sorgfältige Untersuchung. Wir mußten herausfinden, was ihm fehlte.

Zhou war ganz meiner Meinung und befahl mir, ein Team von Spezialisten zusammenzustellen. Ich wählte Shang Deyan, den Chefanästhesisten am Fuwai-Krankenhaus in Beijing, Gao Rixin, den Chefanästhesisten am Krankenhaus von Beijing, Wu Jie, den Leiter der Abteilung für Innere Medizin am Krankenhaus von Beijing, Hu Xudong von der Klinik in Zhongnanhai, Yue Meizhong, den Leiter der Abteilung für Innere Medizin am Xiyuan-Krankenhaus und Mitglied der Chinesischen Akademie für Traditionelle Heilkunde, sowie mehrere Krankenschwestern aus. Zuerst brauchten wir ein Elektrokardiogramm von Mao.

Mao wollte kein Team von Spezialisten, aber ich blieb hartnäckig. Wenn er nicht einverstanden sei, erklärte ich, könne er nicht wieder gesund werden. Sein Zustand wurde immer ernster. Er war schon so schwach, daß ihm das Atmen schwerfiel und er nicht einmal mehr husten konnte. Das Ödem hatte sich ausgebreitet, und ich hatte Angst, seine inneren Organe könnten in Mitleidenschaft gezogen werden.

Schließlich gab Mao nach. Die Ärzte untersuchten ihn gründlich und machten ein Elektrokardiogramm. Die Ergebnisse deuteten auf ein Herzleiden – Herzinsuffizienz – und ein Gehirnleiden hin. Da Maos Herz nicht genügend Blut pumpte, hatte sich ein Gehirnödem gebildet, und da das Gehirn infolgedessen nicht ausreichend mit Sauerstoff versorgt wurde, war Mao ständig müde, konnte die Augen nicht offenhalten und nickte immer wieder ein. Das Elektrokardiogramm ließ zudem Herzrhythmusstörungen erkennen.

Mao konnte zwar noch sprechen, aber er war erschöpft und gereizt und hatte seinen Humor völlig verloren. Als Yue Meizhong versuchte, Maos Zustand vom Standpunkt der traditionellen chinesischen Heilkunde aus zu erklären, schnitt Mao ihm das Wort ab. »Schon gut. Gehen Sie und besprechen Sie das woanders.« Dann rief er mich zurück. »Traditionelle Medizin ist nichts für mich. Schicken Sie den Kerl fort.«

Dr. Yue war über siebzig Jahre alt und ein äußerst angesehener Vertreter der traditionellen Medizin. Wir konnten ihn nicht einfach abschieben.

Wang Dongxing und ich überlegten, wie wir Dr. Yue fortschicken konnten, ohne daß er sein Gesicht verlor. Schließlich kamen wir überein, daß Wang Dongxing sich die Diagnose des Arztes anhören und ihn dann seinerseits wegen eines geringfügigen Problems konsultieren solle. Irgendwie schaffte Wang es tatsächlich, Yue zu besänftigen.

Wu Jie, Hu Xudong und ich waren jetzt für Maos Behandlung zuständig. Wir beschlossen, ihm Penicillin zu spritzen und Digitalis zu verabreichen, um Herz und Blase anzuregen und so das Wasser aus seinem Körper zu bekommen. Mao war mit allem einverstanden, abgesehen von dem harntreibenden Mittel. »Probieren Sie nicht alles auf einmal«, sagte er, »sonst haben Sie nachher nichts mehr, wenn die Behandlung nicht anschlägt.«

Mao verstand noch immer nichts von moderner Medizin. Als er erfuhr, daß Kang Sheng ebenfalls krank sei, fragte er, welche Medikamente Kang einnahm, um sich die gleiche Medizin verordnen zu lassen. Kang Sheng war nach der Lin-Biao-Affäre in Depressionen verfallen. Er blieb in seinem Zimmer in Diaoyutai, saß reglos auf dem Sofa und sprach kein Wort. Sein Zustand war mit dem Maos überhaupt nicht vergleichbar. Aber sein Arzt, ein Mann namens Gu, hatte mir erzählt, daß Kang einzig und allein auf Antibiotika vertraue. Dadurch konnte ich Mao überreden, die Behandlung mit Antibiotika fortzusetzen, wollte aber, daß er auch die anderen Medikamente einnahm. Mao war hocherfreut, als er hörte, daß Kang Sheng nur Antibiotika erhielt. »Sehen Sie«, sagte er, »ich brauche all die verschiedenen Medikamente gar nicht.« Sofort setzte er das Digitalis-Präparat ab, das er bis dahin nur einmal genommen hatte.

Die Antibiotika allein halfen jedoch nicht. Die Bluttests zeigten einen so niedrigen Sauerstoffgehalt, daß ein weniger robuster Mann daran gestorben wäre. Am 21. Januar sprach ich noch einmal mit Zhou Enlai. Ich erklärte ihm, daß Mao in Lebensgefahr schwebe, und bat ihn, Mao zu einer kooperativeren Haltung zu überreden. Außerdem unterbreitete ich ihm Maos Wunsch, daß Jiang Qing sich nicht in seine Behandlung einmischen solle. Deshalb machte ich den Vorschlag, sie nicht mehr an unseren Besprechungen teilnehmen zu lassen. Zhou war einverstanden.

Als aber Zhou am Abend in Maos Residenz erschien, mußte ich zu meiner Verärgerung feststellen, daß er Jiang Qing doch mitgebracht hatte. »Der Vorsitzende ist schwer krank«, meinte er, nachdem Jiang Qing den Raum verlassen hatte. »Was sollte ich ihr sagen, wenn ihm etwas zustieße? Sie ist Mitglied des Politbüros und die Ehefrau des Vorsitzenden. Wie könnte ich ihr da etwas verschweigen?« Zhou war stets ein loyaler Apparatschik.

Wu Jie und Hu Xudong halfen mir, Jiang Qing und Zhou Enlai Maos Zustand zu schildern. Ich betonte, daß Maos Leben in Gefahr sei, wenn nicht umgehend mit der Behandlung begonnen werde. Zhou befragte uns ausführlich, wie wir vorgehen wollten.

»War der Vorsitzende vor ein paar Tagen in Babaoshan etwa nicht bei bester Gesundheit?« warf Jiang Qing ein. »Das ganze letzte Jahr ist es ihm gutgegangen. Er ist robust, ihm passiert schon nichts. Geraten Sie bloß nicht in Panik.«

Aber Zhou Enlai hatte mitbekommen, wie sich der Zustand des Vorsitzenden nach Lin Biaos Tod immer weiter verschlechterte. Er bat mich, Jiang Qing und ihn zu Mao zu begleiten. Vielleicht könnten meine medizinischen Kenntnisse dazu beitragen, Mao von der Notwendigkeit einer Behandlung zu überzeugen.

Ich betrat Maos Zimmer als erster. Er saß, nur in einen Bademantel gehüllt, mit zurückgelehntem Kopf und geschlossenen Augen auf seinem Sofa und atmete geräuschvoll durch den halb geöffneten Mund; seine nackte Brust hob und senkte sich mit jedem Atemzug. Arme und Beine lagen wie gelähmt auf dem Sofa, und er war leichenblaß. Ich flüsterte: »Vorsitzender, der Ministerpräsident und Genossin Jiang Qing möchten mit Ihnen sprechen.«

Wir zogen uns Stühle heran und setzten uns dicht neben das Sofa. Wang Dongxing und Zhang Yaoci standen draußen vor der Tür, um zu lauschen, doch Zhou scheuchte sie weg.

Mao hustete krampfhaft, bis sich der zähe Schleim löste. Während ich nach einem Spucknapf griff, hielt Jiang Qing ihm ihr Taschentuch hin. Aber Mao stieß die Hand seiner Frau weg und benutzte den Spucknapf. (Jiang Qing und Mao lebten schon so lange getrennt, daß sie seine Gewohnheiten vergessen hatte.)

»Was wollt ihr eigentlich alle hier?« fragte er.

Zhou warf einen Blick auf Jiang Qing, die aufrecht und stumm dasaß. »Wir haben uns gerade über Ihren Gesundheitszustand unterhalten«, begann er, »und wollten Ihnen darüber berichten.«

»Da gibt es nichts zu berichten«, entgegnete Mao. »Ihr seid keine Ärzte und wißt nicht, was los ist. Ihr müßt auf die Ärzte hören.«

Zhou sah wieder Jiang Qing an. »Gerade haben die drei ...«

»Welche drei?«

»Li Zhisui, Wu Jie und Hu Xudong. Sie haben der Genossin Jiang Qing und mir den Gesundheitszustand des Vorsitzenden geschildert.«

Maos Augen waren geschlossen gewesen. Jetzt öffnete er sie. »Und was ist mit meiner Gesundheit?«

»Der Vorsitzende hat sich eine Erkältung zugezogen, die zu einer Lungeninfektion geführt hat«, erklärte Zhou. »Diese Infektion wiederum hat sich auf das Herz ausgewirkt. Deshalb halten wir es für ratsam, die Behandlung des Vorsitzenden zu intensivieren.« Zhou wandte sich an mich. »Bitte, erklären Sie dem Vorsitzenden noch einmal, wie die Behandlung aussehen soll.«

Mao ließ mich jedoch nicht zu Wort kommen. »Was war das für ein Medikament, das Sie mir gegeben haben?« fragte er mich. »Ich habe überhaupt keinen Appetit mehr. Und von den vielen Spritzen tut mir mein Hinterteil weh und juckt.«

Jiang Qing erkannte ihre Chance. »1968 hat Li Zhisui versucht, mich mit Medikamenten zu vergiften, und damals hast du gefragt, warum er mich umbringen wollte und nicht dich. Nun ist alles klar. Er will auch dir Schaden zufügen.«

»Oh? Dann haben Sie ja eine große Tat vollbracht, nicht wahr?« meinte Mao sarkastisch und schaute mich an.

Es war, als hätte ich einen Schlag in die Magengrube bekommen. Mein Mund war plötzlich ganz trocken. Mein Körper war gelähmt vor Angst. Jiang

Qing beschuldigte mich, dem Vorsitzenden schaden zu wollen, und Mao pflichtete ihr bei!

»Verlassen Sie den Raum«, sagte Jiang Qing zu mir. »Uns werden Sie nichts mehr vormachen.«

Auf einmal war ich völlig ruhig. Mir war alles egal. Ich stand kurz davor, verhaftet zu werden, und wußte, daß man mich zum Tode verurteilen würde, weil ich Mao angeblich hatte schaden wollen. Ich mußte mich mit meinem Schicksal abfinden. Das war also das Ende. Langsam erhob ich mich, und während ich zur Tür ging, streifte mein Blick Zhou Enlai. Er saß reglos da, die Farbe war aus seinem Gesicht gewichen, seine Hände zitterten.

Ich war schon an der Tür, als Mao plötzlich mit dröhnender Stimme befahl: »Bleiben Sie! Wenn es etwas gegen Sie vorzubringen gibt, dann soll es nicht hinter Ihrem Rücken geschehen.« Dabei sah er Jiang Qing an.

Mir fiel ein Stein vom Herzen. Wenn ich mich verteidigen durfte, würde ich überleben. Ich merkte, wie sich auch Zhou entspannte.

Ich erklärte Mao, was ihm meiner Ansicht nach fehlte. Da sein Herz geschwächt sei, habe sich sein Kreislauf verlangsamt, und deshalb habe er keinen Appetit. »Höchstwahrscheinlich sind auch einige innere Organe, zum Beispiel Magen und Darm, geschwollen und bekommen nicht genügend Sauerstoff. Auch darum wollen Sie nichts essen. Und wegen des Kreislaufproblems werden die Medikamente nicht so rasch absorbiert. Darum juckt und schmerzt die Einstichstelle.«

Aber Mao hörte überhaupt nicht zu. Er schüttelte nur den Kopf und klopfte mit der Hand auf das Sofa. »Jiang Qing, der Lotosstengel, den du mir geschickt hast, ist in Wasser gekocht worden, aber nachdem ich den Sud getrunken hatte, mußte ich mich übergeben. Deine Medizin taugt also auch nichts.« Kang Sheng hatte Jiang Qing dieses alte chinesische Heilmittel empfohlen.

Am liebsten hätte ich erleichtert aufgelacht, als Mao seine Frau anschnauzte. Jiang Qing machte ein mürrisches Gesicht, tupfte sich mit einem Taschentuch den Schweiß von der Stirn und schnappte nach Luft.

Mao lehnte den Kopf zurück. »Keine der beiden Methoden taugt etwas.« Dann wandte er sich an mich. »Brechen Sie die Behandlung ab. Wer dafür ist, daß ich Medikamente einnehme, soll den Raum verlassen.«

Ich war entsetzt. Ohne Medikamente würde Mao sterben.

»Ich glaube nicht, daß ich wieder gesund werde«, sagte Mao zu Zhou Enlai. »Alles hängt jetzt von Ihnen ab …«

Zhou Enlai war verwirrt. »Nein, Vorsitzender, Ihr Zustand ist nicht ernst. Wir brauchen Ihre Führung.«

Matt schüttelte Mao den Kopf. »Ich schaffe das nicht mehr. Nach meinem Tod müssen Sie sich um alles kümmern. Das ist mein Letzter Wille.«

Jiang Qing riß entgeistert die Augen auf und ballte die Fäuste. Sie platzte fast vor Wut.

Zhou zog die Beine an, legte die Hände auf die Knie und beugte sich zu Mao vor. Der Vorsitzende der Kommunistischen Partei Chinas übertrug dem Ministerpräsidenten die Führung des Landes – der Partei, der Regierung und der Armee. Und er tat es in Gegenwart seiner Frau, die doch selbst an die Macht wollte. Mir zitterten immer noch vor Aufregung die Knie, und ich begriff die Tragweite von Maos Worten nicht. Heute vermute ich, daß er sich damals zum erstenmal der eigenen Sterblichkeit bewußt wurde.

»Das war's«, sagte Mao schließlich. »Ihr könnt jetzt gehen.«

In dem Büro, in dem Wang Dongxing und Zhang Yaoci warteten, warf Jiang Qing ihre Militärmütze auf den Boden. »Hier ist ein Spionagering am Werk«, fauchte sie. »Ich werde das gründlich überprüfen lassen.« Dann wandte sie sich an Zhou Enlai. »Berufen Sie unverzüglich in der Huairen-Halle eine Sitzung des Politbüros ein!« befahl sie und ging wütend hinaus. Ich konnte nur rätseln, wer nach Jiang Qings Ansicht die Spione waren, aber wahrscheinlich zählte sie mich zu ihnen. Vielleicht hielt sie Wang Dongxing für den Anführer.

»Genosse Dongxing«, sagte Ministerpräsident Zhou, »benachrichtigen Sie sämtliche Mitglieder des Politbüros, die sich zur Zeit in Beijing aufhalten. Wir müssen uns sofort treffen.« Es war einundzwanzig Uhr.

79. KAPITEL

Um dreiundzwanzig Uhr, knapp zwei Stunden nach Beginn der Politbürositzung, bestellte Wang Dongxing Wu Jie, Hu Xudong und mich in ein Vorzimmer der Huairen-Halle, in dem schon die Ärzte Wu Jieping und Bian Zhiqiang saßen. Wir warteten schweigend.

Dann kam Yao Wenyuan aus dem Sitzungssaal. »Jiang Qing hat mich aufgefordert, mit Ihnen zu sprechen.« Er wandte sich an Wu Jieping und Bian Zhiqiang. »Sie haben zwar nichts mit der Behandlung des Vorsitzenden zu tun, aber vielleicht können Sie uns helfen, die Situation zu beurteilen.«

Yao fuhr fort: »Der Vorsitzende war bisher immer gesund. Wenn er an einer öffentlichen Veranstaltung teilnimmt oder ausländische Gäste empfängt, wird in der Presse immer betont, wie vital er ist und wie frisch und strahlend er aussieht. Das ist nicht nur leeres Gerede.« Er zeigte uns ein Foto von dem Treffen zwischen Mao und dem nordvietnamesischen Premier Pham Van Dong. »Sehen Sie, wie kraftvoll der Händedruck des Vorsitzenden ist. Er hat im Moment zwar eine Erkältung, aber es ist nichts Ernstes. Sie behaupten, der Vorsitzende habe Probleme mit der Lunge und mit dem Herzen. Wo sind Ihre Beweise? Sie sprechen sogar von einer sogenannten Herzinsuffizienz. Offenbar erfinden Sie das nur, um die Öffentlichkeit zu beunruhigen. Ich sage nicht, daß Sie politisch nicht tragbar sind, aber Sie sorgen für Verwirrung. Dafür müssen Sie die Verantwortung übernehmen.« Die Aufnahme von Mao und dem nordvietnamesischen Ministerpräsidenten war ein Standfoto. Darauf ließ sich nicht erkennen, wie schwach er zu jenem Zeitpunkt gewesen war.

Wir Ärzte verzichteten auf eine Antwort, denn Yaos Meinung schien bereits festzustehen. »Wenn Sie sich nicht äußern wollen, können Sie gehen«, sagte Yao. »Man wird Ihnen die Entscheidung des Politbüros mitteilen.«

Mittlerweile war es zwei Uhr morgens. Wir kehrten in Maos Residenz zurück. Keiner von uns konnte schlafen, und Wu Jie zitterte vor Angst. Er war vierundsechzig, zwölf Jahre älter als ich, und hatte bereits einige Jahre der Verfolgung hinter sich. Vor 1949 war er Mitglied der Guomindang und Direktor des Krankenhauses von Beijing gewesen. Zu Beginn der Kulturrevolution war er gefoltert und für drei Jahre in einen »Kuhstall« gesperrt worden, danach hatte er Zwangsarbeit verrichten müssen. Nun fürchtete er, erneut ins Gefängnis geworfen zu werden.

Ich versuchte, ihn zu beruhigen. Alles, was wir für Mao getan hätten – die Untersuchung, unsere Diagnose, unsere Behandlung – sei mit seinem Einverständnis geschehen. Mao sei zwar schwer krank, aber noch nicht tot. Er werde sich für uns einsetzen.

Trotzdem machte ich mir Gedanken. Maos Zustand würde sich ohne medizinische Versorgung weiter verschlechtern. Wir brauchten seine Unterstützung. Außerdem war völlig ungewiß, was das Politbüro – wohl kaum ein faires und unparteiisches Gremium – beschließen würde.

Um vier Uhr morgens wurden wir wieder in die Huairen-Halle gerufen. Diesmal nahmen wir Maos Elektrokardiogramm mit. Anhand der Aufzeichnung konnte jeder Arzt erkennen, daß Mao zwei ernste Herzleiden hatte – eine Extrasystolie, das heißt eine vorzeitig einsetzende Erregungsbildung im Herzen, und eine Ischämie, bei der das Herz unzureichend mit Blut versorgt wird.

Schließlich kamen zwei andere Politbüromitglieder heraus: Marschall Ye Yianying und der stellvertretende Ministerpräsident Li Xiannian.

»Das Politbüro hat uns beauftragt, noch einmal mit Ihnen über den Gesundheitszustand des Vorsitzenden zu sprechen«, begann Ye Yianying. »Sie brauchen nicht nervös zu sein. Sagen Sie uns einfach klipp und klar, wo das Problem liegt.«

Ich schilderte noch einmal, wie sich Maos Zustand nach der Lin-Biao-Affäre verschlechtert hatte und wie es gegenwärtig um ihn stand. Ye, der selbst Probleme mit dem Herzen hatte, sah sich das Kardiogramm genau an und hörte mir aufmerksam zu.

»Mao hat eindeutig Herzbeschwerden«, sagte er. »Wie kann jemand behaupten, daß es nicht so ist? Wie kann jemand den Ärzten unterstellen, sie hätten ihre Diagnose einfach erfunden?«

Dann erkundigte er sich nach dem Treffen zwischen Mao, Zhou Enlai, Jiang Qing und mir. Ich berichtete ihm über unser Gespräch und auch darüber, daß Mao Zhou Enlai zu seinem Nachfolger bestimmt hatte.

Ye Yianying versicherte uns, daß wir keinen Fehler gemacht hätten. »Ich sehe nicht ein, weshalb Sie für den Abbruch der Behandlung verantwortlich gemacht werden sollten. Das geschah eindeutig auf Befehl des Vorsitzenden. Keiner von Ihnen muß sich deswegen Gedanken machen. Kehren Sie zu Maos Haus zurück und bereiten Sie die weitere Behandlung vor. Halten Sie auch die Geräte für den Notfall bereit. Von jetzt an werde ich dort selbst die Aufsicht führen. Wenn es Probleme gibt, sagen Sie mir Bescheid.«

Ye erkundigte sich bei Li Xiannian, der bisher kein Wort gesagt hatte, ob er noch Fragen habe. Doch Li schwieg. Daraufhin entließ Ye uns, und wir kehrten in Maos Residenz zurück. Es war jetzt sieben Uhr morgens.

Ye Yianying hatte eine große Last von uns genommen. Während wir beratschlagten, wie wir dem Vorsitzenden am besten helfen konnten, hob sich unsere Stimmung, und auf Wu Jies Gesicht zeigte sich sogar ein Lächeln. Wir aßen noch etwas und gingen dann schlafen.

Als ich um fünfzehn Uhr erwachte, wartete Ye Yianying bereits. Auch Wu Jie und Hu Xudong waren schon bei ihm, als ich den Empfangsraum betrat.

»Ich habe jetzt hier Dienst«, sagte Ye Yianying. »Unterhalten wir uns ein wenig. Direktor Li, Sie arbeiten nun schon seit achtzehn Jahren für den Vorsitzenden, und wir alle kennen Sie sehr gut. Sie müssen jetzt tun, was Sie für notwendig halten. Und keine Angst vor möglicher Kritik. Die müssen wir alle gelegentlich einstecken.«

Dann wandte er sich an Wu Jie. »Direktor Wu, Sie sind seit Jahrzehnten Arzt. Sie haben Hunderten von Menschen das Leben gerettet, und viele davon waren älter als der Vorsitzende. Können Sie dem Vorsitzenden helfen?«

Wu antwortete: »Wenn der Vorsitzende sich behandeln läßt, können wir ihn heilen.«

Ye lächelte. »Gut. Momentan will der Vorsitzende sich nicht behandeln lassen, weil er verärgert ist. Aber wenn sich sein Ärger gelegt hat, wird er Ihre Hilfe brauchen.«

Schließlich wandte sich Ye an den vierzigjährigen Hu Xudong und befahl ihm, sich um die Sauerstoffbehälter und das Beatmungsgerät zu kümmern.

Gegen siebzehn Uhr verließ Ye das Haus, und Wu Jie und Hu Xudong kehrten in die Klinik von Zhongnanhai zurück. Ich blieb in Maos Residenz.

Am Abend forderte Wang Dongxing einen Bericht über Maos Zustand an. Ich hatte den Vorsitzenden jedoch seit der vergangenen Nacht nicht mehr gesehen und wollte ihn jetzt nur ungern aufsuchen. Wang war einverstanden. »Übereilen Sie nichts«, meinte er. »Sonst wird alles nur noch schlimmer.«

Er informierte mich auch über den Verlauf der Politbürositzung vom Vorabend. Jiang Qing hatte behauptet, der Vorsitzende sei von Spionen umgeben, und eine Untersuchung durch das Politbüro verlangt. Wang Hongwen, Zhang Qunqiao und Yao Wenyuan, ihre drei treuesten Anhänger, unterstützten ihre Forderung. Daraufhin brach ein Tumult aus. Wang Dongxing wollte sich gerade gegen die Untersuchung aussprechen, als Ye Yianying ihn zurückhielt. »Er legte die Hand auf mein Knie, um mir mitzuteilen, daß dies nicht der geeignete Zeitpunkt sei«, sagte Wang. »Unterdessen versuchte Ministerpräsident Zhou, die erhitzten Gemüter zu beschwichtigen. Er bat die Anwesenden, Geduld zu haben und alles in Ruhe zu besprechen.«

Aber Jiang Qing hatte für Verwirrung gesorgt. »Der Vorsitzende ist gesund«, hatte sie erklärt und dabei Zhou angesehen. »Warum wollen Sie ihn zwingen, Ihnen die Macht zu übertragen?«

Die Mitglieder des Politbüros, die von dem Gespräch zwischen Mao, Zhou Enlai, Jiang Qing und mir nichts wußten, hatten keine Ahnung, worauf Maos Frau hinauswollte.

Wang Dongxing machte sich große Sorgen um Maos Gesundheit. »Egal wie, Sie müssen den Vorsitzenden dazu bringen, sich behandeln zu lassen«, sagte er. »Wir können nicht länger warten.«

Mao war gerade aufgewacht, als ich in seine Residenz zurückkehrte. Infolge seiner Herzbeschwerden konnte er nur im Sitzen schlafen und war auf dem Sofa eingenickt. Nach wie vor atmete er geräuschvoll und mühsam.

Seine Augen waren geschlossen, und der Schleim aus der Lunge verursachte ein gluckerndes Geräusch. Seine Lippen waren blaß. Aber da er noch immer nicht behandelt werden wollte, entfernte ich mich wieder.

Im Empfangsraum traf ich auf Xu Yefu. Er war auf dem Weg zu Wu Xujun, um ihr ein paar Unterlagen für Mao zu geben. »Gerade ist etwas Merkwürdiges passiert, Dr. Li«, sagte er. »Jiang Qing nahm mich und Zhang Yufeng beiseite und erklärte uns, der Vorsitzende Mao sei von Spionen umgeben. Sie riet uns, die Augen offenzuhalten, und ich soll künftig in dem kleinen Raum neben dem Zimmer des Vorsitzenden schlafen und beobachten, was dort vor sich geht. Ich antwortete, daß ich dem Vorsitzenden keine große Hilfe sein könne – ich bin ja kein Arzt. Anschließend sprach ich mit Direktor Wang Dongxing, und er meinte, ich solle sie einfach ignorieren. Nun weiß ich nicht, was ich tun soll.« Ich konnte ihm auch keinen Rat geben.

Maos Ödem vergrößerte sich und ließ Nacken und Stirn deutlich anschwellen. Ich war zutiefst beunruhigt. Die Krankheit des Vorsitzenden war in einem akuten Stadium, und wir konnten nichts unternehmen. Zhang Yufeng war oft bei ihm, aber dann blieb sie auch wieder lange Zeit fort. Sie half gerade ihren Eltern und ihrer Schwester beim Umzug von Mudanjiang nach Beijing, und Wu De, der Bürgermeister von Beijing, unterstützte sie dabei.

Zehn Tage vergingen. Mao lehnte nach wie vor eine Behandlung ab.

Dann, am Nachmittag des 1. Februar, rief er mich endlich zu sich.

»Meinen Sie, es besteht noch Hoffnung?« fragte er. »Können Sie mir noch helfen?«

»Wenn Sie sich behandeln lassen, gibt es natürlich noch Hoffnung«, erwiderte ich.

Sein Puls war schwach und unregelmäßig.

»Wie wird Ihre Behandlung aussehen?« wollte Mao wissen.

»Vor allem müssen wir etwas gegen die Lungeninfektion tun. Wir müssen Ihr Herz anregen und die Wasseransammlung in Ihrem Körper stoppen. Wir werden Ihnen Spritzen und Tabletten geben.«

»Wieder Spritzen?«

»Sonst werden Sie die Lungeninfektion nie los, und die ist die Ursache all Ihrer Probleme«, erklärte ich.

»Na schön«, meinte Mao schließlich. »Fangen Sie mit der Behandlung an.«

Die Geschichte Chinas war im Umbruch. Präsident Nixon hatte seinen Besuch für den 21. Februar angekündigt. Und natürlich wollte sich Mao mit ihm treffen. Also hatten wir genau drei Wochen Zeit, seine Gesundheit wiederherzustellen. Wir machten uns unverzüglich an die Arbeit.

80. KAPITEL

Nachdem Mao der Behandlung zugestimmt hatte, bestellte ich Wu Jie und Hu Xudong umgehend in seine Residenz. Nach dem Konflikt mit Jiang Qing ein paar Wochen zuvor und ihrer versteckten Anschuldigung, ich sei ein Spion, wollte ich nicht mehr allein die Verantwortung tragen, wenn Mao etwas zustieß. Wir baten Shang Deyan, die Erste-Hilfe-Ausrüstung aus der Klinik von Zhongnanhai zu holen. Bevor wir Mao Antibiotika verabreichten, machte ich einen Allergietest. Das Resultat war negativ, und ich wies Wu Xujun an, Mao eine Spritze in die linke Hüfte zu geben.

Zwanzig Minuten später begann Mao zu husten. Er war zu schwach, um den gelösten Schleim auszuspucken, würgte, rang nach Luft und wurde schließlich ohnmächtig.

Wir richteten ihn auf. Hu Xudong schlug voll Panik gegen Maos Brust und rief: »Vorsitzender! Vorsitzender!« Seine Schläge waren so heftig, daß er Mao leicht die Rippen hätte brechen können, und sein Verhalten verängstigte die im Zimmer anwesenden Bediensteten. Ich forderte noch einmal in der Klinik von Zhongnanhai die Erste-Hilfe-Ausrüstung an. Wir injizierten Mao eine Reihe von Medikamenten, unter anderem auch Steroide, um die Reflexe zu stimulieren und den Bronchialkrampf zu lösen.

Weitere zehn Minuten vergingen, und Shang Deyan war immer noch nicht eingetroffen. Ich rannte zur Klinik hinüber, wo Shang auf einen Kleintransporter wartete. Wir schnappten uns die Geräte und liefen zurück. Der Vorsitzende war nach wie vor bewußtlos. Shang Deyan entfernte mit dem Absauggerät den Schleim aus Maos Atemwegen. Danach setzten wir ihm eine Sauerstoffmaske auf.

Ein paar Sekunden später öffnete Mao die Augen und riß sich die Maske vom Gesicht.

»Was machen Sie denn alle hier?« wollte er wissen.

»Wie fühlen Sie sich?« fragte ich.

Mao fühlte sich, als hätte er geschlafen. Er bemerkte den Infusionsschlauch in seinem Arm und versuchte, ihn herauszuziehen. Ich hinderte ihn daran. »Wenn Sie das tun, gelangen die Medikamente nicht mehr direkt in den Blutkreislauf.«

»Warum sind hier so viele Leute?« fragte er. »Ich brauche nicht so viele Menschen um mich herum.«

Alle, die nicht zum Pflegepersonal gehörten, verließen augenblicklich das Zimmer.

Bei Maos Kollaps war es um Sekunden gegangen. Noch während Mao bewußtlos war, hatte man Wang Dongxing von der Entwicklung informiert, und dieser wiederum hatte Zhou Enlai verständigt. Für Zhou war die Nachricht ein solcher Schock gewesen, daß er die Kontrolle über Blase und Darm verlor und sich in die Hosen machte. Deshalb mußte er sich erst noch waschen und umkleiden, ehe er zur Residenz eilte. Inzwischen hatte Mao sich schon erholt.

Zhou schaute bei Mao herein und unterhielt sich kurz mit Zhang Yufeng, die fast die ganze Zeit über am Krankenbett geblieben war. Anschließend rief Zhou das Ärzteteam zusammen und ließ sich von Wu Jieping, Hu Xudong und mir berichten, was sich abgespielt hatte. Er war immer noch nervös.

»Zhang Yufeng glaubt, der Kollaps des Vorsitzenden sei durch eine allergische Reaktion auf die Antibiotika hervorgerufen worden«, sagte Zhou, nachdem er unseren Bericht gehört hatte. »Sie sollten das überprüfen.«

Shang Deyan widersprach: »Es war keine Reaktion auf die Spritze. Kurz nachdem der Schleim abgesaugt war, konnte der Vorsitzende wieder normal atmen.«

Zhou Enlai ließ die Erklärung gelten, verlangte aber dennoch einen vollständigen Bericht. »Dies ist eine sehr ernste Angelegenheit«, betonte er, »und das Politbüro ist bislang nicht informiert worden.« Er war besonders verärgert darüber, daß sich die Rettungsmaßnahmen verzögert hatten.

Ich erläuterte, daß Mao Zhang Yaoci angewiesen habe, nur Hu Xudong, Wu Jie und mir den Zutritt zu seiner Residenz zu gestatten, und er habe die Erste-Hilfe-Ausrüstung nicht in seiner Nähe geduldet. »Wir werden das Haus umgestalten müssen«, meinte Zhou. Wang Dongxing solle die notwendigen Geräte installieren lassen.

Wir verabreichten Mao Antibiotika, Digitalis und ein harntreibendes Mittel. Zhang Yufeng verhielt sich weiterhin unkooperativ und wollte wissen, wann genau das harntreibende Mittel wirken würde. Ich schätzte, daß Mao binnen vier Stunden etwa zwei Liter Urin ausscheiden würde.

»Sind Sie sicher?« fragte Zhang Yufeng höhnisch.

»Niemand kann absolut sicher sein«, erwiderte ich. »Wir können nur von der üblichen Wirkung des Mittels ausgehen. Entscheidend ist, daß der Vorsitzende zur richtigen Zeit die richtige Dosis erhält.«

»Das ist nicht meine Sache«, meinte Zhang Yufeng barsch. »Dafür ist die Oberschwester zuständig.«

Wu Jie, der sich im inneren Kreis noch nicht auskannte, war über ihr Benehmen entsetzt. »Wer ist diese Zhang Yufeng?« fragte er, als Maos Konkubine davonmarschierte. »Wie kann sie es nur wagen, sich so unverschämt aufzuführen?«

»Wenn Sie erst einmal eine Weile hier sind, werden Sie es verstehen«, antwortete ich.

Ungefähr vier Stunden nach der ersten Verabreichung des harntreibenden Mittels schied Mao 1,8 Liter Urin aus. Wir waren damit ebenso zufrieden wie er. Mao rief das Ärzteteam zusammen und ließ sich noch einmal über seine Krankheit und den Behandlungsverlauf informieren.

»Sieht so aus, als würde ich wieder gesund«, sagte er. »Amerikas Präsident Nixon will uns besuchen. Haben Sie die Nachricht schon gehört?«

»Ministerpräsident Zhou hat es erwähnt«, entgegnete ich.

Mao erklärte, Nixons Ankunft sei für den 21. des Monats geplant, und er wollte wissen, ob er bis dahin wieder völlig gesund sein werde.

»Wenn wir die Behandlung fortsetzen, können Sie sich ohne weiteres mit ihm treffen.«

»Gut. Dann setzen Sie die Behandlung fort.«

Mao lud uns zum Essen ein. Es gab zwei seiner Leibgerichte: Fisch aus Wuchang und *shuangyangrou*, in Brühe gekochte Lammfleischstreifen mit einer fetten, delikaten Tunke. Während des Essens erfuhr Mao, daß Wu Jie kein Parteimitglied war. Dr. Wu erklärte, er habe vor der »Befreiung« der Guomindang angehört und sei deshalb nicht in die Partei aufgenommen worden.

Mao lachte. »Ich war früher selbst Mitglied der Guomindang.« Er bezog sich auf den Beginn der zwanziger Jahre, als die Kommunistische Partei und die Guomindang zusammengearbeitet hatten. »Was spielt das für eine Rolle?« Er wandte sich an mich. »Sagen Sie im Krankenhaus von Beijing Bescheid, daß Wu Jie auf meine Empfehlung hin der Kommunistischen Partei beitreten wird.« So wurde Wu Jie unversehens Parteimitglied.

Zhou Enlai war froh, daß Mao sich so rasch erholte, und ließ aus Dankbarkeit ein Foto von sich und dem Ärzteteam machen. Er lud uns ein, das Neujahrsfest mit ihm und seiner Frau zu verbringen, und versprach, uns die traditionellen Knödel und einen Kuchen als Nachtisch zu servieren. Dann erinnerte er mich an den bevorstehenden Besuch Präsident Nixons. »Sorgen Sie dafür, daß es dem Vorsitzenden bis dahin wieder so gutgeht, daß er den Präsidenten empfangen kann.«

81. KAPITEL

Am 21. Februar 1972 traf Richard Nixon in Beijing ein. Seit Mao am 1. Februar endlich einer Behandlung zugestimmt hatte, bemühte sich das Ärzteteam rund um die Uhr, die Gesundheit des Vorsitzenden wiederherzustellen. Inzwischen hatte sich Maos Zustand erheblich gebessert. Die Lungeninfektion war weitgehend abgeklungen, das Herz arbeitete fast wieder normal. Das Ödem hatte sich zwar zurückgebildet, aber Maos Körper war immer noch so aufgebläht, daß er einen neuen Anzug und neue Schuhe brauchte. Sein Hals war geschwollen, und das Sprechen fiel ihm schwer. Durch das wochenlange Liegen litt er zudem unter Muskelschwund und mußte vor der Ankunft des Präsidenten eine Woche lang Bewegungsübungen machen.

Ich hatte Mao noch nie so aufgeregt gesehen wie am Tag von Nixons Ankunft. Er wachte früh auf und erkundigte sich sofort, wann genau der Präsident eintreffen werde. Zhou Fuming rasierte Mao, schnitt ihm die Haare – das erste Mal seit über fünf Monaten – und rieb etwas Haarwasser hinein. Danach setzte Mao sich auf das Sofa in seinem Studierzimmer und wartete, während die Reiseetappen des Präsidenten ständig über Telefon bekanntgegeben wurden. Als er erfuhr, daß Nixons Flugzeug gelandet war, ließ Mao Zhou Enlai ausrichten, daß er den Präsidenten unverzüglich sprechen wolle. Zhou fungierte als offizieller Gastgeber, der Nixon überallhin begleiten würde. Er wies auf das Gebot der Höflichkeit und des Protokolls hin, daß Nixon sich vor Beginn des offiziellen Teils erst einmal in seiner Villa in Diaoyutai ausruhe. Mao war einverstanden, wiederholte aber seinen Wunsch, so bald wie möglich mit dem Präsidenten zusammenzutreffen.

Zhou gab ein Mittagessen für Nixon und begleitete ihn anschließend nach Diaoyutai. Wiederum drängte Mao den Ministerpräsidenten, Nixon rasch zu ihm zu bringen.

Das Ärzteteam hatte wegen des Treffens umfangreiche Vorbereitungen getroffen. Mehrere Sauerstoffapparate und das Beatmungsgerät, das Henry Kissinger dem Vorsitzenden geschickt hatte, mußten aus Maos Zimmer entfernt werden. Wir bauten das Krankenbett ab und schafften die übrige Ausrüstung auf den Korridor, der Maos Arbeitszimmer mit seinem Schlafzimmer verband. Wir mußten bereit sein, falls Maos Zustand sich wider Erwarten verschlechterte. Die Sauerstoffapparate wurden in einer großen Lacktruhe verstaut, und die übrigen Geräte versteckten wir hinter großen Topfpflanzen. Im Ernstfall konnte alles innerhalb weniger Sekunden wieder aufgebaut werden. Zhou Enlai hatte Nixon von Maos Bronchitis erzählt, aber vermutlich wurde der Präsident nie vollständig über Maos Gesundheitsprobleme informiert. Mao erklärte Nixon lediglich, daß er nicht besonders gut sprechen könne.

Ich befand mich in der Eingangshalle vor Maos Arbeitszimmer, als die Limousine mit Nixon und Zhou Enlai vorfuhr. Nancy Tang fungierte als Dolmetscherin. Präsident Nixon, gefolgt von Henry Kissinger, betrat als erster das Gebäude. Dann kam Winston Lord, der spätere amerikanische Botschafter in China: Er sah aus wie ein zwanzigjähriger College-Student. Außenminister Rogers begleitete die Delegation nicht. Kissinger sollte als Nixons außenpolitischer Sprecher fungieren, während sich Rogers auf Zhou Enlais Anregung hin zur gleichen Zeit mit dem chinesischen Außenminister Ji Pengfei traf.

Als Präsident Nixon die Halle betrat, nickte ich ihm kurz zu und wies ihn in Richtung des Arbeitszimmers. Dann ging ich sofort zu dem Korridor, wo die medizinischen Geräte versteckt waren. Einen Moment lang herrschte große Aufregung, als Nixons Sicherheitsbeamte feststellten, daß sie den Funkkontakt zu ihrem Präsidenten verloren hatten. Kurz nach Maos Erkrankung war das riesige Schwimmbad nämlich überdacht worden, und man hatte den Raum in eine prächtige Empfangshalle verwandelt. Das Metalldach verhinderte jetzt jede Verbindung nach außen. Ein chinesischer Dolmetscher versicherte den amerikanischen Sicherheitskräften jedoch, daß Nixon bei Mao überhaupt nichts passieren könne.

Ich saß in dem nur durch einen Vorhang abgetrennten Korridor vor Maos Arbeitszimmer, von wo aus ich das Gespräch mitanhören konnte. Über den Inhalt des Gesprächs wurde in Präsident Nixons Memoiren berichtet, die ich später in der chinesischen Übersetzung las, und es wäre vermessen von mir, die offizielle Darstellung dieses bedeutsamen Treffens hier zu wiederholen. Ein Teil des Gesprächs beeindruckte mich jedoch besonders. Mao erklärte Nixon, daß die chinesische Presse die Vereinigten Staaten trotz der verbesserten Beziehungen nach wie vor angreifen werde, und vermutlich werde auch die amerikanische Presse weiterhin Kritik an China üben. Die Bevölkerung beider Länder sei so an Kritik gewöhnt, daß sie sich erst langsam auf die neue Freundschaft einstellen müsse. Außerdem sei die Taiwan-Frage noch nicht gelöst.

Alles in allem war Mao mit Nixons Besuch zufrieden. Nachdem der Präsident gegangen war, legte Mao seine formelle Kleidung ab und schlüpfte wieder in seinen Bademantel. Ich ging sofort zu ihm und fühlte seinen Puls, der immer noch gleichmäßig und stabil war.

Mao mochte Nixon. »Er sagt offen seine Meinung und redet nicht um den heißen Brei herum wie die Linken.« Nixon hatte Mao erklärt, die Vereinigten Staaten wollten die Beziehungen zu China im eigenen Interesse verbessern. »Das ist es, was ich hören wollte«, meinte Mao. »Er ist aufrichtiger als die, die von hohen moralischen Grundsätzen sprechen und insgeheim finstere Intrigen spinnen. Liegt es nicht auch im Interesse Chinas, die Beziehungen zu den Vereinigten Staaten zu verbessern?« Mao mußte bei dem Gedanken laut lachen. Das gegenseitige Interesse, das die beiden Länder einander näherbrachte, war die Bedrohung durch den »Eisbären« im Norden Chinas.

Auf dem offiziellen Foto anläßlich des Nixon-Besuchs schüttelten sich beide Politiker freundlich lächelnd die Hand, und in der chinesischen Presse hieß es, Mao stecke voller Tatendrang und erfreue sich bester Gesundheit. Viele meinten, Mao habe zugenommen, und sahen dies als Zeichen dafür, daß es ihm wieder gutging. Da man wußte, daß Mao krank gewesen war und noch Probleme beim Sprechen hatte, spekulierte die amerikanische Presse, der Vorsitzende habe einen Schlaganfall gehabt. Aber sowohl die Chinesen als auch die Amerikaner irrten sich. Mao hatte weder zugenommen, noch hatte er einen Schlaganfall erlitten. Das Ödem hatte seinen Körper nur aufgeschwemmt, und die Sprachprobleme waren die Folge seiner Herzinsuffizienz.

Nach seinem außenpolitischen Triumph verbesserte sich Maos Zustand zusehends. Das Ödem ging zurück, die Lungeninfektion klang ab, und der Husten verschwand. Während seiner Krankheit hatte Mao das Rauchen aufgegeben, und solange er keine Zigarette anrührte, blieb er von Husten und Bronchitis verschont. Er war guter Laune. Ich hatte jetzt wieder häufiger Kontakt zu ihm, und unser Verhältnis schien sich zu bessern. Noch immer wohnte ich in einem der Umkleideräume beim alten Schwimmbad. Die Beziehungen zwischen China und den Vereinigten Staaten waren sein Lieblingsthema bei unseren täglichen Treffen. Mao war überzeugt, daß Amerika gegenüber China immer mehr oder weniger lautere Absichten gehabt habe. Während Großbritannien, Japan und Rußland imperialistische Pläne verfolgten, hätten sich die Vereinigten Staaten zurückgehalten. Offizielle Kontakte zwischen der amerikanischen Regierung und der Kommunistischen Partei Chinas habe es erst in den dreißiger Jahren gegeben, mehr als ein Jahrzehnt nach Gründung der Partei, aber inoffiziell habe zu den Amerikanern immer eine freundschaftliche Beziehung bestanden. Mao mochte Edgar Snow, obwohl er sicher war, daß der Journalist für die CIA arbeitete. Und er hatte großen Respekt vor Dr. George Hatem (Ma Haide), dem Amerikaner syrischer Herkunft, der die kommunistischen Soldaten behandelt hatte, in die Partei eingetreten und nach der »Befreiung« als chinesischer Staatsbürger im Lande geblieben war.

Zum ersten offiziellen Kontakt zwischen der Kommunistischen Partei und den Vereinigten Staaten war es während des Zweiten Weltkrieges gekommen, als die amerikanische Regierung eine Militärdelegation nach Yan'an entsandte. Das Verhältnis zu den Mitgliedern der sogenannten Dixie-Mission hatte sich positiv entwickelt, und viele amerikanische Offiziere zeigten sich vom Programm der Kommunistischen Partei und ihrem Streben nach einem neuen China beeindruckt. Im August 1945 arrangierten amerikanische Diplomaten für Mao einen Flug nach Chongqing, wo er mit Jiang Jieshi Friedensverhandlungen führte, um einen Bürgerkrieg zu verhindern. Auch in Chongqing war die Zusammenarbeit gut, und die amerikanischen Diplomaten sprachen immer wieder voll Bewunderung von den chinesischen Kommunisten. Mit Hilfe der Amerikaner waren Nationalisten und Kommunisten zu einer Einigung über den friedlichen Wiederaufbau Chinas gelangt, die als Vereinbarung vom 10. Oktober bekannt wurde.

Nach Maos Ansicht war Franklin D. Roosevelt für das freundschaftliche Verhältnis verantwortlich. Seiner Meinung nach hatte Roosevelt den politischen Kurs der Vereinigten Staaten und die Weltpolitik ebenso verändert wie Mao die chinesische Geschichte. Er bewunderte den amerikanischen Politiker zutiefst und war überzeugt, daß sich die amerikanisch-chinesischen Beziehungen anders entwickelt hätten, hätte Roosevelt den Sieg der Kommunisten noch erlebt.

Harry S. Truman, der nach Roosevelts Tod das Präsidentenamt übernahm, schlug gegenüber China einen anderen Kurs ein, indem er die Guomindang wirtschaftlich und militärisch unterstützte und sich gegen die Kommunisten wandte. Mao führte den Ausbruch des Bürgerkrieges in China auf Trumans Aktionen zurück.

Den Sieg der Kommunisten betrachtete er als das Verdienst Japans. Wären die Japaner in den dreißiger Jahren nicht in China einmarschiert, hätten sich Kommunisten und Nationalisten nie gegen die japanischen Aggressoren verbündet, und die Kommunistische Partei hätte nie die Macht an sich reißen können. Der Angriff der Japaner sei eine schlimme Sache, die sich zum Guten gewendet habe, und dafür, so Mao, sollten die chinesischen Kommunisten dankbar sein.

Die Welt hatte fast dreißig Jahre auf ein Ende der Feindschaft zwischen China und den Vereinigten Staaten gewartet, und Mao glaubte, daß die neue Ära der Zusammenarbeit weltweite Bedeutung haben werde. Eine Kettenreaktion sei unvermeidlich. Nach und nach würden die Staaten Europas, Afrikas und Lateinamerikas dem Beispiel der USA folgen und diplomatische Beziehungen zu China aufnehmen. Schon Chinas Beitritt zu den Vereinten Nationen im Oktober 1971 sei ein Teil dieser Entwicklung gewesen.

Mao meinte, daß auch Länder mit unterschiedlichen Wirtschaftssystemen zusammenarbeiten könnten, und er hoffte auf engere wirtschaftliche Beziehungen zu kapitalistischen Ländern. Südkorea sei ein Beispiel. Die kapitalistischen Südkoreaner liebten scharfes Essen, und das sozialistische China produzierte jede Menge Chilipfeffer. Laut Mao exportierte China pro Jahr bereits dreihunderttausend Tonnen Chili nach Südkorea – ein für beide Seiten lohnendes Geschäft.

Aber Mao sah keine neue Ära des Weltfriedens voraus. Für ihn war die internationale Politik nach wie vor durch den Kampf zwischen drei Welten gekennzeichnet. Die »erste Welt«, zu der nur die Vereinigten Staaten und die Sowjetunion gehörten, sei wirtschaftlich weit fortgeschritten, reich und mit einem beträchtlichen Atomwaffenarsenal ausgestattet. Beide Staaten strebten nach der Weltherrschaft, und ihre militärische Überlegenheit stelle eine ständige Bedrohung dar. Die »zweite Welt«, zu der Japan, Europa, Kanada und Australien gehörten, sei ebenfalls reich und verfüge über ein paar Atomwaffen; sie könne sich nicht aus dem Kampf heraushalten. Die »dritte Welt«, dichtbevölkert und arm, sei das Opfer im Ringen der Supermächte. Zur »dritten Welt« gehörten China, Afrika, Lateinamerika und der größte Teil Asiens. Nach Maos Überzeugung konnte Frieden nie dauerhaft sein. Jede Generation mache mit dem Krieg Bekanntschaft.

Deshalb erwartete Mao durchaus Rückschläge in den Beziehungen zu den Vereinigten Staaten. Auch die nächste Generation von Staatsmännern werde sich noch mit Problemen herumschlagen müssen, die diese Generation geschaffen habe.

Maos Analyse der weltweiten Entwicklung war in einer Hinsicht zutreffend: Nixons Besuch brachte China weltweite Anerkennung ein, und Mao konnte im selben Jahr einen weiteren außenpolitischen Triumph verbuchen. Im September kam der japanische Ministerpräsident Kakuei Tanaka nach Beijing. Seit Jahren hatte es zwischen China und Japan inoffizielle Kontakte gegeben, und der beiderseitige Handel war stetig gewachsen. Als Vertreter der japanischen Regierung Anstoß daran nahmen, daß sie von der Annäherung zwischen den Vereinigten Staaten und China nicht im voraus unterrichtet worden waren, lud Liao Chengzhi Ministerpräsident Tanaka nach Beijing ein.

Tanaka wurden dieselben diplomatischen Ehren erwiesen wie Nixon, und das Ergebnis seines Besuchs war ein gemeinsames Kommuniqué, in dem man die Aufnahme offizieller diplomatischer Beziehungen zwischen China und Japan vereinbarte. Laut Mao hatten seine Gespräche mit Tanaka in einer herzlicheren Atmosphäre stattgefunden als sein Treffen mit Nixon. Als Tanaka sich für die japanische Invasion in China entschuldigen wollte, versicherte ihm Mao, daß diese Invasion den Sieg der Kommunisten und damit diese Begegnung zwischen hohen kommunistischen und japanischen Politikern erst möglich gemacht habe. Mao offenbarte Tanaka, daß er wohl nicht mehr lange zu leben habe. Es war eines seiner üblichen Spielchen: Obwohl Mao weiterhin an ein langes Leben glaubte, testete er oftmals die Reaktion des Auslands auf seinen möglichen Tod.

Mao und Tanaka hatten vieles gemeinsam. Beide hatten keine Hochschule besucht, und beide waren erst nach langem Kampf in ihre Ämter gelangt. In Maos Augen war Tanaka ein mutiger und entschlossener Politiker, der sich trotz des starken Widerstands von seiten der regierenden Liberaldemokratischen Partei für die Aufnahme diplomatischer Beziehungen zu China einsetzte.

Präsident Nixon und Ministerpräsident Tanaka hatten ebenfalls etwas gemeinsam: Beide mußten von ihrem Amt zurücktreten. Aber Mao waren sie auch in Zukunft willkommen, und er betrachtete sie stets als »alte Freunde«. Leider ging die Freundschaft mit den Vereinigten Staaten nie so weit, wie Mao es sich gewünscht hätte. Da war noch immer das Problem der amerikanischen Unterstützung Taiwans. Offizielle diplomatische Beziehungen zwischen China und den Vereinigten Staaten wurden erst 1979, drei Jahre nach Maos Tod, während der Amtszeit Jimmy Carters aufgenommen.

82. KAPITEL

Maos Gesundheit verbesserte sich jedoch nur vorübergehend. Nach der Ausschwemmung des Ödems verlor er deutlich an Gewicht, so daß er statt der normalen 180 Pfund schließlich nur noch 154 Pfund wog und sein ganzer Körper geschrumpft zu sein schien. Sein ehemals volles Gesicht wirkte eingefallen, der dicke Bauch war verschwunden, und die Haut hing schlaff herunter. In den Händen – vor allem in der rechten – hatte er Muskelschwund, und auch seine Waden waren schlaff und dünn.

Mao glaubte, Bewegung werde ihm guttun, aber er war zu schwach, um sich körperlich zu betätigen. Er konnte nur noch langsam und nicht mehr allein gehen, manchmal zitterten ihm Arme und Beine. Ich stellte fest, daß sein Speichelfluß erhöht war und er oft sabberte.

Schließlich begann er, über seine Augen zu klagen. Er sah alles nur noch verschwommen und brauchte zum Lesen ein Vergrößerungsglas. Aber trotzdem konnte er die Zeichen kaum erkennen.

Der Muskelschwund und das unkontrollierbare Zittern bereiteten mir besondere Sorge. Da ich eine weitere Krankheit vermutete, empfahl ich Mao, sich von einem Neurologen und einem Ophthalmologen (Augenarzt) untersuchen zu lassen. Aber Mao wollte keinen zusätzlichen Arzt. Erst nach langem Drängen war er schließlich bereit, einen Augenarzt aufzusuchen.

Wir baten Zhang Xiaolou, den Direktor des Tongren-Krankenhauses in Beijing, Maos Augen zu untersuchen. Mao bestand darauf, daß die Untersuchung in seinem Arbeitszimmer vorgenommen wurde, aber dort war kein Platz für Dr. Zhangs Gerät. Deshalb mußte dieser sich mit einem Ophthalmoskop und ein paar optometrischen Linsen behelfen.

Zhang war nervös wie fast jeder, der Mao zum erstenmal gegenüberstand. Mao verstrickte den Arzt in das übliche Geplänkel und fragte ihn nach seinen Namenszeichen. *Xiaolou* bedeutet wörtlich übersetzt »kleines Gebäude«, und Mao versicherte ihm, daß das Tongren-Krankenhaus ein im Gegenteil sehr großes Gebäude bekommen werde, wenn die Behandlung Erfolg habe.

Zhang untersuchte den Vorsitzenden sehr gründlich, und schon nach kurzer Zeit war er schweißgebadet. Er stellte in Maos rechtem Auge eine leichte Hornhauttrübung fest und vermutete grauen Star. Um aber sicher sein zu können, bedurfte es einer noch gründlicheren Untersuchung mit komplizierteren Instrumenten.

Mao reagierte ungehalten. »Das hat schon viel zu lange gedauert«, klagte er und lehnte eine erneute Untersuchung ab.

Ohne sichere Diagnose konnte Zhang jedoch keine angemessene Therapie durchführen. Deshalb war eine Untersuchung der Netzhaut und des Sehnervs unerläßlich.

Da es mir nicht gelang, Mao umzustimmen, bat ich Zhou Enlai um Hilfe. Aber Jiang Qings Anschuldigungen hatten ihn so tief getroffen, daß er sich diesmal nicht einmischen wollte. Er riet mir, Geduld zu haben und Mao weiter gut zuzureden.

Doch Mao blieb stur, und Dr. Zhang durfte ihn nicht noch einmal untersuchen.

Mao verbrachte die meiste Zeit mit Zhang Yufeng, die seit seiner Krankheit im Januar seine unumstrittene Favoritin war. Die beiden aßen gewöhnlich zusammen, und sehr zum Leidwesen Jiang Qings und anderer hoher Parteifunktionäre bestimmte Zhang mittlerweile, wer zum Vorsitzenden vorgelassen wurde und wer nicht. Jiang Qing begann, um Zhangs Gunst zu werben, und überhäufte sie mit Geschenken: mit Uhren, Kleidern westlichen Stils und teuren Stoffen. Dadurch wollte sie die junge Frau bewegen, sie in Maos Gegenwart zu loben, den Vorsitzenden von der Richtigkeit ihrer jüngsten politischen Schritte zu überzeugen und ab und zu Treffen mit ihr zu arrangieren. Zhang gab sich alle Mühe, aber da sie nichts von Politik oder den anhaltenden Spannungen innerhalb der Führung verstand, brachte sie etliches durcheinander.

Ich kam nie gut mit Zhang aus, und je mehr sich ihr Einfluß auf Mao verstärkte, desto gespannter wurde unser Verhältnis. Als Arzt war ich zum Beispiel dagegen, daß sie Mao zum Essen ein Gläschen feurigen *maotai* reichte, weil ich Angst hatte, der hohe Alkoholgehalt des Branntweins könne zu Hustenanfällen führen. Aber Mao meinte, ein bißchen *maotai* könne ihm nicht schaden, da er doch schon das Rauchen aufgegeben und noch nie viel getrunken habe. Außerdem hielt er den *maotai* für ein gutes Schlafmittel. Es war zwecklos, mit Zhang darüber zu streiten, zumal sie selbst viel zu gern Alkohol trank.

Ende 1972 wurde Zhang Yufeng schwanger, und alle in der Gruppe Eins wußten Bescheid. Einige vermuteten, daß Mao der Vater des Kindes sei. Doch ich wußte natürlich, daß Mao schon seit langem nicht mehr zeugungsfähig war. Ohnehin kann ein schwerkranker, fast achtzigjähriger Mann wohl kaum ein Kind zeugen.

Da ich meinte, daß Zhang Yufeng als ehemalige Serviererin in Maos Sonderzug ihr Kind im Krankenhaus der Eisenbahnverwaltung kostenlos zur Welt bringen sollte, widerstrebte es mir, besondere Vorkehrungen zu treffen. Aber Zhang Yaoci und Wang Dongxing behaupteten, daß Mao eine besondere Betreuung für Zhang Yufeng wünsche und sämtliche Kosten tragen werde.

Schließlich gab ich nach und sorgte dafür, daß das Kind im Union Medical Hospital in Beijing zur Welt kam. Das Krankenhauspersonal, das mein persönliches Verhältnis zu Mao kannte, nahm natürlich an, daß Zhang Yufeng ebenfalls über gute Verbindungen nach oben verfügte. Deshalb bekam sie ein Einzelzimmer auf einer Station, die für hochrangige Politiker reserviert war. Und tatsächlich wurde Zhang Yufeng während ihres Krankenhausaufenthalts sowohl von ihrem Ehemann Liu Aimin als auch von vielen einflußreichen Leuten besucht. Zhang Yaoci und Jiang Qing brachten ihr Geschenke, Delikatessen und Windeln. Jiang Qing äußerte die Hoffnung, daß die junge Mutter sich möglichst rasch erholen und ihre Arbeit wiederaufnehmen werde, denn während ihrer Abwesenheit wurde Zhang Yufeng von ihrer jüngeren Schwester Zhang Yumei vertreten, die noch zu jung und unerfahren war, um als Vermittlerin zwischen Jiang Qing und ihrem Mann zu fungieren. Jiang Qing brauchte Zhang Yufeng für ihre politischen Zwecke.

Mao war nicht der einzige Parteiführer, mit dessen Gesundheit es bergab ging. Die Gründer der Kommunistischen Partei, die Überlebenden des Langen Marsches, kamen allmählich in die Jahre. Fast alle waren um die Achtzig.

Kang Sheng war das erste Politbüromitglied, das schwer erkrankte. Kang galt als böse und grausam, und selbst in der Parteispitze machten ihn viele für den Tod unschuldiger Menschen verantwortlich. Als Kangs Schwägerin Su Mei 1967 Selbstmord beging, wurden über fünfzig Personen verhaftet und des Mordes an ihr beschuldigt, darunter auch der Arzt in der Notaufnahme des Krankenhauses von Beijing, der versucht hatte, ihr das Leben zu retten. Dem Arzt wurde unterstellt, daß er ihr mit der Magenpumpe Gift verabreicht habe, und man verhaftete Dutzende von Rotgardisten wegen angeblicher Mitwisserschaft. Der Arzt verbrachte dreizehn Jahre im Gefängnis, ehe er für unschuldig befunden und freigelassen wurde. Nur wenige würden Kang Sheng vermissen oder um ihn trauern.

Mitte Mai 1972 erfuhr ich von Zhou Enlai, daß die Ergebnisse der letzten Röntgen- und Harnuntersuchung bei Kang Sheng auf Blasenkrebs hindeuteten. Ich sollte Zhou begleiten, wenn er Mao die Nachricht überbrachte. Doch ich plädierte dafür, Mao erst zu informieren, wenn die Diagnose feststand. Zhou stimmte zu.

Die nachfolgende Zystoskopie ergab, daß Kang tatsächlich an Blasenkrebs litt. Die Ärzte wollten operieren.

Es war ein ungeschriebenes Gesetz, daß sich kein Mitglied des Ständigen Ausschusses des Politbüros oder des Mitarbeiterstabes ohne Erlaubnis des Vorsitzenden einer größeren Operation unterziehen durfte.

Und Mao lehnte eine Operation ab. Er hielt an dem alten Glauben fest, wonach Krebs – mit Ausnahme von Brustkrebs – unheilbar sei. Je intensiver der Patient behandelt werde, desto früher müsse er sterben, behauptete Mao. Er war auch dagegen, dem Patienten die Wahrheit zu sagen, weil seiner Ansicht nach das Wissen um die Krankheit einen früheren Tod zur Folge hatte.

Aber Kang Sheng wußte bereits, daß er Krebs hatte, und seine Ärzte hatten ihm dringend zu einer Operation geraten. Er war verzweifelt.

Schließlich einigten sich Kang und die Ärzte auf einen Kompromiß. Da ein weniger schwerwiegender Eingriff ohne Maos Erlaubnis vorgenommen werden konnte, wurde der Tumor mittels Kauterisation entfernt, wobei man den Kauter, ein chirurgisches Instrument zum Ausbrennen von Gewebeteilen, durch die Harnröhre in die Blase einführte.

Kang Shengs Krankheit hatte Zhou dazu veranlaßt, sich selbst untersuchen zu lassen. Er ließ seine Lunge röntgen, und Urin analysieren und riet Mao, das gleiche zu tun.

Die Röntgenuntersuchung lehnte Mao ab, doch einer Urinanalyse stimmte er zu. Er hatte kein Vertrauen zu Ärzten oder zur Medizin. Wenn jemand schwerkrank sei, so Mao, werde er mit oder ohne medizinische Behandlung sterben.

Maos Tests blieben ohne Befund, aber in Zhous Urin wurden Krebszellen festgestellt.

Wang Dongxing und Zhang Qunqiao überbrachten Mao die Nachricht. Doch Mao glaubte ihnen nicht. Er warf den Ärzten vor, sich Krankheiten regelrecht auszudenken, weil sie nichts Besseres zu tun hätten. Er fragte mich, wie man am Urin eines Menschen feststellen könne, daß er Blasenkrebs habe. Auf ihn mache Zhou einen völlig gesunden Eindruck.

Schließlich konnte ich Mao davon überzeugen, daß Zhou Enlai tatsächlich Krebs hatte und die Diagnose kein Hirngespinst der Ärzte war. Dennoch befahl Mao, die Tests einzustellen, und weigerte sich, einer Behandlung Zhous zuzustimmen. Krebs sei unheilbar, erklärte er hartnäckig, und eine Behandlung verursache nur Schmerzen und seelische Qualen, ohne dem Patienten zu nützen.

Er verlangte, daß wir auch bei ihm keine weiteren Untersuchungen mehr durchführten. »Wer weiß, ob die Testergebnisse tatsächlich stimmen? Ihr Ärzte ruht nicht, bevor jeder völlig verwirrt ist. Ich will nicht, daß ihr noch mehr Tests mit mir macht. Eine einfache Untersuchung genügt.«

Mao blieb stur. Alles, was über eine oberflächliche Untersuchung hinausging – wie Elektrokardiogramm, Röntgenaufnahmen und Bluttests – lehnte er ab.

Ungeachtet meiner persönlichen Einstellung zu Zhou Enlai machte ich mir große Sorgen um seine Gesundheit, und vielen in Zhongnanhai ging es ähnlich. Zhou war ungewöhnlich aktiv, arbeitete bis tief in die Nacht, schlief kaum und kümmerte sich um alle wichtigen Partei- und Staatsgeschäfte. Die meisten kompetenten Parteiführer waren Säuberungen zum Opfer gefallen. Abgesehen von Zhou waren nur unfähige Leute übriggeblieben, die die meiste Zeit mit internen Machtkämpfen vergeudeten. Folglich hatte sich Zhous Verantwortungsbereich ausgedehnt, und er hatte Mao von einer großen Last befreit. Kein anderer Parteiführer verfügte über seine Erfahrung und Ausdauer. Und Mao war zu schwach, um Zhous Aufgaben zu übernehmen.

Wang Dongxing machte sich um Zhous Gesundheit weniger Gedanken. Nur Mao sei unentbehrlich. Zhous Tod – oder der Tod eines anderen – spiele keine große Rolle, solange Mao noch am Leben sei. Wang Dongxing meinte, ich solle mir keine Sorgen machen. Mao werde es schon schaffen.

Anfang 1973 hatte Mao große Mühe beim Sprechen. Seine Stimme wurde so leise und heiser, daß sogar diejenigen, die ihn gut kannten, kaum ein Wort verstanden. Schon bei der geringsten körperlichen Anstrengung bekam er keine Luft mehr, und seine Lippen wurden grau. Für den Ernstfall standen im Schlafzimmer und im Arbeitszimmer Sauerstoffgeräte bereit. Mao konnte sich kaum noch bewegen, und wegen seiner Sehschwäche las er nur noch wenig. Jiang Qing schlug vor, aus dem Arbeitszimmer eine Art Kino zu machen, in dem Mao sich Filme aus Hongkong, Japan und den Vereinigten Staaten ansehen konnte. Am liebsten hatte er *Kungfu*-Filme.

Trotz seiner körperlichen Gebrechen war Mao nach wie vor bei klarem Verstand. Während er sich hartnäckig gegen Zhou Enlais Operation sträubte, sah er sich bereits nach einem Nachfolger für ihn um. Und er hatte auch schon jemanden im Auge: Deng Xiaoping.

83. KAPITEL

Mao lehnte Deng Xiaoping nie so sehr ab wie Liu Shaoqi. Als Liu auf der zwölften Plenarversammlung des Achten Zentralkomitees im Oktober 1968 entmachtet und aus der Partei ausgeschlossen worden war, hatten Lin Biao und Jiang Qing auch Dengs Entlassung gefordert. Doch Mao sprach sich dagegen aus. Deng sei ein fähiger Verwaltungsmann, ein guter Kommunist und ein Anhänger des Marxismus-Leninismus. Nach Maos Ansicht konnte Deng noch umerzogen werden, und vielleicht würde er Mao sogar wieder von Nutzen sein.

Den ersten Hinweis auf eine mögliche Rehabilitierung Dengs erhielt ich auf Chen Yis Begräbnis im Januar 1972. Inzwischen war die Distanz zwischen Mao und mir so groß, daß der Vorsitzende mich nicht mehr ins Vertrauen zog. Meine politischen Informationen bekam ich hauptsächlich von Wang Dongxing. Auf Chen Yis Beisetzung wurde ich jedoch zufällig Zeuge eines Gesprächs zwischen Mao und Chen Yis Witwe Zhang Qian. Bei Deng Xiaoping lägen die Dinge anders als bei Liu Shaoqi, erklärte Mao. Lius »Widerspruch« sei antagonistischer Art; er sei ein »Feind des Volkes«. Dengs Problem dagegen sei eher »in den Reihen des Volkes« zu suchen.

Zhous Krankheit war nicht der einzige Grund für Deng Xiaopings Rehabilitierung. Ein anderer war die immer komplizierter werdende politische Situation nach dem Tod Lin Biaos. Die Parteiführung war in zwei Lager gespalten. Auf der einen Seite standen Jiang Qing und ihre linksradikalen Genossen – Zhang Qunqiao, Wang Hongwen und Yao Wenyuan – und auf der anderen der kränkelnde Zhou Enlai und Marschall Ye Yianying. Der Fall Lin Biao war nur ein Streitpunkt zwischen den beiden Fraktionen.

Während Zhou Enlai Maos einstigen engsten Kampfgefährten als extremen Linken bezeichnete, stufte Jiang Qing ihn als extremen Rechten ein. Mao entschied den Streit zugunsten Jiang Qings. Am 17. Dezember 1972, mehr als ein Jahr nach Lin Biaos Flucht und nach Zhous Krebsdiagnose, gelangte Mao zu dem Schluß, daß Lin Biao »ein extremer Rechtsabweichler und Revisionist« gewesen sei, der versucht habe, »die Partei zu spalten und das Volk zu verraten«.

Nach dem Vorfall von Anfang 1972 – als Mao seine Bereitschaft signalisiert hatte, Zhou Enlai die Führung zu übertragen, woraufhin Jiang Qing behauptet hatte, ihr Mann sei von Spionen umgeben – schien Mao sich von Zhou zu distanzieren. Er fürchtete, Zhou könne zu weit »rechts« stehen. Als sich Mao am 4. Juli 1973 darüber beklagte, daß das Außenministerium ihm wichtige Berichte vorenthalte, galt seine Kritik eigentlich Zhou Enlai, da dieser auch das Außenministerium leitete. Wenn die Situation sich nicht ändere, erklärte Mao, werde China in den Revisionismus abdriften. Fünf Monate später, im Dezember, übte Mao erneut Kritik an Zhou.

Jiang Qing nutzte die wachsende Kluft zwischen Mao und Zhou, um einen neuen Angriff gegen den Ministerpräsidenten zu starten – die seltsame Kampagne zur »Kritik an Lin Biao und Konfuzius«. Zhou Enlai wurde vorgeworfen, er sei ein moderner Konfuzius.

Zhou stand immer noch loyal zu Mao, aber er hatte Mühe, seine Loyalität unter Beweis zu stellen. Zhang Yufeng war mittlerweile Maos Türhüterin geworden, und es wurde immer schwieriger, zu ihm vorzudringen. Aus Mangel an Gelegenheit nutzte Zhou Maos Treffen mit ausländischen Spitzenpolitikern, um ein paar Worte mit dem Vorsitzenden zu wechseln. Aber solche Begegnungen waren selten; deshalb mußten Wang Hairong und Nancy Tang, Zhous Untergebene im Außenministerium, oft als seine Botinnen fungieren. Die beiden Frauen konnten offen mit Mao sprechen, doch da Zhang Yufeng nun fast ständig mit Mao zusammen war, verloren Nancy Tang und Wang Hairong allmählich ihren Einfluß.

Mao und Zhou entfremdeten sich immer mehr, und Jiang Qings Fraktion war nahe daran, die gesamte Politik unter ihre Kontrolle zu bringen. Da schritt Mao plötzlich ein, um das Gleichgewicht wiederherzustellen. Im März 1973 schlug er vor, Deng Xiaoping von neuem zum stellvertretenden Ministerpräsidenten zu ernennen, und das Politbüro stimmte zu. Außerdem rehabilitierte Mao viele erfahrene Kader, die während der Kulturrevolution Opfer von Säuberungen geworden waren und die Jiang Qing als »Rechtsabweichler« betrachtete. Während des Zwanzigsten Parteitags vom 24. bis zum 28. August 1973 war ich so sehr mit Maos Gesundheit beschäftigt, daß ich mir der politischen Wichtigkeit des Kongresses gar nicht bewußt wurde.[102]

Maos Hypoxie – der Sauerstoffmangel im Körpergewebe – hatte sich verschlimmert, und um ihm eine Teilnahme an den Sitzungen in der Großen Halle des Volkes zu ermöglichen, mußten überall Sauerstoffgeräte parat sein – im Auto, in Raum 118, auf dem Podium und in einer Ambulanz, die wir für den Notfall unter dem Raum 118 eingerichtet hatten. Erst nach Abschluß des Parteitags erfuhr ich von den Veränderungen in der Führungsspitze. Unter den Mitgliedern des neugewählten Zentralkomitees waren viele Rebellen aus der Zeit der Kulturrevolution, aber erstaunlicherweise enthielt es auch etliche alte Parteikader, die zu Beginn der Bewegung aus ihren Ämtern entfernt worden waren. Von den fünf stellvertretenden Parteivorsitzenden waren nur zwei, Wang Hongwen und Kang Sheng, Mitglieder der Zentralen Gruppe für die Kulturrevolution. Drei waren altgediente Parteiführer: Zhou Enlai, Ye Yianying und General Li Desheng. Jiang Qing und ihre linken Genossen besaßen am Ende des Parteitags nicht mehr Einfluß als vorher. Mao hatte dem Machtstreben seiner Frau Einhalt geboten.

Das Revirement ging weiter. Im Dezember 1973 berief Mao mehrere Politbürositzungen ein, an denen auch die Kommandeure der acht Militärbezirke teilnahmen. Das Ziel war, ein Rotationsprinzip für die Befehlshaber auszuarbeiten. Die Kommandeure hatten ihre Posten schon jahrelang inne, und durch die beherrschende Stellung des Militärs unter Lin Biao und die aufgrund der massiven Säuberungen verminderte Parteikontrolle hatte auch ihre Macht in den einzelnen Bezirken zugenommen. Mao fürchtete, sie könnten ihre eigenen Interessen verfolgen und sich ihm gegenüber illoyal verhalten. Um die Gefahr eines Militärputsches zu verringern, sollten sie ihre angestammten Machtbasen verlassen und neue Posten übernehmen.[103]

Die Rückkehr Deng Xiaopings war ein Teil dieser Strategie. Dengs administratives Geschick konnte dem Zentrum wieder zu größerer Macht verhelfen. »Ich habe einen talentierten Politiker zurückgerufen, nämlich Deng Xiaoping«, erklärte Mao auf der Sitzung der Militärkommandeure. »Wir werden seine Ernennung zum Mitglied des Politbüros und der Militärkommission bekanntgeben. Das Politbüro kümmert sich um die Partei, die Regierung, die Armee, das Volk und die Schulen. Es erfaßt jedes geographische Gebiet – Norden, Süden, Osten, Westen und die Mitte des Landes. Ich war der Meinung, das Politbüro brauche einen Generalsekretär, aber Deng gefiel dieser Posten nicht. Deshalb soll er zum Generalstabschef der Volksbefreiungsarmee ernannt werden.« Damit würde Deng auch Vorgesetzter der regionalen Militärführer sein.

Mao wußte, daß einige Angst vor dem neuen Stabschef hatten. »Er ist sehr entschlußfreudig. Man kann seine Tätigkeit als zu dreißig Prozent negativ und zu siebzig Prozent positiv einschätzen. Aber er ist euer alter Chef, und nicht nur ich habe ihn zurückgerufen, sondern auch das Politbüro.« Da Mao körperlich zusehends abbaute, fungierten Nancy Tang und Wang Hairong als seine Kontaktpersonen zum Politbüro, an dessen Sitzungen er nicht mehr teilnehmen konnte, und zu Zhou Enlai. Sie berichteten ihm alles, was vor sich ging, und beförderten Unterlagen hin und her. Mao hatte sich zwar zurückgezogen, aber seine Position wurde dadurch nicht geschwächt.

Jiang Qing und ihre Genossen reagierten auf den wachsenden Einfluß Deng Xiaopings mit verstärkten Angriffen gegen Zhou. Anfang 1974 erreichte die Kampagne zur Kritik an Lin Biao, Konfuzius und Menzius ihren Höhepunkt. Am 18. Januar billigte Mao Jiang Qings Bericht über »Lin Biao und die Lehren des Konfuzius und des Menzius« und forderte das ganze Volk auf, ihn zu lesen. Eine Woche später wurde in Beijing eine große Kundgebung abgehalten. Der Hauptredner war Yao Wenyuan; aber auch Jiang Qing sowie der erste Parteisekretär der Qinghua-Universität, Chi Qun, und Xie Jingyi, die damalige stellvertretende Parteisekretärin der Qinghua-Universität, meldeten sich zu Wort und übten heftige Kritik an Zhou Enlai und anderen »rechten« Parteifunktionären. Zhou nahm ebenfalls an der Kundgebung teil, obwohl sie sich gegen ihn richtete. Er selbst rief zusammen mit den Massen die Parole: »Lernt von der Genossin Jiang Qing!« Wang Dongxing meinte, in seinen Augen sei Zhou ein Feigling.

Jiang Qings Kampagne zur »Kritik an Lin Biao und Konfuzius« fand keinen Widerhall. Seit 1949 hatte eine politische Kampagne die andere gejagt, und jede war vernichtender und lähmender gewesen als die vorige. Nachdem sich die Kulturrevolution erst gegen diesen und dann gegen jenen Feind gerichtet hatte, die Mitgliederzahl der Kommunistischen Partei stark geschrumpft war und selbst der Mann, den man einmal als engsten Kampfgefährten des Vorsitzenden Mao bezeichnet hatte, eines Umsturzversuchs bezichtigt wurde, reagierte das chinesische Volk angewidert. Mittlerweile betrachteten die Menschen die politischen Kampagnen als das, was sie wirklich waren: bloße Machtkämpfe innerhalb der Parteiführung, die kaum etwas mit ihnen selbst zu tun hatten. Diesmal versuchten Jiang Qing und ihre Gruppe, Zhou Enlai zu stürzen und die Kontrolle über das Land – über die Partei, die Regierung und die Armee – zu erlangen. Aber das Volk blieb passiv. Jiang Qings Kampagne zur »Kritik an Lin Biao und Konfuzius« erwies sich als Fehlschlag.

Dann kritisierte Mao seine Frau. Am 20. März 1974 schrieb er an Jiang Qing: »Es wäre besser, wenn wir uns nicht mehr sehen. Jahrelang habe ich Dich in mancherlei Dingen beraten, aber Du hast das meiste ignoriert. Was hat es also für einen Sinn, daß wir uns noch treffen? Es gibt genug Bücher über den Marxismus-Leninismus – auch Bücher von mir –, aber Du wirst sie nie ernsthaft studieren. Ich bin einundachtzig Jahre alt und schwerkrank, aber das scheint Dich kaum zu interessieren. Im Moment hast Du noch viele Privilegien, aber was wirst Du nach meinem Tod tun? Du bist genau wie jene, die mir täglich belanglose Dinge erzählen, statt wichtige politische Fragen mit mir zu erörtern. Denk einmal darüber nach.«

Ich war zu beschäftigt, um diese Ereignisse zu verfolgen. Meine Aufmerksamkeit galt ausschließlich Mao, dessen Zustand sich laufend verschlechterte.

84. KAPITEL

Im Juli 1974 erfuhren wir, daß Mao nicht mehr lange zu leben hatte. Seine Sehkraft war immer mehr zurückgegangen, und Anfang 1974 konnte er nur noch Hell und Dunkel unterscheiden. Seine Sprache war so undeutlich geworden, daß ihn fast niemand mehr verstehen konnte. Offenbar hatte er die Kontrolle über seine Zunge verloren, und er war nicht mehr imstande, den Mund zu schließen. Der Muskelschwund an seinen Armen und Beinen war vor allem auf der rechten Körperseite schlimmer geworden.

Mao hatte nach wie vor eine Abneigung gegen Ärzte, und auch als ich ihn bat, sich von Spezialisten untersuchen zu lassen, schimpfte er wieder über meinen Berufsstand. Nach langem Hin und Her war er schließlich bereit, einen Augenarzt und ein Neurologenteam zu konsultieren. Da Zhang Yufeng Gutes von der Ophthalmologischen Abteilung der Medizinischen Hochschule Sichuan gehört hatte, schlug sie vor, Spezialisten von dort kommen zu lassen. Ich war erleichtert. Über das Gesundheitsministerium bat ich einen Arzt namens Fang von der Medizinischen Hochschule Sichuan und einen anderen namens Luo vom Provinzkrankenhaus in Sichuan, nach Beijing zu kommen. Sie wohnten im Krankenhaus 305, kümmerten sich dort um die Patienten, führten Operationen durch und warteten darauf, daß Mao sie rufen ließ.

In der Zwischenzeit wurde Mao von zwei Neurologen untersucht: von Huang Kewei, dem Leiter der Neurologischen Abteilung des Krankenhauses der Befreiungsarmee, und von Wang Xinde, dem Leiter der Neurologischen Abteilung des Krankenhauses von Beijing.

Nachdem die beiden Ärzte Mao einzeln untersucht hatten, legten sie Wert darauf, sich miteinander zu beraten, ehe sie Mao ihren Befund mitteilten. Mao hatte einen schriftlichen Bericht verlangt. Er wollte die Ärzte nicht noch einmal sehen.

Ich traf mich mit den beiden Neurologen, um mit ihnen über ihren Befund zu sprechen. Ihr erster Eindruck war, daß Mao an der Parkinsonschen Krankheit litt oder daß er einen leichten Schlaganfall gehabt hatte. Aber bei der Auswertung der Untersuchungsergebnisse fanden sie Anhaltspunkte dafür, daß Mao an amyotrophischer Lateralsklerose litt, einer äußerst seltenen degenerativen Erkrankung des ersten und zweiten motorischen Neurons. Die Krankheit führt zum Verfall und letztlich zur Zerstörung der motorischen Nervenzellen in Knochen- und Rückenmark, welche die Muskeln des Halses, des Rachens, der Zunge und des Zwerchfells, die Zwischenrippenmuskeln und die Muskeln der rechten Hand und des rechten Beins kontrollieren. Die beiden Ärzte wollten jedoch noch einen Kollegen zu Rate ziehen, ehe sie eine endgültige Diagnose stellten. Sie schlugen vor, Zhang Yuanchang, den Chef der Neurologischen Abteilung der Ersten Medizinischen Hochschule in Shanghai, nach Beijing kommen zu lassen.

Nachdem sich Zhang Yuanchang die Testergebnisse angesehen hatte, gelangte er zu demselben Resultat wie Huang und Wang: Mao litt an amyotrophischer Lateralsklerose. Die Krankheit war so selten, daß Dr. Zhang in seiner dreißigjährigen Praxis nur zwei Fälle erlebt hatte. Ihre Ursache war unbekannt, und es gab keine wirksame Behandlungsmethode.

Wir sprachen über die Prognose. Die Ärzte wußten so wenig über diese Krankheit, daß sie ausländische Fachzeitschriften konsultierten. Nach den im Westen gemachten Erfahrungen war damit zu rechnen, daß sich die Lähmungserscheinungen an Maos rechter Seite verstärken würden. Hat die Krankheit erst einmal die motorischen Nervenzellen des Halses, des Rachens und der Zunge befallen, sterben die meisten Patienten innerhalb von zwei Jahren. Mao war bereits in diesem Stadium. In den letzten beiden Jahren kann der Patient kaum noch schlucken und muß künstlich ernährt werden, da er sonst ständig Gefahr läuft, zu ersticken oder sich eine Lungeninfektion zuzuziehen. Wenn das Schlucken mühsamer wird, gelangen oft Speisereste oder Flüssigkeit in die Luftröhre und setzen sich in der Lunge fest, was zu Infektionen oder gar Lungenentzündung führt. Im letzten Stadium der Krankheit wird das Schlucken unmöglich. Die Lähmung greift auf das Zwerchfell und die Zwischenrippenmuskeln über, welche die Atmung regulieren, und schließlich bekommt der Patient keine Luft mehr. Da es keine Heilungschancen gibt, kann eine Behandlung das Leben des Patienten lediglich um einige Zeit verlängern. Bei der künstlichen Ernährung ist gewährleistet, daß keine Speisereste in die Lunge gelangen. Ein Beatmungsgerät kann das Atmen erleichtern. Und jede körperliche Tätigkeit muß streng überwacht werden, da die Gefahr besteht, daß der Patient stürzt und sich die Knochen bricht.

Ich war fassungslos: Mao hatte wahrscheinlich nur noch zwei Jahre zu leben. Wu Jie und Hu Xudong, die nach wie vor zu Maos Ärzteteam gehörten, waren ebenfalls erschüttert. Wie sollte der medizinische Bericht aussehen? Es war nahezu unmöglich, Mao und den anderen Parteiführern die Krankheit in einer für sie verständlichen Weise zu erklären. Und wir durften Mao auf keinen Fall sagen, daß er nur noch zwei Jahre zu leben hatte.

Zuerst sprachen wir mit Wang Dongxing. Aber Wang kannte sich mit moderner Medizin nicht aus und begriff nicht, was wir ihm mitzuteilen versuchten. Er fragte lediglich, wie der Vorsitzende sich eine so seltsame Krankheit zugezogen habe, und wollte nicht glauben, daß Mao nur noch zwei Jahre leben würde. Mao konnte immer noch essen und trinken, und seine Halsmuskeln waren nicht gelähmt. Außerdem konnte Wang sich nicht vorstellen, daß es eine Krankheit gab, die man nicht behandeln konnte. Also lehnte er die Prognose der Ärzte ab. »Soll das etwa das Ergebnis all Ihrer Untersuchungen sein?« fragte er. »Das genügt nicht. Sie müssen noch mehr tun.«

Am nächsten Tag trafen wir uns mit Marschall Ye Yianying und erläuterten ihm anhand von Modellen des menschlichen Körpers die Funktionen von Augen, Gehirn und Rückenmark. Er hörte uns aufmerksam zu, stellte Fragen, studierte eingehend unsere Modelle und bemühte sich, alles zu verstehen. Ye Yianying hatte zu Ärzten immer mehr Vertrauen gehabt als die anderen Parteiführer, und er verstand unsere Darstellung besser als die meisten. Maos Augenleiden, stellte er fest, sei nicht so schlimm wie die Nervenerkrankung. Wenn grauer Star die Ursache seiner Sehschwäche sei, dann könne eine Operation Abhilfe schaffen. Wenn sein Augenleiden aber eine andere Ursache habe und unheilbar erscheine, sei die völlige Erblindung die schlimmste Konsequenz. Aber die Sache mit den motorischen Nervenzellen sei wirklich ernst. Wang schlug vor, in allen Großstädten spezielle Krankenstationen einzurichten und dort andere Patienten mit amyotrophischer Lateralsklerose zu behandeln. Anschließend könnten wir die erfolgreichsten Methoden bei Mao anwenden.

Nach Wang Dongxing informierten wir Zhou Enlai. Zhou erkannte sofort den Ernst der Lage. Obwohl er wußte, daß eine Operation für ihn selbst die einzige Rettung war, wartete er noch immer auf Maos Zustimmung. Neue Tests hatten eine schwere Hämaturie (Blut im Urin) ergeben – rund hundert Kubikzentimeter pro Tag –, und Zhous Ärzte bestanden auf einer sofortigen Operation. Aber Zhou war nicht bereit, sie ohne Maos Zustimmung vornehmen zu lassen. Schließlich griff Zhous Frau Deng Yingchao ein. Mao war dem Charme der jungen Laborantin Li Peiying erlegen, die zu unserem medizinischen Personal gehörte und jetzt häufig Kontakt mit dem Vorsitzenden hatte. Da sie keine Ärztin war und deshalb nicht beschuldigt werden konnte, sie wolle ihrem Patienten Angst einjagen, bat Deng die junge Frau, mit Mao zu sprechen und sich für Zhous Operation einzusetzen. Nach dem Gespräch mit Li Peiying gab Mao endlich sein Einverständnis. Am 1. Juni 1974 kam

Zhou Enlai in das Krankenhaus 305, wo die Urologen Wu Jieping, Xiong Rucheng und Yu Sungting eine einfache Kauterisation vornahmen.

Zhou schlug vor, die chinesische Delegation bei den Vereinten Nationen in New York solle Informationen über westliche Behandlungsmethoden bei amyotrophischer Lateralsklerose sammeln. Als wir entgegneten, daß auch in den Vereinigten Staaten keine wirksame Therapie bekannt sei, meinte er: »Demnach ist die Krankheit also unheilbar.«[104]

Wir schwiegen betroffen. Kein Arzt wollte behaupten, daß der Tod des Vorsitzenden unvermeidlich sei.

»Dann müssen Sie die noch vorhandene Zeit nutzen und einen Weg finden, mit dem Problem fertig zu werden. Wenn Sie die Krankheit wirklich nicht heilen können, sollten Sie zumindest versuchen, das Leben des Vorsitzenden zu verlängern«, erklärte Zhou.

Am 17. Juli 1974 sprach ich mit dem Ärzteteam im Krankenhaus 305 über mögliche Behandlungsmethoden. Wir mußten auf alle Eventualitäten vorbereitet sein. Jeder Spezialist mußte für in seinem Fachgebiet auftauchende Probleme Lösungen finden und seine Therapie in einem Bericht genau erläutern.

Yu Yingxiang, der Direktor des Tongren-Krankenhauses in Beijing, und sein Kollege Li Chunfu, der Leiter der dortigen Hals-Nasen-Ohren-Abteilung, sprachen mit uns über die Folgen einer Lähmung des Halses und des Rachens und machten Vorschläge zur Bewältigung dieses Problems. Die Ärzte waren sich einig, daß ein Eindringen von Speiseresten und Flüssigkeit in die Luftröhre nur zu verhindern sei, wenn Mao künstlich ernährt werde. Zhang Yuanchang, der Neurologe aus Shanghai, machte sich vor allem Gedanken wegen der Lähmung der Zwischenrippenmuskeln, die die Atmung steuern. Wir würden ein Beatmungsgerät brauchen und mußten Vorkehrungen treffen, um eine Herz-Lungen-Wiederbelebung durchführen zu können. Auf lange Sicht war die Atmung das größte Problem. Wenn Mao nicht mehr sprechen konnte, würde er immer noch fähig sein zu schreiben, und wenn er nicht mehr schlucken konnte, würden wir ihn künstlich ernähren. Aber wenn er nicht mehr atmen konnte, gab es keine Möglichkeit, ihn am Leben zu erhalten.

Noch während wir über den Gesundheitszustand des Vorsitzenden sprachen, trat das Politbüro zusammen. Später erfuhr ich, daß Mao auf der Sitzung gegen Jiang Qing gewettert, sich politisch von ihr distanziert und sie, Zhang Qunqiao, Wang Hongwen und Yao Wenyuan davor gewarnt hatte, eine Vierergruppe in Shanghai zu bilden. Aus Warnungen wie dieser entstand die spätere Bezeichnung »Viererbande«.

Kurz nach dem Ende der Politbürositzung teilte Zhang Yaoci uns mit, daß Mao eine Reise unternehmen wolle. Er werde in zwei Stunden aufbrechen, und Wang Dongxing habe angeordnet, daß Wu Jie, Hu Xudong, die beiden Augenärzte aus Sichuan und ich Mao begleiten sollten. Die Neurologen sollten in ihre Krankenhäuser zurückkehren und auf weitere Anweisungen warten.

Ich war völlig entgeistert. Maos Zustand konnte jederzeit kritisch werden. Wir hatten unsere Besprechung noch nicht abgeschlossen, und die Ärzte mußten noch ihre Berichte schreiben. Außerdem hatten wir noch nicht entschieden, wie wir im Ernstfall vorgehen wollten. Da Mao von seiner Reise nicht abzubringen war, mußte ihn ein Spezialistenteam begleiten. Wir brauchten einen Neurologen, einen Facharzt für Hals-Nasen-Ohren-Krankheiten und einen Internisten sowie eine spezielle Ausrüstung für den Notfall und eine Trachealkanüle, falls Mao Probleme mit dem Atmen bekam. All das versuchte ich Zhang Yaoci begreiflich zu machen.

Aber Zhang blieb uneinsichtig. Maos Gesundheit sei nicht seine Sache. Er habe seine Instruktionen. »Wang Dongxing hat befohlen, daß Sie Ihre Besprechung beenden«, erklärte er. Man habe bereits angeordnet, wer Mao begleiten solle.

Wu Jie, Hu Xudong, die beiden Ophthalmologen und ich begannen sofort zu packen. Wir nahmen möglichst viel Ausrüstung für den Notfall mit.

Wir fuhren mit Maos Sonderzug nach Wuhan und blieben zwei Monate lang dort.

Maos Zustand verschlechterte sich. Die Lähmung griff, wie befürchtet, auf Hals und Rachen über, und das Schlucken fiel ihm immer schwerer. Er konnte keine feste Nahrung mehr zu sich nehmen und mußte auf eine halbflüssige Diät gesetzt werden – kräftige Rinder- oder Hühnerbrühe. Während Zhang Yufeng oder Meng Jinyun ihn fütterten, lag er auf der linken Seite. Dabei gelangte gelegentlich Nahrung in die Luftröhre und verursachte Lungeninfektionen, aber Mao lehnte jede ärztliche Hilfe ab. Wu Xujun, die Mao gelegentlich sah, hielt mich auf dem laufenden und überbrachte Mao Botschaften von mir. Dabei bat sie ihn immer wieder eindringlich, sich behandeln zu lassen, aber Mao blieb stur.

Schließlich schrieb ich einen ausführlichen Krankenbericht, fügte Diagramme bei, um die Probleme zu verdeutlichen, und bat Zhang Yaoci, ihn Mao zu übergeben. Das einzige, was ich verschwieg, war die Prognose. Kaum ein Arzt in China klärt seinen Patienten darüber auf, wenn dieser an einer unheilbaren Krankheit leidet. Wir waren der Meinung, daß die Angst, die das Wissen um die Krankheit hervorruft, das Leben des Patienten verkürzen könne. Die Hoffnung auf Heilung dagegen könne das Leben des Patienten verlängern. Gewiß hätte kein Arzt die Verantwortung auf sich genommen und dem Vorsitzenden mitgeteilt, daß er unheilbar krank sei. Aber ich hatte die Aufgabe, sein Leben zu verlängern, und das war nur möglich, wenn Mao sich behandeln ließ.

Nachdem Mao den Bericht gelesen hatte, bestellte er mich zu sich. Er hörte nicht gern schlechte Nachrichten über seinen Gesundheitszustand und vermutete dahinter stets ein Komplott. Wie so oft behauptete er auch diesmal, daß wir Ärzte zu pessimistisch seien. Er glaubte nicht, schwer krank zu sein. Vielmehr war er davon überzeugt, daß er wieder, wie schon 1965, eine Laryngitis habe. Als ich ihn vom Gegenteil zu überzeugen versuchte, weigerte er sich zuzuhören. Aber immerhin war er bereit, sich von den Ophthalmologen untersuchen zu lassen.

In Gegenwart der Augenärzte machte Mao seine üblichen Witze und bemühte sich, freundlich zu sein. Er sprach jedoch so undeutlich, daß keiner ihn verstand.

Die Ophthalmologen bestätigten, daß Mao an grauem Star leide. Als er wissen wollte, ob sie noch etwas anderes entdeckt hätten, antworteten sie, sie müßten zuerst die Linsen operativ entfernen, bevor sie weitere Schlüsse ziehen könnten. Mao war irritiert, weil sein Augenleiden nicht ohne Eingriff geheilt werden konnte. Nachdem die Ophthalmologen gegangen waren, meinte er, sie könnten ihm sicher nicht helfen, und forderte mich auf, sie fortzuschicken. Danach wollte er keinen Arzt mehr sehen, auch mich nicht.

Nach wie vor war ich jedoch für seine Gesundheit verantwortlich, und man würde mir die Schuld geben, wenn etwas passierte. Ich war verzweifelt und konnte vor Sorgen weder essen noch schlafen. Obwohl ich nur das Beste für den Vorsitzenden wollte, betrachtete er mich als seinen Feind. Schließlich sprach ich mit Wang Dongxing über mein Dilemma und betonte, daß die Ärzte, die Mao nach Wuhan mitgenommen habe, keine Spezialisten für Erkrankungen der motorischen Nervenzellen seien und deshalb im Notfall kaum Hilfe leisten könnten. Wir brauchten vor allem Neurologen und Fachärzte für Hals-Nasen-Ohren-Krankheiten sowie einen Orthopäden für den Fall, daß Mao stürzte und wir einen Bruch richten mußten. Wang war lediglich bereit, das Revolutionskomitee der Provinz Hubei in Wuhan zu bitten, ein Ärzteteam bereitzustellen. Ich bekam die Ärzte aus Wuhan nie zu Gesicht, und sie erschienen auch nie in Maos Villa.

Vielen in Maos engster Umgebung fiel es schwer zu glauben, daß der

Vorsitzende krank war. Als Wang Hairong und Nancy Tang Li Xiannian und Imelda Marcos, die Frau des philippinischen Präsidenten, nach Wuhan begleiteten und Mao besuchten, bemerkten sie zwar, daß Mao mit dem Sprechen Mühe hatte und oft sabberte, aber ansonsten fanden sie ihn bei bester Laune. Sie waren überrascht, als ich ihnen mitteilte, daß Mao schwer krank sei. »Der Vorsitzende ist ein so sonderbarer Mensch und hat eine so sonderbare Krankheit«, meinte Nancy Tang.

Während sich Mao in Wuhan aufhielt, blieb Jiang Qing in Beijing. Ihre Kampagne gegen Zhou Enlai verlieh ihr neues Machtgefühl, und sie verglich sich mit der einzigen Kaiserin der chinesischen Geschichte: mit Wu Zetian, der Herrscherin der Tang-Dynastie, die beim chinesischen Volk als Symbol für Bösartigheit und Brutalität gilt. Immer wieder tauchten jetzt in der Presse Artikel auf, in denen die Kaiserin gelobt wurde, und jeder wußte, daß Jiang Qing sich einbildete, eine moderne Wu Zetian zu sein. Anläßlich ihres Treffens mit Imelda Marcos hatten ihre Schneider mehrere Kleider im Stil der Kaiserin angefertigt. Als aber Jiang Qing die kunstvoll gearbeiteten kaiserlichen Gewänder sah, erkannte sogar sie, wie unpassend sie waren, und sie zog die Kleider nie an. Ob Mao es ihr ausgeredet hatte, weiß ich nicht. Jedenfalls hatten Wang Hairong und Nancy Tang ihm von den Gewändern erzählt, und sein Schweigen verriet mir, daß er Jiang Qings Vorgehen mißbilligte.

85. KAPITEL

Im September 1974 reisten wir nach Changsha weiter, der Hauptstadt von Maos Heimatprovinz Hunan.

Mao versuchte, sich selbst zu kurieren. Er wollte schwimmen gehen, weil er meinte, durch körperliche Ertüchtigung wieder zu Kräften zu kommen.

Wu Jie und Hu Xudong, die beiden Ärzte aus Beijing, waren entsetzt. Bei seiner Rachen- und Kehlkopflähmung konnte versehentlich eindringendes Wasser leicht zu Erstickungsanfällen führen. Sein Körper war ausgemergelt und schwach. Die langjährigen Mitarbeiter der Gruppe Eins wußten jedoch, daß kein Mensch ihn vom Schwimmen abhalten konnte. Wang Dongxing verbot den Ärzten, Mao gegenüber ihre Bedenken zu äußern. Sie mußten sich allerdings bereithalten, um im Notfall eingreifen zu können.

Als Mao ins Wasser stieg, standen die Ärzte am Rand des Beckens. Die Aktion mußte jedoch rasch abgebrochen werden, denn jedesmal, wenn Mao mit dem Gesicht untertauchte, mußte er husten und lief rot an. Eilig zogen ihn die Leibwächter wieder heraus. Das war Maos letzter Schwimmversuch. Deng Xiaoping, der Mao in Changsha besuchte, berichtete später dem Politbüro, Mao erfreue sich bester Gesundheit. Der Vorsitzende sei sogar schwimmen gegangen.

Nach diesem Vorfall wurde Mao noch unbeweglicher, er verbrachte die meiste Zeit im Bett und lag immer auf der linken Seite, da er in allen anderen Positionen unter Atemnot litt. Dadurch entstand an seiner linken Hüfte eine wunde Stelle. Fortan litt er bis zu seinem Tod immer wieder unter derartigen Wunden. Auch auf seine Schlaftabletten reagierte er plötzlich allergisch und bekam am ganzen Körper einen juckenden Ausschlag. Wir setzten die Medikamente ab und verordneten eine Salbe, die den Ausschlag tatsächlich etwas linderte.

Während unseres zweimonatigen Aufenthalts in Changsha bekam ich Mao kaum zu Gesicht. Wu Xujun berichtete mir regelmäßig über seine Beschwerden, und manchmal hörte ich auch das eine oder andere von Besuchern aus Beijing, die gerade bei ihm gewesen waren. Kurz darauf verließ Wu Xujun in Freundschaft die Gruppe Eins.

Als Mao von Zhou Enlais schlechtem Gesundheitszustand erfuhr, verstärkte sich seine Ablehnung der Ärzte noch. Zhous Blasenkrebs war wieder ausgebrochen, und er hatte sich im August einer weiteren Operation unterziehen müssen. Mao fühlte sich dadurch in seiner Meinung bestätigt, daß chirurgische Eingriffe nichts nützten. »Ich habe ihm gesagt, er solle sich nicht operieren lassen, aber er wollte es ja unbedingt. Einfache Leute machen oft gar nichts, wenn sie krank werden. Nach einer Weile haben sie die Krankheit überwunden. Und wenn nicht, ist die Krankheit eben unheilbar.«

In Beijing herrschte weiterhin eine gespannte politische Situation. Die zweite Plenartagung des Zehnten ZK und der Vierte Nationale Volkskongreß waren für Januar 1975 angesetzt, und auf beiden Versammlungen sollten wichtige Personalentscheidungen gefällt werden. Deng mußte als stellvertretender Ministerpräsident, als stellvertretender Vorsitzender der Militärkommission, als Generalstabschef der Volksbefreiungsarmee und als Mitglied des Ständigen Ausschusses des Politbüros bestätigt werden, wogegen Jiang Qing und ihre Gruppe jedoch opponierten. Sie wollten Wang Hongwen zum stellvertretenden Vorsitzenden des Nationalen Volkskongresses wählen lassen. Je näher der Tag der entscheidenden Sitzung rückte, desto heftiger wurde der Machtkampf. Beide Fraktionen sandten Vertreter zu Mao, um ihn für sich zu gewinnen.

Wang Hongwen vertrat Jiang Qing und ihre Fraktion. Nachdem Xu Yefu seinem Lungenkrebsleiden erlegen war, hatte Zhang Yufeng all seine Aufgaben als Sekretär übernommen – sie las Mao wichtige Papiere vor, überwachte seine Besuche und arbeitete darauf hin, offiziell zu Maos persönlicher Sekretärin ernannt zu werden. Wang Dongxing wollte der Ernennung nicht zustimmen, doch sie wurde von Wang Hongwen unterstützt, der sich häufig mit Zhang Yufeng traf. Er organisierte Personal für sie, das ihre Wäsche wusch und ihre Mahlzeiten zubereitete, während sie ihren Pflichten bei Mao nachging.

Ich weiß nicht, ob Mao Gerüchte zu Ohren kamen. Jedenfalls ärgerte er sich über die Privilegien, die seine Konkubine dank Wang Hongwens Bemühungen genoß. In einem persönlichen Erlaß teilte er mit, daß »jeder, der sich in meine Privatangelegenheiten einmischt, verschwinden soll«. Daraufhin zog sich Wang Hongwen hastig wieder nach Beijing zurück.

Am 20. Oktober 1974 kamen Wang Hairong und Nancy Tang im Auftrag von Zhou Enlai nach Changsha. Jiang Qing beschuldigte den Ministerpräsidenten neuerdings, China an das Ausland zu verkaufen. Schon vor der Kulturrevolution hatte Zhou begonnen, die Schiffahrtskapazität Chinas zu steigern. Er hatte den Aufbau einer eigenen Schiffbauindustrie gefördert und Schiffe im Ausland eingekauft. Als das in Shanghai gebaute Fengqing-Schiff

1974 vom Stapel lief, bezichtigte Jiang Qing den Ministerpräsidenten des Hochverrats, weil er auch ausländische Schiffe erworben habe. Deng Xiaoping, der jetzt wieder dem Politbüro angehörte, ergriff Partei für Zhou. Die Auseinandersetzung führte jedoch zu keinem Ergebnis, bis Mao sich schließlich auf die Seite von Zhou und Deng stellte.

Offiziell waren Zhou Enlai und Wang Hongwen gemeinsam für die Kandidatenliste verantwortlich, die auf den anstehenden Partei- und Regierungsversammlungen vorgelegt werden sollte. Sie trafen am 23. Dezember in Changsha ein, um mit Mao ihre Vorschlagsliste durchzugehen. Zhang war inzwischen offiziell zu Maos persönlicher Sekretärin aufgestiegen, was ihrer Arroganz neue Nahrung gab. Sie belästigte Zhou mit Klagen über ihre unangenehmen Pflichten; sie müsse Mao füttern, baden, ihm auf die Toilette helfen und ihn zu Bett bringen. »Könnten Sie nicht etwas für mich tun?« fragte sie den Ministerpräsidenten. Zhou schwieg peinlich berührt.

Auf der zweiten Plenartagung des Zehnten Zentralkomitees im Januar wurde Deng Xiaoping offiziell zum stellvertretenden Vorsitzenden der Partei und zum Mitglied des Ständigen Ausschusses des Politbüros ernannt. Auf dem danach stattfindenden Vierten Nationalen Volkskongreß wählte man Zhou Enlai erneut zum Ministerpräsidenten des Staatsrates und Deng zu seinem ersten Stellvertreter. Wang Hongwens Wahl zum stellvertretenden Vorsitzenden scheiterte. Mao benötigte Deng an der Seite Zhou Enlais für die täglichen Regierungsgeschäfte und unterstützte deshalb dessen Ernennung. Durch Zhous Erkrankung waren Deng Xiaopings Führungsaufgaben noch dringlicher geworden. Er übernahm jetzt die Verantwortung für die laufenden Geschäfte des Zentralkomitees. Jiang Qing und ihre Gruppe hatten diesmal noch in Schach gehalten werden können.

86. KAPITEL

Mao nahm nicht an dem Kongreß in Beijing teil, sondern blieb in Changsha. Und auch Wang Dongxing besuchte die Tagung nicht, da er nicht in die Flügelkämpfe hineingezogen werden wollte.

In Changsha hatte ich wenig zu tun, doch meine Mitarbeiter und ich waren ebensowenig wie das Ärzteteam in Beijing auf eine weitere Verschlechterung von Maos Gesundheitszustand ausreichend vorbereitet und mußten für den bald zu erwartenden medizinischen Notfall Maßnahmen treffen.

Hu Xudong, Wu Jie und ich reisten Anfang Januar nach Beijing und stellten dort ein Ärzteteam zusammen, dem Jiang Sichang, der Leiter der Hals-Nasen-Ohren-Abteilung des Krankenhauses der Volksbefreiungsarmee, sowie Zhou Guangyu, Chef der Chirurgie, Gao Rixin, Chef der Anästhesie am Krankenhaus von Beijing, und Yuan Zhaozhuan von der Dermatologischen Abteilung des Peking Union Medical College angehörten.

Hu Xudong begleitete das medizinische Team nach Changsha, während ich begann, einige Parteiführer zu informieren, auf deren Unterstützung ich hoffte. Mao war ein so schwieriger Patient geworden, daß wir auf ihre Hilfe angewiesen waren. Schon bald würden wir das ganze Politbüro über Maos Zustand unterrichten müssen. Zuerst sprach ich mit Ye Yianying, der für meine Probleme mit Mao immer Verständnis gezeigt hatte. Wir plauderten eine Weile über die einundzwanzig Jahre, die ich an Maos Seite verbracht hatte. Dann beschrieb ich ihm die Entwicklung von Maos Gesundheitszustand während der letzten sechs Monate und erklärte, wie schwer Mao es den Ärzten durch seine starrsinnige Haltung mache. Wir überlegten, wie wir Mao dazu bringen könnten, sich durch eine Magensonde ernähren zu lassen. Seine Erstickungsanfälle machten mir Sorgen, und ich fürchtete eine Lungenentzündung, wenn wieder Speisen in der Luftröhre steckenblieben.

Das Gespräch mit Ye Yianying machte mir Mut, denn Wang Dongxing und Zhang Yaoci, mit denen ich täglich zu tun hatte, zeigten trotz der zahlreichen Zeichnungen und Diagramme, die ich ihnen vorlegte, kein Verständnis für die Dringlichkeit der Situation. Als besonders unkooperativ erwies sich Zhang Yaoci, der sich von jeglicher Verantwortung für Maos medizinische Versorgung lossagte. Er fühlte sich nur für die Sicherheit des Vorsitzenden verantwortlich.

Ye Yianying wollte mir helfen. Er bezweifelte, daß Mao bereit sein werde, sich künstlich ernähren zu lassen, und warnte mich vor Jiang Qing, die zusätzliche Probleme schaffen könne. Doch er versprach, mir zu helfen, falls ich Schwierigkeiten bekäme. Zudem bot er mir und den anderen Mitgliedern des Ärzteteams seine Hilfe bei der Beschaffung medizinischer Geräte an.

Am 20. Januar besuchte ich Zhou Enlai, der immer noch in einer Suite des Krankenhauses 305 weilte. Sein Gesundheitszustand hatte sich weiter verschlechtert. Kurz vor seiner Abreise nach Changsha im Dezember hatten die Ärzte Blut im Stuhl entdeckt. Aus Rücksicht auf seinen geplanten Besuch bei Mao und die Kongresse im Januar hatten sie ihn nicht sofort informiert. Sie vermuteten Dickdarmkrebs und wollten nach den Versammlungen eine Darmspiegelung vornehmen. Auf dem am 17. Januar endenden Nationalen Volkskongreß hatte sich Zhou dafür ausgesprochen, den Schwerpunkt der Regierungsarbeit auf die Modernisierung Chinas zu legen.

Zhou sah schmal und blaß aus, weigerte sich aber, das Bett zu hüten. Er saß auf einem Sofa und trug seinen eleganten Anzug. Als er hörte, daß ich schon seit zwei Wochen wieder in Beijing sei, ihn aber nicht hätte belästigen wollen, schalt er mich für mein Zögern und erkundigte sich nach Maos Gesundheit.

Mao war inzwischen nach Hangzhou gereist, wohin andere Mitglieder des medizinischen Stabs und ich ihm am nächsten Tag folgen sollten. Eine erste Gruppe von Ärzten war bereits abgereist. In meiner Abwesenheit war der Vorsitzende endlich überredet worden, sich einer Generaluntersuchung zu unterziehen.

Zhou hatte schon mit einigen Ärzten über Mao gesprochen. Er wußte, daß der graue Star leicht zu behandeln war. Sorge bereitete ihm die Nervenerkrankung, und er fragte mich, ob wir uns für eine Therapie entschieden hätten. Er konnte immer noch kaum glauben, daß es keine Heilung für Mao geben sollte.

Der Ministerpräsident schlug eine traditionelle chinesische Behandlung vor, doch ich erklärte, daß Mao diesen Methoden nicht vertraue und daß es ihm nahezu unmöglich sei, die speziellen chinesischen Medikamente einzunehmen – heiße Kräutersude, die in großen Mengen getrunken werden müssen. Schon bei kleinen Schlückchen Wasser müsse Mao würgen. Wie sollte er dann die reichlichen Mengen Kräutersud zu sich nehmen?

Zhou bestand nicht weiter auf seinem Vorschlag und bat mich, dem Vorsitzenden Genesungswünsche auszurichten.

Am nächsten Tag reiste ich mit einem aus zwölf Krankenschwestern und zehn Ärzten bestehenden Team ab. Zu den Ärzten zählten Wu Jie, zwei

Neurologen, drei Augenärzte, zwei Radiologen und zwei Laborärzte, die sich den vorausgereisten Chirurgen und Hals-Nasen-Ohren-Spezialisten anschließen sollten.

Mao wurde vier Tage lang untersucht. Die Vorschriften besagten, daß die für Parteiführer zuständigen Ärzte sich ausschließlich auf die ihrem Fachgebiet zugeordneten Krankheitssymptome beschränkten. Sie durften sich weder in diagnostischen noch in therapeutischen Fragen untereinander beraten. Ich hatte die Aufgabe, die verschiedenen Untersuchungsergebnisse auszuwerten und einen Behandlungsplan auszuarbeiten. Diese Vorschrift diente eher der Sicherheit als der Gesundheit des Patienten und wirkte sich gerade bei Mao nachteilig aus. Mao litt an mehreren Beschwerden, die miteinander in Beziehung standen. Für die Diagnose und für die Entscheidung über eine geeignete Therapie wäre eine interdisziplinäre Besprechung der Ärzte unerläßlich gewesen. Auf mein Drängen hin erlaubte Wang Dongxing schließlich, daß sich die Fachärzte nach ihren separaten Untersuchungen zusammensetzten und mit mir über die Behandlungsmethode berieten. Zuerst untersuchten die HNO-Ärzte und Chirurgen den Patienten, dann kamen die Internisten, Neurologen und Augenärzte an die Reihe. Schließlich wurden noch ein Elektrokardiogramm sowie Röntgenaufnahmen von Thorax und Herz angefertigt.

Die Untersuchungen bestätigten, daß Mao an grauem Star, amyotrophischer Lateralsklerose, Verkalkung der Herzkranzgefäße, rechtsseitiger Herzschwäche, einer Entzündung in den unteren Lungenabschnitten, drei Blasen in der linken Lunge, wundgelegenen Stellen an der linken Hüfte und Sauerstoffmangel (Hypoxie) litt. Außerdem hatte er leichtes Fieber und Hustenanfälle. Die Ärzte waren der Ansicht, daß eine Magensonde für die Ernährung und die Zuführung der Medikamente unerläßlich sei. Sie empfahlen auch eine Operation des grauen Stars.

Ich mußte den medizinischen Bericht für Mao abfassen und die Diagnose sowie die vorgeschlagene Behandlung erläutern. Am 27. Januar 1975 legte ich den Bericht Zhang Yaoci vor, sprach jede Einzelheit mit ihm durch und drängte ihn, den Text auch Zhang Yufeng zu erläutern, da sie Mao das Dokument vorlesen mußte.

Am nächsten Morgen um halb sechs wurde ich von Zhang Yaoci geweckt. Der gesamte medizinische Stab solle sich sofort bei ihm und Wang Dongxing einfinden. Zhang Yufeng habe soeben Maos Antwort auf den ärztlichen Bericht überbracht.

Wir versammelten uns in dem Gebäude, in dem Wang Dongxing wohnte. Zhang Yaoci teilte uns mit, daß Zhang Yufeng den Bericht abgelehnt habe.

Ihrer Meinung nach tauge keine der von uns vorgeschlagenen Therapien etwas. Zhang Yufeng habe dem Vorsitzenden eine andere Behandlung vorgeschlagen, und dieser sei damit einverstanden. Sie wolle Mao Glukose-Infusionen verabreichen lassen. Während der Kulturrevolution waren Glukose-Infusionen wie auch Bluttransfusionen bei einigen hohen Parteifunktionären zu beliebten Stärkungsmitteln geworden. Jiang Qing hatte gehört, das Blut von gesunden, jungen Männern wirke lebensverlängernd. Daraufhin hatte sie sich von Soldaten der Volksbefreiungsarmee Blut spenden lassen. Zhang Yufeng wußte von diesen und ähnlichen Behandlungsmethoden und glaubte, daß Glukose dem Vorsitzenden sowohl die nötigen Nährstoffe liefern als auch seine Krankheiten heilen werde. Sie wollte sofort mit den Infusionen beginnen.

Nach dieser Nachricht schwiegen die Ärzte wie betäubt. Wang Dongxing wollte unsere Meinung hören. Er ließ nicht zu, daß wir das Problem zunächst untereinander diskutierten. Statt dessen fragte er jeden einzeln, ob er mit Zhang Yufengs Empfehlung einverstanden sei. Wenn alle zustimmten, solle die Glukosetherapie unverzüglich eingeleitet werden.

Es war kaum zu glauben, aber sämtliche Mitglieder des Ärztestabes erklärten sich einverstanden – wenn auch nicht aus medizinischen, sondern aus politischen Gründen. Sie mußten der Parteiführung gehorchen.

Ich wurde als letzter befragt und wies darauf hin, daß Glukose-Infusionen zwar häufig in der Notfallmedizin eingesetzt würden, daß sie Mao jedoch kaum helfen und sogar zu Komplikationen führen könnten. Ich befürchtete, daß so große Flüssigkeitsmengen Maos ohnehin schwaches Herz zu sehr belasten würden. Außerdem könnten Verunreinigungen in der Glukose gelegentlich Überreaktionen auslösen; man müsse also Steroide beimengen, um der Gefahr eines Allergieschocks zu begegnen. Im Falle eines Scheiterns werde man nicht Zhang Yufeng zur Verantwortung ziehen, denn sie sei keine Ärztin. Als Leiter des Ärztestabs sei ich für eventuell auftretende Komplikationen verantwortlich, selbst wenn ich mich gegen die Behandlung ausgesprochen hätte. Ich beharrte eisern auf meiner Meinung.

Für mich hatten Zhang Yaoci und Zhang Yufeng die Schuld an der verfahrenen Situation. Wir Ärzte hatten gewußt, daß Mao unsere Behandlung wahrscheinlich ablehnen würde. Da Zhang Yufeng sich weigerte, mit uns zu sprechen, hatte ich Zhang Yaoci gedrängt, ihr den ärztlichen Bericht zu erläutern, damit sie Mao von unserer Therapieempfehlung überzeuge. Sie war unsere einzige Verbindung zu Mao, und ihre Kooperation war deshalb von grundlegender Bedeutung.

Wang Dongxing war wütend auf mich, da ich mich als einziger Arzt gegen die Glukose-Infusionen ausgesprochen hatte. Er forderte meinen Gehorsam gegenüber der Partei ein und drohte mir mit unangenehmen Konsequenzen, wenn ich weiter auf meinem Standpunkt beharrte.

Hier ging es jedoch nicht um Parteidisziplin. Nicht Zhang Yufeng, Wang Dongxing, Zhang Yaoci oder die Partei waren die Experten, sondern allein die Ärzte. Mao selbst hatte einmal gesagt, daß ein Kranker den Rat des Arztes zu befolgen habe.

Wir hatten uns in eine Sackgasse manövriert. Wang Dongxing beauftragte mich, in einem Bericht an Mao darzulegen, weshalb ich als einziger die Glukosetherapie ablehnte. Er wollte die letzte Entscheidung dem Vorsitzenden selbst überlassen.

Ich machte mich sofort an die Arbeit. Zhang Yaoci gab meinen Bericht an Zhang Yufeng weiter, und noch am selben Abend traf Maos Antwort ein: Er hatte sich gegen die Infusionen entschieden.

Trotzdem befand ich mich in einer unhaltbaren Position. Alle waren verärgert über mich. Da ich keinen direkten Zugang zu Mao hatte, war ich auf die Zusammenarbeit vor allem mit Zhang Yufeng, doch auch mit Zhang Yaoci und Wang Dongxing angewiesen. Diese aber legten der medizinischen Versorgung des Vorsitzenden Steine in den Weg. Maos Gesundheitszustand konnte sich nur verschlechtern, und wenn wir uns jetzt von ihren Einschüchterungsversuchen beeinflussen ließen, würden sie sich auch in Zukunft in Maos Behandlung einmischen.

Die Mitglieder des Ärztestabs waren beunruhigt. Sie teilten zwar mein medizinisches Urteil, wollten sich aber nicht noch einmal mit Zhang Yufeng, Zhang Yaoci und Wang Dongxing anlegen. Mein Leben stand auf dem Spiel. Jiang Qing hatte seit 1968 versucht, mich als Konterrevolutionär zu brandmarken, und als Mao 1972 schwer erkrankte, hatte sie behauptet, ich gehörte einem Spionagering an. Bestand ich auf einer ordentlichen medizinischen Versorgung und weigerte mich, den willkürlichen Ratschlägen von Zhang Yufeng und anderen zu folgen, könnte ich tatsächlich zum Konterrevolutionär gestempelt und beschuldigt werden, dem Vorsitzenden absichtlich geschadet zu haben.

Ich diskutierte die verschiedenen Aspekte der Lage mit Wu Jie. Er meinte, wir sollten einem anderen Ärztestab die Verantwortung übergeben. Denn sonst würde ich in der Klemme sitzen, egal wie sich die Krankheit entwikkelte.

Er hatte recht. Mao war unheilbar krank, und selbst die beste medizinische Behandlung konnte sein sicheres Ende nicht abwenden. Aber ein Rücktritt kam für mich auch nicht in Frage. Ich war der Leiter des Ärzteteams, und Wang Dongxing würde mich ohnehin nicht gehen lassen. Wir mußten weiterhin auf der besten uns bekannten Therapie bestehen. Ich durfte nicht zulassen, daß die Politik mein medizinisches Urteil beeinträchtigte.

Als ich mit Wang Dongxing allein war, schlug dieser einen versöhnlichen Ton an und entschuldigte sich dafür, daß er sich in die Entscheidung über die Glukosetherapie eingemischt hatte. Trotzdem warf er mir mangelnde Flexibilität vor. Er hatte beschlossen, nach dem chinesischen Neujahrsfest mit den Krankenschwestern, einigen Ärzten und mir nach Beijing zurückzureisen. Dort sollten wir einen genauen Behandlungsplan aufstellen. Hu Xudong, die beiden HNO-Ärzte, die Anästhesisten und die Chirurgen würden in Hangzhou bleiben. Zuerst sollten wir versuchen, den grauen Star zu heilen. Er schlug vor, Patienten mit grauem Star ausfindig zu machen, die etwa ebenso alt und von ebenso schwacher Konstitution waren wie der Vorsitzende, und die Operation zuerst an ihnen auszuprobieren. Die Operationsberichte sollten dem Vorsitzenden vorgelegt werden, der sich dann für oder gegen den Eingriff aussprechen könne. Wang meinte auch, daß wir die Behandlung der amyotrophischen Lateralsklerose noch einmal genau überdenken sollten. Er wollte nicht akzeptieren, daß es für diese Krankheit keine Heilung gab.

Schließlich mußte das gesamte Politbüro offiziell über Maos Krankheit unterrichtet werden. Zhou Enlai und Ye Yianying waren die einzigen Spitzenpolitiker, die bisher im Bilde waren. Die chinesischen Zeitungen stellten den Vorsitzenden noch immer als einen vor Gesundheit strotzenden Mann mit roten Wangen dar. Weder das chinesische Volk noch die hohen Funktionäre wußten von Maos Krankheit. Die Unterrichtung des Politbüros würde zudem dem Schutz der Ärzte und Wang Dongxings dienen, denn Jiang Qing intrigierte auch gegen ihn. Sie fragte ihn nie nach dem Gesundheitszustand ihres Mannes, sondern wartete darauf, nach Maos Tod zuzuschlagen. Natürlich würde sie dann den Ärzten die Schuld in die Schuhe schieben. Solange aber Zhou Enlai, Ye Yianying und Wang Dongxing als einzige aus dem Politbüro über Maos Krankheit Bescheid wußten, würden auch sie zur Verantwortung gezogen werden. Wenn die anderen Mitglieder des Politbüros informiert waren, würde sich die Bürde verteilen. Und wenn es wirklich keine Heilung mehr gab, hing unsere Therapie auch vom Einverständnis des Politbüros ab.

87. KAPITEL

Die Sitzung des Politbüros war für den 15. Februar 1975 anberaumt. Am Vorabend besuchte ich Zhou Enlai im Krankenhaus 305 und informierte ihn kurz über die neuesten Untersuchungsergebnisse bei Mao und über die Auseinandersetzung um die Glukose-Infusionen. Zhou war so geschwächt, daß ich ihm riet, der Sitzung fernzubleiben.

Er wollte jedoch unbedingt daran teilnehmen, denn auf dieser wichtigen Zusammenkunft sollte das Politbüro die ganze Wahrheit über Maos Krankheit erfahren. Zhou fragte mich, ob ich auf meinen Bericht gut vorbereitet und gegen Jiang Qings böswillige Fragen gewappnet sei. Und er empfahl mir, den Streit um die Glukose-Infusionen nicht zu erwähnen, die Umstände seien kompliziert genug.

Der Ärztestab traf am Nachmittag des 15. Februar kurz nach vierzehn Uhr in der Großen Halle des Volkes ein. Das Politbüro tagte bereits. Wang Dongxing kam heraus, um unseren Vortrag mit uns zu erörtern. Ich wollte als erster sprechen und einen allgemeinen Überblick über Maos Befinden geben. Dann würde Wu Jie die Herz- und Lungenbeschwerden schildern und Huang Kewei auf die amyotrophische Lateralsklerose eingehen. Zhang Xiaolou sollte sich mit dem grauen Star beschäftigen, und Li Xuande würde Maos Herz- und Lungenprobleme mit Hilfe von Röntgenaufnahmen erläutern. Wir alle hatten zur Verdeutlichung Diagramme, Tabellen und Bilder vorbereitet. Und zum Abschluß sollte eine detaillierte Darstellung der geplanten Therapie erfolgen.

Wang betonte noch einmal die Wichtigkeit der Sitzung, wies uns darauf hin, daß Zhou Enlai trotz seiner schweren Erkrankung erschienen sei, und bat uns, laut zu sprechen, da Deng Xiaoping schlecht höre und jetzt zum erstenmal von Maos Erkrankung erfahren werde.

Wir betraten das Konferenzzimmer. Zhou Enlai, Deng Xiaoping und Ye Yianying saßen am Mittelteil eines langen Konferenztisches, rechts und links von ihnen die anderen Mitglieder des Politbüros. Wir wurden aufgefordert, uns an die gegenüberliegende Seite des Tisches zu setzen.

Wir hatten Maos Fall schon so oft durchgesprochen, daß die Präsentation reibungslos verlief. Wir stellten sämtliche medizinischen Fakten dar, einschließlich der statistischen Überlebensrate anderer Patienten, die an amyotrophischer Lateralsklerose litten. So konnten die Mitglieder des Politbüros ihre eigenen Schlüsse über Maos Lebenserwartung ziehen. Die meisten reagierten verwirrt, als Huang Kewei versuchte, die amyotrophische Lateralsklerose zu erklären.

Jiang Qing stellte die erste Frage: »Sie sagen, daß es sich um eine seltene Erkrankung handelt. Wie konnte der Vorsitzende diese Krankheit bekommen? Wie erklären Sie sich das medizinisch?«

Diese und viele ihrer weiteren Fragen konnten wir nicht beantworten. Niemand kannte die Ursache des Nervenleidens. Huang Kewei bemühte sich geduldig um eine Erklärung und führte zwei Stunden lang alle möglichen Beispiele an, um seine Aussagen zu unterstützen. Die Zuhörer hatten Mühe, seinen Vortrag über die Lähmung des Zwerchfells und der Zwischenrippenmuskulatur zu verstehen. Zur Verdeutlichung verglich Huang die Muskeln mit dem Fleisch eines Schweinekoteletts. Daraufhin wurde er von Yao Wenyuan für sein despektierliches Benehmen gegenüber dem Vorsitzenden getadelt.

Nach dieser Rüge geriet Huang in Panik, begann zu stottern und war unfähig, in seinem Vortrag fortzufahren.

Zhou Enlai schaltete sich ein. Er lobte die Ärzte für ihr sorgfältiges Vorgehen, bedankte sich bei uns und schlug vor, mit der Diskussion der Behandlung fortzufahren.

Nun war ich wieder an der Reihe. Ich erklärte, daß wir den grauen Star operativ behandeln könnten, die Operation aber zuerst an anderen Patienten ausprobieren wollten, deren Alter und Zustand mit denen des Vorsitzenden vergleichbar seien. Außerdem betonte ich, wie wichtig es sei, Mao durch eine Magensonde mit Nährstoffen zu versorgen.

Hier wurde ich von Jiang Qing unterbrochen. »Sie reden davon, einen Schlauch durch die Nase in den Magen einzuführen. Mir ist diese Prozedur bekannt, und ich weiß, daß sie sehr schmerzhaft ist. Wollen Sie den Vorsitzenden etwa quälen?«

Deng Xiaoping warf ein, daß Liu Bocheng, ein alter Marschall aus der Revolutionszeit, seit langem durch eine Magensonde ernährt werde. Er wollte wissen, ob Mao diesem Verfahren schon zugestimmt habe.

Ich mußte verneinen. Deng ermahnte uns, Mao zu nichts zu zwingen. Wir sollten ihm die Situation geduldig auseinandersetzen und sein Einverständnis abwarten, bevor wir die Magensonde einführten. Auch er wollte kaum glauben, daß es für das Nervenleiden keine Heilung gab, doch er bat uns inständig, alles zu tun, um die Symptome unter Kontrolle zu halten und das Fortschreiten der Erkrankung zu stoppen. Auch sollten wir bei der Behandlung des grauen Stars behutsam vorgehen und uns über die möglichen Auswirkungen der Augenoperation auf Maos Herz- und Nervenleiden kundig machen. Er forderte uns auf, unser Bestes zu geben, und beauftragte Wang Dongxing, alle nötigen Geräte und Medikamente für uns zu besorgen. »Die Partei möchte Ihnen danken«, sagte er abschließend.

Zhou Enlai schloß sich den Dankesworten an. Die anderen Mitglieder des Politbüros zeigten keinerlei Reaktion. Durch ihr Schweigen schoben sie die Verantwortung von sich. Die Dankesworte taten uns gut, vor allem nach Jiang Qings feindseligen Bemerkungen. Wir waren erleichtert, aber dennoch blieb ein unterschwelliges Gefühl der Angst zurück, denn die Dankbarkeit konnte jederzeit ins Gegenteil umschlagen.

Im März desselben Jahres, kurz nach der Sitzung des Politbüros, startete Jiang Qing – zusammen mit ihren Freunden aus Shanghai, Zhang Qunqiao und Yao Wenyuan – eine weitere Kampagne gegen Deng Xiaoping und andere altgediente Parteiführer. Diesmal ging es gegen den »Empirismus«, womit eine theoriefeindliche Praxisorientierung gemeint war. In einem Artikel mit der Überschrift »Über die gesellschaftliche Basis der parteifeindlichen Lin-Biao-Gruppe« bezeichnete Yao Wenyuan den Empirismus als den Hauptfeind des Sozialismus. Damit gerieten vor allem die alten Kämpen des Langen Marsches ins Schußfeld, zu denen viele Bauern mit geringer Bildung, aber großer politischer Erfahrung gehörten, die jetzt in immer größerer Zahl rehabilitiert wurden. Jiang Qing, Zhang Qunqiao und Yao Wenyuan waren um Jahrzehnte jünger. Sie gehörten zu den gebildeten, aber weitgehend praxisunerfahrenen Parteiintellektuellen. Die Machtkämpfe unter den Parteiführern fanden auf einer immer obskureren Sprachebene statt, so daß ein gewöhnlicher Chinese kaum verstanden haben dürfte, worum es bei diesen Auseinandersetzungen ging. Die Frontlinie verlief zwischen den jungen Parteikadern, die zu Beginn der Säuberungsaktionen der Kulturrevolution aufgestiegen waren, und den Veteranen, den Opfern dieser Säuberungen, die jetzt wieder an die Schalthebel der Macht zurückdrängten. Hauptangriffsziele waren der kranke Zhou Enlai und der wieder zu Amt und Würden gekommene Deng Xiaoping.

Mao konnte sich wegen seiner Krankheit nicht mehr ständig in die Machtkämpfe seiner Frau einmischen, kritisierte sie jedoch scharf, als er von der Empirismusattacke erfuhr. Im April verkündete er, der Dogmatismus sei genauso schlimm wie der Empirismus, weil beide Lehren Abweichungen vom Marxismus-Leninismus und deshalb revisionistisch seien. Die Dogmatiker, die Mao hier anprangerte, waren Jiang Qing und ihre Fraktion.

Anläßlich einer Sitzung des Politbüros am 3. Mai 1975 ging Mao sogar noch weiter. Er diktierte Zhang Yufeng eine Notiz, und sie gab das Papier an Nancy Tang und Wang Hairong weiter. Der Text richtete sich gegen Jiang Qing und ihre Gruppe: »Ihr verachtet nur den Empirismus, nicht aber den Dogmatismus.« Vier Jahre lang sei die Partei von der Gruppe um Wang Ming beherrscht worden, die die Fahne der Komintern hochhielt, um die Kommunistische Partei Chinas einzuschüchtern und Andersdenkende zu vernichten. »Haltet euch an den Marxismus-Leninismus, nicht an den Revisionismus. Seid einig und spaltet euch nicht. Seid aufrecht und laßt euch nicht in Händel und Intrigen hineinziehen. Bildet keine Viererbande ... Ich meine, die Kritiker des Empirismus hängen selbst einer Art des Empirismus an.«

Nach dieser Stellungnahme des Vorsitzenden begann Deng Xiaoping, die Sitzungen des Politbüros zu leiten. Er versuchte jedoch nie, Maos Frau und ihre Fraktion aus der Partei auszuschließen, obwohl Jiang Qing mit allen Mitteln gegen ihn kämpfte.

Wang Dongxing wunderte sich darüber, daß Deng seine neugewonnene Macht nicht einsetzte, um Jiang Qing aus dem Weg zu räumen.

Dazu waren Deng und auch Zhou Enlai jedoch zu schlau. Sie wußten, daß Maos Kritik an seiner Frau und ihren Verbündeten lediglich darauf abzielte, ihre Macht zu schmälern, ohne sie politisch zu vernichten. Als der durch seine Krebserkrankung ans Bett gefesselte Kang Sheng von Maos Angriffen auf seine Frau erfuhr, nahm er fälschlicherweise an, der Vorsitzende wolle ihren Sturz vorbereiten. Er begann daraufhin, wie schon so oft, sich Anschuldigungen auszudenken: Jiang Qing und Zhang Qunqiao hätten die Partei schon in den dreißiger Jahren verraten, er habe sogar Zeugen für ihren Verrat. Kang traf sich mit Nancy Tang und Wang Hairong, die für Mao die Verbindung zum Politbüro hielten, und bat sie, Mao von seinen Vorwürfen zu unterrichten. Die beiden Frauen besprachen sich jedoch zuvor mit Zhou Enlai, und dieser warnte sie vor übereilten Schritten. Daraufhin schwiegen die beiden und ließen sich nicht von Kang für dessen Zwecke mißbrauchen.

Deng Xiaoping hielt sich weiterhin zurück und nahm für sich in Anspruch, die Worte des Vorsitzenden zu befolgen. Er studiere die Ideologie und bekämpfe den Revisionismus, arbeite für Stabilität und Einheit und stärke die Wirtschaft. Trotzdem ließen Jiang Qing und ihre Verbündeten nicht von ihren Angriffen ab. Oft wurde Mao Yuanxin vorgeschickt, um Mao vor Deng Xiaoping zu warnen. Dieser versuche, die Kulturrevolution rückgängig zu machen, erwähne mit keinem Wort ihre Errungenschaften und kritisiere fast nie die revisionistische Linie von Liu Shaoqi. Wang Dongxing befürchtete,

Mao könne durch Yuanxins Behauptungen zunehmend das Vertrauen zu Deng verlieren, denn Mao ließ sich leicht von den unlauteren Absichten anderer überzeugen. Deshalb war es auch so wichtig, daß man bei Meinungsverschiedenheiten als erster mit ihm sprach. Mao Yuanxins Einfluß wuchs, während Nancy Tang und Wang Hairong immer weniger zu sagen hatten. Im September 1975 verloren die beiden Frauen ihre Sonderstellung bei Mao, und Mao Yuanxin wurde der Verbindungsmann des Vorsitzenden zum Politbüro. Seitdem war Deng Xiaoping ständigen Angriffen ausgesetzt, und die politische Situation spitzte sich zu.

Nach unserer Berichterstattung vor dem Politbüro im Februar hatten wir noch zwei weitere Augenärzte hinzugezogen: Tang Youzhi und Gao Peizhi vom Guanganmen-Krankenhaus in Beijing. Die beiden kannten sich sowohl in westlicher als auch in traditioneller chinesischer Medizin aus und konnten unsere Überlegungen über eine geeignete Therapie für Mao bereichern. Die Augenärzte machten sich die Entscheidung über die richtige Behandlung des grauen Stars sehr schwer. Die beiden neuen Teammitglieder empfahlen die sanftere Methode der chinesischen Medizin, die nur ein paar Minuten dauert und mit Hilfe einer speziellen Nadel durchgeführt wird, ohne daß man die Linsen entfernt. Diese Prozedur belastet den Organismus weniger als die im Westen übliche Operation.

Ich war ebenfalls für die sanfte Methode, da ich selbst bei einer geringen Belastung Komplikationen befürchtete. Die westlich orientierten Augenärzte hielten dagegen, daß dieses Verfahren Maos Linseneintrübung nicht beheben würde, so daß später ein erneuter Eingriff notwendig sein könne. Für sie waren die möglichen Nebenwirkungen der westlichen Methode weniger gravierend.

Letztlich beschlossen wir, an vierzig älteren Patienten mit grauem Star, die wie Mao Herzprobleme hatten, Experimente vorzunehmen. Sie wurden im Gästehaus des Generalbüros einquartiert. Vertreter der Stadtverwaltung von Beijing hatten die Männer – sämtlich Bauern ohne Angehörige – ausfindig gemacht. Alle waren hohen Alters und mußten wegen grauen Stars operiert werden, konnten sich einen Eingriff jedoch nicht leisten. Sie erfuhren nie, daß sie Teil eines Experiments für den Vorsitzenden waren. Die eine Hälfte der Patienten sollte auf die traditionell chinesische Weise behandelt, die andere nach westlicher Methode operiert werden. Dann sollte Mao einen Bericht über das Experiment erhalten und selbst entscheiden, welches Verfahren er vorzog.

Mao befand sich immer noch unter der Obhut von Hu Xudong in Hangzhou. Zhang Yufeng hatte ihren Willen durchgesetzt: Dr. Hu verabreichte Mao täglich achthundert bis tausend Kubikzentimeter einer fünfprozentigen Glukoselösung, der er eine beachtliche Dosis Steroide beimengte. Trotzdem machte er sich Sorgen und wandte sich mehrmals telefonisch um Rat an mich und Wu Jie. Ich lehnte die Glukosetherapie weiterhin ab. Da wir nicht in Hangzhou waren, um eigene Beobachtungen anzustellen, und da außerdem weder Blut- noch Urinuntersuchungen vorlagen, konnten Wu Jie und ich keinerlei Ratschläge erteilen.

Als Mao Ende April nach Beijing zurückkam, erhielt er noch immer Glukosespritzen.

Zhang Yufeng bestand auf einer Fortsetzung der Therapie. Schließlich einigte sich Hu Xudong mit ihr darauf, nur noch jeden zweiten Tag eine Spritze zu verabreichen.

Mitte Mai las Zhang Yufeng in den *Nachrichtenblättern*, daß zwei chinesische Ärzte einen herzkranken rumänischen Parteiführer geheilt hätten. Sie wollte, daß diese beiden Ärzte zu unserem Team stießen. Als Zhu Xianyi, der Direktor der Medizinischen Hochschule Tianjin, und Tao Huanle von der Abteilung für Innere Medizin des Krankenhauses von Beijing aus Bukarest zurückkamen, zog ich sie heran.

Der rumänische Politiker hatte jedoch eine subakute bakterielle Endokarditis gehabt (eine bakterielle Infektion des Herzens) und war mit Antibiotika behandelt worden. Maos Erkrankung war ganz anderer Natur. Die beiden neuen Ärzte konnten uns auch nichts anderes raten als die übrigen Herzspezialisten. Mao wollte sie trotzdem kennenlernen.

Am 10. Juni ging ich mit den beiden zum Vorsitzenden. Als wir eintraten, wurden wir Zeuge eines Streites zwischen Zhang Yufeng und Mao. Wir konnten Mao, der wütend gestikulierte, nicht verstehen, doch Zhang Yufeng wußte, daß sie uns den Grund der Auseinandersetzung erklären sollte.

Zwei Tage zuvor hatte sich Mao über Zhang Yufeng geärgert, weil sie ihm aus offiziellen Unterlagen vorlesen sollte und nicht aufzufinden war. Als sie schließlich auftauchte, hatte Mao auf einen Zettel gekritzelt: »Zhang Yufeng, verschwinde!«

Mao war immer noch gereizt. »Ich bin oft schlechter Laune, aber Zhang ist noch schlimmer. Sie hat mich übel beschimpft.«

Unsere beiden neuen Ärzte, die dem Vorsitzenden zum erstenmal gegenüberstanden, waren entgeistert. Mao erkundigte sich nach der Behandlung des rumänischen Politikers, und obgleich die Ärzte ihm versicherten, daß seine Erkrankung nichts mit der des Rumänen gemein habe, wollte Mao sie in das Team aufnehmen.

Auch ich drängte sie, sich uns anzuschließen. Sie waren beeindruckt davon, wie viele hochkarätige Ärzte im Dienste Maos standen, meinten jedoch, nichts Neues beitragen zu können. Mao werde bereits von den besten Ärzten Chinas betreut.

Wu Jie stimmte ihnen zu. Doch ich wollte Zhu Xianyi und Tao Huanle trotzdem hinzuziehen, da die Gefahr, später zu Konterrevolutionären gestempelt zu werden, bei so vielen berühmten Ärzten immer geringer wurde. In diesem Punkt mußte Wu Jie mir recht geben. Zusätzlich nahmen wir noch Xu Delong, den Direktor der Neurologischen Abteilung am Huashan-Krankenhaus in Shanghai, in unser Team auf; er hatte bereits experimentelle Behandlungen an Patienten, die unter amyotrophischer Lateralsklerose litten, durchgeführt.

88. KAPITEL

Ende Juli wurde das Experiment mit den Star-Patienten abgeschlossen. Wir legten die Ergebnisse Mao vor, der sich für die traditionelle chinesische Methode entschied, weil sie sicherer, weniger schmerzhaft und schneller durchführbar sei.

Die Operation sollte im alten Schwimmbadtrakt vorgenommen werden, den man inzwischen zu einer riesigen Empfangshalle umgebaut hatte. Ein Teil der Halle wurde als Operationssaal abgeteilt; Tang Youzhi und Gao Peizhi sollten den Eingriff durchführen, Zhou Enlai und Deng Xiaoping kamen als Beobachter hinzu.

Mao war nervös, obwohl die beiden Ärzte ihm jeden Operationsschritt ausführlich erklärten. Schließlich beruhigte sich der Vorsitzende so weit, daß er sogar einen Witz machen konnte. Er erzählte, daß der Dichter Sadula aus der Zeit der Yuan-Dynastie (1206–1368 n.Chr.) einmal geschrieben habe: »Ich blicke nach Südosten nach Wu [in der Provinz Jiangsu] und Chu [in der Provinz Hubei], doch nichts dringt an mein Auge.« Nach dieser Operation, meinte Mao, werde wieder alles an seine Augen dringen.

Die Operation des rechten Auges dauerte nur zwölf Minuten. Anschließend wurde es mit einem Mullverband abgedeckt. Mao war bereit, sich das linke Auge in zwei Monaten operieren zu lassen, sollte dieser erste Eingriff geglückt sein.

Zehn Tage später wurde der Verband entfernt. Aufgeregt sagte Mao: »Ich kann den Himmel und die Sonne wieder sehen, wenn auch nicht besonders gut.« Die Ärzte erklärten, sie hätten lediglich die getrübte Linse beiseite geschoben, ansonsten aber nichts zur Wiederherstellung seiner Sehfähigkeit unternommen. Sie empfahlen ihm, eine Brille zu tragen. Mao war einverstanden, weigerte sich allerdings, weitere Untersuchungen über sich ergehen zu lassen. Er probierte Brillen mit verschieden stark geschliffenen Gläsern aus, bis er eine passende fand. Von nun an konnte er offizielle Papiere wieder selber lesen.

Mitte Oktober, als die zweite Star-Operation durchgeführt werden sollte, war die politische Situation zum Zerreißen gespannt. Jiang Qing führte noch immer ihre Kampagne gegen Deng Xiaoping. Wang Dongxing glaubte sogar, daß sie nicht nur auf Dengs Sturz, sondern sogar auf seine Hinrichtung hinarbeite. Sie selbst hatte kaum noch Zugang zu Mao, benutzte aber Mao Yuanxin und Zhang Yufeng als Boten. Niemand – nicht einmal Wang Dongxing – wußte, was Mao von den Auseinandersetzungen hielt, und auch ich selbst hatte kaum Gelegenheit, mit ihm zu sprechen. Wir wußten, daß Mao ruhelos und reizbar war. Deshalb wollte Wang alles vermeiden, was Maos Zorn erregen und zu Dengs Entlassung führen könnte. Auf Wangs Geheiß durften wir weder die Frage einer zweiten Star-Operation anschneiden noch die weitere Behandlung seines Nervenleidens mit ihm besprechen.

Die politischen Konflikte auf der Führungsebene der Partei galten als streng geheim. Deshalb konnte ich den anderen Ärzten nur mitteilen, daß Mao derzeit zu beschäftigt sei, um sich einer zweiten Operation zu unterziehen, und daß wir die laufende Behandlung erst einmal fortsetzen müßten.

Die medizinische Ethik und die chinesische Politik standen im Konflikt. Die Ärzte nahmen ihre Verantwortung für Maos Wohlergehen sehr ernst und wollten nicht einsehen, daß seine Arbeit den Vorrang haben sollte. Wang Dongxing befürchtete, ihre Haltung könnte Mao noch weiter aufbringen. Deshalb beorderte er die meisten Ärzte wieder an ihre Krankenhäuser zurück. Nur Hu Xudong, zwei Hals-Nasen-Ohren-Ärzte und ein Anästhesist blieben in Zhongnanhai, um in Notfällen zur Verfügung zu stehen. Ich wohnte noch im Gästehaus des Generalbüros, von wo aus ich auch die medizinischen Versuche mit den Star-Patienten überwacht hatte.

Zehn Tage später verschlechterte sich Maos Zustand dramatisch. Er hustete Schleim und litt unter Atemnot. Außerdem verringerte sich seine Urinausscheidung auf weniger als fünfhundert Kubikzentimeter pro Tag. Ich durfte ihn noch immer nicht aufsuchen und erfuhr von der Krise nur über die Krankenschwestern. Die geringen Urinausscheidungen ließen auf eine akute Erkrankung von Herz, Lungen und Nieren schließen. An diesem Punkt hielt ich weitere Glukose-Infusionen für sinnvoll und gab den Krankenschwestern entsprechende Anweisungen. Und ich drängte darauf, Mao erneut untersuchen zu lassen.

Wang Dongxing rief die Ärzte sofort zurück. Tao Huanle, der Direktor der Abteilung für Innere Medizin am Krankenhaus von Beijing, zog nach Zhongnanhai.

Die Situation war nervenaufreibend. Besonders beunruhigt war Hu Xudong, der ursprünglich die Glukose-Infusionen verordnet hatte. Er wollte aus dem Ärzteteam ausscheiden, wußte aber nicht, wie. Eines Nachts schlief er, nachdem er ein Schlafmittel genommen hatte, mit brennender Zigarette ein, und seine Bettdecke fing Feuer. In seinem Zimmer entstand erheblicher

Sachschaden, und er erlitt schwere Verbrennungen an der Luftröhre. Bis nach Maos Tod blieb er im Krankenhaus von Beijing und konnte sich auf diese Weise erfolgreich der Verantwortung für Maos Gesundheit entziehen.

Nach diesem Vorfall zog ich wieder nach Zhongnanhai. Ich wollte die drei Neurologen ebenfalls in Zhongnanhai unterbringen lassen, um Maos Zustand besser überwachen zu können. Zhang Yaoci sprach sich jedoch dagegen aus, da Zhang Yufeng alle Ärzte für nutzlos hielt und er nichts gegen sie zu unternehmen wagte. Es war absurd, daß Zhang Yufeng eine solche Macht über Mao ausübte. Der Vorsitzende war ernsthaft krank, und die Fachärzte wurden für den Notfall dringend gebraucht. Ich teilte Zhang Yaoci mit, ich würde ihn schriftlich ersuchen, die Ärzte in Zhongnanhai einzuquartieren, und auf einer schriftlichen Ablehnung seinerseits bestehen. Daraufhin lenkte er ein und besprach die Angelegenheit mit Wang Dongxing, der die drei Ärzte nach Zhongnanhai beorderte.

Mao und Zhang Yufeng sahen sich jetzt häufig Filme aus Taiwan und Hongkong an. Im Trakt des alten Schwimmbades wurde für die Mitglieder der Gruppe Eins ein Vorführraum eingerichtet. Oft lud man sämtliche Ärzte zu den Vorführungen ein, und es war unmöglich, sich zu weigern. Zhang Yaoci wollte alle dabeihaben, denn es mache angesichts der Krankheit des Vorsitzenden einen schlechten Eindruck, wenn sich die Mitarbeiter der Gruppe Eins ohne die Ärzte Filme anschauten. Häufig dauerten die Veranstaltungen bis zwei oder drei Uhr morgens.

Die Kampagne gegen Deng Xiaoping nahm an Schärfe zu. Im August schrieb Liu Bing, der stellvertretende Sekretär des Revolutionskomitees der Qinghua-Universität, einen Brief an Mao, in dem er den Sekretär des Revolutionskomitees, Chi Qun, sowie Maos ehemalige Konkubine, die stellvertretende Sekretärin des Revolutionskomitees, Xie Jingyi, der Eigenmächtigkeit und Dekadenz beschuldigte. Liu Bing gab Deng Xiaoping den Brief mit der Bitte, ihn an Mao weiterzureichen.

Mao verteidigte die Beschuldigten gegen die Vorwürfe; sie hätten sich immer genau an seinen revolutionären Weg gehalten. Er verwandte den Brief später gegen Deng Xiaoping. Mao selbst fühlte sich in dem Brief angegriffen und beschuldigte Deng Xiaoping, Liu Bing zu unterstützen. Der Qinghua-Vorfall sei nicht isoliert zu betrachten, sondern er deute auf die beiden Strömungen hin, die trotz der Kulturrevolution weiterbestünden.

Im Oktober brachte der Vorsitzende in Gesprächen mit Mao Yuanxin seine Einschätzung Deng Xiaopings zu Papier. Die Gesprächsprotokolle waren geheim und nur hohen Parteifunktionären zugänglich. Er übte harsche Kritik an Deng und beschuldigte altgediente Parteifunktionäre, sich vom revolutionären Weg entfernt zu haben, um ihre Privilegien – große Häuser, Autos, Chauffeure, Dienstboten und hohe Gehälter – zu wahren. Innerhalb der Partei sei eine neue Bourgeoisie entstanden, die von der neuen sozialistischen Revolution bekämpft werden müsse. Deng sei ein typischer Vertreter dieser neuen Bourgeoisie. Er mißachte Befehle und unterlasse es, seine Vorgesetzten zu informieren, er konsultiere weder das Politbüro noch den Staatsrat, noch den Vorsitzenden. Mao hielt es für möglich, daß Deng die Urteile aus der Zeit der Kulturrevolution irgendwann aufheben lassen werde, und behauptete, Deng spreche deshalb nicht mehr mit den anderen, weil alle Angst vor ihm hätten.

Das Hauptproblem sah Mao in Dengs Führungsstil. Trotzdem gab er Deng noch eine Chance zur Besserung. Noch wollte er ihn nicht stürzen.

Nun wurde eine weitere Kampagne ins Leben gerufen. Diesmal ging es wieder gegen die Rechtsabweichler und gegen die Aufhebung der Urteile aus der Zeit der Kulturrevolution. Deng Xiaoping wurde dabei nie namentlich erwähnt, doch es war klar, daß sich die Kampagne vor allem gegen ihn richtete.

Mao war inzwischen so schwach, daß er kaum noch aufstehen konnte. Die rechtsseitige Lähmung verstärkte sich; er konnte ohne zusätzliche Sauerstoffzufuhr nicht mehr atmen. Obwohl sich sein Gewicht verringerte, lehnte er es weiterhin ab, sich durch eine Magensonde ernähren zu lassen. Er lag im Bett auf der linken Seite und ließ sich von den Pflegern tröpfchenweise kräftige Hühnerbrühe einflößen. Seine ganze Erscheinung hatte sich verändert, nur das schwarze Haar war das gleiche geblieben.

Mao benötigte dringend Nährstoffe. Die Ärzte entschieden sich für eine intravenös verabreichte Nährlösung aus Aminosäuren, die aus den Vereinigten Staaten und Japan importiert wurde. Zhang Yufeng erhob Einwände. »Der Vorsitzende soll immer mehr Medikamente einnehmen. Warum probieren die Ärzte sie nicht erst an sich selbst aus?«

Wu Jie und Tao Huanle waren entsetzt. Während ihres ganzen Berufslebens hatten sie hohe Parteifunktionäre im Krankenhaus von Beijing behandelt, aber noch nie hatte jemand von ihnen verlangt, die Medikamente an sich selbst zu testen. Sollten sie sich etwa auch erst selbst operieren lassen, falls ihr neuer Patient eine Operation benötigte?

Schließlich war ich der einzige, an dem die Aminosäuren getestet wurden. Die Lösung war sehr teuer, und unser begrenzter Vorrat mußte für den Vorsitzenden aufgespart werden.

89. KAPITEL

Zhou Enlai lag im Sterben, und Mao selbst war zu krank, um ihn zu besuchen. Ende November 1975 bat er mich, nach Zhou zu sehen. Der Ministerpräsident lag noch immer im Krankenhaus 305. Dort sprach ich zuerst mit den Ärzten. Zhou litt an Blasen-, Darm- und Lungenkrebs, der sich merkwürdigerweise nicht durch Metastasen ausgebreitet hatte, sondern durch voneinander unabhängige Erkrankungen der einzelnen Organe entstanden war.

Zhou war in sich zusammengefallen; trotzdem sah er noch immer gut aus. Sein glatt gekämmtes, schwarzes Haar zeigte nur eine geringe Spur von Grau, und er trug wie gewöhnlich einen Mao-Anzug. Er weigerte sich, im Bett zu bleiben, und traf sich im Empfangsbereich seiner Krankenhaussuite mit mir.

Ich erzählte dem Ministerpräsidenten, der sehr bedrückt wirkte, daß sich der Vorsitzende um seine Gesundheit sorge. Zhou erkundigte sich nach Mao und fragte, ob wir inzwischen eine Therapie für die amyotrophische Lateralsklerose gefunden hätten. Ich gab ihm eine kurze Darstellung von Maos Befinden, überging aber seine Frage nach der Behandlung der Lateralsklerose. Zhou bat mich, dem Vorsitzenden seinen Dank und seine guten Wünsche zu übermitteln. »Ich selbst schaffe das wohl nicht mehr. Passen Sie gut auf den Vorsitzenden auf.« Als ich mich am 29. November gegen neunzehn Uhr von ihm verabschiedete, war er zu schwach, mir die Hand zu reichen. Es war unsere letzte Begegnung.

Zhou Enlai starb am 8. Januar 1976.

Die Gruppe Eins zeigte kaum eine Reaktion auf Zhous Tod. Selbst Wang Dongxing hüllte sich in Schweigen. Wir alle hatten gewußt, daß Zhou im Sterben lag, und Jiang Qing hatte ihn bis zum Schluß bekämpft. Für mich kam sein Tod nicht überraschend. Seit Monaten hatte ich mir eher Sorgen um den nach seinem Ableben zu erwartenden Machtkampf gemacht. Jiang Qing und ihre Fraktion schienen in diesem Kampf die Oberhand zu behalten. Die Angriffe auf Deng Xiaoping gingen weiter. Er war zwar noch nicht offiziell seiner Posten enthoben, durfte sie aber nicht mehr aktiv ausüben. Und nun lag Mao ebenfalls im Sterben.

Zu Maos Ärztestab gehörten viele, die auch Zhou Enlai behandelt hatten. Sie wollten zum Krankenhaus 305 fahren, um ihm die letzte Ehre zu erweisen. Aber Zhang Yaoci erteilte den Ärzten keine Besuchserlaubnis, und sie durften auch nicht den schwarzen Trauerflor anlegen. Obwohl ich alles versuchte, ihn umzustimmen, blieb er unerbittlich. Er befolge Befehle von oben, deren Gründe er nicht kenne.

Innerhalb der Gruppe Eins ging das Leben seinen gewohnten Gang. Die Mitarbeiter sahen sich immer noch Nacht für Nacht Filme im alten Schwimmbadtrakt an. Als das chinesische Neujahrsfest näherrückte, schlug Zhang Yufeng vor, zur Feier des Tages ein Feuerwerk vor Maos Fenstern abzubrennen. Zhang Yaoci, der sich freute, ihr endlich einen Gefallen tun zu können, wurde mit der Durchführung beauftragt. Kaum war das Feuerwerk jedoch gezündet, wimmelte es nur so von Soldaten des Zentralen Garnisonskorps. In Zhongnanhai war Feuerwerk schon lange verboten, da es an Gewehrschüsse erinnerte und damit die Sicherheitsmaßnahmen erschwerte. Zhang Yaoci hatte es versäumt, die Sicherheitskräfte von seinem Vorhaben zu unterrichten. Die Szene zog viele Schaulustige an, und bald verbreitete sich das Gerücht, der Vorsitzende feiere den Tod Zhous mit einem Feuerwerk.

Man stellte Mutmaßungen darüber an, wer die Nachfolge Zhou Enlais antreten werde. Die Jiang-Qing-Gruppe dominierte inzwischen, und Deng Xiaoping stand immer noch im Zentrum der Kritik. Viele nahmen deshalb an, daß Wang Hongwen zum neuen Ministerpräsidenten ernannt werden würde, doch überraschenderweise sprach sich Mao für Hua Guofeng aus. Auf den Sitzungen des Politbüros am 21. und 28. Januar wurde Hua Guofeng zum amtierenden Ministerpräsidenten und ersten stellvertretenden Vorsitzenden der Partei ernannt. Die förmliche Bekanntmachung erfolgte am 3. Februar 1976.

Ich war verblüfft über die Entscheidung, hielt sie jedoch für einen geschickten Schachzug, ebenso wie Wang Dongxing. Der Vorsitzende war immer noch bei klarem Verstand, und die Ernennung war ein gezielter Affront gegen die Jiang-Qing-Gruppe. Die Parteiführung spaltete sich in zwei Fraktionen: zum einen die altgedienten Kader aus der Zeit des Langen Marsches (die Empiriker), zum anderen die jungen Radikalen, denen Mao Dogmatismus vorgeworfen hatte. Er wollte weder der einen noch der anderen Seite die Führung in die Hände legen und hatte deshalb einen Mann ernannt, der keiner der beiden Gruppen angehörte. Hua Guofeng war kaum bekannt. Er hatte die Präfektur in Xiangtan geleitet und war schließlich erster Sekretär des Parteikomitees in Maos Heimatprovinz Hunan geworden. Er war ein sogenannter 38er: ein Mann, der sich 1938 nach Beginn des chinesischen

Widerstandskampfes gegen die Japaner der revolutionären Bewegung angeschlossen hatte. Wang Dongxing begrüßte die Entscheidung, denn Hua sei ein erfahrener, zuverlässiger Politiker mit einem bescheidenen und freundlichen Charakter. Das Problem sei nur, daß Hua bald zum Ziel von Angriffen Jiang Qings und ihrer Verbündeten werden würde, denn er sei eindeutig keiner von ihnen.

Zunächst aber gewannen die Angriffe gegen Deng Xiaoping an Schärfe. Anfang März wurden die Protokolle der Gespräche, die Mao mit seinem Neffen über Deng geführt hatte, in der Partei verbreitet. Meine eigene Sympathie galt Deng. Ich hielt ihn für den einzigen Parteiführer, der vielleicht die notwendigen Fähigkeiten mitbrachte, um das Land nach Zhous und Maos Tod zu regieren.

Das dachten auch andere. Und viele störten sich auch daran, daß Zhou kein Staatsbegräbnis bekommen hatte. Am 4. April wurde der Qing-Ming-Totengedenktag begangen, und schon ab Mitte März begannen die Beijinger Bürger, zum Denkmal der Volkshelden am Tiananmen-Platz zu ziehen, wo sie Trauerkränze für Zhou niederlegten. Die Bewegung war spontan entstanden und griff mit jedem Tag um sich. Seit dem Machtantritt der Kommunisten im Jahre 1949 hatte das Land eine solche Gefühlsäußerung des Volkes nicht mehr erlebt.

Ich war von der Zivilcourage der Bürger von Beijing beeindruckt. Uns allen war klar, daß die Menschen nicht nur ihre Trauer um Zhou Enlai bekundeten. Sie demonstrierten auch gegen Jiang Qing und ihre radikalen Anhänger und drückten ihre Unterstützung für Deng Xiaoping aus. Auch ich wollte den Tiananmen-Platz aufsuchen, um den Demonstranten meine Solidarität zu beweisen und um mich mit eigenen Augen von den Vorgängen zu überzeugen. Doch ich wurde von Wang Dongxing und Zhang Yaoci gewarnt. Überall seien Polizisten in Zivil, und wenn mein Foto jemals in den Polizeiakten auftauche, müßte ich eine gute Erklärung für meine Anwesenheit auf dem Platz parat haben. Sollte ich aus beruflichen Gründen vorbeifahren, sei es ratsam, die Vorhänge an den Wagenfenstern zuzuziehen.

Ende März fuhr ich unter einem Vorwand dennoch dorthin. Auf dem Platz waren Zehntausende von Menschen, die sangen, Reden hielten und Gedichte vortrugen. Die Trauergebinde erstreckten sich vom Denkmal der Volkshelden in der Mitte des Platzes über die Changan-Straße bis zum Tor des Himmlischen Friedens, und Tausende von Fahnen flatterten im Wind. Es war ein bewegender Anblick. Auch mein Chauffeur freute sich, die Demonstration mit eigenen Augen sehen zu können. Er war ebenfalls von seinen

Vorgesetzten davor gewarnt worden. Später erfuhr ich, daß das Nummernschild unseres Wagens registriert worden war. Die Polizei nahm jedoch keine Ermittlungen auf, weil der Wagen dem Hauptbüro der Sicherheitskräfte gehörte.

Tag für Tag kehrten die Menschenmassen voll Trauer und Zorn auf den Platz zurück. Im Mittelpunkt ihrer Kritik standen Jiang Qing und ihre Verbündeten. Am Abend des 4. April, des Qing-Ming-Festes, wuchs die Menge auf mehrere hunderttausend Menschen an. Das Politbüro trat zusammen und deutete die friedlichen Demonstrationen schließlich als Teil einer geplanten konterrevolutionären Bewegung. Mao nahm an der Sitzung nicht teil, er wurde von Mao Yuanxin vertreten. Dieser gab dem Vorsitzenden einen schriftlichen Bericht und holte Maos Zustimmung zu den Beschlüssen des Politbüros ein. Noch in derselben Nacht erging der Befehl, die Trauergebinde, Fahnen und Wandzeitungen zu entfernen und die Konterrevolutionäre zu verhaften.

Am nächsten Tag, dem 5. April, schlug die Trauer in Gewalt um. Aufgebrachte Demonstranten stießen mit Milizsoldaten, Polizisten und Soldaten der Volksbefreiungsarmee zusammen. Verstärkung wurde angefordert, und um einundzwanzig Uhr war der Platz von zehntausend Milizsoldaten, dreitausend Polizisten und fünf Bataillonen Sicherheitstruppen abgeriegelt. Die auf dem Platz verbliebenen Demonstranten wurden verprügelt und verhaftet.

Jiang Qing hielt sich den ganzen Tag über an der Westseite des Platzes in der Großen Halle des Volkes auf und beobachtete die Geschehnisse durch ein Fernglas. Um dreiundzwanzig Uhr ging sie zu Mao, um ihm die erfolgreiche Niederschlagung der »Konterrevolution« zu melden. Ich dagegen hielt die Tiananmen-Demonstrationen für eine echte Massenbewegung, nicht für den Aufruhr einer »kleinen Schar« von Konterrevolutionären, wie Jiang Qing und ihre Bande behaupteten. Mao hatte immer gesagt, daß niemals Gewalt gegen die Massen eingesetzt werden dürfe. Jetzt waren die Massen zum Feind erklärt worden.

Triumphierend verließ Jiang Qing Maos Gemächer und lud uns zu einer Siegesfeier mit *maotai,* Erdnüssen und Häppchen aus Schweinefleisch ein. »Wir sind die Gewinner. Ich werde dafür sorgen, daß Köpfe rollen«, sagte sie und toastete uns zu. Es war eine gräßliche Szene.

Das Politbüro trat am Morgen des 6. April wieder zusammen. Nach den Verhaftungen wurden dreißigtausend Milizsoldaten zur Überwachung des Platzes und seiner Umgebung herbeibeordert und neun Bataillone in Bereitschaft gehalten. Mao Yuanxin gab die Entscheidung des Politbüros an seinen Onkel weiter, der ihr wiederum zustimmte.

Am nächsten Tag legte Mao Yuanxin die Artikel aus der *Volkszeitung* vor, in denen der konterrevolutionäre Zwischenfall verurteilt wurde. Von Wang Dongxing erfuhr ich, was weiter geschah. Mao glaubte, daß die Aktion auf dem Tiananmen-Platz im Herzen der Hauptstadt konterrevolutionäre Ziele gehabt habe. Häuser und Autos waren niedergebrannt worden, Kämpfe hatten stattgefunden. Der Vorsitzende machte Deng Xiaoping verantwortlich. Dieser müsse seiner Regierungs- und Parteiämter enthoben werden und dürfe lediglich die Parteimitgliedschaft behalten. Hua Guofeng solle zum ständigen Ministerpräsidenten und ersten stellvertretenden Parteivorsitzenden ernannt werden. Mao Yuanxin überbrachte Maos Empfehlung dem Politbüro, das sich einverstanden erklärte und die Entscheidung im Rundfunk bekanntgab. Deng Xiaoping war wieder einmal einer Säuberungsaktion zum Opfer gefallen, und Hua Guofeng hatte nun endgültig Zhou Enlais Nachfolge angetreten.

An diesem Abend leitete Wang Dongxing in der Empfangshalle des alten Schwimmbads eine Sitzung der Gruppe Eins und des Ärzteteams. Er verteilte ein Papier, in dem zu einer Kampagne gegen Deng Xiaoping aufgerufen wurde, insbesondere zur Kritik an seinem Bestreben, die Opfer der Kulturrevolution zu rehabilitieren. Nach der Sitzung bat Wang Zhang Yaoci, mehrere Sicherheitsbeamte und mich, noch zurückzubleiben. Er riet uns zur Vorsicht bei allen Äußerungen und beauftragte mich, auch die anderen Ärzte entsprechend zu instruieren. Die Ärzte kamen aus verschiedenen Krankenhäusern, und Wang kannte sie weder in politischer noch in persönlicher Hinsicht sehr gut. Da er ein Anhänger Deng Xiaopings gewesen war, befürchtete er nach dessen Sturz Nachteile für sich selbst. Ich interpretierte seinen Rat auch als Versuch, seine Beziehung zu dem gestürzten Führer verborgen zu halten.

Die Ärzte unterhielten sich ohnehin nicht über Politik. Sie konzentrierten sich ausschließlich auf Mao. Dieser ließ sich noch immer nicht untersuchen, so daß uns die Urinproben, welche die Krankenschwestern uns zukommen ließen, weiterhin die einzigen Anhaltspunkte lieferten. Vom Krankenhaus 305 hatten wir modernste Meßinstrumente erhalten, um den Urin zu analysieren. Es gelang uns, Maos Urinausscheidung von fünf- auf achthundert Kubikzentimeter zu steigern. Da wir jedoch keinen Zugang zu ihm hatten, blieben unsere Möglichkeiten der medizinischen Betreuung sehr beschränkt.

90. KAPITEL

Am 11. Mai 1976 hatten Tao Huanle und ich gerade Dienst in Maos Haus, als Yu Yaju, eine der besten und erfahrensten Krankenschwestern des Pflegeteams, plötzlich in unser Zimmer stürzte. Mao habe starke Schweißausbrüche und ringe nach Luft, meldete sie.

Wir eilten zum Arbeitszimmer. Zhang Yufeng wollte uns am Betreten des Zimmers hindern, aber da die Symptome auf einen Herzinfarkt hindeuteten, schoben wir sie einfach beiseite.

Mao war zwar bei Bewußtsein, reagierte aber völlig lethargisch und ließ alles mit sich geschehen. Wir machten sofort ein Elektrokardiogramm und leiteten die nötigen Maßnahmen ein. Nach einem Anruf im Haus H von Zhongnanhai, in dem das Ärzteteam untergebracht war, waren alle zur Stelle. Mao hatte einen Herzinfarkt erlitten – ein kleiner Bezirk des Herzmuskels war infolge zu geringer Sauerstoffzufuhr abgestorben. Er hatte nach wie vor einen unregelmäßigen Herzschlag. Meng Jinyun und Li Lingshi, die jetzt als Krankenschwestern bei ihm arbeiteten, berichteten, Mao habe den Infarkt während eines Streits mit Zhang Yufeng erlitten.

Hua Guofeng, Wang Hongwen und Zhang Qunqiao waren umgehend benachrichtigt worden, und sie erschienen, während wir den Vorsitzenden ärztlich versorgten. Nachdem sich Maos Zustand stabilisiert hatte, teilten wir ihnen den Befund mit: Maos Zustand sei kritisch. Die drei Politbüromitglieder waren mit uns einig, daß er absolute Ruhe brauche. Das Außenministerium solle den chinesischen Botschaften überall in der Welt mitteilen, daß Mao keine ausländischen Gäste mehr empfangen könne.

Es beunruhigte uns, daß ein Streit mit Zhang Yufeng den Herzinfarkt ausgelöst hatte, und Hua Guofeng beschwor sie, Geduld mit dem Vorsitzenden zu haben, da er sehr alt und krank sei. Zhang Yufeng war verärgert, aber Wang Hongwen konnte sie besänftigen. »Xiao Zhang, bitte passen Sie gut auf den Vorsitzenden auf. Wir werden uns dankbar erweisen.«

Hua übertrug vier Mitgliedern des Politbüros – sich selbst, Wang Hongwen, Zhang Qunqiao und Wang Dongxing – die Aufsicht über das Ärzteteam, und wir wurden angewiesen, ihn im Notfall sofort zu informieren. Zhang Qunqiao schlug vor, das Verfahren, nach dem alle wichtigen Unterlagen an Mao geschickt wurden, zu ändern. Trotz seines schlechten Gesundheitszustands hatte Mao immer noch sämtliche Entscheidungen des Politbüros überprüft, und nichts geschah ohne sein Einverständnis. Hua Guofeng, Zhang Qunqiao und Wang Hongwen kamen überein, fortan die Flut von Dokumenten einzudämmen. Das Politbüro solle von Fall zu Fall entscheiden, ob Maos Zustimmung erforderlich sei oder nicht. Damit entglitt Mao die Kontrolle über das Politbüro. Sein Einfluß nahm ab, und Jiang Qings Splittergruppe wurde immer mächtiger.

Obwohl es uns kurz nach dem Infarkt gelungen war, Maos Kreislauf zu stabilisieren, verschlechterte sich sein Zustand unaufhaltsam. Er hatte nach wie vor Herzrhythmusstörungen, und er schied nur noch fünfhundert Kubikzentimeter Urin pro Tag aus. Die Lähmung des Halses war so weit fortgeschritten, daß er kaum noch Flüssigkeit oder Nahrung zu sich nehmen konnte. Seine Pflegerinnen fütterten ihn weiter mit Hühner- oder Rinderbrühe, auch wenn er nur kleine Mengen hinunterbrachte.

Am 15. Mai traf das Ärzteteam mit den zuständigen Mitgliedern des Politbüros zu einer Dringlichkeitssitzung zusammen. Wir erklärten, daß wir Mao aufgrund seines bedenklichen Zustands künstlich ernähren müßten.

Wang Hongwen wollte wissen, ob Mao noch Glukose-Infusionen bekam. Das war der Fall, aber wir konnten keine ausreichende Menge verabreichen, ohne sein Herz zu überlasten. Zhang Qunqiao sagte, niemand könne Mao zwingen, sich einen Schlauch in die Nase einführen zu lassen. Man müsse ihn dazu überreden, und Zhang Yufeng sei als einzige dazu imstande. Hua Guofeng schickte nach Zhang Yufeng. Sie sollte sich die Meinung der Ärzte anhören und anschließend mit Mao sprechen.

Doch Zhang Yufeng weigerte sich zu kommen. Sie habe mit der Pflege des Vorsitzenden alle Hände voll zu tun, und außerdem sei sie keine Medizinerin. Von einer Teilnahme an der Sitzung verspreche sie sich überhaupt nichts. Die Mitglieder des Politbüros waren in eine Sackgasse geraten. Schließlich erklärte sich Wang Hongwen bereit, mit Zhang zu reden.

Am Ende der Sitzung mußten wir Hua Guofeng zeigen, wie der Nasenschlauch funktionierte. Er glaubte, wenn seine drei Kollegen vom Politbüro und er den Schlauch an sich ausprobierten, könnten sie den Vorsitzenden zu seiner Benutzung überreden. Hua, Wang Hongwen, Wang Dongxing und Zhang Qunqiao wollten am nächsten Tag wiederkommen. Dann sollten die Ärzte jedem von ihnen den Schlauch einführen, damit sie Mao den Vorgang erklären konnten. Auch Maos engste Mitarbeiter aus der Gruppe Eins wollten den Schlauch ausprobieren, um den Vorsitzenden überzeugend beraten zu können.

Nach der Sitzung kam Wang Hongwen zu mir. Er hatte eine neue Arznei für Mao entdeckt: gemahlene Perlen. Er hatte sie dabei – die besten gemahlenen Perlen, die Shanghai zu bieten hatte. Ich sollte sie Mao verabreichen.

Ich versuchte, Zeit zu schinden. Wir hatten mit anderen Patienten Versuche gemacht, um festzustellen, welche Behandlungsmethode bei grauem Star für Mao die beste sei. Deshalb schlug ich vor, an Patienten in Shanghai und Beijing die Wirkung von gemahlenen Perlen zu testen. Wang Dongxing rügte mich, weil ich Wang Hongwen, einem stellvertretenden Parteivorsitzenden, nicht vertraute. Dennoch führte ich die Experimente nicht durch, und Mao nahm nie gemahlene Perlen zu sich.

Hua Guofeng war das einzige der vier Politbüromitglieder, das den Schlauch tatsächlich ausprobierte. Die anderen drei hatten Ausflüchte parat. Wang Dongxing behauptete, er sei nach einer Magenoperation schon einmal künstlich ernährt worden, und Wang Hongwen und Zhang Qunqiao schützten dringende Sitzungen vor.

Hua Guofeng fand die Prozedur ein wenig unangenehm. Als der Schlauch durch ein Nasenloch in den Hals eingeführt wurde, mußte er kurz würgen, aber Schmerzen hatte er nicht. Er war bereit, Mao seine Erfahrungen zu schildern. In der Gruppe Eins war Zhang Yufeng die einzige, die das Experiment ablehnte. »Ich bin nicht krank«, erklärte sie. »Was sollte es also für einen Sinn haben, es auszuprobieren? Außerdem stimmt der Vorsitzende vielleicht trotzdem nicht zu, auch wenn ich es tue.«

Zhang Yufeng behielt recht. Mao verweigerte seine Zustimmung. Er lehnte jede Untersuchung ab und ließ sich nur den Puls fühlen.

Am Abend des 30. Mai bekam der Vorsitzende plötzlich wieder heftige Schweißausbrüche und verlor das Bewußtsein. Wir begannen sofort mit Wiederbelebungsmaßnahmen und führten ihm einen Schlauch in den Magen ein. Aber noch bevor wir ein Elektrokardiogramm machen konnten, war Mao schon wieder bei Bewußtsein und zog sich den Schlauch aus der Nase. Als ein Arzt ihn daran hindern wollte, drohte Mao ihm mit der Faust. Dann schickte er die Ärzte hinaus.

Ich blieb im Zimmer. Wir wußten immer noch nicht, weshalb Mao ohnmächtig geworden war, aber ich tippte entweder auf Hypoglykämie aufgrund von Nährstoffmangel oder auf einen zweiten Herzinfarkt. Ich mußte sein Blut untersuchen. Mao war bereit, sich etwas Blut aus dem Ohr abzapfen zu lassen – nicht genug für eine gründliche Analyse. Wir konnten lediglich den Blutzuckergehalt prüfen; er war niedrig. Insgesamt verrieten uns die Ergebnisse wenig über seinen Zustand.

Ich bestand auf einem Elektrokardiogramm. Wir mußten feststellen, ob

Mao einen zweiten Infarkt erlitten hatte. Nach langem Hin und Her ließ er sich schließlich auf der Brust eine Elektrode anbringen, die wir mit einem ferngesteuerten Elektrokardiographen in der Eingangshalle verbanden. Fünf Herzspezialisten – immer bereit, im Notfall einzugreifen – überwachten abwechselnd von der Empfangshalle aus Maos Herztätigkeit.

Dann ging unser Streit um die Filme weiter. Ich erklärte, die Streifen – manchmal zwei pro Tag – schadeten Maos Gesundheit, nicht nur, weil er das Bett verlassen mußte, um sie sich anzusehen, sondern auch, weil manche ihn zu stark aufregten – zum Beispiel durch drastisch dargestellte Vergewaltigungsszenen in Filmen über die japanische Invasion. Gegen andere Filme, wie *Meine Lieder, meine Träume* oder *Love Story*, war weniger einzuwenden, aber ich hatte trotzdem Angst, daß der dauernde Hin- und Hertransport sein Herz übermäßig belasten könne.

Zhang Yufeng begrüßte es, daß Mao sich Filme ansah. Jiang Qing war dagegen, wenn auch aus anderen Gründen als ich. Sie war der Meinung, das grelle Licht auf der Leinwand schade Maos Augen und die Luft in dem Raum sei ungesund.

Wang Dongxing war für die Filme – nicht, weil er glaubte, sie seien gut für Maos Gesundheit, sondern aus Opposition zu Jiang Qing. Er rief uns Ärzte zusammen und bat uns, in einem Gutachten dafür zu plädieren, daß Mao sich weiter Filme anschauen dürfe. Der Vorsitzende brauche etwas Abwechslung.

Wang zeigte sich verärgert, als ich ihm mitteilte, daß Mao nach Ansicht der Ärzte Ruhe brauche und die Filme ihn mehr aufregten, als daß sie gut für ihn seien. Wu Jie fürchtete, daß Wang und ich uns entzweien könnten, und riet mir, ihn nicht unnötig zu reizen, da wir auf seine Unterstützung angewiesen seien. Die Ärzte zogen in dem Streit den kürzeren, und Mao und Zhang Yufeng sahen sich weiter Filme an.

Mao war ruhelos. Wenn er eine Weile im Bett gelegen hatte, wurde es ihm zu warm, und seine Pfleger mußten ihn zu seinem Sofa führen. Aber wenn er dort eine Weile gesessen hatte, wollte er wieder zurück ins Bett. Jiang Qing schlug vor, ein zweites Bett ins Zimmer zu stellen, damit Mao mal das eine, mal das andere benutzen könne. Wir folgten ihrem Vorschlag. Mao war zu schwach, um allein zu gehen. Er mußte immer von mehreren Pflegern gestützt werden, und ich hatte jedesmal Angst, er könne stürzen und sich etwas brechen.

Am 26. Juni war Mao noch nervöser als sonst und bewegte sich ständig zwischen den beiden Betten hin und her. Am Abend baten Tao Huanle und ich Zhang Yufeng, beruhigend auf den Vorsitzenden einzuwirken. Er litt nach wie vor an Herzrhythmusstörungen und mangelnder Durchblutung, und wir befürchteten einen zweiten Herzinfarkt. Aber Zhang Yufeng hörte nicht auf uns, sondern meinte, der Vorsitzende verhalte sich nicht anders als sonst. »Es wird schon nichts passieren. Ich glaube nicht, daß sein Zustand so ernst ist.«

Um neunzehn Uhr nahm Mao seine Schlaftabletten, aber er kam nicht zur Ruhe. Zuerst legte er sich in das zweite Bett, dann aufs Sofa. Zehn Minuten später wollte er wieder ins Bett. Maos Herztätigkeit wurde auf einem Bildschirm außerhalb des Zimmers überwacht. Plötzlich zeigte der Elektrokardiograph einen zweiten Herzinfarkt an.

Tao Huanle und ich eilten zu Mao und leiteten die Rettungsmaßnahmen ein. Kurz darauf erschienen Hua Guofeng, Wang Hongwen, Zhang Qunqiao, Wang Dongxing und das gesamte Ärzteteam. Der zweite Infarkt war viel schwerer als der erste, weil diesmal ein größerer Bezirk des Herzens betroffen war. Um vier Uhr morgens begann der Blutdruck sich allmählich zu stabilisieren. Mao wurde wieder künstlich ernährt, und diesmal konnte er den Schlauch nicht herausziehen.

Die Zahl der Pflegekräfte wurde erhöht, und wir arbeiteten einen Schichtplan aus. Vierundzwanzig Krankenschwestern waren rund um die Uhr im Einsatz, jeweils acht Schwestern in drei Acht-Stunden-Schichten. Auch die Ärzte arbeiteten in drei Schichten mit jeweils fünf Mann; darunter war einer, der den Elektrokardiographen überwachte. Die vier Politbüromitglieder hielten in zwei Schichten Wache. Hua Guofeng und Zhang Qunqiao waren von Mittag bis Mitternacht, Wang Hongwen und Wang Dongxing von Mitternacht bis Mittag im Dienst. Ich überwachte den Zeitplan und informierte die Mitglieder des Politbüros bei jedem Schichtwechsel über Maos Zustand in den vorangegangenen zwölf Stunden.

Jiang Qing zog von Diaoyutai wieder nach Zhongnanhai in die Frühlingslotos-Kammer, die 1974 renoviert und modernisiert worden war. Da sie nicht die Aufgabe hatte, Maos Behandlung zu überwachen, kam sie nur gelegentlich vorbei, um einen Blick ins Krankenzimmer zu werfen.

Auf Zhang Yufengs Vorschlag hin wollte Zhang Yaoci die Krankenschwestern unter ihre Aufsicht stellen, während ich die Ärzte überwachte. Die Schwestern, unter ihnen einige ehemalige Konkubinen Maos, hatten direkten Kontakt zu dem Patienten, und da Zhang Yufeng ebenfalls immer in seiner Nähe war, glaubte sie, die Schwestern am besten beaufsichtigen zu können. Ich beharrte jedoch darauf, daß die Krankenschwestern weiterhin die Anordnungen der Ärzte befolgten, ohne daß sich Zhang Yufeng einmischte, und Zhang Yaoci ließ zumindest diese Idee fallen.

Ein anderer seiner Pläne sah vor, den Ärzten die Aufsicht über die Medikamente zu übertragen. Die Vorschriften des Gesundheitsbüros besagten jedoch, daß Ärzte lediglich Rezepte ausschreiben durften. Aus Sicherheitsgründen hatten wir weder direkten Zugang zu den Medikamenten, noch durften wir sie verabreichen. Bislang gaben die Krankenschwestern Mao die Arzneien, und ich war dafür, diese Regelung beizubehalten. Wer sollte die Verantwortung tragen, wenn etwas passierte?

Zhang Yaoci und ich gerieten über diesen Punkt heftig aneinander. Er beschuldigte mich des Ungehorsams gegenüber der »Organisation«, womit er sich selbst meinte. Ich entgegnete, daß mich die bereits seit Jahrzehnten geltenden Sicherheitsvorschriften hinderten, seine Befehle zu befolgen. Fortan stritten wir uns häufig, und ich nahm an, daß er sich nach Maos Tod für meine Aufsässigkeit revanchieren würde.

91. KAPITEL

Am 17. Juli 1976 rief Hua Guofeng das Ärzteteam zu einer Politbürositzung in den Empfangsraum im alten Schwimmbad. Seit Maos Herzinfarkt waren drei Wochen vergangen, und sein Zustand hatte sich stabilisiert, aber es bestand immer noch Lebensgefahr. Die Lungeninfektion dauerte an, die Nierenfunktion war beeinträchtigt, und das Risiko eines erneuten Infarktes blieb nach wie vor groß. Wir legten dem Politbüro einen ausführlichen Bericht vor, und ich betonte, daß Maos Zustand äußerst kritisch sei.

Nachdem wir unsere Berichterstattung beendet hatten, wollte Jiang Qing wissen, wieso Mao noch einen Herzinfarkt habe bekommen können. Wieder warf sie uns vor, bei der Schilderung von Maos Zustand bewußt zu übertreiben, um unsere Unfähigkeit zu vertuschen. Sie blieb dabei, daß Mao lediglich unter einer Bronchitis leide, seine Lunge bisher immer in Ordnung gewesen sei und er nie Probleme mit den Nieren gehabt habe. »Bei Ihnen klingt alles so schrecklich gefährlich«, meinte sie. »Offenbar sind Sie nicht richtig umerzogen worden. In der bourgeoisen Gesellschaft sind Ärzte die Herren und Schwestern die Dienerinnen. Deshalb rät der Vorsitzende immer, wir sollten nur ein Drittel von dem glauben, was die Ärzte sagen.«

Das verschlug den Ärzten die Sprache, und die Krankenschwestern senkten verlegen den Kopf.

Hua Guofeng verteidigte uns. Die Ärzte würden hart arbeiten und ihr Bestes tun, um ihre Aufgabe zu erfüllen. Wang Dongxing, Wang Hongwen, Zhang Qunqiao und er hätten unsere Arbeit schichtweise rund um die Uhr überwacht. Er habe Verständnis für unsere Tätigkeit und sei froh, daß sich in den vergangenen drei Wochen keine weitere Krise ereignet habe. Er forderte uns auf, unsere Anstrengungen zu verdoppeln und uns für den Notfall zu rüsten. »Wir verstehen nichts von Medizin, deshalb müssen wir Sie bitten, den Vorsitzenden so gut wie möglich zu versorgen. Das Parteizentrum schuldet Ihnen dafür Dank.«

Obwohl wir froh über Huas Unterstützung waren, machten uns Jiang Qings Vorwürfe Sorgen. Mit ihrer Behauptung, wir seien noch nicht umerzogen und benähmen uns wie Ärzte in einer bourgeoisen Gesellschaft, hatte sie uns indirekt zu Konterrevolutionären gestempelt. Die sogenannte Ärzteverschwörung von 1953, der kurz vor Stalins Tod mindestens zwei seiner Mediziner zum Opfer fielen, war uns noch gut im Gedächtnis.

Nach der Sitzung sprach ich mit Wang Dongxing über unsere Bedenken. Auch er war besorgt. »Jiang Qing wird immer arroganter«, sagte er. »Auf den Politbürositzungen greift sie einen nach dem anderen an.« Zu Beginn des Monats hatte sie auf einer Planungssitzung des Staatsrates Hua Guofeng attackiert. Hua hatte es überhaupt schwer mit Jiang Qing. Wang Dongxing fragte mich, was ich davon hielte, wenn man sich ihrer jetzt, da Mao krank sei, entledigte.

Ich zögerte. Mao blieb weiterhin nichts verborgen, und ohne seine Zustimmung war es unmöglich, Jiang Qing loszuwerden. »Sie müssen damit warten, bis er tot ist«, erwiderte ich.

»Nach dem Tod des Vorsitzenden wird es sehr schwer sein«, meinte Wang.

»Nicht unbedingt«.

Wang erzählte mir, Hua Guofeng und er hätten bereits erwogen, Jiang Qing einzusperren. Hua fürchtete jedoch, ihre Gegner könnten in die Klemme geraten, wenn sie ihnen entwischte.

In den nächsten Tagen besserte sich Maos Zustand etwas. Der Puls wurde stärker, und die Medikamente und Nährlösungen, die ihm über den Schlauch verabreicht wurden, zeigten Wirkung.

In der Nacht vom 27. auf den 28. Juli war ich, nachdem ich Wang Dongxing und Wang Hongwen bei Antritt ihrer Schicht die üblichen Informationen gegeben hatte, noch ein paar Stunden in Maos Residenz geblieben und erst gegen drei Uhr morgens in mein Zimmer im Haus H zurückgekehrt. Normalerweise schlief ich in meinem Kämmerchen neben dem alten Schwimmbad, aber die Belastung durch Mao zehrte an meinen Kräften, und ich konnte in Haus H besser abschalten.

Ich war kaum eingeschlafen, da wurde ich durch eine heftige Erschütterung unsanft aus dem Schlaf gerissen. Das ganze Haus zitterte. Der Himmel vor meinem Fenster war leuchtend rot – ein Erdbeben. Die Ärzte und Schwestern rannten hinaus auf den Hof, doch ich war zu müde und blieb im Bett. Dann klingelte das Telefon. »Schnell, beeilen Sie sich«, brüllte Wang Dongxing am anderen Ende der Leitung. »Es ist ein gewaltiges Erdbeben. Warum sind Sie nicht längst hier?«

Ich trommelte meine Mitarbeiter zusammen und rannte mit ihnen zu Maos Arbeitszimmer.

Yu Yaju, Li Lingshi, Meng Jinyun und Zhang Yufeng waren bei Mao, als das Erdbeben begann. Sein Bett wackelte, das Haus schwankte, und das laute Klappern des Blechdachs über dem alten Schwimmbad war furchterregend. Ein paar der Dielen, mit denen das Becken abgedeckt war, wurden weggerissen. Mao war hellwach und wußte sofort, was geschehen war. Wang Dongxing und Wang Hongwen beratschlagten über die erforderlichen Maßnahmen. Mao mußte an einen sichereren Ort gebracht werden. Wang Hongwen schlug die Gong-Garten-Villa am westlichen Stadtrand vor, die man Anfang 1972 auf Befehl Zhou Enlais für Mao gebaut hatte. Aber Mao gefiel das Haus im Gong-Garten nicht, und er hatte sich geweigert, dort zu wohnen. Wang Dongxing dagegen empfahl das Haus Nummer 202, das 1974 erbaut worden war und als erdbebensicher galt. Das Gebäude lag südlich des Schwimmbadtraktes und war durch einen Korridor mit ihm verbunden. Ich erklärte Mao, daß wir ihn in das sicherere Haus Nummer 202 bringen wollten, und er war einverstanden. Wir schoben ihn in seinem Bett durch den Korridor in das andere Gebäude, und das Pflegepersonal holte die medizinischen Geräte. Maos neues Zimmer war viel größer, und wir hatten endlich genug Platz für unsere Apparate, was unsere Arbeit erleichterte.

Dem ersten schweren Erdbeben folgte am Abend ein zweites, aber das Gebäude 202 war so konstruiert, daß wir kaum etwas davon merkten.

Maos Zustand hatte sich zwar stabilisiert, aber er war immer noch kritisch. Das Ärzteteam arbeitete weiterhin rund um die Uhr. Nach dem Erdbeben begann Zhang Yufeng sofort wieder mit den Filmvorführungen. Mao war zu krank, um sich Filme anzuschauen, aber Wang Hongwen hatte aus Hongkong einen neuen Projektor kommen lassen. Zhang Yaoci gesellte sich während der Vorführungen häufig zu Zhang Yufeng und den Mitarbeitern der Gruppe Eins, so daß manchmal niemand da war, wenn wir Unterstützung brauchten. Wenn Jiang Qing zufällig einmal bei ihrem Mann vorbeischaute, versteckten sie den Projektor rasch. Für uns Ärzte hatte es den Anschein, als machten sich Maos Mitarbeiter ein schönes Leben, während wir bis zur Erschöpfung arbeiteten. Das Verhalten der Gruppe Eins schadete der Moral des Pflegepersonals, und ich trug Wang Dongxing das Problem vor. Wang reagierte unbekümmert. »Die sehen sich Filme an, und ihr Ärzte behandelt euren Patienten. Folglich kommt ihr euch nicht in die Quere. Was ist daran schlecht?« Und doch wurden wir bei unserer Arbeit behindert. Einmal benutzte man sogar das Verlängerungskabel der Maschine, die Maos Nahrungszufuhr regelte, um den Projektor anzuschließen. Als ich mich bei Zhang Yaoci beschwerte, meinte er nur, die Mitarbeiter der Gruppe Eins hätten eben nicht viel zu tun. Er wolle eine Klingel installieren lassen, damit wir sie herbeirufen könnten.

Auch Jiang Qing war ein Störfaktor. Sie betrieb nach wie vor die Kampagne gegen Deng Xiaoping und brachte uns manchmal Unterlagen mit. Sie verlangte von den diensthabenden Ärzten, daß sie die Dokumente noch einmal mit großen Zeichen schrieben, damit der Vorsitzende sie lesen könne. Ich protestierte, daß die Ärzte mit Mao schon genug zu tun hätten, doch sie gab zurück, daß der Zustand des Vorsitzenden stabil sei. »Lassen Sie ihn doch ein paar Unterlagen lesen, damit er sich besser fühlt«, sagte sie. Auch Hua Guofeng und Wang Dongxing konnten sie nicht davon abhalten, weitere Schriftstücke mitzubringen.

Außerdem behauptete Jiang Qing, sie leide vielleicht an einer von Maos Krankheiten. Deshalb solle das Ärzteteam eine Reihe von Untersuchungen an ihr vornehmen. Ich wollte die erschöpften und überlasteten Ärzte verschonen, doch Wang Dongxing und Zhang Yaoci unterstützten Jiangs Bitte, so daß wir eine Testreihe mit ihr durchführen mußten: Sie war völlig gesund. Wang Dongxing hielt Jiangs Bitte für einen Trick. Da sie sich nach Maos Tod ein eigenes Ärzteteam zulegen wolle, bilde sie sich bereits ein Urteil darüber, welcher Arzt für sie in Frage komme.

Am 28. August brach Jiang Qing zu einer Reise nach Dazhai auf, um ihre dortige Lieblingsbrigade zu inspizieren. Ich sollte zwei Ärzte aus Maos Team zu ihrer Begleitung auswählen. Der Vorsitzende habe so viele Ärzte um sich, daß er ein oder zwei sicher entbehren könne. Sie gab erst nach, als ich einwandte, daß jeder Arzt eine spezielle Aufgabe habe und daß es die Behandlung des Vorsitzenden beeinträchtigen werde, wenn jemand fehle.

Mao wurde wieder unruhig. Er konnte nur atmen, wenn er auf der linken Seite lag, seine Hände und Füße zitterten unaufhörlich, und die Herzrhythmusstörungen nahmen zu. Nach einer Änderung der Therapie besserte sich sein Zustand etwas, aber er war nach wie vor ernst.

Am 2. September, um siebzehn Uhr, erlitt Mao einen weiteren schweren Herzinfarkt. Wir leiteten sofort die nötigen Rettungsmaßnahmen ein. Die Röntgenaufnahmen zeigten, daß die Lungeninfektion sich verschlimmert hatte. Außerdem schied Mao nur noch knapp dreihundert Kubikzentimeter Harn pro Tag aus.

Mao war die ganze Zeit bei Bewußtsein und fragte mehrmals, ob er in Gefahr sei. Sein Leben hing an einem seidenen Faden, doch ich versicherte ihm, daß er genesen werde. Ich mußte ihn beruhigen. Niemand wollte dem Vorsitzenden sagen, daß er jeden Moment sterben konnte.

Drei Tage später, am 5. September, war Maos Zustand noch immer kritisch, und Hua Guofeng rief Jiang Qing nach Beijing zurück. Sie hielt sich nicht lange im Haus Nummer 202 auf, sondern begab sich gleich in ihre

Unterkunft, die Frühlingslotos-Kammer, und erkundigte sich nicht einmal nach dem Befinden ihres Mannes. Den Ärzten war Jiang Qings Gefühllosigkeit ein Rätsel, aber Wang Dongxing leuchtete ihr Verhalten ein. Mao war das letzte Hindernis auf ihrem Weg zur absoluten Macht. Sie wartete auf seinen Tod.

Am Nachmittag des 7. September verschlechterte sich Maos Zustand. Uns allen war klar, daß es mit ihm zu Ende ging. Jiang Qing kam sofort herüber. Mao war gerade eingeschlafen, aber sie bestand darauf, seinen Rücken zu massieren und seine Arme und Beine zu bewegen; außerdem streute sie Puder auf seinen Körper. Obwohl wir ihr erklärten, daß der Vorsitzende sich nicht bewegen dürfe und der Puderstaub seiner Lunge schade, wies sie die Krankenschwestern an, diese Behandlung später zu wiederholen.

Am Abend kam sie noch einmal in das Haus Nummer 202, um ein Dokument zu suchen, das sie Mao früher mitgebracht hatte. Wir waren so mit dem Vorsitzenden beschäftigt, daß niemand ihr beim Suchen half. Nachdem sie das Schriftstück nicht gefunden hatte, behauptete sie, es sei gestohlen worden.

Am nächsten Morgen, dem 8. September, kehrte sie zurück. Sie wollte, daß wir Mao umdrehten, weil er zu lange auf der linken Seite gelegen habe. Der diensthabende Arzt widersprach ihr, denn er wußte, daß Mao nur auf der linken Seite richtig atmen konnte. Als sie ihn trotzdem auf die rechte Seite drehen ließ, bekam er keine Luft mehr und lief blau an. Während wir ihn an ein Beatmungsgerät anschlossen und eine Herz-Lungen-Wiederbelebung durchführten, verließ Jiang Qing das Zimmer. Die Wiederbelebungsmaßnahmen hatten Erfolg, und Hua Guofeng bat Jiang Qing eindringlich, sich nicht noch einmal in die Arbeit der Ärzte einzumischen.

Aber wir konnten nicht mehr viel tun. Am 9. September, zehn Minuten nach Mitternacht, setzte Maos Herz aus, und der Elektrokardiograph zeigte keine Tätigkeit mehr an.

Der Vorsitzende war tot.

V

Das Leben geht weiter

92. KAPITEL

Sofort setzte der Machtkampf ein.

Ich bezog mein Büro im Henan-Raum in der Großen Halle des Volkes, in der Maos Leichnam aufgebahrt war. Ich war stellvertretender Leiter der für die dauerhafte Konservierung des Leichnams zuständigen Sondereinheit. Wang Dongxing, der Sicherheitschef, war ebenfalls in die Große Halle des Volkes übergesiedelt. Dort, außerhalb Zhongnanhais, war ich von allen Informationen abgeschnitten, aber Wang, der von Hua Guofeng auf dem laufenden gehalten wurde, berichtete mir häufig, was draußen geschah.

Auf diese Weise erfuhr ich, daß das Politbüro sich plötzlich gegen Jiang Qing und ihre Genossen gewandt hatte. Solange Mao am Leben war, hatte Jiang Qing großen Respekt genossen. Wenn sie den Sitzungssaal betrat, erhoben sich alle von den Plätzen, und es herrschte absolute Stille. Sie bekam den besten Platz zugewiesen, und sowie sie das Wort ergriff, hingen die Zuhörer an ihren Lippen. Keiner wagte es, ihr zu widersprechen. Doch nach Maos Tod schenkte ihr niemand mehr Beachtung, wenn sie den Saal betrat. Die Anwesenden plauderten munter weiter oder lasen Schriftstücke, und niemand machte sich die Mühe, ihr einen Stuhl anzubieten. Wenn Jiang Qing sprach, hörte keiner zu, und häufig versuchte sie vergebens, sich Aufmerksamkeit zu verschaffen. Die Atmosphäre innerhalb des Politbüros hatte sich gewandelt.

Ich befand mich nach wie vor in einer prekären Lage. Als Jiang Qing hörte, daß ich die dauerhafte Konservierung des Leichnams für unmöglich hielt, kümmerten Mao Yuanxin und sie sich nicht mehr um dieses Problem. Wenn wir es nicht schafften, Maos Leichnam zu konservieren, konnte sie guten Gewissens behaupten, nichts damit zu tun gehabt zu haben, und andere zur Rechenschaft ziehen. Wang Dongxing war überzeugt, daß dies ein Teil ihres Komplotts gegen Hua Guofeng sei. Falls sich die Konservierung als nicht praktikabel erweise, werde sie ihm die Schuld geben.

Aber sie würde auch mich, den stellvertretenden Vorsitzenden des Konservierungs-Komitees, verantwortlich machen, denn der Vorsitzende des Komitees, Gesundheitsminister Liu Xiangping, gehörte ihrer Fraktion an. Jiang Qings Zorn würde sich unmittelbar gegen mich richten. Mein Schicksal war noch nicht entschieden.

Am 23. September, um Mitternacht, und am 25. September, um sechzehn

Uhr, suchte Jiang Qing das Ärzteteam in Zhongnanhai auf. Obwohl Maos Bestattung bereits eine Woche zurücklag, durften seine Ärzte und Krankenschwestern noch immer nicht in ihre Krankenhäuser zurückkehren. Jiang Qing forderte uns auf, zusammen mit ihr die *Ausgewählten Werke Mao Zedongs* durchzugehen, da die meisten seiner nach dem Zweiten Weltkrieg entstandenen Schriften angeblich aus ihrer Feder stammten.

Jiang Qing spürte sehr wohl den Gesinnungswandel innerhalb des Politbüros, und ihr war klar, daß sie jeden Moment verhaftet werden konnte. Sie kam auf General Zhang Xueliang zu sprechen, der 1936 Jiang Jieshi entführt und die Aussöhnung zwischen Nationalisten und Kommunisten erzwungen hatte. Nach seiner Freilassung habe Jiang den General unter Hausarrest gestellt, und der Arrest sei auch in Taiwan nicht aufgehoben worden, wohin Jiang den General mitgenommen hatte. Zhang Xueliang habe zwar in Restaurants, ins Kino und in die Kirche gehen, aber mit niemandem außer seiner Lebensgefährtin Zhao Si sprechen dürfen. »Was ist das für ein Leben?« fragte Jiang Qing, als habe sie sich bereits auf ihre Verbannung vorbereitet.

Gleichzeitig aber behauptete sie, die »Revisionisten« innerhalb der Parteiführung vernichten zu können. »Ich habe einen Weg gefunden, sie zur Strecke zu bringen«, erklärte Jiang Qing den Ärzten. »Ich kann Ihnen nur noch nicht sagen, wie.«

Noch am Abend des 25. September erzählte ich Wang Dongxing von Jiang Qings Bemerkung.

Er war beunruhigt, denn er wußte, daß Jiang Qings Anhänger Waffen und Munition an die Miliz in Shanghai verteilten und daß der erste Sekretär des Revolutionskomitees der Qinghua-Universität, Chi Qun, eng mit Mao Yuanxin zusammenarbeitete. Chi Qun gehörte Wang Dongxings Zentralem Garnisonskorps an – die Qinghua-Universität wurde vom Militär kontrolliert –, und er überwachte die Miliz von Beijing. Zudem hatte Wang erfahren, daß Mao Yuanxin in seiner Eigenschaft als Politkommissar des Militärbezirks Shenyang eine Panzerdivision für den Vorstoß nach Beijing organisiere. »Vielleicht will Jiang Qing ihre Gegner auf diese Weise aus dem Weg räumen«, meinte Wang. Er befürchtete einen Staatsstreich und rechnete damit, daß Jiang Qings Verbündete schon bald zum Angriff schreiten würden.

Wang Dongxing war zum Gegenschlag bereit. Hua Guofeng hatte behutsam gegen Jiang Qing vorgehen wollen, weil er innerhalb der Partei noch nicht genug Einfluß besaß und die Armee nicht völlig unter Kontrolle hatte. Als aber Meldungen darüber eintrafen, daß die Milizen in Shanghai und Beijing bewaffnet würden und Mao Yuanxin von Nordosten her einen Marsch auf Beijing plane, gelang es Wang, Maos Nachfolger den sofortigen Handlungsbedarf zu verdeutlichen. Hua sprach mit Marschall Ye Yianying, und dieser war bereit, den Oberbefehl über das Militär zu übernehmen. Die Verhaftungen sollten von Wang Dongxings Garnisonskorps in Zhongnanhai durchgeführt werden, und Ye Yianying würde sich die Unterstützung Wu Zhongs, des Garnisonskommandanten von Beijing, sichern.

Wang erklärte mir, ich solle kein Wort über den Plan verlauten lassen, äußerst vorsichtig sein und mich ganz normal verhalten. »Wenn Jiang Qing Sie um etwas bittet, tun Sie es!« Er riet mir, nicht mehr in sein Büro zu kommen. Wenn es noch etwas zu besprechen gebe, wolle er sich bei mir melden.

Der Gedanke an die bevorstehende Machtprobe machte mich nervös, obwohl ich von unserem Erfolg überzeugt war. Wang Dongxings Truppen hatten Zhongnanhai völlig unter Kontrolle. Anderen Soldaten war der Zutritt untersagt. Wang war klug und entschlossen, und ich wußte, daß er es schaffen würde.

Obwohl die Mitglieder des Ärzte- und Pflegeteams noch nicht offiziell entlassen worden waren, bereiteten sie sich schon auf die Rückkehr in ihre Krankenhäuser vor. Zuvor wollten sie sich noch zusammen mit Hua Guofeng, Wang Hongwen, Zhang Qunqiao und Wang Dongxing – den vier Politbüromitgliedern, die in den letzten Monaten über Maos Leben gewacht hatten – fotografieren lassen. Wang Dongxing war einverstanden, ließ sie aber noch nicht ziehen.

Mehrere Tage vergingen, und meine Aufregung wuchs. Am 4. Oktober kam Zhang Yufeng um elf Uhr in das Haus H, in dem die Ärzte und das Pflegepersonal untergebracht waren, um uns mitzuteilen, daß wir uns nach dem Essen auf dem Kohlehügel nördlich der Verbotenen Stadt mit Jiang Qing treffen sollten. Während der Kulturrevolution war gewöhnlichen Leuten der Zugang zum Kohlehügel verwehrt worden, aber Jiang Qing hielt sich häufig dort auf. Wir würden zuerst Äpfel pflücken und anschließend in dem berühmten Fangshan-Restaurant im Beihai-Park die *Ausgewählten Werke Mao Zedongs* studieren.

Nach einer halben Stunde hatten wir bereits ein Dutzend Körbe mit Äpfeln gefüllt. Jiang Qing erschien gerade rechtzeitig, um sich die Äpfel schmekken zu lassen und uns in das Restaurant zu begleiten. Ursprünglich hatte sie das Treffen für den 9. Oktober geplant, aber als sie erfuhr, daß das Ärzteteam aufgelöst werden sollte, hatte sie den Termin vorverlegt. Da sie sich noch nicht entschieden hatte, wer ihrem eigenen Team angehören würde, wollte sie die Ärzte und Schwestern noch einmal zu Wort kommen lassen. Alle schwiegen, und sie warf uns vor, zu reserviert zu sein. Am Vortag habe sie die Lastwagenfabrik des 7. Februar besucht. Dort seien die Arbeiter überaus gesprächig gewesen und hätten sogar nach ihrer Schicht noch weiterreden wollen. »Die Revisionisten könnten die Arbeiter niemals so sehr begeistern, oder?« fragte sie. Aber auch dazu fiel uns nichts ein.

Jiang Qing begann, Deng Xiaoping mit Wu Sangui (1612–1678) zu vergleichen, der zur Zeit der Ming-Dynastie den Mandschu die Herrschaft über China überlassen hatte. Auch Deng habe China an das Ausland verraten, erklärte sie unter Hinweis auf den Export von Öl und Textilien. Deng hatte offenbar die Ausfuhr von ungefärbtem Baumwollstoff genehmigt. Jiang Qing war jedoch der Ansicht, daß mit dem Verkauf von gefärbten Stoffen viel mehr Geld zu verdienen sei. Außerdem bezichtigte sie den abgesetzten stellvertretenden Ministerpräsidenten, er habe Mao während seiner Krankheit gequält und ihm trotz seiner schlechten Augen Dokumente vorgelegt. Und Deng habe Mao vorgeworfen, sich wie der alternde Stalin zu benehmen. »Hier hüpfen immer noch ein paar Clowns herum«, sagte sie. »Aber laßt sie nur hüpfen. Ihre Tage sind gezählt.«

Ich hatte den Eindruck, daß Jiang Qing und ihre Verbündeten kurz vor dem Putsch standen.

Nach unserer Rückkehr nach Zhongnanhai bat uns Wang Dongxing zu dem versprochenen Gruppenfoto in den Pavillon des Purpurnen Lichtes (Ziguang). Hua Guofeng lud auch Jiang Qing dazu ein und teilte ihr mit, daß anschließend das Politbüro zusammentreten werde. Jiang Qing war verärgert, weil sie nicht schon früher von der Sitzung erfahren und Hua ihr nicht einmal die Tagesordnung vorgelegt hatte.

Das gesamte Ärzteteam, die Mitarbeiter der Gruppe Eins und Maos Sicherheitskräfte hatten sich zum Gruppenfoto mit Hua Guofeng, Wang Hongwen, Zhang Qunqiao, Jiang Qing und Wang Dongxing versammelt. Nach dem Fototermin nahm mich Wang Dongxing beiseite: Ich solle ihn am Abend aufsuchen.

Gegen dreiundzwanzig Uhr ging ich zu ihm und berichtete ihm von unserer nachmittäglichen Unterhaltung mit Jiang Qing. Wang war überzeugt, daß Jiang Qing und ihre Genossen bereit waren loszuschlagen und daß der Gegenzug sofort erfolgen mußte. Je länger Wang und seine Truppen warteten, desto größer war die Gefahr, daß etwas durchsickerte.

Inzwischen war der Morgen des 5. Oktober angebrochen. Hua Guofeng hatte für den 6. Oktober um zweiundzwanzig Uhr eine Sitzung des Politbüros anberaumt. Sie sollte auf dem Jadebrunnen-Hügel am nordwestlichen Stadtrand stattfinden. Das Politbüro war nicht darüber informiert worden, daß Wang Dongxing, Hua Guofeng und Ye Yianying planten, Jiang Qing und ihre engsten Genossen vor der Sitzung zu verhaften. Anschließend wollten Wang, Hua Guofeng und Ye Yianying die Mitglieder des Politbüros vor vollendete Tatsachen stellen; wer seine Zustimmung verweigerte, sollte ebenfalls verhaftet werden. Wang befahl mir, die Ärzte in ihre Krankenhäuser zurückzusenden. Nur drei oder vier sollten in Zhongnanhai bleiben.

Als ich Wang verließ, war es drei Uhr morgens, und die Ärzte und Schwestern waren bereits zu Bett gegangen. Am nächsten Tag wollte ich sie in ihre Krankenhäuser zurückschicken.

Aber noch ehe ich am Morgen Gelegenheit hatte, mit ihnen zu sprechen, erschien Zhang Yufeng und teilte uns mit, daß Jiang Qing wieder Äpfel pflükken wolle. Wir hätten sofort zum Kohlehügel aufzubrechen.

Wir befolgten die Anordnung. Zwei Stunden später traf auch Jiang Qing endlich auf dem Kohlehügel ein. Sie pflückte ebenfalls ein paar Äpfel und führte uns dann zum Mittagessen ins Fangshan-Restaurant. Anschließend mußten wir wieder Maos Werke studieren.

Während des »Studiums« erhielt ich einen Anruf von Wang Dongxing. Er befahl mir, die Krankenschwestern auf der Stelle in ihre Krankenhäuser zurückzuschicken. Die Ärzte und Jiang Qing hingegen müßten umgehend im Staatsratsgebäude erscheinen. Wir sollten nochmals die Umstände darlegen, die zu Maos Tod geführt hatten, da wir auf der Politbürositzung am 22. September unterbrochen worden seien. Ich war davon überzeugt, daß die Zusammenkunft ein Trick war – ein Versuch Hua Guofengs, den Anschein von Normalität zu wahren und den Personen, die er verhaften lassen wollte, Ehrerbietung vorzugaukeln.

Das Treffen fand unter strengsten Sicherheitsvorkehrungen statt. Kein Sekretär, Wächter oder Bediensteter durfte den Saal betreten. Hua eröffnete die Sitzung mit dem Hinweis, daß dem Politbüro sechsundzwanzig Tage nach dem Tod des Vorsitzenden noch immer kein offizieller Bericht über die Umstände seines Todes und die getroffenen Maßnahmen vorliege. Deshalb sollten sich die fünf Politbüromitglieder, die Maos Behandlung aus nächster Nähe betrachtet hätten, die Darstellung der Ärzte anhören, danach selbst einen Bericht anfertigen, ihn unterzeichnen und dem Politbüro zur Genehmigung vorlegen.

Ich las aus demselben Bericht vor wie am 22. September. Aber bevor ich fertig war, sagte Jiang Qing: »Genosse Guofeng, ich fühle mich nicht wohl.

Glücklicherweise sind die vier, die im Haus des Vorsitzenden Dienst hatten, anwesend. Ich muß jetzt gehen.«

Sie schwankte zur Tür, als sei sie betrunken, und ich rief nach den draußen stehenden Bediensteten, damit sie ihr halfen. Aber diese hatten strikte Anweisung, den Saal nicht zu betreten. Ich erhob mich, um sie hinauszugeleiten, und sah, wie Wang Dongxing den Kopf schüttelte. Jiang Qing täuschte Unwohlsein vor, und Wang war irritiert, weil ich ihr half. Später teilte er mir mit, Hua Guofeng habe geglaubt, ich würde immer noch um Jiang Qings Gunst werben. Ich versicherte Wang, daß ich nur seine Anordnung befolgt und mich ganz »normal« verhalten hätte, um Jiang Qing nicht mißtrauisch zu machen. Er war beruhigt.

Ich schloß meinen Bericht ab, und es gab keine Fragen.

Die Sitzung war kaum zu Ende, da erschien Zhang Yufeng: Jiang Qing wolle, daß die Ärzte ins Fangshan-Restaurant zurückkehrten und sich weiter mit den Werken des Vorsitzenden Mao befaßten.

Als die verbliebenen Mitglieder des Ärzteteams und ich am Morgen des 6. Oktober noch einmal Maos Krankenblätter durchgingen, wurden wir von Zhang Yaoci gestört. Jiang Qing wolle sich mit dem gesamten medizinischen Team fotografieren lassen. Ich zögerte. Die Schwestern waren bereits in die Krankenhäuser zurückgekehrt, und die wenigen noch anwesenden Ärzte waren beschäftigt. Ich bat Zhang, sich an Wang Dongxing zu wenden, aber Wang schlief noch. Meinen Vorschlag, sich selbst mit den Krankenschwestern in Verbindung zu setzen, lehnte Zhang ab. Ich nahm Kontakt mit dem Gesundheitsministerium auf, das die Schwestern schließlich nach Zhongnanhai entsandt hatte. Wir ließen uns mit Jiang Qing fotografieren, und danach wurden die Schwestern wieder zurückgeschickt. Später stellte man das Foto als Beweis dafür hin, daß die Krankenschwestern Anhängerinnen Jiang Qings gewesen seien, und Zhang Yaoci leugnete, daß er die Anfertigung des Fotos befohlen hatte. Erst Wang Dongxing gelang es, die Schwestern zu entlasten.

Am Abend bestellte Hua Guofeng die Politbüromitglieder Zhang Qunqiao, Yao Wenyuan, Wang Hongwen und Jiang Qing auf zwanzig Uhr in die Huairen-Halle. Angeblich wollte man über die Veröffentlichung des fünften Bandes von Maos Werken sprechen, um dem gesamten Politbüro anschließend einen Vorschlag unterbreiten zu können.

Hua Guofeng, Ye Yianying, Wang Dongxing und Beamte des Zentralen Garnisonskorps waren schon einige Zeit vor dem geplanten Treffen in der Huairen-Halle, und Wang versteckte sich in einem Nebenraum.

Als erster erschien Zhang Qunqiao. Seine Leibwächter und Sekretäre wurden angewiesen, draußen zu warten. Er betrat den Konferenzraum, und Hua Guofeng ließ ihn verhaften. Zhang Qunqiao leistete keinen Widerstand.

Kurz darauf kam Wang Hongwen. Er setzte sich bei seiner Verhaftung zur Wehr, wurde aber von Wang Dongxings Beamten rasch überwältigt. Nach dem kurzen Handgemenge war Wang Hongwen einem Zusammenbruch nahe und mußte gestützt werden.

Als Yao Wenyuan um zweiundzwanzig Uhr immer noch nicht da war, schickte Wang Dongxing Beamte des Zentralen Garnisonskorps und Soldaten der Garnison von Beijing los, um ihn in seinem Haus festzunehmen.

Auch Jiang Qing war noch in ihrer Unterkunft. Zhang Yaoci machte sich mit Soldaten des Zentralen Garnisonskorps auf den Weg, um sie dort zu verhaften. Sie erklärte Zhang: »Du also auch. Ich habe diesen Tag schon lange vorausgesehen.«

Ich hielt mich unterdessen in meinem Zimmer im Haus H auf. Erst am nächsten Morgen erfuhr ich von einem meiner Freunde beim Zentralen Garnisonskorps, daß die Verhaftungen stattgefunden hatten. Mao Yuanxin, der erste Sekretär des Revolutionskomitees der Qinghua-Universität, Chi Qun, seine Stellvertreterin, Xie Jingyi, Maos ehemalige Konkubine, und noch viele weitere Anhänger Jiang Qings waren in Gewahrsam genommen worden.

Wang Dongxings Leute brachten die Viererbande in denselben unterirdischen Komplex, in dem Maos Leichnam lag. Dort kamen die vier in Isolationshaft und wurden von Soldaten des Zentralen Garnisonskorps bewacht. Hua Guofeng, Wang Dongxing und Ye Yianying begaben sich zum Jadebrunnen-Hügel, um das Politbüro zu informieren. Sämtliche Mitglieder billigten die Maßnahmen.

Am nächsten Tag kehrte ich nach Hause zurück und schlief seit mehr als einem Jahr zum erstenmal wieder in meinem eigenen Bett. Als ich Lillian von der Verhaftung Jiang Qings und ihrer Genossen erzählte, war sie angenehm überrascht. Sie glaubte, unser Leid sei nun zu Ende und unser Leben könne neu beginnen.

Aber ich konnte noch nicht aufatmen. Die Frau, die ich seit langem verachtete, saß zwar im Gefängnis, aber andere Mitglieder des Politbüros, zum Beispiel Xu Shiyou, waren nach wie vor überzeugt, daß Mao ermordet worden sei, und unser medizinisches Gutachten war noch nicht formell anerkannt worden. Zudem hatte ich noch andere mächtige Feinde. Zhang Yaoci hatte mir deutlich zu verstehen gegeben, daß er sich meiner liebend gern entledigen würde, wenn Mao nicht mehr wäre. Jetzt war Mao tot. Und obgleich Wang Dongxing mich vor der Verhaftung Jiang Qings und ihrer Genossen ins Vertrauen gezogen hatte, war auch mein Verhältnis zu ihm gespannt. Nach dem Tod Maos und der Verhaftung der Viererbande hatte sein Einfluß zugenommen, und er brauchte mich nicht mehr. Aber trotz der Angst um meine Sicherheit feierte ich mit Lillian und unseren beiden Söhnen den Sturz der Viererbande bei einer Peking-Ente im Hongbin-Restaurant in der Changan-Straße.

Ein Jahr später, Ende 1977, begann eine neue Kampagne. Führende Kader wurden zur Umerziehung auf die Kaderschulen des 7. Mai geschickt. Ich war noch immer Direktor des Krankenhauses 305, und Zhang Yaoci übte Vergeltung. Er schlug vor, auch den führenden Kader des Krankenhauses 305 durch Schwerstarbeit umzuerziehen. Wang Dongxing leistete mir keinen Beistand, und ich wurde zur Landarbeit nach Jiangxi geschickt. Damals war ich siebenundfünfzig Jahre alt.

Mehr als ein Jahr lang lebte und arbeitete ich dort wie ein Bauer.

In Beijing tobte der Machtkampf weiter. Im Dezember 1978 gelangte Deng Xiaoping wieder an die Spitze, und Zhang Yaoci und Wang Dongxing fielen einer Säuberung zum Opfer. Deng hatte nie verwunden, daß das Zentrale Garnisonskorps ihn während der Kulturrevolution nicht beschützt hatte, und zog nicht nach Zhongnanhai. Nach Zhangs und Wangs Sturz stand meiner Rückkehr nach Beijing nichts mehr im Wege: Im Januar 1979 übernahm ich wieder meinen Posten als Direktor des Krankenhauses 305.[105]

Aber es gab Gerüchte. Ich war ein enger Vertrauter Wang Dongxings gewesen, und nun setzte man mich unter Druck, damit ich ihn denunziere und erzähle, was ich über seine Vergangenheit wußte. Wenn Wang Dongxing sich politischer Vergehen schuldig gemacht hatte, war ich ebenso schuldig.

Außerdem war Maos Rolle in der chinesischen Geschichte mittlerweile umstritten, und wenn Mao Fehler begangen hatte, traf dies auch mich, weil ich engen Kontakt zu ihm gehabt hatte. Manche behaupteten, Maos Arzt habe zu großen Einfluß auf ihn gehabt. Die Kritiker des Großen Vorsitzenden konnten uns Ärzten vorwerfen, zuviel getan zu haben, um sein Leben zu retten, und seine Anhänger konnten behaupten, wir hätten zu wenig getan.

Die Machtkämpfe gingen weiter, und die Fragen um Maos Tod blieben offen. Die Parteiführer, die das Ärzteteam überwacht hatten – Hua Guofeng, Wang Dongxing, Wang Hongwen und Zhang Qunqiao –, waren den Säuberungen zum Opfer gefallen, und es gab niemanden mehr, der sich für die Bemühungen der Ärzte verbürgen konnte. Im Dezember 1979 bat ich Deng Xiaoping in einem Schreiben um meine Entlassung aus dem Dienst am Krankenhaus 305. Ich hatte dort nichts zu tun und war sehr unglücklich. Daraufhin erhielt ich eine Pfründe: Ich wurde stellvertretender Vorsitzender des Chinesischen Ärzteverbandes.

Dank Dengs neuer »Politik der offenen Tür« hatte ich mehrmals Gelegenheit, ins Ausland zu reisen. Deshalb war es nichts Ungewöhnliches, als ich im Sommer 1988 um Erlaubnis bat, meine beiden Söhne in den Vereinigten Staaten besuchen zu dürfen. Damals war Zhao Ziyang Generalsekretär der Kommunistischen Partei, und China zeigte sich so weltoffen wie nie zuvor. Eigentlich verdankte ich aber die Erlaubnis für meine Reise nur einem glücklichen Zufall. Denn hätten die offiziellen Stellen Wind davon bekommen, wäre meine Bitte abgelehnt worden.

Ich reiste vor allem wegen Lillian in die USA. Die leidvollen Jahre waren nicht spurlos an ihr vorübergegangen. Im Februar 1988 verschlechterte sich ihr Gesundheitszustand, und die Behandlung, die sie in China bekommen konnte, reichte nicht aus. Deshalb brachte ich sie und unsere Enkelin Lili im August zu unseren beiden Söhnen und Schwiegertöchtern nach Chicago. Wir setzten all unsere Hoffnung auf die moderne Medizin, aber die Behandlung blieb ohne Erfolg. Lillian starb am 12. Januar 1989 an chronischem Nierenversagen.

Freunde in China hatten mir oft nahegelegt, über mein Leben mit Mao ein Buch zu schreiben. Tian Jiaying, der wußte, daß ich Tagebuch führte, hatte 1960 als erster den Vorschlag dazu gemacht. Und als Ye Jieying mich 1977 im Krankenhaus 305 besuchte, redete auch er mir zu. Nach zweiundzwanzig Jahren an Maos Seite konnte ich seiner Meinung nach eine Menge zum Verständnis unserer Geschichte beitragen. Später drängten mich auch viele Herausgeber von Zeitungen und Zeitschriften, meine Erinnerungen niederzuschreiben. Ich lehnte jedesmal ab. Die Wahrheit konnte ich in China nicht schreiben, und lügen wollte ich nicht.

Lillian gelang es schließlich, mich zu überzeugen. In den letzten Tagen im Krankenhaus, bevor sie ins Koma fiel, bat sie mich, dieses Buch zu schreiben – als Dokument für unsere Kinder, unsere Enkel und die Generationen nach uns sowie als Beschreibung des Lebens an Maos »Hof«. Ich habe für dieses Buch teuer bezahlt. Mein Traum, ein bedeutender Neurologe zu werden, hat sich nicht erfüllt, und meine Hoffnung auf ein neues China wurde zunichte gemacht. Ein richtiges Familienleben blieb mir versagt, und jetzt ist Lillian tot. Als das Hauptbüro der Sicherheitskräfte mich im Jahre 1990 schriftlich darum bat, meine Wohnung übernehmen zu dürfen, lehnte ich ab. Zwei Jahre später wurde die Wohnung konfisziert. Ich richtete Protestschreiben an Yang Shangkun (den damaligen Präsidenten der Republik), Yang Dezhong (den Leiter des Hauptbüros der Sicherheitskräfte), Chen Mingzhan (den Gesundheitsminister) und Jiang Zemin (den Führer der Kommunistischen Partei), erhielt jedoch keine Antwort. Obwohl ich mein ganzes Berufsleben Mao und China gewidmet habe, bin ich heute staaten- und heimatlos, unwillkommen im eigenen Land. Ich schreibe dieses Buch aus Trauer um Lillian und um jeden, der die Freiheit liebt. Es soll an die schrecklichen Folgen der Diktatur Maos erinnern, und daran, daß rechtschaffene und begabte Menschen unter seinem Regime gezwungen wurden, ihrem Gewissen zuwiderzuhandeln und ihre Ideale zu opfern, um zu überleben.

ANMERKUNGEN VON ANNE F. THURSTON

1 Nach 1973 wurde Mao nicht mehr beim Aufstehen oder Gehen fotografiert, weil er dabei gestützt werden mußte. Chinesische Quellen berichten von einem weiteren Treffen zwischen Mao und dem pakistanischen Ministerpräsidenten Bhutto am 27. Mai 1976.
2 Zhang Yufeng gibt an, daß sie Mao 1960 in Bengpu in der Provinz Anhui bei einem Fototermin mit seinem Zugpersonal kennengelernt habe. Eine andere Quelle berichtet, daß Zhang schon vor der Begegnung auf der Tanzveranstaltung in Changsha einmal als Bedienung eingesprungen war und dem Vorsitzenden im Zug eine Tasse Tee serviert hatte. Der Vorsitzende war von der jungen Frau so beeindruckt, daß er ihren Namen mehrmals auf sein Tischtuch schrieb. Obwohl Zhang Yufeng in Zeitschriftenartikeln aus Hongkong als Maos Geliebte bezeichnet wird, hat sie dies in ihren veröffentlichten Interviews nie zugegeben. Ihr Mann, Liu Aimin, erklärte in einem Interview: »Ich kenne Zhang Yufeng so gut wie kein anderer. Sie ist ehrlich, rechtschaffen und offen. Angesichts vieler Schwierigkeiten haben wir uns gegenseitig Mut gemacht und geholfen. Kein Gerücht konnte unsere glückliche Familie zerstören.« Siehe dazu Ruan Jihongs Artikel in der Juli-Ausgabe des Magazins *Wen Hui Bao*, Hongkong, aus dem Jahre 1988. Der Artikel ist nachgedruckt in: Zhang Yufeng u.a., *Anecdotes of Mao Zedong (Mao Zedong Yishi)*, Changsha 1989, S. 33.
3 Auch andere Mitarbeiter Maos berichten, daß der Zugang zu Mao in späteren Jahren schwierig war und Zhang Yufeng streng über ihn wachte.
4 Chinesischen Quellen zufolge fand Maos arrangierte Heirat im Jahre 1908 statt. Die junge Frau zog zu ihm in das Haus seiner Eltern und starb 1910. Zu der Frage, ob die Ehe vollzogen wurde, liegen voneinander abweichende Berichte vor.
5 Vieles von dem, was Mao auf dieser Reise sagte, wurde nach Lin Biaos Flucht ranghohen Beamten zugetragen.
6 Chen Xilian hatte enge Verbindungen zu Hua Guofeng und stand auch mit Mao Yuanxin und Mitgliedern der Viererbande in Kontakt. Nach Deng Xiaopings Rückkehr an die Macht wurde er im Februar 1980 zum Rücktritt gezwungen.
7 Das Peking Union Medical College wurde im Jahre 1904 von sechs westlichen Kirchen gegründet. Die Unterstützung durch die Rockefeller-Stiftung begann im Jahre 1914. Während des Krieges wurde die Fudan-Universität von Shanghai nach Chongqing verlegt.
8 Laut Bo Yibo gab es 1949 nur sechzigtausend »hochrangige« Intellektuelle in China.
9 Damals wurden Kader aufgrund der Größe des Topfes, in dem ihr Essen gekocht wurde, in vier Gruppen unterteilt. Die obersten Führer aßen aus den kleinsten Töpfen, und das Essen für sie und ihre Familien wurde von Chefköchen zubereitet. Hochrangige Kader aßen ebenfalls aus kleinen Töpfen, aber ihr Essen war nicht so gut und die Köche nicht so gut ausgebildet. Das Essen der mittleren Kader, zu denen Dr. Li zählte, wurde in mittelgroßen Töpfen zubereitet; das Essen der unteren Kader in riesigen Kübeln, aus denen viele Menschen mit einfachen Gerichten abgespeist wurden.
10 Zusätzlich bereitete der plötzliche Tod Ren Bishis Sorge, der in der Parteihierarchie den fünften Rang eingenommen hatte. Todesursache war eine Gehirnblutung. Damals wurde jedem hochrangigen Politiker Chinas ein Leibarzt zugeteilt.
11 Die Chinesen behaupten nach wie vor, die Vereinigten Staaten hätten im Koreakrieg biologische Waffen eingesetzt; die Vereinigten Staaten bestreiten diesen Vorwurf.
12 Anderslautenden Berichten zufolge hatten Mao und Yang Kaihui drei Söhne, von denen einer nach der Hinrichtung der Mutter auf dem Weg nach Shanghai starb.
13 Wang Hebin, der vor Dr. Li Maos Leibarzt war, berichtet, daß Mao ihm einmal Briefe Anqings gegeben habe. In ihnen erklärte Maos Sohn, ein Kobold habe von seinem Geist Besitz ergriffen, der ihn immer wieder zu Dingen verleite, die er nicht tun sollte. Mao Anqing war beunruhigt, weil er keine Kontrolle über den kleinen Wicht hatte, aber ohne ihn fühlte er sich einsam. Nach der hier geschilderten Episode wurde Mao Anqing von Chen Xueshi untersucht. Unter den Kommunisten war

die Zahl der Psychiater stark zurückgegangen, und auch Chen verbrachte später viele Jahre im Gefängnis. Dr. Li ist nicht bekannt, mit welchen Medikamenten Maos Sohn oder andere hochrangige Patienten behandelt wurden. Eine Elektroschock-Therapie jedenfalls wurde nicht verwendet. Wang Hebin behauptet, Mao Anqing sei nach diesem Vorfall für mehrere Jahre zur Behandlung in die Sowjetunion geschickt worden.

14 Vor 1954 war Mao von mehreren anderen Ärzten behandelt worden, darunter Fu Lianzhang, Chen Binghui, Zhong Fuchang; Zhou Yisheng bis 1949 und Wang Hebin, Zhou Zezhao und Xu Tao nach Gründung der Volksrepublik.

15 Chen Zongying bezeichnete Jiang Qing als *saojianhuo*, was sowohl »kokett« als auch »niederträchtig« bedeutet.

16 Seit seiner Jugend hatte Mao sich immer wieder einmal mit der englischen Sprache befaßt. Im Jahre 1912 war er in eine westlich orientierte Wirtschaftsoberschule eingetreten, mußte sie aber nach einem Monat wieder verlassen, weil die meisten Kurse auf englisch abgehalten wurden. Vielleicht war sein mangelndes Talent für Fremdsprachen ein Grund dafür, daß er nie im Ausland studierte.

17 Maos Vorliebe für fettes Schweinefleisch ist bekannt; er soll geglaubt haben, eine derartige Ernährung stärke die Gehirnfunktionen. Sowohl Maos früherer Arzt Xu Tao als auch seine Frau Jiang Qing stritten sich häufig wegen seiner Ernährungsgewohnheiten mit ihm. Die Auseinandersetzung zwischen Mao und seiner Frau soll dazu geführt haben, daß beide fortan getrennt aßen.

18 Judin ist Mitautor des *Concise Philosophical Dictionary*, das auch auf chinesisch veröffentlicht wurde, und war ein anerkannter Stalinismus-Experte. Im Jahre 1953 – als Judin sowjetischer Botschafter in China wurde – wurden in der Sowjetunion erstmals kritische Beurteilungen zu Maos Abhandlungen »Über den Widerspruch« und »Über die Praxis« veröffentlicht. Obwohl Mao Judins Ankunft begrüßte, waren später einige Chinesen der Meinung, Judin sei nur deshalb nach China geschickt worden, um mehr über Maos Philosophie zu erfahren und sie dann zu kritisieren.

19 Einigen Quellen zufolge hatte He Zizhen sechs Kinder, von denen eines auf dem Langen Marsch geboren wurde. Unter den sechs Kindern war nur ein Junge. Li Min überlebte als einzige. Zwei Kinder wurden in die Obhut von Bauern gegeben und nie wiedergefunden. Die anderen starben.

20 Angesichts der Entbehrungen während des Langen Marsches ist es beinahe unvorstellbar, daß Fu Lianzhang täglich ein Huhn gegessen haben soll. Fus Biograph zufolge wurde er 1894 geboren, ein Jahr nach Mao.

21 Maos chronische Schlafstörungen, die im Jahre 1927 einsetzten, sind in chinesischen Quellen belegt. Sie werden von manchen der Härte des Guerillakrieges zugeschrieben, der oft bei Nacht geführt wurde und keinen regelmäßigen Tagesablauf zuließ. Zudem ist bekannt, daß Mao auch in Zeiten des politischen Kampfes keinen Schlaf fand. In anderen Erinnerungen wird behauptet, Mao habe seinen Leibwächtern verboten, ihn zu wecken, wenn er eingeschlafen war, und angeblich zählten sie die Stunden, die er schlief, nicht pro Nacht, sondern pro Woche. Es sollen selten mehr als dreißig Stunden gewesen sein.

22 Seit der Zeit in Yan'an Mitte der dreißiger Jahre bekam Mao immer die beste Unterkunft. Seine Höhle dort soll die komfortabelste gewesen sein.

23 Einer anderen Quelle zufolge wurden Fu Lianzhangs Tochter und Schwiegersohn irgendwann nach Beginn des Langen Marsches im Jahre 1934 umgebracht. Fus Schwiegersohn, der Arzt Chen Binghui, soll Mao im Jahre 1932 behandelt haben. Weil Fu und seine Familie wohlhabend waren und ein angenehmes Leben führten, wurden sie als »Anti-Bolschewiken« bezichtigt. Fu Lianzhang wurde durch Mao und Zhang Wentian gerettet, seine Angehörigen nicht.

24 Berichten zufolge hat Mao bereits 1927 Mah-Jongg gespielt.

25 Langbart Wangs Bekenntnis ist nicht der einzige Grund für die Beendigung der Kampagne. Auch viele andere wurden zu Unrecht beschuldigt.

26 Mitte der dreißiger Jahre hatte Mao in Yan'an begonnen, Tanzabende zu veranstalten. Ye Zilong lud junge Frauen ein und besorgte eine Amateurband, deren Mitglieder seiner Abteilung der Privatsekretäre angehörten.

27 Mao erklärte zwar 1953, daß die Kulturarbeitstruppe nicht direkt im Anschluß an die »Drei-Anti-Kampagne« gegen Korruption, Verschwendung und Bürokratismus eingerichtet werden sollte, aber sie fiel dieser Tatsache dennoch nicht zum Opfer.

28 Auf unretuschierten Fotos, auf denen Mao lächelt, sind seine schwarz verfärbten Zähne zu sehen.
29 Im Berkeley *Wellness Letter* vom September 1992 ist von Anzeigen die Rede, in denen für ein »bekanntes rumänisches Mittel gegen das Altern« geworben wird, das »über Nacht jünger macht«. Bei der angeblichen Wunderdroge soll es sich um Procain (Handelsname Novocain) handeln. Weiter wird berichtet, eine gewisse Dr. Anna Aslan habe in den vierziger Jahren in Bukarest mit der Droge experimentiert. Bislang liegen aber keine Studien vor, die beweisen, daß das Mittel hält, was es verspricht.
30 Bei einem Treffen mit Feldmarschall Montgomery im September 1961 sprach Mao über seinen Tod und seinen möglichen Nachfolger. Vor dem Treffen erklärte er Xiong Xianghui, daß nicht einmal Qin Shihangdi das Elixier für ein langes Leben gefunden habe und daß der Glaube an ein solches Elixier Unsinn sei.
31 Auch andere enge Mitarbeiter Maos haben seine Verdauungsprobleme beschrieben. Angeblich hat Maos Frau He Zizhen während ihres Aufenthalts in den Jinggang-Bergen seinen Darm mit den Fingern gesäubert; später soll sie dann gelernt haben, wie man einen Einlauf macht. Während des Bürgerkrieges gegen die Nationalisten weigerte sich Mao, eine Toilette zu benutzen, und seine Leibwächter mußten mit ihm aufs Feld gehen, ein Loch graben, in das er sein Geschäft verrichten konnte, und das Loch wieder zuschütten. Auf dem Langen Marsch soll Maos Stuhlgang für seine Soldaten eine Quelle der Inspiration gewesen sein.
32 Hier und an anderer Stelle verwendet Dr. Li die Bezeichnung *Depression* eher im allgemein üblichen als im streng medizinischen Sinn, da er keine psychiatrische Ausbildung hatte. Die Haltung gegenüber psychischen Erkrankungen hat sich in China seit Maos Tod geändert, und in vielen Großstädten des Landes wurden inzwischen psychologische Beratungsstellen eingerichtet.
33 Nach Aussagen von Wissenschaftlern, die sich mit dieser Zeit beschäftigen, war das Verhältnis zwischen der Komintern und der Kommunistischen Partei Chinas viel komplizierter, und viele beurteilen Wang Ming nachsichtiger, als Mao dies tat. Ebenso war die Unterstützung der chinesischen Kommunisten durch die Sowjets zwar nicht umfangreich, aber doch größer, als Mao zuzugeben bereit war.
34 Fast neunzig Prozent der Waffen und Munition, die China im Koreakrieg einsetzte, stammten aus der Sowjetunion. Die Chinesen erhielten von den Sowjets Kredite über 1,3 Milliarden Dollar für den Erwerb von Kriegsmaterial.
35 Während des Langen Marsches schloß sich Zhu De eine Zeitlang Zhang Guotao an, der sich später mit Mao entzweite.
36 Die Dolmetscherin war Nancy Tang, und Edgar Snows Bericht ist in seinem Buch *Die lange Revolution* (Stuttgart 1973, S. 193ff.) enthalten.
37 Der chinesische Volksglaube besagt, daß sich unter Geschwistern die Kraft und Stärke eines Verstorbenen auf den Lebenden überträgt.
38 Chruschtschow erinnert sich an Maos ungeschminkte Rede, als dieser erklärte, China könne noch mehr Menschen produzieren. Chruschtschow und auch andere sowjetische Führer waren offenbar entsetzt über die Gefühllosigkeit, mit der Mao über Menschenleben sprach. Siehe *Chruschtschow erinnert sich*. Hrsg. v. Strobe Talbott. Eingeleitet und kommentiert von Edward Crankshaw. Ins Deutsche übertragen von Margaret Carroux, Hubert Deymann u.a., Reinbek bei Hamburg 1971, S. 470.
39 In einem chinesischen Bericht wird behauptet, Mao sei nach 1955/56 nicht mehr geflogen. Dr. Li erinnert sich jedoch, daß er nach diesem Zeitpunkt noch dreizehnmal zusammen mit Mao ein Flugzeug bestieg.
40 Jiang Qing hatte ebenfalls bei der Entscheidung über den Bau des Schwimmbeckens mitgewirkt. Maos eigenen Angaben zufolge war er bereit, für den Bau 50 000 *yuan* bereitzustellen.
41 Maos Schneider war ein Modeschöpfer namens Wang Ziqing, der in Frankreich in die Lehre gegangen war; sein Geschäft »Leimeng« befand sich in Beijings belebtester Einkaufsstraße Wangfujing.
42 Wang Hebin, der von August 1949 bis Oktober 1953 Maos Arzt war, hatte seine medizinische Ausbildung in Yan'an erhalten. Nachdem er seine Stellung bei Mao aufgegeben hatte, ging er in die Sowjetunion, um sich medizinisch fortzubilden, und arbeitete danach eine Zeitlang im Krankenhaus von Beijing. Als Mao starb, arbeitete Wang in Taiyuan in der Provinz Shanxi.
43 Auf Maos Anraten hin hatten die Chinesen 1957 das Produktionssoll für Getreide und Stahl erhöht. Der Getreideertrag sollte von dreihundert auf fünfhundert Millionen

Tonnen und die Stahlproduktion von achtzehn auf dreißig Millionen Tonnen steigen. Wie abenteuerlich Maos Plan war, beweist die Tatsache, daß im Jahre 1984, dem Jahr mit der größten Ernte in der Geschichte Chinas, der Ertrag lediglich bei vierhundert Millionen Tonnen lag; die Stahlproduktion erreichte erst 1983 dreißig Millionen Tonnen.
44 Aus Mao Tse-tung, *39 Gedichte.* Aus dem Chinesischen und mit einem politisch-literarischen Essay von Joachim Schickel (Frankfurt/Main 1978, S. 34). Manche haben Maos Gedicht mit der Anspielung auf den Tod als Hinweis dafür gesehen, daß der Vorsitzende sich darüber im klaren war, daß sein Leben nicht ewig währte und ihm nicht mehr viel Zeit blieb, die »steinernen Wälle« zu bauen und ein moderner Qin Shihangdi zu werden. Hinter den Begriffen »Windstoß« und »Wellenschlag« wurden die Hindernisse für seine Pläne vermutet, also Chruschtschows Attacke gegen Stalin und das Festhalten der eigenen Genossen an einem gemäßigteren Kurs.
45 Einigen Quellen zufolge war Wang Guangmei Liu Shaoqis fünfte Ehefrau. Wir konnten jedoch nur belegen, daß sie seine dritte war.
46 Nach Bo Yibo sprach Mao erstmals im Sommer 1954 davon, sich in die zweite Reihe zurückzuziehen.
47 Wieder verwendet Dr. Li den Begriff *Depression* im allgemeinen und nicht im medizinischen Sinn. Der Zeitpunkt kann nicht ganz stimmen, da Mao zwischen November 1956 und Mai 1957 ziemlich aktiv war. In den Monaten Januar, Februar und März 1957 hielt er Reden und reiste in mehrere Großstädte. Im April traf Mao wiederholt Intellektuelle und Führer der »demokratischen Parteien«. Wahrscheinlich begann Maos Depression im Mai oder Juni 1956, als Kritik an seiner »Abenteurerpolitik« laut wurde, und sie dauerte bis November, als er seinen Gegenangriff startete. Vielleicht kehrten seine Depressionen im Mai 1957 zurück, als die Kritik der Kommunistischen Partei an Schärfe zunahm.
48 Im Jahre 1956 wurde die Yale-in-China-Medical-School in Hunan Medical College umbenannt. Heute ist es die Medizinische Hochschule Hunan.
49 Berichte, wonach Dr. Li sich mit Maos Dolmetscher Li Yueran ein Zimmer teilte, sind falsch.
50 Zu der Behauptung, China werde Großbritannien in der Produktionskapazität innerhalb von fünfzehn Jahren einholen, wurde Mao vermutlich von Chruschtschow angeregt, der damit prahlte, die UdSSR werde die Produktionszahlen der Vereinigten Staaten im selben Zeitraum erreichen. Dr. Li hat Chruschtschows Rede allerdings nicht gehört. Die Bezeichnung »Großer Sprung nach vorn« tauchte erstmals in einer Rede Zhou Enlais im Sommer 1957 auf, und am 13. November desselben Jahres wurde in der *Volkszeitung* vor Maos Rückkehr aus Moskau ein Großer Sprung nach vorn gefordert.
51 Zu Chruschtschows Erinnerungen an die Begegnungen mit Mao 1957 in Moskau siehe: *Chruschtschow erinnert sich*, a.a.o., S. 470ff.
52 Chen Yi, damals stellvertretender Ministerpräsident und Außenminister Chinas, soll ähnliche Beschwerden gegen Jiang Qing vorgebracht haben. Um ihr Bedürfnis nach Ruhe zu befriedigen, so Chen, habe er die Schuhe ausziehen und barfuß herumlaufen müssen.
53 Chen Boda war von Mao wegen seiner Äußerung kritisiert worden, der Widerspruch zwischen Proletariat und Bourgeoisie sei aufgehoben und der größte Widerspruch bestehe nun zwischen Chinas wirtschaftlicher sowie kultureller Entwicklung und den Bedürfnissen des Volkes.
54 Bo Yibo hatte sich 1956 gegen Maos »Abenteurerpolitik« gewandt und die Forderung nach »größeren, schnelleren, besseren und ökonomischeren Resultaten« zurückgewiesen. Als Mao im September 1957 seine Gegenoffensive startete, richtete sich seine Kritik auch gegen Bo Yibo. Mao warf ihm vor, sich nach rechts zu orientieren.
55 Das Gedicht stammt von Yu Xin, der zur Zeit der Nördlichen und Südlichen Dynastie (420-581 n. Chr.) lebte.
56 Mao hatte das Schlagwort der »größeren, schnelleren, besseren und ökonomischeren Resultate« Ende 1955, Anfang 1956 geprägt.
57 Li Dongye wurde Minister für Hüttenwesen und Liu Huafeng Generalsekretär der Organisationsabteilung der Partei. He Zai war erst Sektionschef der Organisationsabteilung und später deren Generalsekretär.
58 Auf dem Originalfoto, das am 26. Mai 1958 in der *Volkszeitung* erschien, steht der Bürgermeister von Beijing, Peng Zhen, neben Mao. Nach der Säuberungsaktion gegen Peng während der Kulturrevolution wurde er auf dem Foto wegretuschiert.
59 Chruschtschows Schilderung des Besuchs von 1958 ist nachzulesen in: *Chruschtschow erinnert sich*, a. a. O., S. 473ff.

60 Einen umfassenden Überblick über die Entstehung der Volkskommunen gibt Roderick MacFarquhar, *The Origins of the Cultural Revolution.* Vol. 2: *The Great Leap Forward 1958–1960,* New York 1983, S. 77–88.
61 Mao bezieht sich zweifellos auf Jack Beldens Buch *China erschüttert die Welt.* Übersetzt von Hans L. DuMont. Braunschweig 1951.
62 Obwohl Mao Dr. Li wissen ließ, daß die Fahrt geheim sei, wurde der Vorsitzende von zahllosen Reportern und Beamten begleitet. Die Reise wurde zu einem Medienereignis.
63 Zhou Enlais Trinkfestigkeit war in ganz China bekannt, und er litt sein Leben lang unter häufigem Nasenbluten.
64 Trotz anderslautender Berichte aus China, wonach Mao im Februar 1958 Stahlwerke im Nordosten des Landes besuchte, erinnert sich Dr. Li, daß die Reise im Winter 1958/59 stattfand.
65 Filmaufnahmen von Mao während seines zweiten Besuchs in Shaoshan zeigen, daß ein Grabstein aufgestellt wurde.
66 Tatsächlich war Xinyang durch die Hungersnot verwüstet worden.
67 Der Getreideertrag sank von zweihundert Millionen Tonnen 1958 auf hundertsiebzig Millionen Tonnen 1959; 1960 betrug er hundertdreiundvierzig, 1961 waren es hundertsiebenundvierzig Millionen Tonnen. Erst 1966 wurde der Ertrag von 1957 überschritten.
68 Einige der Wissenschaftler, die diesen Bericht gelesen haben, bezweifeln, daß in Maos Unterkunft ohne dessen Wissen Wanzen installiert werden konnten. Nach allem, was Dr. Li gesehen und gehört hatte, mußte er annehmen, daß Mao nichts davon wußte.
69 Mao traf 1961 nochmals mit Montgomery zusammen. Er lud den Feldmarschall ein, mit ihm im Yangtze zu schwimmen, aber wegen einer Magenverstimmung konnte Montgomery Maos Einladung nicht folgen.
70 Siehe Schickel, *Mao Tse-tung. 39 Gedichte,* a. a. O., S. 43.
71 Einer chinesischen Quelle zufolge fand die Begegnung mit He Zizhen 1959 statt. Eine andere bestätigt, daß es 1961 war.
72 Die Konferenz der 7000 Kader fand vom 11. Januar bis zum 7. Februar 1962 statt.
73 Chinesischen Quellen zufolge begegnete Mao Hua Guofeng 1955 zum erstenmal.
74 Möglicherweise bezieht sich Dr. Li hier auf eine Versammlung über Theater und Kunst Anfang März.
75 Nach Li Weihans Memoiren wurde er im Dezember 1964 entlassen, obwohl Mao ihn bereits 1962 kritisiert hatte. Wang Jingxian wurde erst im März 1966 seiner Stellung enthoben. Deng Zihui wurde nach der Auflösung der Abteilung für Landarbeit im November 1962 entlassen.
76 Einer chinesischen Quelle zufolge wurde Wang Feng im November 1966 entlassen.
77 Die chinesische Definition der Schizophrenie ist viel umfassender als die im *Diagnostic and Statistical Manual of the American Psychiatric Association* benutzte. Nach 1949 gab es kaum noch Psychiater, von denen nur wenige praktizierten.
78 Wang Guangmeis Bericht wurde im Juli 1964 dem Provinzkomitee von Hebei und im September 1964 dem Zentralkomitee der Partei vorgelegt. Obwohl Jiang Qing bereits 1962 öffentlich aufgetreten war, übte Mao erst 1964 Kritik an Wang Guangmei.
79 Bereits im August 1961 wird in der *Volkszeitung* von einer öffentlichen Aufführung von *Li Huiniang* berichtet, die mit positiven Kritiken bedacht wurde; eine stammte von Liao Mosha. Im März 1963 brachte das Zentralkomitee der Partei eine Direktive in Umlauf, in der Aufführungen von Opern über Geister verboten wurden, und im Mai 1963 wurde Liao Moshas positive Würdigung von *Li Huiniang* öffentlich angeprangert.
80 Jiang Qings Zusammenarbeit mit Ke Qingshi begann bereits 1962.
81 Die Beijing Normal University High School gehört zu den besten Schulen der Stadt; sie ist den begabtesten Schülern vorbehalten, darunter vielen Kindern von Intellektuellen und Funktionären der politischen Elite. Dr. Lis Wohnung war ebenfalls um einiges komfortabler als die Unterkünfte anderer Ärzte, die mit ihren Familien oft in recht beengten Verhältnissen lebten.
82 Die Angewohnheit der ländlichen Bevölkerung, sich bei Krankheit an Heilkundige, etwa an Schamanen und Geisterbeschwörer, zu wenden, wurde von den Kommunisten als Aberglaube angeprangert. Nur wenige Chinesen auf dem Lande waren mit der Bezeichnung »Zauberdoktor« einverstanden.
83 Yang Shangkun wurde im November 1965 offiziell als Chef des Hauptbüros abgesetzt. Luo Ruiqing wurde im Dezember 1965 entlassen. Im Mai 1966 wurden beide von ihren Posten im Sekretariat des Zentralkomitees entfernt.
84 Maos Angst vor einer Vergiftung war vielleicht berechtigter, als es den Anschein

hatte. Als ich einmal in einer von Maos früheren Villen übernachtete, fiel mir neben der Größe der Räume und dem Luxus ein sonderbarer Geruch auf, der so stark war, daß man kaum schlafen konnte. Ein chinesischer Freund, der ein anderes Landhaus Maos besuchte, bemerkte ebenfalls einen seltsamen Geruch. Die meisten Unterkünfte des Vorsitzenden lagen im heißen, feuchten Süden Chinas, und während Maos oft mehrjähriger Abwesenheit blieben sie unbewohnt. Ich kann nur vermuten, daß sich mit den Jahren in den Häusern Schimmel bildete. Andere haben darauf hingewiesen, daß Bauern, die die meiste Zeit im Freien verbringen und in relativ primitiven Behausungen wohnen, sich oft nur schwer an das Leben in Häusern gewöhnen können und Angst vor der stickigen Luft haben.

85 Peng Zhens Verhalten hinsichtlich dieses Vorfalls wird unterschiedlich gedeutet. Einige Wissenschaftler sind der Meinung, daß er Maos Einstellung von Anfang an kannte und sich ihm deshalb widersetzte.

86 Offenbar stattete Ye Qun Mao zwei Besuche ab: den ersten im November 1965, bei dem Dr. Li nicht anwesend war, und den zweiten, der hier geschildert wird, Anfang 1966.

87 Lin Biaos Kahlköpfigkeit war vermutlich die Folge einer Pilzerkrankung der Kopfhaut, die er sich in seiner Jugend zugezogen hatte.

88 Fu Lianzhang starb im März 1968.

89 Maos Brief an Jiang Qing, der nach Lin Biaos Tod in China veröffentlicht wurde, wird im Westen für eine Fälschung gehalten. Dr. Li ist nicht dieser Ansicht. Andere halten den Brief nicht nur für echt, sondern behaupten sogar, Mao habe ihn Zhou Enlai gezeigt, der wiederum Lin Biao informiert habe. Jedenfalls wurde der Brief später veröffentlicht und ist in der Januar-Ausgabe 1973 von *Issues and Studies* auf englisch abgedruckt.

90 Chinesischen Quellen zufolge schickte Wang Dongxing Wang Li und Qi Benyu am Nachmittag des 22. Mai, um Tian Jiayings Dokumente zu beschlagnahmen; die Suche dauerte angeblich bis spät in die Nacht. Am Morgen des 23. Mai soll Tian Selbstmord begangen haben.

91 Am 23. Mai 1966 wurde Tao Zhu zum Leiter des Zentralen Sekretariats ernannt. Andere Quellen besagen, daß er am 4. Juni in Beijing eintraf und am 9. Juni nach Hangzhou weiterreiste. Bei der hier geschilderten Rückkehr nach Beijing sind seit Taos Beförderung auf einen Posten in der Zentrale etwa sechs Wochen vergangen.

92 Die Quellen sind sich nicht einig über die Reihenfolge der Redner. Einer Quelle zufolge lautet sie: Li Xuefeng, Deng Xiaoping, Zhou Enlai, Liu Shaoqi. Bei einer anderen lautet sie: Li Xuefeng, Liu Shaoqi, Deng Xiaoping, Zhou Enlai. Nach Dr. Li ist die zweite Reihenfolge die richtige.

93 Kang Sheng wohnte in Haus Nummer 8, Chen Boda in Haus Nummer 15.

94 Bei einem Gespräch mit Edgar Snow bestätigt Zhou Enlai die Zahl von rund zwei Millionen Soldaten, die zur »Unterstützung der Linken« aufgeboten wurden.

95 Militäreinheiten erhalten in China Decknamen. Viele Chinesen glauben, die Nummer des Zentralen Garnisonskorps – 8341 – basiere auf der Prophezeiung eines Wahrsagers, wonach Mao dreiundachtzig Jahre alt werden und die Kommunistische Partei Chinas einundvierzig Jahre lang (von 1935 an gerechnet) führen sollte; beide Voraussagen trafen ein. Soviel ich weiß, gibt es für diese Geschichte keinerlei Beweise.

96 Chinesischen Quellen zufolge trafen Wang Dongxings Truppen am 26. Juni 1967 in der Textilfabrik von Beijing ein.

97 Das Foto erschien in *People's Pictorial* Nr. 4, 1968. Berichten zufolge wurde das revolutionäre Komitee am 19. September 1967 gebildet.

98 Viele im Westen sind der Meinung, daß die »Rebellen des 16. Mai« nie existiert haben. Dr. Li kannte die Gruppe nicht, nur die Anschuldigungen, die man gegen sie vorbrachte. Jedenfalls wurde Chen Yi gestürzt, und die Büros der Briten gingen in Flammen auf.

99 Im Westen wurde über das Treffen berichtet, und man betrachtete es allgemein als Wendepunkt in der Beziehung Maos zu den radikalen Studenten.

100 Niemand, Chen Boda und Wang Dongxing eingeschlossen, erklärte offen, Lin Biao solle das Amt des Vorsitzenden übernehmen. Die Debatte konzentrierte sich auf die Frage, ob das Amt des Vorsitzenden wiedereingeführt werden sollte. Lin und seine Anhänger setzten sich dafür ein und schlugen Mao für den Posten vor, aber Lin wußte, daß Mao das Amt nicht übernehmen wollte. Wenn also das Amt wiedereingeführt werden sollte und Mao es nicht übernahm, war die Amtsübernahme durch Lin Biao die einzig logische Alternative.

101 Es gibt keinerlei Anhaltspunkte für Maos Annahme, Snow sei Mitarbeiter der CIA gewesen. Snows Version dieses Interviews mit Mao ist nachzulesen in seinem Buch *Die lange Revolution*, a. a. O., S. 193 bis 202.

102 Im Februar 1973 kehrte Deng Xiaoping nach Beijing zurück, und im April trat er zum erstenmal in der Öffentlichkeit auf. Im August 1973 wurde Deng formell wieder in das Zentralkomitee aufgenommen, und im Dezember wurde er Mitglied des Politbüros und der Militärkommission. Erst auf dem Zweiten Plenum des Zehnten Kongresses des Zentralkomitees im Januar 1975, bei dem Deng zum Mitglied des Ständigen Ausschusses des Politbüros und zum stellvertretenden Parteivorsitzenden ernannt wurde, wurde er formell in seinen neuen Ämtern bestätigt.

103 Einige Quellen schreiben die Idee des Rotationsprinzips für regionale Militärkommandeure Deng Xiaoping zu.

104 Es gab zwar wiederholt Bemühungen von chinesischer Seite, Informationen über die Behandlung der amyotrophischen Lateralsklerose in den Vereinigten Staaten zu erhalten, Mao wurde jedoch nie von einem ausländischen Arzt untersucht.

105 Daß Wang Dongxing der Säuberungsaktion zum Opfer gefallen war, wurde erst im Februar 1980 offiziell bekanntgegeben. Damals mußte er als stellvertretender Parteivorsitzender und als Mitglied des Ständigen Ausschusses des Politbüros zurücktreten.

ZEITTAFEL

1949 Im Januar übernehmen die Kommunisten die Macht in Beijing. Li Zhisui kehrt im Juni auf Einladung Fu Lianzhangs nach Beijing zurück und nimmt am dortigen Krankenhaus der »Arbeiteruniversität« seine Arbeit auf. Am 1. Oktober wird die Volksrepublik China gegründet. Mao reist nach Moskau.

1950 Mao und das Hauptbüro ziehen nach Zhongnanhai. Li Zhisui wird mit der Leitung der Klinik in Zhongnanhai betraut. Die neue Regierung setzt eine Landreform in Gang und tritt in den Koreakrieg ein.

1952 In China wird eine »Drei-Anti-Bewegung« gegen Korruption, Verschwendung und Bürokratismus gestartet. Li Zhisui behandelt Maos Sohn Mao Anqing und begegnet Jiang Qing zum erstenmal. Dr. Li wird zum Modell-Arbeiter erklärt und in die Kommunistische Partei aufgenommen.

1953 Der Koreakrieg ist beendet. In China werden landwirtschaftliche Genossenschaften eingeführt.

1954 Wang Dongxing ernennt Dr. Li zu Maos Leibarzt. In Zhongnanhai wird eine Säuberungskampagne gegen Konterrevolutionäre durchgeführt, viele Ärzte werden entlassen.

1955 Li Zhisui trifft Mao Zedong und wird von diesem eingeladen, die Feierlichkeiten zum 1. Mai mit ihm vom Tiananmen-Tor aus zu verfolgen. Dr. Li untersucht Mao zum erstenmal. Zu Maos großer Bestürzung werden viele Genossenschaften, die zu größeren Kollektiven zusammengeschlossen worden waren, von Deng Zihui abgeschafft. Mao beginnt mit der Arbeit an dem Werk *Der sozialistische Aufschwung auf dem Lande*.

1956 Im Februar hält Chruschtschow eine Schmährede auf Stalin, und Mao ist sowohl über Chruschtschow als auch über die chinesischen Führer verärgert, die vorgeschlagen hatten, Chruschtschow zu unterstützen.

Mao durchschwimmt den Perlfluß, den Xiang Jiang und den Yangtze und startet die Hundert-Blumen-Bewegung, indem er die Intellektuellen auffordert, die Partei im Anschluß an den Achten Parteitag zu kritisieren. Jiang Qing reist in die Sowjetunion, und Dr. Li tritt aus Maos Diensten aus, um Neurologie zu studieren.

1957 Jiang Qing kehrt aus der Sowjetunion zurück. Dr. Li wird in Maos Dienst zurückbeordert. Im Juni wird die »Anti-Rechts-Kampagne« gestartet. Dr. Li reist mit Mao nach Moskau.

1958 In Zhongnanhai nimmt die Berichtigungsbewegung mit dem sogenannten »Schwarzflaggen-Zwischenfall« ihren Fortgang. Mao startet den »Großen Sprung nach vorn«. Chruschtschow kommt im Juli und August zu einer geheimen Stippvisite nach China. Volkskommunen werden gebildet, überall entstehen Hinterhof-Stahlöfen, und Mao ordnet den Beschuß von Quemoy und der Matsu-Inseln an.

1959 Eine landesweite Nahrungsknappheit stürzt China in eine Hungersnot. In Maos Sonderzug und in seinen Landhäusern werden heimlich Wanzen angebracht. In einem Brief an Mao kritisiert Peng Dehuai den »Großen Sprung nach vorn«; er fällt der Säuberungskampagne zum Opfer. Lin Biao wird Pengs Nachfolger als Verteidigungsminister. Dr. Li wird mit Magengeschwüren ins Krankenhaus eingeliefert. Mao tritt vom Amt des Vorsitzenden der Republik zurück.

1960 Die Hungersnot hält an. Wang Dongxing kehrt zur Gruppe Eins zurück.

1961 Die Menschen in China hungern weiter. Die Parteiführung ergreift Hilfsmaßnahmen. Mao zieht sich, offenbar entmutigt, zurück und sucht Trost in weiblicher Gesellschaft. Die Wanzen in Maos Zug werden entdeckt, und es kommt zu zahlreichen Entlassungen.

1962 Liu Shaoqi bezeichnet die Hungersnot als eine durch menschliche Fehler verursachte Katastrophe. Die Kommunen werden umstrukturiert. Mao verliert in der Partei zunehmend Anhänger. Lin Biao lobt Mao. Dieser setzt zum Gegenangriff an und erklärt, selbst im Sozialismus bestünde das Klassensystem fort. Kang Sheng wird mit der Säuberung innerhalb der Partei betraut, und Jiang Qing tritt zum erstenmal öffentlich auf. Die sozialistische Erziehungskampagne beginnt.

1963 Jiang Qing kritisiert den kapitalistischen Einfluß auf Kunst und Kultur. Die sozialistische Erziehungskampagne auf dem Land geht weiter.

1964 Die Erstausgabe des »Roten Büchleins« mit Mao-Zitaten erscheint; Lin Biao forciert den Kult um Mao. Mao löst das Gesundheitsbüro auf. Dr. Li verläßt Zhongnanhai.

1965 Deng Xiaoping beruft eine Sitzung ein mit dem Ziel, die Korruption unter den ländlichen Kadern zu beseitigen. Unterdessen erklärt Mao, auf dem Land bestünde ein Widerspruch zwischen Sozialismus und Kapitalismus. Dr. Li verfaßt einen Bericht über Maos Kritik am Arztberuf; die Kritik ist mit einem Aufruf an die Ärzte verbunden, auf dem Land zu arbeiten. Mao schickt Dr. Li und Wang Dongxing in das Gebiet von Jiangxi, um an der sozialistischen Erziehungskampagne teilzunehmen. Yang Shangkun wird als Leiter des Hauptbüros abgesetzt und durch Wang Dongxing ersetzt.

1966 Dr. Li kehrt in Maos Dienst zurück. Die Attacken in den Zeitungen gehen weiter, und Mitglieder des Parteikomitees von Beijing fallen der Säuberung zum Opfer. Jiang Qing und Lin Biao schließen ein Bündnis. Die Zentrale Gruppe für die Kulturrevolution wird gebildet. Mao Zedong durchschwimmt den Yangtze und kehrt nach Beijing zurück, um die Große Proletarische Kulturrevolution in Angriff zu nehmen. Auf dem Tiananmen-Platz begrüßt er einige Millionen Rotgardisten. Die Säuberungen gehen weiter. Das Land droht im Chaos zu versinken.

1967 Infolge der Kulturrevolution brechen in vielen Teilen Chinas Kämpfe aus. Mao beauftragt Wang Dongxing und das Zentrale Garnisonskorps, in den Fabriken und Universitäten Beijings die Ordnung wiederherzustellen. Dr. Lis Verhältnis zu Jiang Qing und Mao verschlechtert sich. Staatspräsident Liu Shaoqi, der Generalsekretär der Partei, Deng Xiaoping, und Propagandachef Tao Zhu werden innerhalb Zhongnanhais »bekämpft«.

1968 Jiang Qing beschuldigt Dr. Li, sie vergiften zu wollen. Mao macht seinem Unmut über die studentischen Rebellen Luft und ruft Arbeiter, Bauern und Soldaten auf, die Kontrolle über Fabriken und Schulen zu übernehmen. Liu Shaoqi wird aus der Partei ausgeschlossen.

1969 Im April findet der Neunte Parteitag statt, auf dem einige Leitlinien des Achten Parteitages offiziell revidiert werden. Mao bleibt oberster Führer, und sein Gedankengut wird zur führenden Ideologie des Landes erhoben. Lin Biao wird als Maos Nachfolger und »engster Kampfgefährte« bezeichnet. An der Nordostgrenze kommt es zu Gefechten zwischen Sowjets und Chinesen. China macht mobil. Mao spricht von Verhandlungen mit den Vereinigten Staaten und äußert seine Unzufriedenheit über Lin Biao.

1970 Im Juni wird Dr. Li nach Heilongjiang verbannt. Im August/September findet die Zweite Vollversammlung des Neunten Parteitages statt. Lin Biao taktiert geschickt, um als Nachfolger Liu Shaoqis zum Staatspräsidenten ernannt zu werden. Mao erhebt Einspruch. Im November kehrt Dr. Li nach Zhongnanhai zurück. Mao hat eine schwere Lungenentzündung und gibt Lin Biao die Schuld an seiner Krankheit. Im Dezember trifft Mao mit Edgar Snow zusammen und erklärt seine Bereitschaft, Richard Nixon oder einen anderen hochrangigen amerikanischen Politiker in Beijing zu empfangen.

1971 Mao mißtraut Lin Biao auch weiterhin. Im Juli kommt Henry Kissinger heimlich nach Beijing. Im August und September reist Mao durch China und trifft sich mit den Kommandanten der einzelnen Regionen, die ihn im Kampf gegen Lin unterstützen sollen. Am 12. September kehrt Mao nach Beijing zurück. Lin Biao flieht mit Frau und Sohn per Flugzeug in Richtung Sowjetunion. Beim Absturz der Maschine über der Äußeren Mongolei kommen alle Insassen ums Leben. Maos Gesundheitszustand verschlechtert sich.

1972 Im Januar wird Mao ernstlich krank, lehnt aber jede ärztliche Behandlung ab. Insgeheim schlägt er Zhou Enlai als seinen Nachfolger vor. Am 1. Februar wird schließlich mit der Behandlung begonnen. Am 21. Februar trifft Nixon mit Mao Zedong zusammen. In Shanghai wird ein gemeinsames Kommuniqué unterzeichnet. Bei Zhou Enlai und

Kang Sheng wird Krebs diagnostiziert. Mao beginnt mit der Rehabilitierung ausgestoßener Parteifunktionäre.

1973 Deng Xiaoping kehrt nach Beijing zurück. Zhou Enlai wird von Jiang Qing und ihrer Fraktion attackiert. Mao hat Schwierigkeiten beim Sprechen.

1974 Jiang Qings Attacken gegen Zhou Enlai gehen weiter. Mao kritisiert seine Frau und erklärt, es sei besser, wenn sie sich nicht mehr sähen. Maos Zustand verschlechtert sich zusehends, und im Juli wird bei ihm amyotrophische Lateralsklerose festgestellt. Deng Xiaoping wird formell zum stellvertretenden Parteivorsitzenden und Vize-Premier ernannt.

1975 Maos Gesundheitszustand verschlechtert sich weiter, obwohl viele Menschen nicht glauben wollen, daß er krank ist. Die Ärzte haben bei der Behandlung des Vorsitzenden gegen Einmischungen von außen zu kämpfen. Das Politbüro wird formell von Maos Krankheit in Kenntnis gesetzt. Zhou Enlais Zustand verschlechtert sich.

1976 Am 8. Januar stirbt Zhou Enlai. Im April kommt es auf dem Tiananmen-Platz zu Massendemonstrationen. Deng Xiaoping wird erneut Opfer der Säuberungskampagne, und Hua Guofeng tritt Zhous Nachfolge an. Im Mai und Juni erleidet Mao zwei Herzinfarkte. Im Juli stirbt Zhu De, und in der Nacht vom 27. auf den 28. Juli wird Beijing von einem starken Erdbeben erschüttert. Am 9. September stirbt Mao. Xu Shiyou beschuldigt Jiang Qing und Maos Ärzteteam, den Vorsitzenden vergiftet zu haben. Am Abend des 6. Oktober werden Jiang Qing und drei ihrer Genossen als Viererbande verhaftet.

1977 Dr. Li wird im Zuge der Arbeitsreform nach Jiangxi geschickt.

1978 Deng Xiaoping kehrt an die Macht zurück. Wang Dongxing fällt der Säuberungskampagne zum Opfer.

1979 Dr. Li kehrt nach Beijing zurück und wird wegen seiner Beziehung zu Wang Dongxing kritisiert.

1980 Dr. Li wird stellvertretender Vorsitzender des Chinesischen Ärzteverbandes.

1988 Dr. Li und seine Frau Lillian treffen in den Vereinigten Staaten ein.

KURZBIOGRAPHIEN

BO YIBO: Geboren 1908 in Dingxiang, Provinz Shanxi. Trat 1925 der Kommunistischen Partei Chinas (KPCh) bei. 1949–1953 Finanzminister, 1954–1956 stellvertretender Vorsitzender der Staatlichen Planungskommission, 1956–1966 Vorsitzender der Staatlichen Wirtschaftskommission und stellvertretender Ministerpräsident. Wurde während der Kulturrevolution verfolgt, überlebte aber und war nach 1978 ein einflußreicher Politiker.

CHEN BODA (1904–1989): Geboren in Huian, Provinz Fujian. Schrieb sich 1927 an der Sun-Yatsen-Universität in Moskau ein. War politischer Sekretär Maos. 1958 bis 1966 Chefredakteur des Parteiorgans *Rote Fahne*, 1966–1970 Mitglied des Ständigen Ausschusses des Politbüros. Gelangte während der Kulturrevolution zu großem Einfluß, fiel aber 1970 in Ungnade.

CHEN XILIAN: Geboren 1913 in Huangan, Provinz Hubei. Trat 1930 der KPCh bei. 1950–1959 Befehlshaber des Artillerie-Corps der Volksbefreiungsarmee, 1959 bis 1973 Kommandant des Militärbezirks Shenyang, 1971–1973 Erster Parteisekretär der Provinz Liaoning. Wurde 1974 Kommandant des Militärbezirks Beijing und 1975 stellvertretender Ministerpräsident. Er war ein enger Verbündeter von Maos Neffen Mao Yuanxin. Seine Beziehungen zur Viererbande führten 1980 zu seinem Rücktritt.

CHEN YI (1901–1972): Geboren in Leshan, Provinz Sichuan. Schloß sich 1923 in Frankreich der KPCh an. Einer der zehn Marschälle Chinas. 1949–1958 Bürgermeister von Shanghai. Wurde 1954 stellvertretender Ministerpräsident und 1958 Außenminister. Während der Kulturrevolution wurde er verfolgt. Starb 1972 an Krebs.

CHEN YUN: Geboren 1905 in Jingpu, Provinz Jiangsu. Trat 1925 der KPCh bei. 1949 bis 1972 stellvertretender Ministerpräsident. Wurde 1956 stellvertretender Vorsitzender des Zentralkomitees der KPCh und gehörte zu den sieben führenden Mitgliedern der Partei. Verschwand Ende der fünfziger Jahre aufgrund seiner halbherzigen Unterstützung des Großen Sprungs nach vorn von der Bildfläche. 1978 wurde er als stellvertretender Vorsitzender des Zentralkomitees der KPCh wieder politisch aktiv und gewann an Einfluß.

CHEN ZAIDAO (1908–1993): Geboren in Macheng, Provinz Hubei. Schloß sich 1927 den Guerillatruppen der KPCh an. 1954–1967 Kommandant des Militärbezirks Wuhan. Wurde während der Kulturrevolution kritisiert.

DENG TUO (1912–1966): Geboren in Fuzhou, Provinz Fujian. 1951 Leiter der Propaganda-Abteilung von Beijing, 1950 bis 1958 Chefredakteur der *Volkszeitung*. Wurde 1966 beschuldigt, ein Parteigegner zu sein, und seiner Ämter enthoben. Beging noch im gleichen Jahr Selbstmord.

DENG XIAOPING: Geboren 1904 in Guangan, Provinz Sichuan. 1920 Werkstudent in Frankreich, 1924 Eintritt in die KPCh, 1952 stellvertretender Ministerpräsident, 1956 Generalsekretär und Mitglied des Ständigen Ausschusses des Politbüros der KPCh. Fiel zu Beginn der Kulturrevolution der Säuberungskampagne zum Opfer und wurde 1973 rehabilitiert. 1976 erneut aller Ämter enthoben. Seit 1978 oberster Führer Chinas.

DENG ZIHUI (1896–1972): Geboren in der Provinz Fujian. In den zwanziger Jahren Führer des Guerillastützpunkts im Westen Fujians. 1953 Leiter der Abteilung für die Arbeit in ländlichen Regionen des Zentralkomitees der KPCh. 1954 Ernennung zum stellvertretenden Ministerpräsidenten. Nachdem Mao ihn im Sommer 1955 als »rechten Konservativen« bezeichnet hatte, wurde Dengs Abteilung für die Arbeit in ländlichen Regionen aufgelöst.

FU LIANZHANG (alias Nelson Fu/1894–1968): Geboren in Changding, Provinz Fujian. Christlich getauft und an einer christlichen Hochschule zum Arzt ausgebildet. Bekannt als der »Christendoktor«. Behandelte Anfang der dreißiger Jahre

Mao und andere Parteiführer im Sowjetgebiet Jiangxi und nahm 1934/35 am Langen Marsch teil. 1952 als stellvertretender Gesundheitsminister für die medizinische Versorgung der obersten Führung zuständig. Wurde Ende der fünfziger Jahre zum Rücktritt gezwungen und 1968 während der Kulturrevolution zu Tode gefoltert.

GAO GANG (1905–1954): Geboren in Hengshan, Provinz Shaanxi. Mitbegründer des nordwestlichen Guerillastützpunktes der KPCh. 1945–1954 Sekretär des Büros Nordost, 1949–1954 stellvertretender Vorsitzender der Zentralregierung. Nachdem er beschuldigt worden war, mit Rai Shushi ein Anti-Partei-Bündnis geschlossen zu haben, wurde er seiner Ämter enthoben und beging 1954 Selbstmord.

GUO MORUO (1892–1978): Geboren in Leshan, Provinz Sichuan. Trat 1927 der KPCh bei. Nach dem Studium der Medizin und Literatur wurde er ein bekannter Gelehrter und Schriftsteller. Freundete sich 1945 bei den Verhandlungen von Chongqing mit Mao an. 1949–1954 stellvertretender Ministerpräsident, 1949 Vorsitzender des Gesamtchinesischen Verbandes der Kunst- und Literaturschaffenden, 1949–1978 Präsident der Chinesischen Akademie der Wissenschaften.

HATEM, GEORGE (Ma Haide/1910–1988): Gebürtiger Libanese mit amerikanischer Staatsangehörigkeit und einem Abschluß der Medizinischen Hochschule in Genf. Reiste 1933 nach China, um dort als Arzt zu praktizieren. Ging 1936 nach Yan'an. Trat der KPCh bei und erwarb 1950 die chinesische Staatsbürgerschaft. Starb in Beijing.

HE ZIZHEN (geborene He Guiyuan; 1909 bis 1984): Geboren in Yongxing, Provinz Jiangxi. 1926 Eintritt in die KPCh. 1928 Heirat mit Mao in Jiangxi. Brachte sechs Kinder zur Welt, von denen nur noch Li Min am Leben ist. 1934/35 Teilnahme am Langen Marsch. Verließ 1937 Yan'an, um sich in der Sowjetunion ärztlich behandeln zu lassen. Im August 1947 kehrte sie nach China zurück. Sie wurde nie formell von Mao geschieden und lebte nach 1949 in Shanghai.

HU QIAOMU (1912–1992): Geboren in Yancheng, Provinz Jiangsu. 1935 Eintritt in die KPCh. Absolvent der Qinghua-Universität. 1945 politischer Sekretär Maos. 1950–1966 stellvertretender Leiter der Propaganda-Abteilung des ZK und Herausgeber von Maos ausgewählten Werken. Zog sich nach 1961 aus gesundheitlichen Gründen aus dem politischen Leben zurück. Nach Maos Tod wurde er der führende Parteiideologe.

HUA GUOFENG: Geboren 1921 in Jiaocheng, Provinz Shanxi. 1940 Eintritt in die KPCh. Parteisekretär der Präfektur Xiangtan in der Provinz Hunan, in der auch Maos Geburtsort Shaoshan liegt. 1955 erste Begegnung mit Mao, 1970 Erster Parteisekretär von Hunan, 1973 Aufnahme ins Politbüro, 1976 stellvertretender Ministerpräsident und erster stellvertretender Vorsitzender der KPCh. Designierter Nachfolger Maos. Nach Maos Tod veranlaßte er die Verhaftung der Viererbande. Er wurde Parteivorsitzender und Vorsitzender der Militärkommission. 1981 verlor er seine drei wichtigsten Ämter und blieb nur noch Mitglied des Zentralkomitees der KPCh.

HUANG JING (vormals Yu Qiwei/1911–1958): Geboren in Shaoxing, Provinz Zhejiang. Trat 1932 der KPCh bei. Lebte Anfang der dreißiger Jahre mit Jiang Qing in eheähnlicher Gemeinschaft. War zu Beginn der fünfziger Jahre Erster Parteisekretär von Tianjin und später Leiter des Ersten Ministeriums für Maschinenbau und Vorsitzender der Staatlichen Technologie-Kommission. 1958 wurde er von Mao kritisiert und starb noch im selben Jahr.

JIANG NANXIANG (1910–1988): Geboren in Shaoxing, Provinz Zhejiang. Besuchte die Qinghua-Universität, wo er 1933 der KPCh beitrat. 1949 wurde er stellvertretender Sekretär der Neuen Demokratischen Jugendliga (später Kommunistische Jugendliga) und danach Rektor der Qinghua-Universität. 1960 stellvertretender Erziehungsminister, 1965 Minister für höhere Bildung. Wurde 1966 während der Kulturrevolution Opfer der Säuberungskampagne.

JIANG QING (alias Li Jinhai, Li Yunhe und Lan Ping/1913–1991): Geboren in Zhucheng, Provinz Shandong. Anfang der dreißiger Jahre Lebensgefährtin Huang Jings.

Mitte der dreißiger Jahre Schauspielerin in Shanghai. 1936 Heirat mit dem Bühnenautor Tang Na. Ging im August 1937 nach Yan'an und wurde im November 1938 Maos vierte Frau. Es wird allgemein angenommen, daß das Politbüro der KPCh der Heirat nur unter der Bedingung zustimmte, daß Jiang Qing nicht öffentlich als Maos Frau auftrat und sie sich von der Politik fernhielt. Aus der Ehe mit Mao ging eine Tochter, Li Na, hervor. Während der Kulturrevolution machte sie sich in der Politik einen Namen. Nach Maos Tod wurde sie als führendes Mitglied der Viererbande verhaftet und zum Tode mit zweijährigem Vollstreckungsaufschub verurteilt. 1983 wurde die Strafe in lebenslange Haft umgewandelt. 1991 beging Jiang Qing Selbstmord.

KANG SHENG (1898–1975): Geboren in Jiaonan, Provinz Shandong. 1918 erste Begegnung mit Jiang Qing, 1925 Eintritt in die KPCh, 1945 Führer der Berichtigungsbewegung in Yan'an, 1950 Einweisung ins Krankenhaus von Beijing wegen angeblicher Schizophrenie, 1958 im Zuge des Großen Sprungs nach vorn erneut politisch aktiv, 1966 Berater der Zentralen Gruppe für die Kulturrevolution und Mitglied des Politbüros. War während der Kulturrevolution für viele Säuberungsaktionen unter hochrangigen Parteimitgliedern verantwortlich. Starb an Blasenkrebs.

KE QINGSHI (1900–1965): Geboren in Wuhu, Provinz Anhui. 1922 Besuch in Rußland. 1950–1952 Parteisekretär der Stadtverwaltung Nanjing, 1952–1955 Parteisekretär der Provinz Jiangsu, 1955 Parteisekretär von Shanghai. Enge Verbindung zu Mao. 1958 Politbüromitglied, 1965 stellvertretender Ministerpräsident. Starb 1965 an akuter Bauchspeicheldrüsen-Entzündung.

LI MIN: Geboren 1936 in Yan'an. Die einzige noch lebende Tochter Maos und He Zizhens. 1940 reiste sie zu ihrer Mutter in die Sowjetunion und blieb dort bis 1947. Nach 1949 lebte sie in Maos Wohnkomplex in Zhongnanhai. Studium an der Universität von Beijing. 1959 Heirat mit Kong Linhua, dem sie im Jahr darauf einen Sohn gebar. 1979 Mitglied der Politischen Konsultativkonferenz des Chinesischen Volkes.

LI NA: Geboren 1940 in Yan'an. Einziges Kind von Mao Zedong und Jiang Qing. 1959 bis 1965 Geschichtsstudium an der Universität von Beijing. Heiratete Anfang der siebziger Jahre, brachte einen Sohn zur Welt und ließ sich später wieder scheiden. 1974/75 Parteisekretärin des Bezirks Pinggu außerhalb Beijings, später stellvertretende Parteisekretärin von Beijing. Nach der Verhaftung ihrer Mutter wurde sie ihres Postens enthoben und lebte in schwierigen Verhältnissen. Später bekam sie eine Anstellung im Büro der Sekretäre des Hauptbüros. 1985 heiratete sie Wang Jingqing, einen ehemaligen Leibwächter Liu Shaoqis.

LI XIANNIAN (1909–1992): Geboren in Hongan, Provinz Hubei. 1927 Eintritt in die KPCh. 1954–1980 stellvertretender Ministerpräsident, 1954–1975 Finanzminister, 1983–1988 Präsident der Volksrepublik China.

LI YINQIAO: Geboren 1927 in Anping, Provinz Hebei. Schloß sich 1938 der kommunistischen Revolution an. 1947 wurde der ehemalige Leibwächter Zhou Enlais Maos Leibwächter. 1948 Heirat mit Han Guixin. 1952 stellvertretender oberster Leibwächter Maos, 1956 oberster Leibwächter. 1962, nach einem Jahr auf dem Land, trat er aus Maos Diensten aus, um in Tianjin zu arbeiten. Wurde stellvertretender Leiter des Verwaltungsbüros der Großen Halle des Volkes.

LI YUNLU (?–1988): Jiang Qings ältere Halbschwester (beide hatten denselben Vater). Heiratete Wang Keming. Kümmerte sich um Jiang Qing, als diese ein Kind war. Zog 1948 zu Jiang Qing und betreute später Li Na in Zhongnanhai. Ging 1966 zu Beginn der Kulturrevolution mit ihrem Sohn an die Qinghua-Universität.

LIN BIAO (1907–1971): Geboren in Huanggang, Provinz Hubei. Wurde 1925 Mitglied der KPCh. Einer der zehn Marschälle Chinas. Löste 1959 Peng Dehuai als Verteidigungsminister ab. 1969 wurde er zu Maos Nachfolger bestimmt. Im September 1971 floh er nach einem angeblichen Umsturzversuch gegen Mao mit einem Flugzeug in Richtung Sowjetunion. Die Maschine stürzte über der Äußeren Mongolei ab; alle Insassen kamen dabei ums Leben.

LIN KE: Geboren um 1925. Absolvent der Yenching-Universität. Von Anfang der fünfziger Jahre bis 1963 unter Tian Jiaying politischer Sekretär Maos.

LIU SHAOQI (1898–1969): Geboren in Ningxiang, Provinz Hunan. Trat 1921 in Moskau der KPCh bei. 1921/22 Studium an der Moskauer Universität der Werktätigen des Ostens. Ende der dreißiger Jahre Arbeit in der Untergrundbewegung. Drängte die Partei 1942 zur Beschäftigung mit dem »Gedankengut Mao Zedongs«. Nahm von 1943 bis zur Kulturrevolution 1966 in der Hierarchie der KPCh nach Mao den zweiten Rang ein. 1959–1967 Vorsitzender der Volksrepublik China. Wurde während der Kulturrevolution verfolgt und starb 1969 in der Haft; 1980 postum rehabilitiert.

LU DINGYI: Geboren 1906 in Wuxi, Provinz Jiangsu. 1925 Mitglied der KPCh. 1959 bis 1966 Leiter der Propaganda-Abteilung des Zentralkomitees der KPCh, 1954–1966 stellvertretender Ministerpräsident, 1965/66 Kulturminister. Fiel einer Säuberungskampagne zum Opfer und wurde während der Kulturrevolution verfolgt.

LUO DAORANG (1915–1969): Ein Chinese aus Thailand, der nach China zurückkehrte und zu Beginn des Krieges gegen Japan, 1937–1945, nach Yan'an ging. Nach 1949 stellvertretender Leiter des Verwaltungsbüros des Hauptbüros, 1956 stellvertretender Leiter des Büros der Leibwächter. Wurde 1961 von Wang Dongxing aufs Land geschickt und 1962 zum Parteisekretär von Zhanjiang in der Provinz Guangdong ernannt. Starb nach langer Verfolgung während der Kulturrevolution.

LUO RUIQING (1906–1978): Geboren in Nanchong, Provinz Sichuan. 1929 Eintritt in die KPCh. Wurde 1949 Minister für Öffentliche Sicherheit und ordnete strenge Sicherheitsvorkehrungen für Mao an. 1959 wurde er Chef des Generalstabs der Volksbefreiungsarmee. 1965 fiel er noch vor Beginn der Kulturrevolution der Säuberungskampagne zum Opfer. 1975 wurde er rehabilitiert. Starb nach einer Operation in Westdeutschland.

MAO ANQING: Geboren 1923 als zweiter Sohn Maos und Yang Kaihuis. Wurde in den dreißiger Jahren von einem Polizisten in Shanghai brutal zusammengeschlagen. Anfang der fünfziger Jahre wurde bei ihm Schizophrenie diagnostiziert. Heiratete 1962 die Schwester der Witwe Mao Anyings. Die beiden bekamen 1970 einen Sohn.

MAO ANYING (1922–1950): Ältester Sohn Maos und Yang Kaihuis. Wurde nach dem Tod der Mutter nach Shanghai geschickt, wo er als Straßenjunge lebte. 1936 wurde er zum Studium in die Sowjetunion geschickt. War in Korea russischer Übersetzer für Peng Dehuai und Oberbefehlshaber der chinesischen Armee. Kam im November 1950 bei einem amerikanischen Bombenangriff ums Leben.

MAO YUANXIN: Geboren 1941. Sohn von Maos Bruder Mao Zemin, der 1943 in Xinjiang hingerichtet wurde. Nachdem Mao Yuanxins Mutter wieder geheiratet hatte, wurde er nach Zhongnanhai geschickt und Mao Zedongs Obhut anvertraut. Studium am Harbin-Militärinstitut der Pioniere. 1973 Parteisekretär der Provinz Liaoning, 1974 Politkommissar des Militärbezirks Shenyang, 1975 Maos Verbindungsmann zum Politbüro. Wurde zusammen mit der Viererbande verhaftet und zu siebzehn Jahren Gefängnis verurteilt.

MAO ZEDONG (1893–1976): Geboren in dem Dorf Shaoshan in der Präfektur Xiangtan, Provinz Hunan. 1921 Gründungsmitglied der KPCh. Von 1935 bis zu seinem Tod 1976 oberster Führer der KPCh.

MAO ZEMIN (1896–1943): Geboren in dem Dorf Shaoshan in der Präfektur Xiangtan, Provinz Hunan. Jüngerer Bruder Mao Zedongs. 1922 Eintritt in die KPCh. Arbeitete mit dem Kriegsherrn von Xinjiang, Sheng Shicai, zusammen, der ihn 1943 verhaften und umbringen ließ, nachdem Sheng sich gegen die KPCh gewandt hatte. Mao Yuanxin ist der Sohn von Mao Zemin und dessen dritter Frau.

PENG DEHUAI (1898–1974): Geboren in Xiangtan, Provinz Hunan. 1928 Eintritt in die KPCh. Einer der zehn Marschälle Chinas. 1954–1965 stellvertretender Ministerpräsident, 1954–1959 Verteidigungsminister. Kritisierte 1959 Maos Großen Sprung nach vorn und wurde anschließend Opfer der Säuberungskampagne. 1966 kam er ins Gefängnis, wo er 1974 starb.

PENG ZHEN: Geboren 1902 in Quwu, Provinz Shanxi. 1923 Eintritt in die KPCh. 1949 Erster Parteisekretär der Stadt Beijing, 1945–1966 Politbüromitglied. Enger Mitarbeiter Liu Shaoqis. Wurde 1966 als erstes Politbüromitglied Opfer der Kulturrevolution. Peng überlebte und wurde nach Maos Tod ein einflußreicher Politiker.

RAO SHUSHI (1903–1975): Geboren in Linchuan, Provinz Jiangxi. Mitte der zwanziger Jahre Eintritt in die KPCh. 1949 bis 1952 Erster Sekretär des Ostchina-Büros, 1952 Leiter der Organisationsabteilung des Zentralkomitees der KPCh. Nachdem er beschuldigt worden war, mit Gao Gang ein Anti-Partei-Bündnis geschlossen zu haben, fiel er 1954 der Säuberungskampagne zum Opfer. Starb im Gefängnis.

REN BISHI (1904–1950): Geboren in Xiangyin, Provinz Hunan. Trat 1922 der KPCh bei. 1921–1924 Studium an der Moskauer Universität der Werktätigen des Ostens, 1945–1950 Sekretär im Sekretariat des Zentralkomitees der KPCh, 1949 in der Parteihierarchie an fünfter Stelle. Verheiratet mit Chen Zongying. Starb 1950 an einer Gehirnblutung.

SONG QINGLING (1893–1981): Geboren in Shanghai. Ältere Schwester von Song Meiling (Madame Jiang Jieshi). 1914 Heirat mit Sun Zhong-Shan. Unterstützte die KPCh und wurde 1949 stellvertretende Vorsitzende der Volksrepublik China.

SUN ZHONG-SHAN (Sun Yatsen/1866–1925): Arzt und Begründer der Guomindang. Es wurde allgemein als sein Verdienst angerechnet, die Bewegung angeführt zu haben, die 1911 zum Sturz der QingDynastie und zum Aufbau einer neuen Republik führte. Da er nach dem Zusammenbruch der Qing-Dynastie nicht in der Lage war, die Macht der Zentralregierung aufrechtzuerhalten, suchte er bei sowjetischen Beratern um organisatorische Unterstützung nach.

TANG, NANCY: Geboren 1940 in Brooklyn, New York, wo ihr Vater eine chinesische Zeitung herausgab. Kehrte vor Beginn der Kulturrevolution nach China zurück und besuchte das chinesische Fremdspracheninstitut. Fungierte als Maos Englisch-Übersetzerin und später als Vermittlerin zwischen Mao und dem Politbüro.

TAO ZHU (1908–1969): Geboren in Qiyang, Provinz Hunan. 1926 Eintritt in die KPCh. 1953 Erster Parteisekretär der Provinz Guangdong, 1961 Erster Sekretär der Region Süd, 1965 stellvertretender Ministerpräsident. Stieg 1966 in der Parteihierarchie an die vierte Stelle, wurde jedoch einige Monate später Opfer der Säuberungskampagne. Stand von Januar 1967 bis Oktober 1969 unter Hausarrest. Erlag einem Krebsleiden. Wurde 1978 postum rehabilitiert.

TIAN JIAYING (1922–1966): Weitgehend Autodidakt. Wurde Ende der vierziger Jahre nach der Machtergreifung durch die Kommunisten politischer Sekretär Maos. Geriet zu Beginn der Kulturrevolution in Verdacht und beging im Mai 1966 Selbstmord.

WANG DONGXING: Geboren 1916 in Yiyang, Provinz Jiangxi. Schloß sich Mitte der zwanziger Jahre der Guerillatruppe der KPCh an. 1947 wurde er Maos Leibwächter, 1949 oberster Leibwächter und stellvertretender Minister für Öffentliche Sicherheit. 1966 wurde er Leiter des Hauptbüros. Nach Maos Tod im Jahre 1976 leitete er die Verhaftung der Viererbande in die Wege. 1980 wurde er aller Ämter enthoben.

WANG GUANGMEI: Geboren 1921 in Beijing. Absolventin der Furen-Universität in Beijing, die von katholischen Missionaren gegründet worden war. 1946 wurde sie Englisch-Übersetzerin der KPCh und ging nach Yan'an. 1948 Heirat mit Liu Shaoqi. Während der Kulturrevolution in Haft. Danach Vizepräsidentin der Chinesischen Akademie für Sozialwissenschaften.

WANG HAIRONG: Um 1940 geboren. Mao Zedongs Großnichte und Absolventin des Fremdspracheninstituts. War in den siebziger Jahren Vermittlerin zwischen Mao und dem Politbüro.

WANG HEBIN: Geboren 1924 in der Provinz Hebei. Schloß sich 1938 der kommunistischen Revolution an. War von August 1949 bis September 1953 Maos Leibarzt.

WANG HONGWEN (1935–1992): Geboren in Changchun, Provinz Jilin. 1966 Sicherheitsbeamter in der Baumwollspinnerei Nr. 17 in Shanghai. Gewann während der Kulturrevolution an Einfluß. Im August 1973 wurde er zum stellvertretenden Vorsitzenden des Zentralkomitees der KPCh ernannt. 1976 wurde er als Mitglied der Viererbande festgenommen und zu lebenslanger Haft verurteilt. Erlag 1992 einem Leberleiden.

WANG MING (1904–1974): Geboren in Liuan, Provinz Anhui. 1925 Eintritt in die KPCh. Absolvent der Moskauer Sun-Yatsen-Universität. In den dreißiger Jahren Rückkehr nach China. Mit Hilfe der Sowjetunion wurde er zu einer dominierenden Persönlichkeit innerhalb der KPCh, und er war Führer der Wang-Ming-Gruppe der »Achtundzwanzigeinhalb Bolschewiken«. Auseinandersetzung mit Mao. Mit zunehmendem Einfluß Maos wurde Wang Mings Position innerhalb der Partei schwächer. 1966 kehrte er aus gesundheitlichen Gründen in die Sowjetunion zurück, wo er bis zu seinem Tod im Jahre 1974 blieb.

WANG RENZHONG (1917–1992): Geboren in Jiang, Provinz Hebei. Trat 1933 im Sowjetgebiet von Jiangxi der KPCh bei. 1954 Erster Sekretär der Stadtverwaltung von Wuhan, 1954–1966 Erster Sekretär der Provinz Hubei, 1963 bis 1967 Politkommissar des Militärbezirks Wuhan. Spielte zu Beginn der Kulturrevolution eine wichtige Rolle. Später wurde er krank und zog nach Guangzhou. Gewann nach Maos Tod wieder an Einfluß.

WU XUJUN: Geboren 1933. Wurde als Kind zur Waise. Vor 1949 Ausbildung zur Krankenschwester an der Medizinischen Hochschule der Guomindang. Zog nach Beendigung der Ausbildung nach Beijing und wurde Oberschwester an der Zhongnanhai-Klinik. 1960 wurde sie von Wang Dongxing zu Maos Oberschwester ernannt. 1974 schied sie aus Maos Diensten aus.

WU YUNFU (1904–1969): Geboren in Leiyang, Provinz Hunan. 1926 Eintritt in die KPCh. Nach 1949 unter Yang Shangkun Verwaltungsdirektor des Hauptbüros und stellvertretender Gesundheitsminister. Wurde 1969 verfolgt und starb.

XIE FUZHI (1909–1972): Geboren in Hongan, Provinz Hubei. 1931 Eintritt in die KPCh. 1955–1959 Erster Parteisekretär der Provinz Yunnan. 1959 Nachfolger Luo Ruiqings als Minister für Öffentliche Sicherheit. 1965–1972 Politbüromitglied und stellvertretender Ministerpräsident. Starb 1972. Wurde wegen seiner Aktivitäten während der Kulturrevolution 1980 postum aus der KPCh ausgeschlossen.

XU SHIYOU (1906–1985): Geboren in Xin, Provinz Henan. Ein in asiatischen Kampfsportarten ausgebildeter Mönch. 1927 Eintritt in die KPCh. 1954–1974 Kommandant des Militärbezirks Nanjing, 1974–1980 Kommandant des Militärbezirks Guangzhou. Wurde 1969 als Gegengewicht zu Lin Biaos militärischer Stärke ins Politbüro berufen. Starb 1985.

XU TAO: Um 1927 in Beijing geboren. Absolvierte 1949 die Medizinische Hochschule von Beijing. War von 1953 bis 1954 Maos Leibarzt und wurde später Jiang Qings Arzt. Seine Frau, Wu Xujun, war Oberschwester Maos.

YANG KAIHUI (1901–1930): Geboren in Changsha, Provinz Hunan. Heiratete Mao Zedong im Winter 1920 und gebar ihm drei Söhne: Mao Anying, Mao Anqing und Mao Anlong. Anlong starb Mitte der dreißiger Jahre in Shanghai. Ende 1930 wurde Yang Kaihui verhaftet und hingerichtet, weil sie sich weigerte, ihren Ehemann zu denunzieren.

YANG SHANGKUN: Geboren 1907 in Tongnan, Provinz Sichuan. Trat 1926 in die KPCh ein. Studierte an der Moskauer Sun-Yatsen-Universität und wurde (wegen seines jugendlichen Alters) halbes Mitglied von Wang Mings Gruppe der »Achtundzwanzigeinhalb Bolschewiken«. War von 1948 bis 1965 Leiter des Hauptbüros der KPCh. Fiel 1965 der Säuberungskampagne zum Opfer, überstand die Kulturrevolution und wurde später stellvertretender Vorsitzender der Militärkommission und Präsident der Volksrepublik China.

YAO WENYUAN: Geboren 1931 in Zhuji, Provinz Zhejiang. Mitarbeiter des Instituts für Politische Forschung des Parteikomitees von Shanghai. Mitglied der Zentralen Gruppe für die Kulturrevolution. Wurde 1969 ins Politbüro gewählt, wo er für die Ideologie verantwortlich war. Als Mitglied der Viererbande wurde er zu zwanzig Jahren Haft verurteilt.

YE YIANYING (1897–1986): Geboren in Meixian, Provinz Guangdong. Trat 1924 in die KPCh ein. Einer der zehn Marschälle Chinas. 1950–1954 Parteisekretär der Stadtverwaltung von Guangzhou, 1966 Mitglied des Politbüros, 1973–1978 Mitglied des Ständigen Ausschusses des Politbüros. Spielte bei der Verhaftung der Viererbande eine entscheidende Rolle.

YE QUN (1920–1971): Schloß sich in Yan'an der KPCh an. Zweite Frau Lin Biaos. Mitglied der Zentralen Gruppe für die Kulturrevolution. 1969 Mitglied des Politbüros. Kam 1971 bei einem Flugzeugabsturz ums Leben, als sie sich mit ihrem Mann in die Sowjetunion absetzen wollte.

YE ZILONG: Um 1915 in Hunan geboren. Trat 1930 der KPCh bei und wurde 1936 Maos Privatsekretär. Diesen Posten hatte er bis Ende 1961 inne, als er bei Mao in Ungnade fiel. Wurde während der Kulturrevolution verhaftet. 1979 wurde er stellvertretender Bürgermeister von Beijing.

ZHANG QUNQIAO: Geboren 1917 in Juye, Provinz Shandong. Trat 1938 in die KPCh ein. 1951 wurde er Chefredakteur der Tageszeitung *Liberation*, dem Sprachrohr des Parteikomitees von Shanghai. 1967 wurde er Sekretär des Parteikomitees von Shanghai, 1966 stellvertretender Leiter der Zentralen Gruppe für die Kulturrevolution, 1969 Politbüromitglied, 1973 Mitglied des Ständigen Ausschusses des Politbüros, 1975 Leiter der Allgemeinen Politischen Abteilung der Volksbefreiungsarmee und stellvertretender Ministerpräsident. 1976 wurde er als Mitglied der Viererbande verhaftet und mit einem zweijährigen Vollstreckungsaufschub zum Tode verurteilt. 1983 wurde das Todesurteil in lebenslange Haft umgewandelt.

ZHANG YAOCI: Geboren 1915 in Yiyang, Provinz Jiangxi. Teilnehmer des Langen Marsches. Kam aus derselben Kleinstadt wie Wang Dongxing. War Befehlshaber des Zentralen Garnisonskorps, während Wang Dongxing Parteisekretär war. Gehörte zu den Männern, die für Maos Sicherheit verantwortlich waren.

ZHANG YUFENG: Geboren 1944 in Mudanjiang, Provinz Heilongjiang. Lernte Mao auf einer Fahrt in dessen Sonderzug kennen und wurde später seine ständige Begleiterin. 1974 wurde sie offiziell seine Privatsekretärin und behielt diesen Posten bis zu Maos Tod inne.

ZHOU ENLAI (1898–1976): Geboren in Huaian, Provinz Jiangsu. Begann Anfang der zwanziger Jahre ein Studium in Frankreich und trat 1922 der KPCh bei. Von 1949 bis 1976 Ministerpräsident der Volksrepublik China, von 1956 bis 1976 Mitglied des Ständigen Ausschusses des Politbüros.

ZHU DE (1886–1976): Geboren in Yilong, Provinz Sichuan. Wurde 1922 Mitglied der KPCh. War in den dreißiger Jahren Oberbefehlshaber der Roten Armee. Einer der zehn Marschälle Chinas. War von 1949 bis 1959 stellvertretender Vorsitzender der Zentralen Volksregierung und von 1956 bis zu seinem Tod 1976 Mitglied des Ständigen Ausschusses des Politbüros.

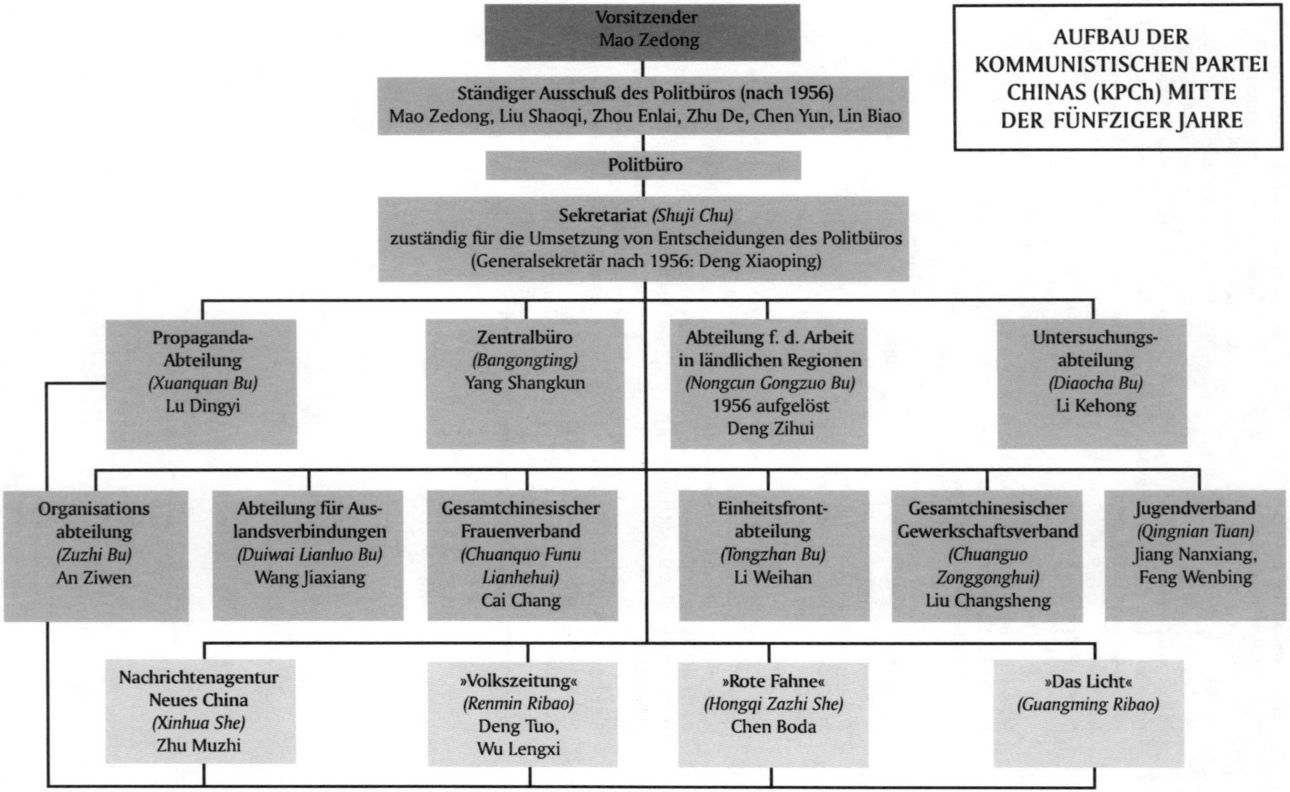
AUFBAU DER KOMMUNISTISCHEN PARTEI CHINAS (KPCh) MITTE DER FÜNFZIGER JAHRE
Vorsitzender Mao Zedong
Ständiger Ausschuß des Politbüros (nach 1956) Mao Zedong, Liu Shaoqi, Zhou Enlai, Zhu De, Chen Yun, Lin Biao
Politbüro
Sekretariat (Shuji Chu) zuständig für die Umsetzung von Entscheidungen des Politbüros (Generalsekretär nach 1956: Deng Xiaoping)
Propaganda-Abteilung (Xuanquan Bu) Lu Dingyi
Zentralbüro (Bangongting) Yang Shangkun
Abteilung f. d. Arbeit in ländlichen Regionen (Nongcun Gongzuo Bu) 1956 aufgelöst Deng Zihui
Untersuchungs-abteilung (Diaocha Bu) Li Kehong
Organisations abteilung (Zuzhi Bu) An Ziwen
Abteilung für Aus-landsverbindungen (Duiwai Lianluo Bu) Wang Jiaxiang
Gesamtchinesischer Frauenverband (Chuanquo Funu Lianhehui) Cai Chang
Einheitsfront-abteilung (Tongzhan Bu) Li Weihan
Gesamtchinesischer Gewerkschaftsverband (Chuanguo Zonggonghui) Liu Changsheng
Jugendverband (Qingnian Tuan) Jiang Nanxiang, Feng Wenbing
Nachrichtenagentur Neues China (Xinhua She) Zhu Muzhi
»Volkszeitung« (Renmin Ribao) Deng Tuo, Wu Lengxi
»Rote Fahne« (Hongqi Zazhi She) Chen Boda
»Das Licht« (Guangming Ribao)

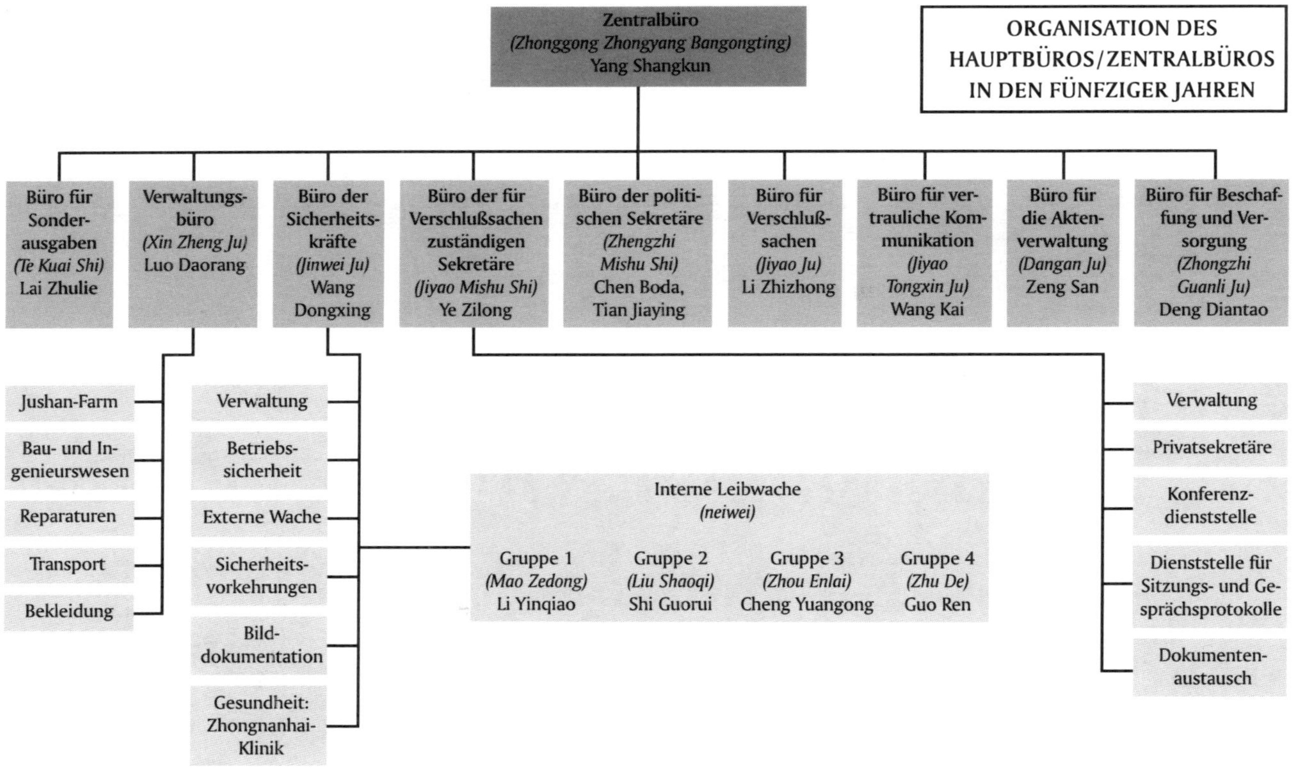

ORGANISATION DES HAUPTBÜROS/ZENTRALBÜROS IN DEN FÜNFZIGER JAHREN
Zentralbüro (Zhonggong Zhongyang Bangongting) Yang Shangkun
Büro für Sonderausgaben (Te Kuai Shi) Lai Zhulie
Verwaltungsbüro (Xin Zheng Ju) Luo Daorang
Büro der Sicherheitskräfte (Jinwei Ju) Wang Dongxing
Büro der für Verschlußsachen zuständigen Sekretäre (Jiyao Mishu Shi) Ye Zilong
Büro der politischen Sekretäre (Zhengzhi Mishu Shi) Chen Boda, Tian Jiaying
Büro für Verschlußsachen (Jiyao Ju) Li Zhizhong
Büro für vertrauliche Kommunikation (Jiyao Tongxin Ju) Wang Kai
Büro für die Aktenverwaltung (Dangan Ju) Zeng San
Büro für Beschaffung und Versorgung (Zhongzhi Guanli Ju) Deng Diantao
Jushan-Farm
Bau- und Ingenieurswesen
Reparaturen
Transport
Bekleidung
Verwaltung
Betriebssicherheit
Externe Wache
Sicherheitsvorkehrungen
Bilddokumentation
Gesundheit: Zhongnanhai-Klinik
Interne Leibwache (neiwei)
Gruppe 1 (Mao Zedong) Li Yinqiao
Gruppe 2 (Liu Shaoqi) Shi Guorui
Gruppe 3 (Zhou Enlai) Cheng Yuangong
Gruppe 4 (Zhu De) Guo Ren
Verwaltung
Privatsekretäre
Konferenzdienststelle
Dienststelle für Sitzungs- und Gesprächsprotokolle
Dokumentenaustausch

REGISTER

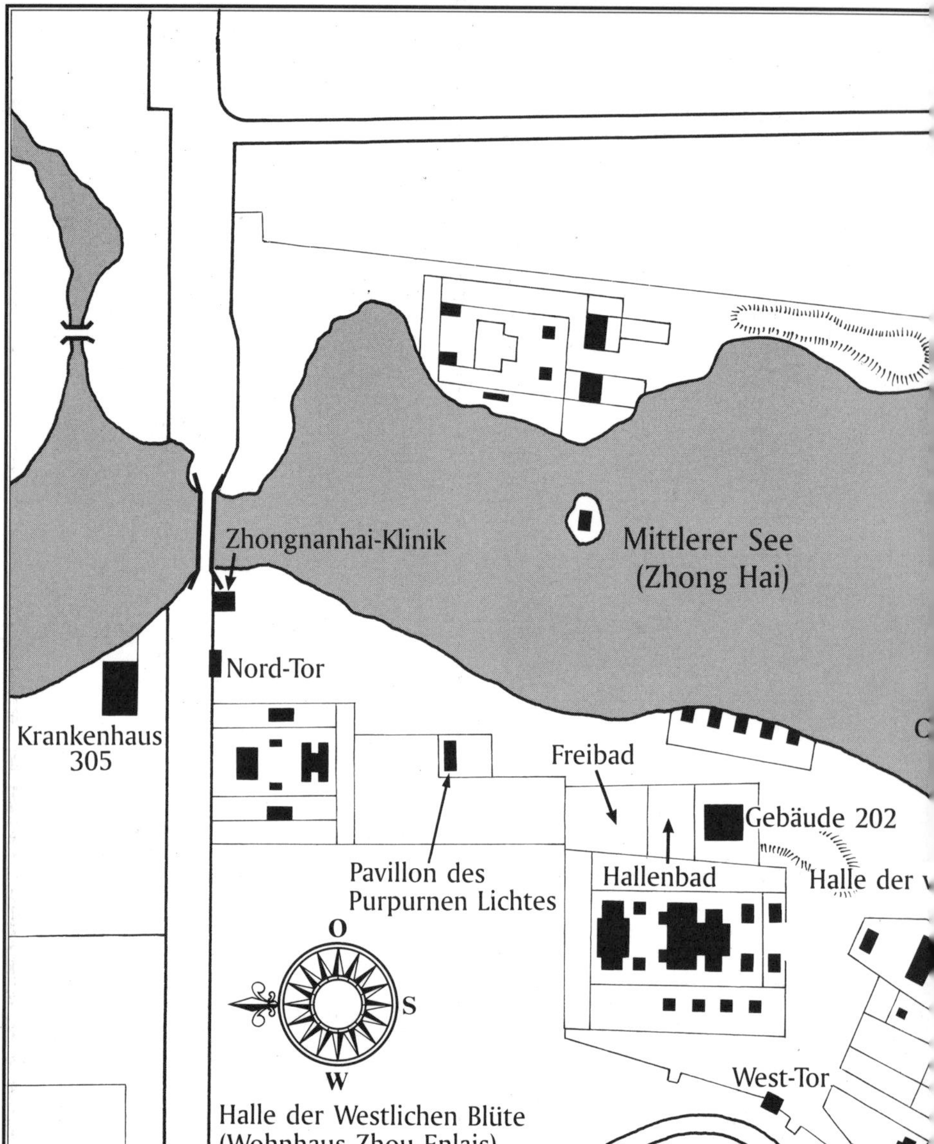

Karte von Zhongnanhai in den frühen siebziger Jahren